1. 황금 메달리온에 원숙한
   남성으로 묘사된 필리포스.

2. 펠라는 필리포스 치세 이전에 이미 마케도니아 왕들의 중심 도시가 되었다. 남부 그리스의 도시들과 달리 펠라에는 왕을 위
   한 웅장한 건물들이 주로 들어서 있었다.

3. 베르기나는 특히 왕국의 의례를 위한 중요한 중심지로 남아 있었다. 필리포스는 베르기나의 극장에서 살해되었다.

4. 기원전 7세기에 제작된 키기 화병(원元코린토스 양식의 화병)에 묘사된 호플리테스 전투 장면. 두 호플리테스 팔랑크스가 서로 충돌하는 것이야말로 그리스 공동체에게는 가장 웅장하고 가장 훌륭한 전쟁의 형식이었다.

5. 네레이데스 영묘의 프리즈 부분에 묘사된 도시의 공성 장면. 네레이데스 영묘는 기원전 4세기 초 리키아 지방에 세워진 무덤으로 오늘날의 남서부 튀르키예 크산토스에 있었다. 호플리테스의 전투가 우세했음에도 전쟁 중에는 공성도 필요했고, 공성 중에는 대체로 민간인 희생자도 많이 발생했다. 도시 안에서 팔을 쳐들고 호소하고 있는 여성의 모습에 주목하라.

6. 아테네는 철저하게 민주정이었을 뿐 아니라 남부 그리스에서 가장 크고 부유한 도시였다. 남성 시민들은 이곳 프닉스 언덕에 모여 토론하고 투표했다.

7. 노꾼을 3단으로 배치한 트리에레스는 기원전 4세기의 주력 전함이었다. 아테네는 이들 전함으로 함대를 구성하여 강력한 해상 세력이 될 수 있었다. 사진은 현대에 복원한 트리에레스로, 빠르고 기민한 전함의 성과에 관해 우리에게 많은 정보를 제공한다.

8. 필리포스는 자신의 중무장 보병대 대부분을 일반적인 호플리테스의 창 대신에 양손으로 잡아야 하는 사리사로 무장하게 했고, 이를 위해서는 병사들이 매우 밀집된 대형을 이루어야 했다.

9. 이상화된 알렉산드로스의 고전적 이미지. 깨끗하게 면도한 젊은 얼굴에 머리는 흐트러져 있고 고개는 살짝 한쪽으로 돌아 간 모습이다. 이집트의 알렉산드리아에서 나온 헬레니즘 시대 작품으로 기원전 1세기나 2세기에 제작된 것으로 보인다.

10. 베르기나에 있는 왕의 무덤 속 벽화. 지하세계의 신 하데스가 페르세포네를 납치하는 장면이다. 두 인물 모두 머리가 붉은 갈색이다.

11. 베르기나의 2호 무덤에서 발굴된 방패. 화려하게 장식된 이 방패는 필리포스와 결부되는 경우가 많다.

12. 필리포스는 정말 이렇게 생겼을까? 2호 무덤에서 발굴된 두개골 잔해에 기초하여 복원한 얼굴이다.

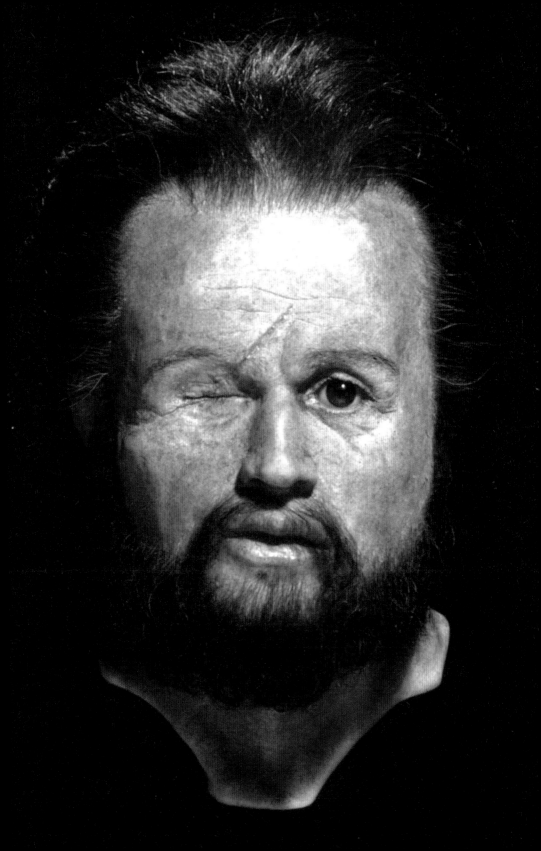

13. 데모스테네스는 후대에 아테네가 낳은 최고의 연설가 중 하나로 존경받았다. 필리포스에게 맞서는 것을 인생의 대의로 삼았다.

14. 카이로네이아의 사자상. 기원전 338년 카이로네이아 전투에서 목숨을 잃은 250여 명의 유골이 묻힌 묘지 위에 서 있다. 테바이인들이 세웠을 것으로 추정된다.

15. 전투 중에 다리우스와 정면으로 맞선 알렉산드로스. 이소스 전투를 묘사한 것으로 알려진 이 모자이크는 그리스 시대의 그림을 로마 시대에 복제한 것이다.

16. 펠라에서 발굴된 이 모자이크는 사자 사냥을 묘사하고 있다. 영웅처럼 벌거벗고 있는 모습의 청년들은 왕의 시동들이거나, 어쩌면 알렉산드로스와 그의 헤타이로이 중 한 명일 수도 있다.

17. '알렉산드로스 석관'에 조각된 페르시아인들과 전투 중인 알렉산드로스의 모습. 헤라클라스에 결부된 사자 가죽을 머리에 쓰고 있다.

18. 20세기 초 티레의 모습. 알렉산드로스의 공병들이 공성 작업을 위해 건설한 둑길이 영구적인 지협을 이루었다.

19. 올림피아에 건설된 원형 필리페이온 유적. 이 기념물은 필리포스의 권력과 아르게아스 왕조의 힘을 선포하기 위해 건축된 것이다. 그의 상속자인 알레산드로스의 조각상도 포함되었다.

20. 페르시아 왕의 도시였던 페르세폴리스의 궁은 마케도니아나 그리스에 있는 어떤 궁전보다 훨씬 더 웅장했다. 왕들의 왕이 지닌 권력과 부를 물리적으로 드러내는 상징이었다.

21. 페르세폴리스를 방문한 이들은 대형 계단을 올라 궁으로 들어갈 수 있었고, 이 계단의 벽면은 광대한 영역에서 왕에게 공물을 바치러 오는 다양한 민족을 묘사한 부조로 장식되어 있었다.

22. 알렉산드로스는 페르시아 제국을 창건한 키루스의 무덤을 찾아가 그에 대한 존경을 표시했다.

23.

23. 알렉산드로스의 인도 원정은 병사들이 히파시스강을 건너려고 하지 않으면서 실망스럽게 끝이 났다. 하지만 그가 초반에 거둔 승리는 널리 기념되었다. 당대에 다른 어느 군사작전보다 인도에서 거둔 승리를 묘사하는 기념물이 더 많이 나왔으며, 특히 적군이 전투에 동원한 코끼리가 강조되었다.

24. 베르기나의 2호 무덤에서 나온 이 황금 화살통과 활집은 스키타이 양식으로 만들어졌다. 2호 무덤에 매장된 여성의 소유였을 수도 있고 아닐 수도 있다.

25. 이 황금 메달리온은 필리포스의 아내이자 알렉산드로스의 어머니인 올림피아스를 묘사한 듯하다. 그녀는 확실히 강인한 인물이었지만, 그녀에 대한 적대적인 정치선전이 많아서 진정한 본모습을 알기는 어렵다.

26. 암피폴리스에서 발견된 테라코타. 머리에 천을 덮어쓴 모습의 여성이다. 많은 그리스 공동체에서 귀족 여성들은 흔히 이러한 머릿수건이나 더 커다란 베일을 사용했다.

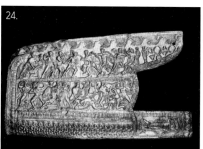

24.

25.

26.

필리포스와 알렉산드로스

필리포스와 알렉산드로스

아버지와 아들의
세계정복기

에이드리언 골즈워디 지음 | 전경훈 옮김

책과함께

일러두기

- 이 책은 2020년에 나온 Adrian Goldsworthy의 PHILIP AND ALEXANDER(Head of Zeus)
  를 우리말로 옮긴 것이다.
- 옮긴이가 덧붙인 설명 가운데 짧은 것은〔 〕로 표시했고, 긴 것은 각주에 '—옮긴이'를 붙여 표
  시했다. 별다른 표시가 없는 각주는 지은이가 쓴 것이다.

도로시에게, 감사의 마음을 담아

차례

알렉산드로스에 관한 몇 가지 언설

어떤 개인은 역사를 바꾼다. 아마도 모든 사람이 적어도 아주 소소한 방식으로 역사를 바꾸긴 하겠지만 어떤 지도자들은 그들의 세계와 그 뒤에 이어지는 세계를 형성하는 사건들에 훨씬 더 큰 영향을 끼친다. 이렇게 말한다고 해서 더 폭넓은 요인의 중요성을 부인하는 것은 아니다. 당대의 사회, 경제, 인구학적 경향과 기술은 국가와 민족의 흥망의 기저를 이루고 맥락을 만들면서 가능한 일들의 한계를 설정한다. 그럼에도 인간의 행위와 성격은 여전히 중요하며, 지도자는 필연적으로 가장 큰 영향력을 행사한다. 분명한 예를 하나 들어 보자면, 1차 세계대전 이후 독일에는 독재정의 부상을 부추길 요소들이 많았지만, 그 비극적 역사가 실제로 펼쳐지는 방식을 확정하는 데 결정적인 역할을 한 것은 바로 히틀러라는 한 인물이었다. 루스벨트와 처칠이 요람에서 죽었다면 미국과 영국은 다른 지도자를 갖게 되었을 터이지만, 그 두 지도자가 각기 단행했던 결정이 없었다면 2차 세계대전 또한 전혀 다른 방향으로 진행되었을 것이다. 좋든 나쁘든, 모든 시대에 지도자는 중요하다. 대부분 실제로 의도한 것이 아니더라도 역사에는 몇몇 개인들이 심원한 차이를 만드는 경우가 있다.

필리포스와 알렉산드로스가 그러한 지도자들이다. 이 두 인물은 역사의 방향을 놀라울 만큼 짧은 시간에 바꾸어 놓았다. 40년도 채 되지 않는 기간에 궁벽하고 분열되어 있던 마케도니아 왕국이 그리스를 지배하게 되었고, 나아가 당대의 초강대국을 공격하여 승리를 거두었다. 필리포스와 알렉산드로스는 역사상 가장 훌륭한 군대를 창설해 지휘했고, 아테네와 스파르타를 제압하고 테바이를 격파했으며, 페르시아 왕의 궁전을 불태우고 힌두쿠시 산맥을 넘어 오늘날의 파키스탄까지 진군했다. 그들은 단지 공격과 약탈에 그치지 않고 수많은 도시를 건설했으며 병사들을 정착시켜 정복한 영토를 지배하게 했다. 필리포스와 알렉산드로스가 구축한 제국은 그들이 죽은 뒤 단일한 통일체로 유지되지 못했지만, 그리스의 언어와 문화를 광대한 지역에 확산시키는 데 핵심 역할을 했다. 이로써 주요 도시국가들이 사상을 지배하지 않는, 이전과 다른 종류의 그리스 문화가 탄생했다. 그 결과는 넓고도 깊었는데, 신약성경은 그리스어로 쓰였고, 그리스어를 사용하는 지중해 동부 지역의 '로마' 제국은 이탈리아에서 통치한 마지막 황제 이후로도 천 년 동안이나 유지되었다.

알렉산드로스 대왕은 유명하다. 대왕이라고 불리는 몇 안 되는 지도자 중 한 명이다. 오늘날 로마의 폼페이우스 마그누스를 기억하는 사람은 거의 없다. 현대에 이르도록 대왕이라 불리는 인물은 잉글랜드의 앨프리드, 프랑스의 샤를마뉴, 그리고 훨씬 더 후대에 등장한 러시아의 표트르와 예카테리나, 프로이센의 프리드리히 정도밖에 없다. 그나마 뒤에 있는 세 인물은 그렇게 불린 시간이 상대적으로 짧다. 이들 모두는 알렉산드로스가 거둔 승리와 그가 지닌 중요성에 비하면 왜소하게 보일 뿐이다. 알렉산드로스는 나폴레옹처럼 재앙에 가까운 군사적 참변을 겪지도 않았다. 물론 부분적으로는 그 자신의 행운과 재능 덕분이었지만, 대체로는 그가 서른세 번째 생일을 맞기 전에 숨을 거두었기 때문이기도 하다.

알렉산드로스는 서구에서 청년 영웅의 이미지를 형성하는 데 크게 기여했다. 작은 체구에 금발 머리, 밝은 색의 눈동자를 지닌 소년 같은 외모의 알렉산드로스는 관습에 얽매이지 않았고, 성급했으며, 자신만만했다. 원로들의 지혜를 거스를 때에도 언제나 그가 옳았음이 입증되었다. 그는 맹렬하고 영리한 방식으로 싸우는 사람이었다. 선두에서 병사를 이끌던 그는 어느 허구의 영웅보다 많은 승리를 거두었다. '짧고 굵게' 살다 간 장렬한 생애를 통해 그는 당대에 알려진 세계 대부분을 지배했다. 더는 정복할 땅이 없어 눈물을 흘렸다거나, 나설 싸움이 없어 칼을 칼집에 넣었다는 이야기가 사실이 아니라 하더라도 그가 그토록 짧은 시간에 이룬 일들이 작아지지는 않는다. 기계화된 근대에 들어서서야 몇몇 군대가 알렉산드로스의 부하들만큼 빠르게 오랜 시간 전진할 수 있게 되었다.[1]

필리포스는 '대왕'으로 불리지 않았고(사실 알렉산드로스도 로마 시대가 되어서야 그렇게 불렸다), 필연적으로 그의 아들의 그늘에 가려져 있었다. 필리포스는 알렉산드로스 이야기의 일부로만 기억된다. 그것도 화가 나서 아들에게 다가가려다가 너무 술에 취한 나머지 바닥에 고꾸라진 노인으로만 기억된다. 수많은 부상으로 인해 다리를 절고 한쪽 눈마저 잃은 필리포스는 지쳐 보이고, 눈부신 재능을 지닌 아들의 앞길에 걸림돌로만 남아 있다. 반대로 알렉산드로스는 영구히 외모를 흉하게 만들 부상은 입지 않았다. 더구나 그에게는 나이 들어 늙게 될 기회조차 없었다. 수백 년이 흐른 뒤에 아우구스투스는 20대를 넘어 늙어가는 자신의 모습을 조각이나 동상, 그림, 동전을 통해 드러내지 못하게 했다. 이는 자기 이미지에 대한 엄격한 통제일 뿐, 70대까지 살았고 치아 상태도 좋지 않았던 한 남자를 정확히 반영한 것은 아니었다. 알렉산드로스 또한 자신의 이미지를 신중하게 관리하긴 했지만, 필리포스나 로마의 황제와 달리, 노화가 문제 되기 전에 일찌감치 세상을 떠났다.

그러나 필리포스가 없었다면 알렉산드로스도 없었을 것이다. 마케도니아를 개조하고 통합하여 더욱 크고 강한 국가로 만든 것은 필리포스였다. 처음으로 제대로 된 군대를 조성하고 심지어 페르시아 공격 계획을 세운 것도 필리포스였다. 그의 아들은 자신의 운을 시험하기에 가장 완벽한 시점과 나이에 이 모두를 물려받아 훨씬 더 큰 영예를 차지했다. 필리포스가 마흔여섯 살에 세상을 떠났고, 왕위에 올랐을 때 겨우 스물세 살이었다는 사실은 너무 쉽게 잊혔다. 왕위에 오를 당시에는 상처라곤 하나 없고 카리스마가 넘치는 젊고 잘생긴 군주였다. 스스로 이룬 군사적 업적은 아직 미천했지만, 해체 위기에 직면한 왕국을 구원하여 군사적·경제적 강대국으로 거듭나게 할 기력이 충만했다. 필리포스가 이러한 과업을 어떻게 이루었는가 하는 것은, 그의 아들이 이룬 과업을 이해하는 데 필수적일 뿐 아니라 그 자체만으로도 충분히 이야기할 가치가 있다.

하지만 알렉산드로스가 드리우는 그림자는 매우 길다. 그의 아버지는 물론이고 다른 어떤 청년 영웅도 그의 이미지에 쉽게 대응할 수 없다. 카이사르의 이미지는 언제나 클레오파트라의 나이 많은 연인이다. 마르쿠스 안토니우스는 그보다 젊고 기운찬 사내로 그려지지만,

스스로 목숨을 끊었을 때 이미 50대 중반이었으며, 이두스 마르티아이Idus Martiae●에 카이사르보다 겨우 두세 살 어렸을 뿐이다. 전반적으로 소설과 영화는 물론 다큐멘터리에서도 그리스인보다는 로마인들이 훨씬 더 많은 관심을 받는다. 1980년대에 북부 그리스의 베르기나에서 왕릉들이 발굴되고 필리포스라고 추정되는 유해가 발견되면서 잠시 세간의 관심이 집중되기도 했으나, 대체로는 알렉산드로스조차 보통 그의 전투와 관련해서만 이따금 텔레비전에서 다루어질 뿐이다. 할리우드에서는 알렉산드로스에 관한 장편 영화를 두 차례 제작했다. 1956년 영화에서는 리처드 버튼이, 2004년에는 콜린 패럴이 알렉산드로스를 연기했다. 하지만 알렉산드로스의 방대한 이야기를 제한된 상영 시간 안에 담는다는 것은 매우 어려운 일이기에, 두 영화 모두 고전을 면치 못했다. 두 영화에서 필리포스는 힘 없는 늙은이로 등장하고, 진짜 이야기는 그가 살해되고 알렉산드로스가 자기 길을 갈 수 있게 되면서부터 시작된다.

내가 고대 세계를 사랑하게 된 것은 로마인, 특히 브리타니아의 로마인과 그 군대에 관심을 갖게 되면서부터다. 하지만 다른 이들과 마찬가지로 관심이 더욱 커지자 로마는 고전시대와 헬레니즘 시대의 그리스라는 맥락 안에서만 이해할 수 있음을 곧 깨달았다. 어린 시절에 알렉산드로스는 단지 하나의 이름에 지나지 않았고, 영화로 재현된 서사시를 좋아했다는 것은 그저 텔레비전에서 리처드 버튼의 영화를 열심히 봤다는 것을 의미했다. 그러나 술에 취해 아들을 죽이려고 하

● 이두스 마르티아이는 로마 시대에 3월 15일에 해당하는 날을 일컫던 말이다. 이날은 본래 로마 최고의 신 유피테르에게 헌정된 날이며, 로마인들이 빚을 청산하는 마감 기일로 삼는 날로 유명했으나, 역사적으로는 기원전 44년에 율리우스 카이사르가 살해된 날로 더욱 유명하다.─옮긴이

던 필리포스나, 전투를 개시하기 전에 "다리우스를 죽여라, 다리우스를 죽여라, 다리우스를 죽여라"라고 외치면서 연설을 마무리하던 리처드 버튼의 모습 말고는 기억에 남는 장면이 거의 없다. 알렉산드로스에 대해 처음으로 깊이 있게 공부했던 것은 대학준비과정에 있던 열일곱 살 때였다. 그리고 몇 년이 더 지난 뒤 젊은 강사로서 아버지와 아들에 관한 세미나 수업을 맡고서야 필리포스와 진정으로 조우하게 되었다.

그리스 역사와 문화의 매력은 정말 강력하다. 로마인들은 이를 잘 이해하고 있었다. 그 좁은 지역에 살고 있던 사람들에게서 그러한 창조력이 터져 나왔다는 사실에는 거의 믿을 수 없는 무언가가 남아 있다. 그들은 그토록 짧은 시간에 민주주의(와 토론 정치)를 고안해냈고 철학 사상들을 발전시켰으며 과학적 사고의 기초를 마련했다. 그리고 오늘날에 보아도 여전히 감동적이고 도발적인 연극과 문학을 창작했다. 그리스인들은 또한 이전보다 훨씬 실물에 가까우면서도 이상화된 방식으로 인간을 묘사한 미술 작품들을 남겼다. 무엇보다 고전시대 그리스는 인류의 소우주다. 그리스의 모든 경이로움과 위대함 곁에는 야만성과 잔혹성, 이기심과 선입견이 있었으며, 그리스인들은 기꺼이 외부 세계의 사람들을 야만인으로 무시하고 노예제를 당연하게 받아들였다. 유사 이래 인류가 극단의 선과 악을 모두 행할 수 있다는 것을 보여주었듯이, 그리스인들 또한 위대한 동시에 끔찍했다. 필리포스와 알렉산드로스는 여러 방면에서 이러한 역설을 대표한다. 이 두 사람은 건설하는 동시에 파괴했으며, 탁월해지고자 하는 매우 그리스적인 욕망에 따라 행동했다. 물론 그것은 단지 탁월해지기 위한 것이면서 개인의 이득을 위한 것이기도 했다.

이 책은 필리포스와 알렉산드로스에 관한 책이며, 두 인물 각각의 이야기를 가능한 한 깊고 자세하게 전달하는 것을 목표로 한다. 왜냐하면 지금까지 일반 독자를 위해 그러한 작업을 한 책이 없었기 때문이다. 알렉산드로스에 관한 책은 아주 많다. 매년 그의 생애를 다룬 전기나 그가 행한 군사작전들의 어떤 측면을 다룬 연구서가 적어도 한 권 이상 출간된다. 그중에는 훌륭한 책들도 많기 때문에, 내가 굳이 또 한 권을 더할 마음은 들지 않는다. 하지만 알렉산드로스에 비해 필리포스는 간과되었다. 필리포스만을 다룬 책은 거의 집필된 적이 없고, 그는 대체로 그의 아들에 관한 책에서 서막으로 다루어질 따름이다. 필리포스가 지닌 중요성을 생각한다면 이는 공정하지 못할 뿐아니라, 알렉산드로스의 행위에 대한 우리의 이해도 약화시킨다. 아버지와 아들이 전쟁을 벌이고 정치를 펼쳤던 방식에서 유사점이 드러나기 때문에 두 사람 모두를 바라보아야 그들을 각각 올바른 맥락 속에 둘 수 있으며, 그들의 업적 또한 더욱 뚜렷하게 알 수 있다.

필리포스와 알렉산드로스가 이룬 성취의 규모는 실로 엄청나다. 그것이 더 넓은 세계를 위해 좋은 일이었다거나 그들의 동기가 아주 조금이나마 이타적이었다고 주장하려는 것은 아니다. 역사가의 일이란 과거를 발견하고 이해하는 것인데, 특히 고대 세계를 다루어야 할 때는 그것이 결코 쉽지 않다. 이 책은 필리포스와 알렉산드로스나 그들의 동시대인들을 윤리적인 측면에서 판단하는 것이 아니라 실제로 무슨 일이 일어났고, 어떻게 일어났으며, 왜 그 일이 일어났는지 가능한 범위에서 분명하게 규명하려는 책이다. 이 시대에 관해 알려진 것을 독자에게 전달하는 것뿐만 아니라, 알려지지 않은 것을 말하고, 추정과 짐작은 그저 그러할 뿐 사실이 아님을 분명히 하는 것 또한 매우 중요하다. 알렉산드로스는 여러 시대를 거쳐 성인聖人에서 괴물까지, 군사적 천재에서 유능한 악한까지 수많은 가면을 쓰고 등장했다. 심지어 최근에는 동성애자나 양성애자의 아이콘으로 제시되기도 한다. 현재에 대한 자신의 견해를 정당화하기 위해 과거를 들여다보는 사람들에게는 자신이 보고 싶은 것이 선뜻 눈에 들어오겠지만, 그렇게 쓰인 역사는 좋은 역사가 아니다. 그런 역사는 실제로 일어난 일이나 인간 세계에 대한 진정한 이해로 우리를 더 가까이 이끌지 못하기 때문이다.

 필리포스나 알렉산드로스에 관한 진정한 전기라는 것은 불가능하다. 왜냐하면 그들에 대해, 특히 그들의 생각, 감정, 사고와 같이 알 수 없는 것이 너무 많기 때문이다. 카이사르나 아우구스투스와 달리 필리포스와 알렉산드로스가 직접 쓴 글은 전해진 것이 전혀 없고, 적어도 우리가 진짜라고 확신할 수 있는 그들의 사적인 생각에 대한 암시조차 전혀 남아 있지 않다. 이 책에서는 자료가 남아있는 한에서 그들의 생애를 이야기하고자 한다. 이를 위해서는 그들과 주변 사람들이 매우 다른 문화의 산물이지만, 우리와 같은 사람이었다는 사실을 기억하는 것이 중요하다. 전기 작가의 질문은 대부분 확실한 답을 찾을 수 없음에도 몇몇 질문은 그 자체로 제기할 가치가 있다. 그러나 이런 종류의 책에서 누구나 저지를 수 있는 가장 큰 실수 가운데 하나는 자신만의 필리포스나 알렉산드로스를 만들어내고, 그들이 했으리라고 여겨지는 일들을 결정해 빈틈을 메우려 드는 것이다. 정직은 중요하다. 특히 알려지지 않은 것을 인정해야 할 때 더욱 중요하다.

 여러모로 이 책은 전쟁과 정치를 강조하고 있다는 점에서 구식 역사서다. 이는 남아있는 고대의 자료들이(특히 필리포스와 알렉산드로스에 관한 자료들이) 주로 정치와 전쟁을 다루고 있는 탓이다. 또한 이 책은 하나의 서사로 기술되었다는 점에서도 구식 역사서다. 나는 이에 대해 변명할 생각이 없다. 서사로서의 역사는 어느 시대든 그 시대를 이해하기 위해 치러야 할 시험이다. 학계에서 유행하는 다른 접근방법은 말할 것도 없고, 사회사나 경제사의 가장 훌륭한 이론들조차 사건의 더 넓은 흐름에 맞지 않는다면—그리고 그 흐름을 관념적으로 설명하는 데 도움이 되지 못한다면—실패한 것이다. 이 책의 한 가지 목표는 필리포스가, 그리고 그다음에는 알렉산드로스가 언제 어디에 있었고 무엇을 하고 있었는지를 밝혀내는 것이다. 이는 군사작전과 전투와 공성에 대한 논의가 아주 많다는 것을 의미한다. 필리포스와 알렉산드로스 모두 성인이 된 이후 삶의 대부분을 전쟁을 치르면서 보냈기 때문이다. 이 책에서는 수많은 살육과 습격이 등장하며, 또한 주민을 학살하거나 노예로 삼는 일도 빈번히 일어난다. 세부적인 내용은 암울할 뿐 아니라 반복적일 수도 있다. 이러한 내용을 건너뛰고 싶은 유혹이 있었고, 실제로 몇 주나 몇 달이 걸린 군사작전을 몇 문장으로 요약하기도 했지만, 전체적으로는 그러한 충동을 억누르고자 노력했다. 그런 충동을 따른다면 두 인물 모두가 소규모 접전들에 얼마나 많은 시간을 할애했는지를 간과할 위험이 있기 때문이다.

필리포스와 알렉산드로스는 최근 몇 세기의 장군들은 말할 것도 없고 율리우스 카이사르 같은 로마의 지휘관들보다 훨씬 더 위험한 상황에 몰아넣는 방식으로 군대를 이끌었다. 두 사람 모두 고대 세계에서도 잘 알려지지 않은 공동체와 민족에 맞서 싸우던 중에 가까스로 죽음을 면하기도 했다. 성인기의 삶의 대부분을 군인들에 둘러싸인 채 병영 안에 지냈고, 날씨를 가리지 않고 온 영토를 돌아다니며 수많은 교전과 위험 속에서 시간을 보냈다. 좀처럼 한곳에 가만히 머물러 있지 않았기 때문에 상황을 살피고 숙고해서 정책을 만들어내기 위해 휴식 기간을 연장하는 일 따위도 하지 않았다. 알렉산드로스 앞에 선 사절들은 페르시아의 정복자가 왕족 특유의 화려함과 예식에 둘러싸여 있지 않고, 땀과 먼지로 더럽혀진 갑옷을 입고 있는 모습을 보고 크게 놀랐을 것이다. 때로는 사치와 낭비가 없었던 것도 아니지만, 두 사람은 위험과 역경, 피로에 훨씬 더 익숙했다.[2]

이 모두가 필리포스나 알렉산드로스에게 무엇을 의미했는지 말하기란 불가능하다. 혹은 그러한 피로와 부상으로 치르게 된 희생이 그들을 어떻게 변화시켰는지도 단지 추정할 수 있을 뿐이다. 대체로 국왕의 핵심 고문들은 왕권에 가해지는 중압감을 제외하고는 이러한 경험과 역경과 위험을 공유했던 이들이었으므로 그들의 삶 또한 별반 다르지 않았다. 우리가 알 수 없는 것은 상당히 많다. 알렉산드로스의 어머니 올림피아스는 확실히 강한 인물이었다. 그녀에 관해 훨씬 더 많이 알고, 남편과 아들과의 관계를 이해한다면 더 많은 사실이 드러날 테지만 증거가 존재하지 않는다. 여성들은 고대사의 대부분에서 그늘에 가려져 있다. 그들 또한 큰 영향력을 행사했던 것은 분명하지만, 그들 자신의 목소리는 보존되지 않았다. 고대 여성들은 다만 타자의 프리즘을 통해서만 알 수 있다. 이러한 사실을 통탄한다고 해서 달라질 것은 없다.

마케도니아의 왕들은 전통적으로 부인을 여럿 두었다. 필리포스는 적어도 일곱 명의 부인을 두었으며 이들로부터 얻은 자식 가운데 다섯이 어린 시절에 죽지 않고 살아남아 성인이 되었다. 그의 업적은 인정하더라도 그의 성품을 경멸했던 당시 그리스인 관찰자들이 전하는 바에 따르면 그는 여성과 젊은 남성 모두를 연인으로 삼았다고 한다. 알렉산드로스는 생애 마지막 몇 년 동안 세 번 결혼했는데, 그에 관한 전승은 매우 달라서 스물세 살이 되어서야 여자와 동침했으며 처음으로 정부를 두었다고 한다. 그의 동성애 관계에 대한 주장은 어린 시절부터 친구였던 헤파이스티온이나 환관 바고아스와의 관계는 물론이고 그밖에 다른 이들과의 모호한 관계를 근거로 한다. 하지만 언제나 강조되는 것은 당대의 통상적인 기준에서 예외적일 만큼 강했던, 특히 문란한 필리포스에 대비되는 알렉산드로스의 자제력이었다. 일반적으로 고대 문헌에서는 마케도니아의 왕과 귀족이 남녀 모두를 연인으로 삼았음을 암시하고 있지만, 이 자료들은 독해에 주의가 필요하다. 대상 인물을 야만인으로 묘사하는 외부인들에 의해 작성되었고, 과도하고 때로는 공격적이기까지 한 성생활이 왕과 폭군의 대표적인 특징이라고 여기는 깊은 고정관념에 영향을 받았기 때문이다. 비록 진실을 완벽히 밝혀내기란 거의 불가능하다 해도, 각각의 사례를 차례차례 숙고해 보아야 한다. 그러나 분명히 두드러지는 것은 고대 문헌들은 남자의 애정 생활이나 주요 인물의 애정 생활을 거의 다루고 있지 않다는 것이다. 그리스인이나 로마인들이 어떤 인물을 이해하고자 할 때 성性은 부차적인 문제였다. 이는 오히려 이것에 대한 현대의 강박을 일종의 관점으로 바라보게 한다.

필리포스와 알렉산드로스에 관한 고대 문헌들은 그리스와 로마 역사 연구의 기준에서 보더라도 많은 문제를 제시한다. 이는 단지 이 문헌들이 우리가 관심 가질 만한 내용을 많이 다루지 않기 때문만은 아니다(부록에 있는 문헌 목록을 참조하라). 필리포스가 살아있는 동안 그의 공개서한과 칙령들 외에도 그와 관련된 많은 문헌이 작성되었지만,

그의 사후에 이런 자료들은 어느 것도 온전하게 보존되지 못했다. 유일하게 남아 있는 당대의 증거는 후대 저자들이 단편적으로 인용한 구절, 소수의 명문銘文, 아테네 웅변가들의 연설밖에 없다. 이들은 고대 세계를 오늘날의 우리보다 훨씬 더 잘 이해하고 있던 독자나 청중을 대상으로 하며, 사실 여부가 별로 중요하지 않았던 정치적 환경에서 작성되었다. 필리포스의 생애에 관한 서사 가운데 현전하는 것은 훨씬 후대에 작성되었으며, 가장 완전한 것은 디오도로스 시켈리오테스가 기원전 1세기에 저술한《역사총서Bibliotheca Historica》•와 기원후 2세기에서 4세기 사이 어느 시기에 유스티누스가 작성한《폼페이우스 트로구스의 역사서 개요Epitome historiarum Trogi Pompeii》••(이하《역사서 개요》)다. 하지만 두 경우 모두 저자의 주된 관심의 대상은 필리포스가 아니었다. 필리포스의 이력은 과거에 대한 광범위한 연구와 조사에 잠시 등장하는 에피소드에 불과했다. 신뢰성 측면에서 어떤 자료라도 더 나은 것이 있다면, 이 두 자료는 학자가 우선 선택할 만한 것이 되지 못한다.

알렉산드로스에 관한 자료는 훨씬 더 많이 남아 있다. 이들은 광범위한 역사는 제외하고 알렉산드로스에게만 초점을 맞춘 경우가 많은데, 여기에서는 시간 격차라는 문제가 훨씬 더 두드러진다. 전통적으

• 기원전 1세기에 활동한 디오도로스 시켈리오테스는 선대의 역사서들을 취합하여 총 40권 분량의《역사총서》를 저술했다. 그 가운데 기원전 480년에서 기원전 302년까지를 다루는 11권에서 20권까지가 완전하게 전해지고 있다.―옮긴이

•• 기원전 1세기에 폼페이우스 트로구스가 필리포스의 생애 및 당대 지리를 망라하여 일종의 보편역사서인《필리포스의 역사(Historiarum Philippicarum)》를 저술했고, 유니아누스 유스티누스는 이를 단순히 요약하기보다 자유로이 취사선택하여《폼페이우스 트로구스의 역사서 개요》를 작성했다.―옮긴이

로 역사학자들은 아리아노스와 플루타르코스에 크게 의존해 왔다. 두 사람 모두 알렉산드로스 사후 400년 이상 지난 기원후 2세기에 활동했다. 우리가 엘리자베스 1세와 아메리카 식민지 초기 시대로부터 멀리 떨어져 있는 만큼 그들은 알렉산드로스에게서 시간적으로 멀리 떨어져 있었다. 로마 제국의 지배 아래에서 글을 쓰던 그리스인들은— 두 사람 모두 로마 시민이었으며, 아리아노스는 특히 저명한 원로원 의원이기도 했다—알렉산드로스의 세계와는 매우 다른 세계에서 살았고, 그들이 어느 시점에 자기 시대의 기준으로 과거를 해석했는지 구별하기란 쉬운 일이 아니다. 기원후 1세기에 활동했고, 로마의 여러 황제의 지배하에 살았던 경험에 분명 영향을 받은 로마인 쿠르티우스의 경우는 더욱 그러하다. 디오도로스의 경우, 저작의 상당 부분이 유실되긴 했지만, 필리포스보다 알렉산드로스에게 더 많은 분량을 할애했으며, 쿠르티우스 역시 중대한 부분에서 대왕의 초년 시절과 사망 전 몇 개월을 다루었다.

현전하는 문헌의 저자들은 모두 현전하지 않는 문헌을 참고했고, 그 자료 가운데는 해당 사건을 직접 목격했거나 사건에 훨씬 더 근접한 시기에 살았던 이들이 작성한 것도 있다. 아리아노스는 알렉산드로스의 조신朝臣이었던 아리스토불로스의 문헌과, 알렉산드로스의 장교였다가 그의 사후에 이집트의 지배자가 되는 프톨레마이오스의 문헌에 많이 의지했다고 말한다. 그는 이 두 사람이 진실을 알고 있을 만한 위치에 있었으며, 특히 프톨레마이오스의 경우 거짓을 말하는 것이 한 나라의 군주에게는 '수치스러운' 일이 될 것이므로 그들을 신뢰했다. 학자들은 원출처에 도달할 수 있기를 바라며 엄청난 노력과 재능을 들여 현전하는 문헌들을 깊이 연구했고, 이를 기반으로 문헌의 정확성을 판단했다. 그 결과, 이 문헌들은 수많은 추측과 가정에 근거한 사상누각이라는 게 밝혀졌다. 따라서 많은 학자가 알렉산드로스에 관해 아리아노스가 대표하는 '공식' 전기와 디오도로스와 쿠르티우스가 대표하는 '통속' 전기를 대조해왔는데, 전자가 대왕에 대해 진지하고 아첨하는 듯한 경향이 있는 반면 후자는 적대적이고 선정적이다. 학자들은 이러한 방식으로 최선의 동기를 가지고, 증거 속에 담긴 혼돈과 모순으로부터 확실성을 끌어내고자 노력했다. 가정에 깔린 엉성한 근거와, 자칫 전체를 무너뜨릴 수 있는 안일은 무시했다. 우리에게 주어진 고대 문헌들이 훨씬 후대에 작성되었고, 거기에 담긴 정보가 얼마나 정확한지 혹은 얼마나 잘 사용되었는지 확신할 수 없다는 것을 인정하는 편이 더 정직할 뿐 아니라 단순하게 더 낫기도 하다. 우리가 근거로 삼을 수 있는 것은 현전하는 문헌밖에 없으며, 우리가 할 수 있는 일은 각각의 저자를 그만의 장점에 따라 판단하면서 그 문헌을 최대한 활용하는 것밖에 없다.[3]

문헌들은 우리가 필리포스와 알렉산드로스에 대해 말할 수 있는 것들을 제한하고, 여러 세대에 걸친 연구 역시 불일치하고 불확실한 내용들을 남겨 놓았다. 이 책을 쓰는 또 다른 이유는 이 분야의 전문가가 아닌 일반 독자에게 학자들의 연구 성과를 부분적으로나마 제시하려는 것이고, 애초에 나는 그들에게 큰 빚을 지고 있음을 인정해야 한다. 필리포스와 알렉산드로스에 관한 문헌은 방대하며, 새로운 질문을 제기하고 새로운 분석 방식을 도입하면서 꾸준히 증가하고 있다. 알렉산드로스에 대한 집착은 마케도니아 역사에 관한 폭넓은 연구로 발전되었고 이전보다 연구 주제의 범위도 넓어졌다. 이 책에 실린 주석과 참고문헌 목록은 관심 있는 독자들에게 학술적 문헌에 접근할 수 있는 첫 기회를 제공할 것이다. 주제에 관련된 모든 저작을 언급한다면 참고사항이 오히려 책의 본문을 왜소하게 만들 것이기에 주석이나 참고문헌 목록에 관련 사항을 전부 담지는 않았다.[4]

　나는 주로 로마인과 관련된 주제들을 연구해 왔고, 기원전 4세기에 관한 연구에는 문외한이다. 그래서 풀리지 않은 문제들에 답을 제시하려 한다거나 해당 시기에 대한 학문적 이해를 혁명적으로 전환하려 하지 않았다. 다만 이 책이 더 폭넓은 시각과 신선하고 유용한 접근 방식을 강점으로 가질 수 있기를 바랄 뿐이다. 뒤늦은 깨달음은 어느 역사학자나 겪는 가장 큰 문제 가운데 하나다. 한 시대에 대한 오랜 익숙함 또한 그러한데, 그것은 지나치게 많은 것을 당연하게 여길 수 있게 하기 때문이다. 필리포스와 알렉산드로스의 지배 아래 마케도니아의 부상은 매우 빨랐던 만큼 예상치 못한 일이기도 했다. 이러한 사실을 망각하기란 너무나 쉽다. 알렉산드로스가 죽었을 때 그 주변에는 필리포스가 즉위하기 전 혼란스러운 시절에 이미 성인이었던 사람들이 여전히 많이 있었다. 그 시절은 그렇게 먼 과거가 아니었지만, 필리포스의 개혁이 근본적으로 마케도니아를 변화시켜 가공할 강대국으로 만들었고 그의 아들이 인도까지 진군한다는 것을 미리 알고 나면, 이것이 동시대 사람들에게 얼마나 놀랍고 충격적인 일이었는지를 제대로 인식하기 어렵다.

　필리포스는 겨우 마흔여섯에 살해되었고 알렉산드로스는 서른세 번째 생일을 몇 주 앞두고 뚜렷한 후계자 없이 죽었다. 이는 분명한 사실이지만, 다른 많은 사실과 마찬가지로 당시 사람들은 이런 일이 일어날 줄 몰랐거나, 두 사람이 마케도니아인들을 이끌어 매우 다른 조건 속에서 다양한 적에게 수많은 승리를 거두리라는 점을 몰랐다.

이러한 사실을 염두에 두는 것이 매우 중요하다. 이 두 인물을 이해하기 위한 열쇠 중 하나는 그들이 행한 일들을 얼마나 많이, 또 얼마나 빨리 해냈는지를 늘 염두에 두는 것이다. 이 책은 가능한 한 마치 결말을 알 수 없는 것처럼 두 인물의 이야기에 접근할 것이다. 또한 두 인물과 그 시대에 관해 이루어진 모든 작업에 내가 크게 빚지고 있음을 다시 한번 인정하면서, 열린 정신으로 문헌들을 검토하고 그 문헌들이 전하는 이야기를 고찰할 것이다.

1부

필리포스 2세

기원전 359-336

"그대의 생각은 대기보다
더 높은 곳에 이르네"

1

시조

필리포스나 알렉산드로스가 등장하기 오래전부터 마케도니아는 존
재했다. 마케도니아는 아르게아스 왕조가 지배하는 그리스 북부의 왕
국이었다. 왕가 사람만 왕이 될 수 있다는 권리는 귀족들의 도전을 받
지 않았기 때문에 왕가의 근본이 매우 중요했다. 이를 정당화하는 한
가지 근거는 아르게아스 왕가가 다른 귀족 집안과 뚜렷이 구별된다
는 사실이었다. 이들은 본래 외부에서 들어온 이들로, 기원전 7세기
에 그리스 남부 펠로폰네소스의 도시 아르고스에서 추방되어 가족과
식솔을 이끌고 북쪽으로 이동해서 새로운 영토를 정복했던 한 귀족의
후손이라고 주장했다. 아르고스의 귀족으로서, 제우스의 아들인 반
신半神 헤라클레스를 집안의 시조로 삼고 그를 헤라클레스 파트루우
스Herakles Patruoüs('아버지' 또는 '선조' 헤라클레스)로 숭배했다. 고대 세계에
서 이런 이야기는 흔했다. 로마인들은 그들의 도시가 마르스의 아들
이자 아이네이아스의 후손인 로물루스에 의해 건설되었다고 자랑했
다. 아프로디테의 아들 아이네이아스가 함락된 트로이에서 한 무리의
유민을 이끌고 나와 마침내 이탈리아에 정착했다는 것이다. 기원전

1세기에 이르면 갈리아에 살고 있던 하이두이족 또한 자신들이 트로이 유민의 후예라고 주장하며 로마인들의 '형제'가 됨으로써 자연스럽게 공화정 로마와 동맹을 맺었다.[1]

고대 공동체는 이러한 이야기를 좋아했고 형편이 되는 대로 만들어냈으므로, 그 이야기에 어떤 단편적인 진실이라도 담겨 있는지를 알아내기란 쉽지 않다. 아마도 아르게아스 왕조 사람들은 외부에서 온이들이었을 것이다. 그들은 고향을 떠나야 했던 한 명의 수장과 그가 이끄는 일단의 전사였거나, 새로운 기회를 찾아 나선 이주민이었을 가능성이 있지만 확실히 알 수는 없다. 이유가 무엇이었든, 오직 아르게아스 사람만이 마케도니아 왕이 될 수 있다는 이 규칙은 알렉산드로스 대왕의 아들 알렉산드로스 4세가 기원전 310년에 살해되어 왕조의 맥이 끊어질 때까지 한 번도 깨지지 않았다. 아르게아스 왕조의 혈통은 특별하고 신성하게 여겨졌다. 왕에게는 신들에게 더 가까이 연결되는 중요한 역할이 있었기 때문이다. 전승에 따르면 필리포스의 조상 중에 아버지가 죽어 유아 때 왕이 된 자가 있었는데, 마케도니아 군대가 일리리아 군대에 맞서 고전하고 있을 때 무장한 아기 왕이 전장에 나오자 전세가 역전되어 마케도니아가 승리했다고 한다. 성인이 된 왕은 일상적으로 중대한 시기에 군대를 지휘했고 주요한 축제를 주재했으며, 왕의 날은 매번 왕이 직접 희생제물이 된 짐승의 멱을 따는 것으로 시작되었다.[2]

아르게아스 왕가는 특별했고, 그들만이 통치권을 가졌지만, 그렇다고 해서 마케도니아가 안정을 누린 것은 아니었다. 아르게아스 왕가의 남자라면 누구든, 충분히 많은 사람이 그를 지지하거나 적어도 기꺼이 받아들이려고만 한다면 왕이 될 수 있었기 때문이다. 우리가 알 수 있는 한에서, 왕이 죽었을 때 왕위를 누가 계승해야 하는지에 관한 규정은 존재하지 않았다. 죽은 왕의 장자가 성인이라면 그를 왕으로 선택하지 않기 위해 정당한 이유가 필요했을 테지만, 그를 선택하지 않을 가능성도 충분했다. 그의 형제들이 선호될 수도 있었고 더 광범위한 왕족의 다른 혈통에 속한 이들이 선택될 수도 있었던 것 같다. 민족을 대표하는 무장한 성인 남자의 모임이나 적어도 그중에 가장 중요한 인물의 회합에서 방패와 무기를 맞부딪쳐 소리를 냄으로써 새로운 왕을 옹립했지만, 후보자들 가운데서 왕을 선출한다는 개념은 전혀 없었다. 그 대신 한 남자가 자신이 왕이 되겠다고 선언한 다음, 사람들의 지지를 받고 왕으로서 살아남을 수 있는지를 보았다. 아르게아스 왕조 사람들은 일부다처제 전통을 따라 자식을 많이 낳았기에 선택지가 많았다. 적어도 끔찍한 최후를 맞이하지 않는다면, 장수하는 경향이 있기도 했다.[3]

필리포스 1세를 포함해서 초기 왕들의 이름은 알려져 있지만 그밖에 확실한 것이 거의 없으며, 아르게아스 왕조가 역사 기록에 등장하는 것은 기원전 6세기 후반부였다. 당시 통치자는 아민타스 1세였고, 그 뒤를 이어 기원전 498년에 그의 아들 알렉산드로스 1세가 왕이 되었으며, 기원전 454년에는 그의 손자 페르디카스 2세가 왕이 되었다. 이 세 왕의 지배가 끝나고 마케도니아 왕국은 다소 불안정해졌다. 뒤이은 왕들이 주변 인물들에 의해 암살당하는 일이 여러 차례 벌어졌기 때문이다. 기원전 399년 아르켈라오스 1세가 사냥 중에 살해당했는데 역모를 꾸민 이들은 이 일을 사고로 위장하는 데 실패했다. 철학자 아리스토텔레스는 낙담한 젊은 연인의 손에 왕이 암살당한 것은 왕 자신의 악덕 때문이라고 판단했지만, 개인적인 원한만이 아니라 정치 상황도 영향을 미쳤다고 설명했다. 아르켈라오스는 14년간의 재위 기간에 상당히 성공적으로 왕국을 통치하면서 국력을 강화했지만, 그 자신도 처음에 많은 암살과 처형을 통해 왕위에 올랐다. 그는 페르디카스 2세의 아들이긴 했지만, 철학자 플라톤은 그의 어머니가 그의 삼촌이 소유한 노예였다고 말한다. 이는 그저 중상中傷에 불과하거나 왕가의 일부다처제에 대한 오해일 수도 있고, 사실일 수도 있겠지만, 적어도 첩의 자식 또한 적자로 인정될 수 있었다는 것만큼은 확인시켜 준다. 아르켈라오스는 삼촌, 삼촌의 아들, 그리고 이복형제를 죽이고 왕이 되었다.[4]

기원전 393년 아민타스 3세가 왕이 되었다. 6년 전에 아르켈라오스가 살해당한 뒤 즉위한 다섯 번째 왕이었다. 앞선 네 명의 왕 가운데 한 명은 질병으로 죽은 듯하지만, 나머지 세 명은 모두 살해되었다. 그들의 통치 기간과 통치 방식의 세부사항은 알기가 어렵다. 알렉산드로스 1세의 증손자였던 아민타스는 필시 직전의 선왕을 암살하고 왕이 되었을 것이다. 알렉산드로스 1세는 장수했고, 아민타스의 할아버지를 포함하여 적어도 여섯 명의 자식을 두었다. 그러나 아민타스의 할아버지와 아버지는 모두 왕이 되지 못했다. 이유야 어찌 되었든, 이 혈통은 그때까지 줄곧 간과되었다. 아민타스는 이미 성인이었지만 왕위 계승 후보자로 여겨지지 않았던 게 분명하다. 앞선 몇 년 동안 다수의 아르게아스 왕조 사람들이 죽어 나갔지만 아민타스의 경쟁자들은 살아남았고 곧 다시 부상할 것이 분명했다. 아민타스의 친척들도 위협을 가해 오고 있었지만, 외부의 적들도 그의 왕국을 둘러싸고 있었다.[5]

가장 먼저 행동한 것은 북서쪽에 살고 있는 마케도니아의 숙적 일리리아인이었다. 일리리아인들은 수가 많았고 호전적이었지만, 여러 개의 부족으로 나뉘어 서로 다른 왕과 부족장을 따르고 있었다. 일리리아인이라는 이름은 일리리아 지역에 살고 있던 '야만인'들에게 그리스인들이 붙인 이름이다. 그리스인들은 다른 민족에 대해서도 켈트인, 트라케인, 스키타이인 등으로 불렀는데, 그들이 모두 비슷하게 느껴졌고 실제 부족과 씨족들의 복잡한 상황을 이해하는 것보다는 대강 뭉뚱그린 명칭을 사용하는 것이 더 쉬웠기 때문이다. 일리리아인들이 어떤 공동체 의식을 가졌다고 생각해야 할 이유는 거의 없다. 그들에게 민족의식 같은 것은 분명 존재하지 않았다. 하지만 기원전 4세기 초에 이르면, 아마도 다르다니아인이라 불리던 한 부족의 지도자인 바르딜리스가 등장하여 자기 부족을 단결시켰을 뿐 아니라 다수의 이웃 부족까지 지배 아래 두었다. 아민타스 3세가 왕위에 오르고 불과 몇 달 뒤에 이루어진 마케도니아 중심부 침공의 배후에도 바르딜리스가 있었을 것이다. 일리리아인들 가운데 어느 부족이 침공을 단행했든, 마케도니아의 새 임금은 달아나 마케도니아 남부에 이웃한 테살리아에 피신해야 했다.[6]

아민타스 3세는 테살리아 협력자들의 도움을 받아 마케도니아로 귀환했다. 대체로 일리리아인들은 영구적인 점령보다는 약탈과 갈취에 더 관심이 있었으므로 아민타스가 직접 그들을 몰아내야 했던 것은 아니다. 하지만 왕이 피신해 있던 틈을 타서 아르가이오스라는 자가 왕위를 차지했다. 디오도로스에 따르면 그가 참고한 어떤 문헌에서는 이 남자가 2년 동안 마케도니아를 통치했다고 하는데, 사건 전체를 명확하게 파악하기는 쉽지 않다. 10년 뒤에 다시 한번 일리리아인의 공습이 있었고, 곧이어 동쪽을 향해 세 갈래로 뻗어 있는 칼키디케 반도의 몇몇 그리스 공동체와 교전이 벌어졌다. 이 교전을 이끌었던 것은 과거에 아민타스가 평화를 유지하고자 유화정책을 폈던 올린토스라는 도시국가였다. 마케도니아 왕은 다시 달아나야 했고, 이번에는 스파르타의 도움을 받아 기원전 382년에 왕위에 복귀했다.[7]

마케도니아에서 얼마나 많은 지역을 실제로 아민타스가 지배했는지 확실히 알기는 어렵다. 왕국의 중심부는 올림포스산 북쪽, 에게해 테르마이코스만 주변의 풍요로운 평원으로 이루어진 저지 마케도니아였다. 이 지역은 농사를 짓기에 좋았고, 도시와 촌락에 정착해 살아가는 주민이 더 많았다. 이 지역에서 가장 중요한 곳은 '염소들의 장소'로 불리는 아이가이(오늘날의 베르기나)에 있는 옛 왕궁과, 아르켈라오스 1세의 통치기에 규모와 중요성이 훨씬 더 커진 도시 펠라였다. 저지 마케도니아는 산으로 둘러싸여 있었다. 고지 마케도니아는 저지 마케도니아 너머에 있었고, 역시 몇몇 고개로만 넘을 수 있는 산맥에 에워싸여 있었다. 고지 마케도니아는 주민들이 대개 목축을 했고, 링케스티스와 엘리미오티스처럼 서로 독립되어 있다고 생각하는 여러 지방으로 나뉘어 각각 고유한 왕조가 통치하고 있었다. 이 지방 임금들이 마케도니아 전체에 대한 통치권을 차지하기 위해 아르게아스 왕조에 도전했던 것처럼 보이지는 않는다. 하지만 자신들에 대한 중앙의 통제에 맞서 굳건히 저항했으며 그들의 독립을 유지하기 위해서라면 기꺼이 맞서 싸울 의지가 충분했다. 심지어 일리리아인은 물론, 서쪽에 이웃한 에페이로스 지방의 몰로소이족과 연맹을 맺기도 했다. 아르게아스 왕들 가운데 강력했던 왕은 고지 마케도니아 전체나 대부분을 자기 뜻대로 다스렸다. 하지만 아민타스처럼 힘이 약했던 왕들은 지방 임금들을 회유하고 설득하는 데 최선을 다해야 했다.[8]

아민타스 3세는 적어도 두 명의 아내를 두었으며 우리가 아는 한 그는 두 여인과 연이어 결혼하지 않고 동시에 결혼했다. 일부다처제는 대부분의 그리스인들에게, 아니면 적어도 우리가 그리스를 대변한다고 여기는 교육받은 아테네 남성들에게는 생경하고 혐오스러운 것이었다. 그리스인들은 군주제 자체를 야만스럽다고 여겼던 것처럼 일부다처제 또한 야만스럽다고 간주했다. 그리스 세계에서 일부다처제는 폭군의 상징 같은 것이었다. 폭군은 성적으로 탐욕스럽고 전반적으로 부도덕하며 잔인하다고 여겨졌다(후대에 아테네의 비평가들은 필리포스에 대해 이러한 특징이 있다고 이야기한다). 외국의 군주들, 특히 왕들의 왕이라는 페르시아의 왕은 대체로 여러 부인을 두었고, 이 때문에 일부다처제가 외래의 것이며 본질적으로 그릇된 것이라는 의식이 강화되었다. 아테네인들은 어떤 식으로든 왕비가 정치적 영향력을 갖는다는 생각 자체를 언짢게 여겼고, 두 명 이상의 왕비가 동시에 존재하면서 권력을 차지하려고 다투는 것은 특히 흉악한 일이라 생각했다.[9]

마케도니아의 일부다처제에 대한 가장 좋은 증거는 일고여덟 명의 아내를 거느렸던 필리포스 자신에게서 나온 것이다. 그의 아버지에게는 아내가 둘 있었다. 아르게아스 왕조에 속한 많은 이들이 일부다처제가 그들의 확고한 전통이었음을 보여준다. 그렇지 않았다면 틀림없이 현전하는 고대 문헌들에서 필리포스가 이 혐오스러운 관습을 만들어냈다고 비난했을 것이다. 일반적으로 마케도니아인 사이에서 일부다처제가 만연했다는 직접적인 증거는 전혀 없다. 아마도 아르게아스 왕가에 속한 이들이나 특히 유력한 왕에게만 한정되었을 가능성이 더 크다. 일부다처제에 따른 한 가지 결과는 잠재적 왕위 계승 후보자들이 많았고, 그들 중 일부는 현직 국왕에게 기꺼이 도전하려 했다는 것이다. 우리가 이미 살펴보았듯이, 마케도니아의 왕들은 대부분 끔찍한 죽음을 맞았으며 대체로 측근의 손에 살해되었다. 왕권을 직접 노렸거나 노린다고 의심되었기 때문에 살해당한 아르게아스 왕조의 다른 인물들도 마찬가지였다.

아민타스 3세의 부인 중 한 명인 에우리디케가 필리포스를 낳은 것은 기원전 382년이거나, 조금 더 이른 기원전 383년이다. 이는 그가 죽었을 때 마흔여섯 살이었다는 기록과 마흔일곱 살이었다는 기록을 근거로 산출한 것이다. 이러한 차이는 한 개인이 태어났을 때 바로 한 살로 치는 방식과 그렇지 않은 방식 사이에서 비롯된 것일 수도 있다. 게다가 그리스인들은 대체로 음력에 기초한 여러 가지 시간 측정 방식을 사용했고, 그 방식들은 기원전 46년 율리우스 카이사르가 도입하여 오늘날까지 사용되는 양력에는 전혀 대응되지 않는다. 따라서 어떤 문헌이나 자료에서 한 사건에 대한 정확한 날짜를 제시하고 있더라도 그 사건은 우리에게는 앞선 연도의 후반에 일어난 것이 될 수 있다. 사실 고대의 역사학자나 전기 작가들은 대체로 주요 사건과 겹치거나 어떤 위대한 운명을 예시暗示하는 이야기로 둘러싸인 경우가 아니라면, 누군가의 탄생에 대해 자세하게 다루려고 하지 않았다. 그래서 우리는 카이사르, 클레오파트라, 마르쿠스 안토니우스가 태어난 해를 확실하게 알 수 없다. 어떤 문헌에서도 태생을 언급하지 않는 고대의 덜 유명한 인물들은 말할 것도 없다.[10]

필리포스의 탄생이나 유년기를 언급하는 고대 문헌이나 자료는 남아 있지 않다. 다시 한번 말하지만, 이는 전혀 이례적인 경우가 아니다. 알렉산드로스와 아우구스투스 황제 같은 소수의 사례들이 오히려 예외적인데, 이들의 유년시절 이야기도 대부분은 후대의 낭만적 창작에 불과하다. 여성과 아동의 삶은 문헌 저자들의 관심 대상이 아니었다. 카이사르와 그 시대의 다른 로마인 귀족에 대해서는 아이가 태어났을 때 흔히 행했던 의례들을 어느 정도 알 수가 있고 당대의 출산에 대해 개괄적인 그림을 그려볼 수 있다. 기원전 4세기 마케도니아 왕가의 관습에 관한 유사한 정보는 거의 존재하지 않거나, 있어도 별다른 가치가 없는 것뿐이다. 필리포스는 따뜻한 물로 목욕했다는 이유로 장교 하나를 해임했다고 하는데, 이는 마케도니아인들이 산고를 겪는 여성에게도 허용하지 않는 사치였다. 반면에, 출산의 여신 아르테미스 에일레이티이아•가 디온••의 성지에서 숭배되었다는 사실을 우리는 알고 있다. 고대 세계, 특히 마케도니아 왕들의 세계에서는, 생활의 모든 측면에 의례와 희생제사가 스며들어 있었으므로 아민타스 3세의 아들의 탄생은 적어도 그의 집안에서는 정해진 의식을 통해 기념되었을 것이라고 안전하게 가정할 수 있다. 하지만 마케도니아 바깥의 더 넓은 세계에서는 필리포스의 탄생에 관심 갖는 사람이 거의 없었을 것이다. 마케도니아는 그리스 세계의 변방에 있었고—어떤 이들은 그 너머에 있었다고 말할 것이고—강대국도 아니었으며 중요한 문화 중심지로 여겨지지도 않았기 때문이다.[11]

출산은 산모와 아이 모두에게 위험한 순간이다. 필리포스의 어머니는 이미 남편에게 알렉산드로스 2세와 페르디카스라는 두 아들을 낳

• 그리스 신화에서 출산을 관장하는 여신은 제우스와 헤라의 딸 에일레이티이아다. 아르테미스는 보통 달과 사냥의 여신으로 여겨지지만, 태어나자마자 소녀로 자라나 어머니 레토가 쌍둥이 동생 아폴론을 낳는 걸 도왔다고 해서 에일레이티이아에게 결부되었다.—옮긴이
•• 디온은 올림포스산 기슭에 위치한 고대 도시였다. 마케도니아의 오래된 제우스 성소(聖所)가 있던 것으로 유명하다.—옮긴이

아주었으므로, 적어도 두 차례나 시련을 겪은 몸이었다. 어느 시점엔가 국왕 부부는 에우리노에라는 딸을 낳았고, 이 딸이 몇 번째 자녀인지는 확실치가 않지만 필리포스보다 먼저 태어났을 가능성이 크다. 이들 네 자녀는 어린 시절에 죽지 않고 성인이 되었다. 물론 그렇지 않은 다른 자녀들이 있었을 가능성도 크다. 고대 세계에서는 유아 사망률이 충격적일 만큼 높았고, 아민타스의 왕국 중심부에는 말라리아 모기들이 들끓어서 모든 연령대의 주민들이 목숨을 위협받았다고도 한다. 그럼에도 에우리디케와 네 자녀는 모두 살아남았고, 아민타스 3세보다도 더 오래 살았다.[12]

아민타스 3세는 기가이에라는 여인과도 혼인해서 아들 셋을 두었고 이들도 모두 성인이 되었다. 에우리디케의 세 아들이 후계자로서 기가이에의 아들들보다 선호되었는데, 별다른 이유가 없었다면 기가이에의 아들들이 나이가 더 적었을 것으로 추측된다. 디오도로스가 그밖에 다른 아들을 언급하고 있으므로 다른 부인이 있었을 가능성도 있다. 또한 혼외자가 적법한 후계자로 인정받을 수 있다는 것도 전혀 생각할 수 없는 일이 아니었다. 그러므로 필리포스는 태어날 때부터 언젠가 왕이 될 가능성이 있었지만, 아무런 도전도 받지 않고 간단하게 왕위를 계승할 가능성은 거의 없었다. 그의 형들이 더 오래 살았더라면 그는 왕이 되어 군림할 수 없었을지도 모른다.[13]

에우리디케는 고지 마케도니아의 한 왕조 출신이었다. 그녀의 외할아버지는 링케스티스의 왕이었다. 하지만 그녀의 아버지 이름은 시라스였고, 아마도 일리리아인이었던 것 같다. 고지 마케도니아는 대체로 일리리아인들의 습격에 노출되어 있었으므로 지방 왕조가 강력한 부족과 혼인 동맹을 맺는 것은 매우 타당한 전략이었을 것이다. 바로 그런 이유에서 필리포스 또한 정해진 관행을 따라 일리리아인 아내를 맞게 된다. 그러므로 에우리디케가 전적으로 링케스티스인이었다고 생각하는 학자들이 있긴 하지만, 그녀가 일리리아인이었을 가능성이 본래부터 전혀 없다고 할 수는 없다. 플루타르코스는 에우리디케를 '아주 야만적인' 일리리아인이라 부르고, 그녀가 자식들 곁에서 그리스어 읽기와 쓰기를 배우기 전까지 문맹이었다고 주장한다. 플루타르코스는 그녀가 무사이*에게 바친, 이제는 사라진 명문銘文을 인용했다. "배우고자 하는 영혼의 갈망이 일었을 때 그녀는 어리고 튼튼한 아이들의 어머니였으나, 근면하게 노력하여 글을 읽을 수 있게 되었습니다."14

에우리디케가 제작을 의뢰한 두 명문이 아이가이에서 현전하고 있는데, 둘 다 명성과 영광의 여신인 에우클레이아에게 헌정되어 그 신전에 새겨진 것이다. 아테네에서는 에우클레이아 여신의 신전은 마라톤 전투에서 페르시아인들에게 거둔 승리를 기념하기 위해 세워졌지만, 그리스의 다른 도시들에서는 전쟁과 관련성이 없어 보인다. 대신에 이 여신은 아르테미스(아폴론의 쌍둥이 여동생이자 처녀 사냥꾼) 여신과 연결되었고, 때로는 헤라클레스의 딸이라고도 이야기되었다. 에우클레이아의 신전은 시장 근처에 있었고, 결혼하기 전에 봉헌물을 가져와 바치려는 연인들이 자주 방문했다. 아이가이에서 에우클레이아 숭배가 정확히 어떤 성격을 띠었든, 에우리디케는 공적인 존재의 흔적을 남긴 최초의 마케도니아 왕실 여성이다. 하지만 이것은 그녀의 남편이 죽은 뒤에야 이루어진 것일 수도 있다.

• 무사이(Mousai)는 그리스 신화에서 음악과 시를 관장하는 아홉 명의 여신을 말한다.—옮긴이

일부 일리리아인 여성들은 전사로 훈련되었다고 여겨졌기 때문에, 아민타스의 아내는—그녀가 부족 지도자의 딸이라면—마케도니아 왕실의 다른 여성들보다 훨씬 더 강했으리라고 추측할 수 있다. 그녀에 대해 알려진 것이 별로 없으므로, 추측에서 더 나아가는 것은 현명하지 못하다. 아마도 에우리디케는 강인한 인물이었을 테고, 주변 환경 또한 그녀가 자기 의견을 주장할 수 있도록 허용했을 것이다. 많은 그리스인, 특히 아테네인은 여자가 권력을 행사한다는 생각 자체에 반발했다. 몇몇 문헌에서 극히 적대적인 방식으로 에우리디케를 기만적인 성격에 욕정의 노예라고 묘사하는 것도 절대 우연은 아니었다. 앞으로 이 책에서 다른 강력한 왕실 여성이 등장할 때마다 비슷한 내용이 반복될 것이다.[15]

아민타스 3세는 기원전 370년에 죽었다. 근래의 기준으로 보면 아르게아스 왕조의 왕으로서는 오래 산 편이다. 그는 사방에서 닥쳐오는 위협들을 모두 견뎌냈지만, 외부 세력에 크게 양보한 적도 많았기에 왕국을 연약하고 취약하게 만들었다. 그의 죽음은 자연사였던 것 같은데, 이는 아르게아스 왕조의 유혈 정치에서 그 자체로 하나의 성취였다. 유스티누스는 《역사서 개요》에서 에우리디케가 남편을 살해할 음모를 꾸몄다는 이야기를 반복하고 있다. 이에 따르자면 그녀는 사위와 바람을 피웠고, 그와 결혼해서 아민타스 대신 그를 왕좌에 앉히려는 계획을 세웠다. 에우리노에에게 무슨 일이 있었는지는 설명되지 않았지만, 그녀는 이 음모를 알아내 아버지에게 알렸다. 음모는 실패로 돌아갔고, 왕은 자녀들을 위해 왕비를 처형하지 않았다. 이 기이하고 믿기 어려운 일화를 전하는 다른 문헌은 없다. 필리포스에게 에우리노에라는 누이가 존재했다는 증거도 이 일화가 유일하다.[16]

아민타스 3세에 이어 에우리디케의 맏아들인 알렉산드로스 2세가 왕위를 계승했다. 필리포스는 열두 살쯤 되었고, 그의 형은 적어도 열여덟 살은 되었을 것이다. 그보다 어린 나이의 왕이 섭정 없이 통치했을 가능성은 거의 없기 때문이다. 알렉산드로스 2세는 확실히 적극적이고 대범했던 것 같다. 그는 곧 원정대를 이끌고 테살리아 내부의 권력 다툼에 개입했다. 하지만 마케도니아는 여전히 힘이 약했고 사방에서 위협을 받았다. 일리리아인들은 다시 한번 적극적으로 활동하기 시작했고, 알렉산드로스 2세는 마치 데인겔트Danegeld●를 지불하여 바이킹들의 침략을 막은 앵글로색슨족 임금들이나, 폭력배들에게 돈을 주고 보호를 받는 사람들과 마찬가지로 일리리아인들에게 조공을 바치고 평화를 얻었을 것이다. 하지만 이러한 필사적인 조치들은 침략자들이 언제나 곧 다시 돌아왔기 때문에 영구적인 평화를 가져오지는 못했다. 필리포스는 평화 협정을 공고히 하기 위한 볼모로 보내진 것 같다. 기원전 371년 레우크트라에서 스파르타를 크게 물리치고 그리스 세계의 새로운 지배자로 등극한 테바이는 테살리아에도 적극 개입했고, 마케도니아는 그리스의 강대국과 경쟁할 생각조차 할 수 없었다. 기원전 369년 테바이의 펠로피다스 장군은 전쟁 중인 테살리아의 도시들과 마케도니아에 화친을 강요했고, 이때 필리포스는 다른 마케도니아 귀족들의 자제 서른 명과 함께 테바이에 볼모로 보내진 게 확실하다.[17]

필리포스는 테바이에서 거의 3년을 보냈다. 그 시간 동안, 부유하

● 데인겔트는 9~11세기에 바이킹의 일족인 데인족에게 바치기 위해 잉글랜드의 국왕이 백성에게 부과한 세금을 말한다. ─옮긴이

고 인맥이 좋은 테바이 귀족 팜메네스의 집에서 객식구로 살았다. 자유로이 떠날 수는 없었지만 무척 느슨하고 편안한 감금 생활이었다. 여러 세대에 걸쳐 아르게아스 왕조는 그리스 문화, 특히 아테네의 문화를 받아들였으므로 필리포스는 이미 그리스의 훌륭한 문학과 연극을 잘 알고 있었다. 마케도니아 소년은 어린 시절부터 말을 타고 싸우는 법을 익혔으므로 전쟁에 나갈 채비도 되어 있었다. 사냥은 귀족의 오락인 동시에 전쟁 훈련이기도 했다. 마케도니아인은 그물로 가두지 않고 곰을 잡아 죽인 뒤에야 비로소 비스듬히 누운 듯한 자세로 앉을 수 있었다고 한다. 그러한 관습은 분명히 귀족 남성들에게만 적용되었을 테고, 외부인의 생각보다는 덜 엄격했을지도 모르지만, 아르게아스 왕가의 청년이라면 무기를 다루는 기술과 용맹을 갖추어야 했다.[18]

그리스 도시국가들은 마케도니아와 같은 군주정을 본질적으로 낙후되었다고 여겼다. 그럼에도 이들 도시 대부분에 남아 있던 귀족 문화는 이 구식 군주정 문화에 조금 더 가까웠다. 귀족들은 말을 기를 여유가 있었고, 오락을 위해 말을 타고 여행하거나 사냥할 수 있었다. 아테네를 비롯한 다른 도시에서 가장 부유한 계층은 히페이스hippeis라는 기사 계급이었다. 그들은 공부하고 토론하는 여가 시간을 가졌으며, 김나시온gymnasion의 신체 훈련과 경쟁과 과시에 열의를 다했다. 펠로피다스는 신체 훈련과 단련에 매진한 것으로 유명했다. 구체적인 경험은 달랐어도 이러한 교육이 필리포스에게는 전혀 생경한 것이 아니었다. 만년에 테바이를 대하는 필리포스의 태도는 실용주의적이었고, 어떤 애정이나 증오를 드러내지 않았다. 그는 팜메네스를 친구로 대했는데, 그렇게 하는 것이 정치적으로 편리해서였겠지만, 그런 감정 자체는 진심이었을 것이다. 사적인 개인으로서나 국가의 대표로서, 심지어는 볼모로서도 한 귀족의 고국을 방문하여 그의 환대를 받는 것은, 호메로스의 시에서 익숙하게 등장하는 주인과 손님 간의 우정 같은 유대감을 양편 모두에게 형성했으리라 추정된다. 어떤 문헌에서는 팜메네스와 필리포스가 연인이었다고 하는데, 이런 부류의 이야기는 젊은이가 유명한 성인 남성과 접촉할 때마다 늘 따라다니던 흔한 이야기이지만, 그 안에 진실이 담겨 있는지는 알 수 없다.[19]

팜메네스는 이미 군사적 명성을 얻었고 앞으로 테바이의 군대를 이끌 중요한 인물이었다. 그는 근래에 펠로피다스와 함께 테바이의 부활을 이끌었던 에파메이논다스와 사이가 좋았으며, 스파르타를 물리친 레우크트라 전투에서는 군대를 지휘하며 최전방에서 싸웠다. 필리포스는 팜메네스를 통해 당대에 가장 유명했던 지휘관을 만났다. 에파메이논다스는 진중한 사람이었다. 피타고라스 철학에 심취해서―수와 공식에 대한 관심과 별개로―고기를 먹지 않고 짐승을 제물로 바치는 제사에도 참여하지 않았다. 태생이 귀족이었음에도 부유하지 않았으며, 학습과 미덕에 헌신하는 검소한 삶을 즐기는 듯했기에 기인奇人으로 여겨졌다. 플루타르코스는 필리포스가 "에파메이논다스의 효율적인 전쟁 수행 능력과 군사작전들을 이해"했지만, 본질적으로나 의식적으로 그의 "절제, 정의, 아량, 친절"을 더욱 본받고 싶어 했고, 에파메이논다스는 그런 면에서 참으로 출중했다고 전한다.[20]

일부 고대 문헌은 테바이에서 보낸 시간이 필리포스에게 중대한 영향을 끼쳤다고 말하지만 자세하게 다루지는 않는다. 오늘날의 학자들은 훨씬 더 나아가 이 시기에 필리포스가 군사 장비와 훈련, 전술, 전략, 정치와 외교에 대해 배웠을 것이라고 보는 경우가 많다. 우리가 확실하게 말할 수 있는 것은 이 몇 년 동안 그가 그리스 주요 도시 국가에서 엘리트 계층의 생활을 경험했으리라는 것뿐이다. 이 시기에 테바이의 위세가 절정에 달했던 만큼 그에게는 테바이 내부는 물론 그리스 도시국가들의 폭넓은 공동체에서 벌어지는 정치적 변동을 목격할 기회가 주어졌다. 필리포스를 볼모로 잡고 있던 테바이인들이 나누던 대화는 사상과 문화보다는 정치와 전쟁으로 채워졌을 것이다. 그가 이 모든 것을 얼마나 이해하고 학습했는지는 그저 추측할 수 있을 따름이다.²¹

연대 체계상 시기를 확정할 수는 없지만 기원전 368년 말이나 기원전 367년 초에 마케도니아의 알렉산드로스 2세가 목숨을 잃었다. 축제 행사로 의례적인 전쟁춤(텔레시아스telesias)이 공연되던 도중, 왕은 다수의 무장한 청년들 가까이에 있을 수밖에 없는 상황에서 칼에 찔렸다. 국왕을 살해한 혐의로 용의자가 처형되었지만, 사람들은 대부분 알로로스의 프톨레마이오스가 배후에서 음모를 꾸민 것이라 믿었다. 그는 아테네의 한 비문에서 아민타스 3세 왕궁의 저명한 인물로 언급되었다. 디오도로스는 프톨레마이오스가 아민타스의 아들이며 젊은 국왕의 형제였다고 말한다. 아마도 그는 아민타스의 알려지지 않은 또 다른 부인의 아들이거나 아르게아스 왕조 방계 혈족의 일원이었을 수도 있지만, 대체로 그러하듯이 정확히 알 수는 없다. 유스티누스는 에우리디케가 아들이 살해된 사건에 책임이 있다고 비난했으며, 이 때문에 어떤 역사학자들은 그녀가 몇 해 전에 함께 음모를 꾸민 것으로 추정되는 무명의 사위이자 연인이 바로 프톨레마이오스였다고 주장한다.²²

페르디카스는 왕위를 계승하기에는 아직 어렸기 때문에 프톨레마이오스가 그의 섭정 혹은 후견인(에피트로포스epitropos)을 맡았다. 프톨레마이오스는 자신의 이름으로 동전을 주조하지 않았고, 그가 실제로 자신을 국왕으로 선언했는지에 대해서는 의견이 나뉜다. 하지만 그가 모든 면에서 마케도니아의 통치자가 되었음에는 의심의 여지가 없다. 그는 에우리디케와 결혼했을 것이고, 그녀는 이 시기에 상당히 공적인 역할을 수행했던 것으로 보인다. 이것이 유스티누스의 부정不貞하고 잔혹한 욕정을 가진 여자라는 이야기를 확증하는 것처럼 보일 수는 있지만, 그녀는 이 사안에서 거의 선택의 여지가 없었고 그저 자신과 남은 아들들을 지키기 위해 해야 할 일을 했던 것일 수도 있다. 그녀가 명예의 여신 신전에 조각상을 바쳤다는 증거가 있지만, 이 또한 단순한 우연이었을 수도 있고, 아니면 자신에 대한 거짓 소문들을 잠재우려고 한 시도였거나, 오히려 진실에 대한 대담한 저항이었을 수도 있으나, 정확히 알기는 어렵다.[23]

마케도니아의 입지는 여전히 약했다. 알렉산드로스 2세가 살해된 직후 테바이의 펠로피다스는 마케도니아 내정에 개입하였으나, 프톨레마이오스가 테바이에 복무하는 일부 용병들을 매수한 뒤 입장을 조정하여 합의에 이르렀다. 마케도니아에서는 프톨레마이오스의 아들을 포함하여 50명의 볼모를 다시 테바이로 보냈고, 프톨레마이오스는 권좌에 남았다. 더욱 직접적인 위협이 닥쳐온 것은, 기원전 367년 아르게아스 왕조의 방계 출신이지만 추방되었던 파우사니아스가 용병 부대를 이끌고 침공했을 때였다. 파우사니아스는 왕권을 요구하며 칼키디케에서 동쪽으로 군사작전을 펼쳤고, 그 자신의 명성 덕분이거나 프톨레마이오스에 대한 반감 때문에 상당한 지지를 받았다. 몇몇 마케도니아 공동체가 빠르게 함락되거나, 도전자를 환영하기로 결정했다. 프톨레마이오스는 파우사니아스를 물리칠 힘이 없었기에 과거 많은 마케도니아의 통치자들이 했던 대로 외부에 도움을 요청했다.[24]

이피크라테스는 아테네의 유명한 사령관이었다. 그는 고향 도시의 대표이자 용병 지도자로서 북부 지방에서 군사작전을 펼치는 데 인생의 많은 시간을 보냈다. 그는 트라케의 공주와 결혼했고, 어느 시점엔가 마케도니아 및 아민타스 3세와 거래하기 시작했다. 아민타스 3세가 그를 입양했다는 이야기가 전해지기도 한다. 이 시점에 이피크라테스는 암피폴리스 근처 해안을 맴돌던 아테네 함대를 지휘하고 있었으며, 당시 아테네는 주변 도시들이 적대했음에도 칼키디케에서 자국의 존재감을 다시 확립하고자 애쓰고 있었다. 프톨레마이오스는 이피크라테스에게 도움을 요청했는데, 현전하는 고대 문헌들에 따르면 이 과정을 주도한 것은 에우리디케였다. 그녀는 이피크라테스에게 직접 와서 자신을 도와달라고 부탁했다. 수십 년이 지난 뒤에 아테네의 웅변가 아이스키네스는 자신이 필리포스에게 과거의 호의를 상기시켰노라고 자랑하며 그에게 다음과 같이 말했다고 주장한다. "그대의 어머니가 그대의 형제를 이피크라테스의 품에 안겨주었고, 어린 그대를 그의 무릎에 앉혔습니다." 이어지는 아이스키네스의 이야기에 따르면, 에우리디케는 이 아테네 장군에게 고인이 된 남편 아민타스가 그를 "아들로 삼고 아테네의 우정을 누렸다"는 사실을 상기시켰다. 이러한 관계를 생각하며 그녀는 자기 아들들과 마케도니아를 보호해 달라고 간곡히 부탁했다. 결국 그녀의 호소가 통했고, 이피크라테스는 파우사니아스를 "마케도니아 밖으로" 축출하고 "그대를 위하여 왕조를 보존했습니다".[25]

수십 년이 지나고서 아이스키네스가 이 이야기를 한 것은, 필리포스에게 사절로 파견되었을 때 비행을 저질렀다고 고발을 당해 스스로를 변호해야 했기 때문이다. 아이스키네스는 자신이 마케도니아 군주에게 과거 아테네가 그의 집안에 준 도움을 상기시켰음을 열렬히 입증하려 했다. 연설이란 본래 진실에 엄격하지 않으며, 특히 아테네의 달아오른 정치 분위기에서 행한 연설이라면 더욱 그러했다. 아이스키네스의 설명 중에는 분명 이상한 대목들도 있다. 필리포스는 당시에 열넷이나 열다섯 살이었고, 페르디카스는 적어도 한 살이 더 많았기에 둘 다 어린아이가 아니었으므로 아테네 장군의 무릎에 앉았을 가능성도 거의 없다. 더욱이 그 무렵 필리포스는 테바이에 볼모로 잡혀 있었기에 마케도니아 왕궁 근처에 있었을 리 없다. 오히려 아이스키네스의 연설은 동료 아테네 시민들에게 과거에 필리포스가 선의를 지녔음을 납득시키고자 계획된 것이었다. 그 위험한 시기에 아테네가 마케도니아 왕의 가족을 도왔다는 주장에 아무 근거가 없었다면 이를 말하는 것은 이상한 일이었을 테고, 아이스키네스 개인에게는 위험한 일이었을 것이다. 아이스키네스는 이야기 자체를 지어냈다기보다 사실을 미화했을 가능성이 크다. 연설의 앞부분에서 아이스키네스는 필리포스와 페르디카스가 위험에 처하고 에우리디케가 "그들의 친구라고 말하는 이들에게 배신당했던 때"라고 말했다. 아마도 이것은 알렉산드로스가 살해당하고 권력이 프톨레마이오스에게 넘어간 사건을 말하는 것일 테고, 선왕의 왕비가 간음하며 살해 음모를 꾸민 것이 아니라 권력 다툼에서 잡혀 버린 졸卒에 지나지 않았음을 암시한다. 이 연설에서 프톨레마이오스는 한 번밖에 언급되지 않을뿐더러 그 내용은 매우 부정적인 것이다. 파우사니아스가 축출되자마자 섭정은 테바이와 협력했고 아테네에 맞서 암피폴리스와 연합했기 때문이다. 아이스키네스는 이를 가리켜 "배은망덕하고 괘씸한" 일이라고 일컬었지만, 이렇게 재빠르게 동맹을 바꾸는 것이야말로 초기 마케도니아 군주들과 아테네가 보인 특징이었다.[26]

프톨레마이오스는 기원전 365년 페르디카스나 그를 대신한 다른 누군가에 의해 살해되었다. 이제 필리포스의 둘째 형은 더 이상 섭정의 통제를 받지 않는 단독 통치자가 되었다. 아마도 그는 나라를 홀로 다스릴 수 있거나, 더 이상 쉽게 통제될 수 없는 나이에 이르렀을 테고, 암살로 끝을 맺는 권력 다툼을 촉발하였을 것이다. 그가 택한 정책들은 죽은 섭정의 정책들과 다르지 않았고, 처음에는 아테네에 호의를 베풀지 않았다. 대신에 그는 테바이와의 동맹을 갱신했고, 이 협정 덕분에 필리포스도 고향으로 돌아왔다. 이후로 필리포스가 적이나 외세의 손에 들어가는 일은 다시 일어나지 않았다.[27]

2

위기

몇 년 동안 테바이에 볼모로 잡혀 있던 필리포스는 다시 자유를 얻었다. 이제 열일곱 살이 된 그는 형 페르디카스가 통치하는 마케도니아로 돌아왔다. 그의 귀환은 중요한 순간이었지만, 그가 스스로 어떻게 느꼈고, 당시 그의 성격이 어떠했는지, 혹은 그의 외모가 어떠했는지는 알 수 없다. 필리포스를 재현한 도상은 남은 것이 매우 적고, 그나마도 주름진 얼굴에 한쪽 눈을 잃은 말년의 모습을 담은 것뿐이다. 1977년 고대 아이가이의 유적지인 베르기나에서 작업하던 고고학자들이 거대한 봉분封墳을 발굴한 뒤 그것이 필리포스의 무덤이며 화장된 그의 유해가 안에 남아 있다고 결론 내렸다. 이를 토대로 마케도니아를 강대국으로 만든 이 인물이 어떻게 생겼는지 조금이라도 알기 위해 그 유명한 초상화가 재구성되었다. 그렇게 재구성된 모습이 실제 필리포스와 정확히 일치하는지는 확실치 않지만 좋은 사례이긴 하다.

2호 무덤이라 불리는 이 무덤은 봉분에 덮여 있던 세 무덤 가운데 하나였다. 세 무덤 모두 왕족의 무덤이고 기원전 4세기 후반의 것으로 추정된다. 이를 토대로 각 무덤에 매장되었을 인물 후보를 추려낼 수 있다. 1호 무덤은 고대에 이미 도굴되었고, 남은 유골 중에는 키가 180센티미터쯤 되는 40대 남자의 유골이 있다. 고대에 이 정도 신장은 아주 예외적이진 않더라도 대단히 큰 것이었다. 이 유해는 화장된 것이 아니어서 본래 무덤에 묻혔던 인물의 것은 아닌 듯하다. 2호 무덤에 묻힌 인물 또한 중년 남성이지만, 키가 170~173센티미터 정도로 당시 그리스인이나 마케도니아인의 평균 신장과 비슷했다. 유골에 대한 초기 분석에서 이 남자가 오른쪽 눈을 크게 다쳤으며 다리도 부상당한 것으로 보였다. 이후에 유해를 검사한 소수의 사람들은 이에 동의하지 않았으나, 여러 의견을 감안할 때 2호 무덤에 묻힌 이는 필리포스 2세일 가능성이 크다. 이는 그 유해를 토대로 재구성한 얼굴이 실제 그의 모습에 대한 힌트를 제공할 수 있음을 의미한다. 하지만 그렇게 재구성된 모습은 코와 귀의 모양이나 크기, 피부나 다른 신체 부위의 색깔 등 많은 부분이 추측에 불과하기 때문에 주의할 필요가 있다. 어떤 고대 문헌에도 필리포스의 머리카락이나 눈 색깔을 언급하는 내용은 없다. 다만 그는 성인이 된 뒤에 분명 수염을 짙게 길렀을 것이다. 마케도니아 성인 남성이라면 수염을 기르는 게 일반적이었고, 더 넓은 그리스 세계에서도 상당히 보편적인 관행이었기 때문에 열일곱의 필리포스 역시 수염을 길렀을 가능성이 높다.

필리포스의 피부색을 언급하는 문헌은 없지만, 알렉산드로스의 외모에 대해서는 더 많이 알려져 있다. 아들은 아버지를 닮았을 테니 알렉산드로스의 외모를 바탕으로 필리포스의 외모를 추측할 수도 있다. 알렉산드로스의 머리는 금발 혹은 사자 같은 황갈색이었다. 또한 그의 후계자들이 세운 왕조의 몇몇 군주들도 금발이었다고 묘사된다. 기원전 4세기 그리스의 원화를 복제한 폼페이의 모자이크화에서도 알렉산드로스의 머리는 중간 채도의 갈색으로 표현되어 있다. 물론 이 색깔이 애초에 실제 색과 맞지 않거나 세월이 흐르면서 퇴색한 것일 수도 있다. 아이가이의 무덤에서 나온 그림들에는 검정색부터 어두운 갈색이나 밝은 금색, 심지어는 뚜렷한 밤색까지 매우 다양한 색의 모발들이 등장한다. 결국 이 모두가 암시하는 것은 마케도니아인들이 같은 머리색이나 피부색을 지니지 않았으며, 필리포스의 모발과 눈 색깔을 특정하기란 거의 불가능하다는 것이다.[1]

기원전 365년에 어린 필리포스는 아직 완전히 성숙하지는 않았지만, 활동적인 생활과 김나시온에서 보내는 시간 덕분에 건강하고 힘센 청년이었을 것이다. 2호 무덤의 유해를 바탕으로 재구성한 모습에서 보이는 거친 생활과 계속된 부상의 흔적들은 아직 생기지 않았을 것이다. 젊은 필리포스는 전적으로 그늘에 가려진 인물로 남아 있다. 우리는 그가 고국으로 돌아왔을 때 형과 어머니에게 어떤 태도를 지녔는지는 물론이고, 그의 외모조차 그저 짐작만 할 수 있다. 에우리디케는 현전하는 고대 문헌들에서 단지 한 번 더 언급될 뿐인데, 그나마도 그녀를 언급하고 있는 유스티누스의 구절은 다른 구절들보다 훨씬 더 미심쩍다. 우리는 그녀가 언제 죽었는지조차 알지 못한다. 기원전 4세기에 아이가이에서 한 여성의 시신을 매장하기 위해 만들어진 특별히 호화로운 한 무덤이 있는데 사람들은 이 무덤을 에우리디케의 무덤이라고 불렀다. 물론 그것이 실제로 에우리디케의 무덤일 수도 있겠지만, 그녀와 결부시킬 직접적인 증거는 없다.[2]

필리포스는 고국의 가족에게 돌아왔고, 어느 시점엔가 형으로부터 한 지방의 관할권을 부여받았다. 학자들은 이 지방이 동부에 있었으며 트라케와 그리스의 해안 식민지들에 맞닿은 변경을 포함했으리라고 추정한다. 이러한 추정이 옳다면, 필리포스에게는 위협으로부터 왕실의 지배권을 지키기 위해 부대를 지휘할 권한도 주어졌을 것이다. 페르디카스 3세에게는 아직 어린 아들이 있었다. 그런 왕에게 필리포스가 믿을 만한 형제이며 기꺼이 집안의 이익에 헌신할 친구였는지, 아니면 닥쳐올 다른 위협들보다는 덜 위협적이긴 하지만 달래며 지켜보아야 할 잠재적 적수였는지 알 수 없다. 왕은 플라톤의 열렬한 추종자였고 이 철학자의 제자들 가운데 에우프라이오스*를 크게 존경했으며, 기하학과 철학을 논할 수 있는 자들을 만찬에 초대해 함께 식사했다. 필리포스 또한 그렇게 할 수 있었을 테지만, 이후 그의 생애를 보면 그가 그렇게 진지한 모임을 즐겼다는 암시는 없으며, 오히려 형제들 사이에는 말다툼이 오갔던 것 같다.[3]

페르디카스 3세는 아테네에 맞서 암피폴리스와 칼키디케의 다른 도시들을 지원하기로 결정했다. 기원전 364년 아테네 군대가 반격하자 마케도니아 왕은 아테네가 요구하는 대로 강화 조건을 받아들일 수밖에 없었고, 이번에는 암피폴리스를 공격하는 아테네에 병사들을 지원했지만 아테네의 공격은 실패했다. 이후 그는 새로운 동맹을 폐기하고 다시 칼키디케 도시들의 편에 섰다가 결국 아테네의 원정군에게 패하고 말았다. 페르디카스는 아테네에 강화를 요청했고 아테네

• 에우프라이오스는 에우보이아섬의 오레오스 출신으로 플라톤 밑에서 공부했고 현실 정치에 적극 참여한 것으로 알려져 있다. 플라톤이 직접 페르디카스에게 편지를 보내 에우프라이오스를 고문으로 추천했다는 이야기도 전해진다. 에우프라이오스는 페르디카스에게 지방 관할권을 필리포스에게 부여해 왕의 사후에 필리포스가 왕위를 계승할 수 있도록 조언했다고 하지만, 왕이 된 필리포스가 오레오스를 점령하려 했을 때는 그와 그의 지지자들에게 맞섰고 그 과정에서 투옥되어 사망했다(기원전 342 또는 341).—옮긴이

는 이를 받아들였다. 그러나 몇 년 안에 협정은 무시되었다. 페르디카스는 다시 아테네의 공격을 받는 암피폴리스 수비대를 돕고자 병력을 파견했다.[4]

이 시기에 대해서는 다른 사안보다 아테네와의 관계에 대한 증거가 더 많이 있지만, 이것이 페르디카스 3세의 유일한 관심사는 아니었고 일리리아와도 몇 차례 교전이 벌어졌다. 언젠가부터 페르디카스는 부하들이 적군에 포로로 잡혀도 몸값만 치르면 고향으로 돌아올 수 있었기에 너무 쉽게 투항한다는 생각을 했던 것 같다. 그는 사절을 보내 포로 석방의 조건을 논했으나, 정말 석방시키고 싶었던 것 같지는 않다. 사절단이 빈손으로 돌아오자 그는 일리리아인들이 몸값을 거부하고 포로를 처형했다고 모두에게 알리게 했다. 이런 속임수를 통해 페르디카스는 군대가 결의를 다져 투항하지 않고 계속 싸우게 했을 것이다.[5]

기원전 360년 일리리아의 대규모 군대가 마케도니아의 가까운 이웃이자, 부족들의 포식 관계에 노출되어 있던 몰로소이족을 침공했다. 몰로소이족은 다수의 부족민을 구하고 상당수의 돌격대원들을 매복시켰지만, 조공을 바치는 것과 마찬가지로 이 또한 위협을 종결하지는 못했다. 과거에 일리리아인들은 이웃 에페이로스의 몰로소이족에게 큰 패배를 안겨주었으며 계속 되돌아와 위협을 가했다. 일리리아의 바르딜리스 왕은 이제 90대에 접어들었지만 여전히 자기 영토의 지배권을 단단히 쥐고 있었으며 수많은 전사를 전장에 내보낼 수 있었다. 이토록 나이 든 노인이 실제로 출전했을 가능성은 낮지만, 그 당시에 스파르타의 아게실라오스 2세는 대략 84세에 군대를 이끌고 이집트 원정에 나섰다가 돌아오는 길에 죽었다. 고대 세계에서 기대

수명은 매우 낮았지만, 몇몇 강인한 개인은 희박한 확률을 깨고 노령에도 왕성하게 활동했다.[6]

고지 마케도니아는 바르딜리스 왕의 다음 목표였고, 페르디카스는 대규모 군사를 동원하여 침략자들에게 응수했다. 전투가 벌어진 것은 기원전 360년의 늦여름이거나 기원전 359년의 봄이었다. 오늘날의 달력으로 고대 사건의 날짜를 정확하게 특정하기란 불가능할 뿐 아니라, 이 전투에 관한 세부 사항도 거의 알려져 있지 않다. 심지어 이 전투가 개활지에서의 회전會戰이었는지, 아니면 매복에 의한 기습이었는지조차 알 수 없다. 하지만 마케도니아인들이 재난에 가까운 패배를 경험했다는 것만은 틀림없는 사실이다. 페르디카스도 외적의 손에 목숨을 잃은 최초의 마케도니아 군주가 되었다. 하지만 우리는 마케도니아의 패배가 그의 죽음으로 시작되었는지, 아니면 이미 군대가 패배한 뒤에 그가 쓰러진 것인지는 알 수 없다. 여하튼, 4000명의 부하가 그와 함께 죽었으며, 비록 살아남았으나 전의를 상실한 부하들은 닥치는 대로 약탈하는 일리리아인들을 막기 위해 아무것도 할 수 없었다. 마케도니아의 다른 적들도 이미 나약함의 냄새를 맡았다.[7]

페르디카스 3세의 아들인 아민타스는 매우 어린 소년이었으므로 왕위를 계승할 수 없었다. 대신 필리포스가 병사들의 환호를 받으며 지도자로 인정되었다. 처음에 필리포스는 조카를 대신하는 섭정이었다는 게 유스티누스의 주장이고, 다른 문헌에서도 그러한 내용을 암시하고 있다. 하지만 처음부터 왕으로 지명되었을 수도 있으며, 아마도 아민타스는 필리포스가 아들을 낳을 때까지 그의 후계자로 인정되었을 것이라는 추정도 가능하다. 그러나 안타깝게도 필리포스가 어떻게 마케도니아인들의 지도자가 되었는지에 관한 자세한 기술은 어디에도 없기 때문에 페르디카스가 사망한 시점에 그가 정확히 어떤 지위에 있었는지에 관한 의문도 풀리지 않는다. 새 임금을 선택하는 일에 관한 증거는 대부분 알렉산드로스 시대에서 나온 것이고, 특히 그가 뚜렷한 후계자 없이 죽은 뒤에 벌어진 일들이기 때문에 기성 전통이 얼마나 작용했는지, 조국에서 멀리 떨어져 정복 활동을 펼친 군대가 마주한 새로운 상황은 얼마나 영향을 미쳤는지 알기가 어렵다. 학계 논쟁은 마케도니아가 원칙적 관행들을 강하게 확립했다고 믿는 이들과, 개별 왕들의 능력에 따라 모든 것이 달라지는 느슨한 사회였다고 믿는 이들로 양극화되는 경향이 있다. 어떤 사회라도 강력하고 뿌리 깊은 전통과 관습을 만들어내지 않고 그토록 오래 지속되리라고 상상하기는 힘들기에 진실은 둘 사이 어딘가에 있는 것이 분명하다. 그 중 가장 분명한 것은 아르게아스 왕조 출신만이 왕이 될 수 있다는 믿음이었다.[8]

마케도니아의 민회(에클레시아ecclesia)에서는 왕의 군대에 복무하거나 복무했던 남성들이 모여 창을 방패에 부딪혀 내는 소리로 찬성 의사를 표시하며 새 임금을 추대했다. 이 과정 전체가 어떻게 진행되었는지 말하는 것은 불가능하며, 이것이 형식적인 절차에 불과했는지, 아니면 의미 있는 논쟁과 의사 결정이 이루어지는 자리였는지도 알 수 없다. 어떤 학자들은 당시에 군주의 신성한 기운이 가장 가까운 피붙이에게 강하게 전달된다고 여겨졌으므로 민회에서 죽은 왕의 맏아들이 왕위를 계승해야 한다는 의견이 강력하게 표출되었을 것이라고 말했다. 다른 학자들은 이러한 생각을 부정하거나, 아니면 적어도 페르디카스의 재난적인 패배에 뒤따르는 절체절명의 상황에서 죽은 왕의 성인 형제가 건재했기에 일반적인 상식이 이런 감상적인 생각을

압도했을 것이라고 보았다.[9]

필리포스가 섭정으로서 보낸 시기에 관한 증거는 테바이가 지배하던 그리스 중앙부의 보이오티아 지방에서 발견된 명문銘文에 나온다. 여기에는 사원의 방문자와 봉헌자가 기록되어 있는데, "마케도니아 임금 페르디카스의 아들 아민타스"가 포함되어 있으며 이는 필리포스의 조카를 지칭했을 것이다. 이외에도 필리포스의 통치 기간에 관한 유스티누스의 분명한 진술과 서로 다른 기록들이 현전하는데, 이들은 그가 왕이 되기 전에 대략 2년 정도 섭정으로 지냈다는 주장을 뒷받침하는 것으로 해석될 수 있다. 유스티누스의 진술이 가장 신뢰할 만한 문헌은 아니지만, 그럼에도 필리포스가 섭정이었다는 이야기를 그가 지어낸 것으로 보기는 어렵다. 만약 아민타스가 왕으로 지명되었다 해도, 그의 이름이 새겨진 동전이 발행되지도 않았고, 언제 어떻게 그가 제거되고 필리포스가 섭정이 아닌 정당한 군주가 되었는지도 확실하지 않다. 어린 소년이었던 아민타스는 왕궁에 그대로 남아 있었고, 나이가 찼을 때 필리포스의 딸과 혼인한 것을 보면 그렇게 위협적인 경쟁자로 여겨지지 않았던 게 분명하다. 아르게아스 왕조의 다른 인물들이 가까운 혈족을 기꺼이 죽이려 했던 것을 고려한다면, 특히 아민타스가 정말로 왕이었다면, 이는 매우 놀라운 일이다. 그럼에도 이것으로 우리가 확실히 알 수 있는 것은, 시간이 흐르는 동안 성공을 거듭하면서 필리포스의 자신감이 커졌다는 사실이다.[10]

오늘날 돌아보면 필리포스는 형제의 뒤를 이어 왕위를 계승할 적임자였다. 하지만 당시에 그는 겨우 스물둘이나 스물세 살이었고 아직 능력을 입증하지 못했다는 사실을 기억해야 한다. 그는 페르디카스를 대신하여 한 지방을 관할했고 몇몇 부대를 지휘하기도 했다. 아무리작더라도 조직된 군사력에 대한 통제권은 왕이 죽고 왕의 군대도 완패한 상황에서 필리포스에게 힘을 실어주었다. 필리포스가 페르디카스의 군사작전에서 적극적인 역할을 맡았을 가능성이 없지 않지만, 이에 대한 직접적인 증거는 존재하지 않는다. 그렇다고 그가 개인적인 군사적 업적을 자랑할 수 있었을 것이라고 추정할 수도 없다. 조카 말고도 신경 써야 할 다른 아르게아스 왕가 사람들이 있었는데, 특히 기가이에의 다른 아들들, 곧 그의 이복형제들이 그러했다. 이들은 권력을 잡기 위해 도전했지만 신속하게 타도되었다. 그중 맏아들인 아르켈라오스는 필리포스에게 처형당했는데, 이 무렵에 처형당했을 가능성이 크다. 나머지 두 형제는 망명했다. 더 심각한 도전은 왕국 외부에서 닥쳐왔으므로, 민회의 결정에 이의를 제기할 수는 없었다. 이피크라테스의 도움으로 축출된 파우사니아스가 이번에는 트라케 왕의 지원을 받아 다시 등장했다. 필리포스의 아버지 아민타스 3세를 잠시 대체했던 인물과 동일인일 가능성이 큰 아르가이오스 또한 다시 통치권을 요구했고, 아테네로부터 전함과 병사와 자금을 지원받았다.[11]

필리포스는 마케도니아를 이끌도록 선택받았다. 짐작하건대 왕궁의 영향력 있는 인물 대다수의 지지와 민회의 인정을 받았을 것이다. 마케도니아인들이 자국의 군주를 왕(바실레우스basileus)*이라고 칭하는 일은 거의 없었으므로 그는 그저 아민타스의 아들 필리포스였을 것이다. 우리가 그의 지위를 확실히 알 수는 없지만, 마케도니아인들은 필리포스가 누구인지 알았고, 그가 지닌 권력과 영향력을 알았다. 여러

---

* 그리스어 바실레우스는 왕이나 황제를 포함한 여러 형태의 '군주'를 통칭한다.

면에서 그가 섭정이었는지 임금이었는지는 그다지 중요하지 않다. 어느 쪽이든, 왕위를 찬탈하려는 자들을 처리하고 왕국을 수호하는 일이 그에게 맡겨졌기 때문이다. 일리리아의 바르딜리스는 고지 마케도니아를 침략하여 큰 영역을 차지했고, 더 멀리까지 습격할 수 있는 곳에 자리를 잡았다. 또 다른 이웃 부족 왕국인 파이오니아 또한 국경 너머로 원정대를 파견하여 약탈을 시작했다.[12]

더 큰 위협들이 전개되는 데는 시간이 걸렸다. 누구도 페르디카스가 살해되거나 마케도니아가 새로운 권력자의 통치 초기에 피할 수 없는 불확실성에 빠질 것이라고 예상치 못했기 때문이다. 그 재난 같은 패배가 기원전 360년 후반에 일어났다면 곧이어 가을과 겨울이 찾아왔을 테고 이 시기에 전쟁이 계속되는 일은 거의 없었으므로 필리포스에게는 한숨 돌릴 여유가 주어졌을 것이다. 기원전 359년 초에 왕이 사망했더라도 폭풍 전 소강상태가 반드시 있었을 것이다. 양편 모두 군사를 동원하는 데 도움을 줄 동맹을 찾을 시간이 필요했다. 일리리아인들은 이미 큰 승리를 거두었기에 고향으로 돌아와 성공의 전리품을 기념하고 즐기고자 했다. 이는 오랜 기간 마케도니아를 비롯해 다른 취약한 지방들의 약탈적 분쟁의 역사에서 하나의 영광스러운 일화였으며, 죽음에 이르는 전쟁이 아니라 지속적인 수익의 원천이었다. 바르딜리스는 일부 영토를 차지했지만 누가 페르디카스의 뒤를 잇든 그로부터 새로운 조공을 기대할 수 있었고, 마케도니아인들이 이에 응하지 않을 경우 다시 공격을 개시할 수도 있었다. 그가 정확히 어떤 지위에 있었든, 필리포스는 이제 이웃 나라에 의해 갈가리 찢길 위험에 직면한 왕국을 책임지게 되었다.[13]

필리포스는 잠시 숨돌릴 시간을 갖고 자신의 권력을 공고히 하는 한편 공습에 대비했다. 이질적이면서 상호 적대적인 적의 무리가 공격해 온다고 해서 그것이 위협을 약하게 만드는 것은 아니었다. 수십 년 동안 약세를 면치 못했던 마케도니아의 상황 또한 고무적이지는 않았다. 페르디카스와 함께 죽은 4000명의 병사들은 적어도 왕국 병력의 3분의 1에 해당했고, 가장 뛰어난 병사들 다수가 포함되었을 가능성도 크다. 생존자들은 당연히 사기를 잃었다. 더욱이 마케도니아 병사들의 자질은 더 안정된 시기에도 균일하지 않았다. 한 세기가 넘는 시간 동안 마케도니아는 훌륭한 기병들의 산실이라는 명성을 누려 왔다. 이 기병들은 말과 갑옷을 갖출 수 있을 만큼 충분히 부유한 집안 출신에 어려서부터 승마를 배운 이들이었다. 반대로 마케도니아 보병대는 무장이 허술하고 기량이 떨어지는 오합지졸이라고 무시받았다. 아르켈라오스 1세(기원전 413~399)는 병사들에게 국가에서 구입한 표준 장비를 제공함으로써 이러한 약점을 보완하려 했으나, 이로 인한 성과는 그의 사후에는 지속되지 못한 듯하다. 필리포스의 형제 알렉산드로스 2세는 기원전 5세기부터 줄곧 전장을 지배해온 그리스의 호플리테스hoplites*가 이용한 것과 같은 팔랑크스phalanx**라는 밀집 대형으로 보병대를 편성하고 그들에게 명예로운 칭호를 부여하여 사

---

* 호플리테스는 고대 그리스의 중무장 보병이다. 주로 장창과 방패로 무장하고 투구, 흉갑, 정강이받이를 착용했다. 전투 장비를 스스로 조달해야 했으므로 경제적 여유가 있는 자유인 시민들로 구성되었다.—옮긴이

** 팔랑크스는 장창과 방패로 무장한 그리스 중무장 보병대가 주로 택한 전투 대형으로 '장창 밀집 대형'이라고도 한다. 장방형으로 조밀하게 배치된 보병들이 방패를 겹쳐 들어 대형 전체를 방어하면서 전진한 뒤 창으로 공격하며 접근전을 펴는 데 유리했다. 기동성이 떨어지고 좌우 측면이 쉽게 위험에 노출된다는 단점이 있으나, 병사들이 잘 훈련되어 있을 경우 개활지에서 벌어지는 회전에 탁월한 효과를 발휘했다.—옮긴이

기를 높였다. 하지만 그 자신이 너무 많은 패배를 겪고 너무 빨리 살해당해 그의 개선책들도 오래 지속될 수 없었다.[14]

이 시기에 마케도니아가 힘없는 약소국에 불과했다는 사실은 아무리 강조해도 지나치지 않다. 알렉산드로스 2세는 구리 동전만을 발행했고, 페르디카스 3세는 주로 구리 동전을 발행하되 페르시아의 도량 체계에 맞게 약간의 은화를 발행했다. 이와 대조적으로 일리리아의 바르딜리스는 다량의 은화를 발행했으며, 칼키디케 동맹 도시들 또한 금·은·동으로 된 동전을 다량 발행했다. 이 지역은 전반적으로 천연자원이 풍부했다. 기원전 5세기 초반, 알렉산드로스 1세는 하루에 1탈란톤talent•을 산출할 수 있는 은광을 관리했으나, 이제 이 은광은 더 이상 마케도니아 왕의 통치 영역 안에 있지 않았다. 철을 비롯한 다른 광물들은 여전히 쉽게 구할 수 있었지만, 이용 가능한 은의 양이 크게 줄었다는 것은 명백하다. 근래에 얻은 수입이 있었지만 손실을 벌충할 수는 없었다. 아테네에서 추방당한 한 정치인이 페르디카스 3세를 도와 입항세 징수 권한의 판매 방식을 개혁함으로써 연간 수입이 20탈란톤에서 40탈란톤으로 증가했다. 이 정도의 수입은 주목할 가치가 있을 만큼 충분히 큰 것이었다. 필리포스의 형제들은 빈곤하지 않았지만, 이전보다 훨씬 빈약한 국고를 그에게 남겨주었다.[15]

그러나 마케도니아에는 충분히 부유해질 수 있는 잠재력이 있었다. 저지 마케도니아의 기후는 지중해성보다는 대륙성 기후에 가까웠기 때문에 연간 강수량이 많았고 여름철에 더위도 덜했다. 그리스 농

• 1탈란톤의 무게는 가변적이고 서로 다른 몇 개의 기준이 있었다. 결국 25.86킬로그램을 1탈란톤으로 정한 아티케[아테네]의 기준이 가장 널리 쓰이게 되었지만, 완전히 보편적인 것은 아니었다.

업의 주요 작물인 올리브나무는 왕국 내 몇몇 좁은 지역에서만 자랐으나, 곡물과 포도를 비롯한 다른 작물들이 왕국 전역에서 대부분 잘 자랐으며, 양질의 목초지가 넓게 펼쳐져 있었다. 고지 마케도니아에서는 농업보다는 목축업이 성했지만, 비옥한 경작지도 많이 있었다. 고대 세계의 기준에서 보자면 모든 지역에 상당히 인구가 많았고, 각 지역 주민은 자기 고장에서 나오는 식량으로 먹고 살 수 있었다.

남부 그리스에서는 괜찮은 경작지가 매우 부족한 탓에 오랫동안 숲의 나무를 베어 경작지로 사용해왔고 심지어 변방의 땅마저 경작지로 활용했다. 이와 반대로 마케도니아에는 좋은 농경지가 많았고, 유용한 낙엽수와 상록수가 섞여 있는 넓은 숲이 그대로 남아 있었다. 숲은 주민에게 연료와 건축 자재를 공급하기도 했지만, 매우 소중한 수출 상품의 원천을 제공했다. 주요 건축 사업에는 지붕보로 사용될 굵고 긴 원목들이 필요했고, 이러한 목재들은 그리스 지역에서 쉽게 구할 수 없었다. 조선업에서는 원목이 더욱 중요한 재료였다. 용골, 골격, 돛대, 노에 이르기까지 선박의 모든 부분에 알맞은 성질과 크기의 목재가 필요했다. 또한 선체에 물이 새지 않도록 바르는 수지樹脂 또한 숲에서 나오는 것이었다. 철학자 테오프라스토스●는 "목수가 사용하기 위해 그리스에 들여오는 최고의 목재는 마케도니아산이다"라고 썼다.[16]

원목, 수지, 광물은 모두 왕실에서 독점했던 것으로 보인다. 왕은 또한 많은 토지를 소유했지만 이를 크고 작은 필지로 나누어 개인들

● 테오프라스토스(기원전 371~287)는 레스보스섬 출신으로 초기에는 플라톤 문하에서 공부했고, 그의 사후에는 아리스토텔레스 문하에서 활동했다. 아리스토텔레스가 아테네를 떠난 뒤에 그의 학교 리케이온을 이어받아 운영했다. ─옮긴이

에게 양도하고 그들이 해당 토지에서 수입을 취하도록 허락했다. 이 모든 것은 안정된 시기에 강력한 왕이 수익성이 좋은 자원들을 장악 하여 넉넉한 수입을 얻었다는 것을 의미한다. 불안과 불안정성이 잠 식한 시기에는 이러한 수입이 줄었고 임금은 힘을 잃고 약해졌으며, 자원에 대한 통제권을 행사하기가 어려웠다. 알렉산드로스 1세 치하 에서 고지 마케도니아와 저지 마케도니아가 하나로 통일되었다. 기 원전 5세기 말에 이르자 고지 마케도니아의 지방 왕국들은 마케도니 아 왕의 느슨한 동맹국이 되어 있었다. 그들은 어떨 때는 마케도니 아 왕의 통치를 받아들였지만, 다른 때는 마케도니아의 적들에 합류 하여 독립을 위해 싸웠다. 기원전 399년 이래로 마케도니아의 국력 이 계속 약해지자 이들 동맹국 사이의 결속 또한 더욱 약해졌다. 마 케도니아의 왕들은 지방 군주들이 의지할 만큼 강하지 않았고, 지 배력을 확고히 할 힘도 없었다. 시간이 흐르면서 지방 군주들은 점 점 더 독립적으로 변했다. 어떤 이들은 일리리아와 다른 세력들에 맞 서 자신을 보호해 줄 더 나은 친구를 다른 곳에서 찾았다. 오레스테 스인들은 몰로소이 부족과 연합하며 스스로를 오레스타이 마케도네 스Orestae Macedones(마케도니아의 오레스테스인들)가 아니라 오레스타이 몰 로시라Orestae Molossi(몰로소이족의 오레스테스인들)라고 불렀다. 또한 마케 도니아와의 결속만큼 강하거나 그보다 더 밀접한 오래된 문화적 유대 와 연합이 몰로소이족과 같은 이웃 부족들과 형성되어 있는 경우도 많았다. 마찬가지로 마케도니아 왕을 인정했던 해안 지역 그리스 도 시들도 독립을 주장했고, 자체적으로 동전을 발행함으로써 이러한 의 사를 표시하는 경우도 있었다.[17]

필리포스는 적들에 포위된 채 축소되고 빈곤해진 왕국을 떠맡았다. 더욱이 그 적들은 훨씬 더 강력한 인상을 풍기고 있었다. 아민타스의 아들이 통치하는 동안 마케도니아가 위대해지리라는 일종의 사후 예언이 나온 것은 나중이었다. 그 당시에는 대체로 외부 세력에 의해 지배되는 왕들의 짧은 치세가 계속될 것이라고 예상했다. 이웃 부족과 남쪽의 그리스인들이 마케도니아 왕의 죽음과 새로운 정권 창출에 관심을 가진 것은 오로지 그러한 상황이 그들에게 이득을 가져다줄 기회였기 때문이었다. 페르디카스도 필리포스도 더 큰 맥락에서는 어떤 중요한 의미도 갖지 못했다. 마케도니아가 외부인에게 중요했던 것은 그 위치와 천연자원 때문이었다. 어떤 감정보다는 바로 이러한 이유에서, 더 강한 나라와 지도자들이 왕위를 노리는 마케도니아의 다른 왕족들을 지원하고 내정에 간섭하려 했다.[18]

기원전 359년 마케도니아는 나약했고, 필리포스는 직면한 모든 위협을 동시에 처리할 수 없었다. 다행히 그의 적들도 마찬가지로 준비할 시간이 필요했다. 디오도로스 시켈리오테스에 따르면, 필리포스는 "마케도니아인들을 일련의 집회에 모아 놓고 유창한 연설을 통해 그들에게 진정한 사나이가 될 것을 권고"하는 것부터 시작했다. "그는 정중했고 (…) 선물과 약속으로 대중의 마음을 사고자 했다." 필리포스의 적들조차 나중에는 왕이 매력적이고 카리스마가 있다는 것을 인정하곤 했는데, 이는 그 인품의 힘이 발휘된 초기 단계였다. 그때 그는 자신감을 뿜어낼 필요가 있었다. 지도력이란 단순히 지도자가 자신의 의지를 다른 이들에게 강요하는 데서 나오지 않는다. 마케도니아의 청중은 정말 간절하게 격려받기를 원했고 성공의 희망을 품고자 했다.[19]

필리포스는 백성을 격려하는 동시에 마케도니아의 적들과 맞서기 위한 실질적인 준비에 돌입했다. 이후에 필리포스가 전투에서 승리하고 알렉산드로스가 세계를 제패하게 한 군대의 발전이 즉각 이루어진 것은 아니지만, 그 과정은 필리포스의 재위 초기 몇 달 사이에 바로 시작되었다. 디오도로스가 전하는 바에 따르면, 필리포스는 새로운 전술과 장비를 도입했다. 구체적으로 그는 보병대를 팔랑크스 형태로 정렬했는데, 이 마케도니아의 팔랑크스는 이전에 보았던 어떤 것하고도 같지 않았다. 마케도니아에는 호플리테스 계층이 부족했다. 이들은 스스로 자신의 장비를 마련하고 김나시온에서 기술을 연마할 수 있는 남성들로 구성되었고, 그리스 도시국가 군대의 핵심을 이루었다. 필리포스는 개별적으로 싸울 수 있는 능력이 충분한 장갑裝甲 기병에 의존하는 대신, 사리사sarissa라는 새로운 무기를 내놓았다. 사리사는 양손으로 잡고 사용하도록 만들어진 길이 4~6미터 가량의 기다란 창이었다. 한쪽 끝에는 쇠붙이로 만든 커다란 창촉이 있고, 반대쪽 끝에는 무거운 균형추가 있으며, 창을 뒤로 멀리 빼더라도 창의 대부분이 그것을 휘두르는 사람의 앞으로 뻗어나가 있을 만큼 길었다.[20]

사리사는 다루기가 쉽지 않았다. 개인에게는 거의 아무 쓸모가 없었고, 어깨가 서로 닿을 정도로 조밀하게 정렬한 병사 집단을 위해 고안된 것이었다. 사리사가 워낙 길었기 때문에 그리스 호플리테스의 크고 무거운 원형 방패인 호플론hoplon과 함께 사용할 수 없었다. 그래서 직경 60센티미터 정도의 더 작은 방패를 왼팔과 어깨에 끈으로 묶어서 사용하는 것으로 호플론을 대체했다. 적어도 이 초기 단계에 마케도니아의 팔랑크스에는 갑옷을 입은 병사가 거의 없었다. 투구조차 드물었을 것이다. 맨 앞줄의 창병은 사리사를 겨드랑이에 끼고 섰다. 그는 적군을 빠르게 찌를 수 있었지만 자신을 방어할 수는 없었다. 그동안 사리사는 적군을 멀리 떨어뜨려 놓았는데, 상대가 사리사를 부러뜨리거나 재빨리 피하더라도 다음 네 줄의 창들이 창촉을 앞으로 뻗고 있었기 때문이다. 적군의 호플리테스가 자신의 창을 마케도니아 팔랑크스 맨 앞줄의 창병에게 닿게 하려면 그전에 이 모든 창촉을 피해야 했을 것이다. 나중에 마케도니아 변형 팔랑크스의 표준 대형은 총 8열로 구성되었는데, 이것은 처음부터 그러했을 가능성이 매우 크다. 다섯 번째 줄 뒤부터는 창병들이 날아오는 무기들을 막기 위해 위쪽으로 창을 겨누었다.

필리포스의 창병 팔랑크스는 정면의 적군을 빽빽한 창촉의 대열로 맞서 공격하도록 고안되었으며, 거기에는 애매한 것이라고는 전혀 없었다. 이 대형에서 개별 병사는 무기를 잘 다룰 수 있는 뛰어난 기술이 필요하지 않았다. 중요한 것은 창을 힘 있게 내뻗는 것이었고, 팔랑크스 안에 틈이 생기지 않도록 밀집 대형을 유지하는 것이었다. 사리사는 이상하게 보일뿐더러 결코 사용하기 편리한 공격용 무기도 아니었다. 특히 짧은 창이나 칼과 비교하면 더욱 그러했다. 하지만 그런 것은 별로 중요하지 않았다. 사리사를 사용하면 적군이 마케도니아 병사를 쉽게 공격할 수 없는 거리를 유지하면서도 적군의 얼굴을 가격할 수 있었다. 마치 고슴도치의 가시처럼 반짝이는 창촉이 빽빽이 솟아난 팔랑크스가 접근하는 것만으로도 상당히 위협적이었다. 기원전 2세기에 경험 많은 로마의 한 지휘관은 그때까지 보았던 것 중 가장 무서운 것이 마케도니아의 팔랑크스라고 말했다.

집권 초기에 필리포스는 팔랑크스가 오와 열을 맞추어 대형을 유지한 채 전진하도록 훈련하고, 첫 줄의 병사들은 적군을 향해 창을 계속해서 찌르는 훈련을 하게 했다. 필수적인 기본 기술은 몇 주만에 습득할 수 있었다. 몇 달간 반복 훈련을 거치고 나면 병사들은 자신감을 갖고 능숙해졌다. 필리포스와 알렉산드로스의 팔랑크스는 반복 훈련을 계속하면서 매우 유연해지는 경지에 이르게 되지만, 그렇게 되기까지는 긴 시간이 걸렸고 새로운 훈련 방식을 만들어낼 필요가 있었다. 첫 단계들은 훨씬 더 단순했으며, 상근 병사가 아닌 국왕의 소집 명령에 응한 농민, 목동, 장인을 훈련하는 데 적합했다.[21]

분명 사리사는 필리포스가 고안했을 것이다. 적어도 그의 군대가 최초로 그러한 형태의 창을 채택했다. 트라케인들도 종종 예외적으로 긴 창을 사용했고, 이피크라테스 또한 자신이 이끌고 큰 성공을 거두었던 용병들에게 보통 창보다 긴 창을 주었다. 하지만 두 경우 모두 병사들이 긴 창을 양손으로 잡지는 않았으므로, 그런 면에서 사리사는 분명히 새로운 무기였다. 필리포스는 테바이에서 군사 훈련을 보았고, 신성부대神聖部隊를 특히 눈여겨보았을 것이다. 신성부대는 테바이의 정예부대로서 반쯤 직업군인인 300명의 호플리테스로 구성되었다. 그는 그들의 기술 몇 가지를 모방하여 자신의 보병 근위대에 적용했을 것이다. 이 근위대는 일반 호플리테스처럼 싸웠고 사리사나 더 작은 방패를 채택하지 않은 것으로 보인다. 그렇지 않다면, 필리포스는 그저 전쟁을 위해 특정한 기술을 모방하기보다는 가능한 한 많이 훈련해야 한다는 교훈을 얻었을 수도 있다.[22]

밀집 대형을 이루는 보병대와 별개로, 부유한 계층에서는 마케도니아 기병들을 공급했다. 궁수들을 비롯하여 다른 전문 병력도 있고, 어쩌면 약간의 용병들도 있었을 것이다. 필리포스는 모두를 훈련할 수 있었고, 모두에게 자신감을 불어넣고자 최선을 다했다. 하지만 그는 군대 지휘관으로서 아직 검증되지 않았고 그의 군대 또한 그러했던 반면, 전투는 언제든 벌어질 수 있는 위험 요인이었다. 사리사로 무장한 팔랑크스의 단순한 전술들은 궁극적으로 적군이 포기할 때까지 대형을 유지하며 적군에 근접하여 접전을 벌이고자 하는 병사들의 의지에 성패가 달려 있었다. 한순간의 공황恐慌조차 전체 대형을 빠르게 무너뜨릴 수 있었다. 그리스의 장군들이 선두에서 병사들을 이끌었듯이, 마케도니아의 왕들도 똑같이 했을 것으로 생각된다. 그리하여 값비싼 대가를 치러야 승리를 얻을 수 있었다. 에파메이논다스는 만티네이아 전투*에서 죽었고, 스파르타의 그 유명한 브라시다스 또한 기원전 422년 암피폴리스 전투**에서 아테네의 군대를 궤멸시켰을 때 자기 편의 몇 안 되는 사망자에 포함되었다.[23]

70년이 지난 뒤에도 아테네인들은, 스파르타와 동맹을 맺고 아테네의 통치를 떨쳐 버린 옛 식민지 암피폴리스에 대한 미련을 버리지 못했다. 이 도시를 되찾는 것이 아테네인들의 진짜 목표였으며, 그들이 마케도니아 왕좌를 노리는 아르가이오스를 지원하는 것은 단지 이 목표를 달성하기 위한 수단이었다. 이를 감지한 필리포스는 그들의 결의를 약화시키기로 결정했다. 그는 그의 형제가 암피폴리스로 보낸 수비대를 다시 불러들이고 공식적으로 그 도시가 자치 도시임을 선언

• 기원전 362년에 테바이(보이오티아 동맹)와 이에 맞서는 아테네, 스파르타, 만티네이아 연합이 그리스 전체 패권을 두고 만티네이아에서 벌인 대규모 회전이다. 동맹군의 총사령관이었던 에파메이논다스는 몸소 선두에 나서 싸움을 이끌다가 스파르타 군대의 집중 공격을 받아 전투 중에 사망했다. 에파메이논다스를 비롯한 주요 장군들을 잃게 된 테바이는 이 전투에서 승리하고도 점차 쇠락하게 된다.—옮긴이

•• 스파르타(펠로폰네소스 동맹)와 아테네(델로스 동맹)가 충돌한 펠로폰네소스 전쟁 중에 기원전 422년 트라케 지방의 암피폴리스에서 벌어진 전투다. 아테네의 거점 도시 암피폴리스를 스파르타가 공격하여 승리했다. 아테네의 사령관 클레온과 스파르타의 사령관 브라시다스가 모두 전사했고, 그 결과 평화조약이 체결되고 당분간 휴전 상태가 이어졌다.—옮긴이

했다. 표면상으로 이러한 선언은 암피폴리스에 대한 마케도니아의 권한을 모두 단념하는 것이었으므로, 성공적으로 왕이 된다 하더라도 아르가이오스는 이 도시를 아테네에 넘겨줄 수 없게 되는 것이다. 그러는 사이에, 마케도니아 왕좌의 또 다른 도전자인 파우사니아스를 지원하는 파이오니아 왕과 트라케 왕에게 사절단이 파견되었다. 필리포스는 두 군주에게 상당한 뇌물을 주었다. 그가 보낸 선물은 파이오니아인들이 그의 영토에 대한 공격을 잠깐이나마 멈추도록 설득할 만큼 충분했다. 다른 많은 성공한 지도자들처럼 필리포스는 운이 좋았다. 트라케에서 부족들을 통합했던 막강한 코티스 왕이 세상을 떠났고, 그의 아들 몇몇이 왕좌를 두고 서로 싸우느라 통일된 세력으로서 위협을 가하지 못했다. 파우사니아스를 지지하던 왕자는 그의 편에 서서 전리품을 얻고 영향력을 확보하기 위해 전쟁의 위험을 감수하기보다는 필리포스의 금과 은을 받아들이는 편을 택했다. 이 지점부터 파우사니아스는 현전하는 고대 문헌들에서 사라진다. 아마도 그의 죽음으로 거래가 성사되었을 것이다.[24]

기원전 359년 아테네의 원정군이 그들의 동맹인 메토네에 상륙했다. 이 도시는 마케도니아 해안의 피드나에 인접해 있었다. 아르가이오스는 자신의 용병을 이끌고 왔으며 아테네에서 제공한 호플리테스 3000명도 있었다. 이들 호플리테스 역시 다수가 용병이었으나 적어도 일부는 아테네 시민이었으며, 모두 연안에 대기중인 함대의 지원을 받았다. 이는 아테네가 이전에 해당 지역에 파견한 원정군에 뒤지지 않는 상당한 규모였다. 일단 배에서 내린 뒤에는 병력을 나누었다. 아테네 병사 대부분은 그들의 지휘관 만티아스의 지휘 아래 메토네에 남았고, 아르가이오스는 자기 부하들과 아테네의 참관인들을 이끌고 전진했다. 그는 30킬로미터 정도 떨어진 아이가이로 진군했는데, 주력 부대를 후방에 남겨둔 결정은 아마도 자신이 외국 군대의 원조에 의존하고 있음을 드러내지 않으려는 의도였을 것이다. 마케도니아 왕국의 전통적인 수도[펠라]의 외곽에 도착하자 그는 자신을 왕으로 선언했다. 하지만 지역 주민들이 밖으로 나와 그를 왕으로 옹립해줄 거라는 그의 기대는 무너졌다. 필리포스에 대한 신뢰나 애정 때문인지, 아니면 아르가이오스에 대한 혐오나 그가 왕이 될 가능성에 대한 단순한 의심 때문인지, 지역 주민들은 그를 무시했다.

아르가이오스는 물러섰지만, 그의 부하들은 분명 지치고 기가 꺾였을 것이다. 게다가 이즈음에는 필리포스도 아르가이오스의 존재를 눈치채고 있었다. 이제는 필리포스가 재빠르게 움직일 차례였다. 그는 왕위를 노리는 이 도전자가 메토네로 돌아가 그의 동맹들과 합류하기 전에 그를 따라잡아 타도했다. 소규모 접전에 지나지 않긴 했으나, 이로써 필리포스는 첫 승리를 거두었다. 그는 아테네 시민들에게 관대하여 그들이 메토네로 돌아가는 것을 허락했다. 아르가이오스와 그를 도운 마케도니아인 망명자들은 그렇게 운이 좋지 않았다. 추측건대 필리포스는 처형을 위해 자신에게 그들을 넘겨주어야 한다고 주장했을 것이다. 그러는 사이에 만티아스와 그의 부하들은 암피폴리스를 함락하려 했으나 실패했다.[25]

성공한 지도자가 되려면 운도 따라야 하지만, 무엇보다도 자신에게 찾아온 기회를 잘 이용할 줄 알아야 한다. 얼마 지나지 않아 파이오니아의 왕이 죽었다. 이전에 필리포스는 그에게 뇌물을 주고 평화를 얻어냈다. 하지만 이제는 파이오니아인들이 왕위 계승을 두고 다투는 데 몰두하리라는 것을 알았다. 그는 대규모 군사를 일으켜 파이오니아를 향해 진군했고, 전투에서 승리를 거둔 뒤 파이오니아 지도자들에게 충성을 맹세받았다. 이 성공에 고무된 필리포스는 방향을 틀어바르딜리스의 일리리아를 처리하기로 하고, 아마도 기원전 358년 무렵에 집에서 겨울을 보낸 마케도니아인들을 소집하여 전투태세를 갖추게 했다. 그리고 민회에서 그들을 격려하고 승리를 약속하는 연설을 한 뒤 1만 명의 보병과 600명의 기병으로 이루어진 군대를 선두에서 이끌고 출정했다.[26]

이번에는 필리포스가 아니라 적들이 대화를 원했다. 바르딜리스는 필리포스에게 사절을 보내 각자가 자신이 다스리는 영토를 고수한다는 조건으로 강화를 제안했다. 필리포스는 이 제안을 거절하고 일리리아인들이 고지 마케도니아 전역에서 물러날 것을 요구했다. 이에대한 응답으로 바르딜리스도 군사를 모았다. 아마도 싸워야 한다는의견이 절반 이상이었던 것 같다. 바르딜리스에게는 1만 명의 보병과 500명의 기병이 있었으나, 그의 기병들은 마케도니아의 기병들에비해 기량이 많이 떨어졌던 것으로 보인다. 반면에 그와 그의 부하들은 페르디카스를 상대로 거두었던 큰 승리를 기억하고 있었으므로,틀림없이 같은 적을 다시 한번 궤멸시킬 수 있으리라고 확신했을 것이다.[27]

기원전 5세기에 스파르타의 장군 브라시다스는 일리리아 전사들을무시했다. 경험이 없는 사람들의 눈에는 그들이 대단하게 보일지 몰라도 실제로는 별로 그렇지 않다는 것이었다. 그들이 전투에서 외치는 함성은 무시무시했다. 그들은 적들을 겁먹게 할 생각으로 무기를배치하고 흔들어댔다. 하지만 브라시다스는 이러한 행동을 공연한 법석으로 일축했다. 견실한 군대라면 이를 모두 무시할 것이었다. 문명화된 그리스인들은 오와 열을 맞춘 대형을 이루어 싸웠고 각 병사는 곁에 있는 동료에게 의지하며 동료들을 저버리지 않았다. 반면에 일리아 전사들은 느슨한 패거리에 지나지 않았다. 브라시다스는 부하들에게 장담했다. "그들[일리리아인들]에게는 도주와 공격이 똑같이 영예롭게 여겨지므로 그들의 용기는 시련을 견딜 수 없다. 더욱이 모두가 주인이 되는 싸움 방식은 자신을 구원하기 위한 최고의 변명을 제공할 것이다." 몇 세대가 지난 뒤 일리리아인들이 전투에서 좀 더 밀집된 대형을 채택했을 가능성이 있고, 다수의 더 부유한 전사들이 호플리테스 양식의 투구와 갑옷을 차용했다는 증거들도 있지만, 그들의 전투 방식은 여전히 개인적 영웅주의를 선호했다.[28]

양국의 군대는 상당히 넓게 트인 땅에서 만났다. 아마도 링케스티스 근처였을 것이다. 바르딜리스는 마케도니아인들이 다가오기를 기다렸다. 필리포스가 전투를 감행하기보다는 그에게 양보하기를 여전히 바라고 있었던 것이다. 마케도니아 군대의 부대들 중 다수는 브라시다스가 부족 전사들의 요란한 시위에 쉽게 겁먹을 것이라고 주장했던 경험 없는 병사들로 이루어졌다. 필리포스는 부하들이 받은 훈련을 믿으며, 일리리아인을 향해 군대를 배치했다. 한동안 마케도니아 병사들은 적군을 도발하는 소리를 크게 외쳤다. 어떤 고대 해설가들은 양편이 내지르는 소리를 들어보면 전투의 결과를 알 수 있다고 주장했다.

필리포스는 전진하면서 기병대에 명령하여 일리리아 군대의 측면을 휩쓸게 했다. 바르딜리스의 기병대는 아예 언급되지도 않는데, 기병들이 싸움을 포기하거나 말에서 내려 보병대에 합류한 것으로 추측된다. 마케도니아 보병대는 국왕 근위대와 함께 오른편에서 대형을 이루었다. 포위당할 위기에 처했음을 깨닫고 바르딜리스는 부하들을 후방으로 이끌어 안쪽이 비어 있는 거대한 정사각형을 이루도록 배치했다. 하지만 이는 기동이 매우 어려운 대형이었으므로, 실제로는 전사들이 한동안 산개된 형태를 이루었을 것이다. 필리포스는 근위대를 이끌고, 대부분 창병으로 이루어진 나머지 대열보다 더 빨리 움직였다. 아마도 이러한 전술은 상당히 의도적으로 채택된 것인 듯하다. 테바이의 에파메이논다스와 펠로피다스가 기원전 371년 레우크트라에서 스파르타를 물리쳤을 때 개발한 전술을 그대로 따랐거나, 아니면 단순히 자국 정예 부대의 더 나은 훈련과 확신을 반영한 것으로 보인다. 필리포스는 적군의 대형에서 가장 취약한 측면을 공략했다.

디오도로스에 따르면 전투는 격렬했고 한동안 전세가 오락가락하면서 양쪽 모두에서 수많은 사상자가 나왔다고 한다. 그의 말을 믿지 않을 이유는 없다. 가장 뛰어난 필리포스의 부대조차 특별히 경험이 많은 것은 아니었던 반면, 일리리아 군대는 마케도니아인들을 다시 한번 물리칠 것을 자신하고 있었다. 사리사는 일리리아의 전사들을 떨어뜨려 놓을 수 있었지만, 창병들이 굳은 결의와 엄청난 기력을 갖고 있지 않으면 쉽게 지치고, 상대에게 타격을 가하기가 어려웠다. 고대의 전투는 아예 빨리 끝나거나, 아니면 양측 모두 지쳐서 길고 지루하게 이어지는 경향이 있었다. 끈질기게 버티면서 계속 전진하여 새롭게 싸움을 전개하는 쪽에 승산이 있었다.

필리포스와 근위대는 잘 싸웠고, 얼마 후 그의 기병대가 일리리아의 사각 대형을 뚫고 들어가는 데 성공했다. 이는 결의에 찬 보병과의 정면 대결에서 기병이 이길 것이라고 생각할 수 없던 시대에 거둔 꽤 훌륭한 성과였다. 몰려오는 피로와 계속되는 마케도니아 병사들의 공세로 일리리아 군대가 패주하기 시작했다. 일리리아 군대는 대형이 깨지기 시작하자 공황 상태에 빠진 병사들이 급히 달아나면서 완전히 와해되었다. 디오도로스의 주장에 따르면 일리리아 전사 7000명이 전장에서 죽거나, 필리포스의 부하들이 펼친 격렬한 추격전에서 죽었다. 사각 대형은 군대가 붕괴했을 때 병사들이 달아나는 것을 더욱 힘들게 만들었고, 그 때문에 사망자 중 다수가 전장 가까이에서 쓰러졌을 것이다. 필리포스는 부하들을 다시 불러 모으고 부상병들을 치료하기 시작했다. 그는 정확히 그리스적인 방식을 따라 현장에 전승 기념비를 세워 승리를 기념했다. 바르딜리스는 전투의 결과에 동의하고, 그가 입은 엄청난 손실을 인정하면서, 사절을 보내 강화를 간청했다. 필리포스는 강화를 용인하는 대가로 고지 마케도니아의 잃었던 영토를 모두 되찾았다.[29]

이는 정말로 막강한 적수를 상대로 얻어낸 소중한 승리였다. 우리는 앞으로 필리포스가 계속 성공을 거두리라는 것을 알고 있지만, 그가 과감하게 큰 모험을 했다는 사실을 잊어서는 안 된다. 당장은 왕위를 노리는 모든 도전자가 패배했거나 망명 상태에 있었고, 즉각적인 위협들은 격퇴되었다. 이 과정에서 필리포스는 잃어버린 지역들을 되찾았고 이웃 나라에 대한 자신의 패권을 확고히 하기 시작했다. 하지만 그는 이제 겨우 첫 번째 위기를 넘겼을 뿐이다. 그것이 곧 그의 안전을 의미하지는 않았다.

3

마케도니아인, 그리스인, 야만인

근래 몇 세대 만에 처음으로 마케도니아인들이 일리리아 군대를 격파했다. 그러나 이것으로 필리포스나 그의 왕국이 안전해진 것은 아니었다. 필리포스가 마주한 위협과 압력을 이해하려면 잠시 이야기를 멈추고 마케도니아라는 장소, 그리스 전체의 왕과 백성들, 그리고 더 넓은 세계를 살펴보는 것이 중요하다. 그러려면 시간을 거슬러 올라가야 한다. 진정으로 정체되어 있는 문화는 거의 없기 때문이다. 그리스 도시국가들의 역동성은 정치적 변화와 힘의 균형의 변동이 끊임없이 일어났음을 의미했다.

마케도니아는 그리스 세계의 변방에 있었고, 마케도니아인이 그리스인인지 야만인인지에 대해서는 의견이 나뉘었다. 언어 측면에서 보면 문제는 간단했다. 마케도니아인은 그리스어를 사용했고, 그들의 이름 또한 그리스식이었으며 그들이 어떤 글을 쓰든 그 글은 그리스어로 썼다. 저지 마케도니아에서는 독특한 억양과 특이한 표현이 많은 방언을 사용했다. 이 방언 또한 그리스어이긴 했으나 타지 사람들은 거의 이해할 수 없었다. 고지 마케도니아 사람들은 몰로소이족을 비롯하여 이 지역의 다른 공동체들과 유사하게 서부 그리스어를 주로 사용했다. 왕족과 대부분의 귀족은 더 널리 사용되는 아티케● 그리스어를 알고 있었고, 마케도니아 사절들은 아테네에 갈 때 의사소통을 위한 통역을 필요로 하지 않았다. 일리리아나 트라케 같은 이웃 나라의 언어를 유창하게 구사하는 마케도니아인도 분명 많았을 것이다. 민족 측면에서 보면 마케도니아의 인구는 혼합체였으며, 필리포스의 치세에는 더 많은 민족과 부족이 뒤섞인다. 종교 측면에서는 신들의 고향이라고 하는 올림포스산이 마케도니아의 남쪽 경계에 있었고, 마케도니아인은 다른 그리스인과 마찬가지로 제우스와 디오니소스를 비롯한 올림포스산의 신들을 숭배했다. 이러한 모든 면에서 마케도니아인은 트라케인, 일리리아인과 거리가 멀었다. 하지만 마케도니아와 광범위한 그리스 세계 사이에도 사회·문화 측면에서 근본적인 차이들이 있었다.[1]

늘 그렇듯이, 남아있는 증거들은 심각하게 아테네에 편향되어 있어 정상적인 것이 무엇인가에 대한 우리의 감각을 왜곡한다. 그리스인이라는 것이 무엇을 의미하는가에 대한 관념은 분명 시대와 지역에 따라 크게 달랐다. 본래는 그리스어를 사용하는 사람들과 그 외의 사람들―양 울음소리처럼 말하는 야만인들●●―로 단순하게 구분되었다. 역사에 등장한 많은 문화권에서 사람들은 자신을 '정상'이라 여기고

● 보통 아티카(Attica)로 알려져 있으나 이는 라틴어 지명이고 그리스어에서는 아티케(Attike)라고 불렀다. 아테네와 그 주변 지역을 가리킨다.―옮긴이

●● 그리스인들은 비(非)그리스인을 바르바로스(barbaros)라고 불렀다. 처음에는 양의 울음소리처럼 뭐라고 하는지 알 수 없는 말, 즉 그리스어가 아닌 다른 언어를 사용하는 사람이라는 뜻으로 사용되었으나 차츰 문명이 없는 미개인 혹은 야만인이라는 경멸적 의미로 사용되었다.―옮긴이

나머지 세계는 다를 뿐 아니라 필연적으로 열등하다고 보았다. (나는 과도하게 남용되었고 지나치게 두루뭉술한 '타자'라는 용어의 사용을 꺼린다. 이 용어가 실제로 설명하는 것은 매우 적고 많은 인간 존재 안에 있는 태도의 미묘한 차이들을 무시하기 때문이다.) 헤로도토스 같은 그리스인 관찰자들은 고색창연한 이집트 문화에 주목했고, 그 기념비적 건축물과 그 종교의 오랜 비밀들에 감탄했으면서도, 이집트인들을 야만인으로 여겼다. 이는 그토록 큰 힘과 부富를 누렸던 페르시아 제국의 주민들에 대해서도 마찬가지였다. 그리스인이 의미하는 바는 일찍이 언어의 차이를 훨씬 넘어선 것이었다.[2]

그것은 단순하게 민족에 관한 문제가 아니었다. 비록 조상과 과거 역사에 관한 강한 인식이 있었고, 이러한 인식은 오늘날의 우리에게는 신화로 보이는 것과 흐릿하게 섞여 있지만 말이다. 전통에 따르면 그리스인은 명확히 구분되는 몇 개의 무리로 나뉘었다. 스파르타인과 같은 도리아인, 아테네인과 같은 이오니아인이 대표적이다. 이들은 서로 다른 방언을 사용했고, 그들만의 신앙을 갖고 있었다. 또한 모든 공동체에는 각각 기원에 관한 이야기가 있었고, 이들 이야기에는 영웅과 신의 조력이 관련된 경우가 많았으며, 특히 호메로스의 서사시에 등장하는 민족에 관한 언급은 귀하게 여겨졌다. 도시국가(폴리스polis, 복수형은 폴레이스poleis)라는 특정 형태의 공동체가 일찍이 그리스인들의 정체성 인식에서 핵심이 되었다. 이탈리아의 에트루리아인이나 라티움족 같은 다른 민족들 또한 도시 문화와 그들 나름의 도시국가를 이루고 있었지만 결코 그리스인으로 간주되지 않았기 때문에 언어적 요소와 민족적 요소도 남아 있었다고 할 수 있겠다.

폴리스의 발전 과정은 전혀 이해되지 않고 있지만, 고유한 법률, 정체政體, 관리官吏, 공식 종교 예식을 갖춘 자치 국가로서 등장했다. 물리적으로 그것은 성벽으로 둘러싸인 도시였고, 성벽 바깥의 영토를 지배했다. 이 영토 안에 마을이 있었겠지만, 이 마을들은 의미 있는 개별 정체성을 갖지 못한 채 모두 폴리스의 일부로서 존재했다. 가장 작은 도시국가는 인구가 수백 명에 불과했지만, 대부분의 도시국가는 수천 명의 주민을 거느렸고, 소수이긴 하지만 그보다 훨씬 크게 성장한 도시국가도 있었다. 많은 경우에 독립적이고 심지어 경쟁적이거나 적대적인 관계의 도시들이 서로 눈에 보일 만큼 가까이에, 걸어서 두세 시간이면 닿을 거리에 있었다. 누구도 확실히 알 수는 없지만, 적어도 400개 이상의 그리스 폴리스가 있었다. 대부분은 그리스 반도에 있었지만 몇백 년에 걸쳐 흑해 연안과 지중해 해안을 따라 식민지를 개척하면서 새로운 도시국가들이 건설되었다. 필리포스 시대에는 남부 이탈리아와 시칠리아의 많은 부분이 이미 여러 세기에 걸쳐 그리스화되어 있었다. 갈리아 남부 해안에 마실리아(오늘날의 마르세유)라는 큰 도시가 있었고, 스페인에는 엠포리온을 비롯한 기타 공동체들이 있었으며, 소아시아에도 도시들이 있었다. 어떤 식민지들은 실패하거나 원주민에 의해 소멸되었지만 다른 식민지들은 번성하여 광범위한 그리스 세계가 매우 넓은 지역에 펼쳐졌다.

폴리스는 평등한 공동체가 아니었다. 다양한 형태의 노예제가 어느 폴리스에나 있었고, 그에 대해 심각하게 의문이 제기되지 않았다. 노예들은 시민이 아니었고, 그 어떤 정치적 권리도 없었으며, 자유가 주어지는 일도 아주 드물었다. 스파르타의 전쟁 기계 같은 군대는, 스파르타인이 점령한 지역 주민의 후손이자 국가에 종속된 농노였던 헤일로테스의 노동에 의존했다. 많은 도시에서 그곳에 살면서 일하고 있는 외국인에게 시민권 주기를 꺼렸고, 영주권자가 된 외국인도 예외는 아니었다. 자유인으로 태어난 여성은 시민이었으며 그들의 권리는 공동체마다 달랐다. 여성은 공식적인 종교 예식에 참여할 수 있었으나 정치에서 배제되었고 투표를 하거나 공직을 맡을 수 없었다. 폴리스가 전쟁을 벌일 때면 언제든지 군대에 들어가 전투를 수행해야 한다는 의무가 정치적 권리들과 긴밀하게 연결되어 있었고, 이것이 여성 시민을 정치의 주변으로 내모는 주된 구실이 되었다.

기원전 5세기와 4세기에 이르러 군주정은 매우 드물어졌다. 두 명의 왕이 공존했던 스파르타처럼 군주정이 남아 있는 곳에서도 원로원과 민회를 포함한 혼합된 정체政體로 운영되는 경향이 있었다. 참주●들도 존재했는데, 이들은 최고 권력을 스스로 장악하거나 상속받았지만 지역 상황에 따라 법률의 제약을 받았다. 참주들은 해외에서 번창하는 경향이 있었지만, 남부 그리스에서는 매우 드물었다. 일부 도시는 과두정이어서 최고 권력이 제한된 소수 집단의 손에 있었고, 이 소수 집단은 대개 부유한 귀족 집안의 파벌이었다. 민주정을 채택한 다른 도시들에서는 데모스demos라는 민중이 최고로 여겨졌고 관리를 선출했으며 크고 작은 많은 사안에 직접 투표했다. 데모스를 구성하는 이들은 상당히 다양했으며, 피선거권은 물론 투표권 자체도 대개 소유한 재산에 결부되어 있었다. 실제로는 정체 유형들 사이의 구분이 모호해진 경우가 많았으므로, 부유한 계층에 한해 엄격하게 제한된 데

● 참주(티란노스tyrannos)는 혈통에 관계 없이 신분을 뛰어넘어 군주의 자리를 차지한 사람을 가리킨다. 독재자나 폭군이라는 의미로 쓰이게 된 것은 후대의 일이다. 그리스 세계 전반의 역사 흐름을 보면 기원전 7세기에서 6세기에 귀족정이 참주정으로 이행하면서 폴리스 체제가 확립되었고 기원전 6세기 말부터 아테네를 비롯한 여러 폴리스에서 민주정이 번성했다.―옮긴이

모스는 오히려 철저한 민주정보다 과두정에 더 가까웠다. 내부에서 일어나는 혁명이 상당히 빈번했고, 그때마다 다른 집단이 권력을 잡고 정체가 바뀌었다.

그리스 도시국가들은 본래부터 불안정했고 호전적이었다. 공통된 그리스 문화를 공유한다는 인식이 있었음에도 서로 열띤 전쟁을 벌이는 일이 빈번했다. 이러한 현실은 시민의 의무로서 군복무를 중요하게 여기고 계속 강화하는 데 일조했다. 정치적 권리는 가장 중요하고 위험한 역할을 감당하며 국가를 위해 기꺼이 싸우려는 자들에게만 보장되는 것이었다. 전쟁이 폴리스 형성에 얼마나 기여한 것인지, 폴리스가 특정한 형태의 전쟁을 창조한 것인지에 대해서는 의견이 갈린다. 그 중심에 바로 회전會戰이 있다. 회전은 팔랑크스라는 밀집 대형을 이룬 중보병重步兵 호플리테스의 충돌에 의해 결정되었다. 호플리테스라는 이름은 청동을 입힌 지름 90센티미터 가량의 원형 나무 방패인 호플론에서 유래되었다. 이 방패는 방패를 든 병사를 보호할 뿐 아니라, 밀집 대형을 이루고 있을 때 대형의 측면을 보호하는 데 도움이 되었다. 호플리테스는 눈구멍만 남기고 얼굴 전체를 덮는 청동 투구, 금속이나 두꺼운 천으로 만든 흉갑을 착용했고, 때로는 정강이받이를 장착하기도 했다. 주로 창병이었던 호플리테스는 길이가 2~2.5미터쯤 되는 공격용 창을 들었다.[3]

기원전 5세기 헤로도토스의 기록에 따르면 페르시아 지휘관이 그리스인의 전투 방식을 보고 깜짝 놀라 그들이 전쟁에서 "너무 분별없이 (…) 잘못된 정신으로 우둔하게" 싸운다고 주장했다. 그리스인들은 "서로 전쟁을 선포하면 가장 고르고 평평한 땅으로 내려와서 싸운다." 페르시아 지휘관은 이러한 전투에서는 거의 재난에 가까운 인명 손실이 발생하므로 승리한 쪽도 상당한 피해를 입고, 패배한 쪽은 사실상 전멸한다고 한껏 과장해서 말했다. 그리고 보다 합리적으로는 그리스인들은 서로 같은 언어를 사용하기 때문에 전쟁을 벌이기보다 평화적으로 이견을 조정할 수 있어야 하지만, 정말 싸워야만 한다면 적어도 견고한 진지에서 계략을 사용하여 싸워야 한다고 주장했다.[4]

이는 모두 강력한 페르시아 제국을 상대로 거둔 승리를 자랑스러워하던 그리스인들을 위해 쓴 과장된 이야기이지만, 그 안에도 몇 가지 진실이 담겨 있긴 하다. 호플리테스의 무장에는 비용이 많이 들었고, 장비를 스스로 갖추는 것은 각 개인의 의무였다. 예외적인 상황이 아니라면 가난한 시민들이 호플리테스가 되거나 팔랑크스에 들어갈 수 없었다. 본래 대부분의 호플리테스는 어지간한 크기의 토지를 소유하고 가족과 노예들의 도움을 받아 농사짓는 이들이었다. 이런 농부는 전문적인 직업군인이 아니었고, 너무 오랫동안 집에서 떠나 있기를 원하지 않았다. 수확시기같이 일손이 많이 필요한 시기에는 더욱 그러했다. 집합 훈련은 거의 이루어지지 않았으므로, 팔랑크스의 간단한 전술이 비상근 군인에 의존하는 군대에 이상적으로 적합했다. 회전에서 양쪽 군대는 8열 이상의 호플리테스로 구성된 팔랑크스를 가로로 길게 한 줄로 배치한 다음 한쪽 혹은 양쪽 모두 전진하여 접근전을 벌였다. 남부 그리스에는 팔랑크스가 싸울 수 있는 개활지가 드물었기 때문에 세대가 바뀌어도 계속 같은 장소, 두 도시를 잇는 도로변에서 가장 편리한 장소 인근에서 전투가 벌어졌다. 양측 팔랑크스가 일단 부딪치고 나면 대체로 한 시간 안에 한쪽 편의 대형이 무너지면서 병사들이 달아났다. 호플리테스의 무기와 장비는 무겁고 불편했으며, 여기에 전투의 스트레스와 한낮의 열기까지 겹쳐서 병사들은 빨리 지쳤다. 승리는 전장을 차지한 쪽에 돌아가서 승리의 기념비를 세울 수 있게 했다. 패한 쪽에서는 자기 편의 시신들을 거둘 수 있게 해 달라고 요청함으로써 패배를 인정했다. 그리스의 뜨거운 여름 날씨를 생각하면 시신을 거두는 작업은 신속하게 이루어져야 했다.[5]

회전에서 사용되는 전술은 단순했다. 호플리테스를 모아 팔랑크스를 형성하고 몇 열 횡대로 배치할 것인지 결정한 다음, 대부분의 장군은 최전방에 서서 부하들에게 모범을 보이고 격려하는 것 말고 별달리 할 수 있는 일이 없었다. 산병散兵•과 기병은 전투 당일에 그다지 큰 역할을 하지 못했다. 제대로 대형을 갖춘 팔랑크스는 도시국가에서 배치한 어떤 기병에 의해서도 무너지지 않았으며, 산병들이 쏘아대는 무기는 중무장한 호플리테스에게 성가신 방해물에 지나지 않았다. 산병들은 더 가난한 계층 출신이었고, 격렬한 전투에서 그들이 수행하는 소소한 역할은 정치에서 그들이 맡는 소소한 역할을 정당화했다. 기병들은 부유한 귀족 계층 출신이었다. 말을 마련할 경제적 여유가 있을 뿐 아니라 제대로 승마를 익힐 시간적 여유도 충분한 이들이었다. 그러나 전투의 영광은 호플리테스에게 돌아갔고, 그래서 기병으로 복무할 여력이 있음에도 팔랑크스에 합류하여 보병으로 싸우는 이들도 많았다.

적어도 기원전 6세기의 초기 민주정에서 데모스는 실질적으로 호플리테스 계층이었다. 물론 정치 개혁과 군사 개혁 가운데 어느 것이

• 산병(skirmisher)이라고 통칭되는 병사들은 팔랑크스에 속하지 않은 경무장 보병으로 주로 구성되었고 경무장 기병이 첨가되기도 했다. 이들은 전투의 선봉대로서 팔랑크스 앞에 산개대형으로 배치되었고 본격적인 접근전이 벌어지기 전에 투창, 활, 줄팔매 등을 사용하여 적군을 교란하는 역할을 맡았다.—옮긴이

먼저 일어났는지 우리가 알 수는 없다. 호플리테스 농부들은 민간 지도자와 군사 지도자를 선출했고, 경쟁 도시국가들의 팔랑크스에 맞서 싸우기 위해 전투에 나갔다. 귀족들은 새로운 상황에 적응하여 팔랑크스에 합류했고, 금전과 인맥을 이용해서 불균형적으로 많은 수의 선출직 관리들을 배출했다.

도시국가들은 호전적이고 불안정했으며, 심지어 민주정 도시들도 오늘날 우리의 기준에서 보면 극도로 불평등한 사회였지만, 여전히 이 시대의 그리스 공동체들은 수많은 경이로운 업적을 자랑할 수 있었다. 그리스인들은 다른 어느 곳에도 없던 민주주의를 구상하고 실행했다. 그들은 이제껏 누구도 하지 않았던 방식으로 추상적 개념과 주변 세계를 탐구하고 해부했던 것처럼, 정치 관념과 민주주의라는 개념을 논의하고 분석했다. 그들은 이전의 어떤 것과도 같지 않은 예술, 건축, 문학, 연극을 창조했다. 이 창의성의 폭발이 얼마나 대단한 것인지가 익숙함에 가려져서는 안 된다.

똑같은 선천적 경쟁심, 주변 사람들보다 자기가 낫다는 걸 보임으로써 영광을 쟁취하려는 욕망(아리스테이아aristeia)이 그리스 문화의 좋은 점과 나쁜 점 모두에 동력을 제공했다. 명예와 지위는 도시와 개인에게 중요했다. 올림픽 경기[올림피아 제전]는 부분적으로 현대에 부활했기 때문에 잘 알려졌지만, 원래 운동경기는 물론 예술적 기량을 겨루는 대회를 포함하는 그리스 세계의 주요 축제 중 하나였다. 호메로스의 영웅들은 서로 경주하고 결투했으며, 《일리아스Ilias》의 이야기를 형성하는 '아킬레우스의 분노'는 그의 명예에 대한 모욕으로 시작되었다.* 전승에 따르면 최초의 올림피아 제전은 기원전 776년에 열렸고, 이후 4년마다 다시 개최되었으며, 가장 광범위하게 보급된 날짜 체계 중 하나를 제공했다. 올림피아 제전을 전후해서 정해진 기간 동안 그리스 국가들 사이에서 벌어지고 있는 분쟁은 모두 멈추어야 했고, 이로써 그리스인들은 안전하게 이동해서 제전에 참여할 수 있었다. 전형적으로 그리스적인 기관인 김나시온은 단순히 개인의 건강 증진을 위한 장소가 아니라, 이를 공적으로 실행하기 위해 의도적으로 고안된 장소였다. 그러하기에 이곳에서는 훈련조차 경쟁적이었다. 필리포스를 테바이에 볼모로 보낸 펠로피다스는 군인이자 지휘관으로 명성을 날리기 전에 김나시온의 보디빌더로 유명했던 인물이었다. 무언가에 탁월하다는 것은 다른 사람들이 알아주기 전까지는 거의 아무런 가치가 없었다.[6]

명성과 명예가 중요했으며, 이것은 누군가가 자기 자신을 바라보는 방식과 다른 이들이 그를 대하는 방식 모두에 의해 형성되었다. 고향 공동체에서 자신이 홀대받는다고 느끼는 시민들은 상황을 바로잡기 위해 쉽사리 혁명을 기획했다. 자신이 우월하다고 여기는 집단은 진심으로 자신들이 권력을 잡는 것이 옳다고 믿었을 테고, 자기 재능을 믿는 개인은 지도자나 참주가 되려는 야망을 가질 수도 있었다. 다른 공동체로부터 모욕당했다고 느낄 때면, 심지어 실제 군사적 자원이 새로운 적보다 훨씬 빈약할 때조차 도시들은 전쟁을 벌였다. 충분히 강력한 폴리스라면 다른 여러 폴리스를 지배하는 것도 당연하게 여겨

• 호메로스의 《일리아스》를 시작하는 첫 문장에서부터 등장하는 '아킬레우스의 분노'는 이 작품을 이끌어가는 주요 모티프다. 그리스 최고의 영웅 아킬레우스는 자신이 전리품으로 얻은 아름다운 여인 브리세이스를 그리스군 총사령관 아가멤논이 빼앗은 일에 크게 분노했다. 이 분노는 아끼던 여인을 잃은 것 자체에 대한 분노가 아니라, 아가멤논의 행동이 그의 '명예'를 '모욕'했다는 것에 대한 '영웅적인' 분노다. 분노한 아킬레우스는 전쟁 참여 중단을 선언했고, 아킬레우스가 없는 그리스 군대는 트로이 군대에 대패하고 막대한 피해를 입는다.—옮긴이

졌다. 국가 간 관계의 문제를 고민한 철학자들은 거의 평화보다는 전쟁을 자연조건으로 여기게 되었다.[7]

탁월해지려는 욕망을 그리스 정치와 사회의 강박으로 보거나 유일한 동력으로 과장해서 보는 것은 옳지 않다. 모든 그리스인이 개인의 명예를 최우선으로 추구하는 아킬레우스가 아니었고, 뛰어난 재능을 지닌 전사도 아니었으며, 다른 무엇보다 그들의 행동이 주변 사람들에게 그렇게 깊은 영향을 미친 것도 아니었다. 대체로는 한 공동체 안에 있는 정치인들의 야망이 서로 균형을 이루었다. 하지만 혁명은 계속해서 일어났고, 고향 도시에서 자발적으로 망명하거나 강제로 추방된 그리스인의 수는 놀랄 만큼 많았다.

당시에 도시국가 간의 전쟁은 늘 흔한 일이었다. 실질적인 이익을 위해서는 물론이고, 실제로든 상상으로든 모욕을 당했다는 이유로 전쟁이 벌어졌다. 전쟁은 대체로 경쟁하는 팔랑크스들의 격돌로 결정되었으나, 모든 것이 그렇게 단순하지만은 않았다. 호메로스의 작품에서조차 그리스인들을 트로이의 성벽 안으로 들여보낸 것은 헥토르와 일대일로 싸워 이긴 아킬레우스의 영웅적인 무훈이 아니라, 거대한 목마를 고안해낸 오디세우스의 간계였다. 습격, 매복, 약탈, 기습 공격이 있었고, 때로는 한 도시국가가 상대 도시국가를 공격하여 파괴할 수 있을 만큼 우위를 점하기도 했다. 이런 일이 벌어졌을 때 그리스인들의 공유된 정체성은 대규모 학살과 노예화를 막는 데 아무런 역할도 하지 못했다.

누군가가 그리스인이라는 것은 야만인과 구분되는 것이라 했다. 하지만 일반적으로 그리스인은 자신이 속한 도시와 자신을 훨씬 더 많이 동일시했다. 어떤 도시는 다른 도시와 오랜 친선 관계를 유지하기도 했지만, 모든 도시에는 경쟁 관계와 적대 관계가 있기 마련이었다. 그리스의 폴리스들은 본래부터 선뜻 서로 협력하지 못했다. 이러한 폴리스들의 관계가 짧은 기간이나마 바뀌었던 순간은 기원전 5세기 초 페르시아 제국이 그리스를 침략했을 때였다. 그리스인들은 모든 역경을 극복하고 침략자들을 몰아내고 장렬한 승리를 거두었다. 이를 계기로 헤로도토스는 최초의 그리스어 산문 역사서를 저술했고, 아테네 문화가 찬란하게 꽃피었다.[8]

페르시아는 당시 가장 강력한 제국이었다. 페르시아가 지배하는 영토와 인구와 부富는 그리스의 모든 공동체를 합친 것조차 왜소하게 만들 정도였다. 기원전 6세기 말에 페르시아 왕들은 세력을 서쪽으로 확장해 유럽으로 뻗어 나갔고, 그리스 본토에 점점 더 가까워졌다. 하지만 첫 번째 침략을 촉발한 불꽃은 오히려 아테네에서 터져 나왔다. 소아시아 이오니아 지방(오늘날의 튀르키예)의 그리스 도시들이 페르시아의 지배에 맞서 반란을 일으켰고, 민주정 도시국가 아테네는 이들의 원조 요청에 응했다. 아테네의 도움은 제한적이었으므로 반란이 완전히 실패하는 것을 막지 못했다. 하지만 페르시아의 주의를 끌기에는 충분했다. 기원전 490년에 다리우스 왕은 원정대를 보내 이 발칙한 그리스 도시를 응징하게 했다. 스파르타는 원조를 약속했으나 종교 축제를 지내느라 군대를 제때 파견하지 못했다. 이 때문에 아테네는 오직 동맹 도시 플라타이아이와 함께 팔랑크스를 이루어 마라톤에서 페르시아 군대를 맞아 전투를 벌였다. 이 전투는 접근전에서 호플리테스의 우월성을 보여주는 최초의 실제적 징후가 되었다. 페르시아군은 큰 손실을 입고 패주했으며 그리스 침략은 완전히 실패했다.

그로부터 10년 뒤, 다리우스의 아들 크세르크세스 왕이 거대한 군대와 함대를 이끌고 다시 한번 그리스로 향했다. 크세르크세스 왕은 먼저 사절들을 보내 전통적으로 굴복의 상징으로 쓰이는 불과 물을 요구했다. 페르시아인들은 여러 해 동안 원정을 준비했고, 누구라도 저항한다면 패배를 피할 수 없으리라고 생각하게끔 일부러 준비과정을 가시적으로 드러냈다. 기원전 480년 페르시아인들이 헬레스폰토스, 곧 유럽과 아시아를 가르는 다르다넬스 해협에 다리를 놓았다. 이제 페르시아군은 유럽으로 행진할 수 있게 되었다. 후대에 쓰인 헤로도토스의 기록에 따르면 페르시아 병사는 100만 명에 이르렀다고 하는데, 이는 현실적으로 불가능한 숫자다. 이 기록은 우리가 참고하는 고대 문헌들이 페르시아의 군대를 엄청난 대군大軍으로 묘사하기를 좋아한다는 걸 보여주는 초기의 대표적 사례다. 페르시아의 두 번째 침략은 첫 번째 침략보다 훨씬 더 진지한 시도였으며 그 목적은 공식적인 그리스 정복이었다.

거대한 위협이 닥쳐오자, 본능적으로 협력하기 싫어하는 그리스인들의 성향마저 얼마 동안은 극복되었다. 그리스 세계의 양대 도시국가인 아테네와 스파르타는 각자의 방식으로 싸우면서 페르시아에 대한 저항을 주도했다. 스파르타는 내륙의 강국이었고 그 군대는 그리스에서 가장 뛰어나다고 인정받았다. 스파르타군의 중심에는 스파르티아테스Spartiates가 있었다. 스파르티아테스는 스파르타의 남성 시민중 어린 시절부터 병사가 되도록 길러진 소수의 엘리트 집단이다. 아마추어 군인인 호플리테스의 세계에서 스파르티아테스는 전문 직업 군인으로서 생계를 위해 다른 일을 할 필요 없이 개인과 부대 단위로 계속 훈련했다. 이들을 위한 노동은 모두 헤일로테스라고 불린 노예들이 전담했기 때문이다. 스파르타 사회는 냉혹했다. 매년 국가에서는 공식적으로 이 노예들에 대한 전쟁을 선포했고, 십 대 후반의 스파르티아테스들이 산으로 올라가 숨어 있다가 밤이 되면 내려가 닥치는 대로 노예들을 구타하거나 살해했다.

반면에 민주정 아테네는 확고하게 보수적인 스파르타와는 달리 외향적이고 혁신적인 사회였다. 이 도시에는 인구가 많았고, 이는 많은 호플리테스를 전장에 내보낼 수 있음을 의미했다. 하지만 아테네의 주전력은 해군이었다. 지난 세대에 아테네는 그리스의 최강 해상 세력으로 부상했다. 국가에서 운영하는 함대는 트리에레스trieres라는 선박으로 구성되었다. 날렵하고 조종이 간편한 트리에레스에는 노꾼들이 3단으로 배치되었고 한 명의 노꾼이 하나의 노를 저었다. 아테네 해군의 운영 자금은 남부 아티케의 라우리온에 있는 국가 소유의 은광銀鑛을 통해 조달되었다. 선박은 주로 마케도니아산 목재로 건조되었을 것이다. 해군이 효율적으로 운영되려면 선박 자체도 중요했지만, 정기적으로 선원들을 훈련시켜야 했으며, 그러려면 그들에게 급료를 지급해야 했다.

기원전 480년에 스파르타인들은 축제를 치르느라 바빴기에 군대 전체를 동원하여 전쟁에 참여할 의지가 없었다. 잘 알려진 대로, 스파르타에서는 두 국왕 중 한 명인 레오니다스와 300명의 스파르티아테스를 파견하여 테르모필라이의 좁은 통로*를 방어하게 했다. 이보다 덜 알려진 사실은, 이 소수의 스파르타 부대가 다른 나라에서 보낸 동맹

---

* 오늘날 테르모필레스라고 불리는 테르모필라이는 그리스 중동부의 카리모도로스산과 말리아코스만에 끼인 좁은 땅이다. 테르모필라이 통로는 아티케, 보이오티아, 테살리아를 연결하는 주요 통로이자 군사적 요충지였다. 테르모필라이(Thermopylai)라는 말 자체가 '뜨거운 문'을 뜻한다. 여기에서 묘사되는 테르모필라이 전투는 비록 패배했지만 압도적인 적군에 맞서 목숨을 바친 자유로운 시민 군대의 용맹을 보여주는 대표적 사례로 오래도록 기념된다. —옮긴이

군과 스파르타에 속하지 않은 다수의 시민들의 지원을 받았다는 것이다. 이들은 며칠 동안 크세르크세스에 맞서 통로를 지켰으며, 접근전에서 호플리테스, 특히 스파르타의 호플리테스가 지닌 우월성을 여러 차례 입증해 보였다. 이와 더불어 그리스 연합 함대는 아르테미시온 앞바다에서 규모가 더 큰 페르시아 해군을 상대해 무승부를 이루었다. 결국 페르시아 군대가 테르모필라이 통로 주변 산맥을 가로지르는 경로를 발견하면서 전쟁도 결판이 났다. 그리스 군대는 이 경로를 적절히 방어할 만한 충분한 병사가 없었으므로 퇴각했다. 스파르타 병사들은 퇴각하는 그리스 군대를 엄호했고 그 과정에서 전멸했다.

크세르크세스는 보이오티아를 통해 쳐들어왔고, 그가 펠로폰네소스 지협에 도달할 때까지 그의 전진을 방해할 자연적 장애물은 거의 남아있지 않았다. 테바이는 일부 도시들처럼 자국 영토가 황폐해질 위험을 무릅쓰기보다는 페르시아에 굴복하기를 택했다. 반대로 아테네는 주민 대부분을 도시 밖으로 대피시키고 적군이 도시를 약탈하게 두었다. 극심한 압박이 있었음에도 충분히 많은 폴리스들 사이에서 협력 정신이 유지되었고 함대를 다시 소집하여 살라미스에서 페르시아군에 맞설 수 있었다. 그곳은 물길이 좁고 길게 이어지는 곳이어서 전함이 한꺼번에 많이 들어올 수 없었으므로 결국 수병의 기량이 싸움의 승패를 결정지었다. 아테네에서 가장 많은 배를 파견했음에도 일부분 정치적 협상의 결과로 스파르타의 사령관이 지휘를 맡은 그리스 군대가 결국 승리했다. 트라팔가르 해전이나 영국전투*, 미

---

* 영국전투(Battle of Britain)는 2차 세계대전이 한창이던 1940년 6월 영국 공군이 독일의 공습에 맞서 영국 본토를 지킨 공중전을 말한다. 세계 역사상 공군만으로 이루어진 첫 전투이며, 2차 세계대전의 전세를 처음으로 역전시킨 전투로 평가된다. ─옮긴이

드웨이 해전처럼 살라미스 해전은 전쟁 전체를 승리로 이끈 전투이기보다는, 방어하는 쪽에서 한동안 패배하지 않을 것임을 의미하는 전투였다. 크세르크세스는 본국으로 돌아갔지만, 그리스 정복을 완수할 대군과 군대를 지휘할 장군은 남겨두었다. 그리고 1년이 지난 기원전 479년에 페르시아의 대군은 플라타이아이 전투에서 완패한다.

당대의 초강대국에 맞선 이 역사적 투쟁의 결과로 스파르타와 아테네는 더 큰 위세와 명망을 얻게 되었다. 스파르타의 호플리테스는 테르모필라이의 영광스러운 패배와 플라타이아이의 승리로 주목받았고, 아테네는 살라미스 해전을 가능하게 했고 공격의 예봉이 되었음을 자랑할 수 있었다. 그리스의 승리는 그렇게 간단하지 않았고, 그저 용맹한 호플리테스 덕분이었다고 말할 수도 없었다. 왜냐하면 각 트리에레스에 승선한 200명에 가까운 선원들 대다수는 가장 가난한 계층에서 모집된 선원이었기 때문이다. 곧이어 아테네는 민회에 참석하여 발언할 수 있는 권리를 모든 시민에게로 확대한다. 여기에는 재산이 거의 없는 것으로 등록된 이들까지 포함된다. 이는 가장 철저한 형태의 민주정이었다. 비록 더 부유하고 더 많이 교육받은 이들은 대중의 변덕스러운 본성이라는 것을 경멸했지만, 그럼에도 이러한 체제 아래에서 아테네는 최고의 권력과 번영을 누렸다.

문화생활을 꽃피우던 아테네는 스파르타보다 그 성취를 경축하기에 더 좋은 입장이었다. 또한 중요하게도 아테네의 해군 덕분에 적군을 추격할 수 있었고, 소아시아를 습격하고 그 지역의 그리스 도시들을 원조함으로써 전쟁을 계속 수행할 기회를 얻었다. 이를 효율적으로 수행하기 위해 아테네는 해안 도시들을 규합하여 델로스 동맹을 결성했고, 동맹에 가담한 도시들은 페르시아에 맞선 공격적 방어를 위한 공동의 노력으로 선박이나 자금을 제공했다. 페르시아의 위협이 사라지자 동맹은 점차 아테네 제국으로 변했다. 동맹 도시들은 명백히 아테네에 종속되어 아테네의 거대한 함대를 유지할 자금만 제공하게 되었다. 그러나 스파르타와 아테네 사이의 긴장이 고조되자 두 도시는 상대의 위세와 권력을 자신의 지위에 대한 도전으로 간주했다. 코린토스와 테바이처럼 상대적으로 규모가 큰 도시들은 스파르타와 아테네의 우월한 지위에 반감을 품었다. 상대적으로 규모가 작은 도시들은 지역 내 경쟁 도시에 맞선 보호책으로 더 강한 도시와 동맹을 맺었다. 이는 두 소도시 사이의 사소한 갈등이 서로 우위를 점하려 하는 대도시 사이에서 분쟁을 일으킬 구실이 될 수 있음을 의미했다. 기원전 5세기 후반에는 아테네와 스파르타 사이의 세력 다툼이 두드러졌다. 둘 사이에는 짧은 소강 상태가 반복되는 장기간의 전쟁이 이어지다가 이른바 펠로폰네소스 전쟁(기원전 431~404)에서 갈등이 최고조에 이르렀다.[9]

　내륙 세력인 스파르타와 해상 세력인 아테네 사이에 존재하는 근본적 차이 때문에 두 도시는 주력을 사용하여 상대에게 치명적인 타격을 가할 수 없었다. 양측 팔랑크스의 회전은 드물었고, 육지와 바다에서 기습 공격을 가하는 일이 많았다. 공성전에 뛰어난 그리스 도시국가는 전혀 없었으므로 적국 도시를 공격하는 일은 길고도 어려운 봉쇄 작전을 의미했다. 도시가 작거나 혹은 도시 주민의 일부가 다른 주민을 배신하여 적군을 몰래 들이지 않는 한, 봉쇄 작전은 곧 도시 주민이 굶주리기를 기다리는 일이었다. 당시 그리스 세계의 기준에서 아테네는 거대한 도시였으며, 오래전부터 아테네 주민들은 식량을 자급할 수 없었다. 아테네인들은 주식主食을 수입에 의존했으며, 특히 곡물은 대부분 흑해 연안에서 들여왔다. 이를 위해 아테네와 페이라이에우스항을 연결하는, 메가라 테이케Mekra Teiche라는 방어용 장벽이 세워졌다. 스파르타는 대략 3만 명 규모의 군대를 편성하여 아테네 주변의 아티케 지방을 침략했다. 이 정도 규모의 병력은 플라타이아이 전투 이후로 볼 수 없던 것이었다. 아테네인들은 그저 장벽 뒤로 물러나 스파르타인들이 시골 지역을 짓밟도록 내버려 둔 채 무력하게 바라볼 수밖에 없었다. 스파르타인들은 10년간 매년 여름 한 달 동안 이 같은 일을 반복했다. 아테네는 다른 방식으로 전쟁에서 승리하기를 바랐고, 스파르타의 동맹들을 이탈시켜 힘을 약화시키고자 했다. 다른 도시국가들은 아테네와 스파르타의 충돌에 휘말리지 않을 수 없었지만, 각자 자국의 이익을 추구했고 상황에 따라 유리한 대로 양쪽을 오가며 동맹을 맺었다.

수십 년에 걸친 분쟁의 대가는 어마어마했다. 도시는 파괴되었고, 주민들은 학살당하거나 노예가 되었다. 특히 아테네는 등을 돌린 동맹국들을 잔혹하게 다루었으나, 실제로 흉포함 측면에서는 아테네나 스파르타나 별 차이가 없었다. 게다가 인간이 만들어낸 참상에 자연재해까지 더해졌다. 인구가 과밀한 아테네에 역병이 돌았고 다수의 주민이 목숨을 잃었다. 양쪽 모두 뚜렷한 초점이 없는 전략을 구사했다. 이는 특히 아테네가 시칠리아의 가장 큰 그리스 도시인 시라쿠사를 공격하는 데 대규모 자원을 동원하기로 결정한 것에서 두드러지게 드러났다. 계획도 제대로 세우지 못했고 계획의 실행은 더욱 형편없었던 탓에, 스파르타 군사 고문의 도움을 받은 시라쿠사인들에 의해 엄청난 대가를 치르고 굴욕적인 패배를 맛보아야 했다. 그럼에도 전쟁은 계속되었다. 아테네를 굴복시키려면 그 함대를 쳐부숴야 한다는 것을 깨닫고 스파르타는 동맹국이 제공한 트리에레스에 자체 함대를 더해 편성했다. 참으로 역설적이게도 스파르타와 페르시아 사이에 맺어진 동맹이 이 모두를 가능하게 했다. 당시 페르시아 왕은 스파르타의 함대 편성을 위해 막대한 보조금을 지원했다. 아테네는 힘이 거의 소진되었고, 돈키호테 같은 민회의 결정들에서 도움을 받지도 못했다. 잘 알려진 바와 같이, 아테네의 민회에서는 전투 중에 침몰한 트리에레스에서 선원을 전원 구조하는 데 실패했다는 이유로 가장 뛰어난 장군 가운데 일부를 처형하기도 했다.[10]

기원전 404년, 이미 너무 많은 패배를 겪은 아테네는 결국 항복했다. 피리 연주에 맞추어 페이라이에우스항으로 이어지는 방어용 장벽이 파괴되었고 스파르타의 승리를 기리는 축하 행사들이 이어졌다. 그러나 많은 이들의 예상을 깨고 스파르타는 경쟁 도시를 박멸하는 길을 택하지 않았다. 아테네의 철저한 민주정은 '30인의 참주'에 의한 편협한 과두정으로 대체되었고, 한동안 스파르타의 지배권은 아무런 도전도 받지 않았다. 처음에는 이를 환영하는 이들도 있었다. 이들은 새로운 강대국이 과거의 아테네와 달리 덜 오만하고 덜 자기중심적이기를 바랐다. 그러나 이러한 바람은 빠르게 사라졌다. 기원전 401년 스파르타는 페르시아 왕의 형제로서 왕위를 노리는 키루스를 지원하기 위해 호플리테스로 이루어진 용병 부대 조성에 도움을 주었다. '만인대 萬人隊 〔호이 미리오이hoi Myrioi〕라 불린 이 병사들은 페르시아 영토 깊숙이에 있는 쿠나크사에서 승리를 거두었으나, 키루스가 전장에서 그의 형제를 찾다가 죽는 바람에 그들의 승리도 의미를 잃었다. 그리스 용병들은 고전 끝에 기나긴 여정을 거쳐 소아시아 해안으로 돌아왔다.• 그들 가운데 일부는 몇 년 뒤에도 그곳에 남아, 그리스 도시들을 페르시아의 지배로부터 해방시키겠다는 명분으로 소아시아에 군대를 이끌고 와서 군사작전을 벌이는 스파르타의 아기스 왕을 지원했다.[11]

이 무렵에 아테네는 내전으로 이어진 내부의 격렬한 권력 다툼에서 벗어나 회복되고 있었다. 기원전 403년 과두정이 성립되고 겨우 1년쯤 지났을 때 스파르타의 파우사니아스 왕은 어느 정도 안정을 되찾고 아테네에 민주정 복구를 향한 길을 열어 주었다. 하지만 그의 관대함에 대한 감사는 그리 오래가지 않았다. 아테네인들은 자신감과 저항력을 되찾기 시작했다. 얼마 뒤에 아테네인들은 페르시아의 자금을 받아들여 스파르타에 저항하는 데 사용할 전함을 건조했다. 한편 스파르타 왕은 페르시아 왕에게 아시아의 그리스 도시들에 대한 자신의 통치권을 인정하는 조약 체결을 요구했다. 이 시기에 모든 그리스 도시는 다른 도시나 일관성 따위에 신경 쓰지 않고 단기적인 우위를 점하는 데 혈안이 되었으며, 주요 도시들은 모두 재정 지원을 받고자 페르시아로 향했다. 기원전 387년 페르시아는 표면적으로 그리스 도시국가들의 전쟁을 종식시킬 보편적 평화 협정의 보증인처럼 행동했다. '대왕의 화평'**이라고 불린 이 휴전 협정을 위반하는 도시는 페

• 소크라테스의 제자로도 유명한 크세노폰은 페르시아의 키루스가 자신의 형인 페르시아 왕 아르타크세르크세스 2세에 대항하여 일으킨 반란에 참여했다가, 반란이 실패한 뒤 1만 명에 달하는 그리스인 용병들을 이끌고 온갖 모험과 싸움 끝에 무사히 그리스로 귀환했다. 그는 이 이야기를 기록하여 《페르시아 원정기(Anabasis)》라는 작품으로 남겼다. 알렉산드로스는 페르시아 원정 때 이 책을 지리서로 활용했다고 한다. —옮긴이

•• 스파르타의 소아시아 원정에 대항한 페르시아의 그리스 침공으로 촉발되었으나 스파르타를 중심으로 한 동맹들과 아테네를 중심으로 한 반(反)스파르타 동맹들의 범그리스적 세력 다툼으로 번진 코린토스 전쟁을 종결하고자 기원전 387년 스파르타와 페르시아 사이에 화평 조약이 체결되었다. 페르시아의 왕 아르타크세르크세스 2세가 조약 준수를 보장한다는 의미에서—조약

르시아의 풍부한 황금을 지원받는 적군들과 마주할 것이었다. 하지만 이러한 휴전 협정은 어느 때나 가장 우세한 국가의 권력을 확고히 하는 것 말고는 별다른 효과를 발휘하지 못했고, 당시의 강대국은 여전히 스파르타였다.

아테네는 다시 강해져서 항구로 이어지는 방어용 장벽을 재건했고, 기원전 378년에는 과거보다 동맹국을 더욱 존중할 것임을 약속하며 다시 동맹을 결성했다. 처음에는 아테네인들도 스스로 한 말을 잘 지켰고, 동맹국들과의 관계도 좋았다. 얼마 지나지 않아 아테네 해군은 다시 다른 모든 국가의 해군을 크게 능가했고, 그 위세가 에게해 전역에서 감지되었다. 스파르타의 패권은 퇴조하기 시작했고, 이는 스파르타의 서툰 외교와 내부적 약점 때문에 더욱 촉진되었다. 이 약점이란 노예 헤일로테스를 지속적으로 통제하기 위해 본국에 스파르티아네스가 늘 충분히 존재해야 한다는 점이었다. 기원전 382년 스파르타는 기만적으로 테바이에 주둔군을 배치하고 괴뢰정부를 세웠다. 그러나 불과 3년 후, 에파메이논다스와 펠로피다스, 그리고 그들의 공모자들이 스파르타인 지도자와 그들의 부역자들을 죽이고 대담하게 쿠데타를 일으켜 성공했다.

계속되는 권력 투쟁의 주역은 테바이와 아테네와 스파르타였지만, 다른 국가와 동맹들도 중요한 역할을 했다. 어느 국가도 지속적인 지배력을 성취할 수는 없었고, 그 결과 동맹들 사이에서 직접적으로 혹은 간접적으로 끊임없는 전쟁이 벌어졌다. 회전에서 천하무적이라는

을 준수하지 않는 나라를 페르시아의 왕이 전쟁으로 응징하겠다고 해서—이 조약을 '대왕의 화평'(바실리코스 에이레네Basilikos Eirene)이라 부른다. 스파르타 외교관의 이름을 따라 '안탈키다스 평화조약'이라고도 한다.—옮긴이

스파르타의 명성은 기원전 371년 레우크트라 전투에서 산산이 부서졌지만, 공식적인 회전은 여전히 흔치 않았다. 대부분의 군사 대결은 규모가 더 작았고 호플리테스 농부가 집을 떠나서 보내고자 하는 한 달 정도의 시간보다 더 오래 지속되었다. 도시는 시민에게 급료와 식량을 제공하면서 여러 달, 심지어 여러 해 동안 계속해서 전장에 머무르게 하거나 용병들을 고용했다. 두 방법 모두 상당한 자금이 필요했고 전쟁 비용은 점점 더 늘어났다. 전쟁 비용을 충당할 만큼 약탈품이나 전리품을 얻는 경우는 매우 드물었다. 고용할 수 있는 용병들은 넘쳐났다. 여러 세대에 걸쳐 전쟁과 내분이 계속되면서 싸움이 적성에 맞는다는 것을 발견한 이들은 물론이고, 집과 고향이 파괴되었거나 다른 나라로 망명한 이들이 많았기 때문이다. 트리에레스 또한 건조와 유지에 비용이 많이 들었고, 선원들도 자주 훈련할 필요가 있었으며, 그러려면 그들을 상근직으로 고용하여 급료를 지불해야 했다.

전쟁은 비용이 많이 들고 위험 부담도 높았지만, 오랜 원한과 명예심, 경쟁에 대한 본능적 충동, 승리를 향한 희망이 갈등을 부추겼고, 누구도 영구적인 이점을 얻을 수 없었다. 테바이는 기원전 371년 이후 10년 동안 가장 우세했고, 이 기간에 스파르타 본토에 대한 대규모 침략을 여러 차례 감행했으며, 스파르타의 메세니아인 헤일로테스들의 새로운 본거지로 메세네를 건립하고 성벽을 쌓아서 요새화했다. 많은 이들이 이 새로운 공동체에 합류하기 위해 스파르타에서 탈출했고, 오랜 기간 망명해 있던 이들도 돌아왔다. 테바이 주둔군의 도움으로 이 새로운 폴리스는 스파르타의 공격을 모두 물리쳤고, 곧이어 다른 헤일로테스들에게 끊임없이 경각심을 일깨우며 번성했다. 기원전 362년 테바이와 스파르타의 팔랑크스가 만티네이아에서 다시 충돌했다. 양측 모두 대규모 동맹군의 지원을 받고 있었다. 에파메이논다스를 비롯하여 사상자가 많이 나왔지만 어느 쪽도 확실한 승리를 얻지 못했고, 실질적인 전략적 우위를 점하지도 못했다. 아테네 귀족으로서 만인대를 이끌었고 나중에는 스파르타에 정착했던 역사가 크세노폰은 바로 이 지점에서 매우 비관적인 어조로 자신의 역사서를 끝마쳤다. 왜냐하면 이 전투 이후에 "모두가 일어나리라고 믿었던 것과 정반대의 일이 야기되었기" 때문이다. 크세노폰은 그리스 국가들 대부분이 승자가 지배할 것을 기대하며 이 분쟁에 가담했다고 설명했다. 하지만 양측 모두 승리를 설명했으나 실제로는 권력이나 영토를 얻지 못했고 유의미하게 "전투가 벌어지기 전보다 더 잘 살게 되지도" 못했다. "다만 이전보다 더 많은 혼돈과 무질서가 발생했을 뿐이다."[12]

철학자들은 결말도 없이 끝없이 순환하는 이 전쟁의 근본 원인을 모색했다. 플라톤을 비롯해 많은 이들이 과두정, 특히 민주정이 분쟁을 야기했다고 결론짓고 현명하고 선량한 참주의 통치가 가져올 이점에 대한 환상을 품었다. 다른 이들은 그리스인을 하나로 묶어줄 대의가 필요하다고 느꼈고 페르시아를 침공하기 위해 힘을 합쳐야 한다고 말했다. 이런 이론가들의 목소리를 귀 기울여 듣는 사람은 거의 없었다. 폴리스 사이의 분쟁은 언제나 그랬듯이 계속될 따름이었다.

마케도니아는 늘 다른 지역, 다른 문화였다. 남부 그리스인의 관점에서 보면 마케도니아는 낙후되어 있었다. 마케도니아에서는 도시국가가 발전하지 못했고 마케도니아 왕국 내부나 주변에서 눈에 띄는 폴리스는 외지 출신의 정착민들이 세운 것뿐이었다. 마케도니아에도 도시 공동체가 있었지만, 이들은 독립되어 있거나 진정한 자치를 실행하지 못했으며 성벽이 없는 경우가 많았다. 그리스인들에게 왕정은 그 자체로 구식이고 이질적인 것이었다. 오직 소수의 철학자들만 계몽된 군주에 의한 통치 가능성을 열렬히 탐구했을 뿐이다. 테살리아의 도시국가도 귀족들이 지배했고 참주들이 출연하기가 쉬웠지만, 그럼에도 북부의 이웃 나라에 비하면 더욱 명백하게 그리스적으로 보였다. 언어보다는 정치제도가 관건이었고, 아테네의 관점에서 마케도니아는 지리적으로나 문화적으로나 트라케와 일리리아에 더 가까운 벽지僻地였다.

다른 시대의 다른 그리스인들은 다르게 느꼈을지도 모른다. 그리스 시인 헤시오도스는 기원전 700년경에 쓴 작품에서 마케돈이 제우스의 아들이며, 올림포스산과 피에리아 근처에 살면서 말馬을 좋아했던 사람이라고 이야기한다. 이런 신화적 시조始祖의 존재가 의미하는 바는 마케도니아인들이 넓은 의미에서 그리스 민족에 포함되었다는 것이다. 그로부터 200년이 지나 페르시아인들이 유럽으로 진군해 왔고 몇 해 뒤에 아테네인들은 이오니아의 반란군을 도우러 갔다. 페르시아의 다리우스 왕은 트라케와 스키타이에서 직접 군사작전을 벌였다. 기원전 500년경에 다리우스 왕은 자신이 지배하는 민족들의 목록을 돌에 새겼는데, 이 비문은 "바다 건너에 있는 나라들"이라는 구절로 끝이 난다. 또 다른 비문은 "바다 건너 스쿠드라에 있는 스키타이족과 페타소스를 쓴 이오니아인들"을 구체적으로 명시했다. 어쩌면 마케도니아까지 확장되었을 수도 있지만, 스쿠드라는 트라케였을 것이고, 페타소스는 마케도니아의 독특한 모자였다. 마케도니아인을 이오니아인이라고 한 것은 아마도 페르시아인들이 그들을 아시아의 그리스 도시 및 그리스 자체와 같은 계열로 파악했기 때문일 것이다. 다리우스가 이들 지역을 다스렸다는 주장을 의심할 이유는 전혀 없다. 다만 마케도니아가 페르시아 사트라피—페르시아의 총독인 사트라프가 다스리는 속주—의 일부를 이루었는지는 그다지 확실하지 않다. 아민타스 1세나 그의 아들 알렉산드로스 1세가 사트라프였다는 증거는 전혀 없다. 여러 가지 문헌을 균형 있게 고려해 보면, 그들은 소아시아의 일부 군주들처럼 종속적인 세습 군주로 여겨졌을 가능성이 크다.[13]

기원전 480년 크세르크세스가 그리스를 향해 진군했을 때, 알렉산드로스 1세는 충성스러운 동맹으로서 마케도니아 군대를 페르시아 왕의 군대에 합류시켰다. 마찬가지로 테바이인들 또한 페르시아에 항복한 후 페르시아 군대에 합류한다. 헤로도토스에 따르면, 플라타이아이 전투 전날 밤 한 기사가 홀로 아테네의 전초 기지까지 달려와 지휘관을 만나게 해달라고 청했다. 그 또한 그리스인이며 그리스의 대의를 염려한다는 이유에서였다. 아테네 사령관들이 도착하자 그 기사는 이튿날 페르시아가 취할 전략을 일러주고 떠났다. 그는 단지 자신이 마케도니아인 알렉산드로스라고만 말했다. 이 기사의 배신 덕분에 그리스인들은 전술을 바꾸었고 전투에서 승리하게 된다.[14]

그리스의 모든 것을 열렬히 좋아했던 탓에 알렉산드로스 1세는 후대에 그리스 애호가로 알려졌다. (그리고 이 별칭은 마케도니아 왕이 애초에 순수하게 그리스인으로 여겨지지 않았음을 시사한다.) 헤로도토스가 전하는 바에 따르면, 어느 시점엔가 그는 올림피아 제전에 참석해서 1스타디온(대략 180미터) 단거리 경주에 출전했다. 이 일이 일어난 연도를 정확히 알 수 없지만, 이 행사가 상당히 젊은 청년을 위한 것이었으므로 기원전 500년 또는 496년일 가능성이 크다. 그가 태어난 연도를 알지 못하는 탓에 문제가 복잡하긴 하지만, 적어도 기원전 498년에 그가 왕이 되기에 충분한 나이에 이르렀음은 분명하기 때문이다. 이 올림피아 제전에서 그와 경쟁한 다른 선수들은 마케도니아인은 그리스인이 아니므로 경기에 출전할 자격이 없다며 항의했다. 그러나 주최측은 아르게아스 왕조는 본래 아르고스에서 나왔다는 전승을 근거로 알렉산드로스 1세 역시 그리스인이라고 받아들였다. 알렉산드로스는 경주에 출전하여 공동 1위에 올랐다. 현전하는 우승자 목록에서 그에 대한 언급이 없는 것을 보면, 그는 아마도 재경기에서 이기지 못했던 것 같다. 이 이야기를 거부할 만한 합당한 이유는 없다. 흥미로운 점은 이 이야기 자체가 마케도니아인이라는 사실만으로는 그리스인이 되기에 충분하지 못했음을 암시한다는 것이다. 적어도 올림피아 제전 중 운동경기라는 긴장된 환경에서는 그러했다. 만약에 가능성이 있는 것처럼, 이 모든 일이 마케도니아가 페르시아 제국의 일부였을 때 일어난 일이라면, 마케도니아인을 그리스인으로 볼 수 있을지에 대한 불확실성은 가중되었을 것이다.[15]

헤로도토스는 앞선 이야기보다 그럴듯하게 들리지는 않지만 알렉산드로스 1세에 대한 또 다른 이야기를 전한다. 알렉산드로스 1세가 아직 어렸고 그의 아버지가 왕이었을 때, 페르시아의 사절단이 마케도니아 왕궁에 찾아왔다. 연회가 열리는 동안에 손님들은 술을 많이 마시고는 마케도니아 왕실의 여인들을 마치 창녀처럼 대했다. 이에 마케도니아인들이 분노했고 아직 십 대 소년이었던 알렉산드로스가 계략을 짰다. 한 무리의 젊은이들이 여자 옷을 두르고 여자들과 자리를 바꾼 뒤에 페르시아인들을 살해한 것이다. 아마도 왕은 강제로 페르시아에 협력했던 그 시기에도 자신의 마음만큼은 절대 페르시아인과 함께하지 않았음을 증명하고자 이 이야기를 지어내 퍼뜨렸을 것이다. 무엇보다도, 페르시아 사절들이 살해당했다는 소식을 다리우스 왕이 듣지 못했을 리가 없는데도, 이에 분노하며 대응했다는 증거가 전혀 없다. 오히려 우리가 알 수 있는 것은, 알렉산드로스 1세의 누이가 페르시아의 중요한 사령관과 결혼했으며, 마케도니아의 왕 자신은 기원전 480~479년에 걸친 겨울에 페르시아 사절로 아테네에 파견될 만큼 페르시아로부터 충분한 신임을 받았다는 것이다. 이것이 드러내는 사실은 두 가지다. 하나는 그가 신뢰할 만한 인물로 알려졌다는 것이고, 다른 하나는 그가 여전히 아테네에 연줄이 닿아 있고 선의와 선행으로 아테네인들에게 존경받고 있음을 페르시아인들이 알고 있었다는 것이다. 우리는 구체적으로 무엇 때문에 그가 아테네인들에게 존경받았는지 알 수 없지만, 가장 그럴듯한 설명은 알렉산드로스가 아테네의 새 함대 건설에 사용되는 자재를 많이 제공했다는 것이다. 페르시아 제국은 너무 광대했던 탓에 왕이나 사트라프가 모든 지역을 세세하게 관리할 수가 없었고, 본국에서 먼 지역일수록 관리에 소홀할 수밖에 없었다. 마케도니아는 제국의 가장자리에 놓여 있었다. 알렉산드로스 1세는 페르시아의 권력을 무시할 수도 없었지만, 주변 국가들과 교역하고 좋은 관계를 유지할 기회를 모색하지 않을 수도 없었다.[16]

플라타이아이 전투 이후 페르시아의 힘은 약해지고 아테네의 힘은 강해졌다. 스파르타의 힘 또한 강해졌으나, 처음에 스파르타는 마케도니아에 별다른 관심을 보이지 않았다. 반면에 델로스 동맹이 아테네 제국으로 전이됨에 따라 아테네 해군의 규모 또한 훨씬 더 커졌다.

마케도니아는 선박 건조와 유지·관리를 위한 원자재의 가장 훌륭한 원산지 가운데 하나였으며, 이러한 사실 하나만으로도 마케도니아는 매우 중요했다. 더욱이 마케도니아 일대는 어느 국가나 탐낼 만한 다량의 광물 자원이 나왔고, 특히 함대처럼 값비싼 것을 소유하고자 하는 나라에서는 더욱 그러했다. 전략적으로 마케도니아와 칼키디케, 케르소네소스의 해안 지방은 아테네 제국을 이루는 많은 해안 공동체와 에게해의 도서 공동체를 잇는 요충지였다. 그리스의 트리에레스는 그 크기에 비해 많은 선원이 탑승했지만 이들에게 필요한 물과 식량을 실을 공간은 부족했다. 따라서 트리에레스는 적어도 이틀이나 사흘에 한 번, 이상적으로는 이보다 자주 야간에 안전하게 육지에 정박할 수 있어야 했으므로 활동 거리가 짧았다. 아테네의 함대가 한 지역에서 작전을 수행하려면 반드시 항구와 부두를 갖춘 해안 도시가 있어야 했다. 곡식이 풍부한 북해 연안의 도시들을 오가는 항로는 안전하게 확보되어야 하는 아테네의 생명줄이었다.[17]

이 모든 것은 아테네와 다른 도시들이 때마침 마케도니아와 그 이웃 나라들에 훨씬 더 큰 관심을 갖게 되었음을 의미했다. 마케도니아와의 동맹을 통해 얻을 수 있는 것이 많았는데, 이는 마케도니아 왕들이 다른 나라에 의해 교화된다는 것을 의미했다. 이 지역에 영구적인 주둔지를 확보한다는 생각 또한 매우 매력적이었다. 하지만 이것이 늘 용이했던 것은 아니다. 트라케인들은 이 지역의 광물 자원을 이용하기 위해 설립된 그리스 식민지를 둘 이상 파괴했다. 훌륭한 항구에 가깝고 스트리몬강으로 삼면이 둘러싸인 암피폴리스에 아테네는 공동체를 건설하려고 두 차례 시도했으나 모두 실패했다. 결국 기원전 437~436년에 세 번째 시도가 성공하여 아테네인들은 강을 통해 하류로 운송되는 목재와 광물에 쉽게 접근할 수 있게 되었다. 이는 훌륭한 성과였지만, 아테네에게 중요한 것은 필연적으로 아테네의 적들에게도 새로운 중요성을 띠었다. 대부분 실제 아테네인이기보다는 동맹 공동체 출신이었던 암피폴리스의 시민들은 기원전 424년에 진영을 바꾸어 스파르타의 장군 브라시다스와 그의 군대를 도시 안으로 맞아들였다.[18]

마케도니아와 그 이웃 나라는 확산된 펠로폰네소스 전쟁의 군사작전들이 서로 충돌하는 또 하나의 무대가 되었다. 오랫동안 마케도니아 왕국에 간섭해 온 트라케와 일리리아의 지도자들에 아테네와 스파르타, 그리고 그들의 동맹들이 가세했다. 나중에는 테바이와 테살리아도 가담하게 되는데, 공식적으로 전쟁이 끝난 뒤에도 대형 국가들이 이 지역에 이끌리는 현상은 전혀 약화되지 않았기 때문이다. 모두가 각자 자국의 이익을 추구했으며, 이는 아르게아스의 왕들과 고지 마케도니아의 군소 군주들, 그리고 몰로소이 부족들도 그러했다. 이는 그들 사이의 동맹이 오래가는 경우가 별로 없고, 어제의 적이 오늘의 친구가 되거나 그 반대로 되는 일이 많았음을 의미했다. 특히 페르디카스 2세와 그의 아들 아르켈라오스 1세는 고대 문헌에서 매우 변덕스럽고 기만적인 모습으로 등장한다. 간단히 말해, 그들은 이쪽과 저쪽을 오가면서 동맹을 결성하거나 파기하며 일정한 원칙 없이 제멋대로 행동했는데, 사실 다른 이들도 마찬가지였다. 그들은 다른 경쟁적 이해관계를 이용하는 기술과 상당한 행운에 기대어 살아남을 수 있었다. 그렇게 해서 알렉산드로스 1세가 페르시아와 남쪽의 그리스 국가들 사이에서 길을 헤쳐 나갈 수 있었던 것처럼 말이다.[19]

적어도 기원전 479년에 페르시아가 퇴각한 이후로 누구도 이 지역에서 지속적인 지배력을 쟁취할 수 없는 상황이 계속되었다. 실제로 한 세력이 커지면, 자동으로 다른 세력들은 그 세력을 의심하고 적대했다. 아테네, 스파르타, 테바이를 비롯한 모든 국가에는 이 지역에 대한 관심 말고도 많은 문제가 있었고, 지역 단체와 지도자들은 모든 경쟁자를 물리칠 만큼 강하지 못했다. 그 결과, 여러 세대에 걸쳐 불안정한 정세가 이어지면서 아르게아스의 군주정도 차츰 약화되었다. 특히 왕에게 도전하는 왕가의 다른 인물을 지지하는 외부의 지원자가 거의 항상 존재했기 때문이다. 아테네는 결코 완전히 물러난 적이 없으며, 해안 지방은 언제나 아테네 해군의 트리에레스 함대에 노출되어 있었다. 많은 아테네인이 암피폴리스의 상실을 무척 원통하게 여겼지만, 이어진 수복 시도들은 번번이 실패했다. 다른 때에 아테네는 피드나와 메토네 같은 해안 도시와 동맹을 맺거나 그 도시들에 대한 지배권을 획득했다.

알렉산드로스 1세는 올림피아 제전에 참가할 자격을 얻기 위해 그리스인이라는 판결을 받아야만 했음에도 그리스 문화를 찬양했다. 그는 제우스와 아폴론에게 바치는 봉헌물로 올림피아에 자신의 황금상을 세웠다. 당시에 신이 아닌 특정 인물을 조각상으로 만드는 것은 그리스인들 사이에선 예외적일 만큼 드문 일이었다. 그러므로 이러한 그의 행동은 그가 그리스 문화의 숭배자이지만 그 문화에 속하지는 못했음을 뚜렷이 드러내는 것이었다. 그러나 유명 시인 핀다로스는 마케도니아를 방문하여 왕궁에서 융숭하게 대접받았던 그리스의 작가들 중 한 명이었다. 기원전 5세기에는 헤로도토스와 투키디데스 역시 마케도니아 왕궁의 손님이 되었다. 최고급 그리스 문화에 대한 이 같은 열정은 필리포스의 시대에도 이어졌다. 왕실의 넉넉한 후원 덕분에 작가는 물론 다수의 화가와 조각가가 마케도니아를 찾았다. 아르켈라오스 1세는 디온에서 큰 축제를 벌였는데, 제우스와 무사이를 기리는 연극 경연과 올림피아 제전 양식의 운동경기도 함께 주최했다. 또한 그는 에우리피데스를 자신의 왕궁으로 불러들였고, 이 유명한 아테네 극작가는 펠라에 있는 동안에 적어도 한 편의 희곡을 써서 무대에 올렸다. 에우리피데스의 《아르켈라오스Archelaos》는 아르켈라오스 1세의 조상이자 그와 이름이 같은 인물의 이야기로, 아르게아스 왕조의 기원에 관한 이야기를 그리스적인 배경으로 재구성한 것이다. 《박코스 여신도들Bakchai》* 또한 마케도니아인에게 특별히 중요한 종교 의식을 다루고 있는 것으로 보아, 에우리피데스가 마케도니아에 있는 동안에 창작한 작품인 것 같다.[20]

에우리피데스는 본국으로 돌아가지 못하고 기원전 406년 마케도니아에서 세상을 떠났다. 아테네인들이 그의 유해를 보내달라고 요청했음에도 마케도니아인들은 매번 거절했고—아마도 이는 민회에서 내린 결정으로 보인다—에우리피데스는 마케도니아 땅에 묻혔다. 하지만 모두가 마케도니아 왕실의 초대를 받아들인 것은 아니었다. 이유는 분명치는 않지만 소크라테스는 초대를 거절했다고 한다. 마케도니아 왕가와 지도자들이 그리스 문화, 특히 아테네 문화에 대해 보여준 그 모든 열정에도 불구하고 마케도니아인들은 남쪽에 이웃한 도시국가의 귀족들과는 여전히 달랐다. 궁극적으로 그들은 우선 마케도니

• 박코스는 그리스의 주신(酒神) 디오니소스의 다른 이름이다. 이 희곡은 디오니소스의 신성을 부정하려 했던 테바이의 왕 펜테우스가 디오니소스 축제에 잠입했다가 광기에 사로잡힌 어머니와 이모에 의해 사지가 찢겨 죽임을 당했다는 이야기를 담고 있다. 마케도니아와 트라케 일대에서는 디오니소스 숭배가 광범위하게 이루어졌던 것으로 전해진다. 에우리피데스의 대표작이지만 사후에 초연된 것으로 보아 마케도니아에 머물던 말년에 쓰인 것으로 추정된다.—옮긴이

아인이었고, 그들을 '그리스인'으로 볼 것인가는 보는 이의 관점에 달려 있었다. 이는 필리포스에 대해서도 마찬가지였다. 하지만 시간이 흐름에 따라 필리포스는 남부 그리스의 중심으로 밀고 들어갔으며 그곳의 가장 위대한 도시국가들과 대결하게 된다.[21]

4

동맹과 아내들

기원전 358년, 아직 필리포스의 치세 초기에 해당하는 시기에 마케도니아의 입지는 여전히 위태로웠다. 필리포스는 승리를 맛보았고 자신의 형제를 살해한 일리리아인들을 물리쳤다. 한동안 일리리아 부족들은 새로운 공격을 단념했다. 일리리아의 바르딜리스는 필리포스가 강요한 조약을 받아들인 뒤로 고대 문헌에서 사라진다. 그는 이미 나이가 많았으므로 더 이상 오래 살지 못했을 것이다. 카리스마 있는 지도자가 떠나긴 했지만, 일리리아인들은 여전히 호전적이었고 인구가 많았다. 시간이 흘러 다른 족장과 왕들이 등장하여 남쪽으로 습격을 감행할 것이었다. 한동안 그들은 필리포스와 그의 군대를 두려워하겠지만, 두려움이 영원히 지속되진 않았다. 새로운 평화를 가능한 한 오랫동안 확고히 하기 위해 필리포스는 일리리아의 아우다테를 첫 아내로 맞아 혼인한다. 아우다테는 바르딜리스나 부족의 다른 중요한 지도자와 가까운 친척이었던 것으로 보인다.[1]

필리포스는 아내 외에도 리크니티스 호수[오늘날 오흐리드 호수]에 이르는 광대한 영토를 그의 왕국에 추가했다. 여기에는 고지 마케도니아 부족뿐만 아니라 일리리아어를 쓰는 많은 공동체가 포함되었다. 그의 왕국의 새로운 서쪽 경계는 두 겹의 산맥이 방패처럼 에워싸고 있었는데, 이 산맥에는 군대가 통과할 수 있는 통로가 두 곳밖에 없었다. 내부에서 소통은 원활하게 이루어졌고, 기존 정착지의 수비를 강화하고 요새로 쓰일 새로운 성곽 도시들을 건설하는 작업이 곧 시작되었다.

알렉산드로스 1세 이후 고지 마케도니아에 대한 소유권을 강력하게 주장하는 아르게아스 왕조의 임금은 없었다. 필리포스 치세에 이 지역의 고유한 왕가들은 모두 사라진다. 대신 고지 마케도니아의 지도자들은 국왕의 '동지들'[헤타이로이 Hetairoi]로서 필리포스의 궁으로 모여들었다. 이제는 마케도니아 왕궁이나 군대에서 상급자로서 차지한 지위와 필리포스의 총애가 예전의 칭호보다 훨씬 더 중요해졌다. 대개 그렇듯이 우리는 이 과정을 추적할 수 없으므로 작은 왕국들이 공식적으로 폐지된 것인지, 아니면 새로운 기회 앞에서 서서히 고사한 것인지 알지 못한다. 아마도 필리포스의 통치가 일리리아인의 지배보다 더 매력적인 제안으로 보였을 것이다. 더욱이 그는 이미 승리를 통해 자신의 힘을 실제로 보여주었다.

젊은 임금은 열정적이고 자신감이 넘쳤으며 매력적이었다. 그는 필라를 두 번째 아내로 맞이했는데, 그녀는 고지 마케도니아 엘리메이아 출신으로 왕가의 일원이었을 가능성이 높다. 필리포스의 고지 마케도니아 점령에 대한 공동 저항의 흔적은 없다. 하지만 그렇다고 해서 모두가 이를 반긴 것은 아니었다. 필라의 형제 중 하나는 외국으로 망명하고 몇 년 뒤 필리포스와 맞서 싸우게 된다. 반면에 그녀의 더 많은 친척들은 필리포스를 섬김으로써 매우 번창했다. 다른 왕국에서

도 비슷한 일이 일어났고, 적어도 그의 권력이 커지는 동안에는 대다수가 필리포스를 지지했을 것이다.[2]

고지 마케도니아 부족의 지도자들이 보상과 명예를 얻고자 필리포스를 찾도록 자극한 것은 주요한 사회적 변화의 한 측면에 불과했다. 이 지역에서 목축을 하던 이들은 이제 새롭게 중요해진 성곽 도시와 고을로 이동하여 농사를 지어야 했다. 세월이 흐른 뒤 알렉산드로스 대왕은 병사들이 반항할 때 필리포스가 그들을 유랑민에서 도시 거주민으로, 목동에서 농부로 만들어주고, 짐승 가죽 옷을 그럴듯한 외투로 바꿔 주었음을 상기시켰다. 이 모든 것은 야만이 아닌 문명의 표지였다. 동시에 필리포스는 주민을 다른 곳으로 이동시켰다. 저지 마케도니아의 정착민을 기존 도시와 신설 도시에 인구를 늘리기 위해 이주시켰고, 나중에는 고지 마케도니아 여러 지방의 사람들을 다른 식민지로 보낸다. 왕의 군대는 그 자체로 사회 변화를 추동하는 주요 동력이 되었다. 이 모든 영토를 통치하게 되면서 필리포스의 가용 인력이 크게 늘었기 때문이다. 이때 이후로 장창長槍 팔랑크스 대대의 절반과 마케도니아 기병대의 절반을 각 지역의 이름을 딴 부대 단위로 고지 마케도니아에서 징집했다. 이러한 편성 방식을 통해 외부 출신의 정착민과 지역 원주민이 서로 어우러졌다. 이제 그들은 승리와 영광과 전리품을 얻으리라는 기대 속에 필리포스를 바라보며 어깨를 맞대고 함께 싸울 것이다.[3]

이 모든 것은 한순간에 이루어지지 않았으며, 어느 것도 필연적이지 않았다. 몇몇 전임자들이 그러했던 것처럼 필리포스의 이른 성공 또한 쉽사리 실패로 귀결될 수도 있었다. 게다가 그는 이제 겨우 스물네 살이었다. 다른 아르게아스 왕가의 구성원들과 마찬가지로 필리포스에게도 암살의 위험은 크게 남아 있었고, 외국의 지도자들과 국가들은 기회만 있으면 언제든 공격해 올 준비가 되어 있었다. 만약 필리포스가 고지 마케도니아의 군소 지역들을 결속하려 했다면 계속되는 성공을 통해 그의 힘을 입증하고 충실한 추종자들에게 보상의 기회를 마련해야 했다. 이 모두는 결국 더 많은 전쟁이 거의 불가피하다는 것을 의미했지만, 임금의 특출난 용맹은 스스로를 위험에 처하게 했다. 잘 조준된 화살에 맞거나 창에 찔리는 것만으로도 목숨을 잃거나 불구가 되어 왕좌를 노리는 도전자들에게 매우 취약해질 수밖에 없었다. 필리포스는 열심히 외교 정책을 추구했으며, 후대에 전해지는 말에 따르면 그는 전투에서 승리하는 것보다 협상에서 성공하는 것을 더 자랑스러워했다고 한다. 그러나 당시는 기원전 4세기였고, 무력의 위협이 없는 외교란 이빨 빠진 사자의 포효에 지나지 않았다.[4]

필리포스에게는 쉴 여유가 없었다. 그는 이웃 나라들의 위협을 기다리는 대신 그들을 지배함으로써 안전을 확보할 방법을 찾기 시작했다. 테살리아는 남쪽 경계에 맞닿아 있었고, 테살리아의 지도자들은 마케도니아의 역사에 개입한 역사가 길었으며, 특히 그의 아버지의 귀환을 도운 바 있었다. 테살리아는 어떤 면에서는 남부 그리스와 훨씬 더 비슷했지만, 참주가 출현하기 쉬웠다. 그렇게 된 이유 중 하나는 테살리아 귀족들이 남부 그리스에서는 이미 오래전에 종식된 방식으로 도시국가를 지배했기 때문이었다. 이를 드러내는 가시적 표지는 테살리아에서 그리스 최고의 기병을 산출한 것이었다. 테살리아 귀족들은 더 폭넓은 호플리테스 계층과 구분되기를 원했다. 기원전 358년 테살리아는 두 진영으로 나뉘었다. 한쪽 진영은 페라이를 중심으로 한 동맹들로 구성되었고, 해안 지대를 지배했다. 이에 맞서는 다른 쪽 진영은 본래는 테바이의 원조를 받아 결성되었고 이제는 라리사가 주도하는 자칭 테살리아 동맹이었다. 테바이는 이전의 동맹이었던 페라이의 힘이 커지는 것을 경계했다.

필리포스가 태어났을 당시에 페라이는 야손이라는 카리스마 넘치는 참주가 이끌고 있었다. 야손의 이력은 여러 면에서 필리포스가 앞으로 걸어갈 이력을 예시했다. 크세노폰은 야손을 가리켜 "당대에 가장 위대한 인물"이라 부르며 그를 노련한 지휘관으로 추앙했다. 그의 대규모 군대는 주로 용병으로 구성되었는데, 이는 그가 급료만 제대로 지급한다면 언제든 군대를 동원할 수 있음을 의미했다. 필리포스처럼 야손 또한 전쟁보다는 협상에 훨씬 더 능했다. 그의 야망은 페르시아 원정을 계획하는 데까지 나아갔을 수도 있다. 다른 이들 역시 각자의 야망을 품고 있었고, 야손은 기원전 370년에 살해되었다. 그의 두 형제가 연이어 권력을 승계하는 데 성공했지만, 그들 또한 살해되었다. 특히 두 번째 형제를 살해한 것은 야손의 아들 알렉산드로스였다. 그는 무자비하고 재능 있는 기회주의자였으며 아르게아스 왕조의 여느 왕처럼 쉽게 동맹을 바꾸었다. 자기 아버지의 군사적 능력에는 절대 미치지 못했음에도 알렉산드로스는 10년이 넘게 권력을 유지하다가 기원전 358년 아내가 꾸민 음모에 의해 살해되었다.[5]

테살리아는 필리포스가 청년이던 시절의 마케도니아처럼 불안정하면서도 마케도니아처럼 부유하고 강력해질 잠재력이 있었다. 젊은 임금 필리포스는 매우 이른 시기에, 아마도 기원전 358년부터 테살리아 정세에 관여하기 시작했다. 물론 세부적인 내용을 명확히 알 수는 없다. 가장 눈에 띄는 결과는 그가 취한 아내의 목록이 늘었다는 것이다. 알렉산드로스 대왕이 죽고 한 세대가 지난 뒤에 활동한 역사가 사티로스의 작품에는 필리포스의 아내들이 시간 순서대로 정리되어 있다. 물론 이런 목록을 인정하지 않는 학자들도 반드시 있기 마련이다. 목록의 이름들이 결혼한 순서에 따라 나열된 것이라면 필리포스는 페라이의 니케시폴리스를 세 번째 부인으로 맞았고, 라리사의 필린나를 네 번째 부인으로 맞았다. 그의 아내들이 테살리아의 두 주요 도시에서 왔다는 사실은 단순한 우연이 아닌 게 분명하다. 필린나는 과부였으며, 한 문헌에 따르면 출신이 미천하다는 이유로 쫓겨났다고 하고, 다른 문헌에서는 그녀가 무희이며 창녀였다고 비난한다. 하지만 이런 말들은 후대에 지어낸 선전에 지나지 않을 것이다. 아마도 그녀는 귀족 집안의 딸이었을 가능성이 크다. 어쩌면 라리사의 주요 씨족이자 아르게아스 왕조의 확고한 동맹이었던 알레우다이 가문 출신이었을 수도 있다. 많은 시간이 지난 뒤에 작성된 문헌에 따르면 니케시폴리스는 페라이의 야손의 조카였다고 한다.[6]

이 두 번의 결혼으로 필리포스는 테살리아 귀족들과 연결되었다. 의심할 바 없이 이 결혼들은 동맹을 맺으려는 계획의 일환이었고, 이 동맹에는 그의 아내들과 연결된 파벌에 대한 군사 지원이 포함되었을 것이다. 하지만 당장에 결혼을 통해 그가 얻은 것은 테살리아가 그를 공격할 가능성이 단기적으로 줄었다는 것밖에 없었다. 이는 또한 2년도 안 되는 기간에 그가 네 번이나, 그것도 모두 정략적으로 결혼했음을 의미했다. 우리가 알 수 있는 한, 필리포스 이전에 아르게아스 왕조에서 이토록 짧은 시간에 그렇게 많은 여성과 결혼한 인물은 없었다. 필리포스의 아내 가운데 오직 필라만이 어떤 의미에서든 마케도니아인이었다. 그녀는 한 세대 이상 아르게아스 왕조로부터 실질적으로 독립해 있던 고지 마케도니아 출신이었다. 각각의 결혼은 왕국의 내부가 아니라 외부를 향한 것이었다. 필리포스는 모든 면에서 서두르고 있으며, 선대 임금들을 크게 능가하겠다는 목표를 세운 듯한 인상을 주었다. 스스로 의도한 것이든 아니든, 그는 자신이 남들과 다르다는 것을 뚜렷이 드러내고 있었다.

기원전 357년이 끝나기 전에 필리포스는 또 한 명의 부인을 맞아들였다. 그의 다섯 번째 아내는 몰로소이족 선왕의 딸이자 현재 통치자인 아리바스의 조카 올림피아스였다. 혼인 동맹은 매우 가깝고 비슷한 이웃 나라와 유대를 형성하는 데 도움이 되었다. 몰로소이족은 에페이로스의 주요 세 부족 집단 중에 가장 컸다. 몰로소이족은 다시 부상중인 필리포스의 마케도니아 권력에 필적하지는 못했지만 유용한 동맹이었고 필리포스를 매우 강하게 지지했다. 마케도니아가 약했을 때 몰로소이족에게 붙었던 오레테스인들은 다시 정식으로 마케도니아인이 되었다. 올림피아스의 남동생 알렉산드로스는 필리포스의 왕궁에 와서 양육을 받았다.[7]

왕궁 생활에 대해서는 일부 단편적인 언급만 남아있을 뿐인데, 주로 남부 그리스인의 편견에 찬 시선으로 임금에게만 초점을 맞춘 것들이다. 하지만 필리포스는 거의 매년 군사 원정을 나갔기 때문에 적어도 그가 왕궁에 머무른 만큼 떠나 있을 때가 많았다. 반면에 그의 부인들은 그와 동행하지 않고 펠라나 베르기나의 거처에 머물렀다. 두 도시에는 모두 상당히 큰 왕궁이 있었고 또한 다른 저택들도 있었다. 하지만 왕의 부인들이 머무르는 특정한 '여성 구역'이 있었는지는 고고학적으로 분명하게 밝혀지지 않았다. 이미 우리가 본 것처럼, 그리스인들은 마케도니아에 노예가 거의 없다는 사실을 의아해했다. 왕궁도 예외는 아니었다. 물론 노예가 없는 곳에 하인이 존재할 수는 있다. 또한 모든 문헌에서 왕궁에는 수많은 남성과 여성이 고용되어 있었음을 기록하고 있다. 왕실 여성들이 직접 옷감을 짜는 등 왕궁의 살림을 챙기긴 했지만, 그렇다고 그들이 모든 일을 다 한 것은 아니다. 아이가이(베르기나)의 발굴 작업은 왕궁에서 수백 명의 손님을 초대하여 연회를 열 수 있었음을 보여준다. 대규모 연회가 가능했다는 것은 그만큼 많은 인력이 왕궁에 있었다는 것을 알게 해준다.[8]

의심할 여지 없이 왕궁에는 요리사, 청소부, 마부, 아이들을 위한 유모와 교사, 왕비의 시녀, 목수, 가죽 장인, 직공, 여타 장인 등이 있었고, 그 밖에도 외국 사절부터 무역 상인과 여러 손님과 광대까지 다양한 사람들이 수시로 왕궁을 방문했다. 하인의 다수는 자유인 태생이었고, 일부 전문가를 제외하면 대부분 마케도니아인이었다. 왕의 시중을 드는 시동들은 뚜렷이 구별되는 별개의 집단을 이루고 있었다. 이들은 저명인사의 십 대 아들들로, 왕궁으로 보내 양육을 받게 했다. 수양收養 제도는 다수의 부족 사회에서 흔히 나타났고, 이런 종류의 수양 제도는 마케도니아에서도 전통이었을 가능성이 높다. 필리포스는 과감하게 시동의 수를 늘렸고 전체를 훨씬 더 체계적으로 조직했다. 왕국 전역에서 소년들이 모였고, 연령별로 50명 정도가 있었으며, 이는 고지 마케도니아의 귀족들을 하나로 통합하는 데 도움이 되었다. 어떤 의미에서 시동은 그 아버지의 적절한 처신을 위한 볼모였지만, 장차 왕의 총애에 대한 보증이기도 했다. 그들은 군인으로 길러졌고 잠재적 지도자로 교육받았다.[9]

왕이 원정을 떠나 있을 때에도 왕궁 안팎에는 사람이 많았고, 왕실 여성들도 이 공동체의 일부였다. 부유한 집안의 아테네 여인들은 외부와 다소 격리된 생활을 했으며, 그들의 창백한 피부는 얼마나 햇볕에 노출되지 않았는지를 보여주는 영예로운 표지로 여겨졌다. 이들은 국가의 축제에 참여하는 것처럼 특별한 경우에만 밖으로 나와 뭇 사람 사이에 섞였다. 이러한 격리 생활은 극단적이긴 했으나, 그리 독특한 것은 아니었다. 필리포스의 어머니는 마케도니아에서 왕실 여성도 공적인 역할을 수행할 수 있었음을 보여주는데, 이는 당시에 그들이 사람들 사이에 모습을 드러냈고 정치적으로도 적극적이었음을 의미한다. 그러나 술을 마시고 떠들썩한 연회에 참석할 수는 없었다. 필리포스가 참석할 때마다 왕궁 사교생활의 중심이 되었을 이런 연회에 참석할 수 있는 여성들은 악기를 연주하거나 춤을 추는 예인들 아니면 창녀들뿐이었다. 많은 그리스 공동체에서 여성들은 보통 베일을 썼고, 마케도니아에서도 이러한 관습을 따랐을 것이다. 당시 베일은 얼굴을 거의 다 가리는 것부터 스카프와 비슷한 것까지 매우 다양했다.[10]

필리포스의 어머니인 에우리디케가 기원전 350년에도 살아 있었다면, 분명히 연장자로서 왕궁에서 큰 영향력을 발휘했을 것이다. 그러나 부인들 사이의 공식적인 위계라든가 승인된 제1의 왕비 같은 것은 존재하지 않았다. 필리포스는 동맹을 확보하고 자녀를 얻기 위해 결혼했다. 적어도 유년기에 죽지 않고 살아남아 십 대에 이른 아들은 잠재적 상속자였다. 반면에 충분한 나이에 이른 딸은 혼인 동맹에 이용될 수 있었다. 이러한 환경에서는 아내에 대한 감정적 애착이 우선적인 고려사항이 되지는 못했지만, 그렇다고 그러한 감정이 전혀 일어나지 않았다는 것은 아니다. 필리포스는 아직 스물다섯밖에 되지 않았고 강한 열정을 지닌 남성이었다. 그에게는 수많은 정부가 있었고 그중에는 자식을 낳아준 이들도 있었지만, 그럼에도 그가 아내의 일부 또는 전부에게 애정을 느끼는 것이 불가능한 것은 아니었다. 낭만적 사랑에 대한 오늘날의 관념을 전혀 상정하지 않겠다는 학자들은 때때로 우리가 인간을 다루고 있다는 사실을 망각할 수 있다. 필리포스의 아내들은 모두 그와 마찬가지로 고유한 개인이었다. 그들은 제각기 성격이 달라서 다소 완강하거나 거칠거나 매력적인 인물들이었다. 하지만 언제나 그들의 영향력을 결정한 것은 바로 그들에 대한 왕의 태도였다.

일리리아의 아우다테는 온순한 성격은 아니었던 것 같다. 그녀가 필리포스에게 낳아준 딸 키나네는 알렉산드로스 대왕이 죽은 뒤에 전장에서 군대를 이끌고 선두에 서서 싸웠다. 키나네 또한 딸 아데아를 낳아 전사로 키웠다. 일부 귀족 여성들이 전쟁에 나가 싸운 것은 일리리아의 관습으로 알려졌고, 아우다테가 실제로 전투에 나가 싸웠다는 증거는 없지만 이러한 전통에 속했을 가능성이 높다. 아우다테의 모계 혈통을 고려해서 필리포스는 일리리아 문화의 일부 측면을 이해했고 키나네가 무기를 다루는 훈련을 받는 것을 막지 않았다.[11]

엘리메이아의 필라는 그들에 가려진 인물이다. 그녀는 자녀를 출산하지 않았거나, 아니면 문헌에 기록될 만큼 충분히 오래 살아남은 자녀가 없었던 것 같다. 우리는 그녀가 젊었을 때 죽었는지, 아니면 자녀가 없어서 위신을 잃은 채 살았는지 알지 못한다. 그녀의 친척 남성들 가운데 필리포스에 가담한 이들은 그의 재위 기간 내내 번성했으므로, 그들에 관한 한 왕의 총애를 잃었다는 징후는 전혀 없다. 두 명의 테살리아인 왕비는 임금에게 각각 자녀를 하나씩 낳아주었다. 페라이의 니케시폴리스는 '테살리아에서의 승리'를 뜻하는 테살로니케라는 이름의 딸이 있었다. 하지만 그때까지 필리포스는 어떠한 교전에서도 승리한 적이 없었으므로 테살로니케는 아마도 몇 년 뒤에야 태어났을 것이다. 라리사의 필린나는 기원전 357년이나 356년에 아리다이오스라는 (이후에 필리포스라고도 불린) 아들을 낳았다. 이들이 기록에 남은 필리포스의 자녀들이다. 어린 나이에 세상을 떠난 탓에 기록에 남지 못한 자녀 또한 있었을 것이다.[12]

에페이로스 출신의 올림피아스는 단연코 가장 중요한 왕비가 되었다. 플루타르코스에 따르면 그녀의 진짜 이름은 폴릭세네이고 올림피아스는 별칭일 뿐이었고 미르탈레 또는 스트라토니케라고도 불렸다고 한다. 유스티누스는 그녀가 어린 소녀였을 때 미르탈레라고 불렸다고 말한다. 하지만 그밖에 다른 문헌에서는 모두 그녀를 올림피아스라고 부르고 있으며, 이 이름을 사용하는 것이 오랜 관습으로 남아있다. 다른 왕비들에 비해 올림피아스에 대해서는 훨씬 더 많은 이야기가 남아있다. 그녀가 바로 알렉산드로스 대왕의 어머니가 될 것이기 때문이다. 알렉산드로스가 필리포스의 총애를 받는 후계자가 되면서 그녀는 더욱 중요해졌고, 알렉산드로스가 죽은 뒤에는 왕위 계승을 둘러싸고 유혈 투쟁을 벌인 주역 가운데 한 명이 되었다. 이때 그녀는 직접 군대를 지휘했으며 경쟁자들을 처형했고, 마침내는 그 자신도 살해당했다. 기원전 323년 알렉산드로스의 사망 이후 몇 년 동안 만들어진 프로파간다는 말할 것도 없고 그가 스스로 만들어낸 자기 선전의 이미지는 필연적으로 그의 어머니와, 필리포스와 그녀와의 관계에 관한 이야기들을 창작하거나 왜곡했다. 플루타르코스가 다음과 같은 이야기를 전한다. "우리가 듣기로는, 아직 어린 필리포스가 고아였던 올림피아스와 동시에 사모트라케의 비교秘教*에 입문한 후 그녀를 사랑하게 되었고, 그녀의 오빠 아림바스의 동의를 얻어 즉시 그녀와 약혼했다고 한다."[13]

아리바스(이것이 정확한 이름이다)**가 그녀의 오빠가 아니라 삼촌이었다는 소소한 오류는 제외하더라도, 많은 학자가 이 이야기 전체를 다음과 같은 이유로 거부한다. 이 이야기는 알렉산드로스의 부모가 단순히 정략적인 중매 결혼이 아니라 더욱 극적인 환경에서 만났다는 낭만적인 창작품에 불과하다는 것이다. 이 이야기에 따르면 필리포스는 이전에 먼저 아내로 취한 네 여인을 보기도 전에 올림피아스와 사랑에 빠졌다. 두 사람의 결합은 알렉산드로스를 낳을 것이기 때문에 특별했고, 사랑은 나중에 쓰디쓴 증오로 변모했기 때문에 열정적이어야 했다. 결국 두 사람의 결합은 매우 좋은 이야깃거리가 되고, 그 이야기는 반복되어 전해질 가치가 충분했다. 기원전 357년에 몰로소이족과 동맹을 맺는 데서 오는 이점들은 너무나 분명했으므로 필리포스가 반드시 사랑에 빠질 필요는 없었다. 두 사람이 서로 만났고 필리포스가 그녀에게서 강한 인상을 받았을 가능성도 있긴 하지만—플루타르코스는 두 사람 모두가 서로에게 끌렸다고 말하지는 않았다—그럼에도 신중을 기하는 것이 현명한 처사다. 가능성이 개연성을 의미하지는 않으며, 만약 약혼식이 있었다면 필리포스가 그토록 오래 기다린 뒤에야 그녀와 결혼하고 동맹을 확고히 했다는 것은 납득하기 어렵다.[14]

• 트라케 앞바다에 있는 사모트라케섬에는 여러 신들을 모시는 신전 구역이 있었고 오래된 비의 종교 의식이 거행되는 것으로 유명해서 그리스 전역에서 유력 인사들이 찾아왔다고 한다. 필리포스가 트라케 전역을 지배하게 된 이후에는 마케도니아의 국가 성소가 되었고, 알렉산드로스 대왕 사후에는 그 후계자들이 서로 이곳을 차지하고자 다투었다.—옮긴이

•• 보통 아리바스(Arybbas)라고 하지만 아림바스(Arymbas)로 표기되는 경우도 있다.—옮긴이

플루타르코스가 전하는 다음 구절들은 더 많은 의구심을 불러일으킨다. 그에 따르면, 필리포스가 혼인을 완성하기 위해 올림피아스와 초야를 치를 때 그녀는 다음과 같은 꿈을 꾸었다고 한다. "큰소리로 천둥이 치더니 벼락이 그녀의 자궁을 내리쳤고 큰불이 일었다. 불꽃이 사방으로 퍼져나간 뒤에 사그라들었다." 얼마 후 필리포스는 올림피아스의 자궁에 사자 모양의 인장을 찍는 꿈을 꾸었다. 왕의 예언자들은 이 꿈을 태몽으로 해석하고 올림피아스가 사자처럼 용감한 아들을 잉태할 것이라고 했다. 고대인들은 알렉산드로스처럼 많은 일을 이룬 남성의 잉태와 출생에는 반드시 어떤 징조들이 수반되어야 한다고 생각했다. 알렉산드로스가 태어난 기원전 356년에 소아시아 에페소스에 있는 아르테미스 신전이 불타서 무너졌다. 물론 이 사건들이 같은 날 일어났을 리는 없지만, 둘 사이의 연관성을 거부할 수 없을 정도로 시간적 격차가 적었다. 그리스의 한 예지자는 아르테미스 여신이 알렉산드로스를 이 세상에 데려오느라 너무 바빠서 자신의 신전을 돌보지 못했다고 설명했다. 반면 페르시아의 마기*는 아시아에 거대한 재앙을 몰고 올 인물이 태어났다고 말하며 절망했다. 사건이 벌어진 뒤에 깨닫는 것은 멋진 일이고, 유명한 사원이 우연히 붕괴된 사건은 하나의 징조로 이해되지 않을 수 없었지만, 세월이 흐른 뒤에 모든 것을 연결하여 과거를 반드시 그래야만 했던 것으로 기억하기가 너무나 쉬웠다.[15]

필린나의 아들 아리다이오스는 알렉산드로스보다 먼저 태어났을 것이다. 필리포스의 적자 가운데 충분히 오래 살아남아서 현전하는

---

* 마기는 페르시아 조로아스터교의 신관이나 사제를 가리키는 말이다.—옮긴이

고대 문헌들에 등장하는 것은 이 둘뿐이다. 둘 다 성년에 이르지만, 어린 시절에는 그렇게 되리라는 것을 누구도 알 수 없었다. 유년기에 죽는 자녀들이 많았고, 더 이상 다른 왕자가 태어나지 않을 것이라는 사실은 아무도 알지 못했다. 자녀를 낳을 때마다 조금이라도 어머니의 지위는 높아졌다. 하지만 이 이상 이야기하는 것은 추측에 불과하다. 필리포스의 아내들의 삶과 그들이 필리포스와 맺은 관계, 그리고 그들 서로의 관계가 아쉽게도 미지의 상태로 남아 있는 탓이다.

필리포스의 부인들이 언제 어떤 상황에서 죽었는지 어떠한 문헌에서도 기록하지 않았다는 것은 시사하는 바가 크다. 마찬가지로 문헌들은 필리포스의 어머니가 언제 죽었는지도 말하지 않는다. 이것은 그리스나 로마 역사에서 결코 드문 일이 아니다. 알렉산드로스 대왕이 죽은 뒤에 성립된 여러 왕조에서는 상황이 조금 개선된다. 특히 프톨레마이오스 왕조에서는 왕실 여성들이 더욱 공적인 역할을 담당했다. 이 왕조가 고대 시대에 가장 유명한 여성인 클레오파트라 7세 때 장렬하게 막을 내렸다는 사실은 우연이 아니다. 그러나 클레오파트라의 명성조차 카이사르 및 마르쿠스 안토니우스와의 정사에 기초한 것일 뿐, 그들과 함께 있지 않았던 시절의 그녀에 대해 알려주는 내용은 훨씬 더 적다. 고대 저자들은 왕과 정치인의 행위에 주로 관심을 기울였다. 그 이유 중 하나는 그들이 역사 기록에 훨씬 더 많은 흔적을 남겼기 때문이다. 그래서 오늘날까지 소실되지 않고 전해오는 이야기들은 주로 전쟁과 정치에 관한 것들이 되었다. 오늘날 우리가 필리포스의 생애에 대해 가장 많이 알고 있는 분야 또한 전쟁과 정치라는 것도 놀라운 일이 아니다.[16]

5

전쟁과 그 대가

기원전 357년 초, 필리포스는 다시 전쟁에 나섰다. 이번에는 그가 공격을 개시했다. 그의 적은 암피폴리스였으며, 그는 그곳 사람들이 "비우호적이며 많은 전쟁 구실을 제공했다"고 주장했다. 2년 전에 그는 그 도시에 주둔해 있던 병사들을 철수시켰는데, 이는 마케도니아에 호의적이었던 파벌들의 입지를 약화시키는 결과를 초래했을 뿐이었다. 그래서 그에게 애착을 느낄 만한 어떤 이유도 없는 다른 파벌들이 우세해졌을 것이다. 이와 동시에 필리포스는 아테네를 향해 자신이 암피폴리스에 아무 관심이 없다고 확신시킨 바 있었다. 그러므로 그의 태도 변화는 과격했고 속이 뻔히 보일 정도로 이익 추구적이었다. 그가 말한 도발이라는 것도 전쟁을 위한 냉소적 변명에 지나지 않았다.[1]

암피폴리스는 대규모 군대를 보유하지 않았고 매우 강력한 자연 및 인공 방어물에 의존했다. 과거에는 이것만으로 도시가 모든 적으로부터 독립을 유지하는 데 충분하다는 것이 입증되었다. 펠로폰네소스 전쟁 기간에 스파르타의 브라시다스는 주군이 아니라 동맹으로 인정받았다. 그러나 아테네의 거듭된 공성은 모두 실패로 끝이 났다. 강과 육지는 물론 바다와의 접근성이 좋은 덕분에 암피폴리스는 봉쇄하기가 어려웠다. 특히 아테네 원정군은 본국으로부터 멀리 떨어진 곳에서 작전을 펼쳐야 했다. 이 시점까지 그리스 역사를 보면 이 정도 크기와 힘을 지닌 도시는 내부의 반역이나 수년간의 봉쇄를 통해서만 함락할 수 있었다.

필리포스에게는 다른 생각이 있었다. 그에게는 대규모 군대가 있었고 암피폴리스는 그의 본국과 멀지 않았으므로, 모든 것을 바다를 통해 조달해야 했던 과거 아테네의 원정군에 비해 훨씬 더 쉽게 병사들에게 물자를 공급할 수 있었다. 필리포스는 시간이 많이 걸리기 때문에 성공하지 못할 수도 있는 일반적인 도시 봉쇄 전략을 택하지 않았다. 그 대신 암피폴리스를 직접 공격하기로 했다. 도시를 직접 공격한다는 것은 사다리 등을 이용하여 성벽에 올라가 구멍을 뚫고 무너진 잔해로 경사로를 형성해 병사들이 오르게 하거나, 아니면 성채의 아랫부분을 파서 무너뜨리는 것을 의미했다. 이중 후자는 적당한 지리적 조건과 땅을 파는 기술이 필요했으나, 당시 그리스에서는 필리포스를 포함해 누구도 이러한 기술을 보유하지 못했다. 규모가 작고 방어시설이 약한 경우를 제외하고 도시를 직접 공격하는 일은 드물었다. 이는 수많은 사상자가 나올 공산이 크고, 결연한 병사들이 수비하고 있는 높은 성벽을 오르는 데 실패할 위험을 무릅써야 했기 때문이다. 단순한 투석기가 잘 알려져 있었고 방어용으로 널리 사용되었지만, 잘 지어진 도시의 성벽에 구멍을 낼 수 있는 대포를 개발한 사람은 아직 없었다.[2]

필리포스는 재위 기간에 공병工兵과 기술자를 대규모로 소집했다. 이들 중 다수는 마케도니아 출신이었으며, 보수를 잘 주었기 때문에 임금에게 이끌렸다. 암피폴리스는 필리포스가 처음으로 공격한 도시였으며, 이미 군대에서 공성법을 배우고 있었음을 보여주는 징후가 있었다. 디오도로스는 필리포스가 '공성기관機關'을 가져왔다고 하지만, 그것이 어떠한 것이었는지는 설명하지 않는다. 그는 파성퇴破城槌●를 언급했는데, 이는 바퀴가 달리고 견고한 지붕으로 보호받는 형태였을 것이다. 또한 공성병들이 성벽을 올라가 쇠지렛대와 다른 도구들을 사용하여 돌을 빼내는 동안 그들을 보호하는 이동식 오두막 같은 것이 있었을 것이다. 어쩌면 공성병들은 탑을 쌓고 그 위로 올라가 성벽을 타격하도록 했을 수도 있다. 하지만 바퀴를 굴려서 성벽에 가까이 접근할 수 있는 이동식 공성탑을 건설하는 기술은 아직 누구도 갖지 못했을 것이다. 암피폴리스는 강에 둘러싸여 있었기 때문에 마케도니아 병사들이 손쉽게 접근할 수 있는 성벽 구간이 많지 않았다. 따라서 도시의 수성군은 각각의 공격에 힘을 집중시켜 대응하기가 더 수월했던 반면, 필리포스의 병사들은 수성군을 진압하기 위해 할 수 있는 모든 방법을 동원해야 했다. 궁수들과 투석병들은 흉벽에서 나타나는 모두에게 활을 쏘고 돌을 던졌다. 마찬가지로 투석기에서도 날카로운 표창과 돌을 쏘아댔다. 이상적으로는 이 모든 과정이 수성군이 던지고 쏘아대는 무기들로부터 최대한 그들을 보호해 주는 보호 설비 안에서 작동해야 했다.[3]

파성퇴를 비롯한 공성 장비들을 성벽까지 옮기고, 이들과 지원 부

● 파성퇴는 주로 성문을 부술 때 사용되었던 병기로 공성추라고도 한다. 앞쪽에 쇠붙이를 단 통나무를 목제 구조물에 매달아 앞뒤로 움직이며 여러 차례 성문에 충격을 가하는 방식으로 사용되었다.─옮긴이

대를 엄호하기 위해서는 공성 보루가 필요했다. 공성 보루의 건설에는 도시를 포위하여 봉쇄하는 것보다 훨씬 적은 시간이 필요했지만, 그럼에도 상당한 시간이 소요되었다. 또한 이 작업에는 숙련된 공병들이 지휘하는 적극적인 대규모 노동력이 동원되어야 했는데, 바로 이 대목에서 필리포스의 마케도니아인들은 스스로가 의욕 넘치는 일꾼임을 증명했다. 모든 단계에서 수성군은 최선을 다해 공격을 방해하고 지연시켰다. 그러나 이번 경우처럼 이렇게 공격적인 공성군에 대응해 본 경험은 없었을 것이다. 암피폴리스 병사들은 돌을 던지고 화살을 쏘는 것은 물론이고, 돌격하여 공성기관을 불태우거나 그 기관의 조종자들을 죽일 수도 있었다. 이는 마케도니아 병사들이 대형으로 이루어 밤낮으로 갑작스러운 기습에 대비할 수 있도록 성벽 가까이에 배치되어야 한다는 것을 의미했다. 필리포스의 부하들은 '연속적인 혹독한 공격'을 개시하여 도시 내 수성군을 약화시키고 분주하게 만들어 반격할 틈을 주지 않았다. 즉 마케도니아 병사들은 돌과 화살을 계속 쏟아부었고, 여러 분대로 나뉘어 사다리를 이용해 끊임없이 공격을 감행했다.[4]

　이런 종류의 전투는 양쪽 모두에 매우 어려운 일이었으며, 이러한 공성은 인내와 의지와 병참이 관건이었다. 필리포스는 병사들이 충분히 먹고 가능한 한 질병에 걸리지 않도록 관리해야 했다. 그리고 사상자가 나오더라도 병사들이 공성을 계속할 수 있도록 꾸준히 격려해야 했다. 상대적으로 더 잘 기록된 알렉산드로스 시대의 공성에 관한 문헌을 보면 이러한 싸움에서는 죽는 병사보다 부상당하는 병사가 훨씬 더 많았지만, 며칠 몇 주가 흘러가면서 사상자의 수는 꾸준히 증가했다. 필리포스는 병사들에게 결국 그들이 이길 것이며 승리의 영광과 보상을 누리게 될 것이므로 충분히 고생할 가치가 있다고 설득해야 했다. 상대적으로 방어시설이 잘 마련되어 있는 수성군에 비해 마케도니아 공성군의 손실이 불가피하게 컸다. 하지만 애초에 암피폴리스는 인구 자체가 훨씬 적었다. 병사가 죽거나 심하게 부상을 당하거나, 아니면 단지 허약해졌을 뿐이라 하더라도, 모든 손실은 암피폴리스에게 상대적으로 훨씬 더 심각했다. 필리포스에게는 대규모 군대가 있었으므로 공성을 진행하는 동안 병사들에게 차례로 휴식을 허락할 수 있었다. 이러한 여유를 누릴 수 없었던 암피폴리스 시민들은 훨씬 더 피로해졌고, 공격이 계속되면서 점차 패색이 짙어졌다.[5]

처음부터 마케도니아의 공격이 이전에 아테네가 시도했던 그 어떤 공격보다 훨씬 더 격렬하리라는 것은 분명했다. 필리포스는 멈출 기색이 없었고, 그의 파성퇴가 성벽의 한 구간을 무너뜨리고 있었다. 최후의 일격이 가해지기 전에 항복한다면, 그 뒤에 이어지는 약탈을 기다리는 것보다 적군으로부터 더 나은 대우를 받을 것이라고 기대할 수 있었다. 공성 과정은 어느 폴리스에나 엄청난 압박으로 작용했고 정치 계급 내부에 균열을 일으켰다. 따라서 내부의 배반이야말로 가장 큰 위험 요소가 되었으며, 기원전 4세기의 한 공성 관련 이론가는 다른 어떤 외부의 위협보다 내부의 배반을 더 많이 다루었다. 패색이 짙어질수록 공격해오는 적군과 거래함으로써 지도자와 그 가족과 지지자들의 안전을 보장받으려는 유혹도 매우 강해졌다. 어떤 거래든 마땅한 보상과 정치적 패권이 주어질 것이라는 달콤한 약속이 수반되었을 것이기 때문이다. 후에 필리포스는 "나귀가 금을 싣고 오를 수 있는 성채라면 어디든 폭풍처럼 맹공할 수 있다"고 말했다.[6]

공동체 전체가 항복하든 일부 배신자 파벌이 항복하든 항복하는 길만 있는 것은 아니었다. 한 가지 대안이 있었으니, 외부로부터 원조를 구하는 것이었다. 공성이 시작되기 전에 암피폴리스의 두 귀족이 아테네로 갔지만, 그들이 공식적인 승인을 얻어서 갔는지 아니면 그들 스스로 계획을 세운 것인지는 분명치 않다. 일단 아테네에 도착한 그들은 아테네인들에게 '배를 타고 와서 도시를 인수할 것'을 요청했다. 그들은 무려 70년 동안이나 아테네의 지배가 부활하는 것을 막고자 결연하게 저항해 왔으나 이제는 옛 적에게 도움을 구걸하게 된 것이다. 이와 비슷한 시기에 칼키디케 동맹의 사절들도 아테네에 와서 황소같이 완고하게 자신감에 차 있는 마케도니아 임금에 맞서 그들에게 힘을 보태주기를 요청하고 있었다.[7]

아테네는 암피폴리스를 다시 차지할 수 있는 기회를 잡았지만, 신경 써야 할 다른 문제들도 있었다. 아테네의 동맹국들 사이에 긴장이 고조되어 연말에 전쟁으로 번질 수 있다는 우려가 있었기 때문이다. 또한 실질적인 걸림돌도 있었다. 아테네가 아르가이오스를 지원하기 위해 참여했던 원정에서 완전히 실패했던 것이 그리 오래되지 않았고, 다시 필리포스와 대적하게 된다면 상당한 병사와 선박을 동원하지 않고는 승산이 없었다. 게다가 초여름에는 계절풍이 아테네에 유리하지 않았으므로 정확히 공성이 언제 시작되고 얼마나 오래 계속될지에 따라 항해가 불가능할 수도 있었다.

아테네인들은 군사적 원조 대신 안티폰과 카리데모스라는 두 사절을 보내 마케도니아 임금에게 말을 전하도록 했다. 사절이 찾아왔을 때 필리포스는 공성 작업에 몰두해 있었음에도 그들을 환영하고 협상할 의지가 있는 듯이 행동했다. 그 뒤에 어떤 일이 있었는지 정확히 재구성하기는 쉽지 않다. 알려진 내용의 대부분은 그로부터 8년이 지난 뒤 아테네의 웅변가 데모스테네스가 제공한 매우 왜곡된 이야기에서 나온 것이기 때문이다. 그에 따르면 필리포스는 "암피폴리스를 우리[아테네]에게 넘겨주겠다고 약속하고 비밀 조약을 체결함으로써 우리의 순진한 마음을 샀다." 다른 문헌들에 따르면 아테네인들은 그 보답으로 필리포스에게 동맹 도시 피드나를 주겠다고 약속했으며 그러한 동맹에 대한 배신 때문에 조약을 비밀로 해야 했다고 말한다. 아테네에서는 민회의 공개적인 표결을 거치지 않고는 어떠한 공식 조약도 체결될 수 없었으므로, 전체 과정이 비밀로 유지되었다면 민회의 표결이 있었을 리 없다. 이것은 협상에 관한 은밀한 대화와 공개된 암시만으로도 모든 것이 통제되고 있으며 마케도니아와 전쟁할 필요가 없음을 아테네 시민들에게 납득시키기에 충분했다는 것을 시사한다.[8]

그해 여름이 더디게 흘러가는 동안 필리포스의 병사들은 암피폴리스 성벽에 분명한 틈새를 만들어내는 데 성공했다. 필리포스는 공격을 개시했고, 암피폴리스 안으로 진격했다(십중팔구 필리포스 자신이 공격을 직접 지휘했을 것이다.) 고대 세계에서 이러한 공격 자체가 저항의 종결을 보장하지는 못했다. 그리스 도시에는 줄지어 있는 높은 주택과 건물들 사이로 좁은 거리와 골목이 이어져 있었고, 성벽 내에도 요새가 있었다. 결연한 의지의 수성군은 싸움을 계속할 수 있었고, 때로는 공성병들을 다시 몰아낼 수도 있었다. 이번 공격에서 필리포스의 병사들은 차단되지 않았고 암피폴리스인들에게 큰 손해를 입혔으며, 결국 암피폴리스는 항복했다. 그리스인들은 한 도시가 함락되면 학살과 강간이 동반되고 생존자들은 노예로 잡혀가는 것을 당연한 수순으로 여겼다. 하지만 공격은 극도로 잔혹했을지 모르지만, 일단 도시를 장악하고 나자 필리포스는 평소와 달리 관대한 태도를 취했다. 그에 대한 저항을 주도했던 인물들은 지지자와 함께 추방했지만, 나머지 사람들에게는 아무런 위해도 가하지 않고 그들의 집에 계속 머무르며 재산을 유지하도록 허락했다. 이제 필리포스의 왕국에 속하게 되었지만, 암피폴리스는 자체적 법률과 민주적 제도에 따라 일상적 기능을 그대로 유지해 나갔다. 도시 내에 마케도니아 군대가 주둔했고, 많은 마케도니아 정착민이 유입되었으며, 토지의 일부 혹은 적어도 그 소산이 몰수되어 정착민들에게 공급되었다. 게다가 필리포스는 이 도시의 대외 정책의 모든 사안을 통제했고, 세금을 징수했으며, 인근 팡가이온산의 광산에서 얻는 수익의 제일 큰 몫을 가져갔다.[9]

공성 이전과 도중에 무슨 말을 했든, 필리포스는 암피폴리스를 아테네인들에게 넘겨줄 의도가 전혀 없었음이 분명하다. 이러한 진실이 충분히 인식되기 시작했을 무렵, 필리포스가 피드나를 포위하고 점령함으로써 성공을 이어가자 아테네인들은 상처에 소금을 뿌린 꼴이 되었다. 뒤늦게 아테네인들은 민회에서 결의하여 마케도니아 임금에게 전쟁을 선포했다. 그러나 선전포고는 단지 공허한 몸짓에 불과했다. 아테네는 이미 다른 일에 몰두하고 있어 전쟁을 벌일 여력이 없었다. 동맹 도시들의 반란이야말로 가장 먼저 해결해야 할 목전의 문제였고, 동맹 도시들 없이 마케도니아에 맞서 군사작전을 효과적으로 전개하기란 어려운 일이었다.[10]

필리포스는 또 다른 승리의 한 해를 보냈다. 그러나 이웃 나라는 그의 성공을 두려워하기 시작했고, 기원전 357년에 이르자 위협은 모든 면에서 커지고 있었다. (일부 학자들은 이 시기가 '위험한 전쟁이 우려되던 때'였고, 유스티누스가 옳다는 가정하에 그의 기록에서 필리포스가 섭정이 아닌 왕으로 민회의 지명을 받은 때라고 추정해 왔다.) 그라보스 임금의 지휘 아래 일리리아인들은 마케도니아와의 전쟁을 준비하고 있었고, 리페이오스 임금이 이끄는 파이오니아인들도 그러했다. 동쪽으로는 트라케 부족의 거의 3분의 1을 통치하고 있던 케트리포리스가 공격 기회를 노리고 있었다. 이들 세 임금은 동맹을 형성했지만, 그 목적이 필리포스에게 동시다발적으로 위협을 가하는 것 이상의 직접적인 협력은 아니었다. 필리포스는 이미 아테네와 전쟁 중이었으며, 아테네인들은 동맹을 구하기 시작했다. 한동안 그들은 칼키디케 동맹 도시들에 초점을 맞추었다. 이들 도시는 얼마 전 아테네에 동맹을 제안했지만, 고무적인 대답을 얻지 못했던 바로 그 도시들이었다. 동맹에 참여한 도시들은 의기투합하여 암피폴리스보다 훨씬 더 강력한 병력을 전장에 내보냈다. 필리포스와 아테네 양쪽 모두 이들이 다가올 싸움에서 결정적 요인이 되리라고 보았다.[11]

필리포스는 칼키디케인들에게 자기 왕국에 속한 안테무스라는 도시를 주고, 또한 포티다이아도 주겠다고 제안했다. 이후에 필리포스가 먼저 함락시키는 포티다이아는 본래 코린토스의 식민 도시였으며 때때로 아테네 제국에 속하기도 했다가, 기원전 363년에 아테네인들에 의해 재정복당했다. 이 도시는 칼키디케에서 뻗어나온 서쪽 지협에 위치했고, 칼키디케 동맹의 주력 도시인 올린토스에서 타격 가능한 거리에 있었다. 필리포스는 칼키디케인들에게 직접적인 조력에 대해서는 거의 요구하지 않았으며, 다만 양측 모두가 아테네와 개별적으로 강화를 맺지 않을 것임을 약속해달라고 요청했다. 필리포스가 진심이었다면 이는 극도로 관대한 제안이었다. 아마도 암피폴리스를 두고 아테네와 '비밀' 협약을 맺었다는 소문이 의심을 불러일으켰거나, 아니면 칼키디케인들이 단순히 경계심이 많았을 수도 있다. 칼키디케인들과 필리포스는 모두 델포이의 아폴론 신전에서 이 조약을 맺는 것이 현명한 처사인지를 묻고 신탁을 받았다. 이전 시대에는 이렇게 신탁을 받는 일이 상대적으로 흔한 일이었음에도, 기원전 4세기에는 이것이 유일하게 기록된 사례다. 우리는 어느 쪽에서 이런 예방적 조치를 주장했는지 알지 못한다. 결과적으로 신탁에서 얻은 응답은 만족스러웠던 게 분명하다. 조약은 체결되었고, 그 사본이 돌에 새겨져 델포이, 마케도니아의 디온, 그리고 올린토스에 세워졌기 때문이다. 올린토스의 비문이 오늘날까지 부분적으로 전해지긴 하지만, 남아 있는 조항은 누구든 조약을 파기하면 신의 형벌을 받으리라고 위협하는 내용이 대부분이다.[12]

기원전 356년 봄 또는 초여름에 필리포스는 포티다이아로 진군했고 공성을 시작했다. 칼키디케 도시들과 동맹을 맺는 데 실패한 아테네는 이제 필리포스에 대적하는 부족들에게로 향했다. 하지만 이번에도 아테네는 느리게 움직였고 7월이 되어서야 세 임금 사이에 협약이 맺어졌다. 하지만 이즈음에 상황이 급격히 변하면서 동맹이 아무런 의미도 없게 되었다. 파이오니아인들, 혹은 적어도 리페이오스를 따르던 이들은 패배했고 그들의 저항은 실패했다. 파르메니온이라는 장군이 지휘하는 마케도니아 부대가 그라보스의 일리리아군을 전투에서 무찌르고 위협을 종결했다. 이것이 연장자이면서 매우 능력 있는 부하로서 필리포스와 알렉산드로스를 섬기게 될 한 인물에 대해 우리가 듣게 되는 첫 번째 일화다. 파르메니온은 이미 마흔을 넘겼을 테고, 이전에는 필리포스의 아버지나 형제들 밑에서 복무했던 것 같은데, 그의 초기 이력과 출신에 대해서는 거의 알려진 바가 없다. 그는 고지 마케도니아 출신이었을 수도 있고 아니었을 수도 있다. 그의 집안이 두각을 드러낸 것이 필리포스의 총애 덕분인지, 아니면 이전부터 이미 부유했고 중요한 집안이었는지는 알기 어렵다.[13]

이 무렵에 필리포스는 크레니데스의 시민들로부터 원조 요청을 받았다. 당시 크레니데스는 케트리포리스 임금에게 충성하는 트라케인 무리의 습격에 노출되었다. 크레니데스는 기원전 360년에 섬 도시 타소스의 식민지로서, 풍부한 은광과 지역 내 여타 광물 자원을 개발하기 위해 건설되었다. 과거에는 트라케인들이 이들 광물 자원을 확보하려는 그리스의 시도를 적어도 한 번 이상 물리친 적이 있었다. 이는 독립을 희생해서라도 생존하기를 바라는 크레니데스 시민들의 의지를 설명해 준다. 필리포스는 직접 도움을 주기 위해 서둘렀다. 아마도 병력의 일부를 동원했을 테고, 나머지 병력은 포티다이아의 봉쇄를 지속하기 위해 남겨두었을 것이다. 필리포스는 트라케인들을 몰아내고 크레니데스를 장악했다. 그리고 이 도시를 다시 건설하여 필리포이라고 명명했다. 로마 시대에 바로 이 필리포이에서 브루투스와 카시우스가 패배하고, 그리스도교 공동체가 사도 바오로의 서한을 받게 된다. 암피폴리스에 이어 크레니데스를 획득했다는 사실은 필리포스의 수입이 크게 증가하고, 귀중한 금속 자원이 꾸준히 유입되는 것을 의미했다. 이듬해 필리포스는 같은 지역에서 더 작은 그리스 식민 도시 세 곳을 점령함으로써 이 일대를 확고하게 그의 통제 아래 두었다.[14]

필리포스는 다시 돌아와 포티다이아 공성을 이끌었다. 펠로폰네소스 전쟁 때 아테네는 이곳을 완전히 봉쇄하여 항복을 받아내기까지 2년이 걸렸다. 올린토스와 칼키디케인들은 포티다이아와 매우 가까이 있었고 상당한 규모의 군대를 소유하고 있었음에도 이곳을 함락하는 데 실패했다. 하지만 필리포스는 단지 몇 달 만에 포티다이아를 손에 넣었다. 포티다이아는 최종 공격을 피하기 위해 항복했을 것이다. 필리포스가 약속했던 대로 포티다이아와 그 토지는 칼키디케인들에게 넘겨졌다. 필리포스는 포티다이아인들을 노예로 팔아서 개인적으로 약간의 이익을 챙기긴 했지만, 그는 이 도시에 주둔하고 있던 아테네인들에게는 다시 한번 관용을 베풀었고, 그들은 몸값도 내지 않고 고향으로 돌아갈 수 있었다. 포티다이아가 함락된 직후에 아테네의 원정대가 연안에 도착했다. 이번에도 아테네는 머뭇거리기만 하다가 결국 아무런 효과적인 조치도 취하지 못했다. 역사가들은 아테네가 본능적으로 암피폴리스를 차지할 '마지막 기회'를 놓쳤던 것처럼 또 한 번의 중요한 기회를 놓쳤다고 말한다. 하지만 이러한 발언은 필리포스가 아테네의 여러 문제 가운데 하나였을 뿐임을 망각한 발언이다. 당시 아테네는 반항하는 동맹 도시들을 물리치는 데 훨씬 더 많은 에너지를 쏟고 있었고, 또한 근래에 벌어진 갈리폴리 반도 원정 실패에 대한 책임을 묻는 내부의 논쟁에 훨씬 더 집중하고 있었다. 이 때문에 아테네의 많은 장군들이 재판을 받아야 하는 상황이었다. 또한 마케도니아의 부흥이 오래 지속되리라고 예상하거나, 이 지역 내에서 아테네의 존재감을 회복할 기회가 있으리라는 것을 의심할 만한 타당한 이유도 전혀 없었다. 하지만 한동안 마케도니아 심장부의 세력권 안에서 아테네인들이 발 디딜 수 있는 곳은 동맹 도시인 메토네밖에 없었다.[15]

필리포스는 또 다른 좋은 한 해를 누렸다. 포티다이아를 함락한 직후에 그는 하루에 세 개의 전갈을 받은 듯하다. 첫 번째는 일리리아인들에게 파르메니온이 승리를 거두었다는 보고였고, 두 번째는 올림피아 제전에 참여한 그의 말들 가운데 하나가 우승했다는 또 다른 승리의 소식이었다. 이 무렵에는 마케도니아 왕이 올림피아 제전에 출전할 자격이 있는지 의문을 제기하는 어떤 목소리도 들리지 않았다. 세 번째는 바로 알렉산드로스의 탄생을 알리는 것이었다. 알렉산드로스가 7월에 태어났고 올림피아 제전은 여름이 끝나가는 8월이나 9월에 열린다는 점을 고려하면, 이 소식들이 같은 날 도착했을 가능성은 매우 적다. 하지만 이런 우연은 다시 한번 좋은 이야깃거리를 만들어냈다.[16]

새로이 필리포이로 명명된 도시에 마케도니아인들이 이주해 정착했다. 그러나 이미 그곳에 있던 그리스인이나 트라케인이 모두 마케도니아인으로 대체된 것은 아니었다. 인근 습지대에서 경작을 가능하게 하는 배수 작업이 시작되었고, 이는 마케도니아 왕국 전역에서 비슷한 개발 과정이 진행되었음을 보여주는 확실한 사례다. 곧이어 도시 인근의 광산에서는 매년 필리포스에게 1000탈란톤의 은을 제공하게 된다. 팡가이온산의 채굴 작업에서 얻는 수입과 합해져 이제 필리포스는 매우 부자가 되었으며, 그가 찍어내는 동전의 양이 늘고 질이 좋아졌다는 사실이 이를 확연하게 드러냈다. 금화는 아티케의 기준에 맞추어 만들어진 반면, 은화는 트라케의 중량 체계에 맞추어졌다. 양쪽 사이에서 균형을 맞춘 이러한 정책은 교역에 도움이 되었다. 이제부터 트라케를 통해서든 일리리아를 통해서든 유럽으로 전해지는 물품 대부분은 또한 마케도니아를 통과했다. 이로써 마케도니아인들은 훨씬 더 다양한 물품을 얻을 수 있을 뿐만 아니라 통행세에서 얻는 수입도 늘어났다. 기원전 356년에 발행된 한 동전에는 올림피아 제전에서 우승한 경주마와 기수의 모습이 새겨져 있다. 마케도니아의 귀족들은 오래전부터 섬세하게 잘 만들어진 그릇과 장신구를 좋아했다. 이러한 경향은 점점 더 화려해지는 생활 양식에 반영되었으며, 특히 왕궁에서 두드러졌다.[17]

크게 늘어난 수입 덕분에 필리포스는 용병을 고용하여 병력을 충원할 수 있었다. 특히 공학자와 같은 전문 인력을 더 많이 모으고 그들의 연구 작업에 자금을 댈 수 있었다. 이즈음 어느 시점에 마케도니아 병사들에 대한 급료가 도입되었으며, 팔랑크스 내에서 더 높은 지위에 있는 이들일수록 특권과 책임뿐만 아니라 더 많은 보수를 받을 수 있었다. 또한 새로운 정착지들 덕분에 필리포스는 정해진 토지에서 나오는 산물을 나누어 가질 권리를 병사들에게 부여할 수 있었다. 이러한 수입은 급료에 더해져 병사들이 사실상 직업군인이 될 수 있도록 했다. 필리포스의 부하들은 전쟁이 없을 때에도 훈련을 받았고, 대형 훈련을 반복했으며, 무기 다루는 법을 연습하고 먼 거리를 행군했다. 한 저자는 마케도니아 병사들이 하루에 60킬로미터가 넘는 거리를 주파했다고 말했다. 필리포스는 일반적인 화물을 수송할 때 바퀴 달린 운송 수단의 사용을 금지하고 하인의 수를 줄여 병사들이 장비와 식량을 직접 나르도록 했다. 사리사는 크고 무거웠지만, 창병의 나머지 장비는 호플리테스의 갑주에 비하면 가벼운 편이었다. 필리포스의 군대는 짐이 줄고 훈련으로 단련된 덕분에 기동성이 매우 좋아졌다. 앞으로 마케도니아군은 순전히 빠른 이동 속도만으로 적들을 연달아 놀라게 한 것이다.[18]

왕의 최측근들은 왕이 새로 발견한 자산으로 큰 이득을 보았다. 아르게아스 왕조의 왕들에게는 모두 '헤타이로이'가 있었다. 헤타이로이는 왕과 함께 연회를 즐기거나, 함께 싸우거나, 중요한 명령을 받아 수행했고, 왕은 그들에게 조언을 구했다. 이들 중에는 기성 귀족 가문 출신도 있었고 새로 임금의 총애를 받게 된 이들도 있었다. 필리포스 아래에서 헤타이로이의 수는 극적으로 늘었으며, 그 책임과 보수도 함께 커졌다. 헤타이로이에게는 새로 건설된 공동체 주변의 대규모 영지에서 나오는 생산물의 일부에 대한 권리가 주어졌다. 이들 중 다수는 고지 마케도니아 출신이었고 일부는 본국에서 더 멀리 떨어진 지방 출신이었지만, 왕이 국외자들을 자신과 마케도니아에 묶어두기 위해 자기 영토에 있는 영지를 그들에게 부여했기 때문에 핵심은 왕의 총애에 있었다. 그들은 모두 필리포스에게 묶여 있었고, 필리포스는 그들에게 넉넉하게 보상했으며, 그의 성공은 곧 그들의 성공이 되었다. 왕과 헤타이로이와의 관계는 개인적인 것이었고, 위험과 그에 따른 보상을 함께 나누는 족장과 전사 집안의 오랜 전통을 반영한 것이었다. 전통에 따라 헤타이로이는 왕에게 자유로이 의견을 말했고, 왕의 의견에 동의하지 않을 수도 있었으며, 그들이 왕을 존중하듯이 왕도 그들을 존중하며 전투에서 그들을 이끌도록 요구할 수 있었다.[19]

왕실의 시동들 또한 필리포스와 가까운 관계에 있었지만, 훨씬 더 어리고 아직 완전한 성인으로 여겨지지 않았기에 왕에게 더욱 확실하게 종속되어 있었다. 그중에서 더 나이가 많은 소년들은 군사작전 중에 왕의 천막을 지키고, 식사 시중을 들고, 왕과 함께 사냥에 나가고, 왕의 곁에서 싸웠다. 그들은 매질을 당할 수도 있었지만, 오로지 왕만이 그들을 때릴 수 있었다. 그럼에도, 아테네와 다른 남부 그리스인들은 귀족 젊은이들이 마치 노예처럼 식사 시중을 들거나 매질 당하는 것을 이해할 수 없는 일로 여겼다. 또한 왕 주변에 그토록 많은 청년과 소년을 두는 것은 성적 착취를 유발할 수 있다는 우려도 있었다. 필리포스는 여성과의 관계 외에도 다수의 시동을 포함하여 많은 청년과 소년을 연인으로 두었다고 전해진다.[20]

필리포스 같이 화려한 이력을 쌓고 많은 이들의 미움과 두려움을 받는 사람의 주변에는 소문이 무성하기 마련이었다. 그러므로 우리는 그에 관한 모든 이야기를 단순히 진실이라고 믿어서는 안 된다. 시간적으로 멀리 떨어져 있는 우리가 진실을 정립하기란 불가능하다. 우리가 말할 수 있는 것은, 필리포스가 여성은 물론 청년과도 난잡한 관계를 맺었고 어쩌면 성격도 포악했을 것이라고 당시에 많은 이가 믿었다는 것이다. 필리포스를 직접 알았던 아리스토텔레스는 적어도 그가 한 청년과 맺었던 관계를 사실로 인정했다. 왕의 권력이 절대적인 것은 아니었지만, 그럼에도 상당히 큰 권력을 행사했고, 왕이 군사작전 중에 자신에게 복종하지 않았다는 이유로 한 소년을 때려 죽였다는 소문도 있었다. 규칙이 달랐더라도, 시동들은 그들의 아버지와 왕의 헤타이로이처럼 왕에게 일정한 대우를 받으리라고 기대했다. 이러한 기대를 저버리는 것은 위험했으며, 필리포스는 물론이고 후대에 알렉산드로스를 암살하려던 여러 음모에는 시동들이 연루되어 있었다. 아르게아스 왕조의 왕이 군대의 사병들을 비롯하여 자기 주변 인물들과 맺는 관계는 근본적으로 개인적인 것이었으며, 양방향으로 작동했고, 수용 가능한 것에 관한 강력한 통념을 따랐다.[21]

승리를 이루고, 그 이득을 나누는 것은 왕의 핵심적인 역할이었다. 이제까지 필리포스의 연이은 성공 기록은 깨지지 않았다. 우리는 기원전 355년 한 해 동안 필리포스가 무엇을 했는지 거의 알지 못한다. 아마도 그는 필리포이와 암피폴리스 주변에서 이익을 확보하기 위해 군사 작전을 펼쳤을 것이다. 그리고 테살리아에도 관여했을지 모른다. 그해 말에 그는 저지 마케도니아의 문간에 있던 아테네의 마지막 동맹 도시 메토네를 향해 행군했다. 이미 함락된 피드나에서 10킬로미터도 안 되는 거리였다. 이웃 도시의 운명과 아테네의 원조 실패에도 불구하고, 메토네의 시민들은 마케도니아의 맹렬한 공격에 굳건히 저항했다. 필리포스는 자신의 병사들이 도시 성벽에 사다리를 걸치고 기어오르고 있었을 때, 그들이 흉벽에 이르면 사다리를 걷어치우라고 명령했다. 이렇게 하면 그들이 죽기 살기로 싸우리라고 생각했던 것이다. 이는 매우 과감한 전술이었으나, 이 경우에는 실패한 전술이 되고 말았다.[22]

겨울 몇 달 동안 군대에 식량과 물자를 보급하는 일은 쉽지 않았으나 필리포스가 성공을 거두었다는 것은 이처럼 상당히 이른 단계에서부터 병참조직이 군사작전의 기저를 이루었음을 입증한다. 해안 지역에서도 겨울 날씨는 춥고 습할 수 있고, 이러한 면에서 메토네는 필리포스의 군대가 지금까지 수행한 가장 어려운 공성 대상이었을 것이다. 도시는 아테네의 지원 병력을 기다리면서 기원전 354년 봄까지 저항했다. 이즈음에는 반란을 일으킨 동맹 도시들과 아테네 사이의 다툼이 소강상태에 있었기 때문이다. 필리포스는 공성 작업을 시찰하던 중에 부상을 입었다. 가장 오래된 시기의 문헌에 따르면 화살이 날아와 그의 오른쪽 눈을 맞혔다고 한다. 이후 수백 년이 흐르는 동안 이야기 전체가 미화되었고, 필리포스에게 상처를 남긴 인물은 아스테르라는 이름을 얻었다. 어떤 이야기에서는 활로 쏜 화살이 아니라 투창에 맞은 것이라고 하고, 또 다른 이야기에서는 투석기로 쏜 화살이었다고 한다. 어떤 이는 아스테르가 자기 이름과 필리포스의 이름을 발사한 무기에 새겨 넣었다고 하고, 어떤 이는 필리포스가 그것에 다른 메시지를 새겨서 도시 안으로 되쏘았다고도 한다.[23]

사건이 일어난 때에 가장 근접한 문헌에서 언급한 것처럼 필리포스의 눈에 부상을 가한 것은 활로 쏜 화살이었을 개연성이 가장 큰 것 같다. 투석기로 쏜 화살이었다면 다른 것에 부딪쳐 방향이 휘어서 그 힘이 상당히 감소하지 않은 한 목숨이 위태로웠을 것이다. (아이가이의 2호 무덤에 묻혀 있던 남자 시신의 오른쪽 안와에 남아있는 부상의 흔적은 이 시신을 필리포스의 유해로 인정하게 하는 주된 이유 가운데 하나다.) 이때 입은 부상 때문에 필리포스의 한쪽 눈은 완전히 시력을 잃었지만, 로마의 한 저자에 따르면 필리포스의 의사 크리토불로스가 "필리포스 임금의 눈에서 화살을 뽑아내고, 얼굴 변형 없이 치료함으로써 큰 명성을 얻었다"고 한다. 실제 치료 과정은 이와 달랐겠지만, 아무튼 필리포스는 살아남았다. 물론 고통은 끔찍했을 테고 한동안 지속되었을 것이 분명하다. 하지만 그 정도의 고통은 필리포스에게 공성을 포기하도록 하기에 충분치 않았다. 아테네로부터 적절한 원조를 받지 못한 채 여러 달이 지나가자, 메토네 시민들은 결국 항복했다.[24]

그리스 기준에서 보자면 필리포스는 그에게 맞서 도시를 방어한 이들에게 놀랍도록 관대했다. 이는 공성을 빨리 끝내려는 욕망 때문일 수도 있고, 아니면 자신이 개인적인 복수를 잘 하지 않는 인물이라는 걸 보여주기 위해서일 수도 있다. 그는 모든 시민에게 도시를 떠나 어디든 원하는 곳으로 가도록 허락했다. 다만 떠나는 이들은 옷가지만 등에 짊어지고 갈 수 있었고, 노예를 포함한 그들의 재산은 전리품이 되었다. 폴리스는 폐지되고, 물리적 도시 자체도 완전히 파괴되었으며, 토지는 왕의 헤타이로이와 병사들에게 분배되었다. 필리포스는 겨우 스물여덟 살에 이미 왕국의 크기를 두 배 이상으로 늘렸으며, 왕국의 중심부에 가까운 독립된 도시들을 박멸했다. 또한 자신의 부를 크게 늘리고, 다섯 명의 왕비를 두고 자녀들도 얻었다. 그 과정에는 위험도 많았지만 단지 한쪽 눈에 부상을 입었을 뿐 그의 운은 다하지 않았다. 이러한 성공 가도에서 필리포스는 육지 세력을 쳐부수려는 아테네의 의지와 그 함대의 역량이 갖는 한계를 뚜렷이 드러냈다. 점점 더 많은 사람이 마케도니아와 그 임금을 주목하고, 그에게 도전할지 아니면 그와 친선 관계를 추구해야 할지 고민하기 시작했다.[25]

6

"나는 패주하지 않았노라"

테살리아에서의 패배

필리포스의 세력은 커지고 있었다. 초기에 그와 그의 부하들은 단순히 생존을 위해 벽을 등지고 싸웠다. 승리는 재앙을 방지했고, 각각의 승리는 왕을 조금 더 강하고, 더 안정되고, 더 자신감 있게 만들었다. 성공으로 얻는 보상이 커졌으므로, 확장 국면으로의 전환은 지역적 차원에서도 큰 변화를 의미했다. 필리포스가 초기에 거둔 승리의 규모와 속도는 오히려 과장하기가 어려울 정도다. 5년 남짓한 기간에 마케도니아 왕국은 그 규모가 적어도 예전만큼 커졌고, 자원과 인력 측면에서 훨씬 더 강력해졌다. 이제 필리포스는 칼키디케를 제외한 왕국의 해안선에 있는 모든 항구를 통제했고, 이로써 마케도니아에 대한 아테네의 공격은 훨씬 더 어려워졌다. 또한 마케도니아의 북서쪽 국경은 당시 사람들이 기억하는 가까운 과거의 그 어느 때보다 잘 방어되고 있었다. 하지만 과거에 다른 아르게아스 왕조의 왕들과 트라케나 일리리아의 통치자들은 한동안 번성하긴 했지만 권력을 상속자에게 승계하기는커녕 자신의 권력을 영속적인 것으로 만들지도 못했다. 필리포스가 지금 죽는다면 권력을 이어받을 성인 후계자가 아무도 없었다. 그의 아들들은 아직 어렸고 하나 있는 조카도 미숙한 소년에 불과했다. 마찬가지로, 필리포스의 연속적인 성공이 중단된다면 무슨 일이 일어날지 아무도 알 수 없었으며, 그가 새로 정복한 영토를 계속 유지할 수 있을지조차 장담할 수 없었다.

이 모든 성과를 활용하는 데에도 시간과 노력이 필요했다. 필리포스가 즉각적으로 부유해졌다거나 즉각 복무할 수 있는 병사를 훨씬 더 많이 갖게 되었다고 생각한다면 오산이다. 새로 형성되거나 다시 건설된 공동체는 조직을 갖추고 주민을 확보하고 농업이나 광업 등 적절한 산업을 발전시켜야 했다. 필리포스는 자원이 축적되어 잉여가 발생하기까지 기다렸다가 활용할 사람은 아니었다. 그의 활동에는 휴지기가 거의 전무하다시피 했다. 이 초기 몇 년간 필리포스는 소형 전함으로 이루어진 함대를 구축하고 인력을 배치했다. 선박 건조에 즉각 투입할 수 있는 자원이 많았고, 그의 수중에 들어온 그리스 도시에는 선원과 숙련된 해병이 많았다. 하지만 필리포스가 아테네나 다른 나라의 해군에 맞서 대규모 해전을 벌일 목적으로 대형 함대를 기획한 것은 아니었다. 그러했다면 오랜 시간을 투자하고도 결국 적군에 맞설 수준에 이르지는 못했을 것이다. 그 대신 필리포스는 경량 선박들을 건조하여 습격하는 방식을 택했다. 소함대의 습격은 해안 지역 병력의 지원을 받거나 단독적으로 이루어졌다. 그는 상선들을 나포하고, 그가 닿을 수 있는 거리의 변경 지역과 동맹국들을 아테네가 방어할 수밖에 없도록 만들어서 아테네를 괴롭혔다. 이로써 전쟁은 지속되었고, 결국 아테네인들도 협상에 응하게 된다.[1]

이러한 규모의 습격은 전쟁을 일으키는 상당히 저렴한 방법이었고 이익을 낼 수도 있었지만, 어쨌든 선원들에게는 급료가 지급되어야 했다. 이는 용병을 포함한 병사들과 특기가 있는 기술자들도 마찬가지였다. 필리포스는 새로운 수입원을 획득하는 것만큼 빠르게 부하들과 특히 그의 헤타이로이에게 넉넉히 보상했으며, 해외에서 우호 세력과 동맹을 얻기 위해 대규모로 접대하고 선물과 뇌물을 증여했다. 때로는 지출이 수입을 초과했는데, 특히 치세 초기에 그러했다는 데는 의심의 여지가 없다. 한번은 성난 병사 무리가 급여 체불에 항의하고자 필리포스에게 들이닥친 일이 있었다. 그때 필리포스는 왕궁에서 외국인 운동선수로 추정되는 메네게테스라는 남자와 레슬링을 하고 있었다. 왕은 시합을 마치고 땀과 먼지로 지저분해진 상태 그대로 병사들에게 달려가서 이렇게 말했다. "전우들이여, 그대들이 옳다. 나는 그대들이 내게 베푼 공로에 대해 제대로 감사를 표하고자 이 야만인과 연습을 했다." 그러고선 병사들의 무리를 헤치고 나가 연못으로 뛰어들어 수영을 했다. 수영이 끝날 때까지 지루하게 기다리다가 지친 병사들은 결국 언제 급료를 받게 될지 전혀 알지 못한 채 떠나갔다. 몇 년 후에 필리포스는 병사들에게 급료를 지불하지 않고도 어떻게 그들이 계속 충성하게 했는지 이야기하기를 즐겼다고 한다.[2]

필리포스의 군대는 계속해서 복종하고 싸웠으며, 군사활동이 멈추는 일은 없었다. 하지만 기원전 354년 메토네 함락 이후 몇 년간의 일들은 현전하는 고대 문헌에 제대로 기록되어 있지 않아서 주요 사건의 연대조차 확실하지 않고 필리포스가 어느 시점에 무엇을 하고 있었는지 알기 어려운 경우도 많다. 기껏해야 사건의 두드러진 부분에 대해서만 들을 수 있는데, 그마저도 아테네의 입장에 근거한 것들이다. 그런 이야기들은 필리포스가 청원을 듣고 판결을 내리는 등 일상적인 통치 활동에 얼마나 시간을 보냈는지는 전혀 알려주지 않는다.

또한 필리포스가 트라케와 일리리아를 비롯하여 북쪽에 이웃한 다른 민족들을 어떻게 다루었는지에 대해서도 거의 관심을 보이지 않는다. 하지만 필리포스는 이들 민족의 지도자들과 협상하는 데 많은 시간을 들였다. 마케도니아 왕국이 확장된 만큼 필리포스의 책무도 늘었으며, 이는 그가 같은 해에 여러 지역에서 정무를 처리해야 한다는 것을 의미했다. 그는 전체 군사력의 상당 부분을 단일 부대에 집중시킬 때도 있었지만, 그보다는 병사들을 몇 개의 분대로 나누어 직접 통솔하거나 파르메니온처럼 신뢰하는 부하에게 통솔을 맡기는 경우가 더 많았다. 따라서 군사작전을 벌이는 기간에는 그의 활동 범위가 더 넓어졌기 때문에 여러 문헌에서 흥미를 가지고 다루었다 해도 그가 한 일들을 자세히 열거하기란 무척 어려웠을 것이다.

기원전 354년 메토네 공성 중 어느 시점에 그가 부상당했는지 알지 못하기 때문에, 그해 남은 기간 내내 그가 병상에 있었는지도 알수가 없다. 디오도로스는 왕이 메토네 함락에 이어서 파가사이를 진압했다고 설명하는데, 그렇다면 두 사건이 같은 해에 일어났다고 보는 편이 가장 자연스럽다. 파가사이는 테살리아에서 라리사와 경쟁하던 페라이의 항구도시였으며, 이전에는 야손과 알렉산드로스 같은 참주들의 고향이었다. 그러므로 기원전 354년에 필리포스가 군대를 이끌고 테살리아로 진군하여 라리사와 아르게아스 왕조의 오랜 동맹관계를 지속했을 가능성이 있다. 하지만 다른 문헌에는 이러한 군사 개입에 관한 암시조차 전혀 없다. 기원전 353년부터 필리포스가 줄곧 테살리아에 몰두했고 어느 시점에 파가사이를 함락했다는 것을 알고 있으므로, 어떤 이들은 디오도로스가 사건을 예견한 것이라고 결론짓는다. 반면에 다른 이들은 문헌이 훼손된 것이고, 디오도로스가 말하

는 도시는 파가사이가 아니라 트라케 해안 어딘가에 있는 비슷한 이름의 도시였다고 주장한다.[3]

이러한 해석 중에 그 자체로 타당해 보이지 않는 것은 없다. 앞서 보았듯이 테살리아와 마케도니아의 관계는 어느 쪽이 더 강한 이웃이 되든 서로에 대한 군사 개입이 빈번했고 복잡하게 얽혀 있었다. 데모스테네스는 아테네의 원군이 도달하기 전에 파가사이가 필리포스에게 함락되었다고 말하지만, 그 이상의 자세한 이야기는 전하지 않는다. 데모스테네스를 포함한 다른 문헌의 저자들은 트라케와 일리리아 만큼이나 테살리아에도 관심을 보이지 않는다. 테살리아인들은 분명 그리스인이었음에도 아테네인과 다른 남부 그리스인의 이상과 정치적 관습을 완전히 따르지는 않았다. 키오스의 테오폼포스는 기원전 4세기 후반에 역사서를 쓰면서 테살리아를 지배했던 귀족들을 특히 경멸하며 다음과 같이 주장했다. "그들은 춤추고 피리 부는 여인들 앞에서 인생을 허비한다. 어떤 이들은 주사위 놀이와 술, 음란 행위로 하루를 낭비한다. 그들은 자기 삶의 질서를 세우는 것보다 온갖 진미로 가득한 식탁을 차리는 데 더 신경 쓴다."[4]

테오폼포스는 필리포스의 업적들에 감탄하면서도 왕과 그의 헤타이로이가 지녔던 습관을 좋게 보지는 않았다. 그가 과장했을 수는 있겠지만 이야기를 전적으로 지어낸 것은 아니다. 요란한 잔치와 음주에 대한 공통된 취향은 이후에 테살리아 귀족들이 마케도니아 및 그 군주와 연대하는 데 도움이 되었으며, 그들 중 상당수는 결국 왕의 헤타이로이 대열에 들었다. 마케도니아인과 테살리아인은 잔치를 즐겼을 뿐 아니라 전쟁과 충돌도 즐겼다. 또한 당대 테살리아의 역사를 관통하는 한 가지는 바로 도시 내부와 도시들 사이에서 거의 항구적으로 벌어지는 권력 다툼이었다. 기원전 354년에도 페라이와 라리사 사이에서 충돌이 일었을 가능성이 그렇지 않았을 가능성보다 높고, 필리포스는 아마도 개입을 요청받았을 수도 있지만, 확실하지는 않다.

어느 쪽이든, 기원전 353년 군사작전 초기에 필리포스는 트라케에 머무르면서 마로네이아와 아브데라의 그리스 해안 도시들을 공격하고 갈리폴리 반도와 다르다넬스 해협을 압박하고 있었다. 또한 이 지역에는 필리포스가 테바이에 억류되어 있던 시절에 머물렀던 집의 주인인 팜메네스도 와 있었다. 이 테바이인은 페르시아 왕에 맞서 봉기한 사트라프를 돕기 위해 5000명의 용병 호플리테스를 이끌고 소아시아로 가는 중이었다. 누구도 구체적으로 협정에 대해 언급하진 않지만, 테바이에서는 이들이 마케도니아를 통과해 행군할 수 있도록 분명 필리포스와 사전에 협의했을 것이며, 마케도니아 왕과 테바이인들 사이에 공식적인 동맹관계가 맺어져 있었을 것이다. 실제로 필리포스는 한 걸음 더 나아가 트라케의 케르소블렙테스와 협상하여 팜메네스 일단이 방해받지 않고 계속 행군할 수 있게 조치했다. 마케도니아 부대와 팜메네스의 용병의 존재는 회담이 사실은 상당한 군사적 위협을 배경으로 성사되었고, 그들이 적대적인 트라케의 또 다른 통치자를 물리칠 수도 있다는 것을 의미했다. 팜메네스는 다르다넬스 해협을 건넜고 한동안은 사트라프를 도왔다. 하지만 팜메네스의 충성심에 대한 의혹이 제기되었고 결국 그와 부하들은 고향으로 돌려보내졌다. 몇 년 뒤 테바이인들은 또 다른 용병 부대를 고용했는데, 이번에는 페르시아 왕의 편에서 이집트의 반란군과 싸웠다.[5]

그동안에 필리포스는 페라이와 싸우는 라리사로부터 절박한 원조 요청을 받고 그에 응하기로 결정했다. 그는 라리사에서 무려 800킬로미터 이상 떨어져 있었기 때문에 이것은 결코 쉬운 문제가 아니었다. 그토록 멀리 있는 라리사의 원조 요청은 필리포스가 권력을 쥐게 된 이후로 그의 왕국과 책무가 얼마나 확장되었는지를 보여주기도 한다. 가장 빠른 길은 바다를 통한 길이었다. 수송선을 이용해 이동하면서 그의 소규모 해군이 호위하게 할 수도 있었지만, 카레스가 이끄는 아테네 함대가 네아폴리스 인근에서 대기하며 언제든 요격할 준비를 하고 있다는 게 문제였다. 필리포스는 가장 빠른 네 척의 쾌속선을 선택하고 최고의 선원들과 노꾼들을 선발해 강력한 분대를 꾸렸다. 그들을 파송하면서 보통 때보다 네아폴리스 해안에 더 가까이 붙어서 항해하라고 명령했다. 카레스는 이 미끼를 물었고 트리에레스를 이끌고 마케도니아의 쾌속선을 추격하며 난바다로 나왔다. 그 순간을 놓치지 않고 필리포스와 나머지 함대는 바닷길을 통과했다. 결국 아테네 해군이 마케도니아의 쾌속선을 따라잡을 수 없음을 깨달았을 때 그들은 너무 멀리 나와 있었기에 방향을 돌려 필리포스의 함대를 공격할 수 없었다.[6]

아테네인들은 필리포스에게 심각한 패배를 안겨주고 심지어 그를 죽이거나 생포할 수도 있는 기회를 놓쳤다. 그러나 이것이 카레스가 그 지역으로 파견된 주된 이유는 아니었고, 그해의 남은 기간에 그는 갈리폴리 반도와 그 일대에서 큰 성공을 거두었다. 그는 그리스 도시 세스토스를 함락하여 도시를 수비하던 이들을 학살하고 살아남은 여자와 아이들은 노예로 팔았다. 그리고 정해진 과정처럼 아테네인들이 그곳에 들어와 정착했다. 카레스는 갈리폴리 반도를 다시금 완전한 아테네의 통제 아래 두었으며, 케르소블렙테스에게 이를 받아들이게 했다. 그리고 이즈음에 필리포스가 고용한, '어린 수탉'이라는 뜻

의 아다이오스라고 불린 자가 지휘하던 용병 부대까지 물리쳤다.[7]

이 시기에 다른 중요한 일들을 우선 처리해야 했던 필리포스는 군대를 이끌고 테살리아로 들어갔다. 라리사와 페라이 사이의 갈등은 오래된 것이었음에도, 근래에 들어 많은 그리스 도시국가와 관련된 훨씬 더 광범위한 충돌로 확대되었다. 학자들은 이를 가리켜 '제3차 신성전쟁'이라 부른다. 필리포스는 이 전쟁에 개입함으로써 남부 그리스 문제에 점점 더 많이 관여하게 되고, 결국에는 더 큰 분쟁에 참여해 승리를 얻게 된다. 물론 필리포스는 페라이로 행군하면서 자신에게 더 많은 기회가 오리라는 것을 예감했을 것이다. 하지만 이것이 그리스 전체를 지배하겠다는 더 거대한 계획의 일부였다고 보는 것은 잘못된 것이다. 필리포스는 라리사와 동맹을 맺었고, 이 도시를 이끄는 알레우다이 집안과 오랜 친분이 있었다. 라리사 출신의 여인과 페라이 출신의 여인을 아내로 맞아들인 것은 그와 테살리아의 연결고리를 강화했다. 원조 요청에 응하는 것은 그의 권력과 지위를 강화할 기회였던 반면에, 동맹국에 원조를 제공하지 못한다면 불명예를 초래할 테고 다른 동맹들은 그의 신뢰도를 의심할 것이었다. 모든 면에서 기원전 353년에 테살리아에 개입하지 않을 타당한 이유가 전혀 없었다.

그러나 테살리아는 이미 대다수의 그리스 주요 도시와 많은 소도시를 포함하는 훨씬 더 큰 싸움에 말려들고 있었다. 일파만파로 번져나간 권력 다툼의 구실은 델포이의 신전에서 비롯되었다. 델포이는 그리스인은 물론 때로는 더 넓은 외부 세계의 왕들과 국가들도 가장 성스럽게 여겨 경배하던 장소였다. 아폴론의 신탁은 널리 그 권위를 인정받았으며, 여성 사제를 통해 종종 수수께끼 같은 구절로 신의 판단이 전달되었다. 필리포스와 올린토스인에게는 조약을 확정하기 전에 신탁을 듣는 것이 흔한 일은 아니었지만, 이런 행위의 엄숙함과 유력함에 대해 의심하지 않았을 것이다. 어머니 지구의 배꼽(옴팔로스omphalos)으로 여겨진 델포이는 특별한 곳이었고, 올림피아 제전의 일환으로 4년마다 피티아 제전이 열려● 그리스 세계 전체에서 참가자들이 실력을 겨루기 위해 이곳으로 모여들었다. 평상시에도 델포이에는 순례자들이 끊이지 않았고, 공식 사절들이 찾아와 신탁을 의뢰했다. 또한 여러 국가와 개인이 아폴론에게 공물을 바치고 자신의 이름이 새겨질 기념물의 건립 비용을 댔으므로 언제나 부가 흘러넘쳤다. 전투에서 승리한 이들이 자신의 승리를 영구히 기념하기 위해 델포이로 전리품을 보내는 경우도 많았는데, 거의 모든 경우 그 승리는 동족 그리스인들에 대한 것이었다. 필리포스의 시대에 델포이는, 그중에서도 특히 아폴론 신전 구역은, 그리스 세계 전체에서 가장 웅장하게 건축된 곳들 가운데 하나였다.[8]

하나의 도시로서 델포이는 군사적으로나 정치적으로 강력하지 못했다. 그러나 그리스 세계에서 갖는 위상을 고려해서 '이웃들의 협의체'인 암피크티오니아Amfiktionia●●에 의해 관리되었다. 이 협의체는 처

● 올림피아드 주기는 고대 올림피아가 열리는 간격인 4년을 한 단위로 삼는 시간 단위다. 고대 범그리스 세계에서는 올림피아드 주기에 맞추어 올림피아 제전을 포함해 네 개의 제전이 열렸다. 피티아 제전과 올림피아 제전은 서로 2년 간격을 두고 4년 주기로 개최되었다.—옮긴이

●● 암피크티오니아는 그리스에서 폴리스가 등장하기 이전부터 존재했던 부족과 도시의 연합을 가리킨다. 처음에는 공통된 종교 협의체로 형성되었으나 점차 정치적 성격을 띠게 되었다. 델포이 암피크티오니아가 가장 대표적이긴 하지만 최초의 혹은 유일한 암피크티오니아는 아니었다. 제1차 신성전쟁(기원전 595~585) 이후 북부 그리스의 팔라이 암피크티오니아가 델포이를 관장하게 되고 피티아 제전이 처음 개최되면서 필라이 암피크티오니아를 계승·확장한 델포이 암피크티오니아가 형성되었다. 우리나라에서는 델포이의 암피크티오니아를 '델포이 인보(隣保)동맹'

음에 열두 부족으로 구성되었고, 각 부족은 두 개의 투표권을 가졌다. 여러 세기가 지나는 동안 '이웃'의 의미는 점차 확대되었고 그리스 세계의 권력 다툼 양상에 따라 정의되었다. 테바이 및 보이오티아와 마찬가지로 테살리아도 이 협의체에 속했으며, 기원전 4세기에는 아테네도 이오니아 부족의 일원으로 한 개의 투표권을 갖게 되었다. 아테네와 테바이에는 우선권이 주어져 다른 도시들보다 많이 기다리지 않고 신탁을 구할 수 있었다.[9]

도시국가들의 특성상 이러한 조직은 어쩔 수 없이 정치 공작의 장이 되었지만, 대개는 투표권을 가진 국가들 사이의 균형 덕분에 극단으로 향하지는 않았다. 그러나 스파르타가 레우크트라에서 패한 뒤 상황이 바뀌었다. 패권을 쥐게 된 테바이는 회원국 다수를 설득하여 자신들의 바람대로 투표하게 했다. 특히 테살리아에서 일어난 충돌은 페라이의 지도자들에게 불리하게 작용했고 테살리아의 두 표가 테바이 편으로 옮겨 갔다. 스파르타는 테바이와 동맹관계에 있던 기원전 382년에 테바이의 카드메이아 요새를 불법으로 점유하고 테바이를 재점령한 것에 대하여 벌금을 물어야 했다. 오랜 세월 테바이와 경쟁관계에 있었으며, 스파르타보다 작지만 더 가까웠던 포키스 또한 신성한 땅을 경작했다는 이유로 벌금이 부과되었다. 이를 확정짓는 결의안들이 통과되었으나 오늘날 유엔의 결의안이 그러하듯 실제로는 아무런 효과도 발휘하지 못했다.

───────

이라 부르기도 한다. 암피크티오니아는 외교·군사·안보·경제 정책을 공조하는 일반적인 그리스 도시국가들의 동맹(코이논koinon)과는 거리가 멀다. 델포이 암피크티오니아는 회원국에게 '중립적인' 만남의 기회를 제공했고 델포이 성역은 그러한 만남이 이루어지는 종교·정치·문화의 공간으로 기능했다.─옮긴이 기원전 356년 델포이 암피크티오니아는 회의를 열고 벌금형을 갱신했을 뿐 아니라 벌금을 두 배로 인상하고, 벌금을 내지 않으면 전쟁을 각오해야 할 것이라고 위협했다. 여느 그리스 도시에서처럼 포키스에서도 의견이 분분했지만 결국 강경한 목소리가 우세해 필로멜로스가 이끄는 소규모 군대가 짧은 거리를 행진하여 델포이를 점령했다. 논란이 일긴 했지만 고래로 델포이 신전의 수호자를 자임했던 포키스는 그리스 전역에 사절을 파견하여 자신들의 지위를 다시 상기시키고 부과된 벌금의 부당성을 호소했다. 아테네와 스파르타를 포함한 몇몇 주요 도시에서는 포키스와 동맹을 맺었는데, 부분적으로는 포키스의 주장이 어느 정도 정당하기 때문이었지만, 주된 이유는 테바이를 약화시키고자 했기 때문이었다. 한동안은 도시국가 대부분이 다른 문제들로 분주했기 때문에 이 사안과 관련해서는 더 이상 아무 일도 일어나지 않다가, 기원전 355년에 암피크티오니아 회의가 다시 열렸다. 하지만 회의가 델포이에서 열리지 않은 것이 분명하고, 또한 회원국이 모두 참여하지도 않았으므로, 포키스와 그 동맹국들은 이 회의를 적법한 것으로 보지 않았다. 회의에 참석한 국가 중 다수가 델포이의 신전을 장악했다는 이유로 포키스에 대한 신성전쟁을 선포하는 데 찬성했다.

필로멜로스는 신전 구역에 속해 있던 재산을 사용하여 용병을 고용하는 것으로 이에 대응했다. 아테네를 포함한 많은 도시가 이런 식으로 성전 기금을 이용해 전쟁 자금을 대곤 했다. 그들은 자금을 대출받는 것이라고 했지만 이 자금을 반드시 상환하지는 않았다. 그러므로 포키스가 델포이에 대한 통제권을 가졌는지는 의심스러웠지만, 이 단계에서 포키스가 취한 행동은 상대적으로 절제된 것이었다. 기원전

354년 필로멜로스와 용병들이 보이오티아인과 로크리스인으로 구성된 혼성 부대를 격파하고, 이어서 6000명의 테살리아인을 물리쳤다. 더 많은 테바이인과 보이오티아인이 도착했고, 이번에는 필로멜로스가 패배하여 전투에서 죽었거나 그 여파로 자살했다.[10]

포키스의 주력 군대가 대패하고 지도자마저 죽자 전쟁은 사실상 끝난 것처럼 보였다. 테바이에서 팜메네스와 그의 부하들을 멀리 아시아까지 보내기로 결정한 것은 바로 이 승리를 거둔 다음이었다. 전쟁은 승리한 경우에도 비용이 많이 들었는데, 병사들을 빌려주면 정치적 이점 말고 경제적 수익도 가져올 수 있었다. 무엇보다 국가에서는 그 기간만큼 병사들을 먹이고 입히고 급료를 지급해야 하는 부담을 덜 수 있었다. 또 다음에 병사들을 필요로 할 때 경험이 쌓인 병력을 이용할 수 있을 거라고 기대할 수 있었다. 포키스는 테바이보다 작았기에 인력과 재력이 부족했지만, 여전히 델포이와 그 신전의 재물을 보유하고 있었으므로 그렇지 않으면 불가능했을 규모의 전쟁 자금을 댈 수 있었다. 포키스인들은 오노마르코스를 새 지휘관으로 선출했고, 그는 전임자보다 훨씬 더 큰 규모로 신전 재물을 사용했다. 전쟁기간에 포키스인들은 용병들에게 일반 급료의 1.5배에서 2배에 달하는 급료를 지불했다. 이러한 조건 아래에서는 용병 모집에 응하는 지원자가 부족할 틈이 없었다. 포키스인들은 또한 델포이의 재물을 사용해 상당량의 선물을 제공함으로써 동맹국을 달랠 수 있었다. 오노마르코스는 아테네 장군 카레스에게 돈을 보냈고, 카레스는 이 돈으로 잔치를 벌여 필리포스의 지휘관 아다이오스를 상대로 거둔 승리를 경축했다.[11]

기원전 353년 오노마르코스는 공격을 개시했다. 테바이는 자국 최고의 호플리테스와 용병 호플리테스를 아시아에 보낸 뒤라 취약한 상태였으며, 테살리아 동맹국들과 테바이 사이에 포키스가 끼어 있었기 때문에 공조에 제약을 받았다. 페라이에서는 참주 리코프론이 등장해 다시 한번 라리사와 테살리아 동맹의 패권에 도전장을 내밀자 테살리아 동맹국들 또한 혼란에 빠졌다. 그리스에서는 자연스러운 일이었지만, 이번에도 지역적 갈등이 광범위한 충돌로 번졌다. 페라이는 적들의 적이자 아마도 옛 친구인 포키스와 동맹을 맺었다. 그리하여 페라이에 맞선 라리사를 지원하고자 행진했을 때 필리포스는 광범위한 신성전쟁에 말려들 수밖에 없었다. 특히나 그는 포키스의 또 다른 동맹국인 아테네와 이미 전쟁 중이었다.[12]

필리포스와 테살리아 동맹국들은 페라이를 압박하기 시작했고, 이에 리코프론은 오노마르코스에게 도움을 요청했다. 포키스의 지휘관은 그의 형제 파일로스와 7000명의 부하를 보냈지만, 필리포스가 이를 궤멸시켰다. 이번에는 오노마르코스가 직접 더 많은 병력을 이끌고 갔고, 마케도니아와 그 동맹국들은 수적으로 열세에 놓였다. 필리포스는 두 번이나 패했고, 이 전투 중 하나에 관한 짧은 기록을 보면 오노마르코스가 한 수 앞섰던 것이 분명해 보인다. 오노마르코스는 초승달 모양의 산 앞쪽에 호플리테스를 배치했다. 초승달의 양쪽 끝부분에는 투석기를 비롯한 무기들과 병사들을 숨겨 두었다. 필리포스는 적군의 팔랑크스를 보고 부하들을 배치했지만 숨겨진 무기와 병사들은 파악하지 못했다. 오노마르코스는 마케도니아와 테살리아의 군대를 향해 전진했지만, 그의 호플리테스들은 충돌 직전에 항복하는 척했다. 고대 전투에서는 양쪽 팔랑크스가 직접 부딪쳐야 할 때 심리적 압박이 너무 큰 나머지 접전이 시작되기 전에 어느 한쪽 팔랑크스가 와해되는 경우가 종종 있었다. 포키스의 용병들이 낮은 산비탈 쪽으로 후퇴하자 필리포스의 병사들이 추격했다. 하지만 빠른 속도로 전진하면 어떠한 밀집 대형도 흐트러지기가 쉬웠다. 그들은 이제 투석기의 사정거리 안에 들어갔다. 위장을 모두 걷어낸 투석기들은 밀집된 마케도니아인들을 향해 돌을 쏘아대기 시작했다. 오노마르코스가 미리 준비한 나팔 소리로 신호를 보내자 그의 호플리테스들이 후퇴를 멈추고 대형을 갖추어 돌격했다.[13]

　　마케도니아 군대는 무너졌다. 일부 병사는 필리포스를 버리고 제각기 고향으로 돌아갔다. 필리포스는 남은 이들을 결집하여 더 조직적인 방식으로 퇴각했지만 그들의 사기는 땅에 떨어졌고 왕에 대한 믿음도 사라졌다. 대규모 그리스 군대 앞에서 필리포스의 성공 가도 또한 마침내 끝이 났다. 어떤 마케도니아인들은 대놓고 필리포스를 비난했다. 그가 제 발로 함정에 걸어 들어간 것은 부인할 수 없는 사실이었다. 오노마르코스가 회전에 투석기를 동원한 것은 전례가 없는 일이었고, 이후에 투석기를 사용해 그만한 성공을 거둔 사례도 없다. 투석기는 크고 무거워서 다루기가 어렵기 때문에 너른 들판에서 사용하기에 적합하지 않았다. 그래서 학자들은 당시 포키스 군대가 투석기를 준비했던 것은 그들이 테살리아 도시들에 대한 공성을 계획했기 때문인 것으로 본다. 이러한 추측은 대체로 맞겠지만, 자국을 방어하려는 동맹들에게 제공하기 위해 투석기를 가져온 것일 수도 있다. 투석기는 물리적인 전쟁에서만이 아니라 심리적인 차원에서도 유용했다. 당시 대부분의 그리스인에게는 공성전에서조차 투석기를 사용하는 것이 매우 새로웠기 때문이다. 어느 쪽이든, 오노마르코스는 투석기와 함께 잘 훈련된 용병들을 결정적으로 이용했고, 필리포스는 사기가 떨어진 부대를 이끌고 마케도니아로 돌아갈 수밖에 없었다. 그는 병사들에게 다시금 확신을 심어주고자 자신은 달아나는 것이 아니라 더 강력한 공격을 준비하는 숫양처럼 일부러 뒤로 물러나는 것이라고 말했다.[14]

필리포스가 패배했다는 소식은 빠르게 퍼졌다. 지금까지 계속 성공을 거두었음에도, 필리포스 또한 잠시 번성했다가 모든 것이 잘못되어 결국 동족의 손에 죽게 되는 마케도니아 왕 중 하나가 될 것만 같았다. 그를 대체하여 왕이 될 대안적인 인물들이 있었고, 이 무렵에 그의 이복형제 둘이 올린토스에 다시 등장했다. 올린토스는 이전에 아테네가 더 큰 위협으로 보였을 때 칼키디케 동맹을 이끌고 마케도니아 왕과 연합을 맺었다. 이제 칼키디케 내에 있는 아테네의 영토들도 모두 사라졌고, 가까이에 있는 필리포스가 오히려 더 위협이 될 만큼 강력해졌지만, 그마저도 이제는 취약해진 것 같았다. 일부 지도자 계층의 올린토스 시민은 아테네로 가서 친선을 구하고 심지어는 동맹을 맺고자 했다. 하지만 아테네는 필리포스와 맺은 조약 때문에 그렇게 할 수가 없었다. 에페이로스, 일리리아, 파이오니아의 지도자들이 모두 필리포스가 정말로 무적의 존재인지 의심하기 시작했다는 암시들이 있다. 필리포스는 네아폴리스 앞바다에서 가까스로 탈출하였으나, 테살리아에서 큰 패배를 겪었다. 필리포스에게는 매우 결정적인 순간이었다. 또 한 번 패배한다면 필리포스가 이룬 모든 것이 모래처럼 흩어져 버릴 수 있었다.[15]

7
복수

필리포스는 다시 패배할 수 없었다. 하지만 포키스인들에게 당한 패배를 되갚지 않고 그냥 넘어갈 수도 없었다. 그랬다가는 그의 능력과 전망에 대한 의심을 키우게 될 뿐이었다. 결국 그는 전쟁을 계속해야 했고 다음에는 이기기를 바라는 수밖에 없었다. 그리하여 기원전 352년 필리포스는 테살리아에 돌아왔다. 이번에 그와 그의 동맹들은 최소 2만 명의 보병과 3000명의 기병을 동원했다. 마케도니아인과 테살리아인이 각각 얼마나 참여했는지 말하기는 어렵지만, 기병대의 상당 부분을, 어쩌면 절반 이상을 테살리아에서 제공했음은 확실하다. 그사이에 오노마르코스와 포키스인들은 보이오티아인들을 상대로 또 다른 승리를 거두었다. 하지만 오노마르코스는 필리포스에 맞서는 페라이의 참주 리코프론의 원군 요청에 마땅히 응해야 했으므로 다시 2만 명의 보병과 500명의 기병을 이끌고 북쪽으로 행군했다. 아마도 그는 더 많은 용병과 훌륭한 기병대를 가지고 있을 참주와 협력하기를 바랐을 것이다.

어떤 학자들은 필리포스의 파가사이 함락을 이번 군사작전의 일환으로 보는 반면, 다른 학자들은 페라이에 대한 직접적인 공격인 것으로 의심한다. 이어진 전투는 파가사이만 근처 기복이 완만한 땅에서 벌어졌는데, 꽃이 만발하여 크로키온 평원으로 알려진 곳이었다. 필리포스는 오노마르코스와 포키스의 군대를 중간에 가로막기 위해 페라이에서 빠져나가 전력으로 행군했을 수도 있다. 포키스는 훌륭한 기병대를 갖춘 나라였지만, 그리스 본토에서 벌어지는 전투의 주전 병력은 대체로 기병이 아니라 호플리테스였다. 오노마르코스의 병사들은 전투 경험이 많았고, 이미 지난번 싸움에서 마케도니아인들을 무찔렀기에 자신감이 상승해 있었다. 분명히 필리포스는 기원전 358년에 바르딜리스에 맞서 행군하기 전에 그러했듯이 겨울 동안 훈련을 많이 하고, 병사들이 패배의 기억을 극복하도록 사기를 진작시키는 데 많은 시간을 투자했을 것이다. 이번에는 병사들에게 특별한 대의를 부여하면서, 투구 위에 월계관을 쓰도록 명령했다. 월계수는 아폴론과 결부되어 있고, 승리와 축하의 화환을 연상시켰다. 이 상징은 그의 병사들이 단지 도시국가들 사이의 일상적 전투에 참전한 테바이의 동맹군이 아니라, 신성한 싸움에 나선 아폴론의 신하들임을 선포하는 것이었다. 필리포스는 아마도 병사들이 신의 도움을 받아 싸우고 있으며, 1년 전에 그들을 물리친 적군을 상대로 반드시 이길 운명이라고 느끼기를 바랐을 것이다.

유스티누스는 월계관을 본 것만으로도 포키스의 호플리테스 중에는 자신들의 행동의 불경함을 깨닫고 무기를 내버린 채 도망간 이들이 있었다고 주장한다. 이보다 평이하게 말하는 디오도로스는 거친 싸움 끝에 필리포스가 이긴 것은 테살리아 기병의 수적 우세와 용맹성 때문이었다고 전한다. 포키스 군대는 무너졌고, 아테네 선박들이 바다 위에 떠 있는 것이 분명히 보였기 때문에 많은 병사가 바닷가로 달아났다. 아테네의 소함대는 트라케 해안에서 돌아온 카레스가 지휘하고 있었는데, 그때 그가 우연히 그곳에 있게 된 것인지, 혹은 아테네인들이 포키스의 동맹과 그곳에서 만날 예정이었는지는 불분명하다. 만약 그랬다면 이번에는 비록 몇 시간밖에 늦지 않았지만 아테네인들은 다시 한번 때를 놓친 셈이었다. 갑옷을 벗고 아테네의 선박을 향해 헤엄쳐 가던 이들 중에는 오노마르코스도 있었다. 하지만 배에 오른 사람은 거의 없었고, 대부분은 중간에 익사하거나 날아오는 무기에 맞아 죽었다. 결국 6000명이 사망했고, 3000명이 포로가 되었다.

생포된 병사들의 운명에 대해서는 학자들의 의견이 갈린다. 디오도로스의 기록은 필리포스가 그들 모두를 신성모독의 죄를 물어 익사시켰다고 해석할 수 있다. 충돌 초기에는 양쪽 모두 포로들을 처형하기는 했지만, 이렇게 큰 규모는 아니었고, 처형 기간도 아주 짧았다. 떨어지면 누구나 죽을 수밖에 없는 그런 편리한 절벽이 있는 것도 아닌데 익사시키는 방식으로 대규모 학살을 저질렀을 개연성은 별로 없다. 아마도 살해된 용병들의 시신이 바다로 던져졌거나, 아니면 아테네의 선박까지 헤엄쳐 가려다 죽은 이들을 혼동했을 것이다. 여하튼, 필리포스는 그토록 많은 훈련된 호플리테스를 풀어주거나 인질로 잡히게 하는 위험을 무릅쓸 수 없었다. 특히 용병들에게 충분한 급료를 지불할 의지와 능력이 있는 적군을 염두에 둔다면 더더욱 그러했다. 회수된 오노마르코스의 시신은 아폴론 신전을 더럽힌 자에게 제대로 된 매장을 허용하지 않기 위해 십자가에 매달았다.[1]

이제 필리포스는 적어도 포키스와 그 동맹국의 반대편에 섰던 이들 사이에서 신의 복수자이자 종교의 수호자로 칭송되었다. 필리포스의 아내 니케시폴리스는 딸을 낳고 20일 만에 죽었다. 태어난 아기에게는 '테살리아에서의 승리'를 뜻하는 테살로니케라는 이름이 주어졌다. 오노마르코스를 무찌른 일은 필리포스가 그 지역에서 이룬 가장 큰 업적이었으므로 분명히 성대하게 기념되었을 것이다. 곧이어 페라이가 항복했다. 리코프론은 페라이를 떠나되 지지자와 2000명의 용병을 데려갈 수 있다는 조건을 받아들였다. 그해 여름의 많은 시간 동안 필리포스는 테살리아에 머무르면서 오랜 싸움으로 훼손된 공동체들의 재건을 도왔다. 현전하는 고대 문헌들은 필리포스가 이 과업에 어떻게 접근했는지, 그가 자신에게 맞섰던 공동체나 개인들을 약탈하고 처벌하는 데 적극적이었는지 혹은 온건했는지에 관해 서로 다른 이야기를 전한다. 그는 도시 내 민중 운동을 장려했다는 이유로 비난받았는데, 이는 장기적으로 기존 귀족의 권력 장악을 약화시켰다. 테살리아의 까다로운 귀족들의 행복을 유지하기 위해서는 분명히 순탄치 않은 갈등 조정 조치가 있었을 것이다. 라리사 및 페라이와 혼인을 통해 맺은 동맹관계가 도움이 되었으며, 어떤 학자들은 니케시폴리스와의 결혼이 이보다 이전 시기가 아니라 바로 이 시기에 이루어졌다고 보기도 한다. 하지만 해당 지역의 두 주요 도시 모두와 연대한 것은 훨씬 더 전에 시작되었을 가능성이 높다.[2]

페라이의 동맹국들은 아마도 심각한 고통을 겪었을 것이고, 몇몇 도시는 과거에 테살리아 동맹의 충실한 일원이었음에도 파괴되어 사라졌을 것이다. 필리포스의 결정은 주로 공동체의 재조직과 정치적 균형의 변화라는 결과를 가져왔다. 이어지는 몇 년 동안 곰피는 필리폴리스로 이름이 바뀌어서 필리포스의 이름을 딴 두 번째 도시가 되었다. 그러나 테살리아 도시 대다수는 마케도니아 왕국의 일부가 되지 않고 그대로 독립을 유지했다. 마그네시아와 파가사이의 항구 도시 같은 몇몇 예외가 있었을 뿐이다. 테살리아 북쪽에 있고 오랫동안 테살리아 동맹의 지배 아래 있었음에도 실제로 테살리아에 속하지는 않았던 페라이비아는 필리포스가 자신의 부하를 이곳의 관리자로 임명하면서 그의 직접적인 통치를 받게 되었다. 마케도니아 왕은 테살리아의 이익을 지킨다는 목적 외에 다른 이유로도 테살리아의 부대들을 소집할 수 있었고 실제로 그렇게 했는지 우리는 말할 수 없다. 하지만 이 단계에서 그러했을 개연성은 없어 보인다.

필리포스의 인기는 적어도 그의 편에 있는 사람들 사이에서는 높아졌다. 테살리아인들이 그에게 전례 없는 영예를 부여하고 그를 아르콘Archon이라 부른 것도 무리가 아니었다. 아르콘은 전체 테살리아의 최고 전쟁 지도자이자 판관을 의미했다. 필리포스가 어느 시점에 이러한 칭호를 획득한 것은 확실한데, 그것이 정확히 언제인지 전하는 문헌은 없다. 많은 학자가 포키스 군대에 승리하고 리코프론이 항복한 뒤에 이어진 만족감이 이러한 영예의 계기가 되었으리라고 말한다. 그리스 도시의 동맹이 시민의 권리와 공동체의 통제권에 대한 본능적 경계를 유보하고 그러한 지위를 외국인에게 수여했다면 이에 대해 무언가 설명이 반드시 필요하다. 페라이의 야손은 타고스tagos였다. 타고스는 아르콘과 마찬가지로 광범위한 권한을 평생 유지하는 판관이었다. 아르콘은 이 전통적 지위의 한 형태였을 것이다. 아르콘이라는 지위는 실제로 필리포스에게 테살리아 부대를 소집할 권리와 항구세와 시장세를 포함한 특정 조세 항목으로부터 얻는 수입을 제공했지만, 또한 갈등을 조정하고 지역 내 문제들을 처리해야 할 책임도 맡겼다. 유스티누스는 테살리아인들이 페라이와 포키스에 맞서 그들의 지도자로 필리포스를 선택한 이유는, 테살리아 귀족들이 자기들 중 누군가가 책임을 맡아 전쟁에서 이긴다면 이 승리를 발판으로 참주가 될 것을 두려워했기 때문이라고 한다. 귀족 중 상당수가 전쟁 중에나 전쟁 이후에 필리포스를 지도자로 세우는 것이 공동선을 위한 길이라고 (물론 그들 자신의 이익을 위한 길이라고도) 결정했다.[3]

이 모든 사안에는 시간이 걸렸다. 그래서 그해 후반이 되어서야 필리포스는 남쪽으로 행군을 시작하며 포키스와의 전쟁을 재개했다. 이 무렵에 포키스인들은 오노마르코스의 형제를 새 지휘관으로 임명했다. 군대의 절반 가까이가 소멸된 뒤라 신입 지휘관은 바쁘게 움직이며 더 많은 병사를 고용하고 있었다. 전쟁 재개가 지연되면서 동맹국들이 원군을 보낼 시간적 여유가 생겼다. 그들은 테바이와 테살리아인들이 확실하게 승리를 거두는 것을 그냥 두고 볼 수 없다는 반발심에 열의가 불탔을 뿐 아니라, 델포이의 보고에서 나오는 훨씬 더 관대해진 선물에 크게 고무되었다. 스파르타에서 1000명, 아카이아에서 2000명의 병사를 보냈고, 아테네에서는 이번만은 재빠르게 적어도 5000명의 보병과 400명의 기병을 보냈다. 포키스의 주력 군대는 보이오티아에서 테바이 및 그 동맹국에 맞서면서 어떤 산병전에서는 승리하고 다른 산병전에서는 패배했다.

필리포스의 군대가 테바이 및 보이오티아인들에게 합류하거나 아니면 적어도 포키스를 직접 공격할 수 있었다면 결과가 달라졌을지도 모른다. 하지만 필리포스는 너무 오래 기다려야 했다. 테살리아에서 포키스로 가는 주된 경로는 테르모필라이의 좁은 통로를 지나는 것이었다. 필리포스보다 먼저 적군이 그곳에 와 있었고, 그중에는 아테네 병사들도 있었다. 필리포스의 병사들이 과거 페르시아의 병사들보다 이 좁은 통로를 정면으로 뚫고 나갈 능력이 더 탁월했을 거라고 생각할 이유는 전혀 없다. 더욱이 이번에는 포키스 병사들이 통로의 측면을 단단히 지키고 있었다. 처음부터 필리포스가 우선시한 것은 테살리아와 그 동맹국들이었고, 기원전 353년의 패배 이후 그는 돌아가서 확실한 승리를 거두었다. 라리사와 테살리아 동맹은 다시 우위를 점하게 되었고, 이것이 그 지도자들의 주요 목표로 등장하면서 신성전쟁 자체는 부차적인 일이 되었다. 테르모필라이에서 가로막힌 필리포스는 다시 마케도니아로 돌아갔다. 그는 몇 년이 흐른 뒤에야 다시 중부 그리스로 돌아오게 된다. 신성전쟁은 지지부진하게 이어지긴 했지만, 동맹국이 파견한 부대들이 본국으로 돌아가자 주로 포키스와 보이오티아가 싸우게 되었다. 필리포스가 물러나긴 했지만 테살리아에 대한 개입은 이전보다 훨씬 더 철저해졌고, 이런 상황은 변함이 없었다. 그동안에 필리포스는 북쪽에서 다른 많은 일을 처리했고, 기원전 352년 가을에는 트라케에서 군사작전을 펼치고 있었다.[4]

동맹관계는 트라케 부족과 지도자들 사이에서 자주 변했다. 필리포스 또한 다른 이들과 마찬가지로 자신에게 더 이득이 된다고 생각되면 언제든 동맹을 바꾸었다. 그래서 1년 전과 달리 아마도코스 왕(필리포스의 적이었던, 같은 이름의 선왕의 아들이자 계승자일 가능성이 있다)과는 좋은 관계를 맺었고, 케르소블렙테스와는 맞서 싸웠다. 11월에는 필리포스가 다르다넬스에서 멀지 않은 곳에 있다는 소식이 아테네에 도착했다. 그가 헤라이온 테이코스라는 트라케의 거점 요새를 포위 공격하고 있다고 전해졌는데, 이곳의 정확한 위치는 알려져 있지 않다. 아테네인들은 흑해에서 수입해 오는 곡물에 의존하고 있었으므로, 카레스가 이 지역에서 거둔 성공이 수포로 돌아갈까 걱정했다. 그래서 45세 이하의 시민을 선원으로 구성하여 40척의 트리에레스를 파견하고, 이 작전에 필요한 60탈란톤을 모으기 위해 특별세를 도입하기로 표결했다. 겨울철 군사작전은 결코 가볍게 착수할 수 있는 일이 아니었고 파견 병력의 규모가 상당했기 때문에 아테네가 상황을 얼마나 심각하게 받아들였는지 알 수 있다. 그런데 원정대가 떠날 준비가 되기 전에 필리포스가 중병에 걸렸다는 소식이 들려왔고, 곧 이어서 그가 죽었다는 또 다른 보고가 들어왔다. 좋은 소식을 믿고 싶은 열망에 들떠서 크게 안심한 아테네인들은 군사작전과 세금 징수 계획을 모두 철회했다.[5]

실제로 필리포스가 병을 앓았던 같기는 하지만 죽지는 않았다. 트라케에서 벌인 군사작전은 기원전 352년에 뚜렷한 결과 없이 끝이 났고, 이후 몇 년 동안 필리포스는 그 지역에 다시 가지 않았던 것 같다. 당시에 그는 서른이거나 서른을 조금 넘긴 나이였다. 당시에는 젊은 사람도 질병으로 죽는 일이 종종 있었고, 필리포스처럼 공격적인 지도자들은 전투 중에 죽을 수도 있었다. 그가 실제로 중병에 걸렸다는 소식과 그가 죽었다는 가짜 뉴스는 그가 필멸의 존재임을 모두에게 상기시켰다. 마치 지휘관 아다이오스의 패배와, 테살리아에서 직접 겪은 훨씬 심각한 패배가 필리포스 또한 실패할 수 있음을 보여준 것처럼 말이다. 필리포스가 없던 세상이나 내부 권력 투쟁으로 힘을 쓰지 못했던 마케도니아가 사람들의 기억에서 잊혀질 만큼 먼 과거의 일이 아니었다. 하지만 그는 성공을 거두었고 주변 사람들에게 질투와 의혹을 불러일으켰다. 누구도 꺾을 수 없는 천하무적의 존재는 아닐지라도, 아무나 쉽게 도전할 수 없을 만큼 강력한 존재임은 분명했다. 필리포스가 죽었다면 그가 이룬 모든 것도 빠르게 흩어졌을 것이다. 친인척 중에 그와 가장 가깝게 연결된 이들은 추방당한 두 이복형제였다. 이 두 사람이 왕이 되고자 했다면 힘든 싸움을 치러야 했을 것이다.

기원전 351년과 350년의 필리포스의 활동에 대해서는 정확히 알려진 바가 없다. 하지만 이 의혹의 배경에 아마도 열쇠가 있을 것이다. 아테네의 웅변가 데모스테네스는 "일리리아인과 파이오니아인들, 그리고 아리바스 왕에 맞선 군사작전들"을 언급하고, 더 이른 연설에서는 필리포스가 일리리아에 요새를 세웠다고 말한다. 두 가지 모두 연설 중 등장하는 여담이어서 정확한 날짜나 다른 세부 사항을 제공하고 있지는 않지만, 이 시기에 가장 잘 들어맞는다. 많은 지도자가 필리포스에게 억지로 굴복한 것에 분개했다. 그리스인들과 다른 지역의 전쟁 지도자들에게 누군가의 더 큰 권력을 알아보고 인정하는 것은 늘 신경 쓰이는 일이었고, 때로는 필수적이고 때로는 전통이나 심지어 개인적 매력에 의해 구미에 맞는 일이 되기도 했다. 이전의 적들과 동맹들은 모두 필리포스가 곧 쇠락하게 될지 궁금해할 수밖에 없었고, 만약 그가 쇠락한다면 늦기 전에 빨리 새 친구를 사귀는 편이 나았다. 이러한 상황에서는 일리리아와 파이오니아 지도자들 가운데 독립을 주장하는 이들이 나올 가능성이 매우 높았고 이는 갑작스러운 공격으로 이어질 수 있었다. 의혹이 퍼지지 않게 하려면 필리포스는 즉각 단호하게 대응해야 했다. 하지만 이 이상의 내용을 말하는 문헌이 없기 때문에, 그 결과로 초래된 군사작전들이 얼마나 신중했고, 얼마나 심각하게 전개되었는지 말할 수는 없다. 그러나 단순히 그리스

저자들의 관심을 끄는 데 실패했다는 이유로 그것들을 사소한 것으로 무시하는 일은 경계해야 한다.[6]

필리포스의 아내 올림피아스의 삼촌이자 몰로소이족의 임금인 아리바스가 통치하는 에페이로스의 일들에 대해서는 조금 더 많이 알려져 있다. 에페이로스와 마케도니아 사이에 실제적인 싸움은 전혀 없었던 것 같다. 하지만 에페이로스에 대한 마케도니아 군대의 지배력은 분명해 보였다. 마케도니아 군대는 원하면 언제든 에페이로스를 향해 진격할 수 있었다. 올림피아스의 남동생인 에페이로스의 알렉산드로스는 필리포스의 군대가 귀환할 때 그와 함께 마케도니아로 갔다. 아리바스는 계속 왕좌에 남아 있었지만, 몰로소이족이 동전 발행을 중단하고 필리포스의 화폐를 사용했다는 사실은 마케도니아의 실질적 지배를 보여주는 증거다. 알렉산드로스는 펠라 또는 어디든 마케도니아 왕실이 머물던 곳에 있었고, 필연적으로 필리포스가 이 소년을 유혹했다는 소문이 돌았다. 그 순간 중요한 것은 아리바스가 마케도니아의 지배력을 아주 분명히 상기했을 뿐 아니라, 이제 필리포스는 언제든 그를 제거하고 올림피아스의 동생을 에페이로스의 왕좌에 앉힐 수 있음을 알게 되었다는 것이다.[7]

앞서 보았듯이 필리포스의 두 이복형제는 칼키디케 동맹의 수장인 올린토스에서 환영받았다. 이는 필리포스를 도발하는 것이었고, 칼키디케 동맹이 계속해서 아테네에 추파를 던지는 것과 마찬가지로 올린토스인들을 대수롭지 않게 여겨서는 안 된다는 명백한 신호를 의미했다. 그들은 부유했으며, 상당히 강력했고, 다른 동맹을 선택할 여지가 있었다. 이런 일련의 행동은 필리포스를 지지하는 이들의 경쟁자들이 국내 정치에서 부상하는 추세를 반영한 것이었다. 그들은 자신들이 필리포스의 지지자와 다르고, 도시와 동맹을 더 나은 방향으로 이끌어갈 것임을 강조하기 위해 적극적인 자세를 취했다. 기원전 351년 필리포스는 이에 대한 대응으로 국경 지역에서 무력을 행사했던 것 같다. 하지만 몰로소이족을 다룰 때와 마찬가지로 실제 전쟁까지는 가지 않았고, 그 효과는 일시적이어서 긴장은 꾸준히 증대되었다. 그리스 세계에서 국제관계는 일반적으로 근시안적인 자국의 이익과 매우 짧은 기억을 따라 형성되었기 때문에 이어지는 결과에는 어떤 불가피성이 있었다. 칼키디케 동맹은 다른 어떤 국가보다 필리포스를 두려워하게 되었다. 반면에 필리포스는 더 이상 그들과 평화로이 지낼 필요가 없었고, 자신의 힘에 자신감을 갖게 되었다. 그가 직접 도발했다는 이야기는 들리지 않지만, 그렇다고 그러길 원하지 않았다는 흔적도 없다. 기원전 349년, 필리포스와 칼키디케 동맹은 전쟁에 돌입했다.[8]

이 충돌에 대한 많은 증거가 아테네 웅변가 데모스테네스의 출간된 연설문에서 나온다. 고대 세계에서 데모스테네스의 연설은 그 품격과 열정으로 칭송받았다. 3세기 후에 로마의 위대한 웅변가 키케로는 데모스테네스의 유명한 연설들을 본보기 삼아 마르쿠스 안토니우스를 공격했노라고 말했는데, 그러면서도 그의 연설이 아테네를 패배로 이끌었다는 사실은 의도적으로 무시했다. 데모스테네스의 연설이 지닌 예술적 가치에 대한 이러한 동경은, 그 역시 아테네 민회의 여러 목소리 가운데 하나에 불과했으며, 현전하지 않는 다른 이들의 목소리가 당대에는 훨씬 더 영향력이 있었다는 사실을 가릴 수 있다. 아테네는 본능적인 야망을 실현하기 위해 자금을 대느라 분투했으며, 때로는 감당할 수 없는 전쟁에 투표하기도 했다. 기원전 355년 신중한 에우불로스가 테오리카theorica*를 관리하는 권위 있는 자리에 선출되었다. 그는 효과적으로 모든 국가 재정을 총괄하면서 민회가 해외 원정에 돈을 지출하는 것을 훨씬 더 어렵게 만들었다. 에우불로스나 그의 지지자들이 융통성 없이 강직하기만 했던 것은 아니다. 실제로 테르모필라이 통로에서 필리포스의 전진을 저지한 포키스인들에 대한 지원같이 그럴 필요가 있다고 보이는 중대 사안에는 언제든 자금을 지출할 준비가 되어 있었다.[9]

신중함은 결코 데모스테네스의 수사修辭가 지닌 특징이 아니었다. 데모스테네스는 부유한 가정에 태어났으나, 공장을 소유하고 있던 아버지는 그가 어렸을 때 죽었고 그의 몫이었던 유산은 후견인들이 가로챘다. 충분히 나이를 먹은 다음에 그 후견인들을 고발하는 데 성공했지만 잃은 재산을 되찾을 수는 없었다. 마르고 병약한 아이는 자라서 진지한 청년이 되었다. 술은 거의 마시지 않았고 음식을 비롯한 다른 모든 것의 사치를 거부했으며, 몇 년 동안 목소리를 가다듬고 말하는 기술을 힘겹게 익혔다. 오랜 시간 동안 그는 다른 이들을 대신해 소송에 필요한 연설 원고를 써주는 일로 먹고 살았다. 그리고 서른 살이 되어서야 민회에서 처음 발언했다. 데모스테네스의 초기 연설들은 필리포스에 대해 언급하지 않다가 기원전 351년의 《제1차 필리피카》**에서 처음 이야기한다. 그 이후로 마케도니아 왕은 데모

• 테오리카는 고대 아테네에서 축제, 제사, 공공 오락에 사용하기 위해 조성된 기금이다. 때에 따라서는 공적 부조의 형태로 사람들에게 나누어 주기도 했다.―옮긴이

•• 데모스테네스가 필리포스를 반박한 일련의 연설을 가리켜 '필리피카(Philippica)'라고 부른다. 《제4차 필리피카》까지 전해지지만 1·2·3차만 데모스테네스가 직접 작성한 연설로 여겨진다. 이후 '필리피카'라는 말은 특정 정치인을 공격하는 연설을 가리키는 일반 명사가 되었으며, 특히 로마 시대 키케로가 안토니우스를 공격한 《필리피카이(Philippicae)》가 유명하다.―옮긴이

스테네스에게 계속해서 반복되는 강박적인 주제가 되었고, 그의 연설을 들은 아테네인들은 북쪽에서 필리포스에 맞서 싸우지 않으면 그가 결국 아티케로 내려와 싸우게 되리라고 확신하게 되었다.

아테네인들이여, 나는 여러분이 두 가지를 알고 깨닫기를 바랍니다. 첫째, 여러분의 이익을 하나씩 탕진하는 것이 얼마나 값비싼 놀이인가 하는 것입니다. 둘째, 필리포스의 본성에는 부단한 활동성이 심어져 있다는 것입니다 (…) 진지하게 말씀드립니다만, 여기에 우리의 태만으로 전쟁이 칼키디케에서 아티케로 옮겨 오리라는 것을 예상하지 못할 만큼 어리석은 사람이 누가 있겠습니까?[10]

데모스테네스는 북쪽 동맹국과 정착지를 상실한 것에 분개하고 여전히 암피폴리스를 탈환하길 원하는 아테네인들을 향해 말했고, 많은 동료 시민을 마법으로 홀리듯 장악했다. 어떤 의미에서 이것은 과거의 영광에 대한 향수였고, 데모스테네스는 목숨을 건 싸움의 적으로 필리포스를 묘사하는 데까지 나아갔다. 이러한 전제는 그의 모든 연설에 깔려 있었고, 보통 때는 차갑고 절제된 한 개인일 뿐인 그는 대중 앞에서 연설을 할 때면 발산하는 긴박함과 감정적 힘으로 아테네인의 마음을 가득 채웠다. 이렇듯 데모스테네스에게 필리포스는 반드시 싸워서 이겨야 할 대상이었고, 아테네인들은 이를 깨닫고 필요한 행동을 취할 필요가 있었다. 즉 주도권을 장악하고 마케도니아 왕에게 전쟁을 선포해야 했다. 《제1차 필리피카》에서 데모스테네스는 주먹싸움을 하려는 무식한 '야만인'에 아테네를 비유했다. "야만인은 한 대 맞으면 늘 맞은 자리를 움켜쥡니다. 반대편을 때리면 손도 그쪽으로 갑니다. 타격을 막을 방법이나 상대를 주시하는 방법을 알지도 못하고 신경 쓰지도 않습니다." 이 이미지는 그 자체로 무척 생생할 뿐 아니라, 스스로를 그리스인의 가장 완벽한 전형으로 평가하는 아테네인들이 그토록 서툴게 처신하고 있다는 충격 효과 때문에 훨씬 더 강렬하게 다가왔다.[11]

 필리포스는 자신이 아테네의 숙적이라고 생각하지 않았다. 다만 자기 왕국과 가까운 지역들에 대한 지배권을 두고 다투는 경쟁자로 여겼을 뿐이다. 그리고 적어도 당분간은 그가 경쟁에서 이길 것이었다. 데모스테네스가 처음부터 자신의 메시지를 진정으로 믿었는지, 아니면 적어도 어느 시점에 믿게 되었는지는 말할 수 없다. 필리포스에 대적함으로써 이 웅변가는 투사가 될 대의를 얻고, 민회에서 이름을 떨칠 수 있는 수단이 생겼다. 그리고 그는 그것에 집착했고 자기 인생을 걸었다. 정치에서 진정한 확신과 편리한 기회는—지금도 그러하듯이—상호 배타적이지 않았고, 같은 메시지의 반복은 청중만큼이나 발화자 자신을 설득할 수 있었다. 데모스테네스는 적어도 마케도니아 왕에 대한 아테네인들의 의혹을 증폭시키고 아테네가 다시 강력해져야 한다는 의식을 고취하는 데에 기여했다. 물론 데모스테네스가 이런 주장을 했던 유일한 존재는 아니었다. 이 웅변가는 본질적으로 실천적이거나 건설적인 사람은 아니었기에 필리포스를 어떻게 물리쳐야 하는지에 대해서는 별생각이 없었다. 그는 원정대를 구성하라고 제안하고, 테오리카를 사용하는 것은 사형에 처해질 수 있는 범죄였음에도 점점 더 직접적으로 그 기금을 원정대 자금으로 사용할 것을 주장했지만, 정작 그 원정대가 구체적으로 무엇을 해야 하는지에 대해서는 뚜렷한 의견을 제시하지 않았다. 그가 전달하는 메시지의 핵심은 병력과 선박을 보내고 동맹국을 만들어야 한다는 것이었고, 그러면 어쨌든 필리포스가 패배하리라는 것이었다. 말만 앞서는 많은 정치인과 마찬가지로, 데모스테네스 역시 어떻게 승리할지에 대한 전략이 필요하다는 생각은 전혀 하지 않고 그저 전쟁을 벌이기만을 열렬히 바랐다.

궁극적으로 아테네에는 필리포스의 병사들을 육지에서 물리치거나 빼앗긴 도시들을 되찾아올 수 있는 육군이 전혀 없었고, 아테네 해군은 마케도니아의 왕에게 도달할 수도 없었기에 그에게 패배할 수도 없었다. 마케도니아의 소형 전함들은 섬들을 습격하고, 물건을 운송하거나 탈취하고, 아테네 시민들을 볼모로 잡으며 활발하게 활동하고 있었다. 그리고 아테네 대표단이 선상에서 마라톤의 아폴론 신전에 희생제물을 바칠 수 있도록 정박해 있던 아테네의 신성한 트리에레스를 나포하기도 했다. 이 모두는 실제로 아주 작은 손상밖에 입히지 못했지만, 아테네 같은 해상 세력에게는 큰 당혹감을 안겼다. 데모스테네스는 트리에레스를 보내 마케도니아의 전함들에 대응해야 한다고 제안하면서, 트리에레스 열 척이면 충분하다고 주장했다. 이번에도 필리포스는 아테네의 포로들을 관대하게 다루면서 화평을 원한다는 의지를 내보였다. 필리포스에게 아테네와의 전쟁은 대체로 그의 다른 야망들에 불필요하게 방해가 되고 큰 노력을 들여야 하지만 얻을 것은 별로 없는 일로 여겨졌다.[12]

기원전 349년 필리포스는 칼키디케 동맹을 공격하면서 올린토스 자체보다는 소도시들을 표적으로 삼았다. 그리스의 기준에서 보더라도 이 공동체들은 정말로 너무 작아서 필리포스의 공병들이 지휘하는 공성을 견딜 수 없었고 대부분 항복했다. 한 곳은 전면적 기습을 당한 뒤 완전히 무너졌지만, 디오도로스의 텍스트를 옮겨적은 일련의 필경사들이 그 이름을 혼동한 탓에 정확히 어디인지 특정할 수 없게 되었다. 아마도 필리포스는 올린토스에 대해서는 협상을 하려 했던 것 같다. 아니면 처리해야 할 다른 일들이 많았던 탓에 칼키디케 동맹에 정신과 자원을 집중시킬 수 없었던 것 같다. 그해에는 테살리아에서도 문제가 발생했던 것으로 보인다. 기원전 352년에 그곳을 떠나는 것을 허락받았던 참주들 가운데 하나가 돌아와서 한 도시를 장악했다. 필리포스는 문제를 해결하기 위해 직접 그곳으로 가서 참주를 내쫓고, 강화를 재천명했으며, 그 일대에서 아르콘으로서 자신의 통솔권을 재확립했다.[13]

그사이에 올린토스인들은 마침내 아테네와 동맹을 맺는 데 성공했다. 아테네는 평소답지 않은 기운을 발휘하여, 전부는 아니라도 대부분 용병으로 구성된 2000명의 병사와 38척의 트리에레스를 카레스에게 주면서 칼키디케로 파견했다. 얼마 뒤에는 아테네의 또 다른 지휘관이 갈리폴리 반도에서 4000명의 용병을 데려왔으며, 150명의 시민 기병이 칼키디케로 파견되었다. 이들은 대부분 진짜 호플리테스가 아니라 가볍게 무장한 펠타스테스peltasts•이긴 했지만 수적으로는 상당한 규모였다. 더욱이 칼키디케 동맹은 1만 명의 호플리테스와 1000명의 기병을 동원했다고 한다. 기원전 349년에서 348년에 이르는 겨울과 봄에는 동맹국들이 공세를 취하며 필리포스의 영토와 그에게 항복한 도시들을 기습하는 것으로 충분했다. 필리포스가 테살리

• 펠타스테스는 펠타(pelta)라는 초승달 모양 방패와 가벼운 투창만으로 무장한 경무장 보병으로 주력 팔랑크스를 보조하는 산병 역할을 했다. —옮긴이

아에 나가 있었지만, 아직 그들은 마케도니아 본토를 공격하거나 필리포스의 본거지에 도전할 만큼 강하지는 못했다. 더욱이 에우보이아섬에 남아 있던 동맹들이 반란을 일으키는 등 아테네가 신경 써야 할다른 문제들이 있었고, 트라케에서 오랫동안 병력을 축소하는 위험을 무릅쓸 수도 없었다.[14]

기원전 348년 여름에 필리포스는 칼키디케로 돌아왔다. 이즈음에는 아테네 부대들도 대부분 떠나고 없었다. 아테네인들은 무엇을 해야 할지 논쟁했고 결국 칼키디케 동맹을 돕기 위한 새로운 원정대를 편성하기로 결정했다. 하지만 이 원정대는 규모가 너무 작아서 올린토스가 함락되기 전에 제때 도착했더라도 도움이 되진 못했을 것이다. 다시 한번 계절풍이 필리포스에게 유리하게 작용했고 아테네인들은 이미 늦어버렸다. 마케도니아 왕은 전진하면서 도시들을 하나씩 점령했다. 그의 압도적인 능력에 대한 사람들의 깨달음과 기꺼이 동맹 노선을 갈아타려는 도시 지도자들에게 주어진 넉넉한 선물이 왕의 전진을 도왔다. 올린토스는 곧 포위되었고 바다로부터 단절되었다. 올린토스인들은 사절을 보내 화평을 요청했고, "남은 시간 동안 그대들은 올린토스에서, 나는 마케도니아에서 살 수 없다"라는 퉁명스러운 답변을 받았다고 데모스테네스는 주장했다.[15]

이즈음에 올린토스 기병대의 두 귀족 지휘관이 많은 부하를 이끌고 필리포스에게 망명했다. 공성 중에 이어진 이러한 배반 행위는 마케도니아 군대에 도움이 되었다. 하지만 올린토스 도시 자체가 맹렬한 공격을 당했는지 혹은 스스로 항복했는지는 분명하지 않다. 어느 쪽이든 도시는 약탈당했고, 생존자들은 노예로 팔렸으며, 폴리스는 칼키디케 동맹과 함께 폐지되었다. 사실상 올린토스는 더 이상 존재하지 않았다. 난민들은 원한다면 아테네에 망명하여 시민권을 받을 수 있었다. 아테네인 포로들은 노예로 팔리지 않고 감옥에 수용되었다. 하지만 그러한 관용조차 기대할 수 없었던 필리포스의 이복형제들은 생포되어 처형되었다. 이로써 마케도니아의 왕좌를 노리는 가장 가까운 성인 경쟁자들이 제거되었다.[16]

올린토스가 함락되기 전, 필리포스는 화평을 원한다는 전갈을 아테네에 보냈다. 물론 그가 진심으로 원했는지는 알기 어렵다. 올린토스에 대한 공격은 완화된 적이 전혀 없었고, 그러는 동안 필리포스의 소형 함대는 기회가 되는 대로 아테네 상인들을 낚아챘고 소속이 없는 해적들이 함대에 합류했다. 올림피아 제전으로 인한 휴전 기간에 이들 해상 습격대에 포로로 잡혔다가 몸값을 지불하고 풀려난 사람이 아테네로 돌아와 공식적으로 문제를 제기하며 항의했다. 아테네 대표단이 마케도니아로 파견되었고, 화평을 원한다는 필리포스의 의사를 확인했으나, 민회가 생각을 바꾸는 바람에 협상을 개시하려던 움직임은 수포로 돌아갔다. 아테네에서는 그리스 전역에 사절을 보내 마케도니아에 맞서 동맹을 맺고 대연합을 구성하자고 요청했다. 그러나 누구도 흥미를 보이지 않았고, 어느 쪽도 적극적으로 서두르지 않는 가운데 전쟁은 더디게 진행되었다.[17]

기원전 348년 이른 가을에 필리포스는 본국으로 돌아와 올림피아 제전과 유사한 마케도니아 고유의 축제를 디온에서 개최했다. 올림포스의 제우스를 기념하는 이 축제에는 마케도니아 왕의 환대와 부상에 이끌린 그리스 전역의 예술가, 작가, 운동선수가 참여했다. 사티로스라는 이름의 아테네 배우도 참여했는데, 그가 혼자서 참여했을 리는 없으며, 이러한 사실은 이 같은 축제가 열리는 시기에 이루어지는 휴전의 중요성과 경연의 권위를 우리에게 상기시켜준다. 데모스테네스에 따르면, 필리포스가 이 배우에게 무슨 선물을 받고 싶은지 물었다고 한다. 사티로스는 오랜 친구인 피드나 사람 아폴로파네스의 두 딸이 자유를 얻게 해달라고 청했다. 아폴로파네스는 고향 도시가 함락된 뒤에 올린토스로 이주한 듯하고, 그의 두 딸은 결혼 적령기가 가까웠다. 왕은 그들에게 자유를 허락하고 적절한 지참금을 하사했다고 한다.[18]

　이런 관대한 처사가 쉽게 이루어진 것은 필리포스가 다시 성공 가도를 달리기 시작했기 때문이다. 그는 지난 10년 조금 넘는 기간에 가장 근접한 위협들로부터 왕국을 안전하게 지켰고 영토와 자원을 크게 확장했다. 칼키디케 점령은 또 하나의 큰 소득이었다. 그만큼 중요한 사실은 그가 패배를 딛고 다시 일어섰으며, 힘과 안정을 되찾은 듯 보였다는 것이다. 아테네인들이 깨달았듯이, 이제 다른 누구도 마케도니아 왕과 대적하기를 원하지 않았으며 그렇게 해야 할 급박한 필요를 느끼지도 못했다. 부분적으로 이러한 상황은 아테네의 확고한 의심에 근거한 것이지만, 마케도니아 왕이 취약하다든가, 아니면 더 가까이에 있는 다른 이웃들보다 그가 더 위협적이라고 생각하는 공동체는 거의 없었음을 보여주기도 한다.

8

화평

아테네는 필리포스에 맞선 투쟁에 지지 세력을 결집하는 데 실패했다. 필리포스는 아테네와의 전쟁을 서둘러 확대하려 하지 않았다. 그는 기원전 353년의 패배를 통해 그리스 군대에 전면전으로 맞서는 것은 매우 위험한 일임을 깨달았다. 하지만 지난 10년간의 전투로 마케도니아는 안정되고 확장되었으며, 아테네군의 원정에 대해 훨씬 덜 취약해져 있었다. 따라서 이제 필리포스에게 아테네와의 충돌은 그의 치세 초기의 몇 년처럼 생사를 건 투쟁이 아니었다. 마케도니아의 왕은 이제 기다릴 여유가 생겼지만 그렇다고 해서 그가 활동을 하지 않았거나 아테네를 무시했다는 것은 아니다. 물론 자세한 부분은 확실하지 않다. 기원전 348년 올린토스가 함락된 이후 그의 활동에 관한 기록은 희미하다. 적어도 필리포스가 아테네인들과 협상을 시작하는 기원전 346년까지는 그러하다. 유스티누스는 그가 "테살리아의 금광과 트라케의 은광"을 점령했고, 해적질을 부추겼으며, 트라케 왕들 사이의 권력 투쟁에 개입했다고 썼다. 하지만 테살리아에는 금광이 없고 존재한 적도 없었으므로, 많은 학자가 이 구절을 두고 유스티누스가 혼동을 일으킨 또 다른 사례로 일축한다. 몇 년 뒤 필리포스는 마케도니아가 자금을 대는 해적 근절 작전에 투입할 선박과 선원을 아테네에 요청한다. 이는 그가 해적질을 부추겼다고 하는 기술과는 대치된다.[1]

그러나 주의할 필요가 있다. 필리포스는 소규모 함대를 조성했고, 이 함대를 이용해 해안 공동체는 물론 아테네와 그 동맹국의 상선을 약탈했다. 이는 아테네 쪽 자료에서는 '해적질'이라고 했을 만한 활동이지만, 아테네와 필리포스 사이에 계속되는 전쟁의 일부로 벌어진 일이었다. 게다가 기원전 347년과 346년에 필리포스가 테살리아와 트라케에서 활발하게 활동했다고 암시하는 기록은 전혀 신빙성이 없는 것도 아니다. 실제로 우리는 기원전 346년 후반에 필리포스가 트라케에서 군사작전을 펼쳤음을 알고 있다. 그가 테살리아의 아르콘이긴 했으나, 이 지위가 해당 지역에 대한 실질적인 통치권을 부여했다거나 그의 입지를 즉각적으로 안전하게 보장했다고 보는 것은 현명하지 못한 일이다. 테살리아의 역사는 도시 내부와 도시들 사이에서 벌어진 경쟁, 끝없이 이어지는 충돌과 혁명, 그리고 새로운 참주들의 등장으로 점철되었다. 이런 지역을 장악하는 데는 시간과 노력이 들었고, 직접적인 힘을 사용하기보다는 협상과 중재가 필요했다. 어떤 대화는 필리포스가 있는 곳이라면 어디에서든 진행될 수 있었고, 아니면 그의 대리인에 의해 수행될 수도 있었지만, 때로는 그가 직접 테살리아에 가야 했을 때도 있었을 것이다.[2]

트라케는 훨씬 더 불안정하고 위협적인 지역이었다. 부족 군주들과 다른 지도자들 사이의 경쟁은 아테네와 마케도니아의 개입으로 심화되었고, 빈번히 동맹관계를 바꾸어 놓았으며 침략을 유발했다. 유스티누스는 '트라케의 임금인 두 형제'가 필리포스에게 분쟁의 중재를 요청했는데, 이는 필리포스의 정의감을 신뢰했기 때문이 아니라, 형제 중 어느 한쪽이 마케도니아의 원조를 받게 될 것을 염려했기 때문이었다고 말한다. 중재자가 된 필리포스는 형제들이 위협을 느낄 만큼 강력한 군대를 동반하고 회담에 나와서 두 형제 모두를 왕좌에서 내쫓기로 결정했다. 이 일화에 대해 언급하는 문헌은 유스티누스가 유일한데, 두 임금의 이름을 밝히지도 않고 있으므로 이에 대한 근거가 얼마나 확실한지 우리는 알 수 없다. 케르소블렙테스는 다른 트라케 지도자들보다 훨씬 더 잘 알려져 있으며, 때에 따라 아테네와 필리포스의 동맹이기도 했고 적이기도 했다. 기원전 346년 여름 아테네의 사절들은 케르소블렙테스의 아들이 펠라에 볼모로 잡혀 있는 것을 보았고, 이것이 동료 시민들에게 깜짝 놀랄 소식이 될 것처럼 보고했다. 이때 케르소블렙테스는 아테네와 동맹을 맺고 갈리폴리 반도에서 아테네 사령관과 협력하고 있었다. 그 소년이 필리포스의 궁에 있다는 사실은 트라케 지도자들과의 동맹관계와 마케도니아에 대한 종속관계가 새로운 단계에 이르렀음을 암시했다. 이는 기원전 347년말이나 346년 초에 무력을 통해, 또는 무력이 뒷받침된 외교를 통해, 케르소블렙테스에게 그러한 관계가 강제되었음을 시사한다.[3]

올린토스를 포위 공격하는 동안 필리포스는 아테네와 화평을 원한다고 주장했지만 계속 거절당했다. 그가 이 몇 년 동안 트라케에서 정말 적극적으로 활동했다면, 아테네인들은 다르다넬스를 통과하는 그들의 식량 공급 경로의 안전성을 더욱 염려했을 것이다. 둘 사이의 전쟁은 계속되었지만 어느 쪽도 승리를 위해 큰 노력을 하지 않았다. 오히려 양쪽 모두 트라케에 있는 자국 영토와 동맹국들을 안전하게 유지하는 데 집중했다. 많은 아테네인이 여전히 이 싸움을 가리켜 '암피폴리스를 둘러싼 전쟁'이라고 불렀고, 순진하게도 이 도시를 수복할 수 있으리라는 희망에 빠져 있었다. 이렇게 낙관적인 전망은 비현실적이었지만 본능을 따른 것이었다. 아테네는 기원전 404년 펠로폰네소스 전쟁에서 스파르타에 패배할 때까지 그리스 최강의 도시국가였다. 다시는 그러한 영광의 자리에 오를 수 없다는 것을 받아들이는 일은 명예에 강박적으로 집착하는 시민들에게 너무나 가혹한 일이었고, 이는 아테네의 쇠락이 일시적인 것으로 여겨졌음을 의미했다. 그들에게 아테네는 결코 물러설 수 없는 도시였고, 기껏해야 최근 몇 년 사이에 주요 세력으로 부상한 초짜 임금에게는 더더욱 그러했다. 반면에 방향을 잃은 전쟁이 아무 성과도 없이 오래 지속되면서 막대한 비용이 소모되고 있었다. 마케도니아를 물리치려면 강력한 동맹이 필요하다거나, 다시금 힘을 키울 수 있게 한동안 전쟁을 멈추어야 한다는 의견이 늘었다.[4]

거의 같은 방식으로 신성전쟁 또한 방향을 잃은 채 계속되고 있었다. 전쟁이 시작되고 10년째가 되는 기원전 346년에 이르렀을 때는 싸움은 주로 테바이가 주도하는 보이오티아인들과 포키스인들 사이에서 이루어졌다. 모두가 지쳐 있었고, 전쟁은 습격과 산병전, 작은 도시를 점령하려는 시도들로 이어졌다. 이래서는 어느 쪽도 최종적인 승리를 기대할 수 없었다. 이제 델포이의 보고도 적어도 현금이나 선물로 쉽게 바꿀 수 있는 것들은 바닥을 드러내기 시작했다. 따라서 더 많은 용병을 고용할 수 있는 포키스의 역량이 줄었고, 전쟁의 교착상태를 깰 수 있는 가능성도 점점 사라져 갔다. 여느 그리스 공동체와 다름없이 포키스에도 경쟁 파벌이 있었고, 이들은 현 지도부의 약점이 드러나기를 호시탐탐 노리고 있었다. 오노마르코스의 아들이자 포키스의 유력한 장군인 팔라이코스가 횡령 혐의로 기소되어 해직되었고, 새로운 정권이 들어섰다.[5]

필리포스는 기원전 352년에 테르모필라이에서 퇴각한 이래로 신성전쟁에 상징적인 기여밖에 하지 않았다. 포키스의 동맹들도 대체로 그러했으므로, 전쟁은 주로 포키스의 용병들이 보이오티아의 시민 병사와 용병에 맞서 싸우는 형국이었다. 하지만 양쪽의 힘이 비등했으므로 어느 쪽도 결정적으로 승기를 잡지 못했다. 교착 상태를 타개하려면 외부에서 상당한 지원이 투입되어야 했다. 기원전 347년 후반에 필리포스가 이러한 지원을 제공하기로 결정했다. 유스티누스에 따르면, 테살리아인들과 보이오티아인들이 그에게 암피크티오니아를 대표하여 포키스에 맞서 그들을 지휘해 달라고 부탁했다고 한다. 이러한 청원이 있었을 개연성은 충분하지만, 이것이 새로운 것이었는지 아니면 단지 이때가 필리포스가 행동을 개시하기에 적절했던 시기였는지는 분명하게 말할 수 없다. 만약 그가 자신의 지도력을 공고히 하려 했다면 테살리아의 여론이 매우 중요했을 것이다. 아마도 필리포스가 몇 년 동안의 내부적 다툼을 잠재워 충분한 휴지기를 조성한 덕분에 테살리아인들은 포키스에 대한 과거와 최근의 고충들을 기억해 낼 수 있었을 것이다.[6]

기원전 346년 필리포스가 남쪽으로 진군하리라는 소식이 빠르게 퍼졌다. 이에 포키스인들은 아테네와 스파르타를 비롯한 여러 동맹에 테르모필라이 통로를 확보하기 위해 군대를 보내 달라고 요청했다. 그들은 기원전 352년에 했던 것처럼 마케도니아군의 접근을 차단하고자 했으며, 추가적 보상으로 몇 개의 전략적 거점들을 제공하겠다고 동맹국들에게 약속했다. 아테네와 스파르타는 보이오티아인들과의 습격과 산병전에 직접 개입하는 데 별다른 열정을 보이지 않았지만, 포키스가 압도당하는 것도 보고 싶지 않았다. 또한 필리포스가 남부 그리스에 산개한 거대 연맹 군대의 수장이 되어 아테네와 스파르타, 펠로폰네소스까지 손쉽게 도달할 수 있게 되는 것을 보고 싶지도 않았다. 테르모필라이 통로를 막으면 필리포스를 적당한 거리에서 차단하면서 포키스가 계속 전쟁을 수행하게 할 수 있으며, 이는 두 도시 모두의 경쟁자인 테바이를 약화시켜 다시금 지나치게 강성해지는 것을 막을 수 있었다. 포키스에 대한 원조 결정이 빠르게 승인되었고 실행도 조속히 이루어졌다. 스파르타 왕이 1000명의 병사를 이끌고 해당 지역으로 향했고, 아테네의 민회에서는 트리에레스를 파견하고 시민 호플리테스를 징집하기로 결의했다.[7]

하지만 스파르타와 아테네의 원군은 제때 도착하지 못했다. 이것은 적어도 필리포스와 직접적으로는 상관 없는 일이었다. 포키스인들은 동맹군을 돌려보냈다. 원조를 요청하고 응답을 기다리는 사이에 다시 한번 내부 혁명이 일어나 팔라이코스가 다시 권좌에 올랐기 때문이다. 그는 경쟁자들이 공로를 인정받아 그를 다시 몰아낼 수도 있기 때문에 그들이 요청한 외부의 원조를 받고 싶지 않았을 것이다. 팔라이코스는 신성전쟁에서 승리를 거두는 것은 불가능하다는 것을 깨닫고 자신과 자신의 충성스러운 용병들이 빠져나갈 방법과 포키스에 내려질 처벌을 경감시킬 방안을 찾고 있었을 가능성이 크다. 신빙성이 떨어지긴 하지만 유스티누스의 말에 따르면, 필리포스는 포키스인들로부터 세 번이나 선물을 받고 신성전쟁에 관여하지 않았다고 한다. 더욱 공공연하게 필리포스는 다시 한번 아테네와 협상을 시작하고자 했다. 올린토스에서 생포한 한 아테네인을 풀어주며 그의 고국에 메시지를 전하게 했고, 얼마 뒤에 그를 찾아와서 남은 포로를 모두 풀어달라고 요청하는 특사에게도 같은 응답을 주었다.[8]

아테네는 포키스인들이 테르모필라이에서 마케도니아인들을 차단할 수 있을지 확신할 수 없어 위협을 느꼈다. 이런 분위기에서 아테네 시민들은 필로크라테스가 자신이 아홉 명의 사절과 함께 필리포스에게 가서 화평을 논의하겠다고 제안하자 이를 승인했다. 사절로 선발된 데모스테네스는 지난날에 필리포스를 향해 그 모든 독설을 내뱉었음에도 진정으로 화평을 원했다. 그 또한 싸움을 재개하기 전에 아테네가 다시 힘을 축적할 시간이 필요하다고 생각했기 때문이다. 하지만 나중에 다시 마케도니아 왕을 공격하는 말을 하면서 타결된 조약과 자신을 분리하려고 애를 썼다. 사건들에 대한 이 후속 작업이 중요한 것은, 이루어진 회담에 대해 논하는 긴 연설이 이례적으로 네 편이나 남아있기 때문이다. 둘은 데모스테네스의 연설이고, 나머지 둘은 그의 동료 사절이었다가 이후에 경쟁자가 되는 아이스키네스의 대응 연설이다. 필리포스 생애의 다른 어떤 시기보다 기원전 346년의 이 몇 달에 관한 자료가, 적어도 아테네의 시각에서 쓰인 자료는, 훨씬 더 풍부하게 남아 있는 셈이다.

애석하게도, 아테네에서 벌어진 정치적 대화들에 관한 일상적인 과장과 왜곡은 그 맥락에 의해 더 심화되었다. 네 편의 연설 중 앞선 두 연설은 기원전 343년에 데모스테네스가 아이스키네스를 협상 중에 뇌물을 받고 아테네를 배신했다는 혐의로 기소하면서 행한 것이고, 다른 두 연설은 아이스키네스가 기원전 330년에 데모스테네스에게 서훈을 제안했던 다른 동료 사절을 고발하면서 행한 연설이다. 두 연설자 모두 상대방은 물론 그와 관련된 사람들을 욕하면서 근거가 확실하지 않은 비난을 퍼붓고, 실제 사건을 자기 입장에 맞게 개조했다. 아테네의 과거에 대한 부정확한 암시들은 아테네 시민들이 상당히 역사에 무지했음을 암시한다. 대체로 당파적 왜곡과 순전한 거짓으로부터 진실을 구별해내기란 쉬운 일이 아니기 때문에 이러한 자료들을 활용하기도 어렵다. 여기서 우리는 사건의 전반적인 개요와 특히 필리포스에 대해 알 수 있는 것만을 다루겠지만, 늘 그렇듯이 모든 내용에 이론의 여지가 있다는 것을 반드시 기억해야 한다. 그러나 일단은 사건에 대한 증거가 거의 없거나 아예 없다는 것이 문제가 아니며, 오히려 우리는 이 긴 연설들에서 신뢰할 수 있는 내용이 얼마나 되는지를 애써 고민하며 판단해야 한다.[9]

아테네인들은 대부분 '암피폴리스를 둘러싼 전쟁'과 신성전쟁을 끝내고 싶어 했지만, 그들 스스로 명예로운 화평이라 느낄 만한 것을 원했다. 그것은 우선 그들의 자아상에 따라 정의되고 그들의 동맹들도 고려한 것이어야 했다. 아테네 민회에서는 필리포스에게 사절을 보내기로 결의하기 얼마 전에 마케도니아에 맞선 전쟁에 참여할 동맹들을 구하기 위한 사절들을 파견하기로 결정했다. 올린토스가 함락된 직후보다는 더 뜨거운 열의가 있으리라고 기대했던 것이다. 물론 그런 열의는 없었고 그것을 알게 되기까지는 시간이 걸렸으며, 이는 펠라에 간 이들이 서로 책임을 떠넘기며 다투는 또 다른 요인이 된다.

필리포스의 궁에 방문하는 중요한 손님들이 응당 그러하듯이 아테네 사절들은 정중한 환영과 융숭한 대접을 받았다. 열 명 모두 연설을 준비해 갔고, 나이와 경험이 많은 순서대로 연설했다. 필리포스는 몇 시간에 걸쳐 참을성 있게 이를 경청했다. 아홉 번째로 연설하게 된 아이스키네스는 필리포스가 십 대였을 때 이피크라테스가 에우리디케를 도와주었던 이야기를 포함하여 아테네가 그의 가족에게 보여준 과거의 선의를 상기시켰다. 그리고 더욱 대담하게 암피폴리스에 대한 아테네의 지배권을 반복해서 주장했다.

열 명 가운데 가장 젊고 지위가 낮은 데모스테네스가 마지막으로 연설했다. 그는 연설과 원고를 준비할 때 정성을 쏟는 것으로 유명했고, 불가피한 경우가 아니라면 사전 준비 없이는 연설할 생각조차 하지 않았다. 전직 배우로서 주목받는 일에 익숙했던 아이스키네스는 데모스테네스가 신경이 과민해져 시작부터 말을 잘 하지 못하고 금세 연설을 중단했다고 주장한다. 그리고 필리포스는 인자하게도 데모스테네스에게 잠시 쉬었다가 준비가 되면 연설을 계속하라고 격려했다고 한다. 그의 증언에 따르면 이 유명한 웅변가는 한동안 말을 더듬으며 횡설수설하다가 입을 다물고 말았다. 이어서 전령이 와서 아테네의 사절들을 이끌고 밖으로 나갔고, 짐작하건대 왕과 고문들은 남아서 논의를 이어갔을 것이다.

아테네 사절들을 다시 안으로 부른 후 필리포스는 그들을 향해 품위 있게 말하기 시작했다. 그는 각각의 주장에 응답했고, 종종 해당 사절의 이름을 직접 언급하기도 했는데, 적어도 그의 경쟁자에 따르면 데모스테네스의 이름은 전혀 입에 올리지 않았다. 왕은 아테네를 향한 자신의 따뜻한 선의를 표현하면서 결론을 알렸다. 아이스키네스에 따르면 이것이 암피폴리스에 대한 자신의 언급이 필리포스를 분노하게 하지 않았다는 증거였다고 한다. 필리포스는 자신이 케르소블렙테스에 맞서 싸우기 위해 트라케에 나가 있는 동안 아테네에 사절을 보내 협상을 계속한다는 데 동의했다. 그리고 추가적인 우정의 표시로, 협상이 결렬되지 않는 한 갈리폴리 반도에 대해서는 어떠한 행동도 취하지 않겠노라고 약속했다. 하지만 갈리폴리에 대한 군사작전은 기원전 346년 봄에 필리포스의 주요 활동이 된다. 파르메니온 역시 파가사이만에 면한 할로스에 병력과 함께 파견되었다. 당시 할로스는 테살리아의 파르살로스와 분쟁 중이면서 아테네의 동맹이기도 했다. 필리포스는 이렇게 일부 테살리아 도시에 대한 지지를 보여주는 동시에, 그해에 귀환하여 그들 모두를 이끌고 포키스에 맞서 싸우며 신성전쟁을 단번에 끝내겠다고 약속했다.[10]

파르메니온은 아테네에 사절로 파견되어 잠시 할로스 공성 현장을 떠나야 했다. 안티파트로스(나중에 매우 중요한 인물이 된다)와 에우릴로코스가 그와 함께 파견되었다. 세 사람 모두 마케도니아의 저명한 귀족이었고, 아테네 체류 중에 이들을 환영한 사람 중에는 데모스테네스도 있었다. 데모스테네스는 필리포스가 아테네인들에게 베푼 환대에 걸맞고 마케도니아 관습에도 적절한 방식으로 사절들을 대접했음을 자랑했다. 그의 제안에 따라 민회에서는 극장의 앞자리를 사절단에게 제공하기로 결정하고, 마케도니아와의 강화 조약을 논의하기 위해 이틀을(현대 달력을 기준으로 4월로 추정) 따로 할애했는데, 이는 어떤 문제든 한 회기에 결정하는 평상시 관례에서 벗어나는 매우 예외적인 조치였다.[11]

필리포스는 단순한 화평이 아니라 마케도니아와 그 동맹국, 아테네와 그 동맹국 사이의 동등한 동맹관계를 통해 시간적 제한이 없는 화평을 원한다고 했다. 이건 확실히 구미가 당기는 구상이었다. 하지만 다른 조건들은 아테네의 영예를 추켜세우는 것이 전혀 아니었다. 필리포스는 양측 모두 현재 지배하고 있는 모든 것을 그대로 유지한다는 조건을 조약의 기초로 해야 한다는 것을 분명히 했다. 이는 암피폴리스를 비롯해 잃어버린 영토를 회복하겠다는 아테네의 꿈을 깨뜨리는 것이었다. 더욱이 아테네의 동맹들은 아테네 연방의 형식적인 회원국으로 제한되었다. 아테네가 지원해온 할로스와 마찬가지로 포키스도 제외되었고, 케르소블렙테스 왕도 당연히 배제되었다. 토론 첫날 민회에서는 아테네가 무엇을 더 선호하는가를 논의하면서 사람들이 열변을 토했다. 과거의 위대함에 대한 이야기들이 나왔고, 이는 그들이 더 나은 대우를 받을 자격이 있음을 암시했다. 또한 아테네와 그 함대의 힘에 관한 열렬한 찬사도 이어졌다.

둘째 날 민회에서는 마케도니아 사절들이 필리포스의 입장을 수정하려 하지 않은 것에 대해 에우불로스가 아주 거친 성명을 발표하여 동료 시민들의 이목을 집중시켰다. 그는 마케도니아가 자신들의 요구를 받아들이든지, 아니면 피와 금을 대가로 자기들과 맞서 싸워야 할 것이라고 주장했다. 약간의 동요가 일었고, 차후 협상에서 조건을 개선하고자 하는 여러 방법이 제안되었다. 하지만 필로크라테스의 수락 동의안이 수월하게 통과되었고, 필리포스의 사절들은 이 소식을 전하기 위해 귀환길에 올랐다. 데모스테네스는 필리포스의 조건이 수락되도록 하는 데 중요한 역할을 했는데, 특히 얼마 뒤 케르소블렙테스를 아테네의 동맹으로 추가하려는 시도가 있었을 때 이를 거부한 것이 결정적이었다. 그가 '필로크라테스의 화평'으로 알려지는 이 조약 체결에 긴밀하게 관여한 것은 오히려 가능한 한 빨리 조약으로부터 거리를 두려고 애를 쓴 한 가지 이유가 되었다.

아테네인과 그 동맹은 조약을 준수하겠다고 엄숙히 서약하고, 이전과 같은 열 명의 사절을 필리포스에게 보내 그와 그의 동맹들 또한 똑같이 서약하여 절차를 완결하게 했다. 왕이 여전히 트라케에 있었던 탓에 절차의 완결에는 약간의 시간이 필요했다. 필로크라테스와 나머지 다른 사절들은 여유롭게 펠라를 향해 떠났고, 거의 두 달 가까이 필리포스의 귀환을 기다렸다. 펠라에는 아테네 사절만 있는 것이 아니었다. 그들은 테살리아, 테바이, 스파르타, 포키스 등 그리스 전역에서 온 대표단을 그곳에서 볼 수 있었다. 이는 일찍이 마케도니아에서는 볼 수 없는 광경이었으며, 필리포스의 영향력을 입증하고 이제 얼마나 많은 국가들이 그의 호의를 구하고자 애쓰고 있는지를 보여주는 것이었다.[12]

아테네의 민주정은 어떤 대규모 사회와도 비교할 수 없을 정도로 모든 공적 업무를 공개적으로 수행했다. 이는 커다란 자부심의 원천이었지만, 협상 과정에서 다른 도시들을 압도하려는 시도들이 처음부터 투명하게 드러나 보인다는 것을 의미하기도 했다. 펠라에서는 궁극적으로 필리포스의 결정에 따라 모든 것이 결정되었다. 필리포스가 홀로 결정하는 경우가 많았지만, 닫힌 문 뒤에서 선별된 고문들과 상의해서 결정하는 경우도 있었다. 여러 도시와 동맹에서 온 대표단은 초조하게 기다려야 했고, 다른 도시의 사절들이 더 많은 것을 알고 있을까 의심해야 했다. 특히 테바이인들은 그곳에 포키스인들도 있다는 사실을 염려했으며, 필리포스의 계획에 관하여 테살리아인들이 더 많이 알고 있는지 궁금해했다. 그들 중에 필리포스의 의중을 잘 아는 사람은 아무도 없었고, 큰 도시가 둘 이상 결합하지 않는 이상 그의 의지를 꺾기란 쉽지 않을 것이며, 그런 일은 일어날 가능성이 거의 없다는 것 또한 모두가 깨달았다. 스파르타는 펠로폰네소스에 가장 신경을 썼고, 테바이가 지배력을 가졌던 시기에 에파메이논다스가 세운 해방된 헤일로테스의 공동체가 스파르타의 전체 체계에 위협을 가할 것을 염려했다. 테바이는 이상적으로는 중앙 그리스에서 패권을 다시 장악함으로써 포키스를 함락하여 파멸시키기를 바랐다. 각 도시는 다른 도시를 필리포스보다 위험하게 여겼고, 아테네에 대한 그들의 태도 또한 다르지 않았다.

필리포스는 기원전 346년 6월 하반기에 트라케에서 돌아왔고, 자신이 모든 일의 중심에 있음을 발견하고 만족스러워했다. 군사작전은 순조롭게 진행되었고, 케르소블렙테스를 압박하여 한 번 더 종속적인 동맹을 받아들이게 했으며, 새로운 요새들을 세웠다. 필리포스와 그의 군대는 이제 포키스에 맞서 싸울 작전들을 준비했으며, 그러는 동안에 대기하고 있는 사절들을 접견하기 시작했다. 필리포스의 정확한 의도는 여전히 불투명했으므로 그의 의도를 추측하려 애쓰기보다는, 그 문제로 돌아가기 전에 실제 일어난 일들을 살펴보는 편이 낫다. 다양한 대표단의 이야기를 듣는 데는 시간이 걸렸고, 필리포스는 서둘러 전쟁을 시작하려 했다. 곧이어 그와 군대는 남쪽으로 행군했고, 호출을 기다리던 사절들은 그를 따라 가야 했다.

필리포스는 스파르타와 아테네의 사절들을 먼저 접견했다. 그는 올린토스에서 생포된 아테네인들을 몸값 없이 그해 축제에 맞추어 풀어주겠다고 약속했지만 아직 실행하지 않고 있었다. 열 명의 아테네 사절 가운데 데모스테네스 혼자 이 문제를 제기했고, 그들의 석방을 위해 상징적인 몸값을 지불하겠다고 제안했다. 아이스키네스가 후에 주장한 바에 따르면, 그의 동료들은 데모스테네스의 말에 별다른 인상을 받지 못했다. 사실 그의 말은 필리포스보다는 고국의 청중을 위해 의도된 것이었다. 데모스테네스는 마케도니아 왕이 그 외모와 음주량과 기억력 때문에 칭송받았으나 그에게 그런 칭송은 합당하지 않다고 했다. 미모에 대한 칭송은 여자에게나 적당하고, 술을 많이 들이킬 수 있는 능력은 스펀지에나 적합하고, 뛰어난 기억력은 직업적인 웅변가나 소피스트에게나 적절한 것이라고 말했다. 수많은 대화와 연설이 있었고, 개중에 흥미로운 것도 있었지만 대부분은 그렇지 않았다. 지금까지 마케도니아 왕과 그 동맹들은 아테네와 동맹 체결을 완료하기 위해 요구되는 맹세를 하지 않았다. 이를 포함해서 다른 공적인 결정들이 연기되자, 소문이 무성해지면서 공포와 희망이 교차했다. 어떤 아테네인들은, 부분적으로는 그렇게 믿고 싶어서, 필리포스가 테바이의 권력을 무너뜨리는 것을 목표로 신성전쟁에서 그들의 동맹국에 등을 돌릴 준비가 되었다고 믿었다. 반대로 테바이인들은 자신들이 배제되었다고 느끼면서 그들의 오랜 적인 포키스가 궁지에서 벗어나 위협적 존재로 남게 될까 염려했다. 이 무렵에 테바이에서는 포키스 공격을 준비하며 군대를 일으켰는데, 이는 필리포스에게 그들의 힘을 상기시키기 위한 것이기도 했을 것이다.[13]

이후에 데모스테네스는 테바이 사절들이 뇌물을 거절하고, 필리포스에게 동맹이자 암피크티오니아 군대의 지도자로서 의무를 충실히 수행할 것을 요구하며 강경 노선을 취했다고 주장했다. 이 웅변가에 따르면, 마케도니아 왕은 테바이 사절들의 요구에 응했던 반면 아테네 사절들의 간청에는 응하지 않았으며, 이는 필리포스가 야만인이며 본래부터 약자를 괴롭히는 불량배에 지나지 않고 허세로 가득 찼음을 입증하는 증거였다. 서로 대립하며 주장하는 내용들 가운데 한 가지 중요한 측면은 아이스키네스와 데모스테네스가 필리포스를 서로 다른 모습으로 그려내고 있다는 점이다. 데모스테네스는 건전한 아테네의 정치인과 시민에게 있어 필리포스는 모든 면에서 이질적이고 음울한 존재로 묘사한다. 반면에 아이스키네스는 예의 바르고 너그러우며 말을 유창하게 잘할 뿐 아니라, 감탄스러울 만큼 귀족적이고 그리스적 자질들을 갖춘 왕에 대해 말한다. 아이스키네스가 그리는 필리포스는 여전히 영리하고 교활하며 수완 좋은 동지들의 지원을 받는 임금이다. 이는 사절들이 호도되더라도 수치스러울 게 없음을 의미했다. 데모스테네스는 그들이 처음 펠라로 가는 길에 아이스키네스가 필리포스를 야만인이라고 일축했지만 나중에 왕에게서 뇌물을 받고 태도를 바꾸었다고 주장한다. 선물을 주는 것은 외교적 교류와 전통적 환대의 일부를 이루는 평범한 관례였지만, 아테네의 정치적 논쟁에서는 뇌물 혐의로 고발하는 일이 흔했기 때문에 아이스키네스에 대한 데모스테네스의 비난 역시 상대에 대한 일상적 모욕에 지나지 않았을 것이다.[14]

또 다른 중요한 측면은 마케도니아인과 함께 있을 때 데모스테네스와 아이스키네스가 서로의 행동을 묘사한 부분이다. 아이스키네스는 자신은 술을 마시는데 데모스테네스는 물만 마시므로 두 사람이 가까워질 일은 절대 없다고 몇 차례 설명했다. 그가 묘사하는 데모스테네스는 안절부절못하는 성격이어서 동료 사절들에게 적대적이었다가 친근하게 굴기를 반복하고, 아테네인 포로 문제를 계속 들먹거렸다. 이는 그릇되었을 뿐 아니라 우스운 짓이었다. 데모스테네스는 아이스키네스가 포키스의 동맹들이 패배한 것을 경축하는 제사와 잔치에 참석했다고 비난했다. 이에 대한 아이스키네스의 응답은 외교관은 외교적이어야 하고 주재국의 환대를 받아들여야 하며, 그 잔치는 더 폭넓은 축제의 일환이고 전적으로 그리스적인 것이었고 존중할 만하며,

그리고 승리를 축하하는 동안 자신은 침묵을 지켰다는 것이었다.

아이스키네스에 대한 또 다른 비난은 그와 동료가 아테네인 망명자의 아들 집에서 열린 만찬에 참석했다는 것이었다. 그 망명자는 펠로폰네소스 전쟁이 끝나고 민주정이 중단되었을 때 권력을 잡아서 아테네인들이 증오했던 30인 참주의 일원이었다. 올린토스의 좋은 가문 출신으로 자유인이었으나 이제 노예가 된 젊은 여인이 그들의 시중을 들었고 그들은 그녀를 점잖은 여성이 아니라 접대부처럼 대했다. 데모스테네스는 그녀가 저항하자 술에 취한 그들이 그녀를 발가벗기고 채찍질했다고 주장했다. 아이스키네스는 자신의 성품이 아테네에 아주 잘 알려져 있으므로 누구도 이 이야기를 믿지 않았으며, 자신을 향한 이런 비난이 이루어졌을 때 군중이 소리 질러 그의 라이벌을 침묵시켰다고 주장했다.[15]

이러한 언쟁은 나중에 일어난 것이다. 당장에는 필리포스와 그의 조정 및 군대가 페라이에 잠시 들렀고, 마침내 그곳에서 그와 동맹 대표들이 모여 아테네와의 화평을 확정하는 서약을 했다. 모두와 비밀 회담을 하면서 서약을 지체시킨 것이 필리포스에게 유리하게 작용했고, 아테네인들이 본국에 보고하러 떠나기 전에도 또 한 번 약간의 지체가 있었다. 마케도니아 군대는 테살리아에 있었고, 테르모필라이에서는 이틀 정도만 행군하면 닿을 수 있는 거리였다. 필리포스의 의도는 여전히 불분명했지만 델포이의 신성한 재물을 약탈한 것에 대한 형벌이 포키스인 모두가 아니라 책임져야 할 이들에게만 내려질 수 있음을 암시하는 언급이 분명히 있었다. 이는 신성전쟁을 처음 선언했던 암피크티오니아 회원국 다수가 요구하고 있는 것보다 더 온건한 처우를 시사했으나, 필리포스는 특히 아테네와 스파르타의 부대부터 직접 지원을 받는다면 이를 시행할 수 있었다.

필리포스는 테르모필라이 진입로에 이르러 멈춰 섰다. 아테네 민회에서는 필리포스가 친선관계와 장래의 혜택들을 약속했다는 사절들의 보고를 듣고 시민들이 고무되어 다시 한번 동맹을 확정했다. 아테네는 세 번째로 사절들을 파견하여 마케도니아 왕에게 이를 알렸다. 하지만 이번에는 데모스테네스가 사절로 가는 것을 거부하면서 다시 필리포스를 비난하기 시작했다. 아이스키네스는 건강이 좋지 않다는 이유를 들어 아테네에 머물렀기에 데모스테네스의 주장에 대응할 수 있었다. 사절들이 오기 전에 필리포스는 아테네에 특사를 보내 포키스 처리에 도움을 줄 병력을 파견해 달라고 요청했다. 데모스테네스는 아테네 시민들을 파견한다면 올린토스에서 생포된 포로들처럼 볼모가 될 게 뻔하다며 반대했고, 많은 아테네인이 그의 말을 믿었다. 아이스키네스는 데모스테네스의 의견에 반대했지만 민회를 설득하지 못했고, 결국 필리포스의 요청은 거부당했다.[16]

이러한 소식은 실망을 안겼지만, 그 때문에 필리포스의 계획이 얼마나 수정되었는지에 관해서는 의견이 분분하다. 이즈음에 그는 포키스의 사령관 팔라이코스와 거래를 끝낸 것이 분명했다. 팔라이코스는 용병 8000명과 함께 포키스를 떠나는 것이 허용되었다. 마케도니아 병사들은 아무런 저항을 받지 않고 테르모필라이 통로를 통과하여 행군했고 포키스를 점령했다. 그곳에서 필리포스는 어떤 처벌을 내릴지 결정하기 위해 암피크티오니아 회의를 소집했다. 모든 남자를 처형해야 한다는 이야기도 나왔지만, 필리포스는 그토록 잔혹한 의도를 가진 것은 아니었고, 이를 바탕으로 분명 팔라이코스와 합의했을 것이다. 델포이 점령에 반대했던 한 공동체만 제외하고 포키스와 그 도시들은 모두 파괴되었다. 무기는 모두 의례적으로 폐기되었고, 말은 팔려나갔으며, 포키스인들은 가까운 미래에 대체품을 구하는 것이 금지되었다. 도시 주민들은 너무 작고 방어 능력이 없어서 절대 폴리스가될 수 없는 새로운 마을로 이주하여 정착했다. 그리고 약탈한 금액이모두 채워질 때까지 매년 상당한 돈을 델포이에 되갚아야 했다. 신성한 전쟁이라는 맥락은 차치하더라도, 그리스 세계에서 전쟁의 승자들이 보인 악의적인 잔혹함을 고려한다면, 이러한 처벌은 가벼운 것이었다. 하지만 그리스인에게 있어서 정치적 절멸이 얼마나 혹독한 것인지를 경시해서는 안 된다. 합의 사항의 확실한 이행을 위해 테바이와 마케도니아의 주둔군이 포키스에 배치되었다.[17]

필리포스는 아폴론 신에게 가해진 모욕에 복수했고, 이를 통해 많은 그리스 도시에서 얻게 된 위신은 적대적인 아테네의 여론으로 인해 흔들렸을 리 없다. 필리포스에게, 엄밀한 의미에서는 마케도니아인들에게, 암피크티오니아 회의에서 행사할 수 있는 두 장의 투표권과 델포이에서 신탁을 먼저 얻을 수 있는 아테네인의 우선권이 주어졌다. 그리고 신성전쟁 이전부터 중단되었다가 가을에 열리게 된 피티아 제전의 감독으로 지명되는 영광도 얻었다. 이러한 상황이 못마땅한 아테네인들은 행사 참가를 거부했다. 그들은 포키스에 대한 처벌이 잔인하다고 항의했고, 아테네가 충분히 존중받지 못하고 있다고느꼈다. 포키스의 가장 큰 동맹인 아테네와 스파르타가 어떠한 처벌도 받지 않았다는 점을 고려하면 이런 반응은 무척 비현실적인 것이었지만, 충분히 예상 가능한 것이기도 했다. 데모스테네스를 비롯한다른 이들은 임박한 마케도니아의 침략에 대한 우려를 제기했다. 실제로 필리포스가 아테네를 향해 행군하기로 결정한다면 그를 막을 방법은 거의 없었다. 하지만 그는 그런 결정을 내리지 않았으며, 아테네인들은 피티아 제전 참가를 거부했음에도 여전히 암피크티오니아 회의에 참석해 결정 사항들을 승인하는 투표권을 행사했다.[18]

우리는 필리포스가 포키스에 끌고 간 병력의 규모를 알지 못한다. 또한 그에게 아테네처럼 바다를 통해 쉽게 지원받을 수 있으며 대도시를 포위 공격할 수 있는 병력이 있었는지도 알지 못한다. 그러한 움직임이나 펠로폰네소스에 대한 개입은 어렵게 얻은 호의를 배격하는 행동이 될 수 있었고, 어쩌면 마케도니아야말로 맞서 싸워야 할 진짜 위협이라고 다른 그리스인들을 설득하는 꼴이 될지도 몰랐다. 필리포스의 세계에서 아테네는 중심이 아니었으며, 이어지는 몇 년 동안 그가 자국의 북쪽과 동쪽 경계에서 할 일이 많다고 느꼈음이 드러난다. 마케도니아 군대는 또 다른 전쟁을 시작하지 않았어도 여전히 적이 많았다. 어떤 학자들은 테바이에 대한 필리포스의 적대감에 관한 소문들을 진지하게 받아들이고, 그가 테바이에 맞서 움직일 계획을 세웠다가 아테네를 비롯한 다른 도시국가의 지원을 받지 못하고, 보이오티아인의 집결로 인해 좌절했다고 주장했다. 하지만 아테네의 기여가 그렇게 중요할 리 없었기에 이러한 주장은 말이 되지 않는다. 테바이와 그 동맹들을 공격한다면 아무리 갑작스레 기습을 한다 해도 빠른 승리를 거둘 가능성은 거의 없었다. 그리스 세계에서 전쟁은 오래 지속되는 경향이 있었고, 다른 도시들이 전쟁의 승리자를 두려워하여 그에게 등을 돌렸기 때문이다. 신성전쟁의 종결은 비교적 깔끔하고 간단하게 이루어졌으므로, 필리포스는 다른 문제에 관심을 돌릴 수 있었다.[19]

기원전 346년 내내 필리포스가 취한 행동은 분명히 계산적인 것이었으며, 이기적이고 때로는 기만적인 것이었다. 달리 말하자면, 그의 행동은 다른 모든 참가자의 행동과 다르지 않았다. 그는 사건을 조작했고, 자신에게 유리할 때는 일을 지체했으며, 소문과 모호한 약속을 퍼뜨렸다. 이 모든 일이 더 쉬워진 것은 그의 힘이 그만큼 강력해졌기 때문이었다. 아테네와 스파르타가 포키스에 실질적인 지원을 제공하지 않는 이상 필리포스의 군사력이 결정적인 역할을 하게 될 가능성이 높았다. 그는 솜씨가 좋았을 뿐 아니라 운도 좋았다. 포키스인들 사이에서 내부 다툼이 일어난 덕분에 테르모필라이 통로가 결국 열렸던 것이다. 피를 흘리지 않고도 승리를 얻었고, 아폴론의 복수를 대행하였으므로 이제 '야만인' 마케도니아의 왕은 그리스 문화의 중심에 있는 한 조직의 주도적인 일원이 되었다. 그는 테살리아에서 겨냥한 목표들도 이루었다. 할로스를 함락하여 파르살로스의 지도자들에게 주었고, 그들은 도시 주민 전체를 노예로 삼았다. 포키스에 배치한 주둔군은 이중의 목적을 달성하는 효과를 발휘했다. 테바이와 동맹 관계가 건전하게 유지되는 한, 그의 군대가 필요로 할 때면 언제든 남부 그리스로 향하는 통로가 열릴 것이었다. 테바이인들이 원하던 바를 많이 이룰 수 있게 그가 확실히 보장했고, 특히 포키스인들이 다소간 자발적으로 합류한 보이오티아 세 공동체의 방어시설들을 그가 제거했기 때문에, 그러한 호의가 베풀어질 가능성이 컸다. 아테네인들은 필리포스가 가하는 위협에 대해 이전보다 더욱 강하게 말할 수 있었고 실제로도 그렇게 했다. 하지만 적어도 이제부터 아테네 또한 필리포스의 세력 범위 너머에 있지 않다는 사실만큼은 분명히 의식하게 되었다.[20]

필리포스는 아직 마흔이 채 되지 않았다. 그러므로 이후에 그가 그리스를 완전히 지배하게 되고 페르시아까지 공격하는 것을 미리 떠올려 기원전 346년에 그가 이룬 성공을 경시해서는 안 된다. 우리는 필리포스가 얼마나 먼 미래까지 계획했는지, 또는 그의 생각들이 얼마나 확고했는지 알지 못하지만, 당시에 그는 여전히 젊었고, 이전의 다른 어떤 마케도니아 왕보다 큰 성공을 거두었으며, 아르게아스 왕조의 어떠한 인물보다 안정적으로 자신의 시간표에 따라 일을 진행해 나갈 수 있게 되었다.

9

왕자

기원전 359년 페르디카스의 패배와 죽음 이후로 필리포스는 자신에게 닥쳐온 기회들을 이용해 협상도 하고 압박도 하면서 권좌에 올랐다. 그는 실수를 저지르고 좌절도 하며 심지어 메토네에서 죽을 뻔하기도 했지만, 그의 운은 다하지 않았다. 실수를 통해 교훈을 배웠고 같은 실수를 반복하지 않았다. 그는 살아있는 이들이 기억하는 아르게아스 왕조의 어떤 왕보다 강했고, 어쩌면 그 어떤 선대 임금들보다 강했을 것이다. 그 이전에 누구도 그토록 확고하고 효과적인 군대를 만들어내지 못했기 때문이다. 필리포스는 여전히 실패할 수 있고 그가 이룬 모든 것은 무너질 수 있었지만, 이제 어떤 적에게도 그의 패배는 달성하기 어려운 일이 되었다.

필리포스가 이룬 안정은 상속자의 점진적인 부상으로 더욱 강화되었다. 왕의 후계자는 가장 위험한 유년 시절을 견디고 살아남을 만큼 충분히 나이가 들었으면서도, 왕의 경쟁자가 되기에는 아직 어려야 했다. 아이스키네스는 아테네 사절들이 펠라의 축제 기간에 당시 열살이었던 알렉산드로스에게 접대를 받았다고 말한다. 소년 알렉산드로스는 사절들 앞에서 하프와 비슷한 키타라를 연주했고 다른 소년들과 정식 토론을 벌였다. 악기를 연주하고 토론하는 기술은 그리스 귀족 소년이 익히기에 적합한 것이었지만, 연회에 나와서 연주와 토론을 하는 것은 그렇지 않았다. 직업적으로 그러한 일을 하는 이들이 따로 있었기 때문이다. 아테네 민회에서 데모스테네스는 마케도니아 왕자의 이러한 행동과 그에 대한 아이스키네스의 아첨을 조롱했다. 그는 나이 어린 왕자가 아주 추잡한 역할을 했다고 암시했지만, 이러한 주장은 터무니없는 소리였다.[1]

필리포스의 아들 아리다이오스는 알렉산드로스보다 나이가 많았지만 주목을 받지 못했고 이미 왕위 계승에 부적합하다고 여겨졌다. 이는 신체적으로 허약했기 때문인데, 정신적으로도 미약했을 개연성이 높다. 알렉산드로스의 어머니 올림피아스가 아리다이오스를 독살하려다가 죽이는 데는 실패하고 영구적인 손상을 입혔다는 소문이 돌았다. 유스티누스는 필리포스에게 다른 아들들이 있었음을 모호하게 언급하고 있다. 아마 정식 부인보다는 연인들이 낳은 자녀임을 암시한 것일 텐데, 그렇다고 그가 그들을 인정할 수 없었다는 것은 아니다. 고대 문헌들에 명확하게 등장하는 다른 아들은 없다. 그들이 정말로 존재했다 하더라도, 어린 시절에 죽었거나 왕의 총애를 받지 못했을 것이다.[2]

알렉산드로스는 아버지를 통해 헤라클레스의 후손인 아르게아스 왕조의 일원이 되었다. 올림피아스와 몰로소이족 왕가는 트로이 전쟁에서 그리스 최고의 전사로 활약했던 아킬레우스를 조상으로 두었음을 자랑했다. 올림피아스가 무자비할 만큼 의지가 강한 사람이었다는 데는 의심의 여지가 없다. 필리포스도 그러했고 그 뒤를 잇는 알렉산드로스도 그러했다. 올림피아스의 열정적인 본성은 자연스레 지역적 형태의 디오니소스 숭배 행위로 이어졌다. 여기에는 격렬한 황홀경으로 유명한 마이나데스Mainades(디오니소스의 여성 추종자들)를 모방하여 뱀을 기르는 것도 포함되었다. 플루타르코스가 전하는 이야기에 따르면, 필리포스가 올림피아스의 침실을 몰래 들여다보았거나 혹은 몰래 들여다보는 꿈을 꾸었는데 그녀가 뱀과 함께 누워 있어서 깜짝 놀랐다고 한다. 이는 신들이 인간 여성을 유혹하고자 다양한 형태로 변신하여 등장한다는 신화를 떠오르게 하는 이야기다. 나중에 필리포스가 대리인을 델포이에 보내 신탁을 받아 이에 대한 설명을 얻고자 했을 때, 제우스 암몬●을 섬기고 그에게 희생제물을 바치라는 말과 함께, 열린 문틈으로 몰래 들여다본 일에 대한 벌로 그 눈을 몰수당할 것이라는 예언을 들었다고 한다. 이는 정확히 그가 메토네에서 입게 되는 부상과 연결되는 일화다. 후에 알렉산드로스가 자신의 진짜 아버지는 제우스 암몬이라고 주장했으므로, 이 일화는 전체적으로 상당히 의심스럽다. 올림피아스는 그러한 믿음을 부추기는 암시들을 주거나 헤라(제우스의 아내)를 질투하게 만들었다는 이유로 아들을 꾸짖었다고도 한다. 플루타르코스가 전하는 이야기에서도 필리포스는 올림피아스가 마법을 행하거나 신의 연인일까 봐 두려워했으며, 그러한 탓에 그녀와 동침할 마음을 잃었고 그녀를 자주 찾지 않았다고 한다. 필리포스와 올림피아스는 알렉산드로스 외에 딸 클레오파트라를 두었으므로, 적어도 한동안은 성적 관계를 유지했다고 할 수 있다. 필리포스는

● 헬레니즘 세계에서 이집트의 바람의 신 암몬(아문)과 그리스 최고의 신 제우스가 동일시되었고, 그 둘을 결합한 제우스 암몬 숭배가 확산되었다. 제우스 암몬은 보통 머리에 숫양의 뿔이 있는 모습으로 묘사된다. ─옮긴이

다른 부인과 연인들을 두었을 뿐 아니라, 연중 대부분의 시간을 펠라에서 멀리 떨어진 곳에서 보냈다.[3]

어린 알렉산드로스에게 아버지는 확실히 거리가 있던 반면에, 어머니는 훨씬 더 친근하고 중요한 관계였다. 하지만 어머니의 역할은 일차적으로 그의 양육을 감독하는 것이었다. 그의 유모 라니케는 평판이 좋은 유력 집안 출신이었다. 그녀의 남동생인 '검은' 클레이토스●는 필리포스의 동지였으며 나중에는 알렉산드로스의 동지가 된다. 라니케의 여러 아들 중 셋이 알렉산드로스의 군사작전 중에 목숨을 잃게 된다. 왕자의 교사 중 하나인 레오니다스는 올림피아스의 친척이었지만, 그럼에도 종종 왕자의 소지품을 수색해 어머니가 몰래 숨겨놓은 간식을 없애곤 했다. 왕자의 또 다른 교사는 아카르나니아의 리시마코스였다. 그는 어린 왕자를 아킬레우스라고 부르며 추켜세웠을 뿐 아니라, 필리포스는 이 영웅의 아버지 펠레오스라고 부르고 자신은 어린 영웅을 가르쳤던 포이닉스라고 불렀다. 아테네의 사절들이 직접 목격한 대로, 알렉산드로스의 교육에는 음악이 포함되어 있었고, 그는 평생 음악에 열렬한 관심을 보였다. 어린 왕자는 유명한 문헌들도 공부했다. 시작은 호메로스였고 영광스러운 아테네의 문학과 희곡을 특별히 존중했다.[4]

이 모든 내용은 신체 단련을 강조하는 것처럼 그리스 귀족이라면 누구나 받을 수 있는 교양 교육으로 적합한 것이었다. 물론 여기에는 마케도니아 특유의 경향이 있었을 것이다. 레오니다스는 아주 엄격한

● 피부가 검었기 때문에 이러한 별칭으로 불렀다고 한다. 그와 이름이 같은 다른 장교는 '흰' 클레이토스라고 불러 둘을 구분했다. ―옮긴이

교사였고, 훗날 알렉산드로스는 이 가정교사가 "아침식사를 위해서는 야간 행군이, 저녁식사를 위해서는 가벼운 아침식사가 좋다"고 말했다며 빈정댔다. 마케도니아에서는 정식 운동경기와 체육관의 세계가 다른 곳에서만큼 칭송되지는 않았다. 성인이 된 알렉산드로스 또한 그리스 문화와 음악에 열성이었지만 운동에 대해서는 그렇지 않았다. 그렇다고 해서 그가 운동을 장려하지 않았다거나 전혀 중요하지 않게 생각했다는 것은 아니다. 운동경기를 하지 않더라도 신체 단련은 그가 받은 교육의 핵심을 이루었다. 나중에 그는 다른 임금들과 경쟁할 수 없다면 경주에 참여하고 싶지 않다고 말했다. 마찬가지로 싸우고 사냥하는 능력도 중요했다. 마케도니아 귀족은 혼자서 곰을 잡기 전까지는 식사 자리에서 비스듬히 기대어 앉을 수 없다는 관습이 정말로 있었다고 해도, 알렉산드로스가 그런 식으로 용기와 기술과 힘을 보여주었다는 언급은 어떠한 문헌에도 없다. 대부분의 학자들은 단순하게 그가 성장하면서 곰을 잡는 일을 비롯해 그에게 기대되는 다른 모든 일도 해냈을 것이라고 가정한다. 하지만 그러한 기록이나 기술이 전혀 없다는 것을 근거로 그가 그와 같은 일을 하지 않았다고 주장하며 과보호된 안전한 유년기를 보냈으리라고 추측하는 학자도 있다.[5]

우리는 마케도니아 왕자가 어느 정도의 시간을 또래의 다른 소년들과 보냈는지 알지 못한다. 그의 치세에 명성을 얻은 친구들은 어린 시절의 친구들이었다고 말하는 경우가 많다. 물론 이런 이야기는 사실일 가능성이 있고, 개연성도 있지만, 문헌을 통해 입증되지는 않았다. 마찬가지로, 많은 이들이 알렉산드로스가 충분한 연령에 이르렀을 때 왕실 시동들이나 적어도 선발된 아동 집단과 함께 공부했을 것이라고 가정하지만, 정말로 그러했다는 언급을 문헌에서 찾을 수 없다. 성인이 된 알렉산드로스는 무기를 상당히 잘 다루었고 군사 전략과 훈련을 잘 이해했으며 뛰어난 승마술을 보여주었다. 이는 모두 오랜 훈련과 연습의 결과물이긴 했지만, 알렉산드로스가 어떠한 맥락에서 이런 기량을 습득했는지는 확실히 알 수 없다.

알렉산드로스의 어린 시절에 관한 가장 유명한 이야기는 부케팔로스라는 말을 길들인 이야기다. 플루타르코스의 기술이 사실이든 아니든, 이 이야기는 그의 타고난 재능과 높은 자신감과 말을 부리는 솜씨를 칭송한다. 구체적인 시기는 알 수 없지만, 그가 열두 살 무렵이었을 것으로 추측된다. 어느 날, 한 테살리아인이 커다란 종마를 데리고 필리포스의 궁을 찾아왔다. 말의 이름은 '황소 머리'라는 뜻의 부케팔로스였는데, 이 말의 종자를 가리키는 총칭이었거나, 아니면 말의 모양과 크기 또는 말의 머리에 있는 무늬를 암시하는 별칭이었을 것이다. 여하튼 부케팔로스는 덩치가 크고 털색이 짙은 아주 멋진 말이었다. 말을 데려온 상인은 말값으로 13탈란톤을 요구했는데, 이는 일찍이 고대 세계에서 기록된 그 어떤 말의 가격보다 높은 것이었다. 필리포스가 말에 관심을 보여서 마부들이 몰고 가려고 하자 부케팔로스는 어떤 통제도 거부하고 누구도 자기 등에 태우려 하지 않았다. 말의 고집을 꺾는 것은 불가능해 보였고, 왕은 이런 말은 살 가치가 없다고 판단했다.

그의 아들은 의견이 달랐다. 그는 마부들이 제대로 다룰 줄 몰라서 훌륭한 말을 잃고 있다고 큰소리로 말했다. 필리포스는 아들의 말을 무시했지만, 이제 십 대가 된 알렉산드로스는 쉽게 포기하지 않고 계속해서 아버지와 마부들은 물론이고 그의 목소리가 들리는 사람들에게 그들이 지금 큰 실수를 저지르고 있다고 말했다. 문득 왕은 아들이 말을 사랑하는 연장자들보다 자신이 더 잘 알고 있다고 생각하는지 알고 싶어졌다. 왕자는 자기가 누구보다 말을 잘 다룰 수 있다고 답했다. 왕은 이 문제를 도전과 내기로 바꾸어 아들에게 내기에서 진다면 무엇을 내놓을 것인지를 물었다. 이러한 상황은 의심할 여지없이 궁에서 흔히 일어나는 일이었다. 알렉산드로스는 이 종마의 가격으로 요구된 13탈란톤을 내놓겠다고 답했다. 이로써 재미있어 하는 웃음소리가 들리는 가운데 내기가 시작되었다.

플루타르코스는 이 이야기를 상세하게 기술한다. "알렉산드로스가 말에게 달려가 고삐를 잡고 태양을 향해 서게 했다. 말이 눈앞에 드리워져 어른거리는 자기 그림자를 보고 크게 불안해한다는 것을 알아챘던 것이다." 그런 다음 알렉산드로스는 말의 머리를 쓰다듬으며 속삭였고, 외투를 벗고 부케팔로스의 등에 올라탔다. 고삐가 말의 입을 파고들 만큼 큰 힘을 주지 않으면서 부드럽게 천천히 올랐다. "하지만 말이 두려움에서 벗어나 (…) 조급해하자 (…) 고삐를 느슨하게 풀었고, 마침내 더 단호한 목소리와 발길질로 말을 몰았다." 알렉산드로스가 말을 타고 질주하자 필리포스는 아들의 안전에 대한 걱정에서 벗어나 자랑스러움에 눈물까지 흘렸다. 왕자가 말의 방향을 돌려 다시 돌아오자 왕은 아들에게 입을 맞추고, 마케도니아는 그에게 너무 작으니 더 큰 영역을 찾아야 한다고 말했다고 한다.[6]

알렉산드로스에 대한 이러한 칭찬 또한 나중에 창작된 것으로 의심이 된다. 부케팔로스는 알렉산드로스가 총애하는 말로 유명해졌다. 알렉산드로스는 모든 중요한 전투에서 이 말을 탔고, 인도에서 말이 죽자 부케팔리아라는 도시를 건설했다. 아마도 그래서 사람들은 알렉산드로스와 부케팔로스의 첫 만남이 아주 극적이었을 것이라고 믿고 싶어한 것 같다. 그러나 이야기 자체는 매우 그럴듯하다. 말이 자기 그림자를 보고 불안해한다는 것은 부적절해 보이지만, 그럼에도 이상한 것을 보고 쉽게 겁먹을 수 있다는 것은 사실이다. 어쩌면 많은 사람이 주목하고 있는 시끄럽고 낯선 환경과 다른 말들의 존재가 부케팔로스를 긴장시켰고, 자신의 그림자는 물론 많은 사람들의 그림자가 사태를 더 악화시켰을 것이다. 어떤 말은 설명하기는 어렵지만 개별적인 사람에게 강한 호감이나 비호감을 보인다. 이 종마와 알렉산드로스가 서로에게 강하게 이끌렸다는 사실에는 이상할 게 전혀 없다. 말에 올라타기 전에 소리와 손길로 침착하게 말을 진정시키고 달리기 전에 자극을 주는 것은 모두 말을 다루는 훌륭한 기량을 보여준다. 이 이야기는 어쩌면 사실일 수도 있고, 감상적인 사람이라면 누구나 사실이라고 느낄 것이다. 하지만 그것만으로 이 이야기가 진정 사실이 되는 것은 아니다.[7]

필리포스는 자기 아들이 너무 고집이 세서 무엇도 억지로 강요할 수가 없으므로, '명령하기보다 설득하는 것'이 더 낫겠다고 판단했다. 왕자가 열서너 살이 되었을 때 왕은 한동안 숙고한 끝에 아리스토텔레스를 새로운 교사로 선택했다. 칼키디케 태생의 이 철학자는 당시에 이미 마흔 살이었지만, 아직은 앞으로 갖게 될 명성을 얻지는 못했다. 그의 아버지가 아민타스 3세의 왕실 의사였으므로, 그 또한 왕가 사람들을 알았고 인맥이 있었다. 아리스토텔레스는 플라톤 밑에서 공부했지만, 그를 계승하여 아카데미아의 수장이 되지 않고 아테네를 떠났다. 처음엔 소아시아로 가서 참주 헤르미아스의 궁을 찾았고, 이후에 그의 양녀와 결혼했다. 기원전 342년에 마케도니아로 옮긴 것은 재정적인 매력 때문이었으며, 또한 그 덕분에 몇 년 뒤 헤르미아스가 페르시아 왕에게 반란을 일으켜 고문과 처형을 당하게 되었을 때 화를 면할 수 있었다.[8]

아리스토텔레스와 알렉산드로스는 펠라를 떠나 미에자라는 곳에 있는 님프의 사당에 자리를 잡았다. 다른 친구나 또래의 시동들이 왕자와 함께 교육받았는지는 알 수 없다. 철학자 밑에서 공부하는 일은 무기를 다루는 훈련과 사냥 같은 다른 신체 활동과 병행되었을 것이다. 아리스토텔레스는 정치학과 윤리학을 가르쳤고, 자연에 대한 관심을, 특히 약과 치유에 관한 관심을 유발하거나 격려했다. 3년에 걸친 기간 중 대부분의 시간을 이 철학자가 왕자를 가르쳤다. 하지만 그가 얼마나 재능있는 학생이었는지는 오늘날 학자들이 제각기 알렉산드로스를 어떻게 보는지에 따라 달라진다. 불가피하게도 고대 세계에서 가장 유명한 두 인물의 만남은 우리의 관심을 불러일으키지만, 대개 그러하듯이 증거가 빈약한 탓에 둘 사이에 있었던 일에 관해 정확하게 알 수 있는 것이 별로 없다. 아리스토텔레스는 주석이 달린 《일리아스》 축약본을 마련해 주었고, 알렉산드로스는 출정할 때마다 이 책을 가지고 갔으며 단도와 함께 침대 밑에 두었다고 한다.[9]

알렉산드로스는 기원전 4세기 그리스인과 마케도니아인의 평균 신장에 크게 못 미쳤다. 하지만 몸매가 균형 잡히고 힘이 좋았으며 뛰어난 단거리 주자였다. 이 모든 것은 그가 꾸준한 신체 훈련에 대해 의식하고 있었다는 추측을 강화한다. 그는 용모가 준수했고, 피부는 간혹 불그레해졌고, 머리털은 사자처럼 황갈색이었다고 한다(할리우드 영화에 나오듯이 과산화수소수로 탈색한 밝은 금발은 아니었다). 두 눈은 각기 색이 달라서, 한쪽은 푸른 회색이고 다른 쪽은 갈색이었다. 아마도 이러한 이유로 그의 시선은 독특하고, 때때로 사람을 당혹스럽게 만들었을 것이다. 어느 단계에선가 그에게는 머리를 약간 왼쪽으로 기울이고 눈은 위를—짐작건대 주변에 서 있는 키 큰 사람들보다 더 높이—쳐다보는 버릇이 생겼다.[10]

알렉산드로스의 어린 시절에 관한 이야기들은 대부분, 어쩌면 모두가 후대에 미화되거나 만들어낸 이야기일 것이다. 필리포스와의 상호관계에 관한 이야기들은 알렉산드로스의 명예와 영광을 향한 욕망, 즉 훌륭한 아버지의 더 훌륭한 아들이 여기 있었다는 데 집중되며, 진부한 경구들이 많이 나온다. 이를테면 왕의 부상은 다른 전리품보다 더 귀한 용기의 증표라는 식이다. 그의 어린 시절 이야기의 또 다른 테마는, 그가 자신을 제약하려는 어떠한 시도에도 본능적으로 도전하는 소년이었다는 것이다. 한번은 레오니다스가 희생제사를 지내는 동안 값비싼 향을 너무 많이 쓴다고 알렉산드로스를 꾸짖었다고 한다. 그로부터 10년 뒤에 아시아를 정복한 알렉산드로스는 옛 스승에게 유향과 몰약을 18톤이나 보내면서 신에게 바치는 제물에 인색하게 굴지 말라고 조언했다. 굳은 결의, 부단한 야망, 그리고 대체로 자신이 옳았음을 증명하는 자기 능력에 대한 절대적 믿음이 이 이야기들을 관통한다. 알렉산드로스가 실패했다는 이야기는 없지만, 조바심 같은 것이 있다. 알렉산드로스는 필리포스가 거둔 승리에 관한 소식이 전해질 때마다 아버지가 자신이 이룰 것을 점점 더 적게 남겨두고 있다며 불평했다고 한다. 페르시아 대표단이 펠라에 도착했을 때 알렉산드로스는 그들을 맞이하면서 페르시아의 교통과 통신은 물론 군사력에 대해 정확하고도 적절한 질문을 던져서 사절들에게 강한 인상을 남겼다.[11]

이 이야기들 속 어린 왕자는 천하를 제패할 왕으로서 지녀야 할 자질들, 적어도 그리스인들의 감탄을 자아낼 만하다고 여겨지는 자질들을 보여준다. 그가 성인이 되었을 때 한 일들을 고려한다면 어린아이였을 때에도 무척 조숙하고, 집중력이 있으며, 재능이 많았다는 것이 놀랄 일은 아니지만, 실제로 거의 알려진 것이 없는 일들에 사람들이 살을 붙여 그러한 이야기들을 만들어내는 것 또한 전적으로 자연스러운 일이다.

필리포스는 알렉산드로스를 마음에 들어 하고 자랑스레 여겼을 것이다. 하지만 그것이 아들에 대한 그의 태도가 절대 변하지 않는다거나 다른 아들이 태어나 아버지의 총애를 가로채지 못한다는 것을 의미하지 않았다. 필리포스는 장기적인 미래를 계획하며 보낼 시간이 거의 없었다. 늘 당장 처리해야 하는 일들이 많았고, 언제나 현재가 최우선 순위였다. 그는 항상 바빴으며, 그가 취한 행동 중에는 시간이 오래 걸리고 신경을 많이 써야 하는 것들이 있었다. 유스티누스는 필리포스가 신성전쟁에서 본국으로 돌아와서 주요 개혁에 착수했다고 말한다. 국경 지대에 새로운 공동체들을 건설하고 주민들을 이주시켰는데―"마치 목자가 가축을 때로는 겨울 초원으로, 때로는 여름 초원으로 몰고 가듯이 사람과 도시를 옮겨 심었다"―그 결과, 조상 대대로 살아온 땅에서 쫓겨난 이들에게 광범위한 고통을 유발하기도 했다. 앞서 보았듯이 그는 치세 초기에 이러한 과정을 시작했으므로, 기원전 346년부터는 이러한 활동이 급증했을 것이다. 그게 아니라면, 유스티누스나 그가 참고한 자료에서는 이 시점부터 더욱 장기적인 계획들을 기술하기로 선택했을 것이다. 자발적이든 아니든, 사람들은 이주했다. 그리고 우리가 알 수 있는 한, 주민들이 뒤섞인 필리포스의 새로운 공동체들은 모두 성공했으며, 다수는 군대를 위한 병력 모집과 훈련의 중심지가 되었다.[12]

기원전 345년 필리포스는 일리리아에 대한 대대적인 원정을 벌이며 플레우라토스를 비롯한 여러 부족 임금들과 싸웠다. 원정 활동은 이듬해까지 이어졌을 것이다. 과거에 거둔 마케도니아의 승리와 바르딜리스의 죽음은 어쩔 수 없이 지역 내 경쟁 관계에 영향을 끼쳤고, 다양한 지도자와 집단들이 일어났다가 스러졌다. 어느 쪽이든 충분히 강해지거나, 마케도니아가 약해진 듯 보일 때면 습격이 일어날 수 있었다. 필리포스는 일리리아인들이 습격해 오기 전에 그들을 지배하고 겁을 주기로 마음먹었다. 그는 부족들의 땅을 유린하고 많은 정착지를 휩쓸며, 재물은 물론 포로와 가축을 포함한 전리품을 넉넉히 챙겼다. 군사력만 이용한 것이 아니라 외교와 기만술도 함께 이용했다. 언젠가 필리포스가 한 무리의 전사를 만나러 나갔다. 필리포스의 근위대와 적군 모두 무기를 소지하지 않았지만 마케도니아 병사들은 밧줄과 가죽끈을 숨겨서 가지고 갔다. 그가 신호를 보내자 마케도니아 병사들이 일리리아인들에게 달려들어 팔을 묶고 포로로 잡아서 끌고 왔다. 현전하는 고대 문헌에서는 이런 방식으로 1만 명이 생포되었다고 하는데, 믿기 어려운 수치다. 아마 지도자들만 붙잡히고 나머지 병사들은 할 수 없이 항복했을 것이다.[13]

모든 것이 필리포스가 계획한 대로 진행된 것은 아니었다. 어떤 싸움은 무척 어려웠다. 한번은 교전 중에 그의 헤타이로이 기병 한 명이 죽고, 150명에 달하는 병사들이 부상당했다(사망자 수와 부상자 수의 큰 격차가 벌어지는 또 하나의 사례다). 필리포스도 타격당해 빗장뼈가 부러졌다. 다른 문헌에서 디오도로스는 일리리아인과의 교전에서 한 근위병 덕분에 왕이 목숨을 구했다고 전한다. 파우사니아스라는 그 청년은 왕이 넘어졌을 때 그 옆에서 목숨을 바쳐 왕을 살려냈다고 한다. 이것은 이 교전과 관련이 있거나, 더 나중에 일어났지만 기록되지 않은 다른 군사작전에서 일어났던 일인 것 같다. 마케도니아인들은 이 전투에서도 이겼을 것이다. 이기지 못했다고 하더라도 얼마 지나지 않아 전체적인 승리를 거두었을 것이고, 그 결과 거의 아드리아해까지 이르는 일리리아의 넓은 지역을 지배하게 되었다. 더 많은 광산 지역이 필리포스의 통제 아래 들어왔고, 이를 통해 그의 지속적인 수요를 채워줄 수입과 자원이 추가되었다.[14]

부상에서 회복하는 데는 시간이 걸렸지만, 필리포스는 다시 한번 자신의 강인한 체질을 입증했다. 이 시기에 그가 벌인 활동의 세부적인 내용과 연대적 순서는 제대로 기록되어 있지 않다. 왜냐하면 다시금 그리스의 문헌들이 북쪽 민족의 일에 제한적인 관심만 보이기 때문이다. 필리포스는 적어도 한 번 이상 테살리아에 방문해서 지방 귀족들과 도시들 사이에서 계속되는 경쟁을 중재했을 것이다. 어쩔 수 없이 승자와 패자가 생겼고, 필리포스의 호의를 얻은 자와 그렇지 못한 자들이 생겼으며, 그에 따라 그와 그가 행한 일들에 대한 시각도 달라졌다. 그는 라리사의 알레우다이 집안 사람들 중 일부를 유인해 잡아들이려고 병에 걸린 척 했지만 이것이 거짓임을 알리는 전갈이 알레우다이 사람들에게 전해졌고, 그들은 필리포스 앞에 나타나지 않았다. 적어도 그들 중 한 사람은 나중에 알렉산드로스에 맞서 페르시아인에게 협력하는 인물로 등장한다. 나머지 사람 중 상당수는 망명을 선택했을 것이다. 기원전 342년에 이르러서야 필리포스는 테살리아 동맹을 개혁했다. 기존 동맹을 네 개 지역으로 나누고, 각 지역은 주민이 선출하는 것이 아니라 그가 임명하는 분봉왕이 다스리게 했다. 그러나 필리포스를 비판하는 이들의 모든 수사修辭에도 불구하고 그들조차 마케도니아 왕이 테살리아의 도시와 동맹을 마케도니아의 속국이 아니라 독립된 동맹으로 대우했다는 것은 인정했다.[15]

필리포스가 자신의 의지를 관철하기 위해 권력을 사용하는 방식은 에페이로스로 진군하여 아리바스 왕을 폐위했을 즈음에 더욱 노골적으로 변했다. 당시 스무 살이었던 올림피아스의 동생 알렉산드로스가 피를 흘리지 않고도 삼촌의 자리를 차지했다. 아테네에서 아리바스를 환영하고 시민으로 받아주었기에 그는 편안한 망명생활에 들어갔다. 그 뒤에 필리포스는 에페이로스의 경계 너머까지 군대를 이끌고 가서 암브라키코스만에 가까운 서너 개의 그리스 도시들을 공격했다. 이를 위한 구실이 무엇이었는지는 알려지지 않았지만, 오래된 분쟁들이 쉽게 되살아났다는 데는 의심의 여지가 없다. 공격의 목적은 에페이로스의 경계를 안전하게 확보하고 왕국을 풍요롭게 하는 것이었다. 왜냐하면 본래 엘레이아의 식민지였던 이 도시들은 더 넓은 세계와의 해상 교역을 장악하고 있었기 때문이다. 필리포스는 그들을 알렉산드로스 왕의 "노예로 만들었다." 이전에 그가 암피폴리스 같은 도시들을 점령한 뒤 자신의 부와 권력을 늘렸던 것과 같은 방식이었다. 몰로소이족이 이끄는 에페이로스 왕국은 이번에도 매우 가깝고 종속적인 동맹국이면서도 필리포스의 개입 범위 바깥에서 자체적인 문제들을 처리하는 또 다른 독립 국가로 남았다.[16]

기원전 342년부터 3~4년 동안은 트라케가 줄곧 필리포스의 시간과 자원을 잡아먹었다. 예를 들어, 기원전 341년 데모스테네스는 필리포스가 이미 10~11개월 동안 싸우고 있다고 보고했다. 케르소블렙테스와 필리포스 사이에 새로이 전쟁이 발발했고, 필리포스는 해당 지역의 많은 부분을 직접적인 통제권 아래 두기로 마음먹은 것처럼 보였다. 처음에 그는 이 지역 그리스 도시의 수호자를 자처했지만, 그의 목적은 분명히 광대한 지역을 정복하는 것이었고, 그로 인해 격렬한 전투가 일어났다. 데모스테네스는 '제대로 된' 군대의 핵심인 팔랑크스도 없이 기병, 펠타스테스, 궁수, 용병만을 이끌고 전진하는 왕을 폄하했다.[17]

이 지역은 산과 숲이 많아서 매복하기에 유리했다. 한 번은 필리포스가 사냥개들을 이용해 나무에 숨어있는 전사들을 찾아내게 했다. 적군의 추격에 직면할 경우에는 퇴각하는 병사들을 엄호하기 위해 신중한 대비책이 마련되었다. 어떤 작전은 시간을 끌면서 병사들을 지치게 했고 왕까지 무겁게 압박했지만, 왕과 병사들 모두 끈기있게 잘 버텼다. 늘 그러하듯이 전쟁에는 외교가 수반되었다. 치세 초기의 관례를 되살려 필리포스는 트라케 북쪽에 살던 호전적 부족인 게타이 족의 코텔라스 왕의 딸 메다를 여섯 번째 아내로 맞아들였다. 두 사람 사이에서 태어난 자식은 기록에 없으며, 메다는 다른 곳에서 전혀 언급되지 않는다. 하지만 두 사람의 혼인은 동맹관계를 공고히 하는 데 제 역할을 했던 것으로 보인다.[18]

아테네인들은 본래부터 트라케 해안에서 일어나는 일들에 민감했다. 데모스테네스와 같은 생각을 가진 사람들에게 필리포스의 군사활동은 아테네에 대한 그의 뿌리 깊은 적대감을 보여주는 증거였다. 필로크라테스의 화평을 어렵게 승인한 것은 마케도니아 및 그 왕과의 관계에 대한 기나긴 논쟁의 시작에 불과했다. 이미 기원전 346년에는 데모스테네스와 그의 동료 티마르코스가 뇌물을 받고 아테네를 배신하여 필리포스를 도왔다는 혐의로 아이스키네스를 고발한다고 공표했다. 그들은 아이스키네스의 이름에 먹칠을 한 것에 만족했기 때문이었는지 실제로 재판이 열리도록 압박을 가하지는 않았다. 그들이 이 일을 하기 전에 아이스키네스는 티마르코스의 심각한 부도덕성을 고발함으로써 응수했고, 이에 관한 재판이 먼저 열렸다. 기원전 345년에 열린 재판에서 티마르코스에게 제기된 혐의는 매춘을 비롯해서 민회에서 발언하지 못할 만큼 수치스러운 행동들이었다. 결국 혐의들이 인정되어 티마르코스는 시민권을 박탈당했으며, 이로써 그의 정치 이력도 끝이 났다. 기원전 344년에는 화평 조약의 설계자였던 필로크라테스가 아테네에 대한 배반 혐의로 기소되었는데, 이는 사형에 처할 수 있는 중죄였기에 그는 재판을 받기보다 자발적 망명을 선택했다. 데모스테네스는 마침내 아이스키네스를 기소했다. 하지만 아이스키네스는 망명하지 않고 끝까지 싸워서 전체 1500표 중에 30표의 차이로 간신히 무죄선고를 받았다.[19]

아테네 정치에서 뇌물 수수는 매우 흔한 비방의 근거였으며, 데모스테네스에게는 이에 대한 강박 같은 것이 있었다. 필리포스에 대해 자기와 다른 의견을 제시하는 사람은 틀림없이 뇌물을 받았다는 식이었다. 메시지는 단순했다. 아테네가 더 이상 위대하지 않은 것은 그 지도자들이 이 도시를 배반했기 때문이었다. 시민과 지도자 모두의 참된 애국심과 결연한 의지, 그리고 건전한 동맹만이 이 모두를 바꿀 수 있으며, 필리포스를 물리치고 아테네에 합당한 영광을 되찾아 줄 것이었다. 단순한 생각 하나가 충분히 반복되면 매우 강력해질 수 있다. 특히 청중이 믿고 싶어 하는 것에 부합할 때는 더욱 그러하며, 그

안에 아주 작은 진실이라도 담겨 있으면 훨씬 더 강해진다. 필리포스와 아테네의 이해관계는 때때로 충돌했고 이 충돌들은 필리포스에게 유리한 방향으로 해결되었다. 아테네의 현실주의자들은 이것을 마케도니아의 왕이 너무 강하기 때문에 적어도 즉각적인 미래에 그에게 맞서 싸울 수 없고, 다시 전쟁을 일으키고 그 규모를 늘리는 것은 상황을 더 나쁘게 할 것이라는 신호로 받아들였다. 하지만 데모스테네스는 그러한 의견들을 부패한 자들의 생각으로 묵살하고 자신의 의견을 계속해서 주장했다.[20]

이 몇 년 동안 데모스테네스의 영향력은 더욱 커졌다. 하지만 우리가 기억해야 할 것은 그러한 영향력을 가진 사람이 데모스테네스만 있었던 것은 아니라는 것, 그럼에도 그가 그토록 두드러져 보이는 까닭은 부분적으로 그의 연설문 자체가 오늘날까지 전해져 추앙받고 있기 때문이라는 것이다. 그는 필리포스가 아테네의 숙적이라고 주장했다. "그의 모든 활동과 그의 모든 조직은 우리 도시를 공격하기 위한 방도를 마련하고 있다." 필리포스가 근래에 점령한 트라케의 잘 알려지지 않은 요새들인 "드롱길로스, 카빌레, 마스티라"를 정말로 탐냈겠는가? 그가 트라케의 그 변변찮은 전리품을 획득하기 위해 혹독한 겨울을 여러 번 났음에도, "아테네의 항구, 조선소, 전함, 은광을 비롯한 부의 원천을 탐하지 않는다"고 한다면 누가 믿을 수 있겠는가? 다른 아테네인들 역시 마케도니아 왕의 일부 활동에 대해 긴장했다. 그가 암브라키코스만에 가까운 도시들을 점령하자 아테네인들은 남쪽 해안에 면한 아카르나니아의 공동체들을 지원하기 위해 원정대를 파견했다. 계획된 공격을 단념했기 때문이든, 아니면 애초에 그곳을 공격할 계획이 없었기 때문이든, 필리포스는 아테네의 동맹들에 맞서

전진하지 않고 물러섰다.[21]

그리스 동부 해안에 가까이 있는 큰 섬 에우보이아는 아테네의 동맹이었다가 강력하게 밀어붙여 완전한 독립을 획득했지만 여전히 민감한 지역이었다. 그곳에 마케도니아가 고용한 용병들이 등장한 것은 필리포스에 대한 데모스테네스의 공격을 더욱 부채질했다. 이 용병들은 도시 내부의 파벌 사이에서 벌어진 다툼에서 지역 지도자들을 지원하기 위해 에우보이아에 왔고, 필연적으로 그들의 성공은 새로운 정권이 마케도니아 왕에게 우호적인 태도를 보이리라는 것을 의미했다. 마케도니아가 고용한 용병들은 펠로폰네소스에도 등장했지만, 이들은 아테네의 관심을 덜 끌었다. 이보다 조금 더 이른 시기에 어떤 야심 찬 에우보이아인이 해당 지역에서 결속력이 강한 동맹을 형성하겠다는 의지를 천명했으나 필리포스는 그의 호소에 응답하지 않았다. 이를 보면 그의 지원은 자동으로 주어지는 것이 아니라, 한 지도자에 대한 그 지역의 지지를 평가한 뒤에 주어지는 것이었다. 그 에우보이아인은 나중에 아테네에 호소했고 아테네인들은 몇 차례 에우보이아에 개입하여 필리포스가 지원하는 지도자들과 충돌했다.[22]

그러나 이 몇 년 동안은 필리포스가 남부 그리스에 개입하기로 결정하는 일이 드물었고, 특히 군대를 동원하는 경우가 드물었으며, 또 청원에 응답하기보다 자신이 먼저 주도하는 경우는 거의 없었던 점이 두드러지는 시기였다. 에우보이아는 분열이 심했다. 마케도니아와 아테네가 몇몇 지도자에게 제공한 원조는 타오르는 불길에 기름을 끼얹는 격이었다. 필리포스가 마케도니아 병사보다 용병을 선택한 것은 아마도 요령 있는 결정이었을 테지만, 파르메니온과 다른 고위 장교들을 파견한 것을 보면, 단순히 가용성에 따른 결정이었을 수도 있다. 부대를 고용해서 다른 나라의 전쟁에 파견하는 식으로 전쟁에 참여하는 것은 이 시기에 매우 흔한 일이었다. 이집트 재정복을 위한 전쟁에 호플리테스를 파견해 달라는 페르시아의 요청을 아테네는 거절했지만 테바이는 수용했다. 스파르타의 왕과 군대는 이탈리아에 가서 싸웠다. 포키스의 팔라이코스와 그의 군대는 용병으로 채용되기 위해 이탈리아에 갔다가 다시 크레타로 갔다. 수만 명의 개인과 작은 집단들이 페르시아의 보수를 받고 있었다.[23]

아테네는 이피크라테스와 카레스의 이력에서 알 수 있듯이 대부분 용병으로 이루어진 병력을 자국의 장군과 함께 파견하는 것을 좋아했다. 이런 작전들은 자체적으로 자금을 마련할 거라는 기대가 늘 있었다. 많은 경우에 아테네의 안정적인 지원이 부족하다는 것은, 그 지휘관들이 약탈과 기습을 선택할 수밖에 없고 병사들에게 급료를 지불하기 위해서는 지역 주민과 동맹을 맺거나 전쟁을 벌일 수밖에 없다는 걸 의미했다. 특히 기원전 343년경에 디오페이테스라는 사람이 병력과 함께 갈리폴리 지역으로 파견되어, 무자비한 모습을 보여주었다. 이 디오페이테스와 가까운 사이로 알려졌던 헤게시포스는 데모스테네스만큼 달변가는 아니지만 그와 같은 주장을 계속 반복함으로써 영향력이 생긴 이들 가운데 하나였다.[24]

아테네 민회에서는 토론이 공개적으로 열렸으므로 필리포스는 자신에 대해 하는 이야기를 알고 있었을 게 틀림없다. 뇌물을 주었다고 그를 비난하는 이들이나 전쟁이 불가피하다고 주장하는 이들에 대해서도 알고 있었을 것이다. 마찬가지로, 아테네의 공식 또는 비공식 대표들이 마케도니아에 맞선 동맹을 모으고 있다는 것도 비밀이 아니었다. 기원전 343년에 비잔티온의 유명한 웅변가 피톤이 필리포스를 대신해 아테네 민회에 와서 그를 비판하는 이들에 대해 항의했다. 이 능력있는 연설자는 마케도니아의 왕이 필로크라테스 화평 조약의 참여국을 모두 존중해 왔다고 주장했다. 그리고 아테네인들에게 어느 나라보다 그들과 친선을 맺기 바라는 필리포스의 진실된 바람을 납득시켰으며, 그들이 바란다면 동맹 협약에 대한 수정안을 경청하겠다고 전했다. 많은 아테네인이 박수를 쳤고, 필리포스에게 사절단을 보내 협상을 시작했다. 하지만 사절단에 포함된 헤게시포스가 과도한 요구를 했기 때문에 어떤 일도 이루어지지 않았다. 그는 암피폴리스를 비롯하여 아테네가 오래전에 상실한 도시들에 대한 권리를 다시 요구했다. 기원전 362년 레우크트라 전투 이후에 맺어진 조약과 같은 모든 그리스 국가들 사이의 새로운 '공동 화평'•을 위한 논의가 특히 필리포스의 지원 덕분에 더 멀리까지 나아갔다. 하지만 더 넓은 세계가 그렇게 관심을 보일지는 확실하지 않았다.[25]

갈리폴리 반도는 전체가 아테네의 소유였는데 카르디아라는 도시만은 예외였다. 이 도시는 한 번도 아테네의 수중에 들어간 적이 없었고, 이제는 필리포스의 동맹이 되었다. 하지만 그렇다고 해서 아테네가 그 도시를 원하지 않은 것은 아니었다. 기원전 342년 필리포스는 암피폴리스와 카르디아, 그리고 할론네소스라는 작은 섬에 대해 외부 중재안을 제안하는 서한을 써 보냈다. 이 섬은 한때 아테네 제국의 일부였지만 이후에 해적들의 거점이 되었고 최근에는 마케도니아인들

• 그리스어로 코이네 에이레네(Koine Eirene)라고 하는 '공동 화평'은 기원전 4세기 그리스 세계에서 가장 영향력 있는 개념 중 하나로, 모든 그리스 도시국가가 참여하여 각자의 독립과 자유를 인정하며 현상태의 세력을 그대로 유지한 채로 화평 조약을 맺음으로써 항구적인 평화를 유지하자는 것이었다.—옮긴이

에게 함락되었다. 이러한 제안은 전쟁을 하지 않고 분쟁을 해결하는 일반적인 기술이었으며, 중재를 요청받는 공동체의 명예를 높이고 친선을 강화하는 데 도움이 되었다. 필리포스는 이 섬을 아테네인들에게 주겠다고 제안했지만, 아테네인들은 필리포스가 이미 아테네의 소유였던 것을 원래대로 회복한다고 말하지 않았다는 이유로 이 제안을 거부하라는 주장에 설득당했다. 마케도니아와의 전쟁을 바라지 않는 이들은 평화를 유지하려면 자존심을 버려야 한다는 사실을 현실적으로 받아들였다. 데모스테네스와 헤게시포스, 그리고 그 동료들은 아주 작은 타협조차 아테네의 위상 전체를 약화시킨다고 보았고, 사실상 무엇이든 포기하면 전체를 포기하는 것이라고 주장했다.[26]

아테네의 디오페이테스 장군도 비슷한 시각을 가졌고, 자신의 군대에 자금을 지원해야 했던 것으로 보인다. 그가 아테네인 정착민의 지원을 받아 카르디아를 위협하자, 필리포스는 부대를 그곳으로 보내 주둔시키고 협상을 원한다는 의사를 표시했다. 기원전 342년 말이나 기원전 341년 초에 디오페이테스는 필리포스가 보낸 특사를 생포하여 아테네로 보냈고 아테네에서는 이 특사가 가지고 있던 급보가 공개되었다. 기원전 341년 디오페이테스는 트라케의 공동체를 기습하여 전리품과 노예를 챙겼고, 이는 분명 그의 군대를 지원하는 데 도움이 되었을 것이다. 필리포스는 이에 항의하기 위해 또 다른 특사를 파견했다. 하지만 이 특사는 포로로 잡혔을 뿐 아니라 몸값을 지불하고 풀려날 때까지 고문을 당했다. 디오페이테스는 또한 상선들을 공격했고, 그중에는 마케도니아와 그 동맹들의 선박도 포함되었다. 데모스테네스는 필리포스에게 맞선 불가피한 전쟁이 비록 공식적으로 선언되지는 않았지만 이미 시작된 것이라고 시민들을 설득하면서 장군을 옹호했다. 에우보이아에 있는 아테네 동맹은 우위를 점했고—아마도 그곳에 더 이상 마케도니아가 고용한 용병들이 없었기 때문일 것이다—파가사이만의 연안 도시들을 기습하기 시작했다. 이들 도시가 마케도니아의 동맹이었기 때문에 이 습격은 필로크라테스의 화평 조약을 정면으로 위반한 것이었다.[27]

데모스테네스는 많은 그리스인이 필리포스를 두려워하고 싫어하기 때문에 주도적으로 필리포스에 맞서 싸울 용기가 충분하다면 아테네는 이미 준비된 동맹들을 찾아낼 것이라고 항상 주장했다. 여러 세대에 걸쳐 연설가들이 마라톤과 테르모필라이에서 거둔 과거 아테네의 영광을 떠들어대면서 한편으로는 페르시아의 원조를 받아야 한다고 말하는 것이 더 이상 낯설지 않게 되었다. 데모스테네스는 이를 지지했고, 기원전 341년 아테네 사절단이 왕들의 왕에게 파견되었다. 페르시아인들이 트라케 지방에서 필리포스의 정복 활동에 불안해하는 징후들이 있었고, 그들은 동맹을 맺고 싶어 하지는 않았지만 격려와 자금을 보내주었다. 다른 나라들도 필리포스가 유럽 쪽 헬레스폰토스로 접근해오자 긴장했다. 비잔티온과 페린토스처럼 확실하게 자리 잡은 그리스 식민지들이 언젠가부터 필리포스의 동맹이 되어, 트라케 임금들에 맞선 필리포스의 방어력에 만족하고 있었다. 그러나 이제 그들에게 이 동맹관계의 매력이 떨어졌다. 필리포스가 계속 큰 성공을 거두면서 이미 그들의 문 앞까지 와 있었기 때문이다. 기원전 341년 데모스테네스는 비잔티온에 갔고, 그들이 이미 필리포스를 두려워하게 되었다고 보고했다. 로도스와 코스같이 얼마 전까지만 해도 아테네 동맹들의 반란을 주도했던 이전의 아테네 동맹국들은 이제는 옛 주인보다는 마케도니아인들을 더 우려하게 되었다.[28]

이즈음에 디오페이테스가 죽고, 대신에 카레스가 다르다넬스 지역의 사령관이 되었다. 카레스는 적어도 이 지역을 잘 알았지만, 필리포스에 맞서 싸운 전적은 고르지 못했다. 이 시기에 비잔티온을 비롯해 다른 해안 도시들이 아테네와 페르시아의 원조 약속에 고무되어 공개적으로 마케도니아에 대한 반감을 표명했다. 필리포스는 기원전 340년에 3만 명의 병사를 이끌고 공격을 개시했다. 목표는 비잔티온보다 더 가깝고 더 작은 페린토스였다. 마케도니아 군대의 전문 공병들은 이전 투석기보다 훨씬 더 강력한 투석기를 고안했다. 새로운 투석기는 성벽 공격에 유리하도록 정지해 있거나 이동하고 있거나 상관없이 공성탑에 올려진 상태로 사용되었다. 그러나 이 새로운 투석기와 병사들의 오랜 공성 경험에도 불구하고, 전황은 더디게 진행되었다. 카레스의 트리에레스 함대가 마케도니아 병사들이 도시의 항구를 봉쇄하지 못하게 막았으며, 이는 외부의 원조가 완전히 차단되지 않았음을 의미했다. 페르시아의 사트라프들이 지원 물자와 용병들을 보내 도시 방어에 도움을 주었고, 비잔티온과 다른 동맹들도 그렇게 했다. 페린토스의 수성군은 구식이지만 여전히 성능이 좋은 투석기를 사용했고, 더 많은 발사용 무기가 도시 안으로 공급되었다.[29]

페린토스는 경사면에 자리 잡은 도시로 집들이 층을 이루어 빽빽하게 들어서 있었다. 필리포스의 부하들이 파성퇴를 이용해 성곽의 외벽을 뚫었을 때 페린토스 수성군은 바로 그 뒤에서 대열을 이루어 또 다른 방어선을 구축했고, 전체 과정이 새로이 다시 시작되었다. 매일 마케도니아인들은 도시 방어시설의 다른 구역들을 공격하면서, 과거에 종종 그러했듯이 수성군을 지치게 만들고자 했다. 물론 궁수와 투석병들이 투석기를 지원했고, 투석기는 탑에서 성벽을 향해 큰 돌을 날렸다. 파성퇴가 자기 일을 계속하는 동안 투석기도 수성군이 더 이상 버틸 수 없게 만들고자 애를 썼다. 사다리를 사용한 반복 공격은 페린토스인들을 어쩔 수 없이 성벽 위로 오르게 하여 이들을 격퇴할 수 있게 했다. 양쪽 모두에서 희생자가 급증했다. 마케도니아 병사들은 성곽의 내벽을 뚫고 점거했다. 도시 안으로 들어가자 모든 거리와 골목이 장애물로 견고하게 막혀 있었다. 사실상 그들은 또 다른 성벽과 마주치게 된 것이었다. 전방에 있는 구조물을 무너뜨려야만 파성퇴와 다른 공성기관을 가져올 수 있었다. 마케도니아 병사들이 이 방어선을 무너뜨리면 페린토스인들은 다음 층으로 물러나 또 다른 방어선을 구축했다. 그들은 뒤로 밀리면서 도시 중심으로 들어갈수록 더 높은 지대로 올라갔으므로 필리포스의 공성탑들은 효력이 없어졌고, 이제는 수성군이 무기를 위에서 아래로 쏘거나 던질 수 있는 유리한 위치를 점하게 됐다.[30]

페린토스에는 충분한 양 이상의 보급품이 공급되었기 때문에 자신감을 유지할 수 있었고, 마케도니아 병사들이 방어선을 뚫으면 그 뒤로 다음 방어선이 배치되었다. 필리포스는 페린토스를 원조하느라 비잔티온의 뛰어난 병사와 장비들, 지도자들이 바닥났으리라 확신하고 도박을 해보기로 결정했다. 그는 군대를 둘로 나누어 한쪽 군대를 직접 이끌고 둘 중 더 큰 도시인 비잔티온을 차지하겠다는 생각에 전력으로 행군했다. 그리고 그곳에 도달하여 공성을 개시했을 때 비잔티온의 수성군이 보통 때보다 활력이 떨어져 있었기 때문에 그는 자신의 판단이 부분적으로 옳았음을 실감했다. 처음에는 그에게 행운이 따랐다. 그는 곡물 수송선으로 이루어진 대규모 수송대가 보스포로스 해협의 아시아 쪽 해안에 있는 히에론에 집결하여 아테네까지 동반할 근위대를 기다리고 있음을 알게 되었다. 카레스는 페르시아인과의 회담 때문에 자리를 비운 상태였다. 필리포스는 마케도니아 소함대들을 모아 병사들을 태우고 해협을 건넌 다음 육지에서 항구를 공격해 수송대 전체를 포획했다. 중립국가에 속한 선박 50척 정도를 풀어주고도 180척의 아테네 선박들을 손에 넣을 수 있었다. (당시 상선들은 상대적으로 크기가 작았고 여러 척의 소형 선박으로 교역이 이루어졌다. 대형 곡물 수송선이 나온 것은 로마 제국 시대다.) 필리포스는 수송대에 실려 있는 곡식으로 자기 병사들을 먹이고, 선박들을 분해하여 쓸만한 목재는 모두 공성 작업에 활용했다.[31]

그러나 비잔티온의 성채는 매우 강력했다. 이번에도 마케도니아 병사들은 도시와 바다 사이의 연결을 끊지 못했다. 로도스, 코스, 키오스 같은 섬에서 증강 병력이 곧 도착하여, 비잔티온 수성군의 수를 증원한 것은 물론 사기를 진작시켰다. 폭우가 내리는 가운데 진행된 야간 기습 공격이 성공을 거둘 뻔했으나, 개들이 짖어대는 바람에 비잔티온 병사들이 잠에서 깨 부리나케 진지로 달려가 마케도니아 병사들을 물리쳤다. 도박은 실패했고, 필리포스는 결국 두 도시의 공성을 모두 포기하기로 결정했다.[32]

아테네인들은 기원전 346년에 체결한 조약을 글로 새긴 바위를 부숴 버렸다. 필리포스가 사실상 전쟁을 선포한 것인지를 두고 여론이 나뉘었으며, 만약 그러한 것이라면 그것이 언제였느냐를 두고 다시 의견이 갈렸다. 기원전 341년 필리포스가 아테네인들에게 편지로 보낸 성명들은 아테네에서 배상하지 않으면 전쟁이 발발할 것이라는 최후통첩으로 간주될 수 있었다. 데모스테네스는 동료 시민에게 필리포스와의 전쟁은 불가피하다고 한결같이 강하게 주장했다. 헤게시포스를 비롯하여 같은 생각을 가진 다른 이들과 마찬가지로 데모스테네스의 말과 행동은 이를 실현시키기까지 머나먼 길을 지나 왔다. 기원전 340년, 아테네는 동맹을 구했지만 남아있는 동맹이 거의 없었다. 다른 국가들이 동맹에 참여할지도 확실하지 않았다. 필리포스를 물리칠 실제적 가능성이 있는지는 더욱 불분명했다. 데모스테네스의 약속들은 이제 시험대에 올랐다.[33]

기원전 340년에는 주목할 만한 사건이 하나 더 일어났다. 트라케 해안에서 이루어진 작전들에 비하면 작은 사건이기는 하다. 필리포스는 열여섯 살의 알렉산드로스를 섭정으로 정하고 궁을 비웠다. 이로써 왕자의 공식적인 학습 기간이 종결되었다. 파이오니아와 트라케의 경계에 사는 마이도이족 사이에서 문제가 발생했고, 알렉산드로스는 자기 수하의 병력을 모아 그들을 향해 진군했다. 플루타르코스는 이 일에 대해 자세히 전하지는 않지만, 알렉산드로스가 마이도이족의 주요 정착지를 함락하고 주민들을 추방한 뒤 도시를 다시 건설했다고 설명한다. 아버지를 그대로 모방하여 여러 민족이 뒤섞인 주민들을 정착시키고, 역시 아버지가 하던 대로 자기 이름을 따서 도시의 이름을 알렉산드로폴리스라고 지었다. 이것이 왕자 알렉산드로스가 처음으로 전쟁에 나간 경험이었다. 우리는 전투가 얼마나 심각했는지 알 수 없다. 하지만 의심의 여지없이 분명한 것은 이것이 그의 자신감을 보여주는 또 다른 징표였다는 사실이다.[34]

10

오래된 적과 새로운 적

기원전 340년에 이르자 필리포스는 더 강해졌고 아테네가 그에게 손상을 입히기는 더 어려워졌다. 그러나 성공에는 대가가 따르기 마련이었다. 필리포스는 마케도니아를 안전하고 강력한 국가로 만들었지만, 다른 나라들은 마케도니아를 더욱 커진 위협으로 받아들였다. 이제 당분간은 대다수의 나라에서 필리포스와의 충돌을 아테네의 주된 관심사로 여기고 지켜보고자 했다. 어느 쪽이 되었든 마케도니아나 아테네가 상대를 완파하는 것보다는 균형을 이루는 것이 외부인에게는 더 나았다. 다른 나라들은 지켜보고 기다리면서 위협을 감지하고 이익을 챙길 기회를 노렸다. 예측하기 어려운 방식으로 두 나라의 충돌이 확장되고 심화될 가능성이 있었다.

그러나 아테네인들이 모두 필리포스와의 전쟁을 환영했던 것은 아니다. 아이스키네스와 그의 동조자들은 전쟁이 불필요하며 위험하다고 주장했다. 마케도니아 왕은 위협적 존재가 아니거나, 적어도 목전의 위협이나 아테네가 직면한 가장 중요한 문제는 아니라는 것이다. 하지만 이제 그러한 의견은 소수였고 다수는 전쟁을 승인하는 쪽에

표를 던졌다. 훨씬 더 소수의 사람들이 필리포스를 그리스의 모든 나라를 구할 위대한 지도자로 보았다. 펠로폰네소스 전쟁이 끝난 이래로 그리스인들끼리 싸우며 끊임없이 이어지는 전쟁과 혁명에 대해 많은 이들이 한탄했고, 어떤 이들은 해결책을 발견했다고 믿었다. 문제는 가난이었다. 시민은 너무 많은데, 편하게 지낼 수 있는 땅과 기타 수입원이 부족했다. 빈곤한 사람들은 부자들을 시기했고, 부자들은 부자들끼리 경쟁했으며, 이러한 상황은 도시 내부의 권력 다툼과 다른 폴리스에 대한 공격을 부추겼다. 한 움큼밖에 되지 않는 사상가들은 그리스인들이 범그리스적 대의로 똘똘 뭉쳐 페르시아를 공격하고 그 땅과 부를 차지한다면 이 모든 문제가 해결될 수 있다고 주장했다. 페르시아를 정복하면 아시아의 야만인들이 노예가 됐든 헤일로테스 같은 농노가 됐든 땅을 일구고 짐승을 칠 것이므로, 그리스인 지배자들은 그저 편안하게 조화 속에서 살면서 마침내 그리스 문명의 최고 단계에 이를 수 있게 되리라는 것이었다.[1]

승리는 당연한 것으로 여겨졌다. 이러한 목소리를 내는 철학자들은 페르시아인을 비롯한 다른 아시아인들이 본래부터 열등하다는 믿음을 공유하고 있었다. 아시아인들은 겁이 많아서 그리스인들이 단결한다면 쉽게 쳐부술 수 있으리라고 보았다. 동방에 사는 이들은 또한 이전의 적이기도 했으므로, 그들을 공격하기 위한 다른 이유를 찾을 필요도 없었다. 이상적으로 그러한 전쟁이 모든 도시에 이익이 될 것이라는 깨달음과 상호간의 선의로 그리스인들이 함께 뭉치면 승리는 필연적인 산물일 것이었다. 그러나 이런 사상가들의 간절한 연설과 전단이 결국 여러 나라를 규합하는 데 실패하자 그 지지자들은 당대의 지배적 도시가 모범을 보임으로써 다른 도시의 참여를 설득하라고 촉구했다. 그들은 스파르타, 테바이, 아테네에 호소했지만, 단지 페르시아와의 전쟁을 설파했던 이들만이 아니라 많은 철학자가 도시 국가, 특히 민주정 국가에 대한 믿음과 기대를 잃기 시작했고, 카리스마적 통치자에게 희망을 품기 시작했다. 시칠리아의 참주인 페라이의 야손과 그의 아들 알렉산드로스는 이 위대한 전쟁의 지도자가 되어달라는 요청을 받았고, 권력이 더 강해지고 있던 필리포스에게도 같은 요청이 들어왔다.

이런 논의에서 가장 끈질기게 목소리를 낸 이들 중 하나는 플라톤의 아카데미아와 경쟁한 변론술 학교의 수장인 아테네의 이소크라테스다. 기원전 346년(아니면 기원전 344년)에 대략 90세에 이른 이소크라테스는 페르시아를 향한 범그리스적 '십자군'을 옹호하는 검증된 주장과 논거를 잘 가공하여 필리포스에게 공개 서한을 써 보냈다. 그것은 훌륭한 대의大義였다. "반드시 명예로운 영광을 가져다주어 역사상 최고의 위인 가운데 하나로 명성이 높아질 것이며, 기대에 못 미친다 하여도 범그리스인의 호의를 얻게 될 것이다." 이는 그리스 도시를 무력으로 지배하는 것보다 페르시아와 전쟁을 하는 것이 훨씬 나은 일이라는 뜻이었다. 그리스 도시들과 싸워 이긴다 해도 결국 그리스인들의 미움만 받게 될 것이기 때문이다.[2]

이소크라테스는 필리포스에게 그리스 도시, 특히 아테네, 스파르타, 테바이, 아르고스 등 가장 명망 있는 도시들을 설득하여 더욱 위대한 대의를 가지고 그의 지휘 아래 협력시키라고 촉구했다. 그가 편지를 썼을 때는 필로크라테스의 화평 조약이 이제 막 체결되었을 때였다. 이소크라테스는 아테네가 기꺼이 마케도니아 왕에게 합류할 것이라고 주장했으며, 자신의 도시가 이전에 그 길을 따르지 않은 것을 두고 한탄했다. 그는 마케도니아 왕을 비판하는 이들에게 맞섰으며 데모스테네스와 그에게 동의하는 정치인들이 순전히 질투심과 충돌을 일으키려는 욕망에서 필리포스를 폭군으로 거짓되게 묘사하고 있다며 그들의 주장을 일축했다. 필리포스를 의지가 있는 명백한 지도자로 보지 않고 그리스인의 적으로 제시하는 사람들은 이기적이고 무책임한 이들이라고도 했다.[3]

이소크라테스는 그동안에 필리포스가 아테네와 멀리 떨어져 있는 일리리아와 트라케의 부족과 싸우면서 신상의 위험을 무릅쓰고 시간과 노력을 낭비하지 말아야 한다고 주장했다. "그리스인의 유익을 위하여 일하고, 임금으로서 마케도니아인을 다스리고, 그대의 권력을 가능한 한 많은 야만인에게까지 확장하는 것이야말로 그대의 의무라고 확신하오." 만약 필리포스가 의무를 행한다면, 모든 사람이 그에게 고마워할 것이었다. 그리스인들은 그가 베푼 "친절"에 감복해 그를 사랑할 것이고, 외국인들은 "야만적인 폭정에서 구원되고 헬라스의 보호 아래 들게 되어" 그를 사랑할 것이었다.[4]

이소크라테스는 매우 연로한 철학자였다. 그는 정치인도, '전형적인' 농사짓는 시민도 아니었다. 그가 필리포스에게 그리스인들을 통합하여 페르시아에 대항하라고 촉구하는 아테네의 유일한 지식인도 아니었다. 플라톤의 후계자이자 아카데미아의 수장인 스페우시포스는 필리포스가 그리스인의 지지를 받으려면 어떻게 해야 하는지에 대한 이소크라테스의 조언을 비판했지만, 마케도니아 왕이 범그리스적 십자군을 이끌어야 한다는 요청은 완전히 지지했다. 아리스토텔레스 또한 지지 의사를 표현했다. 이러한 기본적인 생각이 모든 계층의 많은 그리스인에게 설득력을 가졌으리라고 믿을 만한 이유가 있다. 그리스 공동체 내부와 공동체 간에 벌어지는 갈등을 끝내야 할 필요성에 대하여 제시한 합리적 이유에는 그 중심에 아주 본질적인 요구가 있었고, 이소크라테스는 이에 대해 다음과 같이 썼다. "또한 그저 가만히 앉아서 아시아가 유럽보다 번성하고 야만인들이 그리스인들보다 더 큰 번영을 누리는 모습을 지켜보고만 있는 것이 얼마나 수치스러운 일인지 생각해 보시오." 그리스인은 야만인을 무시했고 자신이 선천적으로 우월하다고 여겼으므로 페르시아인이 더 부유하게 사는 것은 온당치 못하다고 느꼈다. 고대 세계에서는 이와 비슷한 감정 때문에 많은 부족이 다른 부족 사람들을 공격했다. 대부분의 그리스인들도 우아한 고급문화의 얄팍한 외피 아래에서 이와 비슷한 충동을 느꼈음을 잊어서는 안 된다. 하지만 그러한 감정이 그렇게 강하지는 않았을 것이고, 분명히 일상생활과 정치에서 훨씬 더 중요한 사안과 야망이 있었고, 폴리스에 대한 자부심과 그 명예를 지키려는 바람이 훨씬 더 강력하게 작용한 탓에 어느 한 국가나 임금이 주도권을 쥐지 못하게 했을 것이다.5

마케도니아는 남부 그리스보다 페르시아 제국에 더 가까이 있었다. 페르시아인들은 여전히 트라케 지방에 대한 권리를 주장했지만, 기원전 4세기에 이러한 주장이 어떤 의미에서라도 현실성이 있었는지는 알기 어렵고, 마케도니아는 적어도 한 세대 동안 페르시아의 일부였다. 기원전 480~479년에 이루어진 페르시아의 그리스 침공에서 마케도니아가 어떤 역할을 했는지는 모호하다. 이후 페르시아에 맞선 충돌에서 마케도니아는 아무 역할도 하지 않았으며 용병 호플리테스를 제공하지도 않았다. 마케도니아와 페르시아 사이에 장기적인 적대감이 존재했던 흔적도 없으며, 필리포스의 치세 초기에도 실제적인 적대감의 징후는 전혀 보이지 않았다. 테바이의 팜메네스를 고용했다가 해고한 페르시아의 사트라프 아르타바조스는 페르시아 왕에 맞서 반란을 일으켰다가 실패한 뒤 마케도니아로 피신했고, 필리포스의 손님으로 대접받았다. 환대의 관습은 널리 이해되었고, 귀족 망명자를 환영하는 것은 전쟁 행위나 적대적 의도로 간주되는 일이 거의 없었다. 페르시아 사절들이 이따금 필리포스의 궁을 방문했고, 몇 년 뒤에 아르타바조스는 고국으로 돌아가 후한 대접을 받았다.

기원전 346년에 이소크라테스는 필리포스에게 공개적으로 호소해도 되겠다고 느꼈지만 마케도니아 왕이 이미 범그리스적 대전에 착수할 징후를 보였는지 아니면 단순히 이소크라테스가 그를 거명한 것인지는 확실하지 않다. 이 시기에 화평을 위해 협상을 하는 동안 필리포스는 아테네와 다른 도시들에게 돌아갈 미래의 혜택을 약속했다. 아테네에서 그를 비판한 사람의 말에 따르면, 대중에 공개된 서한에서 그는 이렇게 언명했다고 한다. "화평이 성립되면, 그를 반대하는 우리의 입을 막을 혜택들이 여러분에게 부여될 것이오. 그가 화평이 성립될 것이라는 확신이 들면 서면으로 기록하겠다고 말했던 혜택들 말이오." 하지만 화평이 성립되고 실제로 아무런 혜택이 나타나지 않았음에도 필리포스는 계속 그 혜택들을 언급했다. 이 때문에 어떤 이들은 이것이 그리스인들을 이끌고 페르시아에 맞서 싸워 전리품을 듬뿍 얻게 하겠다는 그의 의지를 애매하게 언급한 것인지를 궁금하게 여겼다. 이 모든 것은 추측일 뿐이며 이소크라테스가 행간에서 읽은 것이 무엇인지도 말하기 어렵다. 이때 페르시아가 마케도니아를 큰 위협으로 생각했을 리는 없으며, 주요 그리스 도시와 페르시아와의 관계는 계속해서 좋았다.[6]

더 즉각적인 원한과 야망은 물론 더 깊은 본능 때문에 도시국가들은 필리포스나 다른 누구의 지휘 아래 단합할 수가 없었다. 이 무렵에 페르시아의 위협은 너무 멀리 있었다. 이소크라테스는 기원전 4세기 초에 이미 페르시아 왕이 보증하는 화평 조약에 격하게 반대했지만, 대부분은 그것이 지속되는 동안에는 그것을 받아들였다. 여러 가지 면에서 데모스테네스가 필리포스에 맞서기 위해 페르시아에 원조를 청하자고 제안하는 편이 그 자신이나 다른 누군가가 테바이 같은 최근의 더 가까운 적들에 대해 우호적으로 말하는 것보다 더 쉬웠다. 페르시아를 꺾어버리고 싶은 마음보다 필로크라테스의 화평 조약을 싫어하는 마음이 훨씬 더 강한 아테네인들이 많았으므로 이소크라테스의 요구는 더 이상 들리지 않게 되었다. 하지만 누구도 그를 기소할 생각은 하지 않았으니, 이것은 그가 정치적으로 대수롭지 않은 인물이었음을 명확하게 보여준다.

데모스테네스와 그의 협력자들은 마케도니아에 맞선 전쟁을 오랫동안 주장해 왔지만, 어느 누구도 어떻게 전쟁에서 승리할 것인가에 대한 현실적인 생각을 갖고 있진 않았다. 기원전 346년보다 전략적 상황이 더 좋아지지도 않았다. 테바이 동맹이 여전히 안정적으로 유지되고 있는 동안 필리포스는 군대를 이끌고 남쪽으로 행군하여 아티케를 침공할 수도 있었다. 아테네는 기꺼이 그들을 지원해 줄 소수의 동맹보다 더 많은 동맹을 확보하지 못한다면 마케도니아의 위세에 패배할 수밖에 없었고, 아테네는 필리포스에게 심각한 손해를 안겨줄 수도 없었다. 기원전 340년에 페린토스와 비잔티온이 필리포스에게 공격당하는 동안 아테네의 소함대가 마케도니아 해안을 기습했다. 지휘를 맡은 것은 포키온이었는데, 그는 단호하고 능력 있는 장군으로 아테네의 공직 생활에서 보기 드문 간결한 화법과 진실된 성품으로 국내외에서 존경받았다. 그래서 약삭빠른 카레스와 거래하기를 거절했던 여러 공동체에서도 포키온은 받아들였다. 하지만 그가 행한 공격은 그저 마케도니아를 성가시게 하는 정도에 불과했고, 주된 결과는 포키온이 해안 공격 중에 부상을 입고 아테네로 돌아간 것이었다.[7]

아테네 해군의 힘은 별 의미가 없었다. 이제는 적의 주요 거점을 함락시킬 역량이 부족했고 심지어 해안에 있는 성채조차 함락시키지 못했다. 필리포스의 해군은 바다에서 아테네의 해군에 도전하기에는 아직 규모가 너무 작아서 스스로 바다로 나가 괴멸당할 위험을 감수하지 않으려 했기에 구석에 몰려 진퇴양난의 상황에 빠질 가능성도 낮았다. 기원후 1세기 말에 로마의 한 장군이 편찬한 전략 모음집의 한 구절에 따르면, 필리포스가 공성을 포기한 직후에 마케도니아의 소함대가 아테네 해군에게 잡힐 뻔한 일이 있었다. 마케도니아의 소함대는 흑해까지 갔으므로 다시 난바다로 빠져나오려면 보스포로스 해협을 통과해야 했다. 그곳에는 카레스가 로도스와 키오스의 선박과 함께 마케도니아 함대를 기다리고 있었다. 필리포스는 "트라케에서 반란이 일어났으며, 그곳에 남겨둔 주둔군이 차단되었으니 다른 모든 문제를 제치고 자신을 따르라고 명령하는 서한을 안티파트로스에게 보냈다"고 한다. 그는 이 서한이 도중에 적들의 손에 들어간 것을 확인하고 기다렸다. 아테네인들이 미끼를 문 것이다. 그들은 이 서한에 담긴 내용이 진짜라고 믿었고, 필리포스가 내륙으로 갔다고 생각했으므로 그들의 선박을 퇴각시켰다. 이로써 마케도니아 소함대는 아무런 방해도 받지 않고 해협을 통과할 수 있었다.

카레스는 다시 한번 속았다. 이야기는 거기서 끝나지 않고, 필리포스가 돌아와 비잔티온의 동맹이자 아테네의 간접적인 동맹국이었던 로도스와 키오스의 배들을 나포했다고 한다. 그는 또한 비잔티온인들과 협상했는데, 세부사항에 대해 의견을 계속 바꾸면서 시간을 끌었다. 이것이 대기 중이던 동맹들을 안심시키는 데 도움이 되었고, 그래서 그들은 필리포스가 항해해서 빠져나갈 때 대응하지 못했다. 이 이야기는 후대에 편집되어 나온 것이기는 하지만, 만약 사실이라면 필리포스는 자신의 작은 해군을 대부분 또는 전부를 잃고 비잔티온과 페린토스에서 겪은 실패에 새로운 실패를 추가할 뻔한 일을 피한 것이다. 비잔티온과 페린토스에서의 실패는 필리포스의 명성에 상처를 냈지만, 전체적으로 보면 그의 권력을 심각하게 약화시키기에는 충분치 않았다. 문자 그대로 이해하자면, 필리포스는 함정에 빠진 배 중 한 곳에 타고 있었음을 의미한다. 만약 아테네인들이 성공했더라면 이야기는 상당히 달라졌을 것이다. 필리포스가 죽거나 생포되었다면 마케도니아는 혼돈에 빠졌을 터다. 하지만 이러한 상황을 상정해서는 안 된다. 화평 회담이 정말로 이 시점에 열렸는지, 아니면 나중에 열렸는지도 명확하지 않다. 더 이상 비잔티온 및 페린토스와 필리포스 사이의 적대관계에 대한 기록은 없다. 반면 이 섬들에 있던 아테네의 이전 동맹들도 앞으로 몇 년 동안은 거의 아무런 역할도 하지 않았으므로 어떠한 협정이 체결되었을 개연성은 충분하다.[8]

필리포스는 두 도시를 차지하는 데 실패했지만, 3년 동안 트라케에서 벌인 작전들은 성공적이었다. 그는 지배 영역을 크게 확장했고 새로운 식민지를 건설했으며 상당히 많은 트라케인을 자신의 백성이나 가까운 동맹으로 흡수했다. 그 결과 마케도니아는 이전보다 더욱 강력해지고 안전해졌다. 이러한 성과에 비하면 아테네와 전쟁을 재개하는 것은 부수적인 문제였다. 특히 아테네는 동맹이 거의 남아있지 않았고 필리포스에 맞서 전쟁을 일으킬 실질적인 수단도 없었다. 페르시아는 페린토스를 지원했지만 그 뒤로는 그리스 세계의 갈등에 개입하지 않은 것 같다. 부분적으로는 이 시기에 위대한 왕이 살해되고 미성년 후계자가 왕위를 계승하면서 내부적으로 약화되었기 때문이다. 현전하는 고대 문헌에서는 아테네와의 전쟁이 금방이라도 개시될 것처럼 암시하지만, 필리포스의 태도는 기원전 340년에서 339년까지 행한 그의 행동에서 명확히 드러난다. 그는 당분간 아테네를 무시하고, 트라케에서 거둔 승리를 확고히 하는 과업을 이어 나가고자 새로운 적으로 등장한 스키타이족을 공격했다.[9]

스키타이족의 왕 아테아스는 북동쪽에 왕국을 이루었다. 다뉴브강까지 뻗은 비옥한 땅인 도브루자의 많은 부분이 그의 왕국에 속했다 (그리고 오늘날의 불가리아와 루마니아의 일부도 포함되었다). 최근 정복 활동으로 필리포스의 영토가 확장되면서 이제 아테아스의 왕국에 인접하게 되었다. 스텝 지대의 유목민이었던 스키타이족은 기병, 궁수, 강력한 전사로 유명했다. 기원전 6세기 말, 스키타이 부족들 중 일부는 공격해 오는 적군 병사들이 지쳐서 취약해질 때까지 계속 끌어들여서 결국 페르시아 다리우스 왕의 대규모 침공을 물리쳤다. 더 최근에는 아테아스가 왕국을 세워 주변 지역 주민을 공격하고, 정착된 공동체들에 자신의 통치를 받아들이도록 강제했으며, 자기 이름을 새긴 품질 좋은 은화를 발행했다. 기원전 340년에 그는 90세가 되었지만, 여전히 이 시대의 거친 군벌 가운데 하나였다. 해당 지역은 풍요로웠음에도 비잔티온과의 경쟁은 군사와 교역 모두에서 아테아스를 힘들게 했기에 그는 필리포스의 비잔티온 공성을 반겼다.[10]

이즈음에 아테아스는 다뉴브강 인근에 살았던 것으로 추정되는 '히스토리에' 왕과 전쟁 중이었고, 그리스 식민지 아폴로니아에 특사를 보내 자신을 대신하여 그들의 동맹인 필리포스에게 접근해 달라고 부탁했다. 스카타이족 임금은 병사들을 요청했고, 그에 대한 보상으로 혼인 동맹을 통해 필리포스를 양자로 들여 자신의 왕국을 그에게 유증하겠다고 약속했다. 제안은 받아들여졌고 부대가 파견되었다. 그러나 필리포스의 부대가 도착하기 전에 히스토리에 왕이 죽었고, 그의 죽음과 더불어 위협도 사라진 듯 보였다. 아테아스는 필리포스의 부대를 돌려보냈고, 병사들의 급료 지급을 거부했을 뿐 아니라 대담하게도 자신은 지원을 요청한 적도, 어떠한 약속을 한 적도 없다고 주장했다. 이러한 주장의 증거로 스카타이족이 마케도니아인보다 훨씬 더 훌륭한 전사들이므로 도움을 요청했을 리가 없다고 했다. 또한 왕국의 상속자는 자기 아들이며, 그밖에 다른 사람은 전혀 필요하지 않다고도 했다. 마케도니아 사절이 와서 파견된 병사의 급료와 지원 물자, 그리고 비잔티온 공성에 소요된 비용을 지불해 달라고 아테아스에게 요청했지만 한 푼도 받아내지 못했다. 아테아스는 자신이 가난하다고 항변하며, 자기 민족은 재산이 아니라 오직 용맹과 강인함만이 풍족하다고 말했다. 필리포스는 이미 스카타이족을 공격할 준비를 해왔을 것이며, 스카타이족에게 거둔 승리가 최근의 실패를 만회하는 데 도움이 되리라고 기대했을 것이다. 또한 그에게는 돈이 필요했고, 유스티누스가 기록했듯이 "한 전쟁에서 얻은 이득으로 다른 전쟁의 비용을 벌충하기"를 원했다.[11]

이제 필리포스는 비잔티온 공성 중에 조상 헤라클레스에게 했던 맹세를 지키려 한다고 아테아스에게 알렸다. 그 서약이란 거대한 다뉴브강의 입구에 반신半神 헤라클레스의 동상을 세우겠다는 것이었다. 필리포스는 스키타이족에게 자신의 계속되는 선의를 확언하면서, 이 경건한 행위를 실행하기 위해 앞서 보내는 자신의 군대가 아무런 방해도 받지 않고 자유로이 지나갈 수 있게 조치해줄 것을 요청했다. 아테아스는 당연히 필리포스의 말을 의심했고, 헤라클레스 동상을 자신에게 보내면 그 동상을 정성스레 세워 주겠노라고 약속했다. 어떠한 적의 군대도 그의 땅에 들어오는 것은 허용될 수 없었다. 혹시라도 침략자들이 그 동상을 세운다면, 그들이 돌아가고 난 뒤에 동상의 구리를 녹여 화살촉을 만들 작정이었다.[12]

유스티누스는 평소의 그답지 않게 이 외교적 대화를 자세하게 기술한 다음, 이어지는 전쟁은 단 몇 줄의 간단한 문장으로 기록을 전한다. 마케도니아인들이 공격했고, "수적으로나 기세로나 스키타이족이 우월했음에도 필리포스는 뛰어난 지략으로 승리했다." 또 다른 문헌에서는 마케도니아 병사들이 스키타이족과 싸우면서 긴장하자 필리포스는 가장 뛰어난 기병대를 본진 뒤에 배치하고, 달아나려는 자는 누구든 죽이라고 명령했다고 전한다. 이러한 위협이 먹혀들었고, 소심한 병사도 그렇게 처형당하느니 전투에 나가 싸우기를 택했으며, 그리하여 마케도니아군은 승리했다. 이 이야기는 실제 군사작전을 전하는 것일 수도 있고 나중에 편집된 것일 수도 있다. 어찌 되었든 필리포스는 전투에서 압도적인 승리를 거두었다. 스스로가 가난하다고 했던 아테아스의 주장은 금과 은이 부족한 데서 확인되었다. 하지만 다른 전리품은 충분했다. 마케도니아 병사들은 엄청나게 많은 소와 2만 마리의 번식용 암말을 탈취했고, 2만 명의 여성과 아동을 노예로 삼았다.[13]

스키타이족을 물리치기란 쉽지 않았다. 바다처럼 광대한 스텝 지역의 초원은 아니었지만, 아테아스의 왕국은 사방이 트인 완만한 구릉 지대였으므로 탁월한 스키타이 기병들이 이동식 전술을 펼치기에 안성맞춤이었다. 필리포스는 기원전 339년 한 해 동안 아주 많은 활동을 몰아서 하려는 듯 보였다. 이 전투가 끝나면 또 다른 전투가 이어졌고, 그러는 동안에 심각한 부상을 당하기도 했지만, 어느 정도 회복하여 가을에는 다시 군대를 이끌고 남부 그리스로 향했다. 우리는 언제 그가 공성을 포기했는지, 그러고 나서 협상에는 얼마나 많은 시간이 걸렸는지 알지 못한다. 하지만 아테아스에 대한 공격이 기원전 340년에서 339년의 겨울이 끝나기 전에 개시되었다면 그것은 상당한 의미가 있다. 필리포스의 군대는 계절에 상관없이 작전을 수행하는 오랜 경험을 쌓았고, 겨울철에도 물자를 스스로 공급할 수 있는 능력을 보여주었다. 데모스테네스가 말했듯이 마케도니아 왕은 대규모 군대보다는 기병과 펠타스테스와 다른 기동 부대만을 이끌고 빠르게 이동하는 경우가 많았다.

스키타이족은 유목민이었다. 아테아스의 왕국에 촌락이나 다른 정착된 공동체가 존재했다 하더라도, 권력의 기반인 전사들은 여전히 옛 생활방식을 고수했다. 한 해 대부분의 기간에 그들은 늘 이동 중이었다. 농경 정착민과 교역을 하거나 여러 다른 방식으로 교류를 하지만, 말과 다른 가축을 먹이려면 끊임없이 이동해야 했다. 하지만 겨울에는 풀이 잘 자라지 않고 날씨가 험했으므로 괜찮은 장소를 골라 텐트를 치고 야영했다. 이 기간에는 연중 다른 시기에 비해 훨씬 더 큰 집단을 이루었을 것이다. 바로 이때가 스키타이족의 인구가 한 곳에 집중되는 시기였다. 겨울이 끝날 무렵에 말은 운동과 사료 부족으로 아주 허약해져 있었다. 더욱 중요한 것은, 가족과 가축이 한꺼번에 모여 있는 커다란 집단이 겨울철 날씨에 생존할 수 있다고는 해도 빠르게 이동할 수는 없다는 것이었다. 따라서 이들은 갑작스러운 공격에 취약했고, 이는 역사상 많은 유목민족과 반半유목민족에게 해당되는 사실이었다. 필리포스의 '간계'는 겨울이 끝나기 전에 이들의 야영지들을 타격하거나, 아니면 아테아스가 묵는 주요 야영지를 급습하는 것이었을 가능성이 크다. 스키타이족은 가족과 재산을 모두 버리고 달아나거나, 기동력을 발휘하지 못해 전통적 전략을 구사할 수 없는 상황에서도 가족과 재산을 보호하기 위해 맞서 싸우는 수밖에 없었다. 이러한 상황에서라면 스키타이족을 이기기 위해 필리포스의 군대 전체가 필요하지도 않았을 것이다. 물론 유스티누스가 주장하는 대로 숫자로는 스카이타이족이 훨씬 더 많았을 것이다.

실제로 이러한 일이 일어났다는 증거는 없다. 하지만 2월이나 3월에 빠르게 공격을 감행한 덕분에 다른 일을 할 수 있는 시간이 많이 남아 있었다. 재빠른 승리와 그로부터 얻은 많은 포로와 생포된 짐승은 모두 스키타이족이 한곳에 모여 있었고 도망갈 수 없었음을 의미한다. 알렉산드로스의 군사작전들은 이와 유사하게 번개처럼 빠르게 부족들을 타격하는 경우가 많았다. 당시에 아직 어린 왕자였던 알렉산드로스는 "아버지에게 전쟁의 기초를 배우기 위해" 필리포스와 함께 있었다.[14]

소규모 부대가 전력으로 진군하여 적을 기습하는 것보다 그토록 많은 포로와 짐승을 이끌고 귀환하는 것이 훨씬 더 어려운 일이었다. 암말들은 몰기가 더 쉬웠으므로 따로 분리하여 마케도니아로 돌려보냈을 것이다. 반면에 필리포스는 물자 공급 문제를 경감하기 위해서나 혹은 더 넓은 지역에서 자신의 힘을 과시하기 위해서 다른 경로를 택해 돌아왔다. 최초의 공격 부대가 주력 군대와 합류했다 해도, 포로를 호송하는 마케도니아 병사보다 포로가 더 많았을 가능성이 크다. 또한 병사와 그들의 하인까지도 생포한 가축들을 지켜야 했을 것이다. 포로들은 그들의 포획자들과 달리 오랜 행군에 단련되어 있지 않았다. 그들을 서둘러 걷게 할 수 있는 방법은 공포심을 자극하는 것밖에 없었다.[15]

필리포스와 딸린 짐이 많은 그의 소대는 트리발리족의 영토에 접근했다. 트리발리족은 트라케의 한 부족이거나 트라케인과 연관된 부족으로 과거에 마케도니아를 기습한 적이 있었다. 필리포스는 아마도 최근에 거둔 승리로 한층 높아진 그의 명성에 부족 지도자들이 압도되리라고 기대했던 것 같다. 그래서 그들의 땅을 자유로이 통과할 수 있게 해달라고 요청했다. 트리발리족은 많은 노예와 가축에 더 관심을 보이며 일부를 요구했다. 필리포스는 그들의 요구를 거절했고, 적대적인 영역을 통과하여 행군하는 어려운 과업을 수행해야 했다. 분명히 매복하기 좋은 장소가 있었고, 필리포스는 방대한 전리품까지 지켜내야 했다. 얼마 지나지 않아 싸움이 시작되었고, 사실상 모든 스키타이족 포로와 가축을 잃게 되었다. 적의 전사와 싸울 때는 아마도 마케도니아 병사들이 더 우세했을 것이다. 하지만 트리발리족은 싸움에서 이기는 것보다 전리품을 약탈하는 데 관심이 있었다. 그리고 길게 늘어선 포로와 가축까지 모두 지켜내기에는 마케도니아 병사가 충분하지 않았던 반면, 트리발리족 매복병들은 좋은 기회를 기다릴 시간적 여유가 있었다.[16]

필리포스는 말에 올라탄 상태에서 공격에 응수하다가 창에 맞았다. 한 문헌에서는 그 무기가 사리사였다고 하는데, 그렇다면 마케도니아 병사가 우발적으로 왕을 찔렀다고 추정할 수 있다. 하지만 저자가 기술적인 정확성에 전혀 신경 쓰지 않았을 가능성이 훨씬 크다. 트라케인 중에는 긴 창을 사용하는 이들이 있었고, 그 창의 길이나 모양이 어떠하든, 그리고 창을 던진 것이 누구이든 간에 창은 엄청난 힘으로 왕의 넓적다리를 관통해 그가 타고 있던 말을 죽였다. 데모스테네스가 말하길 필리포스는 손도 다쳤는데 날아온 창에 직접 맞았거나, 말에서 떨어지면서 부러졌을 것이다. 필리포스는 기절했고 죽은 듯했지만 결국 살아 있는 상태로 발견되었다.

필리포스는 다리를 절게 되었지만 강인한 기질 덕분에 다시 한번 부상에서 회복했다. 당시에는 쉽게 죽거나 감염될 수 있는 상황이었음에도 그는 살아남았다. 트리발리족에게 전리품을 모두 빼앗길 수밖에 없는 혼돈 속에서도 마케도니아 군대는 무너지지 않았다. 마케도니아 병사들은 오히려 더 가난해진 상태로 귀환했겠지만, 트리발리족을 무찔렀다고 느꼈을 것이다. 필리포스는 이동이 가능할 정도로 건강했고, 상당 시간 상황을 통제하지 못한 것 같지도 않다. 그럼에도 말을 타고 다시 싸움에 나갈 수 있을 정도로 회복되기까지는 몇 달이 소요되었을 것이다. 그리고 그 무렵에는 그리스의 상황이 바뀌어 힘의 균형이 그에게 불리한 쪽으로 옮겨졌다.[17]

11

카이로네이아 전투

과거를 돌이켜보면 필리포스의 대두가 그리스 역사의 근본적 변화로 여겨지고, 그의 모든 행동이 이를 통해 형성된 것으로 이해하게 된다. 하지만 당시에는 이것이 의미하는 바를 인식하는 사람은 거의 없었으며, 도시국가들은 늘 그러했던 것처럼 서로 경쟁하기에 바빴다. 필리포스에 대한 태도는 보통 시민은 물론이고 대부분의 정치인에게도 여러 관심사 중 하나일 뿐이었으며, 우선적인 고려사항에 들지 못했다. 더욱이 필리포스가 그리스에서 일어나고 있는 모든 일을 통제할 수 있는 것도 아니었다. 마케도니아와의 전쟁에서 아테네 편에 합류하기로 결정한 나라는 거의 없었다. 대부분의 나라에서는 이 싸움이 그들이 관여할 일이 아니며, 그저 멀리 떨어진 트라케 해안에서 벌어지는 충돌로 보았기 때문이다. 나중에 유스티누스가 주장한 바에 따르면, 그리스 국가들은 서로를 지배하려고 싸우느라 너무 바빠서 필리포스에게 충분한 주의를 기울이지 못했던 반면에, 필리포스는 마치 "높은 탑에서 바라보듯이" 그들을 지켜보았고 마침내는 그들 사이의 "패자와 승자 모두를 똑같이 그의 통치 아래 굴복시켰다." 이러한 관점은 모든 것의 중심에 필리포스를 두고 다른 나라의 야망은 무시한 것이다. 테바이는 자국의 이익을 위해 필리포스와 동맹을 맺었고 이것이 자신들의 지위에 위협이 될 것이라고 보지 않았다.[1]

기원전 339년 필리포스의 테바이 동맹국들은 테르모필라이 통로를 통제하는 요충지 가운데 하나인 니카이아에서 마케도니아 주둔군과 테살리아의 지원을 받는 정권을 몰아내기로 결정했다. 하지만 싸움이 일어났던 것 같지는 않고, 사건의 세부적인 내용도 우리는 알지 못한다. 적어도 이를 통해 알 수 있는 것은 테바이가 스스로를 완전히 독립적이고 마케도니아에 종속되지 않는 강력한 국가로 생각했다는 것이다. 테바이가 그의 행동을 승인하는 한 테르모필라이 통로가 여전히 필리포스에게 열려 있었으리라는 것도 알 수 있다.[2]

암피사는 로크리스 지방의 전혀 중요하지 않은 도시였는데, 내부의 권력 다툼 과정에서 테바이에 호의적이며 아마도 테바이의 원조를 받았을 지도자가 권력을 잡게 되었다. 기원전 340년 가을, 이 지도자들이 암피크티오니아의 정기 회의에서 아테네를 비난하며 항의했다. 비난의 내용은 신성전쟁 기간이나 이후에 신전이 다시 봉헌되기 전에 아테네가 델포이에서 부적절한 방식으로 전리품을 재헌정했다는 것이었다. 이 전리품은 페르시아 전쟁에서 획득한 것으로 "그리스인들에 맞서 싸우던 때의 메디아인들과 테바이인들로부터"라는 비문이 새겨져 있었다. 암피사인들은 테바이의 지지를 확신했고, 포키스를 지원한 아테네를 단죄할 기회를 환영할 것이라고 예상하면서 50탈란톤의 벌금을 아테네에 부과할 것을 요구했다.[3]

이 벌금은 아테네 같은 규모의 나라에는 상징적인 금액에 불과했지만 징계를 받아들이는 것은 모욕이었다. 회의에 파견된 아테네 사절

중 하나였던 아이스키네스는 공격이야말로 최선의 방어라고 판단했다. 그는 암피사인들이 델포이 신전에 속한 땅, 곧 아폴론 신의 신성한 땅을 경작했다고 비난했다. 이것이 심각한 죄라는 것에 납득되어 —그리고 이 웅변가의 선별된 단어들에 동요되어(그의 경쟁자 데모스테네스는 아테네 사절들이 '소박한 시민'일 뿐이라고 주장하는데도)—암피크티오니아 회의에서는 일단 조사해 보기로 결정했다. 문제가 된 땅은 쉽게 걸어서 볼 수 있는 거리에 있었으므로 회의 참석자들은 직접 가서 보기로 했다. 그리고 고발 내용이 사실임을 확인한 뒤 신성한 땅에 지어진 농장 건물들을 불태우기 시작했다. 하지만 일단의 암피사인들이 와서 그들을 쫓아냈고, 그들은 델포이로 가는 바위투성이 길로 달아났다. 곧이어 암피사에 대한 신성전쟁이 선포되었고, 테살리아의 한 귀족이 동맹군 지휘를 맡았지만, 아테네와 테바이는 이 임시 모임에 대표단을 보내지 않았다. 그럼에도 암피사의 정권은 옛 경쟁자들로 대체되었고, 그들은 전투가 벌어지기 전에 항복했다. 기원전 339년 봄, 암피크티오니아 회의가 다시 열렸고 암피사에 벌금을 부과하기로 결정했다. 암피사의 새 지도자들은 체면을 잃었고, 본래 고발당했던 파벌이 다시 정권을 잡고 벌금 납부를 거부했다. 가을에 다시 열린 회의에서는 필리포스를 동맹군 사령관으로 임명하여 암피사에 대한 신성전쟁을 계속하게 했다.[4]

나중에 데모스테네스는 처음부터 이 모든 일의 배후에 필리포스가 있었고, 아이스키네스는 필리포스의 돈을 받는 자발적인 도구라고 주장했다. 분명한 것은 그 결과로 마케도니아 왕이 이전 신성전쟁에서 했던 것처럼 암피크티오니아 회의의 요청으로 재결집한 모든 나라의 수장으로서 그리스로 행군했다는 것이다. 이 사건 자체가 그의 편에서려고 하지 않는 국가를 설득할 수는 없었겠지만, 적어도 그의 도착을 순조롭게 만들 수는 있었다. 이번에는 그가 단지 아테네의 적으로 행군한 것이 아니었기 때문이다. 그러나 이것은 다시 한번 필리포스를 모든 것의 중심으로 보는 것이고, 또한 사건의 불가피성을 암시하기도 한다. 암피사에서는 자신들의 행동에 대한 테바이의 지원과 격려를 기대했으며 분명히 지원을 받았고, 테바이인들은 포키스와 기꺼이 싸우려 했던 것과 대조적으로 그들에게 선포된 전쟁에 참여하기를 거부했다.

이 과정의 어느 시점에 일어난 니카이아 점령처럼, 테바이는 자신의 힘과 지위를 확고히 하기를 원하면서 필리포스만이 아니라 모든 그리스 국가에 메시지를 보냈지만, 전쟁 중인 암피사와 동맹관계를 공개적으로 선언하는 데까지 나가지는 않았다. 데모스테네스는 아테네 민회를 설득하여 암피크티오니아의 임시 회의 참석 요청에 응하지 않게 하는 데 도움을 주었다. 이 회의에서 암피사에 전쟁을 선포했다. 데모스테네스는 테바이와 동맹을 맺고자 했기 때문에 테바이의 기분을 상하지 않게 하기를 은밀히 바랐다. 아이스키네스는 데모스테네스가 사람들이 대부분 민회를 떠난 뒤에 절묘하게 단어를 바꾼 칙령을 끼워 넣어 체계를 조작했다고 비난했으며, 그 웅변가가 암피사인들에게 돈을 받았다고 주장했다.[5]

펠라에서 요양하며 부상에서 회복한 필리포스는 기원전 339년 가을에 남쪽으로 행군했다. 겨울이 다가오자 날씨는 험해졌고, 특히 산간지방에서는 기상이 더 안 좋았기 때문에, 아마도 필리포스는 군대의 일부만 먼저 데리고 왔을 것이다. 신성전쟁에 응하기로 한 테살리아와 다른 국가에서 보낸 동맹군들은 더디게 도착했다. 테바이는 테르모필라이 통로를 통제했다. 테바이인들이 그들의 동맹인 암피사를 공격하도록 필리포스에게 길을 열어줄 리 없었다. 필리포스는 그의 동맹들에게 가로막힐 위험을 감수하는 대신 자신의 부하들을 이끌고 산간지방으로 갔다. 이때가 겨울이었음을 고려하면 이것은 더 어려운 길이었고 상대적으로 적은 병력으로도 그를 저지할 수 있는 지점을 많이 내어주는 꼴이었지만, 그곳에는 방위군이 없었다. 일부는 암피크티오니아의 대의에 적극적인 동맹들이었기에 그는 암피사로 이어지는 그라비아 고개에 가까운 킨티니온에 부대를 주둔시킬 수 있었다. 그가 이 고개를 가로질러 명백한 적을 향해 남쪽으로 밀고 내려가지 않고 남동쪽의 포키스로 내려갔을 때 포키스인들은 전혀 저항할 수가 없었다. 우리가 알 수 있는 한, 그들은 오히려 기원전 346년에 필리포스가 그들을 관대하게 대했던 것을 기억하고 어쩌면 앞으로 주어질 더 큰 보상에 대한 약속에 고무되어 마케도니아 병사들을 환영했다. 필리포스는 엘라테이아라는 도시를 점령했다. 이 도시는 신성전쟁이 끝난 뒤로 방어시설이 보강되지 않았지만, 마케도니아 군대에게 묵을 거처와 좋은 전략적 위치를 제공했다.[6]

이제 그가 보이오티아를 거쳐 아티케로 진군하는 것을 막을 장애물은 전혀 없었다. 보이오티아인과 아테네인들은 집결하지 않았다. 그들은 포키스로 통하는 길이 안전하게 방어되지 않으면 테르모필라이 통로를 우회할 수 있다는 역사의 교훈을 잊고 있었다. 더구나 테바이는 마케도니아와 전쟁 중이 아니었고 테바이인들도 암피사를 향해 이동하는 암피크티오니아 군대에 저항하겠다고 확실히 약속한 적이 없었으므로 정상적인 군사작전의 계절이 아닌 시기에 굳이 군대를 일으킬 이유가 없었다. 아테네로 향하는 도로는 열려 있는 듯 보였다. 물론 그 길에는 테바이와 다른 보이오티아인들을 자극하여 필리포스에게 등을 돌리게 할 위험도 있었고, 그의 암피크티오니아 동맹들을 포함한 다른 도시들에서도 그에 대한 반대 여론을 일으킬 위험도 있었다. 필리포스는 대규모 병력을 이끌고 오기보다는, 스키타이족을 공격할 때를 비롯해서 다른 많은 경우에 했던 것과 마찬가지로 기동성이 좋은 소규모 병력만 이끌고 왔을 가능성이 크다. 기습 공격은 효과를 발휘할 때가 많았지만, 아테네의 사기가 한꺼번에 무너져 내리지 않는 한 그가 군사를 이끌고 아테네까지 가서 포위 공격을 개시할 역량이 있었는지는 의심스럽다. 앞으로 계속 밀고 나가지 않는 데는 그럴 만한 군사적 이유들이 있었고, 그것이 필리포스의 의도가 아니었을 가능성이 높다. 그는 적국뿐만 아니라 중립국과 동맹국에게도 자신이 원하기만 한다면 남부 그리스에 도달할 수 있음을 보여주었고, 이것이 그들의 태도를 누그러뜨리고 기꺼이 협상에 응하게 할 수 있기를 바랐다. 외교는 늘 필리포스가 선호하는 접근 방법이었으며, 특히 남부 그리스의 큰 국가들을 다루어야 할 때는 더욱 그러했다. 그래서 그는 부하들을 엘라테이아에 머물게 하고, 방어 시설을 건설하기 시작했으며 테바이에 사절을 보냈다.[7]

필리포스가 엘라테이아에 있다는 소식이 해 질 무렵 아테네에 도착했다. 마케도니아 병사들이 테바이 병사들과 함께 곧바로 성벽 바깥에 들이닥칠 것이라는 생각에 도시 전체가 공포에 사로잡혔다. 정부 관리들은 저녁식사를 하다 말고 밖으로 나가서 시장의 모든 가판을 치우게 하고 장벽을 쌓아 민회가 열리는 프닉스 언덕으로 가는 통로들을 확보하여 다음 날 회의를 열 수 있게 대비했다. 새벽이 밝아오자 모인 시민들에게 소식이 전해졌으며 웅변가들은 저마다 의견을 발표해 달라는 요청을 받았다. 데모스테네스는 이어지는 사건들을 일생의 가장 위대한 순간 중 하나로 보았다. 그의 말에 의하면, 당면한 문제가 계속 반복해서 전달되었음에도 누구도 앞으로 나서지 않았다. 정부 관리나 시의원들, 자기 목소리를 내기 좋아하는 웅변가들도 전혀 나서지 않았다. 이는 부분적으로 아테네인에게는 나쁜 소식과 관련된 사람을 나중에 비난하는 나쁜 습관이 있다는 게 이유였다. "하지만 그 중대한 날, 위기의 부름은 부유한 애국자뿐만 아니라 처음부터 끝까지 일련의 사건을 면밀히 지켜보고 필리포스의 목적과 야망을 옳게 가늠했던 사람을 향한 것이었다." 오직 데모스테네스만이 마케도니아 왕을 이해하고 연구했다. 그는 다음과 같이 전한다. "그날의 부름은 명백히 나를 위한 것이었다. 나는 앞으로 나아가 시민들에게 말했다. (…) 여러 웅변가와 정치가들 중에 오로지 나 혼자 무엇을 해야 하는지 알았고 그것을 말할 용기가 있었다."[8]

데모스테네스는 동료 시민들에게 이 상황에 희망이 없지 않다고 장담하며 다음 내용을 설파했다. 오직 몇몇 테바이의 악당과 마케도니아의 금에 매수된 사람들만이 필리포스의 편에 섰으며, 이 마케도니아 왕은 나머지 사람들을 위협하고 싶어 한다. 아테네인들은 테바이를 향한 오랜 원한을 제쳐놓고 이제 테바이와 동맹을 맺어야 한다. 아테네인들은 군대를 소집하고 우정의 손을 내밀며 테바이의 안전과 독립을 위해 그들과 함께 싸우겠다고 맹세함으로써 품위 있는 테바이인들을 격려해야 한다. 이 전쟁은 모든 그리스 국가의 자유를 위한 전쟁이다. 필리포스가 돈과 용병을 이용해 내부 정치에 간섭하고 정복 활동을 반복하면서 소중한 자유가 위협받고 있다. 다시 한번 많은 공동체에 사절들을 파견해야 한다. "하지만 무엇보다 필리포스가 테바이에 가장 가까이 와 있으므로, 먼저 테바이인들에게 가서 필리포스 때문에 낙담하지 말고 오히려 그들의 자유와 다른 그리스인들의 자유를 굳건히 지키라고 권고해야 한다." 그들에게 아테네가 과거의 분쟁에 대한 원한을 더 이상 품고 있지 않으며, "패권을 장악하기 위해 서로 분쟁하는 것이 그리스인에게는 영예로운 야망이지만" 필리포스와 같은 외국인에 의해 대체된다는 것은 수치스러운 일임을 알기 때문에, "군대, 자금, 공급 물자, 무기를 가지고" 도울 것이라는 의사를 명확히 밝혀야 한다.[9]

필리포스는 다시 야만인이 되었고, 데모스테네스는 아테네에 대한 테바이의 적개심을 잊어야 하는 적절한 이유로 아테네와 테바이의 우정을 보여주는 신화적 사례들을 계속 읊어댔다. 그는 아테네인들에게 행동 계획을 제시하고, 더욱 중요한 희망을 선사했다. 그에게 우레 같은 박수가 쏟아졌고, 그의 제의는 승인되었다. 데모스테네스는 열 명의 사절 중 한 명으로 테바이에 파견되었다.[10]

아테네인들은 암피사와의 전쟁에서 필리포스 편에 선 다른 그리스 도시의 사절들과 함께 필리포스의 사절이 이미 테바이에 와 있는 것을 발견했다. 그리고 이들은 테바이 민회에서 먼저 발언하도록 허락받았다. 마케도니아인들은 테바이인들에게 그들의 왕과 함께 아테네를 향해 진군할 것을 요청하고, 예정된 승리에서 얻게 될 전리품을 함께 나누겠다고 약속했다. 만약 테바이인들이 직접 싸우고 싶지 않다면, 다만 친구로서 필리포스의 병력이 보이오티아를 통과할 수 있게 허용해 주기만을 바란다고 했다. 하지만 또한 필리포스는 테바이가 니카이아를 포기하고 필리포스나 테살리아인들이 아닌 로크리스인들에게 양도하기를 바랐다. 이제 필리포스의 동맹이 된 로크리스인들은 기원전 346년에 니카이아에 대한 타당한 권리를 주장했지만 암피크티오니아 회의의 결정에 따라 무시당했다.

데모스테네스는 테바이에서 자신이 무슨 말을 했는지 자세히 기록해 놓지 않았다. 하지만 그의 말에 설득되어 테바이인들이 아테네와 동맹을 맺기로 했다는 것이 대개 사실로 받아들여졌다. 늘 그러했듯이 그의 웅변이 유려하고 열정적이었으리라는 데는 의심의 여지가 없다. 하지만 우리는 테바이인들의 자부심 또한 크게 작용했을 것이라는 점을 알아야 한다. 아테네를 파괴하거나 굴복시키는 것이 구미가 당기지 않은 것은 아니지만, 만약 그것이 테바이보다 필리포스를 더 강하게 만들거나, 세상을 향해 테바이가 마케도니아에 종속되었음을 알리는 것이라면 그렇게 할 수는 없는 노릇이었다. 데모스테네스는 또한 보기 드물게 관대한 조건들에 동의했다. (어쩌면 먼저 그렇게 제안했을 것이다.) 아테네는 바다에서 치르는 모든 전쟁의 비용을 대고, 육지에서 수행하는 작전 비용의 3분의 2를 지불할 뿐 아니라, 연합군 최고 지휘권도 테바이에 부여하기로 했다. 더욱이 필리포스에 맞서는 것뿐만 아니라, 늘 테바이에 대항해온 보이오티아의 도시에 맞서서도 테바이를 지원하기로 합의했다. 이는 사실상 해당 지역 전체와 보이오티아 동맹에 대한 테바이의 지배를 지지한다는 것을 의미했다.[11]

필리포스는 이제 가장 강력한 두 도시국가가 자신의 반대편에 섰음을 알게 되었다. 테바이는 종종 자금이 부족했고 천연 자원이 없었으며 아테네처럼 무역이 발달했다거나 스파르타의 헤일로테스 같은 노동력을 보유하지도 못했지만, 아주 훌륭한 호플리테스로 구성된 대규모 군대를 전쟁에 배치할 수 있었기에 더욱 중요했다. 다시 한번 오늘날 우리의 관점에서 돌아보면 필리포스가 개조한 마케도니아 군대가 전통적인 팔랑크스보다 놀라울 만큼 우수했기에 승리는 당연한 것이었다고 오해하기 쉽다. 지금까지 마케도니아인들은 많은 부족의 군대를 무찌르고 공성과 돌격에 매우 숙련된 모습을 보여주었다. 하지만 필리포스가 그리스 군대와 주요 회전을 펼친 것은 단 두 번뿐이었다. 기원전 353년 첫 회전에서는 완패했고 이듬해 크로키온 평원의 회전에서 결정적인 승리를 거두었다. 이 두 번의 회전은 불확실한 대의를 위해 싸우는 용병들과의 전투였다. 필리포스는 지금까지 의욕에 찬 시민들로 구성된 주요 도시국가의 팔랑크스를 대면한 적이 없었다. 아테네의 힘은 늘 바다에 있었고 빠른 기습 공격에 탁월했기 때문에 페르시아 전쟁에서 거둔 성공 이외에 육지에서 벌어진 대규모 전투에서 초라한 전적을 기록했다. 이와 대조적으로 테바이는 근래에 스파르타를 두 번이나 꺾은 적이 있었고, 테바이의 지도자 중에는 마케도니아에 개입했던 일과 필리포스가 볼모로 테바이에서 머물렀던 시절을 기억하는 이들이 많았다. 내심 대부분의 테바이인은 필리포스를 심각한 경쟁자로 보기 위해 애를 써야 했을 테고, 아테네인들은 넉넉한 지원을 제공하며 적절하게 존경을 표하는 방식으로 테바이를 대했다.

아테네는 그들의 사절이 테바이에서 거둔 성과를 알기 전부터 전쟁을 위해 시민들을 집결하기 시작했다. 소집된 군대는 테바이 군대와 합류하여 보이오티아의 경계에서 정렬하고, 포키스에서 접근해 올 필리포스와의 대결을 준비했다. 그 사이에 1만 명의 용병이 그라비아 고개와 암피사로 통하는 길을 지키기 위해 파견되었다. 이 용병들은 아테네에 고용되었고 카레스와 프록세노스의 지휘를 받았다. 프록세노스는 아마도 테바이인이었거나 아테네의 동료 시민이었을 것이다.

그리스 군대가 겨울철에 이 정도 규모로 출정하는 것은 매우 드문 일이었으므로, 이는 아테네와 테바이의 군은 결의와 이 모든 병사를 먹일 수 있는 아테네의 부와 조직력에 대한 증거이기도 했다. 필리포스는 어떠한 공격적인 움직임도 없이 계속 한 곳에 주둔해 있었다. 하지만 외교적 노력은 지속했으며, 이제는 주로 중립국들에게 접근을 시도했다. 아테네와 테바이도 마찬가지로 동맹을 더 얻기 위해 최선을 다하고 있었다. 펠로폰네소스의 아카이아는 그들에게 호플리테스를 보냈고, 코린토스와 메가라에서는 강력한 지지의 뜻을 표명했다. 다른 국가들은 단호하게 중립을 유지했는데, 필리포스의 특사에게 설득 당했거나, 아니면 필리포스에 맞선 전쟁에 뛰어드는 것이 그들에게 이익이 되지 않으리라 보았기 때문이었다.[12]

기원전 339년 겨울에서 기원전 338년 초봄에 이르는 동안 상호 기습으로 보이는 소규모 접전들이 있었다. 데모스테네스는 아테네인들이 핵심 역할을 해서 두 번의 작은 승리를 거두었다고 말한다. 비록 모두 규모는 매우 작았지만, 어느 쪽이 더 대담하고 자신감에 차 있었는지 보여주기 때문에 많은 이가 그러한 성공이 중요하다고 믿었다. 필리포스는 수적으로 열세였을 것이다. 그가 남아있던 부대들로 병력을 증원하기 전이었고, 특히 동맹들의 파견 부대는 더디게 합류하고 있었다. 그러나 그들이 늦어지든 아니든 훨씬 더 중요한 것은, 전쟁이 이미 암피사에 대한 형벌의 차원을 넘어 암피사를 지원하는 국가에게까지 확장되었음을 그들이 받아들였다는 것이었다.[13]

여름이 되자 필리포스에게는 대략 3만 명의 보병과 2000명의 기병이 모였다. 그는 여전히 서둘러 대규모 전투를 촉발하려 하지 않았으며, 특히 아테네와 테바이의 병력이 선택한 좋은 위치의 방어 진지들을 공격하는 일은 없었다. 그 대신 필리포스는 그라비아 고개로 관심을 돌렸다. 그리고 다시 한번 교묘한 술책을 사용한 것으로 추정된다. 그는 표면상으로 안티파트로스에게 보내는 편지를 써서 지금은 전쟁을 포기하고 북쪽으로 돌아가 트라케에서 일어난 반란을 해결해야겠다고 말했다. 그리고 그의 파견 부대가 생포되었음을 분명하게 밝혔다. 마케도니아 병사들은 용병 부대의 정찰병들이 지켜보는 가운데 키티니온에서 물러났다. 프록세노스와 카레스는 긴장을 풀고 그라비아 고개를 지키고 있던 초소 병사들에게 휴식을 허락했다. 하지만 가까운 과거에 비슷한 술책에 넘어갔던 적이 있는 아테네인들은 더 의심했어야 했다. 아마도 지휘권이 나뉘어 있다 보니 제대로 된 의사 결정이 이루어지지 못했을 것이다. 며칠 후 어느 밤에 필리포스의 부하들이 어둠을 틈타 기습 공격을 감행했고, 그라비아 고개에 남아 있었지만 긴장이 풀려 약화된 보초병들을 제압했다. 나머지 용병들은 모두 겁에 질려 달아났다. 필리포스는 암피사를 점령하고, 아폴론의 땅을 신성모독적으로 사용하고 암피크티오니아 대표에 대한 공격에 가담한 이들을 모두 추방했다.[14]

이제 필리포스는 암피사에서 적군의 주력 부대가 주둔해 있는 거점들을 우회 공격할 수 있게 되었다. 테바이와 아테네 병사들은 일단 물러났다가 적절한 때에 카이로네이아로 이동했다. 양측 모두 여전히 제대로 된 전투를 벌이기를 꺼리고 있었다. 전면적인 회전은 소규모 습격이나 접전에 비해 훨씬 더 많은 관심을 불러일으키기는 하지만, 회전 자체가 그리 자주 일어나는 사건이 아니었음을 우리는 기억해야 한다. 전투는 예측할 수가 없었고, 대략 한 시간 만에 전체 군사작전의 승패를 결정지을 만큼 극적인 결과를 초래하는 경향이 있었다. 이번 경우에 테바이의 지휘부는 그들이 선택한 장소에서 필리포스가 그들을 공격하게 해야겠다고 판단한 듯했고, 자신들이 먼저 공격을 개시함으로써 전투를 감행할 의도는 없었던 것 같다. 과거에는 양쪽이 며칠이나 몇 주 동안 대치한 끝에, 어느 한쪽이 불리한 조건에서는 말할 것도 없고 대등한 전투에서도 이를 지속하기보다 물러나는 편을 택함으로써 승패가 결정되는 일이 많았다. 다시 우리는 테바이 군대의 명성이 매우 높았고 특히 테바이인의 마음속에서 필리포스는 그때까지도 여전히 형편없는 북부 왕국의 지도자였을 뿐이라는 사실을 기억해야 한다.[15]

몇 달 동안 필리포스는 어떠한 공격적인 움직임도 시도하지 않았고, 이런 상황은 분명 테바이인들의 자신감을 강화시켰을 것이다. 필리포스는 테바이와 아테네에 특사를 보내 화평을 요청했고, 아마도 그는 진심이었을 것이다. 트라케 해안의 도시들을 점령하지 못한 것은 자신이 획득한 전리품을 트리발리족에게 빼앗긴 것과 마찬가지로 유감스러운 일이었다. 하지만 이러한 규모의 전투에서 적들에게 패하는 것은 훨씬 더 큰 피해를 가져올 것이었고, 어쩌면 지난 20년 동안 이룬 모든 업적이 물거품이 될 수도 있었다. 필리포스는 중요한 의미가 있는 것은 결코 양보하지 않았지만 그렇다고 지나친 요구를 하지도 않았다. 다만 모두가 현재 가지고 있는 것을 그대로 유지하면서 평화로운 관계만 맺기를 바랐다. 아테네와 테바이의 지도자들 중 일부는 이것이 도박임을 인식하고 잠재적 이득을 위해 위험을 감수할 만한 가치가 있는지를 의심했다. 아테네에서는 기원전 340년에 필리포스에 맞서 함대를 지휘했던 포키온이 필리포스의 요청을 받아들이길 권고했고, 테바이에서도 그러한 시각을 반영하는 다른 목소리들이 있었을 것이다. 만약 필리포스가 군대를 물리고 화평이 맺어진다면, 이는 그에게 기꺼이 대적하고자 했던 아테네와 테바이인들에게 명예로운 결과가 될 것이었다. 하지만 당연하게도 데모스테네스는 이에 동의하지 않았고 비판을 주도했다. 아테네의 여론은 데모스테네스를 따라 움직였고, 그는 테바이의 지도자들을 "헬라스를 배신한 자들"이라고 비난하면서, 심지어 테바이에 사절을 보내 아테네 병사들이 보이오티아를 뚫고 진군하여 단독으로 필리포스와 싸우는 것을 허락해달라고 요청하자고 제안했다. 수치심 때문에 계속 싸우려고 한 것인지 아니면 마케도니아 왕의 경고를 두려움으로 여겼기 때문인지 두 도시 모두 필리포스의 화평 제안을 거부했다.[16]

기원전 338년 8월 초, 두 도시의 군대가 카이로네이아에서 1.5킬로미터 정도 떨어진 인근 지역에 진을 쳤다. 연합군의 수는 불분명하지만, 대부분의 학자들은 필리포스가 수적으로 열세였다는 유스티누스의 진술에 따라 연합군의 보병이 대략 3만~3만5000명에, 마케도니아군과 수적으로 비슷하지만 기량이 떨어지는 기병 일부가 추가되었을 것이라고 추정한다. 아테네는 아마도 1만 명의 병사를 파견하고 테바이는 그보다 많은 병사를 파견한 듯하다. 그리고 몇몇 도시에서 용병과 연합 부대를 보내왔다. 아테네 병사의 대열 중에는 금박으로 '행운'이라고 새긴 방패를 들고 있는 데모스테네스도 있었고, 지휘관 중에는 포키온도 있었다. 테바이 병사 중에는 신성부대라고 불리는 300명의 엘리트 군인들이 있었다. 이들은 스파르타나 마케도니아를 제외한 나라에서는 드물게 존재하는 상근 군인 집단이었다. 후대의 전승에 따르면 이들은 150쌍의 동성 연인들로 구성되었고 파트너 사이의 특별한 연대는 단순한 동료애보다 강했다고 하지만, 이는 사실이었을 리 없다. 아마도 보이오티아인을 특이하게 묘사한 아테네의 전승에서 비롯되었을 것이다. 실질적으로 이러한 부대가 모집된 이후에 어떻게 계속 운영될 수 있었을지 이해하기 어렵다. 이런 이야기는 이상적인 팔랑크스에 대한 논의에서 나왔을 가능성이 크다. 그리스인, 혹은 적어도 아테네 귀족들은 동성 연인들로 구성된 팔랑크스는 절대 도주할 수 없을 것이라고 여겼다. 그들 사이에 애정이 있을 뿐만 아니라, 더욱 중요하게는 전장에서 자기 연인을 버리고 도망갔다는 수치를 겪지 않으려는 욕망이 있기 때문이라는 것이다. 이러한 이미지는 매우 강렬했고, 그것이 아마도 그리스의 전쟁에 관한 오늘날의 논의에서 테바이의 신성부대가 빈약한 증거에도 불구하고 훨씬 더 두드러지게 등장하는 까닭일 것이다.[17]

비슷한 맥락에서 카이로네이아 전투에 관해 많은 이야기가 전해진다. 하지만 이처럼 중요한 사건에 관한 문헌들이 다른 사건에 관한 문헌들보다 훨씬 더 제한적이기 때문에 전투 전체에 관해 실제로 알 수 있는 것은 거의 없다. 전투 관련 유적이 두 곳 있는데, 한 곳은 쓰러진 마케도니아 병사들의 화장된 유해들이 묻혀 있는 둔덕이고, 다른 곳은 테바이 기념비로 여겨지는 사자상이 있고 최소 255명의 유골이 묻힌 매장지다. 이 유적들은 전투가 일어난 장소를 대강 추정하는 데는 도움이 되지만 구체적으로 전투 현장에서 전선이 형성된 위치를 확실하게 규명하려면 상당한 믿음의 도약이 필요하다. 이런 종류의 유적들이 실제 싸움이 벌어진 장소와 정확하게 연결되는 일은 거의 없기 때문이다. 우리는 몇 년 뒤에 벌어지는 페르시아 원정의 주요 전투에서 알렉산드로스의 군대가 어떠했는지에 관해 더 완전하게 기술한 문헌들을 가지고 있다. 이 자료들을 활용해 주의를 기울여 필리포스의 군대의 구성을 추측해 보는 일은 매우 타당하다. 하지만 기병대가 강한 페르시아 군대에 맞서 채택했던 전술들을 그대로 취하여 훨씬 덜 개방적인 지형의 그리스에서 호플리테스 부대라는 매우 다른 적군에 맞서 그대로 이용되었으리라고 상정한다면 그것은 여전히 경솔한 것이 되고 만다. 우리는 관련 고대 문헌의 저자들이 실제로 얼마나 알고 있었는지조차 확신할 수가 없다. 디오도로스의 기술은 자신의 기준에서도 모호하다. 플루타르코스는 카이로네이아 출신이기에 그 지역에서 비롯된 몇 가지 전승들을 말한다. 그의 이야기에 따르면 그곳에는 알렉산드로스의 나무가 있는데, 바로 그 자리에 왕자가 천막을 쳤다. 그리고 그곳에 흐르던 강물이 전투 중에 온통 핏물로 물들었기 때문에 왕자가 강의 이름을 하이몬Haimon●으로 바꾸었다고 한다. 400년이 넘는 세월이 지난 뒤에 이러한 이야기들의 이면에 놓인 진실을 안다는 것은 매우 어려운 일이었을 것이다. 특히 카이로네이아에서는 그 뒤에도 주요한 전투가 여러 차례 벌어졌으므로 서로 다른 전승이 뒤섞이기가 쉬웠다.[18]

아테네와 테바이의 연합군은 계곡 경사면의 갈라진 지형과 강물로 측면이 방어되는 위치를 선택한 것으로 보인다. 이는 필리포스가 측면으로 우회하여 공격하는 일을 어렵게 만들었을 것이다. 테바이가 특이하게 깊은 팔랑크스를 배치하길 좋아했다는 점을 고려하면, 이 위치는 대규모의 군대에게 상대적으로 좁았을 것이므로 일부 동맹의 파견 분대는 표준적인 8열 횡대보다 깊이가 훨씬 더 깊은 형태를 이루었을 것이다. 디오도로스는 테바이 병사들이 한쪽 측면에 있었고

● 하이몬은 축자적으로 '피'를 뜻하는 하이마(haima)에서 파생된 단어다.—옮긴이

아테네 병사들이 다른 쪽 측면에 있었다고 하지만, 더 구체적인 설명은 하지 않는다. 마찬가지로 그는 마케도니아의 군대에 대해서도 알렉산드로스가 한쪽 측면에, 다른 쪽 측면에 필리포스가 있었다고 모호하게 말할 뿐이다. 사자상이 세워진 둔덕은 대부분의 학자들이 연합군이 전선을 형성했다고 보는 곳의 오른쪽에 있었고, 오른쪽은 전통적으로 명예로운 자리였으므로 지휘권을 갖는 테바이의 군대가 위치했을 곳으로 매우 적절하다. 반면에 아테네인 탈주자들은 케라타 고개로 달아났는데, 이 고개는 계곡의 왼쪽에 있었다. 그러므로 합리적으로 추측해 보면, 테바이 병사들이 오른쪽에, 아테네 병사들이 왼쪽에 있었을 것이다. 전투가 벌어지는 동안 기병에 대해서는 전혀 언급이 없다. 알렉산드로스가 헤타이로이 기병대의 선두에서 공격했다는 기술이 반복되지만, 이는 모두 억측에 불과하다. 보통 기병대는 전선의 양쪽 측면에 위치했지만, 후방에 물러나 있는 것도 가능했다. 알렉산드로스가 테바이의 신성부대를 쳐부순 것으로 언급되기 때문에 학자들은 그를 마케도니아 군대의 왼쪽에 두고 신성부대는 테바이 전선의 오른쪽 끝에 둔다. 그러면 필리포스는 아테네 병사들을 마주했던 것이 되므로 마케도니아 군대의 오른쪽에 놓인다.

이 전투에서는 필리포스가 두 가지 술책을 사용했다고 한다. 한 가지는, 기원전 353년에 오노마르코스가 필리포스의 병사들을 꾀어냈던 것처럼 퇴각을 가장하여 경험이 많지 않은 아테네 병사들을 앞쪽으로 유인하는 것이었다. 아테네의 장군 스트라트콜레스는 주변 병사들을 재촉하여 마케도니아까지 가서라도 적군을 추격하게 했다고 한다. 적군을 따라 앞으로 밀고 나가면서 아테네 병사들은 유리한 위치에서 벗어나게 되었다. 반면에 마케도니아의 팔랑크스는 질서 정연하게 뒤로 물러나면서 더 높은 지대를 차지하게 되었다. 필리포스는 아테네인들이 승리를 쟁취하는 법을 모른다고 선언하면서 반격을 가해 적군을 몰아냈다. 만약 이것이 실제로 일어난 일이라면, 정복왕 윌리엄이 헤이스팅스 전투에서 했던 것처럼, 필리포스는 처음에 진짜로 후퇴하다가 적군이 유리한 위치에서 유인되어 나오면서 대형이 흐트러지는 것을 보고 이를 이용했을 것이다.

다른 한 가지는 필리포스가 의도적으로 전투를 길게 끌고 간 것이었다. 그는 잘 훈련된 마케도니아 병사들이 경험이 없는 아테네 병사들보다 더 오래 견딜 수 있으리라고 믿었다. 이는 대체로 사실이었을 것이다. 데모스테네스가 곧잘 불평했듯이, 아테네는 얼마 전부터 시민 호플리테스가 아니라 용병에 지나치게 의존했기 때문이다. 많은 시민 병사가 사기는 높았지만 이미 한창때를 지났고, 특별히 건강하지 않았으며 팔랑크스를 이루어 싸워본 경험이 없었다. 디오도로스 또한 군대가 동틀 녘에 배치되었고, 싸움은 '오랫동안' 운에 따라 밀고 밀리기를 반복했다고 말한다. 어떠한 문헌에서도 연합군이 빠르게 무너졌다는 암시를 찾아볼 수 없으므로 전투는 장기화됐을 가능성이 크다.[19]

필리포스의 보병대는 높은 비율로 사리사를 장착했지만 3만 명의 보병 중 얼마나 많은 수가 경보병輕步兵이었고 그의 동맹들이 제공한 호플리테스였는지는 알 수 없다. 반면에 알렉산드로스 시대에 히파스피스테스hypaspistes라고 알려진 마케도니아의 정예 보병은 보통 장창보다는 단창을 들었던 것으로 보인다. 사리사는 호플리테스의 창보다 훨씬 더 사정거리가 길었다. 사리사로 호플리테스의 방패를 뚫을 수는 없지만 적어도 충분한 힘을 가지고 제대로 휘두른다면 방패를

든 병사의 얼굴과 목을 타격할 수 있었다. 이 시기에 이르면 호플리테스의 다수는 얼굴을 거의 다 가리는 코린토스 양식의 투구보다 얼굴이 드러나는 투구를 썼기 때문이다.

마케도니아의 창병은 적군 호플리테스를 창으로 찌를 수 있었다. 반면에 여러 개의 사리사 창촉을 부러뜨리거나 밀어낼 수 없는 한 연합군 호플리테스가 어떻게 그들의 적을 해칠 수 있었는지는 알기가 어렵다. 그러나 싸움이 길게 늘어졌다는 사실과, 시신을 매장한 둔덕에서 확인된 마케도니아 병사의 사망자 수가 상당하다는—또한 다른 전투를 참고하여 판단하건대 부상자의 수는 훨씬 더 많았으리라는—사실을 통해 그들이 그렇게 할 수 있었음을 분명히 알 수 있다. 창을 던질 수 있는 호플리테스가 여분의 창이나 투창을 휴대하지 않았을 것이라고 상정하는 것은 잘못된 것이다. 창병들은 더 작은 방패를 들었고, 그 방패로 날아오는 무기를 막아낼 가능성은 적었지만, 뒷줄에 배치된 병사들이 빽빽이 들고 있는 사리사를 통해 어느 정도 보호를 받았다. 아마도 팔랑크스 중간이나 뒤편에는 궁수들이 배치되었을 것이다. 이러한 방식은 몇 세기 전에도 확실히 흔하게 사용되었고, 카이로네이아 전투의 맥락에서도 충분히 그러했을 것으로 보인다. 그 후 몇 년 동안 아테네 젊은이들은 십 대 후반에 활쏘기가 포함된 훈련을 받았다고 하는데 이러한 관습은 이전에 성립되었던 것 같고, 호플리테스 계층에는 기본적으로 활에 익숙한 사람들이 있었을 것이다. 전체적으로 보면, 전투는 더디게 진행되었고 양쪽 모두 많은 손실을 입었다. 부분적인 퇴각과 소강상태가 이어졌고 그럴 때마다 병사들은 잠시 숨을 돌렸다.[20]

적군의 대열을 가장 먼저 뚫은 것은 알렉산드로스였다고 한다. 하지만 이것은 2년 뒤에 왕이 되는 18세의 왕자를 향한 어쩔 수 없는 찬사에 불과했을 수도 있다. 플루타르코스는 그가 신성부대의 전열을 무너뜨렸다고 말하고, 정말로 그는 그렇게 했을 것이다. 후대의 저자들이 이 젊은 영웅과 그 유명한 엘리트 부대의 패배를 연결시키려는 유혹에 빠진 것이 아니라면 말이다. 결국 연합군 대열은 뚫렸고 무너졌다. 아테네 병사 1000명이 죽었고 2000명이 포로로 잡혔다. 테바이의 손실도 비슷한 규모였다. 케라타 고개로 달아난 병사들 중에는 데모스테네스도 있었다. 마케도니아 쪽의 사상자 규모는 알려져 있지 않다. 탈주 초기 단계에 병사들이 살해당해 수가 크게 줄어드는 탓에 패배한 쪽이 승리한 쪽보다 훨씬 더 심각한 손실을 입는 경향이 있었다. 필리포스는 부족 적군들과 싸울 때와 달리 탈주하는 적군을 추격하지는 않았던 것 같다.[21]

　신성부대의 병사들은 서 있던 자리에서 죽었다. 퇴각하기를 원치 않았거나, 포위되어서 퇴각할 수 없었거나, 아니면 자신을 희생하여 다른 병사들의 탈주를 엄호했을지 모른다. 사자상 아래에 묻힌 255구의 시신은 흔히 이 신성부대 병사들로 여겨진다. 시신의 수가 신성 부대 병사들의 수와 비슷하므로, 문자 그대로의 사실은 아닐지라도 적군을 전멸시켰다는 이야기를 정당화할 수 있을 만큼 재앙적인 사상자 수를 대변한다. 패자 쪽에서 전쟁을 기념하는 건축물을 세우는 것은 일반적이지 않기 때문에 테바이인들이 사자상을 세운 까닭은 따로 설명할 필요가 있다. 유명한 영웅들을 기념하는 것은 수십 년 뒤 지나간 영광의 상징들이 당대 정치에서 쓸모가 있을 때나 의미가 있다. 그러나 어떠한 고대 문헌에서도 사자상을 신성부대와 결부시키지 않고 있다. 아직은 주변 땅의 일부만 발굴 작업이 이루어졌기 때문에 이 사자상은 주변에 있을지 모르는 더 넓은 묘지에 대한 기념물일 수도 있다. 남아있는 유해들은 날카로운 무기를 사용한 싸움의 참혹한 현실을 증언한다. 묻혀 있는 시신 중에는 얼굴 대부분이 칼에 잘려 나간 것도 있다.[22]

필리포스는 자신의 이력 중 가장 큰 전투에서 승리했다. 그러나 전투 이후 그의 행동에 관해서는 상충하는 전승들이 존재한다. 유스티누스는 마케도니아 왕이 훌륭하게 절제하며 승리에 환호하지 않았다고 하는 반면, 플루타르코스는 신성부대 병사들이 대형을 거의 그대로 유지한 채 죽어서 누워 있는 광경을 보고 필리포스가 눈물을 흘렸다고 한다. 그러나 디오도로스는 필리포스가 술판을 벌였고, 취한 친구들과 함께 죽은 적군 병사와 포로들을 조롱하며 춤을 췄다고 한다. 생포된 아테네 병사 데마데스*는 필리포스를 향해 트로이 전쟁에서 그리스 군대를 이끈 아가멤논처럼 행동해야지, 《일리아스》에서 가장 흉하고 영웅적이지 못한 테르시테스**처럼 행동해서는 안 된다고 말해서 정신이 들게 했다고 한다.[23]

전투에서 승리한 것은 큰 업적이었다. 하지만 필리포스는 영구적 평화를 이루는 것이 핵심이라는 것을 잘 알고 있었다. 자신의 위치를 안전하게 지키고 도시국가들로부터 더 이상 심각한 도전이 없게 해야 했다. 그러려면 위협과 설득을 균형 있게 활용할 필요가 있었다. 역사

---

* 아테네의 가난한 선원 출신인 데마데스는 뛰어난 언변으로 탁월한 웅변가가 되었다. 본래 데모스테네스를 지지했으나, 필리포스에게 포로로 생포되었다가 풀려난 뒤로는 아테네에서 마케도니아의 입장을 대변하는 역할을 하면서 데모스테네스와 크게 대립한다.―옮긴이

** 《일리아스》의 등장인물인 테르시테스는 트로이 전쟁에 참가한 평민 출신의 그리스 병사다. 외모가 흉하고 말이 많으며, 특히 영웅들을 자주 조롱했다. 그러한 탓에 오디세우스에게 매를 맞기도 하고, 결국엔 아킬레우스에게 죽임을 당한다.―옮긴이

를 보면 알 수 있듯이, 그리스 공동체들은 굴욕이라고 생각하는 모든 것에 분개했고, 복수할 수 있는 아주 작은 기회라도 포착할 때까지 원한을 오랫동안 품었다. 그들은 또한 승리자가 절제된 모습을 보여줄 것이라고 거의 기대하지 않았으며, 오히려 자신의 권력을 이용해 패배자에게 최대한의 피해를 입힐 것이라고 예상했다. 필리포스는 테바이와 아테네가 이끄는 군대를 대파했으므로, 두 도시와 그 동맹들은 두려움에 떨며 그의 다음 행보를 기다렸다. 만약 필리포스가 그들을 가혹하게 처벌한다면 그들의 증오심을 더욱 굳히고 미래에 문제가 발생할 가능성을 높이는 꼴이 되는 것이며, 그가 그들을 파괴하거나 심각한 불구로 만든다고 해서 남부 그리스에 새로운 힘의 균형이 그에게 유리하게 작용할 것이라고 확신할 수 없었다. 그리스인들은 본능적인 독립심 때문에 하나의 대의로 뭉치지 못했으며, 이 때문에 그들을 다루는 일은 훨씬 더 어려웠다. 한 도시를 어떻게 다루느냐에 따라 앞으로 다른 도시들이 어떻게 행동할지에 영향을 주었다. 자신의 외교적 업적들에 큰 자부심을 가진 사람에게조차 그것은 어려운 도전이었다.

12

사랑과 페르시아

무역 도시이자 해상 세력으로서 아테네의 영향력은 매우 넓은 지역에 두루 미쳤기 때문에 필리포스가 아테네인들과 관련해서 전후 처리를 어떻게 할 것인지는 특히 중요했다. 그는 첫 특사로 데마데스를 선택했다. 데마데스는 앞서 디오도로스의 기록에서 전투 후에 필리포스를 책망했다고 알려진 그 아테네인 포로였다. 이때 마케도니아 군대는 아직 카이로네이아에 남아있었고, 더 이상 전진하지 않았다. 사망한 마케도니아 병사들은 화장 후 매장되었고, 그 위에 기념비가 세워졌다. 부상자들은 치료가 필요했다. 아테네인 시신들 또한 화장되었고 그 유해는 알렉산드로스, 안티파트로스(전투 전 어느 시점에 마케도니아에서 내려와 있던 것으로 보인다), 그리고 또 한 명의 마케도니아 귀족이 모아서 아테네로 호송했다. 그들은 아테네인 포로들이 몸값 지불 없이 송환된다는 메시지를 아테네에 전달했다. 반면에 테바이인들은 몸값을 내고 동료 시민들을 되찾아야 했고, 심지어 사망자까지도 돈을 지불하고 거두어야 했다. 사자상 둔덕을 바탕으로 판단하건대, 필리포스의 부하들이 그 근처에서 8월의 태양 아래 잠시라도 진을 쳤다면,

아마도 시신들은 모두 급하게 매장되었을 것이다.[1]

전령들이 도착하기 전에 도망자들의 겁에 질린 이야기를 듣고 아테네인들은 필사적인 공성에 대비했다. 시골 지역 주민들은 모두 소개疏開되었다. 60세까지 군복무가 가능한 모든 시민이 소집되어 무기를 갖추었고, 광산이나 농지에서 일하는 노예들도 해방하여 시민으로 만들어 무장시키도록 하는 계획이 승인되었다. 아테네는 그들 특유의 방식으로 패배에 대한 희생양을 찾아냈고, 선출된 고위급 장군이 재판에서 유죄 판결을 받아 처형되었다. 시간이 흐르면서 아테네인들은 선뜻 비난의 화살을 테바이의 지휘관들에게 겨누고 그들의 무능함을 비판했다. 데모스테네스와 그의 동지들은 계속해서 민회를 좌지우지했고, 비굴하게 항복하느니 최후의 항전을 펴자는 쪽으로 여론이 기울었다. 하지만 마케도니아 특사들이 도착했을 때 분위기는 바뀌기 시작했다. 그리스 세계에서 전쟁 후에 전사자를 송환하는 것은 적국에서 보이는 매우 드문 영예였고, 데마데스가 마케도니아 왕이 화평을 논의하고 싶어 한다는 메시지를 전했기 때문이다. 데모스테네스는 필리포스에 대한 가차 없는 적대감을 드러내며 연설했지만, 늘 실용주의를 견지하며 존경받은 포키온은 적어도 필리포스의 구체적인 조건들이 무엇인지 알아봐야 한다고 주장했다. 민회에서는 포키온의 말을 듣기로 했지만, 한편으로 전사자들의 유골을 매장하는 영예로운 예식에서의 전통적인 연설은 데모스테네스에게 맡겼다. 경쟁자들에게 겁쟁이라고 조롱당하고 분명히 타고난 투사도 아니었던 데모스테네스는 비록 카이로네이아에서 다른 이들과 함께 도망치기는 했지만 가장 먼저 달아나지는 않았을 것이다.[2]

필리포스가 아테네에 제시한 조건은 관대했다. 마케도니아 군대가 아테네에 주둔하지 않을 것이고, 아테네가 민주정을 포기하도록 강제하거나, 전쟁을 부추긴 정치인들을 넘겨 달라고 하지도 않을 것이었다. 또한 아테네는 자국 함대를 유지할 수 있었고, 비록 얼마 남지 않은 동맹들도 공식적인 연맹 구조는 아니더라도 그대로 유지할 수 있었다. 갈리폴리 반도의 식민지 주민의 귀환을 명령한 것은 정착지에 내려진 드물지만 가벼운 처벌이었다. 아테네는 여전히 독립 국가이면서 무역 강국으로서 번영을 이어갈 수 있게 허락되었기 때문이다. 이러한 필리포스의 조건들이 안정적으로 수용되는 데 포키온의 지지도 도움이 되었지만, 민회의 유권자들 사이에 널리 퍼진 안도감이 컸다. 필리포스와 알렉산드로스는 아테네의 시민이 되었고 왕의 동상이 세워졌다. 우리가 알 수 있는 한, 필리포스는 실제로 아테네를 방문한 적이 없었다. 알렉산드로스의 경우에도 이때 아테네에 간 것이 일생에서 유일한 방문이었다.

대조적으로 테바이는 고통을 겪어야 했다. 일부 지도자들은 추방당하거나 도피를 선택했다. 망명했던 귀족들은 집으로 돌아가는 것이 허락되었고, 필리포스에게 감사를 표했다. 이들은 과두정 형태로 도시를 지배하게 된 새로운 300인 회의의 중요 구성원이 되었고, 이 회의는 도시의 옛 성채인 카드메이아에 주둔하는 마케도니아 병사들의 감시를 받았다. 보이오티아 동맹은 재구성되었고 테바이는 더 이상 동맹을 지배하지 못했다. 테바이가 파괴했던 도시들은 재건되어 폴리스로 복원되었다. 포키스는 폴리스로 복원되었을 뿐 아니라 델포이에 진 빚을 크게 탕감받았다. 코린토스에도 마케도니아 군대가 주둔했다. 필리포스가 군대를 이끌고 펠로폰네소스에 갔으므로 다른 곳에도 그의 군대가 주둔했을 것이다. 그러나 전체적으로 보았을 때 그리스에서 마케도니아에 점령된 영토는 거의 없었다. 이제 대부분의 공동체는 마케도니아 왕의 우호를 구하기에 적절한 시기가 되었다고 보았다. 스파르타는 멀찍이 떨어져 있는 듯했지만, 그 적대감은 나쁜 태도 이상으로 확대되지 않았다. 게다가 스파르타는 이제 예전 같은 강대국이 아니었다. 많은 소규모 국가들이 필리포스의 지배를 반겼다. 필리포스는 많은 것을 요구하지 않았기 때문에 이 국가들은 코린토스처럼 더 가까이 있는 국가보다 마케도니아가 패권을 쥐는 것이 차라리 낫다고 여겼다. 필리포스의 정책은 의도적으로 온화했다. "그는 짧은 시간 동안 지배자로 불리기보다 오랫동안 좋은 사람으로 불리기를 원했기" 때문이다.[3]

아테네는 필리포스에게 호의적으로 응답한 적이 별로 없음에도 필리포스는 늘 아테네에 놀라울 만큼 관대한 태도를 보였다. 그가 아테네의 권력을 파괴하지 않기로 한 이유를 오늘날에도 많은 사람이 궁금해한다. 부분적으로는 아테네를, 혹은 다른 어떤 주요 공동체를 포위 공격하는 일에 오랜 시간과 많은 비용이 들었기 때문이었다. 공성 과정은 학자들이 생각하는 것만큼 쉽지 않았다. 아테네 공성에 성공하더라도, 위신이 깎일 뿐 아니라 감수한 위험과 비용을 상쇄할 만큼 이득이 많지 않았을 것이다. 아테네는 범그리스적 문화와 지성의 중심이었고, 기원전 5세기 페르시아에 맞서 도전했던 이력이 있었기 때문에 모든 그리스인이 존경하는 위대한 상징이었다. 아테네인들이 늘 인기가 있었던 것은 아니고 때로는 증오의 대상이 되기도 했다. 하지만 아테네인들이 기가 꺾이는 모습을 보고 기뻐하는 이는 많았을지라도, 아테네가 완전히 파괴되기를 바라는 이는 거의 없었다. 더 실질적인 차원에서 보자면, 아테네를 파괴하거나 불구로 만드는 것은 권력의 공백을 만들고 그리스 대부분의 지역에서 정치적 균형을 깨뜨리는 일이 된다. 반면에 기꺼이 평화를 유지하려고만 한다면 아테네는 안정을 위해 훨씬 더 큰 힘을 발휘하고, 아테네의 함대는 해상 수송로의 통행을 유지하면서 해적들을 통제할 수 있었다.[4]

마케도니아 왕은 더 큰 계획들을 마음에 품고 있었다. 기원전 338년 말이나 기원전 337년 초에 모든 그리스 국가의 대표들이 코린토스에서 열린 필리포스와의 회견에 초대되었다. 스파르타를 제외한 모든 국가에서 초대에 응했다. 그 결과, 이른바 코린토스 동맹이 결성되었다. 이 동맹의 정확한 기술적 본질에 대해서는 여전히 논쟁이 계속되고 있지만, 이 동맹으로 모든 그리스 국가 사이에서 대표 회의와 화평 조약이 성립되었고, 이로써 각 나라가 자국의 정체政體를 선택하고 독립을 유지할 권리가 인정되었다. 다른 국가의 이러한 권리를 박탈하려는 국가에 대해서는 나머지 국가들이 연합하여 전쟁으로 위협할 것이었다. 이 조약에는 한때 페르시아인들이 보증한 '대왕의 화평'의 요소들과 이전에 '공동 화평'에서 시도되었던 내용들이 포함되었고 그보다 더 많은 힘이 주어졌는데, 이는 각 나라에 개입하고 규칙을 강제할 수 있는 마케도니아의 권력이 있었기 때문에 가능했다. 스파르타를 강제하여 화평 조약에 참여하게 하려는 시도는 전혀 없었으며, 이는 조약 참여가 자발적으로 이루어졌음을 보여준다. 물론 각국의 선택은 필리포스의 군대가 당시에 가장 강력한 군대였다는 단순한 현실에 영향을 받긴 했다. 필리포스는 이미 관련 공동체들 대부분과 개별적인 동맹을 이미 맺어 놓았고, 이 동맹들은 계속 유지되었다. 사실상 동맹의 목적이 각국의 국내 정치와 국가 간 관계들을 현상태로 유지하는 것이었기 때문이다. 이 단계에서나 이후 단계에서나, 조약에 참여한 모든 국가는 필리포스와 그의 후손들과 맺은 조약을 지키겠다고 서약했다. 과거의 경험에 비추어 보면 영구적인 안정은 도시 국가들에 자연스레 도래하지 않았다. 동맹의 조건이 어떠하든, 지금으로서는 필리포스가 강자였다.[5]

첫 회담에서 필리포스는 기원전 480~479년에 그리스를 침공하여 신전들을 파괴한 페르시아인들을 처벌하기 위해 그리스 국가들이 연합하여 페르시아에 전쟁을 선포하자고 제안했다. 각국의 대표들은 이를 승인하고 필리포스를 전쟁의 지도자(헤게몬·hegemon•)로 선출하고 그가 적절하다고 생각하는 대로 행할 수 있는 최고 권한을 부여했으며, 전쟁을 위해 군대를 소집하고 물자를 징집하는 데 동의했다. 그들이 표결한 내용은 각 동맹국에서 선서를 통해 비준되었다. 유스티누스는 이들의 연합 군대가 보병 20만 명, 기병 1만5000명에 이르렀다고 한다. 하지만 이 숫자는 이론적으로 무장 가능한 모든 시민의 총합을 의미했을 것이다. 필리포스가 요청한 파병 규모는 이보다 훨씬 더 소박했다. 기원전 337년 봄, 필리포스가 가장 믿고 의지하는 부하인 파르메니온 휘하의 전위 부대가 소아시아로 건너갔고 전쟁이 시작되었다. 모든 준비과정에는 시간이 걸렸기 때문에 필리포스는 1년 뒤에 주력 부대를 이끌고 전위 부대를 따를 계획이었다.[6]

아테네의 철학자 이소크라테스를 비롯한 범그리스주의자의 꿈이 마침내 현실이 되었다. 우리는 필리포스가 얼마나 일찍부터 페르시아 전쟁을 고려했는지 말할 수 없다. 필리포스가 언제 가능한 한 빨리 전

• 헤게몬은 본래 '이끌다', '지도하다'라는 뜻의 그리스어 동사 헤게오마이(hegeomai)에서 파생된 말이다. 단순히 지도자를 뜻하기보다 다른 도시국가나 지역에까지 정치·경제·군사적 지배력을 행사하는 패권자를 뜻했다. —옮긴이

쟁을 개시하기로 결정했는지도 말할 수 없다. 이소크라테스는 자신이 왕에게 영감을 준 것인지, 아니면 단순히 이미 왕의 마음에 있던 계획을 강화시킨 것인지 공개적으로 의문을 제기했다. 하지만 카이로네이아 전투 이후 안티파트로스가 아테네에 왔을 때, 98세의 이소크라테스는 이 마케도니아의 귀족과 그 문제를 논한 적이 있었다. 트라케가 더 이상 페르시아의 지배 아래 있지 않다고 해도 페르시아는 여전히 그곳에 대한 권리를 주장했기 때문에 어떤 의미에서 필리포스의 마케도니아는 늘 남부 그리스보다 페르시아 제국에 더 가까이 있었다. 필리포스는 테바이의 팜메네스가 자신의 군대를 이끌고 페르시아 왕에게 맞선 사트라프를 도울 수 있도록 지원했다. 한편으로 그리스의 호플리테스 군대가 훨씬 규모가 큰 동방의 군대를 여러 차례 이겼음을 모두가 알고 있었고, 범그리스주의자들은 이 사실을 끊임없이 언급했다. 소아시아와 페르시아 제국 전체는 부유했고, 접근이 용이했으며, 취약한 상태에 있는 것처럼 보였다. 필리포스는 이미 40대에 접어들었고, 여러 차례 부상을 입었음에도 불구하고 건강하고 활동적이었다. 이제 확장된 왕국의 수장이자 탁월한 군대의 지도자였다. 그는 외교적 수완이 있었지만, 그럼에도 그가 부상한 것은 군사력 덕분이었다. 그는 재위 기간 내내 거의 쉴 틈 없이 군사작전을 수행했다. 그의 치세는 더 많은 승리와 더 많은 영광이 필요했다. 그리고 병사와 귀족들에게 보상을 하고 새로운 정착지 건설에 자금을 대기 위해 더 많은 전리품이 필요했고, 그리스 전역에서 지지를 얻기 위해 더 많은 권력의 과시와 선물이 필요했다. 페르시아를 공격하면 이제까지 그가 이룬 모든 것을 능가할 부와 영광을 얻게 될 것이었다.[7]

필리포스는 페르시아 원정을 개시하기 전에 여러 해에 걸쳐 숙고했을 것이다. 그가 트라케에서 펼친 군사작전들 덕분에 페르시아로 향하는 길이 열렸다. 그는 아시아로 건너가는 최단 교차점들을 안정적으로 통제하고 있었다. 하지만 그가 페르시아와의 대전 준비와 다름없는 선명한 장기 계획에 따라 모든 일을 하고 있었다고 보는 것은 잘못이다. 트라케까지 왕국을 확장한 것은 그 자체로 가치 있는 일이었다. 영토와 부와 인력을 늘릴 뿐 아니라 왕국의 본토를 공격으로부터 안전하게 지킬 수 있게 되었다. 물론 카이로네이아 전투 이후나 그 이전의 그리스의 평화 정착 시도와 어쩌면 그보다 이전의 시도들까지도 분명 페르시아 전쟁을 염두에 두고 한 일이었을지 모른다. 어쩌면 범그리스주의자들이 옳았을 것이다. 그리스인들은 열정적으로 하나로 뭉쳐 '진짜' 원수인 페르시아를 무찌르고 약탈할 것이다. 무려 한 세기 반 전에 행해진 모욕 행위를 전쟁의 구실로 선택한 것은 우리의 눈에는 빈약하게 보이지만 그리스인들에게는 그렇지 않았다. 그들은 언제든 편리한 대로 아주 오랜 과거의 불화나 친선을 끄집어내는 데 익숙했다. 필리포스는 신전이 파괴된 것을 합당한 구실로 내세워 아폴론을 대신해 복수하고 신성모독죄로 암피사를 처벌했다. 기원전 480년에 일어난 페르시아의 악행의 피해자 중 하나였던 아테네에 대한 필리포스의 관대한 처우와 침략자 페르시아에 합류하여 플라타이아이에서 다른 그리스 국가들에 맞서 싸운 테바이에 대한 가혹한 처벌은, 이러한 역사가 되살아남에 따라 더욱더 합당한 것이 되었다. 물론 의심할 여지없이 이 모두는 의도적인 것이었다.[8]

그리스인들은 이 전쟁에 동의하고 필리포스를 지도자로 선택하는 것 말고 할 수 있는 일이 거의 없었다. 하지만 이것이 일부 혹은 다수가 다가올 전쟁에 열광하지 않았음을 의미하진 않는다. 마케도니아 왕은 이 전쟁의 궁극적 목표를 밝히거나 그리스 신들을 모욕한 것에 대한 합당한 복수가 무엇인지도 말하지 않았다. 아마도 그의 계획들은 확정되지 않았고, 시간의 흐름에 따라 그리고 전쟁의 전개 상황에 따라 발전했을 것이다. 일단 필리포스는 이미 위대한 승리를 거두었고, 적어도 단기적으로는 안정되어 보이는 평화를 이루었으며, 이제 거대한 원정을 개시하려 하고 있었다.

왕에게는 자신의 전망에 만족감을 느낄 충분한 이유가 있었다. 현전하는 고대 문헌들이 옳다면, 이 시기에 그는 사랑에 빠졌다. 기원전 337년 마흔다섯 살의 필리포스는 또 한번 결혼했다. 신부는 십 대 소녀였고, 기존의 아내들과 달리 저지 마케도니아 출신이었다. 그녀의 이름은 클레오파트라였고, 이 이름이 왕족 사이에서 두 번 이상 등장하는 것으로 보아 그녀는 아르게아스 왕가 사람이었을 가능성이 있다. 물론 그녀가 중요한 귀족 가문 출신인 것은 확실했다. 아버지는 이미 죽었지만, 그녀는 중년의 귀족인 아탈로스의 조카이자 피후견인이었다. 클레오파트라는 젊고 아름다웠다. 고대 문헌에 따르면 필리포스는 정치적 이득을 얻기 위해서가 아니라 사랑에 취해서 그녀와 결혼했다.

어떤 학자들은 냉정하고 단호한 필리포스가 갑자기 감정에 휘둘리게 되었다는 것을 믿지 않고, 이 혼인을 주의 깊게 계산된 움직임으로 보려 한다. 왕이 살해되지 않는 한 그 가족이 장수하면 왕의 수명 또한 수십 년 이상 늘어날 가능성이 높아졌다. 현재는 재능을 보이는 알렉산드로스가 왕의 후계자로서 공개적으로 총애를 받았다. 하지만 다른 아들은 능력이 없었고, 이 시기에 필리포스의 부인들은 아이를 더 낳기에는 이미 나이가 많았다. 아들을 한두 명 더 갖는 것은 알렉산드로스가 혹시라도 아버지보다 오래 살지 못하거나 기대를 충족시키지 못하게 되었을 때를 대비하는 현명한 방책이었다. 이것이 합리적이기는 하지만, 우리가 우선 기억해야 할 것은 기원전 336년이나 적어도 기원전 335년에 필리포스가 동방 원정을 떠날 계획이었으므로 최선의 환경이 조성되었다 해도 그때까지 클레오파트라는 두 번 정도밖에 임신할 시간이 없었고, 필리포스는 원정을 떠나면서 부인들을 데리고 다니지 않았다는 점이다.[9]

왕위 계승 문제와는 별개로 이 결혼의 배후에 정치가 작동했다면 그것은 국경을 안전하게 확보하려는 것이 아니라 처음으로 국내 사정을 고려한 것이었을 가능성이 높다. 필리포스는 앞으로 적어도 몇 년 동안은 아시아에 머물게 될 예정이었으므로, 자신의 통치에 도전하는 일이 일어나지 않도록 마케도니아 국내 상황을 확실하게 안정시킬 필요가 있었다. 안타깝게도 우리는 마케도니아 귀족들의 정체와 영향력을 거의 알지 못하기 때문에 단지 필리포스가 그의 치세 동안에 그들과 맺은 관계에 기대어 추측할 수밖에 없다. 마케도니아 귀족들은 다양한 무리를 이루었고 그 무리들 사이, 특히 고지 마케도니아와 저지 마케도니아의 씨족들 사이에 긴장과 갈등이 상존했던 것으로 보인다. 새로 얻은 부인의 삼촌인 아탈로스 또한 한 분파를 이끌었거나 자기 집안을 왕궁과 지방에서 확장했을 것이다. 이로 인해 그에게는 필리포스의 통치를 유지하고 그로부터 자신의 이익을 취하는 편이 더 매력적인 일이 되었다. 그러나 그는 기원전 337년 전까지 문헌들에서 전혀 언급되지 않는다. 그래서 우리는 사실상 그에 대해 거의 아무것도 알지 못하며, 필리포스의 궁에서 그가 오래전부터 두드러지는 인물이었는지 아니면 왕이 그의 조카와 결혼한 결과로 눈에 띠게 되었는지도 알 수가 없다. 정치적 계산 자체가 감정을 배제하지는 않는다. 플루타르코스는 필리포스가 한때 올림피아스를 사랑했다고 주장하는데 그렇게 클레오파트라 또한 사랑했을 것이다. 당시 마케도니아는 매우 남성 지배적인 사회였지만, 그렇다고 해서 여성들을 결연하고 야심 있는 존재가 아닌 전적으로 수동적인 존재로만 볼 필요는 없다. 중년의 남자, 특히 이제 곧 거대한 전쟁에 나서려는 남자가 훨씬 더 젊은 여성과 사랑에 빠졌다는 이야기에 믿기 어려운 점은 전혀 없다.[10]

알렉산드로스는 결혼을 축하하는 연회에 참석해서 아버지와 가까이 있는 소파에 비스듬히 기대어 앉아 있었다. 올림피아스나 클레오파트라 모두 잔치에 참석하지 않았다. 좋은 집안의 여성들은 이렇게 술을 마시고 시끌벅적한 자리에 오지 않았기 때문이다. 밤이 깊어지자, 이런 연회에서 늘 그러하듯이 술이 흘러넘치고 사람들의 혀가 풀리기 시작했다. 아탈로스가 잔을 들고 건배를 제안하면서 이 혼인에 마케도니아 왕국에 적법한 상속자가 나오게 해달라고 신들에게 간청했다. 여기서 적법한 상속자란 올림피아스와 필린나 같은 외국인의 아들이 아니라 순수한 저지 마케도니아 혈통의 아들을 말했다. 우리는 아탈로스가 세심하게 단어를 선택하여 말한 것인지, 아니면 술에 취해 자신이 무슨 말을 하는지도 모르는 채로 뱉은 것인지 알 수 없다. 알렉산드로스는 그 말을 분명히 들었고, 아니면 적어도 분명히 들었다고 생각했고, 당연히 화를 냈다. 그는 아탈로스에게 잔을 집어 던지며 자신을 서자庶子로 부르고 있는 것이냐고 물었다. 그러자 필리포스가 개입했다. 그가 무슨 말들이 오갔는지를 들었든 아니든 간에 그는 연회의 주최자였고 그가 해야 할 일은 평화를 지키고 폭력을 방지하는 것이었으므로, 새 신부의 후견인에 대한 폭력 또한 제지해야 했다. 그는 자리에서 일어나 검까지 뽑아 들었다. 하지만 너무 취해 있었기 때문에 아들을 향해 휘청거리며 다가가다가 발이 걸려 넘어지며 얼굴을 땅에 박고 말았다. 알렉산드로스는 아버지를 조롱하며 말했다. "모두 보시오! 여기 유럽에서 아시아로 건너가려는 자가, 이 의자에서 저 의자로 건너가지도 못하고 넘어지고 말았다오!" 필리포스의 친구들이 왕을 다시 일으켜 세웠고, 그러는 사이에 그의 아들은 자리를 떠났다. 알렉산드로스는 잔치 자리에서만 떠난 것이 아니라 마케도니아에서도 떠나 버렸다. 그는 어머니를 데리고 에페이로스로 갔으며, 일리리아의 지도자에게 피난처를 요청했다.[11]

필리포스가 새로 결혼한 사실이 그 자체로 올림피아스나 알렉산드로스에게 직접적인 도전이 되는 것은 아니었다. 올림피아스는 여전히 왕이 죽을 경우 가장 유력한 왕위 계승자의 어머니였으며, 클레오파트라가 아들을 낳는다 해도 그 아이가 살아남아 섭정의 보호 아래 상속자로서 적합한지를 모두가 확신하게 되기까지는 오랜 시간이 걸릴 터였다. 필리포스가 알렉산드로스에 대한 공개적인 총애를 거두어들이려 했다는 암시는 전혀 없다. 카이로네이아 전투 이후 그는 올림피아의 제우스 신전에 커다란 기념비를 세우게 했다. 필리페이온이라는 이름으로 알려진 이 기념물은 바깥에는 열여덟 개의 이오니아식 기둥을 원형으로 배치하고 안쪽에 아홉 개의 도리아식 기둥을 원형으로 배치한 뒤 그 위에 타일로 된 지붕을 얹은 원형 구조물(톨로스tholos)이었다. 벽이 없기 때문에 바깥에서도 부분적으로 안쪽이 보이는데 이 안쪽에는 금으로 장식된 다섯 개의 대리석 조각상이 있었다. 가장 중심에 필리포스 조각상이 서 있었고 한쪽에 그의 부모가, 다른 한쪽에 알렉산드로스와 올림피아스가 서 있었다. 이것은 그의 영광을 위한 기념물이었다(필리페이온이라는 이름은 단순히 '필리포스의 건물'이라는 뜻이다). 이 건축물은 전체 그리스 세계에서 가장 크고 사람들이 가장 자주 방문하는 신전에 세워졌고, 흔치 않은 원형 구조에 화려하게 장식되어 있어 확실히 사람들의 눈길을 끌었으며, 페르시아에 대한 복수의 전쟁을 이끄는 그리스인들의 지도자를 명예롭게 했다.[12]

필리페이온에서는 알렉산드로스만이 필리포스 이후의 미래를 나타냈다. 왕의 다른 아들인 아리다이오스의 조각상도 없었고, 이즈음에 왕의 딸 키나네와 결혼한 왕의 조카 아민타스의 조각상도 없었다. 다른 부인들도 전혀 없고, 오직 올림피아스만이 분명한 상속자의 어머니로 그곳에 있었다. 그러나 필리포스가 그 모두의 중심에 있었고, 그는 가까운 장래에 죽을 계획이 전혀 없었으므로 탄탄한 자신의 미래를 예상했다. 왕위 계승자에 대한 공식적 지위도 없었고, 계승의 서열을 정하는 고정된 규칙도 없었다. 알렉산드로스가 아버지보다 오래 살고, 다른 선택지가 될 수 있는 이들을 제치고 아버지의 총애를 계속 받는다면 무리 없이 왕이 될 것이었다. 왕이 더 오래 살수록 알렉산드로스가 죽거나, 불구가 되거나, 이복동생과 비교해서 퇴색한 영웅이 될 가능성이 높아졌다. 어떠한 자료도 필리포스가 원정 계획을 세울 때 알렉산드로스를 아시아로 데려가려 했는지, 아니면 섭정으로서 마케도니아에 남겨두려 했는지 알려주지 않는다. 오늘날에 나온 책들에는 어떤 방식으로든 확신하는 듯한 언급들이 많지만, 모두 추정에 불과하다. 어느 쪽이든 알렉산드로스는 여전히 정력적인 아버지의 그림자에 가려져 있었을 것이다.[13]

알렉산드로스는 이를 분하게 여길 수밖에 없었다. 열아홉 살의 왕자는 참을성이 없었고, 성질이 급했으며, 단호하고, 강박적일 만큼 경쟁적이었다. 그의 장래 이력 전부가 이러한 성격적 특징을 증언할 뿐 아니라, 의심과 질투도 많았음을 보여준다. 아버지가 성공을 거둘 때마다 자신이 거둘 승리가 하나씩 줄어든다며 한탄했다는 이야기가 사실이든 아니든, 알렉산드로스와 필리포스 모두 영광을 갈망하는 이들이라 둘의 관계는 훨씬 더 복잡하고 팽팽했다. 그들 나이의 기준으로 보더라도, 두 사람은 지독하게 경쟁적이었다. 아버지는 이미 많은 것을 이루고도 더 많이 이루기를 원했고, 아들에게는 아버지의 업적으로 인해 최고가 되기 위한 기준이 더욱 높아졌다. 알렉산드로스는 재능이 뛰어나긴 했지만, 그렇다고 해서 지금 조연 역할을 해내느라 고군분투하고 있는 이 어린 왕자에게 예외적일 만큼 성숙한 감정을 기대해서는 안 된다. 그는 자신의 미래가 아버지에게 달려 있음을 알았다. 합리적으로 생각했을 때, 아리다이오스나 아민타스가 알렉산드로스의 경쟁자가 되리라고 보기는 어렵지만, 아민타스가 공주와 결혼했다는 것 자체는 그 역시 왕의 총애를 받았음을 나타낸다. 유스티누스만이 또 다른 형제로 언급한 카라노스가 실제로 존재했다 해도 사생아였을 확률이 높은데, 그가 만약 이즈음에 십 대에 이르렀고 필리포스가 그를 좋아했다면 알렉산드로스의 경쟁자가 되었을 수도 있다. 우리는 후계자로 인정받은 서자가 전혀 없었다고 확신할 만큼 아르게아스 왕조의 역사를 충분히 알지 못한다. 확실한 것은, 예측 가능한 미래에 필리포스에게 무슨 일이 일어난다면 알렉산드로스가 왕이 되리라는 것이었다. 필리포스 또한 같은 생각이었을 것이다. 그렇다고 알렉산드로스가 이를 알고 있었고, 실재하거나 상상 속에 존재하는 경쟁자에 대한 두려움에서 자유로웠다는 의미는 아니다.[14]

연회는 전통적으로 왕을 찬양하기 위한 자리였으며, 또한 다른 이들을 조롱하기 위한 자리인 경우도 많았다. 연회는 왕궁에서의 서열 및 왕과 그의 유력자들에 대한 관계를 보여주고 시험하는 역할을 했다. 보통 술에 취한 상태에서 성난 대화가 오가는 일은 무척 흔했다. 하지만 왕의 아들을 포함한 다른 모든 사람의 중심에는 항상 왕이 있었다. 필리포스는 아들에 대한 큰 자부심을 자주 표현했다고 한다. 특히 카이로네이아 전투에서 보여준 알렉산드로스의 용기를 사람들이 찬양할 때 그러했다. 하지만 알렉산드로스에게 그가 왕의 아들이지 아직 왕이 아니라는 사실을 상기시켜 주려고도 했다. 필리포스는 개인적인 매력과 외교적 수완을 갖추긴 했지만 때로는 실수했고, 항상 모든 이의 마음을 살 수 있는 것도 아니었다. 혼인 피로연에서 벌어진 언쟁에서 누구도 빠져나오지 못했다는 것은 왕이 사안 전체를 제대로 다루지 못했고, 어쩌면 아들을 제대로 안심시키지 못했을 가능성을 보여준다. 현전하는 고대 문헌들에 따르면, 알렉산드로스는 스스로 달아나기를 선택했다. 그가 추방되었다거나 처벌받을 위기에 처했음을 암시하는 내용은 전혀 없다. 또한 알렉산드로스나 올림피아스가 필리포스에게 맞서 전쟁을 일으키려 했음을 시사하는 내용도 없다. 에페이로스는 마케도니아의 힘에 도전하기에는 너무 작았다. 더구나 일리리아가 지원하는 왕권 도전자에게 승산이 있던 시절은 이미 지나가 버렸다.[15]

플루타르코스에 따르면, 필리포스는 코린토스인 손님이자 친구인 데마라토스의 설득을 듣고 아들을 다시 불러들였다고 한다. 플루타르코스는 한 점잖은 그리스인의 말을 독자들을 안심시키는 해법으로 제시한다. 이유가 무엇이 되었든, 비교적 짧은 시간, 길어야 몇 달이 지난 뒤 필리포스는 사람을 보내 아들을 다시 불러온다. 알렉산드로스는 본국으로 돌아왔고 전과 다름없이 아버지의 총애를 받는다. 그러나 필리포스가 왕의 권위를 상기시키기 위해 아들의 귀환을 허락했음을 모두가 알고 있었다. 고대 문헌에서 왕실 여인들의 이동이나 활동에 대해 언급하는 일은 매우 드물기 때문에 누구도 올림피아스가 에페이로스에 그대로 머물렀는지에 대해서는 알려주지 않는다. 아탈로스는 여전히 상당한 왕의 호의를 누렸고, 필리포스는 1만 명의 병사로 이루어진 전위 부대의 공동 지휘관으로 파르메니온과 함께 아탈로스를 임명했다. 이 전위 부대는 기원전 337년에 가장 먼저 아시아로 건너간다. 그해 말에 클레오파트라가 아이를 가졌고, 이는 잠재적으로 그녀의 지위를 강화했다.[16]

결혼은 여전히 필리포스의 외교 전략의 주요한 특징을 이루었다. 어느 시점에 알렉산드로스의 누이 클레오파트라와 그의 외삼촌인 에페이로스의 알렉산드로스가 결혼하여 두 왕국 사이의 동맹을 더욱 강화했다. 이 결혼은 정치적 차원에서 훌륭한 결합이었고, 그녀가 마케도니아 귀족과 결혼하지 않음으로써 아르게아스 왕조의 새로운 계보를 형성한다는 것을 의미했다. 학자들은 이것이 아탈로스에게 모욕당하고 에페이로스로 가버린 올림피아스에게 주는 선물이거나, 아니면 정반대로 에페이로스의 알렉산드로스를 독자적으로 필리포스에게 묶어놓음으로써 그녀를 무의미하게 만들고 회피하려 했던 것으로 본다. 하지만 두 관점 모두 문제를 너무 복잡하게 만든다.[17]

알렉산드로스가 마케도니아로 돌아온 뒤 소아시아의 카리아를 통치하는 픽소다로스가 필리포스에게 특사를 보냈다. 픽소다로스는 마우솔레움이라고 불리는 호화로운 무덤으로 유명해진 마우솔로스의 아들이었다. 카리아인들은 그리스인이 아니었지만, 오랜 세월 그리스 문화와 건축의 여러 측면에 대한 애정을 보여왔다. 그들은 페르시아 제국에 속했으나, 소아시아의 사트라프에 의한 반란과 이에 맞선 반란으로 인해 그 관계가 매우 복잡해졌고, 외교를 포함한 일상의 사안에서 그들은 상당한 독립성을 누리고 있었다. 플루타르코스는 픽소다로스가 페르시아에 맞서 마케도니아와 동맹을 맺고자 하였으며, 아리다이오스의 신부로 자신의 딸을 제안했다고 전한다. 필리포스도 이에 관심을 표했는데, 카리아는 동맹을 맺는 것이 명예로울 만큼 충분히 큰 나라였고, 다가올 출정에서 유용한 동맹군을 제공할 것이었기 때문이다.

알렉산드로스는 아버지가 아민타스의 결혼을 주선했듯이, 이제 이복형제의 결혼식을 주선하자 소외감을 느끼며 걱정했다. 그의 친구들과 어머니는(그녀가 어디에 있었든) 그가 주변으로 밀려난 것인지 모른다는 의심에 불을 붙였다. 그는 이름난 배우인 테살로스를 대리인으로 선택해 카리아로 보내 이복형제 대신 자신을 신랑감으로 제시했다. 픽소다로스는 기뻐했다.

하지만 필리포스는 그렇지 않았다. 왕실의 결혼은 다른 누구도 아닌 왕이 결정하는 것이었다. 왕이 총애하는 아들조차 그러할 권리는 없었다. 왕은 알렉산드로스의 친구이면서 그보다 나이가 조금 더 많은 파르메니온의 아들 필로타스를 대동하고 알렉산드로스의 방으로 가서 엄중하게 경고했다. 플루타르코스에 따르면, 필리포스는 아들에게 그가 자신의 지위에 맞지 않게 행동하는 바보라고 말했다. 작은 지역을 다스리는 군주("야만인 왕의 노예인 카리아인")의 딸과 결혼하는 것은 그의 품위를 떨어뜨리는 일이라는 것이었다. 혼인을 둘러싼 협상은 결렬되었고, 장래의 동맹관계도 더 이상 추진되지 않았다. 얼마 뒤에 픽소다로스는 딸을 페르시아의 사트라프에게 시집보냈다. 테살로스를 체포하여 마케도니아에 보내라는 명령이 내려졌지만 이 배우는 현명하게도 자신의 이력을 다른 곳에서 이어가기로 이미 결정한 덕분에 붙잡히지 않았다. 알렉산드로스와 가까운 네 명의 친구인 프톨레마이오스(나중에 이집트의 왕이 되며 알렉산드로스의 원정 활동의 연대기 작가가 된다), 하르팔로스, 네아르코스, 에리기이오스는 추방되었다. 아마도 그들이 알렉산드로스를 부추겼기 때문인 것 같다.[18]

플루타르코스의 작품은 이 이야기를 전하는 유일한 문헌이며, 이 사건이 알렉산드로스를 일리리아에서 다시 불러온 다음에 일어난 것으로 본 듯하다. 이 이야기에서 어린 왕자는 매우 불안정하고 충동적이며, 아버지에게서 독립하라고 부추기는 친구들과 어머니에게 둘러싸여 있다. 이는 모두 정치와 명백한 지위에 관한 것이지, 결혼하고 자녀를 갖고 싶어 하는 열아홉 살 소년의 충동에 관한 것은 아니다. 알렉산드로스는 왕이 된 뒤에도 아내를 취하기까지 몇 년을 더 기다린다. 사람들이 그의 성생활에 흥미를 보이기는 하지만, 고대 문헌에서 몇 개의 단편들만 이에 관해 증언할 뿐이고 그나마도 많은 부분이 미심쩍다. 나중에 그는 수면과 성교를 싫어한다고 말한 것으로 전해진다. 이 두 가지가 자신이 필멸의 존재임을 상기시키기 때문이었고, 둘 중 어느 하나 없이 살 수 없다는 게 분명하기 때문이었다. 십 대 시절에 그의 부모는 그가 여성에게 아무 관심을 보이지 않는 것이 걱정되어 유명한 그리스 창녀를 고용해서 그의 흥미를 자극하게 했다고 한다. 하지만 이 실험은 실패했고, 난잡하기로 악명 높았던 아버지와 달리 알렉산드로스는 연인들을 훨씬 더 적게 두었다.[19]

헤파이스티온은 알렉산드로스의 어린 시절 친구이며, 나중에 매우 두드러진 인물로 부상하게 된다. 그가 죽었을 때 알렉산드로스는 보기 드물게 슬피 울며 애도했다고 한다. 둘 사이의 유대가 다른 누구보다 끈끈했지만, 그 관계의 정확한 본질이 어떠했는지는 알기 어렵다. 이후 몇 세기 동안 두 사람은 트로이 전쟁의 아킬레우스와 파트로클로스에 필적하는 한 쌍의 영웅 연인으로 여겨졌다. 두 영웅이 비슷하게 묘사되었다는 것을 이해하려면 《일리아스》의 행간을 읽어야 한다. 두 유명한 전사가 나란히 전투에 나가 서로를 믿고 사랑하며 싸운다는 서사는 그리스 귀족들의 마음을 크게 울렸다. 하지만 신성부대와 같은 구체적 사례는 말할 것도 없고, 이것이 하나의 이상인지 아니면 일반적 현실인지 구분하기 어렵게 만들었다. 이와 함께 왕과 관련된 모든 관계를 성적인 것으로 해석하는 경향도 있다. 확실한 것은 우리는 진실을 알 수 없으며, 많은 이가 이것이 그 관계의 일부라고 믿었다는 것 말고는 말할 수 있는 게 없다는 것이다. 헤파이스티온은 알렉산드로스에 의해 고위직으로 진급할 때까지 거의 언급되지 않는다. 그는 친구보다 키가 컸고, 전통적인 관점에서 더 잘생겼지만, 거친 행동 방식 때문에 많은 적을 만들었다.[20]

픽소다로스 사건 후에도 헤파이스티온은 추방되지 않았다. 추방된 친구 중 셋이 마케도니아인이 아닌 그리스인이라는 점은 의미심장하다. 프톨레마이오스는 고지 마케도니아 출신이었지만, 필리포스의 서자라는 소문은 말할 것도 없고, 그 자신이 나중에 아르게아스 왕조의 피를 받았다고 주장한 것은 알렉산드로스 사후의 권력 투쟁 과정에서 나온 꾸며낸 이야기였다. 비非마케도니아인들이 왕자의 최측근 집단에 속한 것은 필리포스의 궁이 본래부터 세계주의적인 성격을 지녔음을 반영한다. 그의 궁에서는 그를 잘 섬기는 이가 땅과 명예와 지위를 보상으로 받았다. 물론 외국인들은 기성 귀족 가문과 관계가 있는 다른 친구들보다 쫓아내기가 쉬웠을 것이다. 여기에서도 필리포스의 목적은 알렉산드로스에게 자신의 우월성을 상기시키는 것이었지, 아들을 강등시키거나 총애받는 상속자로서 아들의 지위를 약화시키는 것은 아니었다. 이후에 이어지는 사건들은 왕자가 여전히 아버지의 궁 안에서 많은 친구와 동지를 두고 있었음을 분명히 보여준다. 현재로서는, 그리고 앞으로 몇 년 동안은, 알렉산드로스가 필리포스의 당연한 상속자로 여겨질 수밖에 없었다.

13

"황소의 목에 화환이 걸렸다"

열정, 야망, 설욕

기원전 336년에 필리포스는 삶이 즐거울 모든 이유를 가지고 있었다. 대개 그러하듯 고대 문헌들은 이 해와 이전 해에 필리포스가 어디에서 무엇을 하고 있었는지 명확하게 알려주지 않는다. 매우 빈약한 증거에 기대어 어떤 학자들은 이 시기에 일리리아 원정이 이루어졌으리라고 생각한다. 이 대형 프로젝트는 페르시아 원정을 위한 준비과정이었으며, 여기에 많은 시간이 소요되었고 훨씬 더 많은 자원이 투입되었다. 델포이의 피티아인 여사제는 희생제사에 관해 다음과 같이 응답했다. "황소의 목에 화환이 걸렸습니다. 이제 다 되었습니다. 황소의 목을 칠 자도 있습니다." 필리포스는 페르시아 왕이 화환을 두른 황소이며 자신이 희생제사의 칼을 휘두를 사람이라는 사실을 의심하지 않았다. 봄에 전위 부대가 헬레스폰토스를 건너 소아시아로 밀고 들어갔다. 일반적으로 그러했듯이 처음에 페르시아의 반응은 느리고 신중했다. 즉각 동원할 수 있는 실질적인 병력을 가진 사트라프가 하나도 없었으며, 왕궁에서는 여전히 음모와 암살이 진행되고 있었기 때문이다. 도시들, 특히 그 지역의 그리스 도시들은 침략자에 맞서 싸울 위험을 무릅쓰느니 기다렸다는 듯이 페르시아에 등을 돌리는 것을 택했다. 에페소스에는 새로운 민주정이 들어섰고 아르테미스 신전 구역에 필리포스의 동상이 세워졌다. 대체로 시작은 매우 훌륭했다.[1]

페르시아 원정이 시작되기 전, 잔혹한 사건이 궁에서 발생했다. 필리포스나 알렉산드로스가 직접 관련되지는 않았지만, 이 사건으로 모든 것이 바뀌었다. 어느 날 클레오파트라의 삼촌 아탈로스가 주연酒宴을 벌였는데 그 자리에는 고지 마케도니아의 오레스테스에서 온 파우사니아스도 있었다. 몇 년 전에 아마도 시동이었던 그는 필리포스의 시선을 사로잡았고 한동안 그의 연인이었다. 하지만 변덕스러운 왕은 이내 또 다른 소년에게 눈길을 주었는데, 그 소년의 이름도 파우사니아스였다. 아테네에서는 소년에게 수염이 나기 시작하면 이러한 관계를 유지하는 것이 부적절하다고 여겼지만, 다른 곳에서는 그러한 태도가 달랐을 수 있다. 왕에게 버려진 연인은 질투와 분노를 느꼈고, 새로 총애받는 소년에게 분풀이를 하며, 헤픈 여자 같다고 그를 조롱했다. 관습에 따르자면, 소년은 더 나이가 많은 연인에게 자신을 내어주기 전에 먼저 구애를 받아야 하며, 나이 많은 연인은 소년에게 가르침과 선물을 주어야 한다. 귀족들, 특히 전사로서 이름을 날리고자 하는 젊은이들에게는 평판과 명예가 무척이나 중요했다. 조롱을 당한 두 번째 파우사니아스는 전사함으로써 자신의 남성성을 증명하기로 결심하고, 기원전 345년에 일리리아에서 필리포스가 쓰러지며 빗장뼈가 부러져 쓰러졌을 때 기회를 잡았다. 파우사니아스는 왕을 구하고 그 자리에서 죽었다.

아탈로스는 죽은 소년의 친구였고, 파우사니아스는 그에게 자신의 계획을 알려줬다고 전해진다. 기원전 337년에서 336년에 걸친 겨울에 왕의 총애를 받고 있던 아탈로스는 죽은 파우사니아스의 복수를 단행했다. 그는 첫 파우사니아스를 취하게 만들었는데, 이는 당시 궁중 문화에서는 그리 어려운 일이 아니었다. 첫 파우사니우스가 기운을 쓸 수 없는 상태가 되자, 귀족과 연회의 다른 손님들이 그를 폭행했으며 아마 강간까지 했을 것이다. 그런 뒤에 더 심한 고통과 모욕을 주고자 노새 몰이꾼에게 넘겨 윤간하게 했다. 이것은 복수와 별개로, 아탈로스의 입장에서는 권력을 드러내는 행위이기도 했다. 일어난 일을 감추려는 시도가 전혀 없었기 때문이다.[2]

파우사니아스는 필리포스에게 항의했지만, 필리포스는 이제 곧 자신과 혼인할 여인의 삼촌이며 전위 부대의 공동 지휘관으로 임명한 인물에게 벌을 내리기를 주저했다. 왕은 자신과 직접 관련되지 않은 문제로 아탈로스와 갈라서는 것을 원치 않았다. 필리포스는 파우사니아스를 달래주기로 하고 신뢰와 명예의 지위인 일곱 국왕 근위병 중 한 명으로 진급시켜 주었다. 아탈로스는 곧 전쟁에 파견되었고, 더 이상 자신의 희생자를 조롱할 기회가 없었다. 하지만 클레오파트라를 비롯한 그의 일당이 여전히 궁에 남아서 왕의 호의를 누리며 파우사니아스를 업신여겼다. 파우사니우스에게 동정을 베푼 것은 올림피아스와 알렉산드로스였다. 이것이 순수하게 마음이 동한 것인지, 아니면 아탈로스에 대한 미움 때문인지는 알 수 없다. 두 사람은 파우사니아스가 품고 있던 분노와 부적절한 형벌에 대한 울분을 부추겼다. 그의 감정은 단지 자신을 공격한 사람뿐만 아니라, 한때 사랑했던 이에 대해 정의를 실현해 주지 못한 왕을 향한 것이기도 했다.[3]

에페이로스의 알렉산드로스와 올림피아스의 딸 클레오파트라의 결혼식은 축제 기간 중 아이가이에서 열렸다. 두 사람 모두 필리포스의 성공과 인기를 경축하고 과시하는 도구로 이용되었다. 그리스 전역에서 손님들이 왔으며, 공식적인 사절들과 왕의 친구들, 심지어 귀족들도 모두 환영받았다. 이는 왕의 관대함을 보여주고, 그리스 동맹에서 선출한 원정 지도자의 그림에 힘을 실으려는 것이었다. 아테네 사절단은 왕을 거슬러 역모를 꾸미는 자에게는 원조나 피신처를 절대 제공하지 않고 그를 왕에게 넘겨주겠다는 서약을 포함한 새로운 맹세를 가져왔다. 그리고 그의 전쟁 자금에 보태는 상징적이고 가치있는 선물로 황금 왕관을 선사했다. 마찬가지로 다른 그리스 도시의 대표들 또한 그들의 충성을 입증하려는 열망으로 선물을 바쳤다. 이 행사가 여름에 있었는지 아니면 이른 가을에 있었는지에 대해서는 의견이 갈리지만, 올림피아 제전은 10월경에 열렸을 가능성이 높다. 필리포스가 주력 부대를 이끌고 소아시아로 건너가기로 계획한 것이 언제이든, 다음 봄까지는 기다렸다가 본격적인 공격을 개시해야 할 것이라고 예상됐다.[4]

짐승을 제물로 바치는 희생제사를 하고 이어서 연회가 벌어졌다. 고대 세계에서는 의례적으로 제물로 바친 짐승의 고기를 만찬에 내놓고 다 같이 먹었다. 인기 있는 유명 배우가 때에 맞는 작품들을 발췌 낭독해 손님들을 즐겁게 했다. 한 구절은 이렇게 시작했다. "그대의 생각은 대기보다 더 높은 곳에 이르네. 그대는 너른 들판을 일구기를 꿈꾸는구나." 하지만 이어진 문구는 미래를 당연한 것으로 여기지 말라고 경고하는 내용이었다. "죽음이, 필멸의 존재들이 겪는 비애의 원천이 (⋯) 갑작스레 들이닥쳐 (⋯) 머나먼 희망을 우리에게서 앗아가기" 때문이었다. 필리포스도 이 경고에 동의하기는 했지만, 자신을 향한 경고가 아니라 많은 힘과 영광을 누리고 있으면서도 이제 곧 쓰러져 죽게 될 페르시아 왕에 대한 경고로 받아들였다. 다음 날은 극장에서 경연이 진행되는 본격적인 축제의 시작이었다. 이것은 또 다른 멋진 구경거리였으므로, 해가 뜰 무렵부터 극장에 사람들이 모여들어 자리를 잡았다. 행사를 개시하는 행렬에는 올림포스 열두 신의 신상들이―그리스 고급문화의 재현을 목도하고 승인하는 의미에서 그리스의 신들이―행진했다.[5]

행렬의 절정은 필리포스의 등장이었다. 그는 자신이 가장 마지막에 도착하도록 심혈을 기울여 무대를 연출했다. 군중은 이미 그곳에 있었고, 신상들은 신들의 축복을 상기시켜 주었다. 페르시아 왕과는 다르게 필리포스는 말을 타거나 빽빽이 늘어선 근위병과 조신들에 둘러싸인 채 등장할 생각이 없었다. 파우사니아스가 속해 있는 일곱 명의 근위대가 투창을 들고 측면에 떨어져 서 있었다. 마침내 가장 완벽한 순간에 필리포스가 극장으로 들어섰다. 한쪽에는 알렉산드로스가, 다른 쪽에는 에페이로스의 알렉산드로스가 왕을 수반했다. 필리포스는 잠시 멈추어 서더니, 두 젊은이를 자기보다 먼저 가서 자리에 앉게 했다.

마케도니아의 왕이자 테살리아의 아르콘, 그리스의 헤게몬인 필리포스 2세는 홀로 서 있었다. 그가 걸친 외투는 새하얗게 빛났으나 왕권을 나타내는 표장은 거의 없었으니, 페르시아 왕의 장려한 예복과는 아주 달랐다. 필리포스에게는 자신을 과장해서 드러내 보이기 위한 화려한 옷차림이 필요하지 않았다. 그의 업적과 권력은 이 행사에 참석하고자 먼 길을 마다않고 찾아온 모든 이와 그가 지난 20여 년 동안 이룬 모든 것이 이미 보여주고 있었다. 그는 자신을 보호할 병사들이 필요하지 않았다. 그 모든 영광에도, 그는 그의 헤타이로이와 약간만 다르게 차려 입은 아르게아스 왕가의 사람으로 남아있었다. 그는 이전과 다름없이 동지들과 자유로이 술을 마시며 웃고 연회를 즐겼다. 그리스에서 온 손님들과도 그렇게 했다.

마흔여섯 살의 왕은 한껏 즐겼고 군중은 환호했다. 지도자들은 무대 연기자 같은 기질을 보이는 경향이 있는데, 고대 세계의 지도자들은 특히 그러했다. 필리포스는 군중의 칭송에 흠뻑 젖은 채 기다렸다가 앞으로 걸어 나가기 시작했다. 그는 절뚝거렸지만, 잃어버린 한쪽 눈과 마찬가지로 그것을 감추려고 하지 않았다. 이 또한 신체적으로 완벽해야 하는 페르시아의 왕과 대비되는 점이었다. 필리포스는 자신 자체로, 그리고 그가 이룬 것으로 그날 행사의 중심이 되었다. 울려 퍼지는 환호는 그가 행하고 이룬 모든 것을 드러냈고, 또한 그가 미래에 얻고자 하는 모든 영광에 대한 약속을 표시했다. 이전에 이토록 많은 도시의 그리스인들이 한데 모여 한 사람을 찬양한 적은 없었다. 오직 필리포스만이 마케도니아를 강력하게 만들었듯이 오직 필리포스만이 오늘의 이런 광경을 이루었다. 오늘은 그의 날이었다. 그가 자기 자리로 걸어가자 수만 명의 환호 소리가 극장 전체에 울렸다.

그때 파우사니아스가 다른 근위병들에게서 떨어져 나와 홀로 서 있는 그를 향해 달려갔다. 이 젊은이가 다가왔을 때 필리포스는 대응할 새가 없었다. 파우사니아스는 투창을 떨어뜨리고 외투 속에 감추었던 켈트족 단검을 꺼냈다. 그리고 왕의 갈비뼈 사이를 찔렀다. 필리포스는 쓰러졌고 몇 초 만에 숨을 거두었다. 어느 누구도 손을 쓸 수가 없었다. 그가 죽기 전까지 무슨 일이 벌어진 것인지 알아차린 사람조차 없었다. 암살범은 달아나기 위해 말을 준비해둔 곳으로 달려갔다. 그를 분명히 잘 알았을 근위병 세 명이 그를 추격했다. 파우사니아스는 잘 달아나다가 덩굴에 걸려 넘어지고 말았다. 근위병들이 그를 붙잡았고 들고 있던 투창으로 그를 죽였다. 그의 시신은 십자가에 매달렸다. 하지만 이 암살범은 성공을 기뻐하거나 범행을 정당화하는 유언을 남기지 못했다. 그가 아탈로스와 그의 무리에게 당한 잔인한 폭행은 잘 알려져 있었다. 실제로 그렇게 잘 알려진 탓에 그는 더 깊은 모욕을 느꼈다. 필리포스가 그의 충실한 신하이자 옛 연인이었던 그에게 합당한 정의를 돌려주지 않았기에 그가 분노에 차서 왕을 살해했다는 것을 모두가 이해했다. 나중에 아리스토텔레스는 개인적 과실이 원인이 된 범죄의 한 예로 이 살해 사건을 언급했다.[6]

재빠르게, 아마도 몇 시간 안에 안티파트로스가 소집된 장교와 병사들 앞에 알렉산드로스를 세워 전통적인 방식으로 그를 왕으로 선포했다. 약 63세의 안티파트로스는 이전에 이미 여러 차례 왕의 살해와 왕의 교체를 겪었다. 그리고 페르디카스 3세 치세에 이미 중요한 지휘관에 올랐다. 파르메니온과 아탈로스가 아시아에 가 있는 상황에서 안티파트로스가 현장에 있던 필리포스의 부하들 가운데 가장 눈에 띄는 연장자였고, 이러한 사실이 그가 단호하게 행동하는 데 도움이 되었다. 그는 적어도 열 명의 자녀를 둔 아버지였으며, 그의 딸 가운데 하나는 고지 마케도니아의 왕족 출신이면서 아마도 아르게아스 왕가 출신이기도 한 링케스티스의 알렉산드로스와 결혼했다. 어느 쪽이든, 이 알렉산드로스와 그의 두 형제는 경쟁자로 간주될 만큼 충분히 연결되어 있었다. 안티파트로스의 사위가 합류하여 새로운 군주를 칭송하며 자신의 충성을 입증했다. 한 명의 왕이 죽었고, 이제 마케도니아에는 새로운 왕이 생겼다. 그러나 과거 아르게아스 왕조의 역사는 왕위 계승이 결코 간단하게 이루어지거나 경쟁이 없는 경우는 드물다는 걸 분명히 보여준다. 그러나 왕국은 이제 왕위를 노리는 경쟁자들을 지원하면서 간섭하려 드는 국외 세력들에 쉽사리 흔들릴 만큼 약하지 않았다. 다른 많은 것을 바꾸어 놓았듯이 필리포스는 자신의 왕국도 바꾸어 놓았기 때문이다.[7]

파우사니아스는 과거에 한 소피스트를 찾아가 유명해질 수 있는 법을 물었다고 한다. 소피스트는 많은 업적을 이룬 사람을 죽인 자는 그 희생자의 이름과 함께 자신의 이름도 남길 수 있다고 답했다. 디오도로스는 이 이야기를 전하면서 필리포스가 살해된 사건을 자세하게 기록했다. 그의 기록은 대체로 신뢰할 만한 것으로 보인다. 하지만 그 사건이 일어났던 당시에도 불확실한 부분이 있었고, 이 때문에 소문과 풍설이 돌았으며, 학술적인 고찰은 그 뒤에 이루어졌다. 파우사니아스의 동기는 아주 분명했고, 마케도니아 기준에서 보면 왕을 살해하기에 충분한 것이었다. 살인은 아르게아스 왕조 사람들이 겪는 가장 흔한 죽음의 형태 중 하나였고, 다른 살인자들은 개인적인 동기에 따라 공개적으로 행동하기로 결정했다. 예를 들어 필리포스의 형 알렉산드로스 2세는 의례용 춤 공연 중에 살해당했다. 하지만 필리포스 살해 사건의 거의 모든 측면에는 의심스럽고 불확실한 부분이 있었다. 개인적 복수가 살인의 동기였던 것은 분명하지만, 누군가 그를 부추기거나 돕지는 않았을까? 다시 말해, 격정과 분노 뒤에서 정치가 작용했던 것은 아닐까?[8]

파우사니아스는 도주용 말을 한 마리만 준비해 놓지 않았다. 이것은 누군가 그와 함께 도망가야 하는 공범이 있었거나, 아니면 파우사니아스가 추격을 피하기 위해 하인에게 여분의 말을 준비하도록 지시했음을 의미할 수 있다. 이 도주 수단에 도달하기 전에 세 근위병이 살인범을 잡아 죽인 것은 섬기던 왕을 구하지 못했다는 데서 비롯한 격렬한 분노 때문이었을 것이다. 하지만 어쩌면 파우사니아스가 어떤 말도 하지 못하게 하고 다른 사람을 연루시키지 못하게 하려고 즉시 죽인 것일 수도 있다. 그렇다면 살인범은 더 큰 장기판의 졸에 불과했던 것이 된다.

안티파트로스의 재빠른 행동과 지지 덕분에 알렉산드로스는 즉각 왕으로 추대되었다. 이는 그가 앞으로 새로운 왕의 신뢰와 총애를 받으리라는 것을 의미했지만, 빠르게 결단을 내리고 상황을 최대한 이용할 줄 아는 수완 좋은 정치가의 행동이었을 뿐 사전에 어떤 계획을 필요로 하는 것은 아니었다. 알렉산드로스의 경우도 마찬가지다. 비록 아버지의 갑작스러운 죽음이 그를 놀라고 당황스럽게 만들었다 하더라도, 필리포스가 사라졌기에 새로운 왕이 필요했으며, 그가 자신이 새로운 통치자임을 분명히 하기 위해 할 수 있는 모든 일을 하는 것은 당연했다. 알렉산드로스는 앞으로도 망설이다가 결정을 내리지 못하는 실수는 절대 저지르지 않는다. 즉각적인 반응이야말로 그의 성격의 가장 두드러지는 특징이었다. 필리포스의 죽음에서 가장 큰 득을 본 사람은 알렉산드로스였다. 그는 스무 살의 나이에 왕이 되었다. 강력한 국가와 군대의 수장이 되었으며, 이제까지 필리포스가 거둔 승리를 훨씬 능가하는 영광과 전리품을 약속하는 전쟁은 이미 시작되었다. 오늘날의 우리가 이미 알고 있듯이, 알렉산드로스는 상황을 최대한 유리하게 이용했다. 그는 중년의 필리포스가 필적하지 못할 부단한 에너지로 전쟁을 수행했다. 올림피아스 또한 지위가 급격히 상승했다. 그녀는 일곱 명 가량 되는(얼마나 살아있느냐에 따라 달라지지만) 왕의 아내 중 한 명에서 이제는 왕이 사랑하는 유일한 어머니라는 지위에 오른 것이다.

알렉산드로스와 올림피아스 모두 필리포스의 살인을 모의했다거나 아니면 적어도 파우사니아스의 복수심을 부추겼다는 비난을 받았다. 유스티누스는 올림피아스가 남편의 장례식에 참석한다는 구실로 아이가이에 돌아와서 십자가에 달린 살인범의 시신에 관冠을 씌웠다고 주장한다. 그녀가 모든 음모를 지휘했으며 살인범의 도주를 위해 말을 제공했고 나중에는 뻔뻔하게 그의 시신에 영광을 베풀기까지 했다는 것이다. 사악하고 사납고 계산적이고 잔혹한 여인은 그리스인들과 후대 로마인들의 편견을 자극했고, 대부분의 비난은 왕의 아들이 아니라 아내에게 향했다. 현전하는 고대 문헌들이 과장하긴 했지만, 올림피아스와 필리포스는 서로를 싫어했던 것 같고, 그녀와 알렉산드로스는 장래를 걱정했던 것 같다. 유스티누스는 알렉산드로스가 살해 음모를 알았다고 말하지만, 위대한 정복자보다는 그 어머니에 대한 기억을 기꺼이 더럽힌다. 다른 문헌들은 알렉산드로스가 파우사니아스의 증오를 아탈로스만이 아니라 필리포스와 클레오파트라에게까지 확장하도록 부추기는 정도에 그쳤을지라도 어느 정도는 연루되었다고 주장한다. 플루타르코스는 당시에 올림피아스가 아들보다 더 많은 비난을 받았다고 전한다. 알렉산드로스가 죽은 후 그의 장군들 사이에서 벌어진 전쟁에서 올림피아스가 했던 역할은 알렉산드로스의 명성을 지키면서 그녀를 비방해야 할 이유가 더 많았음을 의미했다. 그들은 제각기 알렉산드로스의 진정한 후계자로 인정받기를 원했기 때문이었다.[9]

그밖에 다른 사람들도 필리포스의 죽음에 책임이 있다고 여겨졌다. 몇 년 뒤, 알렉산드로스는 페르시아 왕이 살인 사건의 배후에 있었다고 비난했으며, 심지어 페르시아 왕 스스로가 혐의를 인정했다고 확언했다. 필리포스의 죽음 이후 연이어 여러 사람이 죽었다. 링케스티스의 알렉산드로스는 장인의 편에 서서 알렉산드로스를 지지했다. 그러나 그의 두 형제는 그보다 덜 기민했거나, 아니면 상황 대처가 빠르지 못했던 것 같다. 그들은 음모에 가담했다는 혐의로 기소되어 처형당했다. 이러한 과정이 정식 재판을 거친 것인지, 아니면 새 왕의 명령에 따른 것인지는 확실하지 않다. 살인 사건이 있던 날 아침 희생 제사를 감독하고 좋은 징조라고 선포했던 왕실 점술가도 그것이 의도적인 불충이 아니라 실수였을 뿐인데도 죽임을 당했다. 궁에서 쫓겨난 뒤로 세상에 나오지 않고 편안히 지내온 필리포스의 조카 아민타스도 죽임을 당했다. 과부가 된 그의 부인 키나네는 기원전 335년이 되어서야 재혼할 수 있었다. 필리포스의 서출로 태어난 아들을 포함한 다른 아르게아스 왕가 사람들도 이 숙청 작업에 희생되었다. 하지만 아리다이오스는 살아남았다. 그는 통치 능력이 없는 것으로 여겨져서 위협이 되지 못했기 때문이었다.[10]

아탈로스는 파르메니온과 함께 아시아에 있었고, 그들이 한 일은 중요했다. 안티파트로스처럼 두 사람 모두 이미 왕이 살해되거나 갑자기 죽는 경우를 경험했다. 필리포스가 살해되기 얼마 전에 그의 새 아내 클레오파트라는 딸을 낳았다. 분명 필리포스가 원했을 아들은 아니었지만, 아기는 건강했고 왕족의 새로운 일원이었으며, 앞으로 동맹을 강화하는 데 도움이 될 수 있었다. 필리포스는 딸에게 에우로페라는 원대한 이름을 지어주었다. 하지만 그가 죽자 아탈로스의 입지는 약해졌다. 그의 조카가 이제는 더 이상 아이를 낳을 가능성이 없어졌기 때문이다. 플루타르코스는 필리포스가 살해되고 알렉산드로스가 왕위를 계승했다는 소식이 아시아에 도착했을 때 아탈로스가 데모스테네스와 서신을 주고받으면서 새 왕에 맞선 반란의 가능성을 논했다고 주장한다. 어느 시점엔가 이 마케도니아인은 마음을 바꾸어 데모스테네스가 보낸 편지 한 통을 알렉산드로스에게 보내면서 그에 대한 자신의 완전한 지지를 보장했다. 하지만 새 왕은 별다른 인상을 받지 못했고, 헤카타이오스가 이끄는 무리를 보내 아탈로스를 소환하거나 처형하게 했다.[11]

아탈로스는 파르메니온의 딸과 결혼했다. 이는 필리포스의 치세 마지막 몇 년 동안에 두 사람이 얼마나 가까운 사이였는지를 보여준다. 필리포스의 고위 장성들 가운데 가장 저명한 인물이자 병사들에게 인기가 많았던 파르메니온의 결정은 매우 중요했다. 그러나 전체 군대 중 일부만이 그와 함께 있었고 더욱이 그는 적의 영토에 들어가 있었으므로, 안티파트로스의 지원을 받는 알렉산드로스에게 도전하는 것은 위험 부담이 컸다. 파르메니온은 사위를 희생시키는 편을 택했고, 헤카타이오스는 아탈로스를 즉각 죽였다. 그에 대한 보상으로 이 늙은 장군은 계속해서 왕의 총애를 받았고 그 집안 사람들도 중요한 요직을 많이 차지했다.

어느 시점엔가 클레오파트라와 그녀의 아기도 살해당했다. 알렉산드로스가 죽은 뒤에는 이러한 사례가 매우 흔해지기는 하지만, 이것은 마케도니아의 권력 다툼에서 여성이나 아기가 정치적인 이유에서 살해당했다고 기록된 최초의 사례다. 우리는 이것이 전례 없는 잔혹함의 결과인지, 아니면 아르게아스 왕조의 내부 갈등에서 이전에도 있었던 일이지만 여자와 아기는 단순히 무시되어 기록에서 삭제된 것인지 알 수 없다. 이 일에 올림피아스가 책임이 있다고 여겨졌으며,

심지어 알렉산드로스가 허락할 리 없기에 그가 멀리 떠나 있을 때 저지른 일이라는 주장도 있었다. 남자가 정치적 살인을 저질렀을 때에는 발견하기 힘든 잔혹한 세부 묘사가 더해져서, 클레오파트라와 아기가 끌려가 뜨겁게 달궈진 청동 솥에 담겨 타 죽었다는 주장도 나왔다. 그 어머니나 아기가 새 왕에게 심각한 위협이 되지 않았으므로 그들의 죽음은 개인적인 증오 때문인 듯하지만, 올림피아스나 알렉산드로스가, 혹은 두 사람 모두가 그들을 증오했는지는 알 수 없다. 올림피아스를 비난하는 것은 그 시대의 태도를 고려한다면 무척 자연스러운 것이었고, 알렉산드로스에게는 편리한 것이었다. 아탈로스에 관한 이야기는 그가 도발적이고 변명을 잘해서 호감이 가지 않는 인물이었음을 암시한다. 그의 죽음이나 그의 가족의 죽음을 애도한 사람은 거의 없었던 것 같다. (냉정하고 분석적이고자 하는 욕망 때문에 역사학자들은 종종 개인의 성격이 갖는 중요성을 부인하곤 한다. 동시대 정치를 다루는 미디어의 보도 내용은 정당 외부는 물론이고 정당 내부에서의 개인적인 경쟁 관계나 친구 관계를 강조하는데, 이는 모두가 실용적으로 행동하고 개인의 성격은 큰 역할을 하지 않는 것처럼 과거를 바라보는 것이 큰 실수임을 상기시킨다.)[12]

필리포스는 살해당했고, 다른 이들도 그를 따라 죽었다. 소문과 비난은 증거가 아니며, 궁극적으로 우리는 각각의 죽음 뒤에 정말로 무엇이 있었는지 알 수 없다. 필리포스의 경우에 우리는 다른 누군가가 암살의 배후에 있었는지, 아니면 상처 입고 불쌍한 한 남자의 소행이었는지 알 수 없다. 만약 링케스티스의 알렉산드로스의 형제들이 음모의 배후에 있었다면, 그들은 매우 어설프게 음모를 실행한 셈이지만 이것이 그들이 무죄임을 밝혀주는 것은 아니다. 범죄를 저지르는 데 능숙한 역량이 꼭 필요한 것은 아니기 때문이다. 하지만 적어도 그들이 핵심 인물이었을 가능성은 낮아진다. 페르시아의 시각에서 필리포스를 살해하여 제거하는 것은 아주 구미가 당기는 일이었다. 페르시아를 상대로 개시된 전쟁에서 그 심장을 뽑아버리고, 어쩌면 전쟁 자체를 끝낼 수 있는 손쉬운 방법이었기 때문이다. 그때는 아직 그들이 필리포스의 상속자가 얼마나 사나운지를 알지 못했을 것이다. 페르시아인에게는 뇌물로 줄 수 있는 금이 있었고, 마케도니아 궁과 그리스 국가들 안에 연줄도 있었다. 하지만 그렇다고 해서 그들이 마케도니아 왕의 살해를 모의할 역량이 있었다고 확실히 말할 수는 없다. 안티파트로스가 알렉산드로스와 협력했든 아니든, 무대 뒤에서 꼭두각시들의 줄을 당기고 있었을 수도 있다. 자신이 그토록 오랫동안 충성스럽게 섬기던 왕의 죽음을 바랐고, 새로운 왕과 함께하는 것이 더 나을 것이라고 믿었다면 말이다.[13]

알렉산드로스는 통치 기간에 많은 이들의 죽음을 명령했다. 술에 취한 상태에서 평생 알고 지내던 사람을 직접 죽이기도 했다. 하지만 자기 아버지를 죽이는 일은 그리스인들에게 불경한 행동 중에서도 가장 끔찍한 것으로 여겨졌다. 알렉산드로스는 사는 동안 신들을 향한 경외심을 공공연히 과시했다. 어떤 이들은 이것을 그가 아버지의 살해와 관련되지 않았다는 증거로 본다. 하지만 그건 그의 성격을 짐작하는 일일 뿐 진실은 우리가 그것을 모른다는 것이다. 만약 이에 대한 우리의 고대 문헌들이 이전 아르게아스 왕들의 잔혹한 죽음에 대한 자료만큼 빈약했다면, 여자인 올림피아스는 전혀 언급되지도 않았을 것이고, 역사학자들도 단지 사건의 수혜자인 알렉산드로스나 그의 측근들이 이 사건에 책임이 있다고 상정했을 것이다. 오히려 더 많은 정보를 가지고 있기 때문에 그러한 단순한—그리고 정당화되지 않는—

확실성이나 명확한 답을 구할 수 없다. 알렉산드로스는 필리포스 살해에 연루되었을 수도 있고, 전적으로 무죄일 수도 있다. 어떠한 의혹이 있었든 압도적으로 많은 마케도니아인이 알렉산드로스를 지도자로 받아들였다. 그 모든 불확실성에도 불구하고, 진실은 간단했다. 필리포스는 죽었고, 적어도 지금은 알렉산드로스가 왕이었다.

암살 소식이 아테네에 도착한 것은 데모스테네스의 딸이 죽고 며칠이 지난 뒤였다. 하지만 플루타르코스에 따르면 사적인 보고서가 그 웅변가에게 먼저 도착했다. 그는 사람들 앞에서 도시에 큰 축복이 내릴 것을 예견하는 꿈을 꾸었다고 선언했다. 암살 소식이 널리 알려졌을 때 그는 애도하는 대신 화관을 쓰고 축하 예식과 희생제사를 주도했다. 그는 민회를 설득하여 죽은 파우사니아스에게 월계관을 씌우는 표결을 이끌어냈다. 얼마 전에 아테네인들이 마케도니아 왕에게 충성을 확약했던 것과 완전히 대비되는 행동이었다. 데모스테네스에게 필리포스는 오랜 세월 큰 골칫거리였으며, 아테네와 다른 그리스 도시들에게 커다란 위협이었다. 필리포스는 카이로네이아에서 연합군을 격파했고, 그 뒤에 아테네를 관대하게 대우하긴 했지만, 그럼에도 그는 여전히 그들의 명예에 대한 모욕으로 남았다. 그가 그들의 운명을 결정할 힘을 가졌기 때문이었다. 그런데 이제 그가 떠났고, 그의 뒤를 이은 것은 검증되지 않은 스무 살의 젊은 청년이었다. 어쩌면 이것은 상황을 바로잡고 마케도니아를 다시 옛날의 혼란과 무능으로 되돌려 놓을 기회였다. 그렇다면 아테네는 다시 한번 그리스 세계의 최고 도시가 될 수 있지 않겠는가.[14]

필리포스의 죽음과 같이 커다란 변화는 많은 사람이 기회가 왔다고 생각하도록 만들기 마련이었다. 테살리아에서는 일부 귀족들이 독립을 확고히 할 기회로 여겼다. 하지만 이는 개인적 야망에서 나온 것이지, 마케도니아에 대한 호불호의 감정에서 나온 것은 아니었을 것이다. 다른 공동체들은 어떻게 해야 할지 고민했다. 파벌과 지도자들은 변화가 각자 자신에게 유리하다고 여기는 듯했다. 알렉산드로스에 맞선 대규모 반란은 일어나지 않았고, 단지 불확실한 분위기가 감돌았다. 아테네인들은 논의 끝에 동맹을 구하고자 사절들을 보냈다. 아이톨리아의 도시들은 그들만의 동맹을 다시 형성했다. 이는 기원전 338년에 현상태를 유지하기로 한 조약을 위반하는 것이었다. 암브라키아에서는 한 집단이 마케도니아 주둔군을 축출하고 민주정을 선언했다. 이들은 소수였지만 새 마케도니아 왕의 의지와 능력을 시험해보길 원했다. 하지만 대부분은 다른 이들이 상황을 주도하도록 내버려 두면서 관망하다가 다음 대처를 결정하는 쪽으로 기울었다.[15]

얼마간 알렉산드로스는 자신의 통치권을 안전하게 확보하고, 정적들을 제거했으며, 아버지의 장례식을 적절하게 치르면서 시간을 보냈다. 필리포스의 시신은 갑옷을 입은 채로 장작더미 위에 올려졌고, 옆에는 그의 무기들이 놓였다. 화장이 끝난 뒤 뼈를 모아 재를 털어낸 뒤 유골함에 넣어 무덤에 안치했다. 무덤 위에는 흙을 쌓아 커다란 봉분을 만들었다. 링케스티스인 형제들은 파우사니아스가 타고 도망가려던 말과 함께 근처에서 처형되었고, 그 시신들도 매장되었다. 필리포스의 것으로 여겨지는 베르기나의 2호 무덤에는 한 여성의 시신도 매장되어 있는데 클레오파트라라고 하기에는 나이가 너무 많아서 (또한 어떤 이들은 그녀에게 그러한 영예가 허락되었을 리가 없다고 보기 때문에) 발굴된 유적에 많은 의문을 더할 뿐이었다.[16]

알렉산드로스는 아버지를 합당하게 매장한 뒤, 빠른 행동에 있어서는 자신이 아버지만큼 능력이 있음을 즉각 보여주었다. 그는 군대를 소집하고 테살리아를 향해 남쪽으로 진군했다. 지역 병력이 주요 통로를 차단했으므로 그곳을 우회해야 했는데, 알렉산드로스는 어느 지점에서 부하들을 시켜 산비탈에 발 디딜 곳을 파게 하고 나머지 병사들이 따라가게 했다. 저항군은 무너졌고, 곧이어 알렉산드로스가 테살리아 동맹의 아르콘으로 지명되었다. 앞으로 테살리아는 페르시아에 맞선 전쟁을 위해 뛰어난 기병들로 이루어진 대규모의 중요한 파견 부대를 보내고, 알렉산드로스가 살아있는 동안 흔들리지 않는 충성심을 보일 것이다.

알렉산드로스는 전혀 싸울 필요도 없이 펠로폰네소스까지 밀고 내려가서, 아버지가 했던 것처럼 코린토스에서 회의를 열고 그리스의 대표들을 소집했다. 코린토스에 모인 대표들은 당연한 수순으로 표결을 통해 알렉산드로스를 동맹의 지도자로 선출했으며, 페르시아에 대한 복수의 전쟁을 재차 승인했다. 이번에도 스파르타만 빠졌다. 아버지가 그러했듯이 알렉산드로스 또한 오히려 이를 이용하여 나머지 다른 그리스 도시들의 일치를 강조했다. 기원전 336년이 끝날 무렵 아무런 유혈 사태 없이 그리스 내에서는 더 이상 저항이 드러나지 않았다. 이듬해에 알렉산드로스는 북쪽으로 가서, 필리포스가 자주 그러했던 것처럼 트라케인들과 일리리아인들을 처리했다.[17]

필리포스는 위기의 시기에 권좌에 올랐다. 그의 형이 일리리아인들에게 목숨을 잃고 군대는 완패한 상황이었다. 기원전 336년의 알렉산드로스보다 당시에 겨우 두세 살 더 많았던 필리포스에게는 군사적 경험과 정치적 경험이 훨씬 더 적었다. 반면에 그의 아들은 끊임없이 팽창하고 있던 마케도니아에서 자랐다. 필리포스는 병사들에게 급료를 지불하고, 기념비를 세우고, 호화로운 생활을 향유하며, 나라 안팎에서 돈으로 호의를 살 수 있을 만큼 큰 부를 쌓았다. 알렉산드로스가 그를 따라 트라케로 출정하여 카이로네이아 전투에서 싸우게 되었을 때 그는 크고 잘 훈련되었으며 무엇보다도 지난 20년 동안 계속된 성공에 들떠 자신감이 넘치는 군대에 속해 있었다. 성장하는 동안 알렉산드로스가 볼모로 잡혀간 적도 없었고, 다른 나라가 마케도니아를 침공하여 심각한 위협을 가한 적도 거의 없었다. 그가 아버지의 총애를 의심하긴 했을지라도, 왕국의 존속을 염려하거나 계속되는 성공을 의심할 필요는 없었다. 그러한 환경에서라면 미래의 성공을 꿈꾸는 것이 당연했다. 물론 그렇게 큰 꿈은 오직 알렉산드로스 같은 사람만이 꿀 수 있었다.

이 모두는 필리포스 덕분이었다. 페르디카스 3세가 살해되었을 때, 상식적인 관찰자라면 누구도 그의 후계자의 통치 아래에서 국가의 운명이 혁명적으로 바뀌리라고 예견하지 못했을 것이다. 그러나 필리포스는 그의 통치에 맞선 도전들을 이겨냈고, 자신의 왕국을 보존했으며, 당면한 위협들을 체계적으로 해결해 나갔다. 이 가운데 필연적인 일은 없었고, 용이한 일도 없었다. 그는 이러한 노력의 일환으로 계속되는 전쟁에 맞추어진 국가와 군대를 창조했다. 순전한 재능이 모든 일에서 핵심적인 역할을 했다. 우리가 조금 더 알게 된다면, 파르메니온과 안티파트로스처럼 역량 있는 부하들을 발견하고 그들에게 책임을 맡기는 왕의 능력을 언급할 수도 있을 것이다. 필리포스는 예외적일 만큼 재능이 많은 장군이자 외교관이었다. 비록 그가 먹고 마시는 것을 좋아했고 정사情事를 즐겼다고 하지만, 그렇다고 해서 계획을 실천하는 그의 지칠 줄 모르는 기력과 결단력이 줄어든 것은 절대 아니 었던 것 같다. 물론 모든 성공한 사람들이 그러하듯이 필리포스는 운 도 좋았다. 아테네와 다른 그리스 국가들은 그에게 맞설 만한 유능한 장군을 배출하지 못했고, 일리리아와 트라케의 가장 강력한 군벌들은 일찍 죽었다. 또한 다른 성공한 지도자들처럼 필리포스도 찾아온 행 운을 잘 이용하는 능력이 있었다. 적어도 그의 근위병 중 한 명이 품 고 있던 분노를 알아채는 데 실패하기 전까지는 그러했다.

필리포스가 거둔 성공은 모든 사람을 놀라게 했다. 그도 자신의 성 공에 무척 놀랐을 것이다. 많은 그리스인, 특히 데모스테네스와 같은 이들에게 닥친 어려움 중 하나는 이 북방의 '야만인' 왕이 너무나 유 능하고 큰 성공을 거두었다는 사실을 믿어야 한다는 것이었다. 그러 한 지도자가 더 많은 실수를 하지 않는다거나, 멸시받았던 무명의 마 케도니아가 갑자기 그토록 강력해졌다는 것이 절대로 옳게 느껴질 수 가 없었다. 심각한 위협들이 제거되자 필리포스는 왕국을 확장하기 시작했다. 그는 다른 나라의 영토와 자원을 탈취하고, 이를 이용해 추 가 확장을 위한 부와 인력을 확보했다. 성공을 굳히기 위해 잠시 멈추 는 것은 계획에 없었으며, 아마도 불가능했을 것이다. 필리포스는 계 속해서 움직이고 확장하기 위한 기계적 체계를 만들어냈다. 성공을 거둘 때마다 지출은 늘었고, 승리는 군대의 행복과 충성심을 유지했 으며, 필리포스에게 다음 목표를 향해 나아갈 수 있게 하는 충분한 부 를 선사했다. 적어도 이것이 그리스인들이 이해하고 당연하다고 여 긴 것이었다. 이렇게 강력한 힘을 갖게 된 지도자나 폴리스는 결코 만 족하지 못했을 것이며, 더 큰 지배력을 갖고자 계속 노력했을 것이다. 영광과 지위를 얻기 위한 경쟁은 끝날 수 없었다. 그러므로 다른 이들이 필리포스의 부상에 반감을 느끼고, 그의 성공이 자신들의 성공을 감소시킨다고 여기는 것 또한 당연한 일이었다.

필리포스의 성공의 규모는 전례가 없는 것이었다. 그의 아들은 훨씬 더 커다란 제국을 이룰 것이며 그의 업적은 훨씬 더 상세하게 기술된 반면에, 필리포스가 행한 일의 많은 부분은 미스터리로 남아야 했다. 한 가지 뚜렷한 차이점은 알렉산드로스의 치세에는 그가 어디에 있었고 무엇을 하고 있었는지를 우리가 알 수 있다는 점이다. 물론 우리가 지금 재구성할 수 있는 것보다 훨씬 더 많은 사건이 필리포스의 치세에도 일어났을 것이다. 그러나 우리가 의심할 수 없는 것은, 필리포스가 없었더라면 알렉산드로스의 이야기가 매우 달라졌을 것이라는 점이다.

2부

알렉산드로스와 페르시아

기원전 336-329

"훌륭한 왕과 강력한 창병"

14

본보기

플루타르코스는 알렉산드로스가 왕이 되었을 때 마케도니아가 "사방에서 커다란 질투와 지독한 증오와 위험에 노출"되었지만 기원전 336년에 그는 당면한 도전을 매우 빠른 속도로 제압할 수 있었다고 말한다. 플루타르코스는 그해에 알렉산드로스가 코린토스를 방문했던 일화를 전한다. 코린토스의 대표와 그 도시에 있던 명사들이 젊은 왕에게 자신들의 충성과 존경을 확실히 알리고자 줄을 섰다. 물론 왕의 너그러운 후원을 바라는 경우도 많았다. 왕에 대한 찬양은 입에 발린 소리에 불과했을 뿐 실제 감정과는 아무 관계가 없었지만, 웅변술을 무척 좋아하는 사회에서는 반드시 장황하게 표현될 수밖에 없었다. 많은 철학자가 이상적 통치자에 관해 이야기했고, 알렉산드로스를 그렇게 묘사하려고 최선을 다했다는 점에는 의심의 여지가 없다. 그러나 당시 코린토스에서 가장 유명했던 사상가는 그 자리에 나타나지 않았다. 그는 키니코스 학파의 디오게네스로, 그와 그의 아버지는 도시의 동전을 주조할 때 불순물을 섞었다는 혐의로 고발되어 고향 도시 시노페에서 추방되었고 오랜 시간 코린토스에 망명자로 머물고 있었다. 디오게네스는 차츰 자신의 사상을 발전시키면서 법률·도시·가족에 대한 관습적 존경에 도전했으며, 어떠한 이론보다 행동이 더 중요하고 가능한 한 단순하고 자연스러운 삶을 살아야 한다고 주장했다. 그리하여 디오게네스는 거친 천을 몸에 두르고, 지팡이와 동전과 음식을 넣을 작은 가방 하나를 가지고 다니는 것이 전부인 삶을 살았다. 그는 집도 없이 커다란 나무통에서 지냈고, 개처럼 아무 데서나 먹고 싸고 잤다. 영어 단어 cynic의 어원이기도 한 키니코스Kynikos라는 말은 문자 그대로 '개 같은'이란 뜻이었다. 그럼에도 그는 몇 편의 비극과 적어도 한 편의 철학 논고를 저술했는데, 플라톤과 인습적 철학자들의 정치에 대한 관심을 비웃는 것이었다.[1]

디오게네스는 환호, 공포, 혐오, 조롱, 찬탄을 모두 고르게 불러일으켰다. 알렉산드로스는 이 철학자가 자신을 보러 오지 않으리라는 것을 깨닫고 친구들과 함께 그를 만나러 갔다. 디오게네스는 늦가을의 햇살을 쐬며 졸고 있었다. 그들이 다가가자 철학자는 몸을 조금 일으키더니 왕을 바라보고 아무 말도 하지 않았다. 결국 알렉산드로스가 그에게 원하는 것이 있는지 물었다. 그러자 디오게네스가 답했다. "해를 가리지 않게 조금만 물러서 주시오." 돌아가는 길에 왕의 친구들은 그 늙은 철학자를 비웃었다. 그러나 왕은 웃지 않았다. 그는 철학자의 자부심과 신실함에 깊은 인상을 받고 이렇게 말했다. "내가 알렉산드로스가 아니었다면 디오게네스가 되었을 것이다."[2]

이 이야기는 사실이 아닐 것이다. 사실이더라도 미화된 이야기일 가능성이 많다. 하지만 사실이든 아니든, 이 이야기는 관련 자료가 부족한 필리포스와 풍부한 알렉산드로스의 차이를 확연하게 보여준다. 초점은 주로 그의 인품에 맞추어지고, 아니면 적어도 이 젊은 왕의 압도적인 자기 확신을 드러내는 데 집중된다. 이 이야기에서는 디오게네스 또한 찬탄의 대상이 되지만, 전체적으로 다른 이들은 그저 주인공을 돋보이게 할 뿐이고 모든 것은 알렉산드로스를 중심으로 돌아간다. 그가 왕위를 계승한 뒤 나이 많은 고문들이 그리스와 북방의 적대 세력들을 직면해 주의와 화해, 심지어는 후퇴까지 강하게 권고했지만 알렉산드로스는 정반대로 행동했다. 앞서 우리가 이미 보았듯이 그리스의 반대 세력은 빠르게 무너졌다. 왕은 디오게네스와 만난 뒤에 델포이의 신탁을 구했다. 플루타르코스에 따르면, 알렉산드로스가 신탁을 구하러 갔는데 아무런 신탁도 얻지 못했다고 한다. 그는 델포이의 여사제를 붙잡고 신에게 물을 것을 요구하며 그녀를 신전으로 끌고 갔다. 몹시 화가 난 사제는 이렇게 소리쳤다. "나의 아들아, 누구도 너를 이길 수 없구나!" 알렉산드로스는 사제를 놓아주고, 그녀의 말을 신의 응답으로 받아들이며 기뻐했다. 이 또한 충동적인 젊은 왕이 모든 규칙을 깨며 원하는 것을 얻고 자신의 정신과 신의 호의까지 입증해 보였다는 낭만적인 창작일 수 있다. 알렉산드로스는 이렇게 행동하여 이길 수 있었고, 더 넓은 세상으로 나아가 광대한 지역을 정복하게 된다.[3]

그리스 도시들이 그와 맺은 동맹관계를 공고히 했던 반면, 마케도니아 북쪽에 살고 있던 민족들은 그렇지 않았다. 기원전 335년 봄, 알렉산드로스는 대규모 군대를 소집했고, 암피폴리스에서 출발하여 여전히 마케도니아에서 독립해 있는 트라케인들을 향해 진군했다. 이어지는 작전들은 아리아노스가 자세히 기술했는데, 필리포스가 북부와 동부 경계에 있던 부족들을 상대로 펼쳤던 군사작전들과 비슷한 느낌을 준다. 이제 처음으로 우리는 필리포스가 만들어낸 군대가 실제 전장에서 어떻게 움직였는지를 훨씬 더 잘 파악할 수 있게 되었다. 마케도니아 군대의 조직과 전술은 필리포스의 재위 기간 20년에 걸쳐 발전한 결과물이었다. 마케도니아 군대가 정확히 언제 이러한 단계에 이르렀는지는 알 수 없지만 알렉산드로스 휘하에서 적어도 초기 몇 년간 같은 군대가 다른 방식으로 운용되었다는 암시는 없다. 알렉산드로스의 친구들이 망명지에서 돌아왔지만, 이 초기 단계에서 왕과 같은 세대의 인물이 중요한 지위에 오른 경우는 거의 없었다. 마케도니아의 군대는 여전히 필리포스의 병사들을 필리포스의 장교들이 지휘하는 군대였다. 병사들의 절대 다수가 경험이 많았고 승리에 익숙했다. 이 군대에 더 이상의 훈련은 거의 필요하지 않았고, 여러 면에서 전투는 스물한 살의 알렉산드로스가 통수권을 행사하고 모든 계급의 병사들이 그를 신뢰하도록 하는 데에 무척 중요했다.

아리아노스가 군사작전에 대해 자세히 기술하긴 했지만 우리가 알고 싶어 하는 것을 모두 말해주지는 않는다. 군대가 트라케로 향하면서 택한 경로와 군대의 구성에 관한 기술은 모호하다. 그해 말에 이르자 알렉산드로스의 휘하에는 대략 3만 명의 병사가 모였다. 하지만 이 지역에서는 병력의 보급이 쉽지 않았기 때문에 그는 초기 군사작전에서 1만~2만 명의 소규모 군대를 이끌었을 것이다. 앞으로 몇 년 뒤면 매우 친숙해질 분대들이 이미 거기에 있었는데, 정예 보병 히파스피스테스는 물론이고 전문 궁수와 크레타 출신 용병, 그리고 산간지방 부족으로 활동이 어려운 지형에서도 재빨리 움직이며 강하고 빠르게 적군을 공격하는 아그리아네스족 병사들이 있었다. 주요 팔랑크스로 이루어진 몇몇 대대와 왕의 헤타이로이가 이끄는 기병대가 이들을 뒤에서 지원했다. 그 밖에도 공병들과 투석기로 무장한 투석병*을

포함하는 다양한 부대가 있었다.[4]

열흘 뒤에 알렉산드로스는 하이모스산 지역에 이르렀는데, 과거에 필리포스와 그의 부관들이 군사작전을 벌였던 곳이었다. 트라케인들로 구성된 대규모 병력이 마케도니아 군대가 행진해 올 통로의 앞쪽과 옆쪽의 경사면을 점령했다. 이 통로는 오늘날 불가리아에 있는 십카 고개였을 것이다. 일부 부족들 사이에서는 여자와 아이들을 수레에 실어서 전장에 함께 데리고 나가는 것이 흔한 관습이었기에, 그 중에는 여자와 아이들도 있었다. 산이 많은 지역임을 고려하면 그들의 수레는 상당히 가벼웠을 것이다. 부족민들은 이 수레를 줄지어 쌓아서 임시 방어벽을 만들고, 마케도니아인들이 비탈을 기어 올라와 공격할 때 수레를 아래로 굴려서 막아낼 참이었다.

알렉산드로스와 그의 장교들은 적군이 무엇을 계획하고 있는지 보았고, 병사들도 그러했다. 적군의 수레들이 눈에 띄게 배열되어 있었거나, 과거에도 비슷한 전술이 사용되었을 것이다. 목숨처럼 소중한 보병대가 위험했다. 팔랑크스가 전진하면 병사들이 빠르게 굴러 내려오는 수레를 피하느라 대형이 무너지게 되고, 그러면 위에서 아래로 가해지는 적군의 공격에 취약해질 수밖에 없었다. 하지만 모두가 어떻게 행동해야 할지 알고 있다면 병사들이 공황에 빠질 확률은 줄었다. 알렉산드로스는 부하들에게 양편으로 갈라져서 수레가 지나갈 수 있게 길을 터준 뒤 재빠르게 본래 대형을 회복하라고 명령했다. 이렇게 할 수 있는 공간이 충분하지 않다면, 최대한 밀착하여 몸을 웅크

● 카타펠토스(catapeltos, '던지는 사람')라고 불린 투석병은 투석기는 물론 새총이나 줄팔매를 이용해 돌멩이를 쏘아대는 병사들을 말한다. ─옮긴이

린 채 방패를 머리 위로 들어 수레가 튕겨 나가게 하거나 굴러 넘어 갈 수 있게 하라고 지시했다. 이러한 대형은 로마의 그 유명한 테스투도testudo•와 어느 정도 유사했다. 히파스피스테스가 선두에 섰던 것으로 보이며, 이들은 길을 열어줄 공간이 없는 행렬의 왼편에 있었을 것이다. 이들은 호플리테스가 사용하는 것과 유사하지만 훨씬 더 큰 방패를 갖추었고, 이 방패는 창병의 팔과 어깨에 매단 작은 방패보다 다루기도 쉬웠다. 앞으로 닥칠 일과 그에 대응해서 해야 할 일을 알고 있던 병사들은 모두 자신감에 차 있었다. 마케도니아 병사들은 산비탈을 밀고 올라갔고, 적군의 수레가 빠르게 굴러 내려오자 정해진 순서를 따라 움직였다. 아무도 죽지 않았고 다친 이도 별로 없었다. 병사들은 빠르게 대형을 다시 형성하고 고함을 지르며 적들에게 돌진했다.

트라케인들은 면밀하게 준비한 계획이 실패하자 당황했고, 마케도니아 병사들이 확신에 가득 찬 목소리로 고함을 지르면서 반듯한 대형을 이루어 빠르게 접근해 오자 겁에 질렸다. 알렉산드로스는 궁수들에게 활을 쏘기 쉬운 대열의 선두로 나가 돌격을 시도하는 대담한 전사들을 겨냥해 쓰러뜨리라고 명령했다. 그런 다음 그는 히파스피스테스와 아그리아네스족 병사들을 포함한 정예 보병대를 이끌고 공격에 나섰다. 트라케 병사들은 대형을 이탈하여 달아났으며, 더 빨리 달리려고 가지고 있던 무기도 던져 버렸다. 하지만 이미 때가 늦었다. 마케도니아인들은 적군 1500명을 죽였다고 한다. 하지만 훨씬 더 많

• 테스투도는 로마 군대가 주로 공성 작전에 이용한 '거북이 대형'을 가리키는 말이다. 병사들이 밀집 대형을 이룬 상태에서 방패로 벽을 만들어 대형의 앞쪽과 위쪽을 방어했다. ─옮긴이

은 트라케 병사들이 가족까지 버리고 달아났다. 대부분의 여자와 아이들이 붙잡혀서 노예가 되었다.[5]

이번 승리는 좋은 출발점이 되었다. 알렉산드로스와 주력 부대는 불과 몇 년 전 아버지에게 부상을 입히고 군대의 전리품을 훔친 트리발리족을 공격하기 위해 계속 전진했다. 이번에 마케도니아인들은 포로와 전리품을 먼저 해안 도시들로 호송한 뒤에, 사흘 동안 행군하여 다뉴브강에 접근했다. 트리발리족은 마케도니아 군대가 오고 있음을 알고 이웃 부족과 함께 그들의 가족을 강 중간에 있는 '페우케'라는 섬으로 피신시켰다. 시르모스 왕 휘하의 일부 전사들이 그들을 보호하기 위해 섬에 머물렀지만, 나머지는 남쪽 강변으로 돌아갔다. 그 지역을 잘 알고 있는 이 대규모 병력은 전진해 오는 마케도니아인들의 후방으로 행진했다. 알렉산드로스의 정찰병들이 이를 눈치챘고, 길게 늘어서서 진군하던 마케도니아의 군대는 뒤로 돌아서서 적군이 싸울 채비가 되기 전에 공격했다. 과거에 필리포스가 깨달았듯이 이 지역에서 군사작전을 펼 때 가장 어려운 부분 중 하나는 적군을 개활지로 유인해내는 것이었다. 알렉산드로스는 궁수들과 투석병들에게 명령하여 트리발리족에게 가까이 접근하여 적군 병사들을 맞히게 했고, 이로써 상대의 본격적인 공격을 유도했다. 고지 마케도니아 출신의 헤타이로이 기병대가 적군의 왼쪽을 타격했고, 팔랑크스와 더 많은 기병이 적군의 중앙으로 돌진했다. 아마도 이 전투에 참여했을 프톨레마이오스는 후에 마케도니아 쪽에서는 기병 11명과 보병 44명이 죽었지만, 3000명이 넘는 적군을 죽였다고 주장했다.[6]

다뉴브강에서 군사작전을 펼 것이라고 예견한 알렉산드로스는 다시 마케도니아의 굳건한 동맹이 된 비잔티온에서 전함을 마련했다.

그는 병사들을 배에 태운 뒤 페우케섬에 상륙하려 했다. 하지만 상륙할 만한 지점이 제한되었고, 결의에 차서 섬을 지키려 하는 적군을 압도하기에는 전함에 탄 병사의 수가 너무 적었다. 그러는 사이에 알렉산드로스가 다뉴브강에 와 있다는 사실이 북쪽 강변에 사는 게타이족을 자극하여 대략 4000명의 기병과 1만 명의 보병으로 이루어진 게타이족 군대가 소집되었다. 이는 고대 세계에서 접근해 오는 외국 군대에 대한 당연한 반응이었으며, 반드시 경고나 대비책에 그치는 것도 아니었다. 아무런 경고도 없이, 혹은 이전에 어떤 충돌의 역사가 없었어도 공격을 받을 수 있었다. 마찬가지로, 군대를 소집하는 것 역시 명예와 가시적인 존중의 표징에 집착하는 고대 세계에서는 도발로 여겨지는 것이 당연했다. 알렉산드로스는 평생 이러한 도전을 무시하는 일이 거의 없었다.

필리포스는 다뉴브강에 도달했던 최초의 마케도니아 왕이었지만, 강을 건너지는 못했다. 아리아노스는 알렉산드로스가 다뉴브강 너머까지 가겠다는 '열망'(포토스Pothos •)에 사로잡혔다고 말한다. 이것은 아리아노스의 알렉산드로스 이야기에서 반복되는 주제로 여기에서 처음 등장한다. 아리아노스는 알렉산드로스의 많은 행동을 이전에 누구도 시도하지 않았거나 불가능해 보이는 일을 하려는 강력한 개인적 욕구에서 비롯한 것으로 설명한다. 알렉산드로스는 병사들을 보내어 강변 지역과 정착지를 수색해 지역 주민들이 사용하는 통나무배를 찾게 했다. 다른 병사들은 뗏목을 만들기 위해 가죽 천막에 짚을 꾸렸

• 포토스는 알렉산드로스라는 인물의 성격을 설명할 때 자주 등장하는 어휘다. 보통 열망이나 갈망으로 해석되지만 후회나 결핍이라는 뜻도 가지고 있다. 중요한 점은 이것이 채워지지 않는 갈증 같은 정신의 상태를 가리킨다는 것이다. —옮긴이

다. 이 방법은 크세노폰이 페르시아 제국의 중심에서 탈출한 '만인대'의 이야기에서 언급한 적이 있었다. 알렉산드로스 혹은 그의 장교 중하나가 그 이야기를 읽고 기억해 두었거나, 아니면 아마도 그러한 방법이 우리가 알고 있는 것보다 더 널리 사용되었을 것이다. 알렉산드로스는 작은 보트와 뗏목을 포함한 모든 선박을 동원하여 1500명의 기병과 4000명의 보병을 태우고, 어둠의 보호를 받으며 다뉴브강을 건넜다. 키가 큰 밀이나 보리가 자라는 밭에 상륙한 덕분에 해가 뜰 때에도 병사들이 몸을 숨길 수 있었다.[7]

페우케섬을 방어하는 병사들과 달리 게타이족은 갑작스러운 공격을 예상하지 못한 채 마케도니아 군대의 존재를 거의 잊고 있었다. 알렉산드로스의 병사들은 다시 대형을 정렬하고 전진했다. 보병대가 대열 앞에 서서 기다란 사리사를 이용해 키가 큰 작물들을 헤치며 나머지 병사들이 쉽게 따라올 수 있게 했다. 그들이 경작되지 않은 개활지로 나왔을 때, 팔랑크스의 왼편은 강이 막아주었고 오른편은 알렉산드로스가 직접 지휘하는 기병대가 막아주었다. 게타이족은 이 광경에 당황했다. 적군이 그곳에 와 있다는 것에 놀라기도 했지만, 잘 정돈된 대형을 이루어 전진하는 마케도니아 군대를 처음으로 목격하고 놀랐던 것이다. 병사의 숫자는 공격의 충격보다 훨씬 덜 중요했다. 게타이족은 달아나 근처 정착지로 돌아갔다. 아마도 단순한 목책이나 둔덕에 불과했을 이 정착지의 방어시설은 매우 기초적인 수준이어서 마케도니아 병사들이 질서정연하게 계속 전진하자 아무도 그곳에 남아 있을 수 없었다. 게타이족 전사들은 달아나면서도 할 수 있는 한 많은 말과 여자와 아이를 데려갔다. 알렉산드로스의 병사들은 버려졌거나 땅에 묻힌 것을 약탈했다. 알렉산드로스는 강변에서 수호자 제우스와 자기 조상 헤라클레스와 강의 신에게 희생제사를 올렸다. 24시간이 채 안 되어 그는 전리품을 챙겨서 군대를 이끌고 다시 강을 건너 본진에 합류했다.[8]

이러한 힘의 과시가 매우 효과적이라는 사실이 입증되었다. 시르모스는 사절을 보내 항복 의사를 밝혔다. 이제 섬에 마련한 그의 피난처가 자기 부족이 희망했던 것보다 안전하지 못하다는 것을 깨달은 것이다. 건너편 강변의 다른 부족들도 대표를 보내 우호적 관계를 요청했다. 이는 알렉산드로스의 우월성을 인정하는 표시였고, 당연히 환영받았다. 이들 부족 중에는 켈트족도 있었는데, 사실 켈트족이라는 말은 그리스 작가들이 유럽에 살고 있는 여러 민족을 뭉뚱그려 부르는 말이었다. 알렉산드로스는 "그의 이름이 켈트족에게도 알려졌으니, 그들이 다른 무엇보다 그를 두려워한다고 말하기를 기대"하며 세상에서 가장 무서워하는 것이 무엇인지 그들에게 물었다고 한다. 하지만 켈트족 귀족들은 하늘이 그들 위로 무너져 내리는 것이 가장 두렵다고 답했다. 알렉산드로스는 이런 대답에 실망했음에도, 서약을 통해 친선관계를 맺었다. 비록 그들이 돌아간 뒤 왕은 그들을 허풍쟁이라고 일축해 버렸지만 말이다.[9]

다음에 알렉산드로스는 파이오니아인들과 아그리아네스족의 지도자들을 만나 그들의 충성심을 확실히 하기 위해 서쪽으로 향했다. 하지만 일리리아의 두 임금 클레이토스와 글라우키아스가 서로 동맹을 맺었다는 소식이 전해졌다. 바르딜리스의 아들이거나 손자였던 클레이토스는 펠리온이라는 잘 방비된 도시를 점령했다. 그곳이 어디인지는 알려져 있지 않지만, 고지 마케도니아에 가까웠거나 어쩌면 그 안에 있었을 것이다. 다른 적대적 부족을 처리하겠다는 아그리아네스족 왕의 약속을 받고, 알렉산드로스는 펠리온으로 서둘러 달려갔다. 두 왕이 병력을 합치기 전에 적을 잡겠다는 심산이었다. 그는 에오르다이코스강 옆으로 도시 바깥에 진을 쳤고, 다음 날 공격 명령을 내렸다. 클레이토스는 성벽 위에 병사들을 배치하고, 그보다 훨씬 많은 병력을 도시 위쪽에 숲이 우거진 언덕에 모았지만, 여전히 동맹인 글라우키아스가 도착하기를 기다리고 있었다. 아마도 관습에 따라 일리리아인들은 세 명의 소년과 세 명의 소녀, 세 마리의 숫양을 희생제물로 바쳐 다가올 전투에 신의 도움을 청했을 것이다.[10]

알렉산드로스는 계획대로 공격을 개시했다. 도시 바깥의 부족민들은 최소한의 저항만 하다가 달아났다. 마케도니아인들은 그들이 바친 소름 끼치는 희생제물의 잔해를 발견했다. 마케도니아 군대는 펠리온 바깥에 진을 치고 정해진 절차에 따른 봉쇄와 공격을 준비했다. 하지만 다음날 글라우키아스의 군대가 후방에 도착하자 마케도니아 군대는 양쪽에서 위협을 당하게 되었다. 파르메니온의 아들 필로타스가 이끄는 징발대는 거의 포위되었다가 알렉산드로스가 병력을 이끌고 구하러 와서 겨우 위기에서 빠져나올 수 있었다. 상황은 위험했다. 알렉산드로스에게는 펠리온 공성을 진행하면서 동시에 글라우키아스를 물리칠 수 있을 만큼 병사가 많지 않았다. 식량을 구하러 나가는 파견대는 적의 매복에 노출될 뿐이었기에, 그곳에 오래 머물 수도 없었다. 그러나 도주하기도 쉽지 않았다. 하나밖에 없는 좁은 고개를 지나야 했으나, 이 고개는 곳곳에 숲이 우거져 길이 끊겼고, 길의 한쪽 옆면은 글라우키아스가 차지한 고지였으며, 다른 한쪽 면은 강이 흐르고 있었다. 아리아노스는 이 고갯길이 종종 네 명의 병사가 겨우 나란히 지나갈 만큼 폭이 좁아졌다고 주장했다. 만약 전투 대형을 말한

것이라면 대략 3.5미터, 보통 행군할 때 취하는 산개 대형을 말한 것이라면 그 두 배쯤 된다.[11]

적을 앞에 두고 퇴각한다는 것은 쉬운 일이 아니다. 특히 그 지역에 익숙하고 겁쟁이들이나 후퇴하는 것이라고 생각하는 기동성 좋은 적의 전사를 면전에 두고 산악 지형에서 퇴각한다는 것은 더욱 어렵다. 알렉산드로스는 속임수를 쓰기로 결정했다. 밀집 대형 보병들이 120열 횡대로 정렬했다. 아마도 이들이 하나의 팔랑크스를 이룬 것은 아니고, 대략 500명의 병사들이 한 분대가 되어 긴 대열을 이루며 늘어섰을 것이다. 아직 폭이 가장 좁은 곳에 도달하지 않았기 때문에 보병들의 한쪽 측면에 200명의 기병이 있을 공간이 충분했다. 마케도니아 병사들은 규율과 훈련의 결과를 과시하며 사리사를 높이 들었다 내려치면서 공격 자세를 취했다. 그리고 오른쪽으로 돌아 찌를 자세를 취하고, 다시 왼쪽으로 돌아 찌를 자세를 취한 다음, 앞으로 행군하다가 각 방향으로 선회하며 대형을 바꾸었다. 짧게 외치는 명령 소리와, 방패와 갑옷과 무기가 쿵쿵거리는 소리만이 침묵 속에 들려왔다. 그건 어딘가 기괴하고, 심지어 비인간적이기까지 한 규율과 통제의 증거였다. 부족민들은 이러한 규율과 통제를 알지 못했고, 그런 것이 필요하다는 상상조차 하지 못했을 것이다.

천천히 움직이다가 갑작스레 동작을 취하기를 반복하면서 이동이 이루어지는 가운데, 긴 대열의 선두 부대가 일리리아인들이 점령한 첫 진지에 차츰 가까워졌다. 이미 어떤 전사들은 이토록 기묘하게 조용한 병사들과 맞서 싸우지 못하겠다고 마음먹고 진지에서 빠져나가고 있었다. 알렉산드로스는 대열의 선두가 왼쪽을 공격하도록 대형을 바꾸고, 부하들에게 함성을 지르며 창과 사리사를 방패에 부딪쳐 소리를 내라고 명령했다. 갑작스러운 소음에 앞쪽에 있던 적군 병사들은 물론 펠리온에서 뒤늦게 쫓아 오던 적군 병사들도 공황에 빠졌다. 이제 길이 열렸고 마케도니아 병사들은 앞으로 나아갔다. 하지만 그들은 절대 안전하지 않았고, 그들이 만들어낸 충격 상태도 오래가지 않았다. 어떤 실수나 약점이 일리리아 병사들의 기를 되살려 다시 공격하게 만들 것이 분명했다. 마케도니아 군대가 지나는 길에 작은 언덕이 있었는데, 알렉산드로스가 걸어서 강을 건너려고 계획했던 지점에서 가까웠다. 그는 히파스피스테스와 헤타이로이의 일부를 이끌고 가서 그 언덕을 점령했다. 그곳을 지키고 있던 적의 병사들은 도망치며 계곡의 옆면을 따라 훨씬 더 높은 고지대로 올라갔다. 궁수들과 아그리아네스족 병사들이 그 작은 언덕을 지켰고, 먼저 히파스피스테스가 모두 강을 건넜다. 기병, 보병, 수송병 등 나머지 병사들이 그들을 따라 강을 건넜다. 반대편에서 히파스피스테스 부대가 그들이 왔던 쪽으로 돌아서서 대형을 이루었고, 각각의 분대가 도착할 때마다 팔랑크스를 이루어 그 왼편에 정렬함으로써 전선을 형성했다.

군대 대부분이 단계적으로 강을 건넜고, 알렉산드로스를 포함한 소수의 병사들만 후위 부대로 뒤에 남았다. 일리리아 병사들은 마케도니아의 후위 부대를 차단하기 위해 고지대에서 빠르게 내려왔다. 하지만 알렉산드로스가 공격을 개시하고 팔랑크스의 일부가 고함을 지르며 다시 강을 건너기 시작하자 갑자기 멈추어 섰다. 아주 잠깐 숨을 돌리고 궁수들과 아그리아네스족 병사들이 명령을 받고 강을 향해 질주했다. 알렉산드로스가 그들의 선두에 섰고 수송병들에게 공성 무기들을 건너편 강둑에 설치하라고 명령했다. 다시 한번 일리리아 병사들이 돌진해 왔지만 투석기가 궁수나 투석병이 쏠 수 있는 것보다 멀리까지 돌을 날렸고, 마케도니아 궁수들은 강을 완전히 건너기 전에 멈춰 서서 일제히 화살을 쏘았다. 이러한 엄호 사격 아래 부족민 병사들은 서둘러 퇴각했고, 남은 마케도니아 군대도 안전하게 강을 건너 피신할 수 있었다.[12]

알렉산드로스는 한 명의 병사도 잃지 않고 위험한 상황에서 빠져나왔다. 건너편 강둑으로는 더 개방된 땅이 펼쳐졌고, 이러한 지형은 그의 군대에 더 잘 맞았다. 적군은 그러한 장애물을 감수하고 공격을 감행할 마음이 없었다. 클레이토스와 글라우키아스는 병력을 합친 것에 만족했고, 적군을 겁먹게 하여 쫓아내고 여전히 펠리온을 점령하고 있다는 사실에 기뻐했다. 알렉산드로스는 그들이 마케도니아 군대가 계속 후퇴하리라고 확신하면서 아무런 질서도 없이 진을 치고, 방어시설을 구축하거나 초소나 보초를 두지도 않고 있음을 알게 되었다. 다뉴브강에서 그는 어두운 밤을 이용하기로 결정하고 히파스피스테스, 아그리아네스족 병사, 궁수, 그리고 선발된 팔랑크스 분대로 구성된 기동 타격대를 이끌며 더 작은 장애물인 에오르다이코스강을 다시 건넜다. 남은 군대도 뒤따를 예정이었지만, 기동 타격대가 적진에 도달했을 때 젊은 왕은 그들을 기다리지 않기로 했다. 소수의 정예 부대가 한쪽에서 집중된 기습 공격을 가했다. 잠들어 있거나 여전히 정신이 혼미한 상태에서 갑작스레 공격당한 적군의 전사들은 도망가기 전에 살해되거나 생포되었다. 심각한 저항은 없었다. 글라우키아스는 깊은 산속으로 도망쳤다. 클레이토스는 펠리온을 불태우느라 한참을 지체한 뒤에야 겨우 글라우키아스에게 합류했다.[13]

기원전 335년 알렉산드로스는 왕국의 변경에서 마케도니아의 지배력을 확고히 했다. 이듬해 동방 원정을 떠날 때, 그는 왕국을 보호할 강력한 주둔군을 남겨두었다. 하지만 그 주둔군이 일리리아인이나 트라케인에 맞서 군사작전을 펼칠 필요가 있었다는 증거는 거의 없다. 필리포스의 군대는 다시 한번 밖으로 뻗어나가 마음만 먹으면 가장 힘들고 접근이 어려운 곳까지 타격을 가할 수 있음을 보여주었다. 선대 임금의 죽음과 그 아들의 왕위 계승이 마케도니아 군대의 능력을 전혀 약화시키지 않았다. 어떤 학자들은 이러한 초기의 군사작전에서도 알렉산드로스의 천재적 재능에 대해 말하지만, 이것은 시기상조다. 전체적으로 보면 이것은 잘 훈련되고 경험이 많은 군대가 이전에 자주 했던 일을 반복한 것에 불과했다. 스물한 살의 알렉산드로스는 모든 면에서 통수권을 안정적으로 확보했음을 보여주었고, 이는 결코 작지 않은 성취였다. 이런 식으로 변경에서 벌어지는 전쟁에서는 자신감과 더불어 군대를 주도면밀하게 다룰 수 있는 능력이 요구되었고, 그는 바로 그 자신감과 능력을 보여주었다. 평지 전투에서 투석기와 투석병 등을 동원하는 것은 매우 드문 일이었고, 과거에는 오노마르코스가 기원전 353년에 필리포스에 맞서 싸우면서 투석기를 사용했다는 기록이 유일한데 그때는 그것이 일반적 전술로 확대되지 못했고 어떤 혁신으로 주목받지도 못했다. 알렉산드로스는 페우케섬을 점령하려다 실패했고, 클레이토스와 글라우키아스에게 포위당했지만, 각각의 경우에 전세를 만회하여 결국 군사작전을 성공적으로 마무리했다. 전반적으로 그는 전쟁을 능숙하게 수행했고 우월한 전술과 장비와 군대의 규율을 잘 활용했다. 적어도 이제 필리포스가 없어도 마케도니아는 지금까지 해왔듯이 계속 승리하리라는 것을 보여주었다. 아들은 아버지로부터 많이 배웠음을 증명했다.[14]

알렉산드로스는 여섯 달에서 일곱 달에 걸쳐 트라케와 일리리아에서 군사작전을 펼쳤다. 그동안 아그리아네스족의 왕은 약속을 지켜 다른 지역에서 일어난 저항을 진화했다. 오랜 친구로서 알렉산드로스가 그에게 주는 보상은 과부가 된 알렉산드로스의 이복동생 키나네와 그의 혼인을 주선한 것이었다. 하지만 그는 결혼식이 열리기 전에 자연사했다. 마케도니아의 안보에 대한 중요성에도 불구하고 남부 그리스 도시들은 북쪽에서 일어나고 있는 일들에 관심이 적었고 잘 알지도 못했다. 필리포스의 재위 기간 중 비슷한 상황에서 마케도니아 왕이 중병에 걸렸다거나 부상 당했다는 소문이 돌았던 것처럼, 이번에도 같은 일이 벌어졌다. 알렉산드로스가 죽었고, 확실하게 드러난 유능한 후계자가 없으며, 필리포스가 살해된 직후 예상되었던 마케도니아의 약점이 마침내 현실이 되었다는 소문이 퍼졌다. 데모스테네스는 아테네 민회에 나가 소문이 사실이라고 확언하며, 알렉산드로스가 쓰러진 바로 그 전투에 참가했다고 주장하는 부상병을 데려오기까지 했다. 데모스테네스의 반대자들은 이 웅변가가 다른 도시의 지도자들에게 마케도니아의 지배를 벗어날 때가 되었다고 설득하기 위해 페르시아의 금을 사용하고 있다고 말했다.[15]

테바이에서는 카이로네이아 전투 이후 추방되었던 한 무리의 귀족들이 귀환했다. 그들은 귀국만 허락된 것이 아니라 의회에서 발언도 할 수 있게 되었다. 스파르타의 주둔군을 몰아내기 위해 돌아온, 펠로피다스와 에파메이논다스가 이끈 유명한 영웅들에게서 영감을 받은 그들은 동료 시민들을 설득해 마케도니아와의 동맹관계를 폐기하게 했다. 마케도니아 주둔군의 두 장교가 테바이에서 붙잡혀 살해당했고, 나머지는 카드메이아 요새 안에 갇혔다. 다른 도시의 일부 지도자들은 테바이에 동감했고, 몇몇은 테바이를 돕기 위해 군대를 일으킬 준비까지 했다. 아테네인들은 평소처럼 말은 많이 하고 행동은 별로 하지 않았다. 하지만 알렉산드로스가 정말로 죽었다면 아테네인들에게는 시간이 아주 많았을 것이다.

반란의 소식과 그가 죽었다는 소문이 일리리아의 왕들을 완패시킨 직후 알렉산드로스의 귀에도 들어갔다. 자신이 반응 속도 면에서 아버지에 필적한다는 것을 보여주며 알렉산드로스는 남쪽으로 서둘러 내려갔고, 13일만에 테바이에 닿았다. 중간에 매우 험난한 지역을 통과해야 했음에도 하루 평균 24~32킬로미터를 주파했던 것이다. 알렉산드로스가 오고 있다는 첫 보고를 믿지 않으려 했던 테바이의 반란 지도자들은 알렉산드로스는 확실히 죽었으니 안티파트로스일 것이라고 했다가, 나중에는 알렉산드로스라는 흔한 이름을 가진 다른 마케도니아 지도자일 것이라고 했다. 결국 알렉산드로스가 동맹국의 파견군을 포함해 다수가 테바이에 대한 오랜 원한을 품고 있는 3만 명의 보병과 3000명의 기병을 이끌고 테바이의 성벽 바깥에 도착했을 때에야 그들은 현실을 직시했다.[16]

기원전 336년에는 병력을 과시하는 것만으로도 그리스 안에서 드러난 모든 저항을 종결할 수 있었으므로 알렉산드로스는 테바이인들에게 항복할 것을 촉구했다. 그는 핵심 지도자 두 명을 넘겨줄 것을 요구했고, 즉각 자신에게 투항해오는 자에게는 사면을 베풀겠다고 약속했다. 예상대로 테바이에 돌아와 이 혁명에 모든 것을 걸었던 이들은 결연하게 싸우기로 했고 그들은 혼자가 아니었다. 테바이는 자부심이 강하고 명성이 있는 도시였다. 아테네인들이 카이로네이아 전투의 패배에 대한 책임을 물어 테바이의 지도부를 비난했다는 이야기가 들리지만, 테바이인들도 틀림없이 동맹들을 비난했고, 자국의 기량과 용기에 대한 자신감을 유지하고 있었다. 민회에 모인 시민들은 전쟁을 결의했고, 많은 노예를 해방하여 아테네인들이 보낸 무기—목소리만 낼 줄 아는 동맹이 보낸 유일한 실질적 지원—로 그들을 무장시켰다. 테바이인들은 허세를 부리며 알렉산드로스에게 특사를 보내 안티파트로스와 필로타스를 볼모로 넘겨줄 것을 요구했고, 모든 그리스 도시를 향해 테바이와 페르시아 편에 서서 폭군 알렉산드로스를 함께 쳐부수자고 선포했다. 곧이어 그들은 마케도니아 진영을 기습했고 몇 명의 병사를 죽였다.

테바이는 잘 방비된 대형 도시국가였기에 정상적인 상황이었다면 공성이 무척 힘들고 오래 걸렸을 것이다. 하지만 지금은 매우 취약한 상태였다. 카드메이아 요새가 외곽 방어시설의 일부를 이루었지만, 여전히 마케도니아인의 수중에 남아있었다. 알렉산드로스가 도착하기 며칠 전, 테바이인들은 최선을 다해 이 요새를 둘러싸고자 성벽 바깥에 말뚝으로 울타리를 설치하고 도시 내부에서 요새로 이어지는 도로를 모두 차단했다. 그리고 카드메이아 요새를 둘러싼 울타리를 보호하기 위해 다시 바깥쪽에 두 번째 울타리를 세웠지만, 취약성이 해소되지는 않았다. 서둘러 세워진 이 울타리들은 제대로 건설한 도시 성벽의 힘에 미치지 못했기 때문이다. 알렉산드로스는 약한 지점들을 위협할 수 있게 군대를 배치했다. 그는 여전히 테바이인들이 포기하고 물러나서 사상자가 나지 않고 불확실한 공격의 위험성을 피할 수 있기를 바랐다.[17]

나중에 프톨레마이오스는 페르디카스라는 자가 지휘한 팔랑크스 대대가 명령 없이 바깥쪽 울타리를 공격했다고 전했다. 적군에게 그토록 가까이 배치된 부대에는 늘 위험이 있기 마련이었다. 그들은 엉성하게 만들어진 이 방어시설을 뚫고 들어가 안쪽에 있던 테바이인들과 직접 대면했고, 가까이 있던 다른 팔랑크스 대대의 지원을 받았다. 의도적이었든 우발적이었든 전면 공격이 전개되었고, 병사의 수와 능력이 적군보다 우월했으므로 알렉산드로스는 강력한 새 부대를 예비로 남겨둘 수 있었다. 싸움은 격렬했고 전술적으로 미묘한 여지가 없었다. 테바이인들은 조국을 수호한다는 결의로 저항했다. 하지만 그들은 점차 밀리기 시작했고, 어떤 이들은 대형에서 이탈했다. 그들이 성문을 통해 도시 안으로 달아났을 때 마케도니아 병사들이 그들을 따라 물밀듯이 들이닥쳤고 다른 마케도니아 병사들은 카드메이아 요새의 주둔군과 연합했다. 도시 안의 거리와 시장에서 싸움이 벌어졌고, 보병대 양쪽으로 기병대가 합류했다. 누구도 전체를 볼 수는 없었으므로 이에 관한 기술과 설명이 혼란스럽고 모순되는 것은 당연한 일이다. 그러나 다수의 마케도니아 병사들이 허술한 방어시설을 뚫고 들어간 다음에는 전투의 결과가 분명해졌다. 일부 테바이인들, 특히 귀족들은 말을 타고 달아났다. 그러나 디오도로스와 플루타르코스 모두 6000명의 테바이인이 죽었다고 전한다.[18]

마케도니아인들은 도시를 약탈했다. 이전에도 그들은 필리포스에게 항복하지 않은 도시에 공격을 단행했을 때 공격이 끝난 뒤 도시를 약탈했지만, 테바이처럼 크고 유명한 그리스 도시를 약탈한 적은 없었다. 요새를 기습하는 일은 위험했기에 마케도니아 군대에서도 500명이 죽었고 페르디카스를 포함해 많은 이들이 부상을 입었다. 생존자들은 적에 대한 분노로 흥분한 상태에서 좁은 도시의 거리에서나 어두운 집안에서 원하는 대로 할 수가 있었다. 그들은 오직 동료 병사들의 의견으로만 판결을 내리고, 마음대로 죽이고 강간하고 약탈했다. 트라케인 분대의 담당 장교는 카이로네이아에서 전사한 장군의 누이이자 귀족의 아내인 티모클레이아의 집을 점유했다. 그는 우선 그녀를 강간한 다음에 귀중품을 내놓으라고 요구했다. 티모클레이아는 정원에 있는 우물로 그를 데려가서 그 안에 모든 것을 숨겨 놓았다고 말했다. 장교가 우물 안을 들여다보려고 몸을 기울이자 그녀는 그를 우물 안으로 밀어 넣고, 하녀들의 도움을 받아서 장교가 죽을 때까지 돌을 던졌다. 트라케인들은 그녀의 용기에 강한 인상을 받은 탓인지 아니면 그들의 이전 지휘관을 좋아하지 않았던 탓인지 그녀를 잡아다가 알렉산드로스 앞에 데려왔다. 왕은 그녀의 품위와 가족에 대한 자부심을 존중해 주었다. 티모클레이아와 그 자녀들은 보호를 받고 풀려날 수 있었다.[19]

한 도시가 습격당할 때 살인과 강간은 불가피한 것으로 여겨졌다. 알렉산드로스와 그의 장교들이 군대를 완전히 통제하고 그러한 일들을 전적으로 방지할 수 있었는지는 의심스럽다. 마찬가지로 그들이 중요하다고 여기거나 특별히 호의를 베푼 가정과 개인을 보호하는 것 이상의 일을 시도하거나 생각했다는 것도 가능성이 희박한 일이다. 살인과 강간은 전쟁의 일부일 뿐이었고, 실용주의적 시각에서 필리포스와 알렉산드로스 두 사람 모두 공포의 힘을 잘 알고 있었다. 테바이에서 알렉산드로스는 함락된 도시를 어떻게 다루어야 할지 동맹들과 상의했는데 그들은 관대한 처분을 베풀 의향이 없었다. 하지만 관대함은 알렉산드로스에게 잘 어울렸을 뿐 아니라, 단순한 복수가 아닌 표면적으로 합당한 정의를 보여주는 데 도움이 되었다.

사제들은 신에 대한 존경의 의미에서 열외로 인정되었다. 자비는 왕과 다른 마케도니아인의 손님과 친구들은 물론, 그의 동맹과 비슷한 연줄을 가진 이들이나 마케도니아의 왕을 찬양했던 시인 핀다로스의 후손에게까지 베풀어졌다. 다른 생존자들은 노예로 팔렸고, 한 문헌에 따르면 이들의 수가 적어도 3만 명에 이르렀다. 도시국가로서 테바이는 폐지되었다. 동맹들이 지원하는 수비대가 주둔할 카드메이아 요새를 제외한 모든 성벽이 파괴되었다. 포키스의 경우처럼 이러한 조치가 반드시 영구적인 것은 아니었다. 테바이의 몰락이 가져온 또 다른 결과는, 과거에 테바이와 그 동맹들에 의해 파괴된 두 도시국가인 플라타이아이와 오르코메노스가 재건되었다는 것이다. 역사는 기원전 480년 테바이가 페르시아 편에 섰음을 다른 그리스인들에게 상기시켰으며, 테바이에 대한 이러한 처벌을 위대한 복수전의 적절한 출발점으로 삼았다.[20]

동료 시민에게 알렉산드로스의 죽음을 납득시키지 못한 데모스테네스는 이 젊은 왕을 그저 어린 소년으로 취급하거나 호메로스의 서사시에 등장하는 우스꽝스러운 주인공 마르기테스Margites*라고 불렀다. 데모스테네스와 그의 동지들은 마치 수사만으로 승리를 얻을 수 있다는 듯 또다시 아테네인들에게 마케도니아와 전쟁을 해야 한다고 촉구했다. 아테네인들은 테바이를 지원할 원조는 거의 보내지 않았고, 특히 병사는 한 명도 보내지 않았다. 아테네인들과 달리 아르카디아인들은 파견할 병력을 소집하긴 했지만 제때 보내지 못했고, 그들은 이제 원정대를 제안하고 지휘했던 이들을 처형하기로 결의했

• 부분적으로만 전해지는 호메로스의 희극 서사시 《마르기테스》의 중심 인물로, 부모 중에 누가 자신을 출산했는지도 모를 만큼 어리석고 우스꽝스럽다.—옮긴이

다. 반면에 아이톨리아인들은 사절을 보내 테바이를 지지했던 것을 사죄했다. 테바이에서 도망친 이들이 도시가 함락되었다는 소식을 가지고 아테네에 도착하자 아테네인들은 그들의 종교 축제를 취소하고 공성에 대비했다. 그러나 그와 동시에 데마데스가 이끄는 사절단을 파견하여 화평을 구하기로 했다. 데모스테네스도 함께 가야 했으나, 핑곗거리를 찾아내 사절단에서 빠졌다.[21]

알렉산드로스는 필리포스와 같은 방식으로 대응했다. 그는 아테네를 공격하거나 그리스의 다른 중요한 공동체를 파괴하고 싶어 하지 않았다. 테바이와 함께 아테네도 사라지고 나면 남부 그리스에서 새로운 힘의 균형이 어떤 방식으로 이루어질지 알 수 없었다. 알렉산드로스는 아테네인들의 지도자 열 명 정도를 자신의 감독 아래로 넘겨줄 것을 요구했다. 문헌마다 이들이 정확히 몇 명이었고, 이들 중 어떤 인물이 있었는지 조금씩 다른 정보를 제시하고 있지만, 데모스테네스를 비롯한 알렉산드로스의 주요 반대자들이 포함되기는 했다. 데마데스는 최후통첩을 가지고 아테네로 돌아왔다. 포키온은 그 인물들이 더 큰 이익을 위해 가야 한다고 제안한 반면, 데모스테네스는 예상대로 별로 열정을 보이지 않았고 이것이 "양 떼를 지킨 양치기 개들"을 버리는 꼴이라며, 아테네가 그와 그의 동지들을 내어준다면 아테네 자체를 내어주는 것이라고까지 주장했다. 데마데스는 마케도니아 왕에게 다시 관용을 베풀어주길 청해 보기로 했으나, 이것은 데모스테네스와 그의 동지들에게 은화 5탈란톤의 뇌물을 받고 설득당한 결과였다(혹은 그렇다고 한다). 알렉산드로스는 노여움을 풀고, 자신이 목록에 올렸던 인물 중 딱 한 명을 취하기로 했으니, 바로 용병 지휘관으로 많은 경험을 쌓은 에우보이아섬 출신의 카리데모스다. 그는 아테네 시민권을 받긴 했지만 아테네인들의 입장에서는 저명한 집안의 다른 인물보다는 내주기 쉬운 인물이었다. 카리데모스는 도망쳐 페르시아 왕을 위해 일하기로 했고, 나중에는 알렉산드로스에 맞서 싸우게 된다. 대다수의 아테네인들은 공공연하게 테바이의 몰락을 슬퍼했고, 민회에서는 테바이의 수많은 난민에게 피신처를 제공하겠다고 정식으로 의결했다. 한 저명한 아테네인이 노예가 된 테바이의 젊은 귀족 여인을 사서 자신의 정부로 삼기도 했으므로 경우에 따라 아테네인들의 동정심에는 제한이 있었다. 과거의 경험은 필리포스가 공개적인 비판이나 망명자나 피난자들을 지원하는 일에 대해서 얼마나 관대했는지를 보여주었다. 따라서 아테네인들은 이러한 자신들의 태도와 행동이 어떤 반발도 불러오지 않으리라는 것을 알고 있었다. 하지만 누구도, 심지어는 데모스테네스조차도 알렉산드로스에 대한 공개적이거나 적극적인 적개심을 부추기지 않았다.[22]

테바이의 파멸은 알렉산드로스가 유능할 뿐 아니라 무자비하다는 사실을 모두에게 보여주었다. 반면에 아테네에 대한 그의 대우는 온건했는데, 특히 이것이 마케도니아에 맞서온 아테네의 수많은 움직임 중 최근의 것이었기 때문이다. 북쪽 경계에서는 마케도니아의 지배력을 확인하는 것만으로 충분했다. 그의 일생 동안 그리스에서는 심각한 봉기가 딱 한 번 일어났다. 하지만 소수의 국가들만 이 봉기를 지지했고, 의미심장하게도 아테네는 거기에 포함되지 않았다. 우리는 그리스 문헌들이 일리리아와 트라케에 무관심하다는 사실을 늘 염두에 두어야 한다. 필리포스가 이룬 토대는 기원전 336~335년의 작전들로 확인되었고, 이로써 마케도니아 왕국은 내부와 외부의 위협들로부터 안전해졌다. 그리스에서 온 호플리테스와 선원들은 물론 일리리아와 트라케에서 온 상당히 많은 전사가 때때로 알렉산드로스와 함께 일하며 이 지역에서 더 적극적인 인물들을 많이 제거했다. 이러한 활동은 억압적인 부담에 의한 것도 아니었고, 충분히 자발적인 것으로 보였다. 물론 그들에게 여러 다른 형태의 지원이 요청되었지만, 그럼에도 페르시아에 대한 복수전이 그리스 국가들에게 마케도니아의 응징을 감수할 만큼 지나치게 무거운 부담을 준 것은 아니었다. 알렉산드로스는 그들을 참여시키고, 금전과 자원을 적당히 요구하고, 제때 영광을 나누면서 적절한 균형을 이루었다. 아마도 그가 아주 멀리 떨어져 있는 것이 도움이 됐겠지만, 적어도 한동안은 대다수 폴리스의 지도자들은 마케도니아의 지배력을 받아들일 수 있었다.[23]

이제 알렉산드로스가 원대한 모험을 시작할 시간이 되었다. 기원전 336년 그의 아버지가 파르메니온과 아탈로스를 아시아로 파견하면서 시작한 전쟁을 재개할 때가 온 것이다.

15

마케도니아 군대와 적군

페르시아에 맞선 필리포스의 전쟁은 중단되었고 1년 이상 재개되지 못했다. 그가 살해되었고 후계자인 알렉산드로스가 권력을 안정적으로 확보할 필요가 있었기 때문이다. 그러나 파르메니온과 아탈로스의 휘하에 대략 1만 명의 보병과 1000명의 기병으로 이루어진 전위 부대를 아시아로 보낸 것은 필리포스가 이룬 성공의 상징으로, 이 부대의 규모는 그의 통치 초기 일리리아의 바르딜리스에 맞서 진군할 때 소집했던 군대의 규모에 맞먹는 것이었다. 기원전 336년에 이 정도 규모의 군대는 마케도니아 군사력의 작은 부분에 지나지 않게 되었다. 전위 부대의 구성에 대해서는 알려진 바가 없지만, 그렇게 많지 않은 병력이라는 점을 고려하면 처음에는 상당히 성공적이었다. 하지만 아탈로스의 처형은 물론이고 병력 보강이 지연되면서 군사작전이 탄력을 잃었고 페르시아를 등지고 마케도니아 편에 섰던 도시들이 다른 생각을 하기 시작했다. 아마도 마케도니아 군대의 일부만 참여한 전투가 벌어졌을 것이고, 결과는 패배로 돌아왔다. 여러 곳에서 혁명이 일어났고, 파르메니온과 그의 부하들을 환영했던 정권들이 페르시아에 충성을 보이려는 정권들로 교체되었다. 기원전 335년 말에 이르면, 마케도니아 병사들은 오직 헬레스폰토스의 아시아 쪽 교두보만을 간신히 유지하고 있었다.[1]

주요 병력이 마침내 아시아로 오는 중이었기 때문에 이것만으로도 충분했다. 하지만 첫 번째 군사작전을 논하기 전에, 알렉산드로스가 이 페르시아 대전에서 이끌게 되는 군대를 살펴보는 것도 의미가 있다. 이 군대는 아버지 필리포스가 창조한 군대였다. 이 군대의 진화 과정은 추적이 불가능하고, 또한 얼마나 구체적으로 아시아 출정을 염두에 두고 조직되었는지를 판단할 수는 없다. 적어도 한 가지 측면에서 이 군대는 이제까지 보아왔던 군대들과는 달랐다. 그 규모가 훨씬 더 컸고 기병의 비율이 훨씬 더 높았다. 현전하는 고대 문헌마다 다르게 말하기 때문에 페르시아 원정대의 실제 규모는 알 수가 없다. 플루타르코스는 자신이 참고한 기록에 따르면 보병 3만 명에 기병 4000명에서 보병 4만3000명에 기병 5000명까지 수치가 제각기 다르다고 말했지만, 가장 가능성이 있는 수치를 언급하지는 않았다. 문헌마다 차이가 나는 것은 전위 부대의 포함 여부 때문인 듯하다. 뒤에 이어지는 내용은 마케도니아 군대의 구성과 규모에 관해 오늘날의 학자들이 개괄적으로 합의한 것들을 반영한다.[2]

모든 주요한 전투와 부수적 조치에서 알렉산드로스는 헤타이로이 기병대를 직접 이끌었다. 기본 전술 단위는 200명의 병사로 이루어진 기병 대대(일레ile)였고, 이 대대는 50명의 병사로 이루어진 사분대(테트라르키아tetrarchia)로 나뉘었다. 알렉산드로스는 8개 일레로 구성된 헤타이로이 기병대를 이끌고 아시아로 갔는데, 그 중 하나는 왕의 일레로 기본 규모의 두 배였던 듯하다. 그러므로 아시아로 건너간 그의 군대에는 총 1800명의 정예 기병이 있었다. 고지 마케도니아에서 모집했거나 그곳에 기반을 둔 몇 개 대대를 비롯해서 나머지 대대들은 안티파트로스와 함께 본국에 남았다. 왕의 헤타이로이 기병대는 그리스의 나머지 지역에서 보통 크기보다 더 큰 말을 탔는데 갑옷을 입히지 않은 이 말들은 다른 기병대의 말보다 훨씬 더 높은 사상률을 보였다. 그래서 원정이 진행됨에 따라 현장에서 생포한, 더 가볍고 빠른 페르시아의 말을 많이 타게 되었다. 이미 스키타이족이 이른 시기에 안장을 사용했으므로, 마케도니아인들도 안장을 차용했을 가능성이 있긴 하지만, 지중해 지역 군대에서 안장이 사용되었다는 증거는 기원전 3세기가 되어서야 나온다. 왕의 헤타이로이는 말을 탈 때 깔개를 사용했고, 부유한 이들은 사자나 큰고양잇과 동물의 생가죽을 깔개로 썼다. 깔개는 완충재 역할을 하여 말의 등을 보호했고, 기병에게는 좀 더 편안한 자리를 제공했다. 필리포스와 알렉산드로스의 부하들은 예외적일 만큼 높은 수준의 승마술을 이용해, 오늘날의 기수에게 익숙한 다른 보조 장비 없이도 말의 등에 계속 앉아 있을 수 있었다. 필리포스는 총애하는 지지자들에게 너그러이 땅을 나누어 주었기 때문에 노동할 필요가 없는 계층이 크게 늘었고, 그래서 그들은 전쟁을 대비한 훈련에 집중할 수 있었다. 전쟁 시기에는 각각의 기병에게 한 명의 마부가 배정되어 말과 장비를 좋은 상태로 유지했다.[3]

헤타이로이 기병대가 말을 타고 있을 때 반드시 방패를 들어야 했던 것으로 보이지는 않으며, 그림에도 묘사되어 있지 않다. 대신 헤타이로이 기병대는 투구에 의지했는데, 잘 보고 들을 수 있게 얼굴이 개방된 것을 썼다. 가죽 직물이나 금속으로 된 흉갑으로 몸을 보호했고 긴 장화를 신어서 발과 다리를 보호했는데, 금속으로 만든 정강이받이를 덧댔을 것이다. 기본적인 공격 무기는 얇은 코널나무*로 만든 창 크시스톤xyston이었다. 크시스톤은 길긴 했지만 사리사보다는 짧았으며(4미터 내외), 한 손으로 다룰 수 있었다. 보통은 병사가 겨드랑이에 끼고 있었고, 페르시아 기병대가 사용하는 창보다는 훨씬 더 길었다. 자루가 매우 가늘어 들고 다니기엔 가벼웠지만 충격을 받으면 부러지거나 조각나는 경우도 많았다. 창의 뒤쪽에도 촉鏃이 있어서 창을 거꾸로 돌려서 쓸 수도 있었고, 앞쪽이 부러졌더라도 남은 부분으로 적을 찌를 수 있었다. 하지만 대체로 기병은 검에 의지했다. 기본 대형은 필리포스가 도입한 그대로, 지휘관이 맨 앞의 꼭짓점에 서는 삼각 쐐기 대형을 유지했다. 전체 일레가 하나의 쐐기 대형을 이루지 않고 몇 개의 분대로 나누어 작은 쐐기 대형들을 구성해 방향을 자유롭게 변경하여 공격할 수 있도록 했다.

그다음으로 왕에게 가까이 배치된 것은 히파스피스테스였다. 히파스피스테스는 3개 대대(킬리아르키아chiliarchia)로 구성되었고 각 대대는 대략 1000명의 병사가 속했다. 대대는 다시 2개의 중대(로코스lochos)로 나뉘었고, 각 중대에는 이론적으로 512명의 병사가 속했다. 적어도 한 대대는 기원전 358년 필리포스가 바르딜리스에게 승리할 때 언급되는 정예 병사들과 근위병들에서 파생되었을 것이다. 히파스피스테스는 마케도니아 군대에서 가장 전문적인 병사들이었다. 이들은 용기와 능력을 기준으로 모집되었고, 가장 빈번하게 전투에 참가했다. 히파스피스테스가 때때로 사리사와 작은 방패를 사용했을 가

---

* 코널(cornel)나무는 우리나라의 산딸나무와 비슷한 나무다. 이 나무의 가지는 물에 가라앉을 정도로 조직이 치밀해서 예로부터 여러 가지 도구는 물론 창이나 활 같은 무기를 만드는 데 사용되었다. ─옮긴이

능성이 있긴 하지만, 보통은 사실상 호플론이라고 할 수 있는 방패와 2.5미터 정도 되는 길이의 창을 사용했다. 히파스피스테스가 그토록 효율적일 수 있었던 것은 까다로운 선발 과정, 높은 훈련 수준, 오랜 승리의 경험 덕분이었다.

마케도니아 보병대는 주요 팔랑크스의 보병(페제타이로스pezhetairos) 으로 구성되었고, 이들은 사리사를 사용했다. 6개의 보병 대대(탁시스taxis)가 있었고, 각 대대는 보통 그 지휘관의 이름으로 불렸으며 때로는 지역 이름으로 불리기도 했다. 고지 마케도니아 출신의 대대들은 다가올 군사작전들에서 뛰어난 모습을 보여주게 된다. 원정 초기에 각 대대에는 1500명 가량의 병사가 있었고, 이들은 3개 로코스로 나뉘었다. 각 로코스는 2개 소대로 나뉘었고, 각 소대(이후에 신타그마syntagma라고 불린다)에는 256명의 병사가 있었다. 16명의 병사로 이루어지는 데카스dekas가 모든 훈련과 대형의 기본 단위였으며, 군대의 관리와 일상생활에서 중요한 역할을 담당했다. 각 단계에는 한 명의 지휘관이 있었다. 가장 아래에서 데카스를 담당하는 데카다르코스dekadarchos는 전투에서 대열의 맨 앞줄에 섰다. 또한 '두 배의 급료자'(디모이리테스dimoirites)*라고 불리는 병사도 있었는데, 이 병사는 팔랑크스의 9열에 섰고, 이 9열은 팔랑크스가 8열 횡대로 구성되는 경우 맨 앞줄에 합류하게 된다. 그리고 '10스타테르'(데카스타테로스 dekastateros)**라 불리는 병사는 후방에 해당하는 15열과 16열에 배치되며 두 배까지는 아니지만, 표준보다 더 많은 급료를 받았다. 앞쪽과

---

* 보통은 하브레아스(habreas)라고 불렸고, 두 배의 급료를 받을 자격이 있었으므로 디모이리테스라고 불렸다.─옮긴이

** 스타테르(stater)는 금이나 은으로 만들어진 고대 그리스의 동전이다.─옮긴이

뒤쪽에 믿을 만한 병사들을 배치하여 적절한 행군 속도를 유지하는 것은 부대가 이동할 때 매우 중요했다. 그리스 군사 이론에서는 가장 용감한 병사들이 대형의 앞쪽과 뒤쪽에 서야 한다고 주장했는데, 그렇게 해야 이 정예 병사들이 자기 자리를 지키고 있는 동안에는 다른 병사들이 달아나기가 어렵다는 것이었다.[4]

전위 부대와 알렉산드로스가 데려온 9000명의 병사들 외에 동맹들이 보낸 팔랑크스 부대도 있었을 텐데, 대략 3000명의 병사들로 구성되었을 것이다. 그렇다면 이들은 이미 6개 대대의 하위 단위들로 배치되었거나, 아니면 대대 자체에 합쳐졌을 것이다. 일부 마케도니아인 경보병도 군대에서 복무했을 텐데, 그에 관한 증거는 별로 없다. 그보다는 기록이 잘 남아 있는 경기병대輕騎兵隊 프로드로모이 prodromoi*는 4개 일레로 구성되었다. 이들 모두나 일부는 사리소포로이sarisophoroi**라고 불렸으며, 이는 그들이 사리사로 무장했거나 아니면 적어도 두 손으로 다루어야 하는 평균보다 긴 창을 사용했음을 암시한다. 자주 언급되다시피 이들의 민족 구성은 확실하지 않은데, 마케도니아인이었을 가능성도 있다. 종종 이들과 함께 운용된 파이오니아인과 트라케인 기병대는 대략 900명이었던 것으로 보인다.[5]

동맹들의 파견 부대 중 영예의 자리는 테살리아인 기병대에게 돌아가야 한다. 이들 기병의 수는 헤타이로이 기병대와 비슷했고, 복수의 일레로 조직되었다. 크시스톤보다 짧은 창을 들었고, 쐐기 대형보다 긴 마름모 대형을 사용했지만, 마케도니아의 중기병대重騎兵隊만

---

* '앞서 뛰는 사람'을 뜻하는 프로드로모스(prodromos)의 복수형이다. 기병대 앞에서 산병이나 척후병 역할을 담당했기에 이러한 이름으로 불렸다.―옮긴이

** '사리사를 든 사람'을 뜻하는 사리소포로스(sarissophoros)의 복수형이다.―옮긴이

큼 역동적인 공격을 가할 역량이 있었던 것 같다. 현전하는 고대 문헌들은 알렉산드로스와 그의 헤타이로이에게만 너무 많이 집중하고 있기 때문에, 다른 병사들이 기여한 바는 간과되는 경우가 많다. 이는 일반적으로 모든 동맹군에 대해서도 마찬가지다. 아그리아네스족 군대 같은 예외도 있었으나 매우 드물다. 아그리아네스족은 1000명이나 되는 병사들로 구성되었지만, 그 안에는 그들과 종종 함께 활동한 크레타인 궁수 같은 이들도 포함되었을 것이다. 다른 동맹들이 제공한 그리스인 기병대는 우리가 그 존재를 알고 있긴 하지만 거의 언급되지 않는다. 심지어는 기원전 334년에 주력 군대의 일부를 이루었던, 7000명이나 되는 그리스인 연합 보병대의 활동조차 불분명하다. 필리포스처럼 알렉산드로스는 용병들도 폭넓게 이용했다. 원정 초기에는 용병이 적어도 5000명 정도 있었지만, 이들조차 별다른 관심을 받지 못한다. 이에 더하여 일리리아인, 트리발리족, 기타 트라케인 병사가 7000명 있었다. 이들은 주로 보병이었지만 일부 기병도 있었다. 그리스 동맹국들은 여러 척의 전함도 제공했다. 육군에는 공병들과 노예, 그리고 학자까지 많은 비전투원이 동반되었다. 필리포스는 부하들에게 열심히 행군하고 가볍게 이동하는 법을 가르쳤다. 알렉산드로스 또한 똑같은 규율을 유지했다. 하지만 이 밖에도 먹여야 할 입이 많았고, 그 식량을 옮기는 짐승들이 있었으며, 가져가야 할 짐도 다양했다. 페르시아 군대는 말할 것도 없고, 그리스 군대와 비교했을 때 알렉산드로스의 군수품 수송 규모는 상대적으로 작았지만, 그럼에도 여전히 상당한 규모였다.[6]

전투병과 차원에서 보면, 마케도니아는 군대에서 가장 큰 단일 부대를 제공했다. 창을 든 팔랑크스가 가장 흔한 부대 유형이었고, 히파스피스테스, 동맹군과 용병 호플리테스, 그리고 더 단단히 무장한 북부 부족민과 함께 밀집 대형의 보병이 본질적으로 그리스적인 방식을 따라 군대의 핵심이자 대부분을 구성했다. 호플리테스 군대와 달리 다양한 무기와 장비가 있었고, 다채로운 대형 변경이 가능했으며 기동력도 뛰어났지만, 이 또한 호플리테스 팔랑크스의 전통에 따라 근접전에 최적화하여 설계된 보병 부대였다. 그러나 다른 부대의 강력한 분견대들은 이전에 그리스 국가에서 형성했던 어떤 군대보다 훨씬 더 균형 잡히고 더욱 유연한 부대임을 확실히 보장했다. 특히 기병이 많아서 병사 7~8명에 기병 한 명의 비율을 이루었다. 보병들이 주둔군이나 근위대로 파견되어 빠진 상황에서 벌어진 전투에서는 이 비율이 더욱 높아지기도 했다. (기원전 3세기 말, 한니발은 기병 대 보병의 비율을 1대 4로 맞추어, 수적으로 훨씬 더 우세한 로마 군대를 칸나이에서 무력화시켰지만 이렇게 높은 비율은 중세 이전 유럽에서는 예외적일 만큼 드문 것이었다.) 비슷한 수의 마케도니아 보병과 기병이 안티파트로스의 지휘를 받으며 마케도니아 본국에 남아있었고, 그는 동맹국에 접근할 수 있었다. 하지만 이들이 영구적으로 편성된 것은 아니었다.[7]

원정 군대는 규모가 크고, 균형이 잡혔으며, 그 핵심에는 함께 작전을 펼치고 승리하는 데 익숙한 많은 지도자가 있었다. 대부분의 전투 병사들이 10대 후반이거나 20대 초반인 군대가 익숙한 현대의 관점에서 마케도니아 군대가 특별히 젊은 군대는 아니었다. 유스티누스는 알렉산드로스가 경험이 많은 고참병을 선발하여 원정에 데려가기 위해 신경을 썼다고 한다. 그가 과장하긴 했지만, 여기에 핵심적인 진실이 있다. 상당수의 히파스피스테스는 40대나 그보다 나이가 훨씬 많은 남자들이었다. 이들이 다수였을 리는 없지만, 눈에 띌 만큼 충분히 많이 있었고 군대 전체에 방대한 경험과 무적불패의 기운을 심어줄 수 있었을 것이다. 대부분의 창병과 기병은 필리포스의 일부 원정에 참여한 적이 있었고, 거의 모든 원정에 참여한 이들도 더러 있었다. 원정이 시작될 때 각 분대의 지휘관들과 고위 장교들은 모두 예외 없이 필리포스 휘하에서 명성을 얻은 이들이었다.[8]

보병 대대와 기병 대대 위에는 상임 지휘 체계가 거의 또는 전혀 없었다. 구체적인 계급이나 지위를 갖기보다 왕에 의해 지명된 누군가가 지휘를 맡고 필요에 따라 병사들을 나누거나 묶어서 배치하곤 했다. 이제 60대 중반에 이른 파르메니온은 여전히 건강하고 활동적이었으며, 어떤 중요한 임무나 과업에 대해서는 항상 왕의 첫 번째 선택지였다. 그보다 몇 살 어린 안티파트로스 또한 마케도니아에 남은 군대의 사령관이자 국왕 부재 시의 섭정으로서 원기 왕성하게 활동했다. 이후에도 그는 거의 80살까지 살았다. 파르메니온의 아들 필로타스는 헤타이로이 기병대를 맡았고, 또 다른 아들 니카노르는 히파스피스테스를 이끌었다. 주력 팔랑크스를 총괄하는 상임 지휘관은 없었지만, 각 대대를 책임지는 장교들이 중요한 역할을 했고 때때로 이들에게는 독립된 지휘권이 부여되기도 했다. 군대의 핵심은 필리포스 휘하에서 오랜 세월 함께 복무하다가 이제 그 아들의 휘하에 들어가서 자신이 해야 할 일을 잘 알고 있는 병사들로 이루어졌다.

마케도니아를 방어하기 위해 남겨진 부대들은 제외하더라도 이토록 큰 군대는 상당한 노력과 막대한 비용 없이는 동원될 수 없었다. 필리포스처럼 알렉산드로스도 미래의 성공을 예상하고 비용을 지출했고, 테바이를 약탈하고 얻은 이득이 있었음에도 이제 잔고가 거의 바닥날 지경이 되었다. 플루타르코스에 따르면 고작 70탈란톤이 남았고, 군대에 겨우 30일 정도 급료를 지불하고 물자와 식량을 공급할 수 있는 자금이었다고 한다. 알렉산드로스는 자신을 따르는 이들에게 땅과 다른 권리를 관대하게 부여했으며, 특히 그의 왕실에 속한 헤타이로이에게 그러했다. 원정에 실패하게 되면 그의 왕국이 재정적으로 파탄 날 테지만, 그는 염려하지 않았다. 원정의 실패는 적군의 손에 죽든, 패배를 견디지 못하는 귀족의 손에 죽든 결국 그의 죽음을 의미할 것이기 때문이었다. 원정은 거대한 도박이었다. 그의 성공을 이미 알고 있는 우리는 그가 감수해야 했던 위험의 크기를 자칫 간과하기 쉽다. 자신감은 젊은이에겐 흔한 것이다. 필리포스가 계획한 전쟁을 수행하겠다는 결정이 얼마나 과감한 것이었는지를 현전하는 고대 문헌들은 올바르게 기술하고 있다. 그 저자들은 더 많은 이야기를 통해 알렉산드로스의 한없는 자기 확신을 보여준다.[9]

원정을 떠나기 전에 안티파트로스와 파르메니온은—파르메니온이 아시아에서 아직 돌아오지 않았다면 아마도 서한을 통해서—젊은 왕에게 결혼을 하고 왕위를 이을 자식을 낳으라고 강권했다. 하지만 알렉산드로스는 이러한 권고를 거부했다. 어떤 이들은 이것을 왕국의 귀족 집안들 사이의 불안정한 힘의 균형 상태를 보여주는 신호로 이해한다. 왕이 신부를 고름으로써 그 균형이 너무 쉽게 깨질 수 있었다는 것이다. 더욱 실질적인 차원에서 보면, 아내를 얻는다고 해서 건강한 아들은커녕 어떤 자식이라도 즉각 얻게 된다고 장담할 수가 없었고 아들을 얻더라도 그 아이가 그럴듯한 상속자로 성장하는 데는 많은 시간이 소요될 것이었다. 알렉산드로스는 이 위대한 전쟁의 영광이 손짓하여 부르는데 그러한 국내 문제로 시간을 지체하는 것은 부끄러운 일이 될 것이라고 선언했다. 그는 기원전 335년 가을에 디온

축제를 성대하게 열었다. 커다란 천막을 치고 그 안에 100개의 긴 소파를 두어서 한 소파에 세 명의 손님이 앉게 했다. 희생 제물로 바친 짐승의 고기로 귀빈들만이 아니라 군대 전체가 배불리 먹었다. 이번에도 알렉산드로스는 아버지와 마찬가지로 자금이 부족하다고 해서 지출을 줄이지 않았다. 이렇게 후하게 베푼 뒤에 스스로를 위해서는 무엇을 간직하고 있느냐고 페르디카스가 묻자, 알렉산드로스는 "나의 희망"이라고 답했다고 한다.[10]

기원전 334년 봄이 되자 준비는 완료되었고 알렉산드로스는 마침내 페르시아를 향한 위대한 원정을 시작했다. 이제 다시는 마케도니아로 돌아오지 못할 운명이었지만, 그런 운명을 아는 사람은 아무도 없었다. 그는 또한 자신의 어머니 올림피아스나 누이 클레오파트라도 다시 보지 못하게 된다. 클레오파트라는 이제 곧 과부가 될 것이다. 그녀의 남편인 에페이로스의 알렉산드로스가 비슷한 시기에 남부 이탈리아로 원정을 떠났다가 많은 것을 획득하지 못한 채 몇 년 뒤에 전사하기 때문이다.[11]

우리는 알렉산드로스가 조국을 뒤로하고 오직 위대한 원정만 생각했다고 여겨서는 안 된다. 그는 마케도니아의 왕이었으며, 왕만이 할 수 있는 것이 많았다. 그는 늘 가정과 다른 곳에서 일어나고 있는 일들의 소식을 서한과 전령을 통해 알고 있었다. 처음 몇 해 동안은 그것이 그리 대수로운 일은 아니었다. 그러나 차츰 거리가 멀어지면서, 통신원들이 수천 킬로미터의 거리를 장시간 끊김 없이 연결했음에도 속도는 어쩔 수 없이 느려질 수밖에 없었다.

안티파트로스는 정식으로 왕의 수석 대표직을 맡아 북쪽의 변경 지역과 그리스에 대한 마케도니아의 지배력을 유지하는 것은 물론 일상의 행정 업무도 처리했다. 그러나 그는 자신의 권리가 아니라 왕의 대표로서 권력을 행사했다. 그가 내린 결정은 어떠한 결정이든 기각될 수 있었던 반면에 왕이 내린 결정은 시간이 걸리더라도 반드시 실행되어야 했다. 알렉산드로스에게 보고, 의견, 요청을 보낼 수 있는 사람이 그뿐만은 아니었기 때문에 그의 업무는 복잡했다. 트라케에는 독립적인 지휘관이 있었고, 아마 다른 지역에서도 그러했을 것이다. 다른 귀족들과 헤타이로이 또한 왕에게 직접 편지를 보낼 수 있었다. 무엇보다도 올림피아스와 클레오파트라의 메시지는 알렉산드로스에게 즉각적이고 동정적인 고려 대상이 되었을 것이다. 왕의 어머니로서 올림피아스는 공식적인 역할이 있었고─이를테면, 아들을 대신하여 희생제사와 기타 여러 행사를 주관했다─그보다 더 중요한 것은 그녀의 명백한 영향력이었다. 이 때문에 올림피아스는 안티파트로스와 긴장 관계에 놓이기도 했다. 아주 다양한 이해관계와 파벌의 존재가 마케도니아 정치에서 새로운 것은 아니었다. 대체로 그러했듯이 우리는 세부적인 내용에 대해서는 추측만 할 수 있을 뿐이다. 왕의 부재가 길어지면서 복잡해지긴 했지만, 전반적으로는 전체 체계가 잘 작동하고 있었다.[12]

알렉산드로스가 출발하기 전에 올림피아스가 찾아와 그의 잉태 과정과 그의 '진짜' 아버지인 신에 대한 진실을 은밀하게 전해주었다는 소문이 돌았다. 물론 이런 소문은 다른 사람이 그것을 어떻게 알게 되었는지 굳이 설명하려 하지 않는다. 보다 직접적으로는 필리포스에 대한 기억이 군대에 맴돌고 있었다. 원정대는 암피폴리스를 경유하여 스트리몬강을 건너고, 광산이 있는 팡가이온산을 지났다. 그리고 아브데라와 마로네이아를 통과하여 다르다넬스 해협으로 향했다. 알렉산드로스가 택한 경로는 해안의 평지를 따라가는 자연스러운 경로였다. 기원전 480년 페르시아 왕 크세르크세스의 군대도 이 경로를 이용해 그리스를 침공했다. 이는 페르시아에 대한 복수전의 적절한 시작이기도 했다. 하지만 마케도니아의 고참병들은 필리포스의 지휘 아래 이 지역에서 벌인 군사작전을 분명히 기억하고 있었다. 그 작전들은 여러 해가 걸렸지만 결국 마케도니아 왕국의 운명을 완전히 바꿔 놓았다. 그 증거는 마케도니아 군대의 규모만이 아니라, 이 군대가 20일 만에 480킬로미터가 넘는 거리를 주파하여 갈리폴리 반도의 중간쯤에 있는 세스토스에 수월하게 도착했다는 것에도 있었다.[13]

해협 너머 아시아 해안으로 군대를 수송하는 일은 파르메니온이 맡았고, 주로 그리스 동맹국들이 제공한 160척의 트리에레스와 상선으로 이루어진 함대 및 기타 운송 수단이 이 과정을 지원했다. 전위 부대가 반대편 해안의 교두보를 고수했으므로, 이것은 적군의 저항을 받는 상륙작전이 아니었다. 페르시아 해군이 그곳에 나타나지 않았다는 점에 놀라움을 표하는 학자들은 근본적으로 노를 저어 이동하는 전함이 쓰이던 시대의 해군력을 잘못 이해한 것이다. 그리스의 트리에레스는 선원을 위한 식량과 식수를 실을 수 있는 화물 공간이 매우 적었기 때문에 작전 수행 거리가 짧았다. 마케도니아의 전위 부대는 여전히 다르다넬스 해협 주변의 모든 항구를 장악하고 있었으므로 페르시아 선박이 시골 지역에서 지원 물자를 대기 위해 상륙하는 것을 막을 수 있었다. 더욱이 마케도니아 군대의 상당 부분을 타격하려면 그들이 실제로 바다를 건너고 있는 시간에 맞추어 공격해야 했다. 해군 함대만으로는 육지에 이미 상륙한 적군을 상대할 수 없었기 때문이다. 적군의 배가 저장고를 채우고 선원들을 쉬게 하기 위해 떠날 때까지 알렉산드로스의 부하들이 기다리지 못할 이유가 전혀 없었다. 페르시아 왕이 사용할 수 있는 전함 대부분이 이집트에서 일어난 반란을 진압하느라 멀리 떨어져 있었다는 이론도 가능성은 있지만, 관련이 없는 이야기다. 페르시아의 전함들이 현장에 있었다 해도 알렉산드로스 군대가 바다를 건너는 것을 막을 수는 없었을 것이다.[14]

다르다넬스 해협은 세스토스 근처에서 그 폭이 가장 좁아지며, 몇몇 지점에서는 폭이 1.6킬로미터 미만이고 결코 3.2킬로미터를 넘는 곳이 없었다. 하지만 물살이 무척이나 강했다. 트리에레스는 적은 수의 병사만 수송할 수 있었고, 상선들은 더 많은 공간을 제공했지만 병사와 화물을 싣고 내리는 데 시간이 걸렸다. 기병대의 말과 짐 나르는 짐승들은 특히 귀중한 자산이었고, 심각한 부상을 입을 경우 아무 쓸모가 없었으므로 매우 조심해서 다루어야 했다. 식량과 다른 물자들은 선적을 기다리는 동안에는 창고에 보관해야 했으며, 반대편 해안에 하역한 뒤에도 다시 창고에 보관해야 했다. 해협을 건너는 데는 시간이 걸렸고, 상당한 계획과 조직이 필요했으므로 알렉산드로스는 아버지가 가장 신뢰했던 장군들의 기량에 이 일을 맡기고, 자신은 반도의 남단으로 가서 원정대의 출발에 위엄을 더하기로 했다.

왕은 그리스인들이 트로이 공성을 위해 배에 올랐던 곳으로 전해지는 엘라이우스에 갔다. 그곳에는 가장 먼저 트로이의 해안으로 돌격하여 가장 먼저 사망한 그리스인 프로테실라오스의 것으로 알려진 무덤이 있었다. 《일리아스》에서는 프로테실라오스에 대해 이렇게 기술했다. "그가 모든 아카이아 사람 중에 제일 먼저 배에서 뛰어 내리자, 한 트로이인이 그를 죽였다." 무덤에서 알렉산드로스는 죽은 영웅을 기리고 자신의 모험에는 더 나은 운이 따르기를 기원하며 희생제사를 지냈다. 제단을 세우고 안전한 상륙을 주관하는 제우스와 아테나(그 지역과 결부된 여신), 그의 조상 헤라클레스(트로이에 맞서 전쟁을 벌인 적이 있다)에게 제물을 바쳤다. 그런 다음 알렉산드로스와 그의 근위대는 60척의 트리에레스에 타고 바다로 나갔다. 왕은 호메로스의 영웅들이 하던 대로 배를 직접 몰았다. 그들은 중간에 잠시 멈추어 포세이돈과 네레이네스(아킬레우스의 어머니 테티스가 속한 바다의 님프들)에게 황소를 바쳤다. 그들은 제주祭酒를 황금잔에 담아 공물로 바다에 뿌린 뒤 다시 출발하여 아시아 쪽 해안에 닿았다. 트로이 전쟁 때 그리스인들이 도착했던 곳으로 전해지는 내포內浦였다. 알렉산드로스는 전쟁을 위해 완전히 무장한 채로 선두에 서서 프로테실라오스처럼 파도를 헤치며 나갔다. 그를 막아서는 이는 아무도 없었다. 어떤 이들은 그가 땅바닥에 창을 힘차게 내리꽂으면서 아시아를 정복의 권리에 따라 "창으로 획득한" 자신의 것이라고 선언했다고 전한다.[15]

알렉산드로스는 엘라이우스에서 했듯이 세 신을 위해 제단을 세운 다음 몇 킬로미터 떨어진 트로이로—아니면 적어도 당시에 모두가 트로이가 있던 곳이라고 믿었고, 트로이 전쟁 이야기와 연결된 신전, 장소, 인공물로 가득한 곳으로—향했다. 당연히 아킬레우스의 무덤에도 가서 화환을 놓았다. 전승에 따르면 그의 친구 헤파이스티온도 파트로클로스의 무덤에 화환을 놓았다고 한다. 왕과 그의 젊은 동지들은 트로이 이야기 속 경쟁하는 영웅들처럼 발가벗은 채로 달리기를 했다. 하지만 누구도 감히 알렉산드로스보다 더 빨리 달리지는 않았을 것이다. 그는 유명한 일리온Ilion●의 아테나 신전에서도 희생제사를 올

● 일리온은 트로이의 또 다른 이름이다. 그리스 신화에 따르면 이 도시의 이름은 왕국의 창립자

렸다. 알렉산드로스는 그곳에서 아킬레우스의 것이라고 전해지는 갑주를 보고 자신의 갑주와 바꾸었다. 그는 아킬레우스의 갑주**를 앞으로 10년 동안 전투를 벌일 때마다 가져가게 된다. 그러나 그는 자신과 같은 이름으로 불리기도 한 파리스의 리라를 보여주겠다는 제안은 거절했다. 트로이의 왕자 파리스가 헬레네를 납치하여 전쟁이 일어났지만 정작 전쟁 기간에 그가 보여준 행동은 전혀 영웅적이지 않았기 때문이었다. 그렇다고 해서 알렉산드로스가 트로이의 것을 모두 거부했거나, 트로이인들을 마치 자신의 적인 페르시아의 전신으로 본 것은 아니었다. 아킬레우스의 아들이며 그의 직계 조상인 네오프톨레모스는 제우스 헤르케이오스***의 제단을 붙잡고 있던 트로이의 왕 프리아모스를 죽이고 그의 손녀를 빼앗아 결혼했다. 그들의 후손인 알렉산드로스는 신전에 가서 희생제사를 드리며 살해된 트로이 왕의 넋을 달랬다.[16]

알렉산드로스는 의미 있는 장소들을 보고 존경을 표한 뒤에 주력 부대에 합류했다. 이제 그의 군대는 해협을 건너서 아리스베에 진을 쳤다. 파르메니온은 늘 그러했듯이 능률적으로 일을 처리했다. 왕의 트로이 순례는 군사작전의 실질적 측면에 대한 무관심이 아니라 부하에 대한 그의 믿음의 증거였다. 아킬레우스의 후손이나 교육받은 그리스인이라면 누구나 트로이 전쟁과 관련된 장소에 그렇게 가까이 와

인 트로스와 그의 아들 일로스에서 비롯되었다.—옮긴이

** 아킬레우스의 어머니 테티스의 부탁을 받고 대장장이 신 헤파이스토스가 아킬레우스의 갑옷 일체와 방패를 만들어 주었다고 한다. 테티스는 친어머니 헤라 여신에게 버림받은 헤파이스토스를 키운 양어머니이기도 하다.—옮긴이

*** 제우스 헤르케이오스는 보통 '안뜰의 제우스(Zeus of the Enclosures)'라고 번역되는데, 일족의 수호신 혹은 집의 수호신으로서 제우스를 나타내는 말이다.—옮긴이

서 그냥 지나치는 것이 오히려 이상했을 것이다. 당시 왕의 방문이 얼마나 많은 관심을 받았는지는 알 수 없다. 어디를 가든 알렉산드로스는 눈에 띄게 신들을 공경했으며, 그의 행동은 공손하고 적절했다. 기원전 480년 크세르크세스 왕은 다르다넬스 해협에 배다리를 만들게 했으나, 폭풍이 일어 배다리가 무너지자 부하들에게 바다를 채찍으로 내려치고 족쇄를 바다에 빠뜨려 파도가 왕들의 왕에게 굴복하게 만들라고 했다. 그는 또한 일리온의 아테나 신전과 프로테실라오스의 무덤을 비롯해 다른 신성한 장소들과 아테네의 신전들까지 약탈했다. 알렉산드로스의 군대는 설사 그가 원했다 하더라도 배다리를 만들기엔 너무 작았지만, 그가 해협을 건넌 방식과 신전에서 보여준 공경은 먼 과거와 의도적인 대조를 이루었다.[17]

필리포스의 죽음과 알렉산드로스의 왕위 계승으로 불안정한 시기가 있었음에도 마침내 본격적인 침공이 시작되었다. 페르시아인들은 이에 낙담했을 게 분명하겠지만, 이것 자체가 위기는 아니었다. 이전에도 그리스 군대가 소아시아에 온 적이 있었지만, 장기적으로는 모두 실패하고 돌아갔다. 알렉산드로스의 군대는 과거의 어떤 그리스 침략군보다 규모가 컸지만, 그가 그리스 동맹국들의 단결과 지원이라는 믿기 힘든 일을 이루었다고 가정하더라도, 그가 사용할 수 있는 자원은 페르시아의 자금과 인력에 비하면 여전히 새 발의 피였다. 이 초기 단계에서 마케도니아의 침략은 페르시아에서 어떤 위기라기보다는 하나의 문제에 불과했다. 페르시아의 왕 다리우스 3세는 지역 대표들이 이 문제를 처리하도록 맡겨두는 데 만족했다. 사실 그에게는 선택의 여지가 별로 없었다. 제국의 심장부는 다르다넬스에서 1600킬로미터 이상 떨어져 있었고, 군대를 소집하고 군사들을 먹이고 전장까지 이끌고 가는 데는 시간이 오래 걸렸다. 그해가 끝나기 전에 그렇게 할 수 있을 가능성은 현실적으로 전혀 없었다. 광대한 제국의 수장으로서 페르시아 왕은 대표들에게 일을 위임할 수밖에 없었다.

다리우스 3세는 알렉산드로스보다 나이가 갑절로 많았지만, 거의 같은 시기에 왕이 되었다. 알렉산드로스와 마찬가지로 그 역시 선왕이 살해된 뒤에 왕위에 올랐다. 선왕이 살해된 것은 연이은 살인 사건 중 가장 최근에 일어난 사건에 불과했다. 시작은 기원전 338년에 환관 바고아스가 아르타크세르크세스 3세 오코스를 독살한 것이었다. 그의 어린 아들 아르세스가 왕위를 잇고 아르타크세르크세스 4세가 되었다. 아르타크세르크세스 3세는 뚜렷한 경쟁자들을 모두 죽여 없애고 소아시아와 지중해 연안의 사트라프와 공동체들이 일으킨 반란을 진압함으로써 자신의 능력과 무자비함을 보여주었다. 이때 사트라프 아르타바조스와 그의 가족이 마케도니아에서 피신처를 구하게 됐다. 그가 거둔 가장 큰 승리는 이집트를 되찾은 것이었다. 기원전 5세기 말에 이집트는 페르시아에 대항하여 반란을 일으켰고 성공을 거두었으나 이제 다시 페르시아의 풍요로운 속주가 되었다.[18]

바고아스는 오코스의 다른 아들들을 제거하여 새 왕을 보호했지만, 소년 왕은 성인이 되자 바고아스의 영향력에서 벗어나려는 조짐을 보였고 자신의 교묘하고 잔인한 성향의 고문을 자연스레 의심하기 시작했다. 기원전 336년 이 환관은 다시 왕을 독살하고 코도만노스라는 귀족을 왕위에 오르게 했다. 이 코도만노스가 바로 다리우스 3세였다. 시간이 지나 바고아스는 마음이 바뀌었는데, 왕은 음모를 알아채고 이 환관이 스스로 자신의 독을 마시게 했다. 적어도 디오도로스가 전하는 이야기는 이러한데, 여기에는 페르시아의 왕과 조정, 그리고 환관에 대한 그리스인들의 뿌리 깊은 의심과 경멸이 반영되어 있다. 그들이 보기에 페르시아인은 모두 야만인이었다. 특히 환관은 그리스인들에게 매혹적이기도 하고 혐오스럽기도 한 존재였다. 우리는 이런 이야기에 얼마나 많은 진실이 담겨 있는지 알 수 없다. 하지만 오코스와 그의 아들이 살해되었고, 이 몇 년 동안에 아케메네스 왕조의 직계 주류가 크게 도태되었다는 것은 의심할 여지가 거의 없다.[19]

　다리우스는 분명 왕족이었을 것이다. 그가 오코스의 아버지 아르타크세르크세스 2세의 형제의 손자라는 주장도 있었다. 정말로 그러하다면, 그가 오코스의 대대적인 숙청에서 살아남았다는 것은 놀라운 일이다. 하지만 아르타크세르크세스 2세가 여러 첩을 통해 아들만 115명을 얻었다고 하니, 다른 희생자들이 많았다는 것은 의심할 여지가 없다. 다리우스가 그러한 혈통에서 나왔다는 것이 가능하긴 하지만, 그가 왕위를 계승한 뒤에 지어낸 이야기일 수도 있다. 그는 왕족에 속한 혈통이어도 죽일 가치가 있을 만큼 위협적이지 않은 무명의 집안 출신이었을 가능성이 더 크다. 하지만 그는 전투에서 보여준 용맹함으로 오코스의 총애를 받았다. 일대일 결투에서 적군의 가장 뛰어난 전사를 물리친 적도 있었다. 그는 키가 큰 미남이었으며, 잘생긴 외모로 유명했던 페르시아인 사이에서도 특출했다. 그에게는 기존의 부인에게서 얻은 아들과 딸이 하나씩 있었다. 스타테이라와 결혼한 것은 왕이 된 뒤였을 것이다. 그녀는 아시아 전체에서 가장 아름다운 여인으로 꼽혔으며, 다리우스의 누이였다고 한다. 하지만 이것은 왕에게 더욱 적합하게 보이도록 만들어진 허구의 혈통일 것이다. 그의 아내가 된 누이가 정말로 왕족이었다면 다리우스 또한 그러했을 것이기 때문이다.[20]

　다리우스에 관해서는 확실하지 않은 것이 많다. 우리의 문헌들은 그의 성품에 대해 실질적인 정보를 전혀 제공하지 않는다. 그가 왕위에 오르게 된 환경을 고려하면, 필리포스의 죽음과 마케도니아 원정대의 지연이 그에게는 숨돌릴 시간을 준 셈이었다. 그에게도 분명 권력을 공고히 하기 위한 시간이 필요했을 것이기 때문이다. 아케메네스 왕조의 통치를 받는 많은 공동체가 여전히 고유한 정체성과 과거의 독립에 대한 생생한 기억을 간직하고 있었다. 우리가 확신할 수는 없지만, 바빌론에서 반란이 일어났을 가능성이 있고, 또한 이집트에서도 마찬가지다. 만약 두 곳에서 반란이 일어났다면, 알렉산드로스가 아시아로 건너왔을 때는 이미 두 반란 모두 진압되었겠지만, 이는 마케도니아가 가하는 위협보다 훨씬 더 심각한 것으로 여겨졌을 것이다. 반란은 과거에도 있었고, 때로는 결국 진압된 이집트의 반란처럼 몇 년, 혹은 심지어 몇십 년 동안 지속되기도 했다. 다리우스 3세가 다스리는 제국은 절정기를 지났지만, 아직 심각하게 쇠락하지도 않았다. 사실 페르시아 제국의 행정과 조직의 강건함은 오히려 알렉산드로스가 제국 전체를 탈취하여 장악할 수 있었던 중요한 이유가 된다.[21]

　다리우스는 그 어떤 그리스 국가는 물론이고 마케도니아를 포함하여 그 동맹국을 합친 것보다 훨씬 더 크고, 부유하고, 인구가 많은 제국을 통치했다. 헤로도토스는 크세르크세스 왕이 백만 대군을 이끌고 그리스를 침공했다고 주장했다. 병사의 수가 너무 많아서 강물을 비웠고, 머릿수로 세기보다 구역의 넓이로 세야 했다고 한다. 하지만 병참학의 관점에서 보자면 백만 대군은 불가능하다. 나폴레옹은 1812년에 그 절반의 인원으로 구성된 대육군(그랑다르메Grande Armée)을 이끌고 러시아를 공격했고, 이것이 당시까지 유럽 국가나 동맹이 전쟁에 내보낸 군대 중에 가장 큰 규모의 군대였다. 20세기에 이르기까지 나폴레옹의 군대를 넘어서거나 거기에 필적한 군대도 거의 나오지 않았다. 현전하는 고대 문헌들에서도 다리우스와 알렉산드로스의 대결에 대해 백만 명이 넘는 병사들이 커다란 무리를 이루었다고 이야기하면서 비슷한 주장을 하고 있다. 그리스 기준에서 보면 이러한 숫자는 그저 '거대하다'라는 수식어와 마찬가지이며, 한 명의 그리스인이 다수의 야만인보다 우월하다는 것을 입증하고 승리의 영광을 훨씬 더 크게 만들려는 것뿐이었다. 거칠게 추산된 숫자들이 반복해서 등장하는 것은 그리스인 청중이 실은 거대하지 않은 페르시아 군대라는 관념을 받아들이기 어려워했으리라는 것을 의미했다. 그러므로 알렉산드로스를 따라간 역사가들과 그들의 계승자들은 나중에 엄청나게 많은 적군에 대해 이야기할 수밖에 없었지만, 이것이 젊은 왕이 자신의 명성을 드높이고자 페르시아 병사의 수를 부풀리길 바랐음을 의미하는 것은 아니다.[22]

백만 대군까지는 아니더라도 페르시아가 동원할 수 있는 인력은 상당히 많았다. 그러나 페르시아인들은 대규모 상비군을 두지 않았다. 대부분의 고대 국가들과 마찬가지로, 페르시아 군대의 단일 조직보다는 개별적인 페르시아 군대들을 이야기하는 편이 낫다. 페르시아 제국은 워낙 광대했으므로 왕이 즉각 부릴 수 있는 훈련된 대규모 병력이 문화적으로 존재하기 어려웠다. 하지만 이러한 사실을 차치하더라도, 상비군은 군사적으로도 별 의미가 없었다. 거리가 멀다는 것은 군대가 필요한 장소에 가려면 너무 긴 시간이 걸려서 결코 제때 도착할 수 없다는 것을 의미했다. 제국이 늘 전쟁 중인 것은 아니었고, 충돌은 멀리 떨어진 변경에서 일어나거나 내부의 반란에서 비롯하는 경향이 있었다. 각각의 상황은 그에 맞는 적절한 대응을 요구했고, 군사작전을 준비할 때는 먼저 이웃한 지역에서 군대가 출정하고, 추가 병력이 필요하다는 것이 입증되고 나면 더 멀리 떨어진 곳의 군대가 출정했다. 그러한 전쟁을 미리 준비하기는 어려웠고 그렇게 하는 것이 중요하지도 않았다. 어떠한 반대 세력도 제국의 존재 자체를 위협하는 것으로는 보이지 않았다. 제국의 군대가 초기에 패배하더라도 그 결과는 치명적이지 않았으며, 언제나 더 많은 자원을 투입할 시간이 있기 마련이었다. 기원전 4세기에 이르면 페르시아는 정복 전쟁을 거의 벌이지 않았다. 이집트를 되찾은 것은 여러 가지 면에서 정복 전쟁의 범주에 들어가겠지만, 다른 군사적 충돌들은 적군에 대한 대응에 그치는 경향이 있었다.

직업적인 전문 군인은 거의 없었다. 크세르크세스 왕 치세에 '불사 부대'●로 불렸던 1만 명의 페르시아 정예 보병대 상근 병사들은 적어도 그 숫자와 무기를 다루는 기술 면에서는 더 이상 존재하지 않았던 것으로 보인다. 왕의 부대가 상시 일하긴 했지만, 대부분의 군대는 주로 왕의 요청에 응하여 병사를 파견해야 하는 지도자와 공동체가 모

● 이들을 '불사 부대'(아타나토이Athanatoi, '불멸자들')라고 부른 것은 페르시아 전쟁을 기록한 그리스의 역사가 헤로도토스다. 사상자가 발생할 경우 즉각 새로운 병사가 그 자리를 대체하여 부대 전체가 늘 최상의 전력을 유지했다는 의미에서 이렇게 불렸다. 기원전 6세기 후반에서 5세기 전반까지 페르시아 제국의 확장 과정에서 중요한 역할을 담당했다. ─옮긴이

집했다. 최고의 기병은 말을 타고 다니며 사냥하고 무기 다루는 법을 연습할 시간이 있고 용맹을 입증해 자신의 지위를 정당화해야 할 의무가 있는 귀족들과 그들의 집안에서 나왔다. 페르시아에는 이러한 인력이 그리스의 어느 국가보다 많았고, 심지어는 필리포스와 알렉산드로스가 창조한 중기병대와 비교해서도 더 많았다. 그들의 무기와 갑옷과 의상은 지역마다 달랐다. 일부는 주로 창이나 활로 무장한 산병이었지만, 대다수는 투창을 던지거나, 적이 흔들리는 기미가 보이면 단창이나 검, 도끼를 들고 기꺼이 육박전을 벌였다. 이런 측면에서 이들은 그리스 도시국가 대부분의 기병대와 매우 비슷했지만, 무기와 장비를 더 잘 갖추었고, 승마술도 대체로 더 뛰어났다.

보병은 그 수가 무척 많았지만, 호플리테스나 마케도니아의 창병과 비교했을 때 빈약하게 무장했다. 페르시아에는 호플리테스에 상응하는 계층이 없었다. 접근전에서 그리스 군대를 대적할 수 있는 유일한 보병은 고용된 그리스인 용병들뿐이었다. 늘 그렇듯이 우리는 고대 문헌에 제시된 수치를 신중하게 살펴보아야 하며, 특히 적군에 대한 수치는 더욱 그러하다. 하지만 알렉산드로스 휘하에 있는 동맹군 병사들이나 용병들보다 다리우스에게 고용된 그리스인 병사들이 훨씬 더 많았던 것 같다. 이소크라테스를 비롯한 범그리스주의자들은 페르시아인들이 남자답지 못하고 퇴폐적이라고 무시하면서, 그리스인 병사들이 우월하기 때문에 그들을 고용했다고 주장했다. 이러한 주장은 대규모 접근전에서 단지 호플리테스가 당시의 다른 보병들보다 뛰어나다는 의미에서 맞는 말일 뿐, 훌륭한 페르시아 기병대를 무시한 것이다. 더욱 중요한 것은 전쟁이 회전會戰보다 훨씬 더 다양한 형태와 요소로 구성된다는 것과 페르시아에는 훨씬 더 일반적인 공격과 공성에 적합한 부대가 많다는 사실이었다. 고용된 그리스 호플리테스는 혼합적인 페르시아 군대에 추가적인 요소를 더했고, 이는 어떤 상황들에서 매우 유용하게 작용했다. 용병 부대는 상근 병사들이라는 추가적인 강점을 가지고 있었다. 주둔군으로 파견되든 전장에서 작전을 펼치든, 왕의 명령을 따라 어디로든 갈 수 있었다. 또 그만큼 중요한 다른 이점은, 호전적이고 활동적인 그리스인 병사들을 다른 누군가가 고용하게 두는 것보다는 페르시아 왕이 직접 고용하는 편이 나았다는 것이다.

다리우스는 군대들을 소집할 수 있었을 뿐 아니라 상당히 많은 전함을 이용할 수 있었다. 마찬가지로 상비군으로서 페르시아 해군이라는 조직이나 기관은 존재하지 않았지만, 필요할 때마다 각각의 작전을 수행하기 위해 개별적인 함대를 조성하고 이용할 수 있었다. 각각의 군대처럼 함대 또한 다양한 민족으로 구성되었다. 배는 주로 아시아 쪽의 그리스 도시와 해안에서 가까운 섬들을 포함한 지중해 해안의 공동체에서 끌어왔고, 이 공동체들은 왕에 대한 의무의 일부로서 트리에레스와 선원들을 제공했다. 이 민족들은 대부분 강력한 해양 문화 전통을 가지고 있었고, 특히 티레와 시돈이라는 위대한 도시 출신의 페니키아인들이 고대 세계에서 가장 훌륭한 조선 기술자이자 항해사로 평가되었다. 이는 페르시아 함대의 선박들이 잘 건조되고 유지되었으며 그에 필요한 인력도 잘 조달되었음을 의미한다. 또한 배의 수도 무척 많았다. 따라서 기원전 5세기에 아테네는 페르시아에 맞서 자국 해군의 우월성을 입증하려 했을 때에는 동맹들을 동원해야 했다. 기원전 334년 후반에는 400척의 전함으로 이루어진 페르시아 함대가 언급되는데, 이것이 과장된 것이라 해도 그 수치는 다리우스가 동원 가능한 잠재적인 힘의 규모를 확실하게 드러냈다. 이는 알렉산드로스가 찾아내거나 가용할 여유가 되는 어떤 함대보다도 훨씬 더 큰 함대였으며, 배를 다루는 기술 면에서도 동등하거나 훨씬 더 나았다.[23]

규모 면에서는 육상 병력도 마찬가지였다. 더 장기적인 관점에서 다리우스는 알렉산드로스보다 훨씬 더 많은 병사를 전쟁에 내보낼 수 있었다. 다만 시간이 지체되는 것이 문제였고, 그것이 페르시아의 전쟁 수행 형태를 좌우했다. 각각의 페르시아 군대나 함대는 영구적인 조직이나 지휘 구조가 없었기 때문에 소집되는 데 시간이 걸렸고, 제각기 독특한 정체성을 지니고 있었다. 왕이 부재할 때면 언제든 장군들이 사령관으로 지명되었고, 이들은 보통 사트라프이거나 광범위한 지역에서 온 다른 장교들과 귀족들이었다. 알렉산드로스의 군대는 20년 가까이 함께 싸워온 병사들과 장교들이 그 중심에 있었다. 이들은 잘 훈련된 팀을 이루었고, 서로를 신뢰했다. 이와 대조적으로 페르시아의 병력은 소집된 이후에 함께 일하는 법과 명령을 전달하고 수행하는 법, 전체가 함께 이동하는 법을 배워야 했다. 육상에서나 해상에서나 숙련되고 용감한 개인과 소대가 많이 있었지만, 문제는 모두 다른 요소들을 하나의 공통된 목적을 향해 조정하고 조직하는 데 있었다. 이는 페르시아의 대응이 느리지만 꾸준히 강해지리라는 것을 의미했다. 알렉산드로스는 이미 잘 조직되고 훈련된 군대를 준비해 놓았다는 이점을 가지고 있었으나, 젊은 왕과 그의 부하들이 직면한 과업은 결코 쉬운 일이 아니었다.

16

강

기원전 334년 알렉산드로스의 침공에 대한 페르시아의 초기 대응은 바다에서 남쪽으로 약 16킬로미터 떨어진 젤레이아에 집결한 지역 사트라프와 지휘관들에게 맡겨졌다. 현전하는 고대 문헌들에 불분명하게 나와 있지만 아마도 다리우스는 헬레스폰티아케 프리기아(오늘날 튀르키예의 북쪽 해안 지방으로 마케도니아인들이 점유한 영역이 포함된다)의 사트라프인 아르시테스에게 책임을 맡겼을 가능성이 있다. 그는 기원전 340년 필리포스가 페린토스를 공성할 때 원군을 보낸 적이 있었다. 이제 군사적 충돌이 그가 관할하는 지역에서 일어났으므로 그는 페르시아 군사작전의 공식적인 책임자가 되었고, 이는 단순히 동등한 이들 사이에서 그저 순서상 첫번째라는 의미는 아니었다. 하지만 그의 군대에는 중요한 귀족들이 매우 많았기 때문에 다른 지휘관들에 대한 그의 권위는 알렉산드로스의 권위에 비해 상당히 낮았다. 유력한 귀족들로는 킬리키아의 사트라프인 아르사메스, 리디아와 이오니아(오늘날 튀르키예의 서쪽 해안 지방으로 소아시아의 그리스 공동체 대부분이 여기에 포함된다)의 사트라프인 스피트리다테스, 그리고 그의 형제 로이사케스가 있었다. 이 밖에도 나중에 아들이 사트라프가 되는 레오미트레스를 비롯하여 페테네스, 니파테스, 그리고 다리우스가 첫 번째 결혼에서 얻은 딸과 결혼한 미트리다테스가 있었다.

이들에 대해 알려진 바는 거의 없다. 고대 문헌들은 또 다른 지휘관인 로도스의 멤논에게 대부분의 관심을 집중시키고 있다. 그 이유는 그가 나머지 지휘관들보다 능력이 출중했기 때문이 아니라 단지 그리스인이었기 때문이다. 그와 그의 형제 멘토르는 이 지역에서 중요하게 등장할 때가 많은 용병 장교였고, 특히 멘토르는 페르시아인들과 오랫동안 제휴 관계를 맺어 왔다. 두 사람의 누이는 오코스가 진압한 사트라프 반란의 주요 지도자 가운데 하나였던 아르타바조스와 결혼했다. 반란 당시 멤논은 아르타바조스와 달아나서 필리포스의 궁으로 피신했으며, 이것이 기회가 되어 마케도니아와 그 지도자들에 대해 알 수 있었다. 멘토르는 페르시아 왕에게 여전히 충성을 다했고, 이집트 수복에서 뛰어난 기량을 발휘한 덕분에 왕의 총애를 받고 망명자들의 귀환을 허가받기도 했다. 아마도 이에 대한 보답으로 아르타바조스는 자신의 딸 바르시네를 그녀의 외삼촌이기도 한 용병대장 멘토르에게 시집보냈던 것 같다. 얼마 뒤에 멘토르가 죽자 멤논은 과부가 된 바르시네와 결혼했고, 둘 사이에서 적어도 한 명의 자녀가 태어났다. 이즈음에 그는 상당한 토지를 하사받았는데, 이 토지는 주로 마케도니아 병사들이 상륙한 곳과 가까운 지역에 있었다. 기원전 335년에 그는 5000명의 그리스인 용병을 이끌고 파르메니온과 전위 부대를 포위하는 데 있어 다른 누구보다 많은 공을 세웠다. 그때는 그것만으로 충분했지만, 알렉산드로스와 전체 침략군에 맞서기에는 너무 적은 병력이었다.[1]

그로부터 1년 뒤, 사트라프와 귀족들은 1~2만 명에 달하는 기병대를 모집했다. 이는 더 낮은 숫자를 취하더라도 그들이 알렉산드로스보다 상당히 유리했다는 것을 의미했다. 가장 신뢰할 만한 저자인 아리아노스에 따르면, 페르시아에는 2만 명의 보병이 있었는데 그중 대다수는 그리스인 용병이었다고 한다. 하지만 많은 학자가 이러한 수치는 지나치게 높다고 보고, 1년 전의 5000명 수준으로 끌어내린다. 아리아노스의 자료가 알렉산드로스의 성공에 빛을 더하고자 과장했을 수도 있으므로 5000명이었을 가능성도 있긴 하지만, 그것을 뒷받침할 실질적 증거는 전혀 없으며, 소아시아에서 부대를 충원할 시간은 충분했다. 히르카니아, 메디아, 박트리아에서 상당히 많은 수의 기병들이 젤레이아에 집결했기 때문에 추가 용병들도 왔을 것이다. 지역 보병대가 군대와 함께 있었던 게 확실하며 문헌에도 그들의 존재가 암시되어 있다. 이 모두를 균형 있게 고려해 보면, 전체적으로 페르시아 쪽이 뚜렷한 수적 우위를 점한 것은 아니었다고 말하는 편이 안전하다. 페르시아 쪽에 더 많은 기병이 있었고, 과거의 경험에서 보면 이들이 그리스 군대의 기병보다 더 나았을 것이다. 하지만 보병대의 경우 아무리 병사의 수가 많았어도 오직 용병들만 적의 팔랑크스와 맞대결할 수 있었다.[2]

맴논은 다리우스가 왕의 군대를 이끌고 작전 현장에 올 때까지 적의 보병대와 맞설 수 없으니 전투를 피해야 한다며 주의를 촉구했다. 그는 초토화 작전을 제안했다. 키가 자란 작물들을 한 달 뒤 추수하기 전에 미리 짓밟거나 태워 없애고, 도시도 주민을 대피시켜 비우고 파괴하여 마케도니아 병사들이 식량과 사료를 구할 수 없게 해야 한다는 것이었다. 알렉산드로스의 군대에 물자 보급이 끊기면 결국 그는 굴욕스럽게 퇴각할 것이었다. 디오도로스에 따르면, 멤논은 또한 마케도니아 해안을 습격함으로써 반격하기를 원했다. 아르시테스는 그러한 작전으로 가장 피해를 보게 될 곳이 바로 그의 사트라피였기 때문에 동의하지 않았다. 다른 귀족들도 아르시테스를 지지했다. 그들은 멤논이 전쟁을 연장하여 다리우스로부터 받은 신뢰와 책임 또한 연장하기를 바란다고 의심했다. 이 로도스인은 단순히 다른 이들의 질투 때문이든 그가 그리스 사람이기 때문이든 인기가 없었다. 우연인지 의도적인 책략인지 알렉산드로스의 징발대는 아직까지 멤논의 토지를 건드리지 않고 다른 귀족들의 토지만 약탈했다. 이러한 사실은 멤논이 마케도니아와 결탁했다는 의심을 부채질했다. 그가 과거에 마케도니아에 머무른 적이 있었다는 것은 전혀 비밀이 아니었기 때문에 더욱 그러했다.

　페르시아인들은 알렉산드로스를 굶주리게 하는 대신 야전부대를 이끌고 진군하여 그에게 맞서기로 했다. 오늘날의 시각에서 이러한 결정은 현명하지 못한 것으로 보인다. 특히 여러 문헌에서 한 명의 그리스인이 다수의 야만인보다 현명하다는 걸 보여주는 데 열성이었기 때문이다. 작물과 주택을 파괴하며 물러서서 기다리는 것은 군사적으로는 의미가 있을 수 있지만, 페르시아인들을 나약하게 보이게 할 수 있기 때문에 정치적으로는 위험했다. 게다가 페르시아 제국에 강한 정서적 애착을 가진 지역 공동체는 거의 없었고, 그들에게 그렇게 큰 희생을 요구하는 것은 민심의 이탈을 부추길 가능성이 있었다. 주민들은 모든 것을 잃는 것보다 침략군을 받아들이고 그들에게 식량 일부를 내어주는 편이 나았다. 멤논의 전략을 실행하기는 극도로 어려웠을 것이다. 병사들이 굶는 동안 알렉산드로스도 가만히 앉아서 기다리지는 않을 것이기 때문이었다. 이 초기 단계에서 마케도니아 본 토를 공격하자는 논의가 있었다는 이야기는 훗날에 만들어냈을 가능성이 크다. 하지만 멤논이 정말로 마케도니아 공격을 제안했다 해도, 모든 사정을 고려해 보면 그러한 작전을 수행하는 데 동원할 수 있는 함대가 아직 없었던 게 분명하다. 따라서 알렉산드로스와 대면하여 전투를 벌이는 것 말고는 실제적인 대안이 거의 없었다. 적어도 유리한 환경에서 전투를 치르기 위해 적당한 장소와 시간을 찾는 것이야말로 군사 지도력의 핵심이었다.

알렉산드로스는 계속 전진할 필요가 있었다. 그래야 병사들의 사기가 높아지고 지역 주민들도 마케도니아 군대가 이곳에 머물러도 괜찮고 좋은 관계를 유지할 만하다는 인상을 받을 수 있기 때문이었다. 물자 공급은 끝이 없는 문제였고, 적어도 이 점에서만큼은 멤논의 생각이 옳았다. 작물이 아직 여물지 않았으므로 마케도니아 군대가 주변에서 확보할 수 있는 것은 별로 없었고, 원정 초기 단계에서 그들이 징발할 수 있는 지역도 땅이 매우 작았다. 도시와 촌락에서는 겨울 몇 달간 비축해둔 식량이 줄었고 아직 채워지지 않았으므로 내줄 것이 거의 없었다. 알렉산드로스의 부하들이 점령지에서 과도하게 약탈한다면 페르시아 제국에 대한 민심의 이반을 불러일으키기 힘들 터였다. 마케도니아 군대는 다르다넬스로 향할 때 우호적인 영역에서 예측 가능한 경로를 따라 행군했기에 미리 준비되어 있던 비축물을 조달받고 바다를 통해서도 곡물과 물자를 지원받을 수 있었다. 하지만 내륙으로 진군을 시작하자 바다를 통한 공급이 끊기고 필요한 모든 것을 직접 운반하면서 이동해야 했다. 많지 않은 짐은 병사들이 옮길 수 있었고 마케도니아 병사들은 이런 일에 익숙했지만, 무기와 다른 장비 때문에 병사가 운반할 수 있는 식량의 양은 지극히 제한되었다. 나머지는 모두 수레나 짐승을 이용해서 옮기고 짐꾼들이 날라야 했다. 식량 외에도 사료, 음료, 조리용 땔감 등이 짐에 더해졌다. 알렉산드로스가 원정 초기에 가져갔던 30일치의 식량과 물품은 한 달간의 작전 진행을 가능하게 했지만, 이마저도 필요한 곳에 제때 가져가지 못하면 아무 쓸모가 없었다.[3]

물자 수송 대열을 빼고도 알렉산드로스에게는 이미 많은 병사와 말이 있었다. 그들은 해협을 건너 상륙한 지점 가까이에 머무르는 동안 바다를 통해 여전히 물자를 공급받을 수 있었고, 이로 인해 보급 소요가 3분의 2 이상 늘었다. 그러나 한 곳에 계속 머무르다 보니 아무것도 획득하지 못하고 제한된 비축물만 축냈다. 페르시아인들은 젤레이아에 집결했고, 알렉산드로스는 이것을 알았다. 하지만 그들의 정확한 힘과 의도를 알지는 못했을 것이다. 이것은 정말 중요한 문제는 아니었다. 그들이 얼마나 강한지와 상관없이 지역 사트라프들의 위협은 가능한 한 빨리 해결해야 했기 때문이다. 해결이 늦어지는 만큼 그는 약하게 보일 것이고, 그들은 병력을 추가하여 그가 시도하는 다른 어떤 작전도 반드시 어렵게 만들어 놓을 것이었다.

마케도니아 병사들은 젤레이아를 향해 전진했다. 남쪽으로는 산들이 솟아 있었으므로 그들이 해안 평지를 따라 난 간선 도로를 따라 이동하리라는 것은 모두에게 분명해 보였다. 이 도로는 페르시아 제국 통신 체계의 일부를 이루는 잘 정리된 길이었다. 알렉산드로스는 군대 전체를 이끌고 가는 대신 필리포스가 과거에 자주 했던 것처럼 야전부대를 구성했다. 사실상 모든 기병대가 그와 함께 갔지만 보병대는 그 절반도 안 되는 마케도니아 보병들만 있었고 그 밖에는 아그리아네스족 병사와 같은 몇몇 특기병들이 따랐다. 이 야전부대의 전체 인원은 하인이나 짐꾼 등 비전투 인원을 제하면 2만 명이 채 되지 않았다. 어떤 이들은 그리스 동맹군이 뒤에 남은 것은 왕이 그들을 전적으로 신뢰하지 않았기 때문이라고 하지만 이는 발칸 지역에서 온 용병들과 부족민 보병들 또한 남아있던 이유에 대해서는 설명하지 못한다. 오히려 실제적인 우려가 있었을 가능성이 더 높다. 마케도니아 보병대는 필리포스 휘하에서 가볍게 이동하고 빠르게 멀리 행군하는 법을 익혔지만, 동맹군 부대는 이러한 효율과 규율이 부족했다. 특히 그리스 호플리테스는 대체로 느린 속도로 이동했으며 그들을 대신해 짐을 나를 많은 노예를 원했다. 알렉산드로스가 전체 병력 중 절반도 안 되는 수만 이끌고 갔다는 것은 장기간 모두를 위해 짐을 옮길 짐승과 짐꾼이 충분하지 않았을 수도 있음을 의미한다. 그는 선별된 병력만 이끌고 이동했기에 빠르고 공격적으로 움직일 수 있었다.

경기병인 프로드로모이로 구성된 정찰 부대가 헤타이로이 기병대 대대의 지원을 받아 앞장서 나갔다. 도중에 통과하는 도시들은 이미 알렉산드로스의 통제 아래 있거나 기꺼이 항복했기 때문에 아무런 저항도 하지 않았다. 마케도니아 군대의 이동 경로에서 멀리 떨어진 해안 지방에 있는 프리아포스에서 대표단이 찾아왔고, 알렉산드로스는 작은 파견대를 보내 그곳 시민들의 항복을 받았다. 이 도시는 남근男根의 신 프리아포스 숭배의 중심지였다. 이 신의 명성은 다음 세기, 특히 로마 제국에 널리 퍼지게 된다. 때때로 그는 거대한 음경을 받친 손수레를 밀고 있는 모습으로 묘사되며, 외설적인 희극시 장르 전체가 그에게 헌정되기도 했다.[4]

이즈음에 페르시아인들도 젤레이아에서 출발하여 알렉산드로스와 똑같은 경로를 따라 역방향으로 전진했다. 그라니코스강을 만나 길이 끊기는 지점에서 그들은 그들의 기지와 주요 도시 키지코스 사이의 연락 체계를 우선 확보했다. 알렉산드로스의 군대는 전투 대형으로 배치할 준비를 한 상태로 행군했다. 중앙에 보병이 위치하고 양옆으로 기병대가 붙었다. 아마 아그리아네스족으로 구성되었을 5000명의 경보병대와 함께했던 프로드로모이 정찰병들은 이날 적군이 건너편 강변에서 기다리고 있다고 보고했다. 알렉산드로스는 앞으로 더 나아가서 전열을 형성했다. 더 가까이 다가가자 강변에 페르시아 기병대가 있고 후방에 떨어져 있는 고지대에 주로 용병으로 구성된 보병대가 있는 것이 보였다.[5]

파르메니온은 주의할 것을 당부하며 밤에 야영했다가 새벽에 강을 건널 것을 제안했다. 그는 페르시아인들이 밤 동안 마케도니아 보병대가 기습 공격할 것을 염려하여 강둑에서 물러나 있을 것이기에 마케도니아 군대의 도강을 막지 못할 것이라고 말했다. 곧장 강을 건너 적을 공격하는 것은 위험했다. 왜냐하면 강을 걸어서 건너는 것이 모든 지점에서 가능한 것은 아니었고, 대형이 무너진 상태로 강을 건너 가파른 강둑을 기어올라야 적군이 있는 건너편 강변에 도달할 수 있었기 때문이다. 적군과 처음 대면하는 이 싸움에서 진다면 그 결과는 전쟁 전체에 심각한 영향을 미칠 것이었다.[6]

다양한 주장 속에 진실이 있었다. 알렉산드로스는 여기에서 패배와 굴욕을 겪음으로써, 혹은 죽거나 심한 부상을 당함으로써 하루 만에 전쟁에서 질 수도 있었다. 반대로 여기에서 페르시아인을 물리치는 것은 승리를 향한 첫걸음이 될 뿐이었다. 대부분의 지휘관들은 강을 건너든 경사면을 올라가든 지대가 적군에게 유리한 곳에서 공격하기를 꺼렸다. 그러한 상황에서는 다른 선택지가 없지 않는 한 전투를 피하는 것이 관례였다. 카이로네이아에서 필리포스는 훨씬 더 취약한 위치를 배경으로 공격을 개시하기 전에 몇 주 동안 기다린 적이 있었다. 페르시아인들은 적어도 알렉산드로스가 그날 긴 행군을 마친 뒤 그렇게 늦은 시간에 그들을 공격하리라고는 예상하지 않았을 가능성이 매우 크다. 대신에 그들은 병력을 과시하고 있었다.

알렉산드로스는 상황을 다르게 보았다. 그는 다르다넬스 해협을 건넌 뒤에 이 '보잘것없는 개울' 앞에서 멈춘다는 건 수치스러운 일이라고 말했다. 그것은 마케도니아인과 그들의 왕이 할 만한 일이 아니며, 적군의 사기를 올려줄 뿐이라는 것이었다. 파르메니온이 좌익을 맡았고 공격 명령이 떨어졌다. 이 이야기는 알렉산드로스에 관한 수많은 일화와 일치한다. 경험 많은 장군이 신중을 기할 것을 권고하지만, 알렉산드로스는 그의 충고를 거부하고 커다란 승리를 거둠으로써 자신의 옳음을 증명한다는 식이다. 모두가 이 젊은 영웅의 대담함을 알리고자 꾸며낸 이야기일 수 있지만, 앞서 언급했듯이 그라니코스강을 건너 공격을 개시한다는 결정은 종래의 군사적 사고를 거스르는 것이었다. 흥미롭게도 디오도로스는 이 이야기를 언급하지 않는다. 그에 따르면 마케도니아 병사들은 하룻밤을 지내고 다음 날 강을 건너 전투를 벌였다고 한다. 몇몇 학자들이 디오도로스의 이야기를 수용하긴 하지만, 그의 서사는 혼란스럽고 그럴듯하지도 않으므로 다른 문헌의 이야기를 받아들이는 편이 낫다.[7]

전열의 우익에는 필로타스 휘하에 헤타이로이 기병대 7개 대대가 배치되었고, 아그리아네스족 병사와 궁수들이 이들을 지원했다. 그들의 왼쪽에는 프로드로모이, 파이오니아인 병사들, 그리고 나머지 헤타이로이 기병대 대대가 있었다. 그다음에 니카노르 휘하의 히파스피스테스와 그 왼쪽에 주력 팔랑크스 6개 대대가 있었고, 마지막으로 테살리아인과 동맹군, 트라케의 기병대가 날개에 배치되었다. 이 전쟁에 대해 가장 자세하고 그럴듯한 자료를 제시하는 아리아노스에 따르면 페르시아 쪽에는 기병만 2만 명이 있었다고 한다. 하지만 앞서 우리가 보았듯이, 어떤 학자들은 디오도로스가 제시하는 1만 명이라는 수치를 받아들인다. 페르시아 기병들은 강둑에 있었다고 하는데, 이에 관해서는 훨씬 더 많은 논쟁이 있지만, 그들이 하나의 거대한 무리를 이루도록 배치되었다는 이상한 가정은 별로 도움이 되지 않는다. 기병대는 팔랑크스 같은 밀집 대형으로는 운용되지 않았다. 그렇게 밀집 대형을 이룬다면 기동력을 잃고 우르르 몰려다닐 수밖에 없기 때문이다. 마케도니아 군대 및 그 동맹군과 마찬가지로 페르시아의 기병대도 많아야 수백 명의 작은 전술 단위로 나뉘어 주변에 충분한 공간을 두고 보통은 2열 이상의 대형을 이루었다. 기병대의 싸움은 빠르게 움직이고 선회하는 방식으로 진행되었다. 어느 한쪽이 결정적으로 우세해질 때까지 양측 기병대가 빠르게 전진하여 공격한 다음 다시 자신의 진영으로 돌아가고, 그러면 남아있는 기병대가 합류하여 이를 반복하는 식이었다. 실제적인 상황들을 고려하여 아리아노스의 이야기를 읽어 보면, 페르시아 기병대는 강 너머 평지에 정렬해 있었고, 전방 기병 대대는 실제로 높은 강둑에 올라와 있었으며, 나머지는 각 단위 사이에 많은 공간을 두고 지원 준비를 하고 있었던 것 같다. 그들 또한 부분적으로 민족 구성을 기준으로 7개 정도의 더 큰 단위로 나뉘었다.[8]

아리아노스는 고지대에 2만 명의 보병이 있었다고 주장하는 반면,

디오도로스는 10만 명이라는 터무니없는 수치를 제시한다. 아리아노스는 자신의 서사 전체에서 군대의 세분화된 단위에 대해 기술하고, 특히 알렉산드로스가 병력을 배치한 방식을 자세히 제시한다. 이는 적어도 그가 참고한 자료 중 하나는 공식 기록에 접근할 수 있었음을 시사한다. 적군의 숫자에 대한 추산은 늘 짐작에 그칠 가능성이 크다. 이런 식으로 보병대를 뒤에 남겨두는 것은 흔치 않은 일이었으므로, 이것이 단지 병력의 과시에 불과했으며 페르시아 지도자들은 그날 전투가 벌어질 것을 예상하지 않았을 것이라는 추정을 강화시켜준다. 멤논을 비롯한 페르시아의 사트라프들과 핵심 지휘관들은 기병대 사이에 있었으며, 일부 혹은 전부가 서로 작전을 논의하는 중이었으므로 그중 누구라도 보병대를 투입할 생각이 있었는지는 의문스럽다. 한동안 소강상태가 이어졌다. 양쪽 군대는 강을 사이에 두고 서로를 응시했다. 이러한 대치 상황은 흔했고, 전투로 이어지지 않는 경우도 많았다. 페르시아인들은 물러서지 않았다. 물러선다면 체면이 깎일 터였다. 하지만 부대의 배치를 크게 바꾸지도 않았다. 실제로 전투가 벌어질 것이라고 생각하지 않았던 게 분명하다.

전쟁터의 지형에 관해서도 오늘날 디메토카 마을 근처에 흐르는 강이 기원전 4세기에도 같은 형태로 흘렀는지를 두고 논쟁이 되고 있다. 그렇지 않았을 가능성이 더 높다. 여러 세기에 걸쳐 홍수를 통제하고 농업용수를 관개하면서 강의 경로가 바뀌었고, 강둑이 뚜렷해지고 과도하게 커졌다. 기원전 334년에는 그곳에 초목이 거의 없거나 아예 없었을 것이다. 강을 사이에 둔 양쪽 군대가 시야를 가리는 것 없이 서로를 분명하게 보았기 때문이다. 강물은 홍수가 났을 때 넘칠 수 있는 더 넓은 강폭의 한가운데로 흐르고 있었을 것이다. 전투가 벌어질 당시에는 산에서 내려오는 물이 북쪽으로 빠르게 흘렀을 것이다. 그리고 주된 도강 지점이 적어도 한 곳 이상 반드시 있었을 것이고, 강둑이 덜 가파르고 걸어서 강을 건널 수 있는 지점도 몇 곳 있었을 것이다. 그 밖에 다른 곳은 강둑이 말을 탄 사람보다 높았고, 많은 경우에 경사가 급했다. 오늘날 볼 수 있는, 자갈 포대를 쌓아 만든 완만한 경사로는 과거에도 있었을 것이다. 하지만 바닥은 대부분 단단한 점토였고, 이 점토는 과도하게 자극하면 패이고 미끄러울 수 있었다. 실제로 전투 중에 많은 말들이 동편 강둑과 그 주변에서 움직이면서 미끄러지는 일이 벌어졌다.[9]

알렉산드로스는 말에 올라타고(이날이 끝날 즈음에는 다른 말을 타고 있었지만, 이 순간에는 애마 부케팔로스를 탔을 것이다), 수행원, 헤타이로이, 근위병들과 함께 전투 대열의 우익으로 이동했다. 눈에 띄는 망토와 갑옷과 주변 병사들은 차치하더라도, 쓰고 있는 투구 때문에 그는 더욱 도드라져 보였다. 그의 투구에는 중앙에 초승달이 달려 있었고, 양쪽 옆에는 흰 깃털이 꽂혀 있었다. 마케도니아 병사들이 그를 쉽게 알아볼 수 있었던 만큼 페르시아 병사들도 그를 쉽게 찾아낼 수 있었다. 아리아노스에 따르면 그들은 의도적으로 왕이 있는 곳의 맞은편에 부대를 운집시켰다. 알렉산드로스는 공격 개시 명령을 내렸다. 프로드로모이, 파이오니아인 병사, 그리고 헤타이로이 기병대가 공격을 주도했다. 이날은 헤타이로이 기병대가 전위 부대를 이끌 차례였다. 이들은 아마도 히파스피스테스로 구성되었을 가능성이 높은 보병대 1탁시스의 지원을 받았고, 모두가 아라바이오스의 아들 아민타스의 지휘를 받았다. 적어도 그들은 걸어서 강을 건널 수 있는지와 건너편 강둑을 오를 수 있는지 여부를 보여줄 것이다. 이 선봉대가 강을 건너기 시작하자 알렉산드로스는 헤타이로이 기병대의 본체로 가서 나팔을 불어 전군 전진을 명령했다. 그 사이에 선봉대가 가장 명확하게 드러나는 여울을 택해 철벅거리며 강을 건넜으며, 기병대가 보병대를 앞질렀다. 페르시아인들은 강둑에서 기다리고 있다가 투창을 아래로 던졌다. 다른 부대들도 강으로 내려와 더 가까운 거리에서 무기를 쏘아대거나 돌격해 왔다. 다른 대대들이 양쪽에서 올라왔고 점점 더 많은 페르시아 병사가 몰려들었다. 확실히 수적으로는 그들이 우세했다. 멤논과 그의 아들들은 기병을 이끌고 싸웠다. 헤타이로이 기병대에서 최소 25명이 죽었고, 마케도니아의 선봉대도 밀리고 있었다.[10]

알렉산드로스는 헤타이로이 기병대의 주력 부대를 이끌고 강으로 들어가 강한 물살을 헤치며 오른쪽으로 향했다. 그는 강을 건널 수 있는 길을 찾으면서도 병사들이 건너편 강둑에 있는 명확한 접근 지점 중 한 곳으로 몰려들지 않고 하나의 대열을 이루도록 신경 썼다. 왕의 헤타이로이 대대 선두에 선 알렉산드로스는 조금 전 자신의 선봉대를 밀어낸 페르시아 병사들이 가장 밀집된 곳을 향해 돌격했다. 다른 곳에서는 남은 군대가 최선을 다해 강을 건너오고 있었다. 물론 대형은 고르게 유지되지 못했지만 넓게 펼쳐져 거친 전투 대열을 이루면서 적군의 강둑에 올라설 장소들을 찾고 있었다.

싸움은 격렬했고 혼란스러웠다. 이제 정렬된 대형의 모습은 남아 있지 않았다. 기병 개인과 무리가 뒤섞였고, 말들은 달리지 않고 걸었으며, 때로는 앞으로 밀치고 나갔으나 돌격할 공간이 거의 없었다. 고대인들에게 이러한 교착 상태의 싸움은 기병대가 아니라 보병대의 싸움이었다. 워털루 전투의 한 목격자가 군도의 충돌 소리를 천 명의 대장장이가 일하는 소리에 비유했는데, 여기에 병사와 말들이 내는 비명과 고함 소리를 더하면 이날 전투의 소음이 어느 정도였는지 짐작할 수 있다. 아그리아네스족 병사와 궁수 중 일부가 강둑으로 올라와 기병대를 지원했지만, 아직은 기본적으로 기병대끼리의 싸움이었다. 마케도니아 기병들은 긴 창을 사용하여 적극적으로 공격한 덕분에 짧은 투창을 사용하는 적군 기병들보다 우세했다. 그들은 페르시아 기병들의 얼굴과 말들의 가슴과 머리를 찔렀고, 서서히 전진하기 시작했다. 이제 접전 중인 기병의 수는 훨씬 더 비슷해졌을 것이다. 말은 가능하다면 조금이라도 더 비탈을 올라가려 했다. 말들에게는 강둑 위에 가만히 서서 몰려드는 병사들을 막는 것보다 강둑으로 올라가는 것이 훨씬 더 자연스러운 행동이었기 때문이다. 그리하여 점점 더 많은 마케도니아 기병들이 강둑으로 올라왔다. 결국 페르시아 기병들은 무너졌다. 마케도니아 병사 중 일부는 평지의 가장자리에서 무리를 이루고서 여전히 강둑으로 올라가기를 기다리고 있던 적군의 지원 부대와 직접 마주쳤다.[11]

이 시점에서 고대 문헌들의 관심은 알렉산드로스와 그의 주변에 있던 이들에게 향한다. 알렉산드로스는 창이 부러져 가까이에 있던 왕실 마부를 불러 새 창을 달라고 했다. 하지만 이 마부는 자신의 창도 부러졌고, 부러진 창으로 적군을 막아내느라 바빴으므로 왕에게 도움을 줄 수 없었다. 그는 왕에게 다른 곳에서 찾아보라고 했다. 그리스인으로서 필리포스의 헤타이로이가 되었고 이제는 알렉산드로스의 헤타이로이가 된 (필리포스에게 일리리아에서 아들을 다시 불러오라고 설득한 인물이기도 한) 코린토스의 데마라토스가 왕에게 자신의 크시스톤을 주었다. 앞쪽에 트인 땅이 분명히 있었는데, 왕은 그곳에서 일단의 적군 기병들이 밀집 대형 혹은 쐐기 대형을 이루고서 예비 부대의 주요 대열보다 훨씬 앞서서 전진해 오는 것을 보았다. 그들을 이끈 것은 미트리다테스였지만, 알렉산드로스가 그를 알았는지 아니면 단순히 잘 차려입은 대담한 적군의 귀족을 발견했던 것인지는 단정하기 어렵다. 어느 쪽이든 알렉산드로스는 그를 향해 말을 몰았고, 왕을 따라 병사들이 줄지어 달려갔다. 페르시아인들은 틀림없이 그를 알아보았고, 미리 준비한 계획의 일부이든 찾아온 기회를 이용하려는 것이든 그를 죽이기로 결의했다.

알렉산드로스는 빌린 창을 휘둘러 미트리다테스의 얼굴을 찔러 죽였다. 한 사트라프의 형제인 로이사케스가 알렉산드로스에게 빠르게 달려들어 검이나 도끼를 휘둘러 그의 투구를 공격했다. 디오도로스의 주장에 따르면, 로이사케스의 가격으로 금속으로 된 투구가 갈라졌다고 한다. 이는 투구가 잘못 만들어지지 않는 한 일어날 가능성이 낮은 일이다. 아리아노스는 보다 타당하게 로이사케스가 가격하자 투구의 일부분이 떨어져 나갔다고 말하는데 아마도 떨어진 것은 양쪽 측면에 꽂힌 깃털이었을 것이다. 어쩌면 투구가 돌아가면서 알렉산드로스의 머리에 약간의 상처를 입혔을 수도 있다. 이에 알렉산드로스가 창을 휘둘러 적의 가슴에 찔러 넣자 그가 말에서 떨어져 사망했다. 버둥거리는 말과 기병들이 느슨하게 뒤섞인 상태에서 죽은 이의 형제가 마케도니아 왕의 측면을 우회하여 검으로 타격했다. 알렉산드로스는 다가오는 위험을 보지 못했지만, 다행히도 왕의 대대를 지휘하는 '검은' 클레이토스가 곁에 있었고 간발의 차이로 그 사트라프보다 더 빨리 움직였다. 그는 자신의 검을 내리쳐 페르시아인의 팔을 잘라냈다. 점점 더 많은 마케도니아 병사가 올라와 그들에게 합류했고 위험은 끝이 났다. 이와 동시에 페르시아 병사들은 물러나기 시작했고 알렉산드로스의 군대 대부분이 강을 건넜다. 페르시아인들은 마케도니아의 선봉대를 몰아낸 것 외에는 어떤 공격도 막지 못했다. 마케도니아 군대의 좌익과 맞닥뜨린 페르시아의 지도자들 가운데 사상자가 나왔다는 것은 파르메니온과 테살리아 병사들 또한 힘겨운 싸움 끝에 적의 기병대를 돌파했음을 시사한다.[12]

페르시아 기병대는 달아났다. 살아남은 지도자들 대부분도 보병대를 남겨두고 도망쳤다. 아리아노스는 용병들이 붕괴 속도에 넋을 잃은 채 철수해야 할 자리에 그대로 머물러 있었다고 한다. 그들은 곧 포위되었다. 앞에서는 마케도니아의 팔랑크스가, 옆과 뒤에서는 기병대가 압박해 들어왔다. 그 뒤에 이루어진 학살에 대해 아리아노스는 제대로 보고하지 않는 반면, 플루타르코스는 그 학살의 책임을 알렉산드로스의 분노에 돌리면서 그들을 쳐부수기 위한 격렬한 싸움이 있었고 그 과정에서 왕의 말이 죽었다고 전한다. 2000명의 용병이 포로로 잡혔고, 그리스 동맹과 그 헤게몬에 맞서 싸운 그리스인 용병들은 노예가 되어 마케도니아로 보내졌고 밭이나 광산에서 노역했다. 아리아노스는 1만 8000명이 학살되었다고 하는데 우리는 정확히 알 수가 없으며, 달아난 이들도 있었을 것이다. 페르시아 기병대에서는 1000명이 죽었고, 여기에는 상급 지휘관 여덟 명도 포함되었다. 아리스테스는 달아났지만 곧 자살했으며 아마도 패배의 책임을 받아들인 것으로 보인다. 멤논은 멀리 물러나 있다가 머지 않아 마케도니아인들과 다시 싸우게 된다.

알렉산드로스는 선봉대에 선 헤타이로이 기병대 중 사망한 25명의 동상을 만들어 마케도니아 디온의 성역에 세움으로써 그들을 기렸다. 아리아노스는 그 밖에도 60명의 기병과 30명의 보병이 죽었다고 전한다. 늘 잔혹한 이야기에 마음이 기우는 오늘날의 역사학자들은 이 숫자들이 너무 적다며 의심하는 경우가 많다. 하지만 이 숫자들은 고대 전투의 사상자 패턴을 반영하며, 전적으로 개연성이 있는 수치다. 더구나 부상자는 최소한 사망자와 비슷하거나 아마도 몇 배 더 많았을 것이다. 기병대의 말은 더 많이 죽거나 다쳤을 것이다. 알렉산드로스는 부상병들을 방문하여 그들의 치료에 대해 의논하고 전사자들을 합당하게 매장하는 데 시간을 썼다. 그는 또한 그리스인 용병들과 페르시아 귀족들의 시신을 정중하게 처리했다.[13]

그라니코스 전투는 몇 년 뒤에 벌어지는 다리우스와의 큰 전투에 비하면 작은 전투에 불과했다. 전술이 절묘했던 전투도 아니었다. 알렉산드로스는 싸울 필요가 있었고, 기다리다가 적이 더 유리한 위치로 물러날 위험을 무릅쓰기를 원치 않았으며, 부하들의 기량과 용맹을 믿었다. 그는 스스로 모범이 되었고, 군대 전체에 전진 명령을 내린 뒤에는 더 광범위한 전술을 조정할 수 없었으므로 부하들이 제대로 해내리라 믿고 맡겨두었다. 관습적인 금기와 실제적인 난관 때문에 지휘관들은 장애물을 가로질러 적을 공격하는 일을 말리려고 했다. 알렉산드로스는 부하들의 자질, 그들의 기량과 무기, 전진하려는 의지, 그리고 곁에 있는 이들을 제어하고 적보다 혼돈을 더욱 잘 다룰 줄 아는 지도자들의 능력을 믿었다. 그것은 도박이었다. 만약 클레이토스가 조금만 늦었다면 왕은 죽었을 테고, 페르시아 원정 전체가 실패로 끝났을 것이다. 마케도니아인들은 뛰어난 기량과 행운 덕분에 도박에서 이겼다.

알렉산드로스는 첫 전투를 치렀고 중요한 첫 승리를 거뒀다. 그리고 이 승리는 호메르스 식으로 유쾌하게 묘사할 수 있는 것이었다. 수

거된 300벌의 갑주는 그리스로 보내져 크세르크세스의 그리스 침공 때 가장 크게 약탈당했던 아테네의 아테나 신전에 헌정되었다. 알렉산드로스는 그곳에 세울 기념비의 비문을 직접 불러주었다. "필리포스의 아들 알렉산드로스와, 스파르타인을 제외한 그리스인들이 아시아에 사는 야만인에게서 이 전리품을 획득했노라." 실제로 페르시아인들이 이 지역에서 소유하고 있던 유일한 야전 병력이 패배하여 흩어졌고, 그 지도자들 또한 대부분 사라졌다. 알렉산드로스는 파르메니온과 선발대에서 함께 복무했던 한 장교를 아리스테스를 대체하는 사트라프로 임명했다. 이는 알렉산드로스가 페르시아의 행정 구조를 이용하려 했음을 보여준다. 왕은 젤레이아 시민들이 강제로 동원되어 적들을 지원한 것이므로 그들을 벌하지 않겠노라고 공표하며 자신의 관대함을 보여주었다. 이것이 새로운 변화는 아니었다. 그들은 이미 페르시아의 통치를 받으면서 이러한 조치를 경험했고, 페르시아의 지배 아래 있었을 때와 마찬가지로 그들은 새로운 지배자에게 자금과 식량을 제공해야 했다.[14]

기원전 336년에 에페소스에서는 필리포스에 대한 지지를 천명하고 그의 동상을 세운 바 있었다. 하지만 이듬해에 마케도니아인들이 물러나고 과두정이 들어섰을 때 이 동상은 파괴되었다. 사르디스의 항복을 받고 나흘 뒤에 알렉산드로스는 이 도시에 도착했다. 페르시아 주둔군은 이미 도주했고 환영 인파가 그를 기다리고 있었다. 폭동이 있었지만 과두정에 반대하는 것뿐이었고, 폭동을 일으킨 이들 중 몇몇은 가혹하게 처벌받았지만 알렉산드로스의 부하들이 질서를 회복했고 알렉산드로스는 더 이상의 보복을 금지했다. 그의 승인 아래 새로운 민주정이 확립되었고, 다른 도시에서도 페르시아의 지원을 받는 과두정이 축출되고 비슷한 정치 체제가 성립되었다. 알렉산드로스는 필리포스처럼 다양한 형태의 정부에 대해 전적으로 실용주의적인 태도를 취했다. 그를 지지할 가능성이 높은 정부라면 어떠한 형태의 정부라도 호의를 보였다. 왕은 계속해서 자신의 경건함을 드러냈다. 리디아에서는 번개가 내리친 자리에 제우스 신전을 지으라고 명령했고, 에페소스에서는 공식적으로 페르시아 왕에게 납부하던 세금을 자신이 취하지 않고 그 돈으로 아르테미스 신전을 복구하게 했다. 이 신전은 그가 태어났을 당시에 화재로 무너졌지만 여전히 복구되지 않고 있었다. 하지만 신전 복구 사업에 착수하고 기여하겠다는 알렉산드로스의 제안을 에페소스인들은 거절했다.[15]

알렉산드로스는 에페소스에서 몇 주 동안 머물렀다. 아르테미스 여신에게 봉헌했고, 파견대를 보내 다른 도시들의 항복을 받아내는 동안 에페소스에서는 정식으로 축하 퍼레이드를 벌였다. 또한 유명한 그리스인 화가 아펠레스에게 자신의 초상화를 그리게 했다. 자신만만한 젊은 왕은 화가를 친근하게 대했지만, 예술적 기교에 대해 잘 알지 못하면서 강한 의견을 제시하기도 했다. 부케팔로스에 올라탄 모습의 왕을 그린 첫 번째 초상화는 왕의 인정을 받지 못했다. 제우스처럼 번개를 휘두르는 모습으로 그린 초상화를 보고 나서야 왕은 기뻐했으며, 화가에게 자그마치 20탈란톤을 주고 이제부터 왕의 공식 초상화는 아펠레스에게 일임한다고 공표했다.[16]

페르시아인들은 다시 집결하고 있었다. 이번에는 함대가 소집되었다. 페르시아 사령관은 바다에 면한 밀레토스에서 항복하겠다는 서한을 보냈다가, 지원군이 바다를 통해 오고 있다는 소식을 듣고 마음을 바꾸었다. 알렉산드로스는 군대를 이끌고 밀레토스로 갔다. 그는 아무런 저항도 받지 않고 도시 외곽을 통과했으나 성곽 내부 지역에서 강한 저항에 부딪쳤다. 알렉산드로스를 지원하는 선박들이 페르시아의 해군 병력보다 사흘 먼저 도착하여 도시의 항구와 라데섬으로 가는 해로를 확보했다. 아리아노스는 페르시아에 400척의 전함이 있었지만, 알렉산드로스에게는 160척밖에 없었다고 말한다. 그리고 파르메니온이 무모한 항로를 강권했고, 해전을 감행해야 한다고 말하면서 자신이 지휘를 맡겠노라고 제안했다고 한다. 왕은 이 제안을 거부했다. 상대적인 전력 차이에 대한 아리아노스의 추산이 실제에서 크게 벗어난 것이 아니라면 왕의 결정은 분명히 옳았다. 바다에서는 마케도니아 군대와 왕의 기량이 거의 발휘될 수 없었다. 게다가 어떠한 심각한 패배도 해가 될 수 있었다.[17]

밀레토스는 기원전 499년 페르시아에 맞선 이오니아의 반란이 시작된 곳이었다. 이 반란에 아테네가 개입했고, 결국 페르시아는 그리스를 침공했다. 반란자들이 라데 전투에서 재난과 같은 패배를 당한 뒤 밀레토스는 함락되었다. 이번에는 '그리스인'들이 싸우기를 거부했고 페르시아인들은 항구 주변의 좁은 물길로 들어가 공격하기를 꺼렸다. 좁은 물길로 들어가기에는 그들의 수가 너무 많았기 때문이다. 그들은 도시 안의 수성군에 닿을 수 없었으므로 16킬로미터 정도 떨어진 미칼레산 근처 바닷가에 진을 쳐야 했고, 충분한 담수를 구하려면 더 멀리까지 가야 했다. 밀레토스의 대표가 알렉산드로스에게 와서 자기 도시는 중립을 지켜 양쪽 모두에게 개방하겠다고 제안했다. 물론 이러한 제안은 거부되었다. 마케도니아인들은 도시 성벽을 뚫는 작업에 착수했으며 마침내 도시 성벽에 틈이 생기자 본격적인 공격이 시작되었고 빠르게 성공했다. 적극적인 수성군, 특히 그리스 용병 부대들은 도망가려다 몰살당했다. 300명으로 이루어진 한 무리가 작은 보트에 나눠 타고 항구 근처의 작은 섬에 도착했다. 알렉산드로스는 선박에 사다리를 싣고 가서 바위로 된 섬의 측면을 공격했다. 하지만 그라니코스 전투에서와 달리 그는 그들의 항복을 받아들였고 자신의 병력에 편입시켰다. 싸우지 않고 학살에서 살아남은 시민들은 사면되었고 그 유명한 도시도 주민들처럼 존속이 허락되었다.[18]

바다에서 적군에게 도전하고 싶지 않았던 알렉산드로스는 필로타스에게 보병대 3개 대대와 기병대를 붙여주며 페르시아 진영을 괴롭히게 했다. 해안에 안정된 군영이 없으면 고대 함대들은 매우 취약해진다는 사실을 보여주기라도 하듯 페르시아 함대는 물과 식량을 잃고 사모스섬으로 항해해 갔다. 섬에 도착하자 페르시아의 지휘관들은 마지막으로 공격을 감행하기로 결정하고, 이번에는 알렉산드로스의 그리스 함대가 난바다로 나와서 싸우기를 기대하며 다시 밀레토스로 향했다. 이것은 부분적으로는 전투를 희망한 것이기도 하지만, 알렉산드로스의 함대에 복무중인 선원들 대부분이 식량을 찾아 해안으로 나갔다는 소문을 들었기 때문이기도 했다. 5척의 갤리선이 라데섬과 밀레토스의 항구 사이의 바다로 미끄러져 들어왔다. 그들은 소문의 진위를 확인하고 방비되어 있지 않은 그리스 전함들을 불태우려 했으나 발각되었다. 그리스 함대는 선원들을 긁어모아 10척의 트리에레스를 바다로 끌고 나갔다. 그들은 페르시아 선박들을 멀리까지 추격했고 그 중 한 척을 나포하는 데 성공했다.[19]

곧이어 알렉산드로스는 자기 함대의 배들을 각기 본국으로 돌려보내고, 주로 수송용 선박으로 구성된 20척의 배만 유지하기로 결정했다. 이중에는 아테네의 함대도 포함되었는데, 이것은 해군 강국으로서 명성이 높은 한 도시에 대한 존중이었거나 아니면 볼모로 잡아둔 것이었을 가능성이 높으며 아마도 둘 다를 의도했을 것이다. 단기적으로는 이러한 조치가 의미가 있었다. 함대를 유지하는 동안에는 선원들에게 급료와 식량을 주어야 했다. 이것은 늘 어려운 일이었고, 특히 다가올 겨울에는 더욱 그러했다. 지난 몇 달 동안 늘어나긴 했지만, 동원 가능한 자금과 식량은 제한적이었다. 마케도니아 함대는 더 강력한 페르시아 함대와 맞설 수 없었으며, 다음번 적군의 공격이 성공을 거두지 않게 하려면 보호 조치가 필요했다. 모든 조건을 고려했을 때 지금 있는 함대는 그 효용보다 비용이 더 컸다. 아니면 적어도 그가 감당할 수 없는 비용이 들어가야 했다. 그는 페르시아인들을 바다에서 쳐부수는 대신에 남은 모든 항구를 함락하고 "마른 땅에서 배들을 이길 것"이라고 말했다.[20]

해안을 따라 남쪽으로 전진하면서 알렉산드로스는 이 과업에 착수했다. 많은 소규모 도시를 함락했고 마침내 카리아의 수도 할리카르나소스에 이르렀다. 마케도니아와 혼인 동맹을 추진했다가 알렉산드로스가 개입하면서 실패했던 카리아의 세습 군주 픽소다로스는 이즈음에 죽었고, 최근에 그 자리를 페르시아의 사트라프가 차지했다. 이 페르시아의 사트라프는 이전에 필리포스의 아들들에게 혼인 상대로 제안된 적이 있는 카리아 통치자의 딸과 결혼했다. 픽소다로스는 헤카톰노스의 다섯 자녀 중 막내였다. 그의 두 형과 두 누나는 서로 결혼하여 그보다 먼저 카리아를 통치했다. 픽소다로스가 통치하기 전까지 가장 최근에 아다가 자신의 형제이자 남편인 이드레이오스와 통치했고, 기원전 344년에 이드레이오스가 죽은 뒤에는 아다가 4년 동안 단독으로 통치했다. 하지만 픽소다로스가 그 자리를 차지하면서 아다는 달아나 알린다에 거점을 마련하고 버텼다. 아다는 픽소다로스가 죽은 뒤에도 살아남아서 알렉산드로스가 카리아에 이르렀을 때에도 여전히 버티고 있었다. 자녀도 없이 중년에 이른 아다는 젊은 마케도니아 왕에게 찾아와 자신을 카리아의 통치자로 복귀시켜주면 그를 지원하겠노라고 약속했다. 알렉산드로스는 그녀의 제안에 동의하기만 한 것이 아니라, '입양'도 받아들였다. 그는 아다를 어머니라 부르고, 그녀에게는 자신을 아들이라 부르게 했다. 플루타르코스는 그녀가 마치 자녀에게 하듯이 맛있는 음식과 선물들을 보내며 커다란 애정을 표현했다고 말한다. 알렉산드로스가 자신은 스승 레오니다스에게 배운 검소한 삶에 익숙하다고 말한 것이 바로 이때다. 아다와의 동맹관계는 그녀의 굴복을 품위 있는 모습으로 포장했고, 알렉산드로스의 관점에서는 정치의 실용적인 목적을 이루게 했다.[21]

알렉산드로스는 할리카르나소스를 급습하여 점령하고자 했으나 실패했다. 그는 이제 거대한 공성 장비가 해안에 도착하기를 기다려야 했다. 다행히도 그의 수송대는 페르시아 함대에 들키지 않았다. 하지만 이미 해군을 해체한 뒤였으므로 알렉산드로스는 바다를 통한 이 도시의 물자 공급을 막을 수 없었다. 이러한 상황 덕분에, 매우 강력한 자연 및 인공의 방어물을 갖춘 할리카르나소스는 알렉산드로스에게 거세게 맞설 수 있었다. 도시의 수성군은 멤논과 다른 많은 과감한 지도자들이 이끌었는데, 그중에는 두 명의 경험 많은 아테네인 용병 장군도 포함되어 있었다. 처음에 알렉산드로스는 병력을 이끌고 가서 가까이에 있는 민도스를 함락시키려 했지만 실패했다. 공성 기간이 늘어났고 수성군은 공성 장비들을 기습 공격하여 파괴했다. 어느 날 저녁, 페르디카스의 부대에 소속된 두어 사람이 술김에 시비가 붙어 큰 싸움으로 번졌고, 그 싸움 끝에 알렉산드로스는 죽은 이들을 돌려달라고 요청함으로써 처음으로 패배를 인정해야 했다. 그러나 이 실패가 힘의 균형을 바꾸지는 못했다. 마케도니아인들은 끈질기게 버텼고, 더 격렬한 싸움이 벌어졌다. 그리고 그 과정에서 아테네인 용병 장군 중 한 명이 살해되었고, 결국 수성군은 안쪽 요새들로 퇴각했다. 이 요새들은 공격하기가 훨씬 더 어려웠다. 군사 활동이 가능한 계절이 끝나가자 알렉산드로스는 주로 용병들에게 공성 작업을 마무리하게 하고, 겨울 동안 그들에게 식량 및 물자 지원을 쉽게 할 수 있도록 나머지 군대를 여러 부대로 나누었다.[22]

할리카르나소스 공성은 온전하게 마무리되지 못했다. 하지만 그 때문에 아시아 원정의 첫 군사작전에서 이룬 업적들이 퇴색하지는 않았다. 알렉산드로스는 이제 에게해 해안과 내륙의 많은 영토를 지배했다. 전체적으로 볼 때 알렉산드로스와 다리우스 사이에서 자원의 우위는 변하지 않았지만 알렉산드로스는 전쟁에 자금과 물자를 계속 댈 수 있을 만큼 충분한 승리를 거뒀다. 아직은 전투 무대가 마케도니아 본국에 상대적으로 가까웠기 때문에, 최근에 결혼한 병사들을 모두 마케도니아의 아내들에게 돌려보내 겨울을 나게 했다. 이 조치는 알렉산드로스가 병사들의 안녕을 고려했다는 표시이며, 부상병에 대한 그의 관심과 마찬가지로 군의 사기를 높이는 데 효과가 있었다. 그는 또한 그들이 다음 세대 병사들의 아버지가 되기를 바란다고 언명했는데, 이는 당분간 아버지가 되는 데 별 관심이 없던 자신의 태도와 대조를 이루었다. 더욱 즉각적으로는 휴가 중인 부대를 이끌고 본국으로 돌아간 장교들에게는 신병들을 소집하여 이듬해에 작전 개시에 맞추어 함께 오라는 명령이 떨어졌다. 분명히 페르시아 원정의 시작은 좋았지만, 승리는 아직 멀었다. 또한 승리를 성취하는 것이 쉽지 않으리라는 것도 분명했다. 그는 여전히 하루아침에 모든 것을 잃을 수도 있었다.[23]

17
고르디아스의 매듭

알렉산드로스는 기원전 334년이 끝나갈 때까지 쉬지 않았다. 그리스 인도 페르시아인도 아주 예외적인 상황을 제외하고 겨울에는 주요 군사작전을 수행하지 않았다. 짧은 기습이나 단편적인 소규모 접전이 있었을 수 있고 도시에 대한 봉쇄가 이루어지기도 했지만, 식량과 사료 공급이 어렵고 날씨가 좋지 않아서 군대의 이동이 어려운 시기였다. 또한 적군도 똑같이 제한적 상황에 놓여 있으리라는 확신이 있었기에 규모가 큰 군대라면 봄이 올 때까지 절대 전투를 벌이지 않았다. 그러나 필리포스는 이를 모두 바꾸어 놓았다. 계절에 관계없이 전쟁을 개시함으로써 적들에게 잠시도 안도할 틈을 주지 않았다. 그의 아들 또한 다르지 않았다. 시간은 알렉산드로스의 편이 아니었다.

지금 당장은 그가 소아시아에서 페르시아의 병력을 산산이 부숴 놓았지만, 할리카르나소스의 수성군이 보여주었듯이 이미 그에 맞서는 저항 세력이 재조직되고 있었다. 멤논은 해안 공동체들에서 배를 끌어다 그리스인 용병을 싣고 와서 에게해에서 공격해올 것이다. 육지에서는 다리우스에게 충성하는 다른 소규모 병력들이 등장하기 시작했다. 이들은 너무 적기 때문에 알렉산드로스에게 전투로 도전할 수는 없었지만, 지역 공동체들이 침략군 쪽에 붙는 것이 위험을 감수할 만한 가치가 있는지 재차 생각하게 할 만한 규모는 됐다. 결국 왕들의 왕은 더욱더 많은 병사들을 소집하여 싸우게 할 것이었다. 그저 기다리는 것은 단지 적을 더 강하게 만들 뿐이었으므로 알렉산드로스는 쉬지도, 기다리지도 않았다.

아리아노스는 알렉산드로스가 "해안을 장악하고 적의 해군을 쓸모없게 만들기 위해" 리키아와 팜필리아로 밀고 들어갔다고 썼다. 그렇다면 그가 실제로는 바다에서 멀리 떨어진 육상으로 전진했다는 말이 되므로 이 기록이 아리송하게 들릴 수 있지만, 이는 상황을 오해한 것이다. 주요 해안 도시는 스스로 항복해 오지 않는 이상 쉽게 함락시키기에는 너무 크고 강력했다. 알렉산드로스가 그 도시들을 모두 공격해서 해안 지대 전부나 대부분을 획득한다고 해도, 이 도시들은 바다는 물론 육상에서 가해지는 페르시아의 반격에 취약한 채로 남아 있게 된다. 이들 도시를 안전하게 확보하려면 해안 너머에서 충분한 영토를 지배할 필요가 있었다. 그래야만 갑작스러운 공격이나 내부의 반란 때문에 이들 항구의 일부나 전부를 다리우스에게 다시 넘겨주게 될 위험을 줄일 수 있었다. 또한 군대를 지원하고 향후 다른 작전들을 가능하게 하려면 식량과 물자의 공급원에 접근할 수 있어야 했다. 기병들이 갈아탈 말도 필요했고 짐을 나를 짐승들도 있어야 했다. 그래서 이듬해 대부분의 기간에 마케도니아 군대는 소아시아에서 할 수 있는 한 많은 지역을 침략했으며, 주로 아나톨리아 고원에 집중했다. 겨울은 혹독하지만 마케도니아인들은 추운 날씨와 바위투성이 지형에 익숙했고, 트라케와 일리리아의 동맹군들도 마찬가지였다. 파르메니온은 둘로 나뉜 군대의 다른 쪽을 이끌고 프리기아로 들어갔고, 더 작은 병력들은 다른 곳에서 작전을 폈다.[1]

현전하는 고대 문헌들 대부분은 기원전 334년의 나머지 기간과 기원전 333년의 전반기를 대강 빠르게 훑고 있다. 오늘날의 역사학자들도 그렇게 하는 경향이 있다. 이 기간에 펼친 작전들은 규모가 작았고 극적인 회전이나 유명 도시들에 대한 공성도 없었기 때문이다. 아리아노스만이 유일하게 이 몇 달 동안을 조금이나마 자세히 기술하고 있다. 하지만 그조차도 알렉산드로스에 대해서만 다루고 파르메니온과 나머지 군대는 무시하고 있다. 짧은 인용문만으로도 이야기의 분위기를 알 수 있다.

〔알렉산드로스는〕 빠르게 행군하여 용병 주둔군의 근거지인 히파르나를 취했다. 용병들은 조건을 받아들이고 요새 밖으로 나갔다. 그런 다음에는 리키아로 들어가서 곧바로 항복을 받고 텔메소스를 점령했다. 크산토스강을 건넌 뒤에는 피나라, 크산토스, 파타라, 그리고 대략 30개의 작은 성읍들을 접수했다. 그가 이 모든 일을 마쳤을 때는 이미 한겨울이었다.[2]

작전 중에 언급되는 장소 중 많은 곳이 어디인지 확인되지 않는다. 그래서 우리는 알렉산드로스가 택한 경로를 추적하거나 군사작전의 세부사항을 대체로 이해할 수 없다. 침략군에 대한 현지의 반응은 매우 다양했다. 몇 세기 뒤에 로마인들도 이러한 사실을 깨닫게 되듯이, 이 지방에는 매우 독립적인 공동체들이 많아서 어떠한 권력도 전체를 지배하기가 어려웠다. 이 지방 주민 중 일부는 열광적인 습격자들이었다. 그들은 성벽으로 둘러싸인 강력한 거점들에 의지하여 응징을 피했다. 마르마리스인들은 매복해 있다가 마케도니아의 후위 부대를 공격한 뒤 짐 나르는 짐승들 사이에 들어가 보급물자를 훔치는 데 성공했다. 알렉산드로스는 군대를 돌려 언덕 위에 있는 그들의 도시를 이틀 동안 공격했다. 디오도로스에 따르면, 마르마리스 전사들은 자신의 가족을 몰살하고 일부는 집과 함께 불태운 뒤 성벽을 서둘러 빠져나가 마케도니아의 전열을 뚫고 달아났다.[3]

직접적인 공격은 반격을 피할 수 없었다. 그러나 알렉산드로스는 자신을 환영하지 않는 모든 정착지를 함락해야 한다고 생각하지는 않았다. 실리온은 강력한 방어시설을 갖추었고 다리우스에게 충성하는 용병들도 주둔했기 때문에 성급한 공격에 함락되지 않으리라 판단하여 건너뛰었다. 이제 텔메소스로 통하는 산길을 방어하기 위해 텔메소스 주민들이 집결했다. 그날 밤 알렉산드로스는 현지인들이 경계를 늦출 것이라 판단하여 시야가 트인 곳에서 야영했다. 그리고 그의 판단이 옳았음이 입증되었다. 많은 텔메소스 주민이 자기 위치를 지키며 춥고 불편한 밤을 보내는 대신 집으로 돌아갔던 것이다. 마케도니아의 왕은 정예 병력만을 이끌고 해당 지점을 급습했다. 궁수들이 몇 차례 화살을 쏟아 붓는 것만으로 남아있던 수성군을 달아나게 하기에 충분했다. 그렇지만 텔메소스는 제대로 된 공성 없이 함락되기에는 너무나 강력한 도시였다. 알렉산드로스는 이번에도 이 도시를 건너뛰고 이동했다. 그 근처에 있으면서 오랫동안 텔메소스의 적이었던 한 공동체에서 알렉산드로스에게 동맹을 요청하고 텔메소스를 견제하는 데 동의했다. 하지만 이것만으로는 일부 전사들이 그의 경로에 있는 다음 공동체를 원조하는 것을 막을 수 없었다. 사갈라소스의 전사들은 그들의 도시 앞에 있는 고지대의 유리한 위치를 믿고 전투 대형을 이루었다. 알렉산드로스는 보병대를 이끌고 언덕을 오르며 공격을 개시했다. 그의 궁수들은 뒤로 밀렸고, 그들의 지휘관과 20명의 병사가 죽었다. 하지만 히파스피스테스와 팔랑크스의 병사들이 계속 밀어붙여서 무기가 허술하고 규율이 없는 적군을 궤멸시켰다. 적군은 대부분 달아났고, 도시는 쉽게 함락되었다. 이후에 다른 거점들 역시 항복하거나 쇄도하는 공격에 무너졌다.[4]

알렉산드로스는 계속 전진했다. 빠른 성공의 가망이 보이면 기꺼이 공격할 뿐, 전진을 멈추고 정식 공성을 개시하는 일은 거부했다. 프리기아의 켈라이나이에는 지역 사트라프에게 고용된 1000명의 카리아인 용병과 100명의 그리스인 용병이 주둔해 있었다. 이들은 알렉산드로스에게 특사를 보내 60일 안에 원조 물자가 도착하지 않으면 항복하겠다고 제안했다. 하지만 양쪽 모두 원조 물자가 도착하는 일은 없으리라는 것을 잘 알고 있었다. 알렉산드로스는 제안을 수용하고, 1500명의 병사를 남겨 도시를 감시하며 용병들이 약속을 지키도록 했다. 이 몇 달 동안 그가 내린 결정은 실용주의적이었지만, 지역 공동체가 그에게 어떻게 접근해오느냐에 따라 결정이 좌우되었다. 군사 작전 초기에 파셀리스에서 특사에게 황금관을 들려 보내 그에게 친선을 요청해왔다. 알렉산드로스는 동맹을 수락했고, 그의 병사들은 침입자들이 이 도시를 공격하기 위해 사용하는 적대적인 거점을 공습했다. 항복한 이들은 배신하지 않고 알렉산드로스가 요구하는 전쟁 물자를 제공하는 데 동의하는 한 보호받고 온건한 대우를 받았다.[5]

아스펜도스의 지도자들은 특사를 보내 주둔군을 받아들일 필요만 없다면 항복하겠다고 제안했다. 알렉산드로스는 이에 동의했지만 그대가로 50탈란톤이라는 상당한 금액과 이 도시에서 페르시아에 의무적으로 공급했던 말을 요구했다. 특사가 돌아오자 시민들은 그 조건을 듣고 망설이다가 결국 아무것도 내주지 않기로 하고 그 대신 도시를 방어할 준비에 들어갔다. 알렉산드로스는 다시 서둘렀다. 거래를 깨버린 아스펜도스의 시민들을 벌하겠다는 그의 결의가 너무도 확고했으므로 결국 저항은 분쇄되고 도시는 항복했다. 이 도시는 다른 도시에 보내는 경고로서, 주민들은 100탈란톤을 지불하고 지역 대표의 권한을 내놓아야 했다. 하지만 이것이 주둔군의 수용까지 의미했는지는 분명하지 않다. 점령한 영토가 확장되자 알렉산드로스는 자신의 사트라프와 관리를 임명하고, 대부분 동맹군과 용병으로 이루어진 일부 부대를 뒤에 남겨두었다. 동맹을 맺은 지역 공동체들은 그가 원하는 것은 무엇이든 제공해야 했기 때문에 동맹관계가 평등한 것은 아니었다. 그러나 그들의 입장에서는 그저 지배자가 바뀌었을 뿐이었다. 아마 마케도니아의 통치가 페르시아의 통치보다 더 많은 부담을 주지는 않았을 것이고, 여하튼 지금은 마케도니아인들이 대거 몰려와서 자원을 소비하며 어떤 저항도 분쇄할 만큼 가까이에 있었다.[6]

대다수의 지역 공동체는 침략자의 힘을 인정했고, 화친을 맺었다. 페르시아에도 독립을 주장해 왔고 이웃 공동체와 전쟁을 벌였던 더 황량한 지역의 공동체들이 대부분의 저항을 일으켰으나, 이들은 타파되었다. 그 밖에 나머지 공동체들은 알렉산드로스가 우회한 도시와 마찬가지로 마케도니아인들이 지배하는 지역 내에서 섬처럼 고립되었으며, 그들의 저항은 국지적이었고 전혀 조직적이지 않았다.

페르시아에 대한 초기 그리스의 공격은 습격 이상으로 발전하지 않았으며, 알렉산드로스의 체계적인 정복과는 크게 달랐다. 알렉산드로스는 필리포스가 일리리아에서, 특히 트라케에서 했던 일을 했고, 이 것은 다시 한번 아버지의 군대가 이미 여러 번 했던 일을 반복한 사례였다. 언제나 그랬듯이 결과는 성공적이었다. 새로운 이름과 장소일지라도 대부분은 똑같아 보였을 테고, 전쟁의 기술은 익숙하고 능숙한 것들이었다. 한번은 알렉산드로스가 산간지방을 통과하는 도로가 필요하다고 하자 트라케 전사들이 훌륭한 길을 만들어냈다. 알렉산드로스는 필요할 때면 앞에서 이끌며 싸웠고, 부하들과 마찬가지로 날씨나 지형에 상관없이 말을 타거나 걸어서 행군했다. 젊은 왕은 주력부대에서 직접 작전을 지휘했고, 때로는 무명의 적들에 대한 소소한 작전에도 몸소 참여했다. 이것은 필리포스가 세우고 그의 아들이 평생 따른 방침이었다. 그라니코스 전투에서 공격을 주도하면서 만들어낸 드라마는 부하들의 신뢰를 확정하는 중요한 한걸음이 되었지만, 덜 알려진 순간들도 많았다. 원정을 시작하고 이미 여러 달이 지났음에도 알렉산드로스는 늘 앞으로 나아갔고 늘 이겼다.

마케도니아 왕은 팜필리아의 긴 해안을 따라 행군하는 군대의 행렬을 직접 이끌었다. 한 지점에서 바람이 방향을 바꾸어 바다를 향해 불어와 그들이 지나갈 수 있을 만큼 물이 얕아졌기에 파도를 헤치며 걸었다. 아리스토텔레스의 조카이자 페르시아 원정에 종군해 사건이 일어나는 대로 빠르게 기록하여 알렉산드로스에 관한 첫 역사서를 집필한 칼리스테네스는 이를 하늘이 돕는 표징이라고 말했다. 그리고 이 사건에 대한 이야기는 빠르게 기적 이야기로 바뀌어 파도까지도 동방인들이 페르시아 왕에게 절하듯이 알렉산드로스 앞에 허리를 굽혔다는 말이 돌았다. 플루타르코스는 알렉산드로스가 자신의 편지에서 이에 대해 전혀 언급하지 않고 단순히 해안을 따라 행군했다고만 기술했음을 지적하며 이를 일축했다. 그리고 이 일이 있기 직전에 크산토스 근처 샘에서 고대 언어로 글귀가 새겨진 청동판이 나와서 알렉산드로스가 고무되었다고 했다. 편리하게도 마침 가까이에 있던 누군가가 그 글을 해석할 줄 알았고, 더욱 편리하게도 그 글귀는 그리스인들이 언젠가 페르시아 제국을 끝장내리라는 내용이었다고 한다.7

다른 표징들은 덜 반가운 것들이었다. 아리아노스는 할리카르나소스 공성 중에 제비 한 마리가 지저귀며 낮잠 자는 왕의 주변을 날아다니다가 왕의 머리에 내려앉았다고 전한다. 왕의 수행단에 속한 점술가는 이를 왕의 친구들이 음모를 꾸미다가 곧 발각될 것이라는 표징으로 해석했다. 아리아노스는 이것이 알렉산드로스를 부추겨, 겨울에 링케스티스의 알렉산드로스에게 제기된 고발을 믿게 한 것이라고 이야기한다. 그는 필리포스가 살해된 뒤 알렉산드로스의 왕위 계승을 공개적으로 지지하여 그의 형제들이 맞은 숙명을 피한 바 있다. 알렉산드로스에 대한 충성으로 그는 처형을 피하는 것 이상의 보상을 받았는데, 가장 최근에는 그라니코스 전투 이후 사트라프로 임명된 기존 지휘관을 대신하여 테살리아 기병대를 담당하기도 했다.

기원전 333년에 일어난 사건의 주요한 세부 사항에 대해 현전하는 고대 문헌들은 상충되는 이야기를 전한다. 궁에서 일어나는 음모는 은밀하게 진행되기 마련이라 진실을 알고 있는 사람은 거의 없으며, 소문과 의도적인 조작으로 왜곡되기 쉽다. 아리아노스의 서술에서는 어느 날 파르메니온이 시세네스라는 페르시아인과 함께 알렉산드로스에게 전갈을 보냈다고 한다. 체포된 이 페르시아인은 다리우스의 편지를 링케스티스의 알렉산드로스에게 전달했노라고 자백했다. 링케스티스의 알렉산드로스가 페르시아 궁에 있는 마케도니아인 망명자를 통해 다리우스와 접촉했고 다리우스는 그가 알렉산드로스를 살해하면 금 1000탈란톤을 주고 마케도니아의 왕이 되도록 돕겠다고 제안했다는 것이었다. 이에 알렉산드로스가 의견을 구하자 왕의 친구와 고문들은 피고인을 변호하려 하지 않았다. 이는 피고인이 정말로 그렇게 했으리라고 의심했거나, 아니면 개인적으로 그를 싫어했거나 혹은 진실이 무엇이든 그가 이미 위태롭게 되었다고 생각했기 때문이었을 것이다. 알렉산드로스는 결정을 내렸고, 현지인 복장을 한 장교를 파르메니온에게 보내 구두 지시를 전달하게 했다. 링케스티스의 알렉산드로스는 지휘권을 박탈당하고 체포되어 3년간 수감되었다. 이는 무척 특이한 경우로, 고대 세계에서는 장기 수감이 드물었고 처형이나 추방으로 즉각 처벌하는 것이 일반적이었다. 이것은 왕의 입장에서 어떤 의혹이나 애정이 남아있음을 암시하는 것일 수도 있다.

아리아노스는 이 모든 일이 알렉산드로스가 겨울에 파셀리스에 머무르는 동안 일어났다고 전하지만, 쿠르티우스와 디오도로스는 같은 해의 더 나중에, 즉 알렉산드로스와 파르메니온이 병력을 다시 합친 뒤에 일어났다고 말한다. 디오도로스는 또한 올림피아스가 아들에게 편지를 보내 링케스티스의 알렉산드로스를 신뢰하지 말라고 경고했다고 하는 반면, 쿠르티우스는 두 명의 고발자에 대해 이야기하지만 그들의 이름은 제시하지 않는다. 쿠르티우스에 따르면 시세네스는 필리포스의 치세에 마케도니아 궁에 있었기에 신뢰를 받았지만 그의 충성심을 입증하기 위한 시험을 통과하지 못해 처형당했다고 한다.[8]

상충하는 전승들 때문에 추측의 여지가 많다. 링케스티스의 알렉산드로스가 체포되고 많은 시간이 흐른 뒤에 처형되었다는 사실 외에 이 일의 다른 측면에 대해 확실히 아는 것은 불가능하다. 아마도 그는 왕을 죽이려 했을 것이다. 아르게아스 왕조의 궁에서 그런 음모는 무척 흔했다. 하지만 앞서 지적했듯이 우리는 그가 왕족이어서 왕이 되고자 시도할 수 있었는지 아니었는지를 알지 못한다. 다른 한편으로 알렉산드로스는 그의 두 형제를 처형한 뒤에도 그를 신뢰하지 않았고, 모반을 구실로 그를 처리하는 것이 안전해질 때까지 기다렸던 것뿐일지도 모른다. 그렇지 않았다면 왕과 그의 희생자 모두 결백했을 수도 있다. 누군가가 경쟁자를 제거하려 했거나 단순히 충성심을 입증해 보이기 위해 음모를 조작한 것일 수도 있다. 어쩌면 페르시아인들이 알렉산드로스의 장교들 사이에 불신을 부추기려고 그랬을 수도 있다. 파르메니온도 의심을 받아왔다. 하지만 이는 순전한 추측이고, 링케스티스의 알렉산드로스를 체포한 것이 파르메니온의 지위와 입지를 향상시켰다는 명확한 증거는 보이지 않는다. 마찬가지로 마케도니아에 남아있는 안티파트로스는 링케스티스의 알렉산드로스의 장인이었지만 사위의 체포나 처형의 결과로 알렉산드로스와 관계가 나빠졌다는 암시는 전혀 없다. 우리가 알렉산드로스를 어떻게 생각하느냐에 따라 너무 많은 것이 달라진다. 누군가를 체포했다가 한참 시간이 지난 뒤에 처형한 까닭은 여전히 의문으로 남는다. 왕이 그를 죽이는 것이 내키지 않았거나, 아니면 그를 죽이기에는 자신이 정치적으로 너무 힘이 약하다고 느꼈기 때문일 가능성이 높다. 아르게아스 왕조의 역사에서 살해 사건이 많았던 점을 고려했을 때 가장 쉬운 해석은 링케스티스의 알렉산드로스가 정말로 음모를 꾸몄거나, 적어도 사람들이 그렇게 믿었다는 것이다. 하지만 가장 쉬운 해석이 반드시 옳은 것은 아니다.

파르메니온은 부대를 이끌고 프리기아의 고르디온으로 가서 알렉산드로스의 군대에 합류했다. 이로써 음모가 계획되는 동안 서신이 오갔다는 아리아노스의 자세한 이야기가 군대의 재결합 뒤에 그 일이 일어났다고 말하는 다른 이들의 암시보다 더욱 개연성이 높아진다. 이 무렵 봄, 아마도 기원전 333년 5월 말에, 다시 합쳐진 마케도니아 군대는 병력을 증원했고, 겨울에 마케도니아로 돌아가서 휴가를 보낸 병사들도 왕복 1600킬로미터의 여정을 거쳐 다시 복귀했다. 이제 새로운 마케도니아 군대는 보병 3000명과 기병 300명, 테살리아 기병 200명, 엘레이아에서 온 기병 150명으로 구성되었다. 대략 같은 시기에 추가적인 용병들도 군대에 합류했다.[9]

고르디온의 제우스 신전에는 소가 끄는 수레가 있었다. 이 수레는 프리기아를 통치한 왕조의 신화적 창시자인 미다스의 아버지 고르디아스의 것이었다고 전해진다. 이 왕조는 이제 페르시아 왕의 대리인으로서 프리기아를 다스리고 있었다. 이 수레에는 멍에가 코닐나무 줄기 밧줄로 된 매듭으로 단단히 매여 있었고, 이 매듭은 끝이 보이지 않을 정도로 복잡했다. 여기에는 알렉산드로스가 방문하기 전까지는 어떠한 자료에도 언급된 적이 없는 지역적인 전설이 있었는데, 누구든 이 매듭을 풀면 아시아의 주군이 되리라는 것이었다. 마케도니아의 젊은 왕은 다시 한 번 열망(포토스)에 사로잡혔고, 이 신성한 유물이 던지는 도전에 응하고 싶었다. 아리스토불로스는 알렉산드로스가 수레의 채를 고정시키는 쐐기를 뽑아서 멍에를 빼냈다고 한다. 하지만 다른 이들은 그가 검을 꺼내 매듭을 내리쳐서 끊었다고 말하는데, 아마 이쪽이 영리함보다는 힘과 배짱을, 오디세우스보다는 아킬레우스를 보여주는 훨씬 더 극적인 이야기이기 때문일 것이다. 어느 쪽이든, 알렉산드로스는 제우스 바실레우스(제우스 왕)에게 희생제사를 올

렸다. 그날 밤 뇌우가 몰아쳤고 사람들은 이를 신의 승인으로 받아들였다.[10]

이 일화는 아주 좋은 이야기이며, 특히 오늘날 역사를 돌아보는 우리에게 좋은 이야기이자 정말로 그러한 예언이 있었는지 별로 신경 쓰지 않았던 마케도니아인과 그리스인에게도 좋은 이야기였다. 이 일화를 듣고 나서 동맹을 맺기 위해 사절들이 물밀듯이 몰려왔다는 전승은 없지만, 마케도니아 군대에 대한 존경심은 일었다. 알렉산드로스는 소아시아를 누비며 군사작전을 이어갔다. 상대가 항복하겠다고 하면 받아들였고, 빠른 승리가 예상되면 싸웠으며 그렇지 않을 때는 우회했다. 파플라고니아의 대표단은 찾아와서 충성을 바치겠다며 그들의 영토로 진군해 들어오지 말라고 요청했다. 알렉산드로스는 그 조건을 받아들이되 자신이 임명한 사트라프에게 그들이 복종해야 한다는 조건을 분명히 했다. 그는 카파도키아로 밀고 들어갔고, 마케도니아인이 아닌 페르시아 제국에 등을 돌린 페르시아인이나 지역 귀족을 또 다른 사트라프로 택했다. 이제 소아시아의 대부분이 그의 지배 아래에 들어왔고, 그가 그토록 강하게 보이는 동안에는 적어도 주요한 공격을 받지 않는 한 상당히 안전했다. 알렉산드로스는 계속 이동해서 남쪽의 킬리키아로 들어갔다.[11]

페르시아인들도 놀고 있지만은 않았다. 할리카르나소스 이후에 다리우스는 멤논을 에게해 해안을 총괄하는 사령관으로 임명했고, 충성을 보장하는 방책으로 그의 가족을 소환했다. 이 로도스섬 출신의 장군에게 많은 용병이 포함된 병사와 선박, 더 많은 용병을 고용할 자금이 주어졌다. 바다에서는 아무런 저항이 없었으므로 멤논은 알렉산드로스의 그리스 동맹을 노렸다. 키오스가 빠르게 무너졌고, 레스보스

섬에 있는 다른 주요 도시들도 그러했다. 미틸레네가 페르시아인들에게 저항했지만, 기원전 333년 길어진 공성 끝에 무너지고 말았다. 승리는 병사한 멤논 자신을 비롯해 여러 사상자를 대가로 했고, 이제 그의 조카 파르나바조스가 지휘관이 되어 정력적으로 활동했다. 레스보스섬은 다르다넬스 해협에서 가까웠으므로—기원후 1915년 갈리폴리 전투에서 연합군의 주요 거점이 되기도 한다—페르시아인들은 이제 이 해협을 위협할 수 있었다. 그리고 이러한 상황은 알렉산드로스와 마케도니아 본토 사이의 통신을 단절시키고 그리스의 해안을 공격에 노출시킬 위험이 있었다. 알렉산드로스는 상황이 심각했으므로 지침과 자금을 본국에 전달하여 다시 해군 함대를 조성하게 했다. 하지만 함대 조성에는 시간이 걸렸기에 당장은 페르시아가 바다를 지배했고, 주요 해양 공동체는 여전히 다리우스에게 복종하고 있었다. 에우보이아에서 급히 모인 10여 척의 배가 알렉산드로스를 대신해 싸우면서 지역적인 성공을 거두었고, 이것으로 바다에서의 판세를 바꿀 수는 없었지만 적어도 희망을 북돋아 주기는 했다.

그러나 페르시아는 강력한 해군력을 가지고 있었음에도 필리포스와 그의 아들에 맞서 싸울 때 아테네인들이 겪었던 것과 똑같은 문제에 직면했다. 갤리선들은 육상의 근거지가 필요했으며, 적어도 안전한 선착장이 있어야 했다. 그래서 독립적인 함대들은 작전 반경이 넓지 않았다. 갤리선으로 이루어진 함대는 해안 지대와 약간의 내륙 지방을 공격할 수 있었고, 이는 에게해의 섬들이 이들의 공격에 매우 취약했음을 의미했다. 아리아노스는 적어도 한 공동체의 주민들이 여전히 알렉산드로스의 편에 남기를 원했음에도 할 수 없이 페르시아인들에게 항복했다고 전한다. 다르다넬스 해협 전체를 차단하기는 어려운 일이었고, 이때 알렉산드로스는 당장 필요한 식량과 자금을 조달하기에 충분한 영토를 지배하고 있었다. 어떤 함대도 단독으로 마케도니아 중심부를 타격하거나 그리스 본토를 침략할 수는 없었다. 그렇게 하려면 육군이 필요했으나, 멤논이나 그의 후계자 모두 대규모의 군대를 구성할 충분한 용병들을 갖지 못했다. 설사 용병들이 그렇게 많이 있었다 해도, 그들에게는 적국 영토에 상륙해 장기간의 군사작전을 수행할 의지가 없었을 것이다.[12]

과거 아테네인들이 그러했듯이 페르시아인들도 군대를 제공할 동맹이 필요했다. 테바이는 더 이상 존재하지 않았고, 아테네는 여전히 해상 강국이었지만 전쟁에 별다른 열정이 없었다. 데모스테네스는 다리우스가 알렉산드로스와 그의 군대를 처리하리라는 희망을 표했지만, 감히 동료 시민들에게 마케도니아 왕에 맞서 직접적인 행동을 취하자고 강권하지는 못했다. 더욱이 그리스의 헤게몬이 된 알렉산드로스 휘하에서 동맹군으로 복무 중인 아테네인들이 있었고, 그가 남은 함대를 모두 해산하면서도 남겨둔 전함들에 승선해 있는 아테네인들도 있었다. 대부분의 폴리스도 같은 상황에 놓여 있었다. 알렉산드로스와 함께 소아시아에 있는 시민들은 쉽게 볼모가 될 수 있었다. 기원전 333년 아테네의 대표단이 알렉산드로스를 찾아와 그라니코스 전투 이후 마케도니아로 보낸 2000명의 용병 포로 중에서 아테네 시민들을 석방할 것을 요청했다. 알렉산드로스는 적어도 페르시아에 맞선 전쟁에서 승리할 때까지는 그럴 수 없다고 했다. 두려움이 큰 역할을 했지만, 더욱 중요한 것은 아테네인들과 다른 그리스인들이 마케도니아에 맞서 전쟁을 일으키려는 욕구가 없었고, 특히 페르시아 왕에게 이로운 일은 전혀 하고 싶어하지 않았다는 것이다. 하지만 전쟁에서 멀찍이 떨어져 있는 스파르타만은 예외였다. 스파르타인들은 필리포스와 직접 싸운 적이 없었지만, 펠로폰네소스 반도에 있는 그 동맹들은 독립을 유지하기 위해 그의 지원을 간절히 바랐었다. 기원전 333년에 페르시아인와 협상할 의지가 있는 주요 도시국가는 스파르타밖에 없었다.[13]

그러나 스파르타는 좀처럼 빠르게 움직이지 않았다. 일단 에게해에서 퍼부은 공격은 함대 없이 원정을 계속하려 했던 알렉산드로스의 결정을 뒤집을 만큼 그를 성가시게 하는 데는 성공했다. 하지만 이제 알렉산드로스에게는 소아시아에서 들어오는 수입이 있었으므로 그의 함대를 조성하고 유지하는 일은 더 쉬워졌다. 그렇지 않았다면 그의 전략은 바뀌지 않았을 것이다. 그의 군대는 여전히 더 많은 영역으로 뻗어나가고 있었고, 본국으로 돌아가려는 의향은 조금도 비치지 않았다. 다리우스는 이러한 상황을 무시할 수 없었다. 기원전 333년 여름이 되자 다리우스는 자기 제국의 중심부인 바빌론 인근에 대규모 군대를 집결시켰다. 고대 문헌들에서는 그 규모를 40만에서 60만으로 추산하는데, 심지어 다리우스는 제국의 동부 가장 먼 지역에서 군사를 모을 시간도 의향도 없었다고 한다. 앞서 우리가 보았듯이 이러한 숫자는 현실을 감안해서 받아들여야 한다. 이 정도 규모의 군대는 알렉산드로스가 그라니코스강에서 마주했던 군대보다 훨씬 더 크고 가공할 병력이었다. 아시아에 건너온 이후로 대략 15개월이 지나는 동안 알렉산드로스는 필리포스가 트라케와 발칸 반도에서 정복한 것만큼 넓은 지역을 지배하게 됐지만, 다리우스의 제국 전체에서 그가 차지한 영역은 여전히 아주 작은 부분에 지나지 않았다.[14]

다리우스는 여전히 1000킬로미터 넘게 떨어진 지중해 해안에 있는 적군을 향해 기나긴 여정을 시작했다. 그는 어머니, 아내, 자녀를 포함해 가까운 가족을 대동했으며, 그의 장교와 병사들 역시 가족과 하인과 수행원이 있었기에 전투에 참여하지 않는 이들까지 먹여 살려야 할 입이 더해졌는데, 이들의 수가 전체 병사의 수와 같거나 더 많았을 정도였다. 이토록 거대한 무리를 통제하고 식량과 물자를 공급할 수 있었다는 것은 페르시아 제국의 힘과 조직력이 어떠했는지를 보여준다. 더구나 이렇게 큰 무리는 여러 부분으로 나뉠 가능성이 있었고, 적어도 행진 초기에는 그러했다. 그러나 페르시아 왕의 행렬은 1100킬로미터가 넘는 거리를 몇 개월에 걸쳐 이동했다. 페르시아의 왕이 다가오고 있다는 소식은 빠르게 퍼졌고, 가을이 되자 아테네에도 전해졌다. 신이 난 데모스테네스는 마케도니아인들이 페르시아 기병대의 말발굽에 짓밟히리라고 예견했다.[15]

큰 군대를 모으는 것과, 그 군대를 성공적으로 사용하는 것은 별개의 문제였다. 많은 고대 저자들이 그러했듯이, 역사를 돌이켜보면 페르시아 왕이 알렉산드로스 대왕 및 그의 마케도니아 병사들과 회전을 벌이는 것은 현명하지 못했던 것으로 보인다. 기원전 334년에 멤논이 전투를 피하고 적군을 굶길 것을 권고한 것처럼 그로부터 1년 뒤에 다른 그리스인들도 '현명한' 충고를 한 것으로 여겨진다. 아테네 시민이 된 용병 대장 카리데모스는 테바이가 함락될 때 알렉산드로스에게 항복하기보다는 페르시아로 달아나는 것을 택했는데, 이제 이러한 의견을 대표하여 목소리를 높였다. 그는 다리우스와 그의 거대한 군대가 마케도니아 군대로부터 멀리 떨어져 있어야 한다고 강하게 주장했다. 그 대신 3만 그리스인 용병을 포함해 10만에 이르는 부대를 보내 적군을 처리하도록 해야 하며 자신이 그 사령관으로 적격이라는 뜻도 내비쳤다. 그리스인인 그의 충성심과 계획 자체에 대한 의구심이 제기되었는데, 그토록 큰 군대를 소집해 놓고 그 일부만 사용하자고 하는 것은 분명히 이상하게 들렸기 때문이다. 다리우스의 군대가 실제로 얼마나 컸든지 간에, 숫자로만 보면 다리우스가 유리했으며, 수가 많다는 것은 여러 면에서 그의 가장 큰 강점이었다. 카리데모스는 자기에게 반대하는 귀족들에게 페르시아인의 남자다움과 용기가 의심스럽다고 말하며 분별력보다는 격렬한 열의로 대응했다. 아테네의 공적 생활에서는 모욕과 비방이 일상이었지만 왕들의 왕인 페르시아 왕의 궁에서 그것은 예의가 아니었다. 다리우스는 그를 처형하라고 명령했다. 디오도로스에 따르면, 그 용병대장은 끝까지 반항하며 왕이 자신을 죽인 것을 곧 후회하며 제국이 무너지는 꼴을 두 눈으로 보게 될 것이라고 소리쳤다.[16]

알렉산드로스가 택한 킬리키아로 가는 길은 페르시아의 주요 도로 중 하나를 따라가다가 '킬리키아 관문'이라는 산간 지대의 고개로 이어졌다. 이 통로는 폭이 좁은 곳에서는 병사 서너 명이 옆으로 겨우 지나갈 정도였다. 페르시아 부대가 이미 그곳에 있었으므로, 알렉산드로스는 어느 정도 떨어진 곳에서 행군을 멈추고 밤을 보내기로 했다. 그 장소는 키루스의 진영으로 알려졌는데, 왕위를 찬탈하려 했던 키루스의 군대와 그를 지원했던 크세노폰과 만인대가 그곳을 사용했기 때문이었다. 아마도 이것을 알렉산드로스와 그의 장교들은 마음에 들어 했을 것이다. (그것이 다른 작품에서 자신을 '크세노폰'이라는 필명으로 부른 아리아노스를 만족시킨 것은 분명하다.) 알렉산드로스는 적군의 경계가 느슨해지기를 바라면서 어둠을 틈타 히파스피스테스, 아그리아네스족 병사와 궁수로 이루어진 기동 타격대를 이끌고 서둘러 고개로 향했다. 하지만 그들은 발각되고 말았다. 그러나 오히려 알렉산드로스가 직접 오고 있다는 사실이 그곳 주둔군을 공황에 빠뜨렸다. 페르시아 병사들은 수적으로 열세였을 뿐 아니라, 아무리 오래 버틴다고 해도 더 큰 병력이 와서 구해줄 가망이 없었기에 도망갈 이유가 충분했다. 타르소스의 시민들로부터 지역 사트라프도 달아날 계획이라는 소식이 전해졌고, 그들은 사트라프가 도주하기 전에 도시를 약탈할까 걱정했다. 알렉산드로스는 기병대와 경보병대를 이끌고 서둘러 타르소스로 갔고, 이에 사트라프는 도시에 어떠한 해도 끼치지 못한 채 달아났다.[17]

키드노스강은 타르소스를 거쳐 바다로 흘렀다. 거의 300년 후에 클레오파트라가 멋진 바지선을 타고 이곳에 와서 마르쿠스 안토니우스를 만났고, 이후에 플루타르코스와 셰익스피어가 이 장면을 작품 속에서 재현한다. 고대 세계에서 이 강은 물이 맑고 아주 차갑기로 유명했다. 타르소스를 확보하기 위한 여정으로 지치고 땀에 젖은 알렉산드로스는 강물로 뛰어들었다가 몸에 경련이 일었고, 물 밖으로 끌려 나온 뒤에는 열병으로 쓰러졌다. 아마도 1년이 넘는 시간 동안 거친 땅에서 온갖 날씨를 견디며 이어진 행군과 승마와 전투 때문에 몸에 무리가 왔거나, 아니면 이미 감염되어 있던 질병이 이 순간에 발병했을 것이다. 어느 쪽이든 왕은 심각하게 앓았고 제대로 잠을 자지 못했으며, 거의 죽음이 임박한 듯 보였다. 명확한 상속자가 없었고 군대는 적의 영토 안에 깊숙이 들어와 있었다. 게다가 아르게아스 왕조의 왕위 계승 시기에는 긴장이 불가피했다. 픽소다로스 사건 이후 필리포스가 추방한 알렉산드로스의 친구 중 하나인 하르팔로스는 건강 상태가 좋지 않고 아마도 신체 장애가 있었기에 싸울 수 없어서 재무관으로 일하고 있었는데, 이 불확실한 시기에 자금을 횡령해 달아나 버렸다. 하지만 알렉산드로스는 옛 친구를 벌하지 않았다. 기원전 331년 하르팔로스는 돌아와서 복직하게 된다.

그것은 모두 미래의 일이었다. 지금은 이 재무관만 알렉산드로스의 목숨을 체념한 것이 아니었다. 왕의 의사들 중 오직 한 명을 제외하고 모두가 왕의 치료를 꺼렸다고 한다. 왕이 죽는다면 자신이 비난받고 처벌받을까 봐 두려웠던 것이다. 예외였던 의사는 왕을 어린 시절부터 돌봐온 아카르나니아인 필리포스였다. 그는 과감한 치료법을 제안했고, 언제나 의학에 매료되곤 했던 알렉산드로스는 이를 받아들였다. 종종 그렇듯이, 정말로 무슨 일이 일어났는지에 대한 전승은 혼란스러울 뿐이다. 여하튼 파르메니온이 알렉산드로스에게 경고를 담은 전갈을 보냈다는 이야기가 전해지는데, 의사 필리포스가 다리우스에게 매수되어 왕을 죽이려 한다는 보고가 있었다는 것이다. 이 전갈은 아마도 필리포스가 약을 조제하고 있을 때 도착했을 것이다. 알렉산드로스는 잔을 받아 들고 필리포스에게 편지를 건네주었고, 의사가 그 편지를 읽을 때 약을 마심으로써 어린 시절부터 알고 지낸 의사에 대한 신뢰를 보여주었다. 하지만 약을 마신 왕의 상태는 더욱 나빠졌고, 필리포스는 왕의 몸에 습포제를 붙이고 다른 치료법을 시도했다. 의사의 치료 덕분인지 본래 건강한 체질 때문인지 알 수 없지만, 얼마 뒤 알렉산드로스는 건강을 회복했다.[18]

병 때문에 알렉산드로스는 한 달가량 땅에 발을 딛지 못한 채 아무 활동도 하지 못했고, 기원전 333년은 어느새 여름이 지나고 가을로 접어들었다. 밀레토스와 할리카르나소스의 공성을 제외하면, 아시아에 건너온 이후 한 장소에 가장 오래 머무른 시기였다. 킬리키아 평원은 산맥으로 둘러싸여 있음에도 비옥한 토양으로 유명했으며, 추수가 시작되자 군대에 공급할 식량도 충분했다. 9월 말에 알렉산드로스는 다시 적극적으로 활동하면서 킬리키아의 더 많은 지역을 누볐다. 페르시아에 동조했다고 전해지는 솔로이에서 200탈란톤을 거두어들인 반면, 말로스는 훨씬 더 너그럽게 처리했다. 그는 아시리아 왕이 건립한 앙키알로스를 통과했는데, 퇴락해가는 성벽 근처에 앙키알로스 기념비가 서 있었다. 알렉산드로스는 그곳에서 박수를 쳤다고도 하고 손가락을 튕겼다고도 한다. 그 기념비에는 아시리아 왕이 앙키알로스와 타르소스를 하루 만에 지었음을 자랑하며 구경꾼들에게 그들이 하는 일은 왕이 손으로 내는 소리에도 못 미치므로 그저 먹고 마시고 사랑을 나누라는 충고가 적혀 있었다고 한다. 알렉산드로스는 토로스 산맥의 부족들에게 힘을 과시하면서 일주일을 보냈다. 이 부족들은 열광적으로 습격을 가하기도 했지만, 결국 솔로이로 돌아가서 축제를 열고 치료의 신 아스클레피오스에게 알렉산드로스의 회복에 감사하는 희생제사를 올렸다. 다리우스가 거대한 군대를 조성해 전진하고 있다는 소식이 전해졌지만, 현재 위치는 알 수 없었다. 하지만 소아시아 방어 임무를 맡았던 마케도니아 장교들이 여러 지역에서 승리를 거두었다는 기쁜 소식도 있었다. 처음부터 페르시아와 정면으로 만나기를 간절히 원했던 알렉산드로스는 이런 소식들에 고무되어 다시 전진하기 시작했다.[19]

18

"그때 참으로 유혈이 낭자했다"

이소스 전투

시리아로 이어지는 좁은 해안 평야에는 산맥이 한쪽 가장자리를 따라 길게 뻗어 있었다. 군대가 산맥을 넘으려면 세 개의 고개 중 한 곳을 선택해야 했다. 파르메니온은 이 세 고개의 입구를 안전하게 확보하기 위해 외국인 부대를 이끌고 먼저 앞으로 나갔다. 알렉산드로스는 킬리키아에 몰두해 있었다. 군대를 둘로 나누어 이동하는 것이 지금은 더 안전하다고 느꼈을 것이 확실했다. 하지만 다리우스와 그의 군대가 시리아의 소키에 있다는 소식이 도착했다. 알렉산드로스가 생각했던 것보다 훨씬 더 가까운 곳이었고, '요나의 기둥'*에서 멀지 않은 곳이었다. 알렉산드로스는 서둘러 둘로 나눈 군대를 다시 하나로 합하여 파르메니온의 부하들과 함께 이소스로 진격했고, 그곳에 병참 보급소를 만들어 더 무거운 짐과 부상병들을 남겨두었다. 왕은 페르시아인들이 오기를 기다리는 것이 좋을지 아니면 계속 전진하는 것

---

* 아나톨리아(소아시아)에서 시리아로 넘어가는 주요 통로 중 하나인 벨렌 고개의 서쪽 입구를 '요나의 기둥'이라 불렀다. 구약성경에 등장하는 예언자 요나가 그 근처 바다에서 물고기에 잡아먹혔다는 전승에 따른 명칭이다. ─옮긴이

이 좋을지 장교들과 의논했고, 모두가 적극적으로 나아가기를 선호했던 것으로 보인다. 이는 곧 세 고개 중 하나를 선택한다는 걸 의미했고, 알렉산드로스는 가장 남쪽에 있는 고개를 택했다. 아마도 그렇게 해야 바다를 끼고 가장 멀리까지 가면서 더 무겁고 큰 보급물자는 최대한 해상으로 옮길 수 있었기 때문일 것이다. 마케도니아인들은 미리안드로스에 도착했는데, 밤새 맹렬한 폭풍이 닥쳐서 고개에 이르지 못한 채 행진을 멈춰야 했다. 그때 다리우스와 그의 군대가 마케도니아 군대 후방으로 100스타디온(대략 20킬로미터)밖에 떨어지지 않은 곳에 와 있다는 소식이 들어왔다.[1]

알렉산드로스는 그 소식을 믿지 않고, 신뢰하는 헤타이로이 기병대를 30개의 노가 설치된 가벼운 전함에 태워 보내 확인하게 했다. 기병대는 북쪽으로 항해했고 피나로스강 하구 근처에서 광대한 페르시아 진영을 목격했다. 그들이 돌아온 뒤에야 왕은 적군이 전략적으로 자신을 압도했다는 사실을 받아들였다. 하지만 그것은 페르시아의 계획에 의한 것은 아니었다. 양쪽 모두 상대가 무엇을 하고 무엇을 의도하는지 잘 알지 못했다. 다리우스는 마케도니아인들이 그에게 오게 하여 시리아의 개활지에서 전투를 벌일 수 있도록 한동안 소키에서 기다렸다. 평지에서 싸우는 것이 병사들과 특히 기병들이 훨씬 많은 다리우스에게 유리했기 때문이다. 아마 그가 더 오래 기다렸더라면 알렉산드로스가 어쩔 수 없이 그에게로 갔을 것이다. 그러나 다리우스는 마케도니아인들이 타르소스에서 오랫동안 멈추고 킬리키아에서 작전을 수행하는 것에 어리둥절해했으며, 적군이 너무 겁을 먹어서 그들과 싸우지 못하는 것은 아닐까 생각했다. 다리우스에게는 훨씬 더 큰 군대가 있었고, 이것이 오히려 조심성을 유지하기 어렵게 만들었다. 게다가 가을이 지나가고 있었다. 페르시아 군대가 겨울 동안 한 장소에 오래 머무르거나 전장에 남아있게 되면 페르시아의 관료들조차 그토록 많은 사람과 동물에게 식량과 물자를 공급하는 데 어려움을 겪을 것이었다.[2]

한 마케도니아인 망명자가 페르시아 왕에게 주의를 촉구하며 좁은 해안 평야로 진격하는 것은 알렉산드로스의 작고 민첩한 군대를 도와주는 격이라며 경고했다고 한다. 다리우스는 경고를 듣지 않았고 더이상 기다리기를 거부했다. 페르시아 왕은 부담스러운 물자와 보물들을 다마스쿠스의 안전한 장소로 보냈지만, 여전히 많은 왕실 가족과 다른 비전투 인원들이 주력 부대에 남아 있었다. 이제 그는 세 고개중 가장 북쪽에 있는 고개를 향해 전진했다. 하지만 해안 평야에 이르러서야 알렉산드로스가 이미 다른 고개를 통과했다는 사실을 알게 되었다. 다리우스는 이소스에서 마케도니아의 병참 보급소를 탈취하고 그곳에 있던 부상병들을 처형하거나 불구로 만들었다. 그라니코스 전투에서 알렉산드로스가 용병들을 학살했을 때처럼 그렇게 잔혹한 행위는 적군을 공포에 질리게 하기보다 분노를 부추길 수 있는 위험한 행위였다. 이제 다리우스는 마케도니아인들을 추적하며 전투를 벌이기에 좋은 장소를 물색했다.[3]

적군의 존재가 확인되자 알렉산드로스는 고위 장교들과 지휘관들을 불러 격려 연설을 했다. 그는 산맥과 바다 사이에 놓인 좁은 땅이 창을 든 아군의 팔랑크스에게는 충분한 공간이지만 적의 대군이 움직이기에는 너무 좁기 때문에 아군에 유리하다고 장담했다. 적은 마케도니아 병사들이 이미 물리쳐본 적이 있는 페르시아인들이었고, 자유인이 아니라 노예들에 불과했으며, 심지어 다리우스의 그리스인 용병들조차 대의를 위해 싸울 동기가 부족했다. 과거에 그 유명한 만인대가 페르시아인들을 궤멸시켰다면, 그들보다 수가 더 많고 마케도니아, 테살리아, 그리스, 그리고 유럽에서 가장 잘 싸우는 부족들이 연합한 알렉산드로스의 군대가 못할 것이 무엇이겠는가. 다리우스를 이기고 거둔 승리는 그의 사트라프들을 이긴 것보다 훨씬 더 큰 보상을 가져다 줄 것이다. 아리아노스는 알렉산드로스의 연설에 대해 이렇게 기록하고 있다. "그는 용감한 장수라면 당연히 용감한 부하들에게 용기를 북돋우며 해야 할 다른 말들도 했다. 병사들은 주변으로 모여들어 왕의 손을 움켜잡고 열정의 함성을 지르며 왕에게 그들을 당장 이끌어달라고 간청했다."[4]

알렉산드로스는 싸우는 것 말고 선택의 여지가 없었다. 적군을 그토록 가까이 두고서 물러나는 것은 위험한 일이었다. 보급물자가 바닥날 위험은 말할 것도 없고, 그의 위신은 무너지고 병사들의 사기는 땅에 떨어질 것이었다. 그의 목표는 다리우스와 직접 대결하여 그를 격파하는 것이지 크세노폰과 만인대처럼 달아나는 것이 아니었다. 그가 풍기는 자신감은 자신과 병사들에 대한 신뢰와, 다리우스가 마침내 나타났을 때 싸울 기회를 거부한다면 애초에 페르시아 원정을 시작할 이유가 없었다는 단순한 사실에 기반한 것이었다. 이제 그토록 가까운 거리에 양쪽 군대가 접근해 있으니 전투는 피할 수 없는 것이 되었다. 하지만 그렇다고 해서 알렉산드로스가 서둘러야 했던 것은 아니다. 알렉산드로스는 불러 모은 장교들을 돌려보내고 부하들에게 쉬면서 따뜻한 음식을 양껏 먹으라고 명했다. 정찰대는 적군이 다가오고 있는지 살피기 위해 북쪽의 요나 고개에 파견되었다. 아직 적군이 접근하지 않았다는 것을 알고 나서 해가 저물자 그는 군대를 진영에서 이끌고 나왔다. 13킬로미터 정도를 행군한 뒤에 고개는 안전하게 확보되었고, 마케도니아 병사들은 잠시 멈추었다. 철저하게 경계하기 위해 초소를 설치했고, 다른 병사들은 모두 단잠을 잤다.[5]

동틀 무렵에 마케도니아인들은 페르시아인들과 8킬로미터 떨어진 바닷가 평야로 내려오기 시작했다. 다리우스는 피나로스강 북쪽 강변에 자리를 잡고 움직이지 않고 있었다. (이 강이 정확히 어디인지에 대한 논쟁이 많지만, 지금까지 알려진 가장 유력한 후보는 오늘날의 파야스강이다. 현대에 붙여진 이소스 전투라는 이름과 달리, 전투는 이소스 근처에서 벌어지지 않았다.) 알렉산드로스가 공격을 계획한 것을 페르시아 왕이 언제 알게 되었는지는 분명하지 않지만, 어느 시점에 그의 부하들이 단순한 방식의 야전 축성으로 북쪽 강둑을 강화하기 시작했다. 아마도 끝을 뾰족하게 깎은 말뚝을 줄지어 박았을 것이다. 고대 문헌에 따르면, 다리우스는 최소한 3만 명의 그리스인 용병들을 집결시켜 놓았다. 그중에는 멤논과 그 후계자가 지휘하는 함대에서 복역했던 이들도 있었기 때문에 에게해에서 페르시아의 공격력은 심각하게 약화되어 있었다. 하지만 다리우스가 알렉산드로스의 군대를 격파한다면 그리 문제될 것이 없었으므로 그가 가능한 많은 호플리테스를 집결시킨 것은 일리가 있는 행동이었다. 이 그리스인 용병 부대에는 호플리테스의 무기와 전술을 채택하고 그만큼 강력한 카리아인 병사들과 다른 외국인 병사들이 포함되어 있었을 것이다. 그렇다 하더라도 전체 병사의 수는 과장되었을 가능성이 크며, 밀집 대형을 이루어 싸우는 페르시아 병사 카르다케스kardakes•가 6만 명이라 하는 것도 지나치게 많다. 또한 기병이 3만

• 카르다케스에 대해서는 알려진 사실이 많지 않다. 아케메네스 왕조의 군대에서 상당 부분을 차

명 이상 있었고 그중 다수가 중무장을 했다고 하며, 경보병과 궁수는 그보다 훨씬 더 많았다고 한다.[6]

　문헌들은 알렉산드로스 군대의 규모에 대해서는 거의 언급하지 않지만, 야전군 대부분이 그와 함께 현장에 있었다고 말한다. 학자들은 일반적으로 대부분의 부대가 결원 없이 총원을 유지하고 있었다는 전제하에 마케도니아 군대가 대략 3만~4만 5000명의 병력이었을 거라고 추정한다. 문제는 원정이 시작된 이후 마케도니아 군대가 얼마나 소모되었는지, 얼마나 많은 병사가 이탈하고 얼마나 많은 병사가 이소스만이 아니라 다른 곳에서도 부상이나 질병에서 회복될 때까지 후방에 남겨졌는지 알 수가 없다는 것이다. 그러므로 우리는 마케도니아에서 새로 도착한 부대들이 병력의 손실을 대체하기에 충분했는지 혹은 실질적으로 병력을 증강했는지도 알지 못한다. 역사를 연구해 보면 이론적으로나 가능한 힘을 아주 오랫동안 유지하는 군대는 거의 없다는 것을 알 수 있다. 알렉산드로스의 군대는 예외였을 거라는 생각은 경계해야 한다. 세부 사항이 무엇이든, 개연성 있는 상황들을 종합해 보면 알렉산드로스의 군대가 적의 군대보다 수적으로 크게 열세였을 게 분명하다. 페르시아 군대는 마케도니아 군대보다 적어도 두 배에서 세 배는 더 컸다.[7]

　마케도니아 병사들이 내려온 해안 평야는 폭이 좁았으므로 그들은 긴 대열을 이루어 행진해야 했다. 양쪽 군대 모두 아직 상대편을 볼 수 없었다. 하지만 얼마 지나지 않아 페르시아인들은 적군이 다가오

─────────

지하는 중무장 보병이었던 것으로 알려져 있는데 용맹함과 민첩성으로 유명했다고 한다. 카르다케스라는 이름은 그들이 사용하는 카르드(kard)라는 단검에서 나왔다고도 하고, 용병을 의미하는 페르시아어 카르다카(kardaka)에서 비롯되었다고도 한다. ─옮긴이

고 있는 방향에서 먼지가 구름처럼 이는 것을 볼 수 있었다. 알렉산드로스의 정찰병들이 앞서 나아가 30스타디온(대략 6킬로미터) 떨어진 곳에서 대기하고 있는 페르시아의 군대를 발견했다. 다리우스는 어떤 공격적인 움직임도 없었고, 다만 적의 시야에서 나머지 군대를 차단하기 위해 기병대와 경보병대를 정면으로 보냈다. 개활지가 나타나자 마케도니아 병사들은 마침내 전투 대형을 펼칠 수 있었다. 알렉산드로스는 중보병대를 이끌고 앞으로 나아갔고, 페르시아의 차장부대避障部隊가 공격을 가한다 해도 팔랑크스가 그들의 정면 공격을 겁낼 필요가 없다고 자신했다.[8]

일단 충분한 공간이 생기자, 히파스피스테스와 창을 든 팔랑크스 대대들이 각각 32열 횡대로 대형을 갖추었다. 결원이 없다면 대대(탁시스) 전면에 48명의 병사가 섰을 것이다. 오늘날의 일반적인 설명과는 반대로 전체 팔랑크스는 단일한 덩어리가 아니었고, 이어지는 전술적 이동은 팔랑크스 내 분대들의 구분을 명확히 하고 더 얇고 넓은 대형으로 바꿀 수 있게 각 분대 양편에 공간을 두어야 의미가 있었다. 평야의 폭이 넓어지면서 점점 더 많은 대대가 앞으로 나와 나란히 늘어설 수 있었다. 알렉산드로스와 그의 지휘관들은 행군을 면밀히 관찰하면서 대형을 정비하고 적당한 거리를 유지하며 사용 가능한 공간을 더 정확히 판단하기 위해 자주 멈춰 섰다. 지형에 기복이 있었으므로 아직은 기다리고 있는 적군이 그들을 볼 수 없었다. 어느 시점에 대형은 깊이를 반으로 줄여 16열 횡대로 전환했고, 마지막에는 표준 대형인 8열 횡대를 이루었다. 이렇게 대형을 전환하려면 당연히 각 분대 사이에 적절한 빈 공간이 있어야 했다. 명확히 나뉜 단위 부대들이 충분한 공간을 사이에 두고 전체를 이루어 앞으로 나아가고, 멈추고, 대형을 바꾸고, 다시 앞으로 나아갔으며, 이는 병사와 장교의 많은 연습과 기량에 대한 증거였다. 고대 세계에서 알렉산드로스의 병사들처럼 이렇게 정확한 대형을 이루어 전진할 수 있는 군대는 거의 없었다. 그들이 앞으로 나아가자 페르시아의 차장부대는 뒤로 물러나 나머지 군대에 다시 합류했다.[9]

양쪽 병력을 고려하면 전장의 폭은 매우 좁았다. 칼리스테네스는 피나로스강을 따라 동쪽의 산맥에서 바다까지의 거리가 14스타디온(대략 3킬로미터)이며 강이 평야를 사선으로 가로질렀다고 말했다. 피나로스강이 오늘날의 파야스강이 맞다면 해안선이 변했을 것이다. 왜냐면 오늘날의 거리는 4.5킬로미터에 더 가깝고, 바다 근처에서 강은 더 똑바로 흐르기 때문이다. 하지만 다른 후보지들에 비하면 여전히 파야스강의 하구가 고대의 지형 묘사에 가장 잘 맞는다. 강이 산에서 흘러 내려오는 구간에서는 유속이 빨랐고, 그래서 "강의 양쪽 바닥이 쓸려 내려갔다". 몇몇 지점을 제외하면 강둑이 그다지 장애물이 되지는 않았고, 강물은 선뜻 걸어서 건널 수 있을 정도로 깊지 않았지만, 강바닥의 모래 사이로 크고 작은 바위들이 있었고 자갈들이 깔려 있어 기병들은 말을 천천히 몰고 길을 잘 살피면서 건너야 했다. 평야의 중간 부분에서는 경사가 없었고 강바닥이 더 뚜렷했으며 강둑은 더 높았다. 강둑이 더 가파르고 돌출된 곳들도 있었는데, 특히 북쪽 강둑이 그러했다. 그런 다음에는 강은 차츰 넓어지며 더 완만하게 바다로 흘러들었다. 이 구간에서는 걸어서 강을 건너기가 수월해서 군대가 대형을 유지한 채 도강할 수 있을 정도였다.[10]

페르시아의 차장부대가 본대로 복귀하자 다리우스는 대규모 기병대를 우익에 집중시켰다. 이쪽은 바다에 가장 가까웠기 때문에 강이 그다지 장애가 되지 않았다. 중앙에는 용병 호플리테스가 배치되었고, 좌우로 카르다케스가 대형을 이루었는데, 각각 3만 명에 달했다고 한다. 궁수들은 대형을 이룬 보병대 뒤쪽의 둔덕에서 그들을 지원했다. 왕은 휘황찬란한 옷을 차려입고, 마찬가지로 화려하게 장식된 전차를 타고서 전열의 중앙에 위치했다. 중앙이야말로 페르시아의 왕이 있어야 할 적합한 자리였기 때문이다. 3000명의 최정예 기병대가 가까이에서 왕을 호위했다. 페르시아 군대의 왼편에도 일부 기병이 있었고, 경보병도 있었다. 그리고 이 주력 대열 뒤편으로 부수적인 부대들이 떼를 이루었다. 아주 많은 수의 산병이 왼쪽 끝에 있는 높은 지대에 배치되어 마케도니아 군대의 측면을 에둘러 공격할 태세를 갖추었다. 이 산병들과 바닷가에 집중된 기병들만 알렉산드로스의 좌익과 우익을 위협하며 공세를 취하라는 명령을 받았다. 나머지 부대는 모두 방어 태세를 갖추고 있었다. 다리우스는 강과 그의 근접 보병대의 밀집 대형을 장애물로 이용하여 마케도니아의 공격을 막아낼 계획이었다. 그는 알렉산드로스를 완파할 필요가 없었고, 그저 그를 멈추기만 하면 됐다. 왜냐하면 젊은 마케도니아 왕은 결정적인 승리가 필요했기 때문이었다. 무승부, 특히 손실이 큰 무승부만 달성해도 침략자들은 진퇴양난의 상황에 빠져 망신만 당할 것이었다.

고대 문헌들은 마케도니아인들이 다가오면서 페르시아 군대 또한 배치를 바꾸었다고 한다. 하지만 평야가 좁았고, 페르시아 병사들은 수가 엄청났음에도 함께 작전을 수행한 경험이 부족했다는 점을 감안하면 다리우스가 할 수 있는 것이 별로 없었을 게 확실하다. 알렉산드로스의 진군에는 몇 시간이 걸렸고 그의 군사 배치와 전개는 주의 깊게 여러 단계를 거쳐 진행되었다. 전통적이고 익숙한 행진 순서가 그

중심을 이루었다. 히파스피스테스가 앞장서고 그다음으로 팔랑크스 대대들이 그날의 우선순위에 따라 배치된다. 이들은 군대의 중심을 이루었고, 히파스피스테스가 명예의 자리인 오른편에, 창병 팔랑크스가 그다음에 서는데 이들이 8열 횡대를 이루자 그 너비가 대략 1.6킬로미터까지 펼쳐졌다. 총 1만2000명의 병사 개개인의 간격과 각 분대 사이의 공간을 어느 정도로 유지하느냐에 따라 전체 너비는 변할 수 있었다. 기병대는 오랫동안 팔랑크스 뒤에 있었는데, 이는 부분적으로 해안 평야가 좁아서이기도 했지만, 아마도 페르시아의 차장부대와 너무 일찍 교전을 치르는 것을 피하기 위해서이기도 했을 것이다. 그다음으로 알렉산드로스는 용병 부대와 동맹군 기병대를 내보내 바다에 가장 가까운 좌익을 형성하고 트라케인 보병대와 크레타인 궁수들로 그들을 지원했다. 테살리아인 기병대와 헤타이로이 기병대는 한동안 오른편에 두었는데, 이렇게 최고의 기병들을 한쪽에 집중시킨 것은 다른 경우에 전혀 볼 수 없던 배치였다.

다리우스가 그토록 많은 기병대를 바다 가까이에 배치한 것을 보고, 알렉산드로스는 적어도 초기 공격에서는 오른쪽 측면의 땅이 기병대에게 이상적이지 않다는 것을 깨닫고 테살리아인 기병대를 보내 좌익을 보강했을 것이다. 이들은 팔랑크스 뒤에 배치되었을 뿐 아니라 지형의 기복으로 사각지대가 생긴 덕분에 새로운 위치에서 대형을 바꾸기 전까지는 적군의 눈에 띄지 않았다. 알렉산드로스의 오른편에는 강인한 아그리아네스 산악 부족과 궁수를 포함한 경보병대가 있었지만, 자신의 우익을 위협하는 페르시아의 병사들을 보고 그는 헤타이로이 기병대 2개 대대가 지원하는 용병 호플리테스를 보강했다. 알렉산드로스의 우익을 우회하려는 페르시아의 시도는 신중했다. 이미 많은 승리를 경험하고 거친 땅에서 작전을 수행하는 데 익숙해 자신 감에 차 있는 아그리아네스족 병사들은 산기슭의 언덕으로 밀고 올라 갔다. 이와 더불어 페르시아 병사들이 언덕에서 평지로 내려오면 마 케도니아 기병대의 위협을 받게 될 것이므로, 마케도니아 군대 우익 에 가해지던 위협은 사실상 종결되었다.

양쪽 군대는 여전히 어느 정도 거리를 두고 떨어져 있었다. 나머지 페르시아 군대는 지시를 받은 대로 본래 위치에서 대기했다. 알렉산 드로스는 자기 부하들을 통제하면서 휴식을 취하고 대형을 정돈하기 위해 자주 멈추어 섰다. 완전히 평평한 지형에서도 완벽한 대형을 유 지하면서 행군하기란 불가능하므로 이런 움직임은 합리적이었다. 덕 분에 대열이 정리되고 병사들은 제대로 오와 열을 맞출 수 있었다. 페 르시아인들은 기다리며 지켜보았는데, 적군은 때로 주변보다 낮은 땅 에 들어서거나 먼지구름에 가려서 보이지 않곤 했다. 알렉산드로스의 부하들은 이 평야의 폭을 거의 다 채우고 있었으므로, 페르시아의 수 적 우세가 명확하게 드러나 보이지 않았을 것이다. 하지만 천천히 전 진하는 마케도니아 군대의 질서 있고 정확한 움직임은 상대를 두렵게 만들었다. 아리아노스에 따르면 알렉산드로스는 페르시아 군대가 가 만히 서 있는 것과 이미 북쪽 강둑을 방어시설로 보강해둔 것을 보고 다리우스가 '패자敗者의 정신 상태'에 빠져 있음을 알아차렸다. 전략 적으로 페르시아 왕은 전투에서 지지만 않으면 됐지만, 그러한 태도 는 그다지 고무적이지 않았다. 전쟁에서는 군대의 사기가 정말 중요 한 법이고, 특히 이러한 근접전에서는 더욱 그러했다.[11]

그렇다고 해서 마케도니아인들이 직면한 과업이 쉬운 것은 아니었 다. 그라니코스 전투에서처럼 페르시아 군대가 강둑을 점령했다는 사실만으로 고대의 거의 모든 군대가 공격을 단념했을 것이다. 다리우스는 페르시아 군대가 수적 우세를 믿고 먼저 공격해오기를 바라며 알렉산드로스가 하루 이상 멈추어 기다릴 것이라고 예상했을 수도 있다. 적군은 수적으로 우세했고 지형도 그들에게 유리했지만 알렉산드로스는 달리 갈 곳이 없었기에 여기에서 싸우거나 퇴각할 수밖에 없었다. 페르시아 군대가 그의 통신선을 가로지르고 있는 상황에서는 마케도니아 군대에 식량과 물자를 조달하는 것이 극도로 어려울 것임을 알았기 때문이다. 언제나 현실 혹은 가상의 도전에 직접 응하는 것을 선호했던 알렉산드로스는 이번 도전도 거부할 수 없었다. 그러므로 스물세 살의 마케도니아 왕은 말을 타고 군대 전열의 양쪽을 오가며 각 분대에 차례대로 이야기하고, 지휘관들을 일일이 호명하며 모든 대열의 병사들을 격려했다. 모두가 환호성으로 그에게 답했고, 병사들은 공격 명령을 내려달라고 촉구했다. 사기충천하여 다시 전진하기 시작했지만 알렉산드로스는 부하들이 급하게 돌격하는 것을 막으면서 "빠른 속도로 진격하다가 팔랑크스의 어떤 대형이라도 흐트러지거나 본대에서 이탈되는 것을 피하기 위해" 느린 속도를 일정하게 유지했다. 알렉산드로스의 군대는 마침내 페르시아군의 화살 사정거리—길어야 180미터 정도로 유효 사정거리 이하의 짧은 거리—에 들어왔고, 이제 공격이 시작되었다.[12]

알렉산드로스는 선두에 있었다. 오늘날의 거의 모든 역사가가 그가 어떻게 말을 몰아 강물을 뚫고 군대를 이끌며 반대편 강둑에 있는 카르다케스 부대를 향해 돌진했는지를 묘사한다. 알렉산드로스는 카이로네이아 전투에서처럼 말을 타고 돌진하면서 자신의 오른편으로 진형을 펼치고 적진에 틈을 내려고 한 것으로 상정된다. 그는 늘 그렇게 해왔고 2년 뒤 가우가멜라 전투에서도 그렇게 하기 때문이다. 그러나 아리아노스는 그가 이번에는 다른 방식으로 전투를 개시했음을 암시한다. "알렉산드로스는 오른편에 배치된 병력과 함께 대기하고 있다가 가장 먼저 강물로 달려들었다. (…) 그들은 빠른 속도로 공격해 페르시아 병사들을 두렵게 했고, 재빠르게 적진에 접근함으로써 궁수들이 쏘아대는 화살로 입을 피해를 줄였다." '구보驅步'를 뜻하는 그리스어 드로모dromo는 마케도니아 보병대의 돌진을 강력하게 암시하며, 아리아노스의 기술 전체에 흐르는 논리는 이것이 필리포스의 왕실 근위병으로 구성된 히파스피스테스 부대 중 하나를 앞에서 이끌었다는 것이다. 보병대가 날아오는 화살을 더 적게 맞기 위해 대형이 헝클어지는 것을 감수하면서 적군 궁수 가까이 달려가는 것은 로마인들에게 잘 알려진 전술이었다. 하지만 이번 경우에는 궁수들이 대형을 갖춘 카르데카스 뒤에서 보호받고 있었다. 아리아노스는 이 카르다케스를 호플리테스라고 하고, 다른 곳에서는 펠타스테스라고도 불렀는데 아마도 이들이 제대로 된 그리스 호플리테스보다 약간 더 가벼운 갑옷과 무기를 지니고 있었기 때문일 것이다. 여하튼 중요한 것은 그들이 팔랑크스의 전투력을 찬양하는 오랜 전통을 지닌 사회 출신이 아니며, 지금 그들이 대면한 노련한 적군 병사들처럼 전쟁과 승리를 직접 경험한 적이 없다는 사실이었다. "알렉산드로스는 맹렬하게 강으로 돌진하여 백병전에 뛰어들었고, 이미 그곳에 주둔하고 있던 페르시아인들을 몰아내고 있었다."[13]

중앙에서는 마케도니아의 팔랑크스가 강둑의 가장 강력한 부분 뒤에 안전하게 자리 잡은 용병들을 공격하며 더 힘겹게 싸우고 있었다. 규모가 큰 팔랑크스는 먼 거리를 전진하면 늘 흐트러지기 마련인데,

이제 강을 건너서 돌격하자 대형이 완전히 무너졌다. 북쪽 강둑으로 올라가 적의 방어군들에게 도달하는 사이에 분대들 사이에 틈이 벌어지고 분대와 분대가 뒤섞였다. 이 기회를 이용해서 몇몇 지점에서는 적군 용병 무리가 반격을 가해 왔다. 이러한 상황에서는 그들의 창이 마케도니아의 긴 사리사에 비해 더욱 편리하고 유용했다. 대대 지휘관인 셀레우코스의 아들 프톨레마이오스가 120명의 창병과 함께 이곳에서 죽었다. 공격이 교착 상태에 빠졌다. 바다 가까운 쪽의 페르시아 기병대는 강을 뚫고 와서 공격했고, 파르메니온 휘하의 테살리아인들과 동맹군의 기병대가 힘겹게 그들을 막아냈다. 전세는 기병대의 싸움에 따라 오락가락했고, 제한된 공간 때문에 페르시아 군대는 수적으로 우세했지만 전체가 동원될 수는 없었다.[14]

알렉산드로스와 히파스피스테스 부대는 페르시아의 카르다케스 부대를 정면으로 마주보면서 그들을 뒤쪽으로 밀어냈다. 그러자 북쪽 강둑에 공간이 생겼고 헤타이로이 기병대와 파이오니아인 기병대, 그리고 다른 기병들이 강을 건너와서 대형을 이룰 수 있었다. 왕은 교전 중인 제1선을 떠나 헤타이로이 기병대에 합류하여 부케팔로스나 다른 말에 올라탔다. 그리고 기병들을 이끌고 새로이 공격을 주도하되, 곧장 앞으로 밀고 들어간 것이 아니라 사선을 그으며 적군의 중앙으로 돌진했고, 일부 히파스피스테스와 가장 가까이에 있던 창병들도 그렇게 하기 시작했다. 기병대는 적절한 밀집 대형을 이룬 보병대에 맞서서 정면 공격을 잘 펼치진 못했지만—이것이 공격을 개시할 때 기병대가 나서지 않는 또 다른 이유다—측면에서 접근해올 때는 엄청난 파괴력을 발휘할 수 있었다.

페르시아 군대의 중앙 진영이 무너지기 시작했다. 알렉산드로스는 다리우스를 향해 돌진하면서 페르시아 왕의 형제가 이끄는 기병대와 격렬하게 싸웠다. 알렉산드로스가 검에 허벅지를 베여 부상당한 것이 바로 이때였을 것이고, 이것이 훗날 폼페이에 모자이크화로 재현된 두 왕의 대결이었을 것이다. 예술을 해석하는 일은 주관적일 수밖에 없는데, 어떤 이들은 이 작품에서 광포한 알렉산드로스와 마주한 페르시아 왕에 대한 예술가의 동정심을 보는가 하면, 다른 이들은 그저 마케도니아의 승리에 대한 찬양만을 읽는다. 중요한 것은 다리우스가 자신의 전차와 망토, 무기를 버리고 달아났다는 것이다. 이것은 그의 위신에 커다란 타격이 되었지만 그렇게 치명적이지는 않았다. 그는 여전히 왕들의 왕이었으며, 배후에 엄청난 자원을 가지고 있었다. 그는 언젠가 다시 싸우기 위해 피신한 것이었고, 그의 군대 중 일부도 그렇게 했다.

용병 무리가 여전히 전의를 보이며 가장 대담한 추격자들을 제외하고는 그들을 쫓던 마케도니아 병사들을 모두 단념시킨 반면, 다른 마케도니아 병사들은 더 쉬운 사냥감을 쫓았다. 서서히 전진하며 시작된 전투는 온종일 싸운 뒤에야 끝이 났다. 달아난 적군에 대한 추격이 이른 밤 시간까지 계속되었지만 이미 어둠이 내렸고 마케도니아와 동맹군의 기병들은 상대적으로 많지 않았기 때문에 가할 수 있는 위협이 제한적이었다. 그렇다 하더라도 말을 탄 병사는 달아나고 있는 무력한 적군 병사를 잡아 마음대로 도살하기를 꿈꿨기에 추격전의 결과는 끔찍했다. 승자에게도 그 기억은 악몽과도 같았기에 후에 프톨레마이오스는 자신의 역사서에서 적군의 시체 더미가 넘치는 도랑을 건넜다고 주장했다. 아리아노스는 10만 명의 페르시아인들이 죽었다고 했는데, 이처럼 거대한 숫자는 군대의 거대한 규모와 맥을 같이 하며 틀림없이 부풀려졌을 것이다. 마케도니아 군대의 손실도 상당했지만, 이 경우에 아리아노스는 전체 사상자 수를 제시하지 않는다. 다른 문헌들은 전체적으로 450명 정도가 죽었고, 그 중 3분의 1이 기병들이며, 부상자는 4500명 정도였다고 말한다. 이 정도면 전체 병력의 12~16.5퍼센트가 죽거나 다친 것이었다.[15]

이소스 전투는 미미한 싸움이 아니라, 거대한 규모의 양쪽 군대가 좁은 전장에서 정면으로 맞붙은 격렬한 전면전이었다. 마케도니아 군대가 승리한 것은 병사들의 기량이 좋고 자신감이 더 높았으며, 더 나은 지휘를 받았기 때문이었다. 알렉산드로스는 적군에게 접근하는 방식과 공격을 위한 준비 작업에 상당한 주의를 기울였고, 돌파구가 생기면 적극적으로 활용했다. 이는 커다란 전술보다는 전투의 세부 사항에 관한 문제였다. 보병대와 기병대를 차례로 이끌고 직접 공격을 주도했다는 사실은 그가 다른 전투에서보다 더 많은 일을 했음을 시사한다. 하지만 늘 그러했듯이 그는 자신이 직접 나가서 싸우는 동안에는 군대 전체를 지휘할 수 없으므로 장교들에게 크게 의지했고 장교들은 각자 판단에 따라 주도적으로 공격을 펼쳐 나갔다. 그리고 그들은 알렉산드로스를 실망시키지 않았으며 병사들 또한 그러했다. 그는 다시 한 번 필리포스의 아들에게 기대되는 용기와 기량을 보여주었다. 그라니코스 전투에 비해 이번 전투는 훨씬 더 중요한 싸움이었고, 훨씬 더 큰 성공이었다. 다리우스의 군대가 완패했기 때문이다. 알렉산드로스에게 이번 승리는 필리포스의 그늘에서 벗어나는 또 하나의 큰 발걸음이 되었다.

알렉산드로스는 다시 부상병들을 방문하여 격려하고 칭찬하면서 그들의 이야기에 귀를 기울였다. 부상병이 아주 많았으므로 그의 방문은 오래 걸렸지만, 이는 그의 관심을 드러내는 표시였고, 계급에 상관없이 그들이 모두 동지라는 마케도니아 사회에 이미 깊이 뿌리내린 의식을 강화했다. 알렉산드로스의 부상은 그다지 심각했던 것 같지는 않지만 그가 했던 역할을 가시적으로 보여주는 상징이 되었다. 승리를 축하하는 장려한 행사가 열리는 중에 죽은 병사들의 명예로운 장례식도 치러졌다.[16]

페르시아 진영은 추격전 중에 황폐해졌다. 다리우스가 많은 화물을 다마스쿠스로 보내 놓긴 했지만, 마케도니아 군대가 찾아낸 귀중품은 들뜬 병사들을 깜짝 놀라게 할 정도로 많았다. 알렉산드로스는 땀과 먼지에 덮인 채로 추격에서 돌아와 다리우스의 욕실에서 씻고, 그의 천막에서 밤을 보냈다. 그의 헤타이로이 중 하나가 이제 이것은 "알렉산드로스의 욕실"이라고 정정해 불렀다. 다리우스의 천막에서 온갖 화려한 사치품들을 보면서 알렉산드로스는 장난스럽게 말했다. "보다시피, 왕이 된다는 것은 바로 이런 것이다." 그런데 가까운 곳에서 울부짖는 소리가 들렸다. 그가 무슨 소리인지 묻자 다리우스의 어머니와 아내와 자녀들이 다리우스가 죽은 줄 알고 우는 것이라는 답이 돌아왔다. 알렉산드로스는 사람을 보내 페르시아 왕실 가족들에게 다리우스가 죽지도, 생포되지도 않았다고 알려주었다. 그리고 그들 또한 안전하고 왕족에게 합당한 대우를 받으리라고 확언했다.[17]

알렉산드로스와 페르시아 왕실 가족의 만남은 매우 유명해져서, 낭만적으로 미화된 이야기가 많이 파생되었다. 어떤 이들은 다음 날 알렉산드로스가 직접 이 여인들을 만나러 갔는데, 여인들이 그보다 키가 큰 친구 헤파이스티온을 왕으로 착각했다고 한다. 그들이 실수에 대해 당혹스러워하자 알렉산드로스는 "헤파이스티온 또한 알렉산드로스이니 걱정하지 말라"고 말했다. 아직 어린 다리우스의 아들은 용감하게 이 정복자에게 다가와서 "겁쟁이 같은" 아버지와 통렬한 대비를 이루었다고 말했다 한다. 알렉산드로스는 자기가 한 말을 충실히 지켜 페르시아 왕실 가족을 존중하며 관대하게 대했다. 권력을 남용하지 않는 그의 태도는 그의 미덕과 자제력의 모범으로 칭송되었다. 특히 당시에 가장 아름다운 여인으로 꼽혔던 다리우스의 아내 스타테이라와 관련해 더욱 그러했다. 후대의 전승에 따르면 알렉산드로스는 그녀를 보거나 그녀의 아름다움에 대해 듣기를 거부했다고 하며, 그가 여자들을 존중하고 자신의 욕망을 자제한 것에 대한 찬사가 자자했다고 한다. 그러나 이 이야기에는 뭔가 조화롭지 못한 언급도 있다. 스타테이라는 얼마 뒤에 죽었고, 고대 문헌들에서는 이를 기원전 331년으로 추정하는데, 유스티누스와 플루타르코스는 그녀가 아이를 유산한 뒤에 죽었다고 전한다. 사망한 연도가 틀렸거나, 사망한 원인이 틀렸을 수도 있다. 하지만 어떠한 문헌에서도 이 이야기가 알렉산드로스의 자제력에 대한 이야기들과 상충된다는 말은 하지 않는다. 여전히 미스터리의 요소가 남아있는 게 분명하다. 스타테이라가 생포된 뒤에 정말로 임신했는지, 이것이 유혹이나 강간의 결과였는지, 그리고 만약 그렇다면 알렉산드로스나 다른 누가 유산된 아이의 아버지였는지에 대해 우리는 알기 어렵다.[18]

다리우스의 진영에는 가치 있는 물건들이 많았다. 파르메니온과 그의 부대가 빠르게 이동하여 중요한 보물과 화물들이 후송되기 전에 다마스쿠스를 덮쳤을 때는 훨씬 더 많은 것들을 획득할 수 있었다. 생포된 포로 중에는 멤논의 과부 바르시네도 있었다. 파르메니온은 그녀를 왕에게 보냈다. 알렉산드로스는 그녀와 그녀의 아버지가 사트라프의 반란 뒤에 마케도니아로 망명하여 필리포스의 궁에 있었을 때 분명히 그녀를 본 적이 있었을 것이다. 그녀는 그와 나이가 같았거나 조금 더 많았고, 매력적이고 지적이었으며, 아시아와 페르시아의 문화는 물론 그리스의 언어와 문화에도 익숙했다. 아마도 당시에 젊은 왕자는 그녀를 좋아했거나 매력을 느꼈을 것이다. 알렉산드로스가 그녀를 정부로 삼은 것을 보면 파르메니온이 그의 기호와 성향을 잘 알았을 수도 있다. 플루타르코스 또한 알렉산드로스가 연인으로 삼은 첫 번째 여인이 바로 바르시네라는 전승을 전하고 있다. 그녀는 오랫동안 그의 정부로 남았으며 그에게 아들을 낳아 주었다. 두 사람의 관계에 대해서는 이 이상 알려진 것이 거의 없지만, 그녀는 알렉산드로스의 총애를 받지 못한 적이 전혀 없었던 것 같다. 알렉산드로스는 대체로 애인을 제공받는 것을 달가워하지 않았고, 잘생긴 소년들을 보내주는 부하들에게 화를 냈다. 그러므로 바르시네를 왕에게 보낸 파르메니온은 확실히 왕의 심기를 파악하는 감각이 있었던 것으로 보인다. 이소스 전투에서는 젊은 군주가 경험 많은 장수들의 조심스러운 충고를 거부했다는 이야기가 없고, 오히려 전투 중에 파르메니온이 가장 중요한 독립적인 작전들을 주도하고 나머지 군대를 통제했다는 점은 무척 흥미롭다.[19]

다리우스는 이소스 전투에서 패하고 몇 달 뒤에 처음으로 알렉산드로스와 직접 소통했다. 이것은 그 자체로 알렉산드로스를 단순한 야만인 습격자 이상으로 인정했음을 가리킨다. 페르시아 왕은 생포된 가족에 대한 후한 몸값은 물론 동맹을 제안했지만, 영구적인 영토 할양은 인정하지 않았다. 알렉산드로스의 응답은 복수를 추구하는 그리스의 대의가 정당하다는 것을 재차 강조하고, 필리포스 살해 사건에 다리우스가 연루되었음을 고발하는 것이었다. 그가 거둔 승리는 신들이 그를 인정했음을 보여주었고, 그가 차지한 땅은 이제 그의 땅이고, 그가 차지한 주민들과 포로들은 이제 그가 훌륭한 왕으로서 잘 보살펴야 할 그의 백성이었다. 아시아는 이제 그의 것이므로 다리우스는 그를 주군이라 불러야 하며, 감히 그를 동등한 사람처럼 대해서는 안 되고 탄원자로서 그에게 와야 했다. "그대가 왕권을 주장한다면, 그 입장을 고수하고 그것을 위해 싸우되 달아나지 마시오. 그대가 어디에 있든 내가 그대를 쫓을 테니."[20]

19

"명백히 큰 과업"

티레 공성

전쟁은 계속되었다. 이소스 전투는 필리포스가 창설하고 알렉산드로스가 연마한 군대가 싸운 가장 큰 전투였으며, 승리로 얻은 전리품도 이전의 어떤 군사작전에서 어떤 마케도니아인들과 그리스 군대도 획득한 적 없을 정도로 막대했다. 아리아노스는 그들이 3000탈란톤의 금과 은을 페르시아의 진영에서 찾아냈으며, 주요 화물이 맡겨져 있던 다마스쿠스에서는 더 많은 걸 찾아냈다고 전한다. 쿠르티우스는 2600탈란톤의 동전과 230킬로그램의 은세공품, 2000킬로그램이 넘는 황금잔들, 그리고 1500킬로그램이 넘는 기타 세공품과 장신구들이 있었다고 언급한다. 이것은 알렉산드로스가 획득한 전리품에 대한 공식 수치일 뿐, 병사들이 챙긴 것과 분배를 위해 수거되지 않은 것도 많았다. 테살리아인들은 특히 다마스쿠스에서 일을 잘했다고 하며, 그들의 용기에 대한 보상으로 전리품을 챙기는 임무가 맡겨졌다. 금과 은 외에도 향, 비단, 예복 등 온갖 종류의 사치품들이 있었다. 파르메니온이 도착하기 전에 화물을 빼내어 옮기려던 시도가 좌절되자 운반자들은 겨울의 추위를 피하기 위해 자색 예복을 몸에 두

르고 있었다.[1]

생포된 심부름꾼과 하인들이 3만 명이었고, 짐을 나르는 짐승도 7000마리나 됐으며, 모두 마케도니아의 보급품 수송대에 더해졌다. 329명이나 되는 다리우스의 첩들은 더 눈에 띄었지만 덜 실용적이었고, 이들은 대부분 음악 관련 훈련을 받았다. 음식과 음료 준비에 전문화된 하인들도 300명 가까이 되었다. 이전에 다리우스의 소유였던 매우 아름다운 장식함이 알렉산드로스에게 전달되었고, 그는 헤타이로이와 상의하고 숙고한 끝에 아리스토텔레스가 그에게 마련해준 《일리아스》의 필사본을 보관하는 데 이 장식함을 사용하기로 했다. 이때부터 줄곧 이 상자는 위급 상황을 대비하기 위한 날카로운 칼과 함께 그의 침상 아래 놓여 그에게 영감과 위안을 제공했다.

알렉산드로스는 아버지처럼 너그럽게 전리품을 나눴다. 많은 사치품이 본국으로, 특히 그의 어머니와 누이에게로 돌아갔다. 그는 또한 특별히 향을 풍성하게 준비해서 레오니다스에게 선물해 옛 스승에게 이제 더 이상 신에게 드리는 봉헌물에 인색할 필요가 없음을 알렸다. 그의 장교들은 많은 전리품을 누렸고 병사들 역시 그러했으며, 다들 노예와 여성을 얻었다. 여성들은 별다른 도리가 없었는데, 초반에 병사들에게 강간당하는 경우가 많았고, 아니면 누군가의 공격을 받기보다는 한 명의 주인을 받아들이는 일이 잦았다. 시간이 흐르면서, 특히 남녀의 결합으로 아이들이 태어났을 경우에는 인간적 본성으로 어느 정도 관계가 부드러워지기도 했겠지만, 얼마나 많은 여성에게 정식 부인의 지위가 부여되었는지는 말하기 어렵다. 혼인은 존중되었고, 두 명의 마케도니아 병사가 용병의 아내를 유혹했다는 혐의로 고발되었을 때 알렉산드로스는 엄격한 판결을 내렸다고 한다. 하지만 정부

의 지위는 훨씬 불안정했다.[2]

다마스쿠스에서 생포한 포로 중에는 테바이, 스파르타, 아테네에서 다리우스에게 파견한 사절들도 있었다. 그 사절들이 폴리스의 정식 대표였는지, 아니면 자의적으로 행동하는 정치인들이었는지는 확실하지 않다. 파르메니온은 정치적 함의를 고려하여 그들을 모두 알렉산드로스에게 보냈고, 알렉산드로스는 차례대로 그들을 처리했다. 테바이인들을 석방하며 출신 도시가 파괴된 이라면 누구나 도움을 구할 권리가 있다고 공개적으로 선언했다. 사적으로는 그들 중에 올림피아 제전의 우승자뿐만 아니라 자신의 가족과 친분이 있는 귀족도 있었기 때문인 것으로 보인다. 아테네인 사절은 이피크라테스의 아들이자 아버지와 이름이 같은 이피크라테스였다. 그는 왕과 함께 머물러야 했지만 그의 아버지에 대한 존경과 감사, 그리고 아테네인들에 대해 정치적으로 계산된 선의에 따라 좋은 대우를 받았다. 그는 고향으로 돌아가지 못한 채 몇 년 뒤 어느 시점엔가 자연사하게 된다. 스파르타인 사절은 정식으로 구금되었다. 페르시아에 맞선 그리스 동맹에 스파르타가 참여하지 않았을 뿐 아니라 공공연하게 적대적인 태도를 보였기 때문이다. 하지만 알렉산드로스는 스파르타가 다리우스와의 거래를 얼마나 진행했는지는 알지 못했을 것이다.[3]

스파르타의 왕 아기스 3세는 다마스쿠스에 보낸 사절과는 별개로 기원전 333년 말에 파르나바조스 및 다른 페르시아 함대의 지도자들을 시프노스섬에서 만나 마케도니아에 맞서 싸우는 데 필요한 전함과 자금을 요청했다. 하지만 이소스 전투에서 페르시아가 패배했다는 예상치 못한 충격적인 소식이 전해지면서 회담은 활기를 잃었고, 아기스는 겨우 10척의 트리에레스와 30탈란톤의 은을 받았다. 이 배와 돈은 아기스의 동생에게 보내졌고—스파르타인는 늘 동시에 두 명의 왕을 두었다—크레타 점령을 위해 진행 중이던 군사작전에 사용되었다. 한편으로 아기스는 더 많은 원조를 얻을 수 있으리라는 희망에 계속 페르시아 함대 근처에 머물렀다. 그리스인 용병 대부분은 이소스 전투에서 패배한 뒤 달아났고, 소수이긴 했지만 살아남은 이들 가운데 일부는 여전히 다리우스 편에 남았다. 바다로 달아난 용병들은 적군이 추격해올까 봐 자신에게 필요 없는 수송용 선박과 트리에레스를 마음대로 불태웠다. 대략 4000명의 그리스인 용병이 마케도니아인 망명자의 지휘 아래 이집트로 가서 적어도 처음에는 다리우스를 위해 행동하는 것이라고 주장하면서 이집트를 강탈하려 했다. 이것이 사실이든 아니든 페르시아 주둔군은 그들을 믿지 않았고, 도망쳐온 용병들을 물리치고 살해했다. 또 다른 8000명의 도망자 용병들은 결국 아기스 편에서 복무하게 되었다.[4]

이소스 전투는 마케도니아에 커다란 승리를 안겨주었으며 다리우스의 명성에 심각한 피해를 입혔다. 알렉산드로스의 명성은 더욱 높아졌고, 그가 전쟁의 최종 승자가 되리라는 사람들의 믿음도 더욱 커졌다. 하지만 마케도니아 군대가 그토록 많은 전리품을 챙겼음에도 페르시아 왕은 여전히 막강한 부를 소유했고, 페르시아 제국의 더 큰 부분이 여전히 그의 소유였으며, 그의 전함들이 에게해를 계속 지배하고 있었다. 그리스 본토는 장기간의 안정이나 평화를 누려본 적이 없었고, 스파르타가 본격적으로 전쟁을 개시한다면 상당한 위협을 가할 수 있었다. 특히 페르시아의 금으로 자금을 조달하고 다른 폴리스들이 스파르타가 승리할 가능성이 있다고 판단한다면 더욱 그럴 수 있었다. 그렇다고 이러한 조건들 중 어떤 것도 전쟁이 알렉산드로스에게 완전히 불리하게 진행되고 있음을 의미하지는 않았고, 실제로도 그러했다. 다만 상황은 언제든 나빠질 수 있었다. 앞으로 1년 이내에 그리스 섬들을 공격하던 페르시아 해군은 붕괴되지만. 현재 시점에서 알렉산드로스와 그의 지휘관들은 이를 알 수 없었다. 어떤 표징들은 희망적이었다. 이소스에서 싸운 용병들이 퇴각하면서 페르시아 해군의 전력이 손상되었고, 다리우스의 해군 동맹은 마케도니아 병사들이 그들의 고향 도시를 공격하거나 위협하자 충성심이 약해졌다. 알렉산드로스가 이소스 전투에서 획득한 부는 더 많은 용병을 고용할 수 있다는 것을 의미했고, 그렇지 않더라도 스파르타인이나 다른 누군가가 고용할 수도 있는 병사 일부를 흡수하는 효과가 있었다. 다른 한편으로 페르시아인들은 여전히 에게해의 주요 섬들을 지배하고 다르다넬스 해협과 카리아의 해안을 위협했으며, 마케도니아인들은 아직 바다에서 대항할 수 있는 충분한 규모의 함대를 다시 조성하지 못했다.[5]

다리우스는 동쪽으로 물러나 유프라테스강을 넘어 자신의 왕국의 중심부로 들어갔고, 알렉산드로스는 그를 추격하지 않았다. 거리가 너무 멀었기 때문에 페르시아 안쪽으로 진격하는 것은 위험한 일이었다. 적군의 화물을 탈취하기 위한 다마스쿠스 습격조차 파르메니온의 부대를 마케도니아 본대로부터 320킬로미터나 떨어진 곳으로 파견하는 것을 의미했다. 다리우스는 새로 군대를 모을 때까지 또 다른 전투를 감행하지는 않을 터였고, 그러려면 여러 달이 걸릴 수밖에 없었다. 왕을 죽이거나 생포하는 것 자체가 전쟁에서 이기고 제국을 획득하는 일이 될 수는 없었다. 그렇다고 해서 모든 페르시아인이 항복하는 것은 아니었기 때문이다. 왕을 제거하는 것은 단순히 새로운 왕의 등장과 전쟁의 지속을 의미할 뿐이었다. 특히 겨울이 닥치면 식량을 구하기 어려울 것이고 지원군이 도착하지 못할 것이기 때문에 제국 안으로 깊숙이 들어가는 일에는 큰 위험이 따랐다.[6]

알렉산드로스의 대담함과 개인적인 영웅심 때문에 그가 정말 치밀하고 체계적인 방식으로 전쟁을 치렀다는 사실은 너무 쉽게 묻힐 수 있다. 무모해 보이는 많은 일이 실제로는 잠재적인 이득과 이용 가능한 선택지에 따르는 위험 부담을 따져보고 신중하게 내린 판단에 기초한 것이었다. 처음 아시아에 상륙했을 때부터 그가 새로운 영토의 영구적인 정복과 점유를 노렸음은 분명하지만, 장기적으로 그가 얼마나 큰 지역을 차지할 계획을 세웠는지 혹은 이와 관련하여 고정된 목적이 있었는지는 알 수 없다. 그는 어떤 도시와 거점은 그냥 지나쳤다. 이들은 항상 소수였고, 예외 없이 그에게 굴복한 다른 공동체에 의해 고립되고 차단되거나 포위되었다. 그는 사트라프와 지휘관을 임명하여 각 지역을 감독하게 했지만 새로 정복한 지역이 늘면서 그의 야전군에서 예비로 남겨둘 수 있는 병사의 수는 제한되었고 소규모 주둔군이 가능한 한 넓은 지역을 감시해야 했다. 그들은 이소스 전투에서 해체된 군대의 잔당을 포함하여 현지 병력과 작은 페르시아 분견대를 처리해야 했는데, 상당한 노력과 힘든 싸움을 치러야 할 때도 있었다. 그들은 어떤 주요한 공격에도 대처할 수 있을 만큼 충분히 강하지 못했고, 알렉산드로스는 심각한 위협에 닿아 있는 영토를 최소한으로 점유하고자 했다.

필리포스가 그러했듯이, 이 몇 년 동안 알렉산드로스의 모든 행동에는 군사적인 고려만큼이나 정치적인 고려도 영향을 미쳤다. 그는 공동체들이 페르시아를 위해서든 그들 자신의 독립을 위해서든, 전쟁을 재개하기보다 그의 통치를 수용하고 선호하게 만들 필요가 있었다. 그래서 이상적으로는 그에게 반대하는 성향의 다른 이웃 공동체에 맞서 싸울 정도가 되어야 했다. 이를 위해서는 그의 군대에 대한 두려움과 그가 가할 수 있는 잔혹한 처벌에 대한 두려움이 중요했으며, 그런 만큼이나 공정함과 심지어는 관대함으로 얻는 명성 또한 중요했다. 몇 세기가 지난 뒤 로마의 사령관 술라는 자신의 묘비명으로 '더 나은 친구도, 더 나쁜 원수도 없다'는 말을 선택했다. 이것이 바로 고대 세계 정치의 핵심이었다. 공동체들은 알렉산드로스를 얼마나 공경했는지에 따라 좋은 대접을 받거나 가혹하게 처리되었다. 육지의 거점을 함락하여 페르시아 해군을 물리치려는 그의 전략은 이 일을 훨씬 시급하게 만들었다. 페니키아인들은 선박과 선원의 양과 질 모두에서 페르시아 함대의 중심에 있었다. 이소스 전투 이후 페니키아인들의 도시는 모두 마케도니아 군대가 쉽게 닿을 수 있는 거리 안에 들어왔으므로 알렉산드로스의 힘을 보여줄 필요가 있었다. 그는 이미 더 멀리 이집트까지 내다보고 있었다. 이집트는 지금까지 완전하게 페르시아의 통치를 받아들인 적이 없었다. 알렉산드로스는 아마도 이미 그곳의 지도자들과 접촉하고 있었을 것이다. 이집트는 곡물과 재물, 그리고 순전한 명성만으로 이미 가치가 있었다. 또한 알렉산드로스가 투항을 환영하며 먼저 다가오는 이들을 잘 대우해준다는 것을 보여줄 아주 좋은 기회이기도 했다. 그가 이집트 지도자들의 호소를 무시한다면, 왜 다른 공동체들이 페르시아에게 등을 돌려야 하겠는가? 이제 알렉산드로스에게 다리우스는 즉각적인 위협이 아니었으므로 그는 이미 탈취한 땅을 확고하게 지키고 새로운 땅을 정복하는 데 집중할 수 있었다.[7]

기원전 333년이 끝날 무렵 알렉산드로스는 주요 병력을 이끌고 해안을 따라 남쪽으로 향하여 오늘날 레바논에 해당하는 지역으로 들어 갔다. 파르메니온은 다른 지휘관들과 마찬가지로 뒤에 남아서 스스로 의 작전을 지휘했다. 하지만 대개 그러하듯이 우리는 그들의 활동에 대해서는 아는 바가 거의 없다. 안티고노스 모노프탈모스(외눈박이)는 앞으로 몇 달 동안 소아시아에서 세 번의 교전을 벌였고 모두 승리했 다. 우리가 이에 대해 알 수 있는 것은 알렉산드로스가 죽은 뒤 그가 권력 승계 다툼에서 주요 인물 중 한 명이 되었기 때문일 것이다. 당 시 50세 정도였던 안티고노스는 전쟁 중에 나이를 먹고 여전히 마케 도니아 군대의 중추를 이루는 필리포스의 부하들 중 한 명이었지만, 젊은 왕과 그의 동시대인들은 빠르게 배우고 있었고 매번 승리할 때 마다 자신감이 솟아오르고 있었다.[8]

처음에는 알렉산드로스의 등장과 그의 이소스 전투 승리에 관한 보고 덕분에 마케도니아 군대는 빠르게 전진할 수 있었다. 아라도스 섬의 왕이자 본토의 몇몇 다른 페니키아 도시의 지도자인 스트라톤 이 와서 항복의 표시로 정복자에게 황금 왕관을 선사했다. 알렉산드 로스가 남쪽으로 더 내려가자 비블로스와 대도시 시돈이 그에게 넘 어왔지만, 시돈의 왕은 보다 넓은 공동체의 압력을 받아 행동했던 것 으로 드러났다. 그는 폐위되었고, 알렉산드로스는 헤파이스티온에게 그를 대신해 왕위에 앉힐 사람을 고르게 했다. 고심 끝에 헤파이스티 온은 채소를 길러서 내다 팔던 무명의 왕족을 선택했다. 이 일화는 운명은 뒤바뀔 수 있고, 미덕은 보상을 받는다는 교훈을 드러내는 이 야기로 유명해졌다. 아직은 이 모든 도시의 배들이 페르시아 함대에 속해 있었고, 그들의 이탈이 상황을 바꿔 놓을지는 오직 시간만이 알 려줄 터였다.[9]

페니키아의 다른 주요 공동체는 티레였고, 얼마 뒤 이 도시는 알렉산드로스에게 특사를 보내 항복을 해왔다. 그러나 그가 섬에 있는 도시의 맞은편 해안에 도착했을 때 이 도시는 중립의 자격을 얻었다. 알렉산드로스는 필리포스가 스키타이족을 다룰 때 했던 것과 똑같은 계책을 쓰고자 도시의 신전에서 티레인들이 멜카르트라 알고 있는 그들의 주요 신 헤라클레스에게 희생제사를 올리고 싶다고 말했다. 때는 2월이었고 헤라클레스를 기리는 행사를 여는 이 공동체에는 매우 중요한 시기였다. 이 신성한 시기에 늘 그러했던 대로 멀리 카르타고에서 사절들이 와 있었다. 카르타고는 한때 티레의 식민지였다가 이제는 그 자체로 번성하는 강력한 도시가 되었지만 여전히 정서적으로는 어머니 도시에 연결되어 있었다. 그것은 티레의 위대한 과거와 지속적인 중요성을 상기시키는 표지였다.

이때 알렉산드로스가 티레에 들어가 신전에 제사를 올리는 것을 허락하면 그를 단순한 동맹이 아니라 통치자로 인정하는 것이 된다. 티레의 왕은 페르시아 함대에 있었고, 그의 아들이 아버지를 대신하여 협상에 임했다. 티레 사람들은 자부심이 강했고, 그리 멀지 않은 과거에 페르시아에 맞서 반란을 일으킨 적도 있었다. 이러한 독립심에 시돈에 대한 오랜 경쟁심이 더해지고, 다리우스에 대한 충성심보다는 그들의 왕과 배들이 볼모로 잡힐지 모른다는 두려움이 결합되어 그들의 응답을 결정지었다. 알렉산드로스는 본토에 있는 옛 티레에 멜카르트를 위한 신전이 있다고 안내받았지만, 그곳은 거의 버려진 곳과 다름없었다. 알렉산드로스는 그곳에서 하고 싶은 대로 어떤 의식이든 행할 수 있었지만 섬으로 건너와 티레로 들어오는 것은 허락되지 않았다. 이에 다시 협상을 시도했지만 티레 사람들은 마케도니아의 특

사를 도시 성벽 위로 데려가서 죽이고, 마케도니아인들이 잘 볼 수 있게 바다로 떨어뜨렸다.[10]

알렉산드로스는 밀레토스에서 그랬듯이 티레의 중립을 용인할 수 없었다. 특히 티레의 파견대가 페르시아 함대의 주요 부분을 이루고 있었고, 그것은 절대 중립적이지 않았기 때문이다. 마케도니아 특사들이 실제로 살해되었다면, 이것은 마땅히 대응해야 할 또 다른 도발이었다. 아리아노스는 알렉산드로스의 연설을 기술하고 있는데, 알렉산드로스는 마케도니아인들이 반드시 이 도시를 함락해야 하는 이유를 설명한다. 티레를 함락하면 이집트로 가는 길과 페르시아 해군을 무찌를 길을 모두 열리고, 이로써 스파르타는 여전히 적대적이고 아테네는 아직 믿음직한 친구가 되지 못한 상황에서 마케도니아와 그리스에 가해지는 위협을 종식시킬 수 있다는 것이었다. 이것이 정말로 알렉산드로스의 연설에 기초한 것인지, 아니면 단순히 이 역사가가 당시 상황에 대한 자신의 평가에 따라 왕이 말하기에 적절한 내용이라고 생각한 것인지는 알 수 없다. 알렉산드로스는 헤라클레스가 꿈에 나타나 자기 손을 잡고 티레로 이끌었다고 말함으로써 자신의 논리를 강화했다. 그는 이 꿈이 마케도니아인들이 이 도시를 탈취할 것이지만 엄청난 노력이 필요하다는 뜻이라고도 말했다. 신이 승리를 가져다줄 것이라며 병사들을 안심시키는 것은 이미 잘 알려진 책략이긴 하지만, 그렇다고 이 젊은 왕이 이런 식으로 해석될 수 있는 꿈을 꾸었다고 믿지 않았다는 의미는 아니다.[11]

마케도니아 군대는 격려가 필요했다. 지금 직면한 과업은 쉽지 않은 일이었다. 티레는 육지의 해안에서 800미터 정도 떨어진 섬에 있었고, 육지 쪽 바다는 얕았지만 섬 근처에서는 수심이 5.5미터 정도로 깊어졌다. 티레의 성벽은 높았고, 더 높은 탑들로 보강되었다. 아리아노스가 주장하는 것처럼 성벽의 높이가 45미터를 넘지는 않았겠지만 잘 건설되고 유지되었다. 중요한 것은 티레의 성벽이 바다에 닿는 육지의 바로 가장자리에 지어졌기 때문에 성벽 앞쪽으로 공성 장비를 설치하고 파성퇴로 성벽을 칠 수 있는 공간이 거의 없었다는 것이다. 하지만 이마저도 마케도니아 병사들이 그만큼 가까이 티레에 다가갔을 때나 가능한 일이었다. 티레에서 모든 배를 페르시아 함대에 보낸 것은 아니었고 여전히 훌륭한 선원들이 승선해 있는 선박들이 많았으므로, 알렉산드로스의 소박한 함대는 수적으로 상당한 열세에 있었다. 티레 사람들은 먼 과거에 13년 동안 바빌로니아 군대의 공성에 맞선 끝에 적군을 단념시켰던 자랑스러운 기억을 가지고 있었다. 도시의 위치와 수성군이 가진 힘이 페르시아와 마케도니아에 도전하는 시민들의 의지를 더욱 고취시켰다. 그들에게는 식량풍부했고, 바다를 통해 더 많은 식량을 자유로이 조달할 수도 있었다. 또한 티레는 인구가 많았으며 그중에는 싸우고 일할 의욕이 충만한 사내들도 많았다.[12]

알렉산드로스와 그의 공병들은 바다를 통해 티레에 접근할 수는 없었으므로 육지 쪽 해안에서 섬까지 둑길을 쌓기로 했다. 석재는 옛 티레의 폐허에서, 목재는 레바논의 삼나무 숲에서 가져왔다. 병사들은 물론 짐꾼과 하인들, 그리고 자의로든 타의로든 주변 동맹국에서 끌려온 민간인들이 노동력을 제공했다. 석재는 한데 모으고, 나무는 쓰러뜨려서 모두 해안으로 옮긴 뒤 필요한 곳에 쌓아 나가자 둑길이 서서히 형성되었다. 이와 동시에 힘들게 일하는 모든 이에게 물과 음식을 제공하기 위해서는 식량과 물자를 제때 조달해야 했다. 알렉산드로스는 예루살렘에 사람을 보내어 대사제에게 필요한 물자를 기부해 달라고 '부탁'했다. 대체로 해당 지역 내 공동체들이 그의 말에 복종했고, 그의 징발대와 수송대가 방해받는 일도 없었다. 나중에 어느 산간 부족들이 공성 중인 마케도니아 군대를 기습 공격했으나 알렉산드로스는 유격대를 이끌고 가서 일주일 만에 그들을 처벌했고, 이로써 부족들 사이에 공포가 널리 퍼지면서 다시는 심각한 문제를 일으키지 않았다. 이 일은 고령임에도 고집을 부려 원정대를 따라왔던 알렉산드로스의 옛 스승 리시마코스가 결국 탈진하면서 알렉산드로스와 몇몇 다른 사람들이 뒤에 남겨진 일화로 더욱 주목받는다. 그날 밤은 추웠고 불을 피우지 못했는데, 알렉산드로스가 몰래 적군의 진영으로 가서 두 전사를 찔러 죽이고 불이 붙은 나뭇가지를 가지고 와서 불을 피울 수 있었다고 한다. 이러한 이야기는 지어내기가 쉬웠고, 사실이든 아니든 간에 당시에 지도자의 대담함과 운을 신뢰하는 군대에서는 더 믿기가 쉬웠다. 만약 이것이 사실이라면 어느 정도 무모함이 있었지만 군사작전의 위험을 분담한다는 차원에서 마케도니아의 왕이 할 만한 행동 범위 안에 드는 것인지 말하기는 어렵다.[13]

병사들과 민간인들이 일을 하면서 몇 주, 다시 몇 달이 지나는 동안 둑길은 점점 더 길어졌다. 초기 단계에는 얕은 바닷물과 모래톱에 제방을 쌓는 것이었으므로 작업이 쉬웠다. 처음에 티레 사람들은 배를 타고 노를 저어 근처에 다가와 욕설을 하며 병사들이 막노동자가 되었다고 조롱할 뿐이었다. 하지만 둑길이 점점 더 섬에 가까워지자 티레의 수성군은 성벽과 선박 양쪽에서 활을 쏘고, 가벼운 투석기로 돌을 던지기 시작했다. 갑옷을 입고 일을 하는 것은 무척 힘들었으므로 —후대에 로마인들은 그렇게 할 수 있도록 병사들을 훈련시키지만—

병사들은 부상을 당하거나 몸을 숨겨야 했다. 고대의 공성은 공격하는 쪽과 방어하는 쪽 모두가 차례로 새로운 책략을 제시해야 하는 재간과 투지의 결전이었다. 이제 마케도니아 군대는 두 개의 높은 탑을 제방 끝에 세우는 것으로 응수했다. 탑은 짐승 가죽을 씌워서 불화살에 대비했고, 활과 투석기를 탑재했다. 탑이 높았기 때문에 마케도니아 병사들은 갑판을 향해 아래로 활과 돌을 쏠 수 있었으므로 적의 전함들이 다가오지 못했고, 성벽에 있던 적군 병사들도 제 기능을 하지 못했다. 탑의 엄호를 받으면서 공사 작업은 최대한 빠르게 진행되었고, 이제는 방어하는 쪽보다 공격하는 쪽이 유리해졌다.

알렉산드로스의 공병들은 영리했지만, 티레 사람들도 마찬가지였다. 그들은 수송용 선박 한 척을 골라 가연성 물질을 가득 실었다. 그리고 기름을 담은 가마솥을 돛대에 걸어, 가마솥에 불이 붙으면 기름이 아래로 떨어져 화염이 일게 했다. 그런 다음 배 전체에 추를 달고 선미를 무겁게 만들어서 적군의 둑길에 달려가 큰 충격을 주며 부딪칠 수 있도록 했다. 그들은 도시 주변의 바다에 대해 여러 세대에 걸쳐 축적된 지식을 바탕으로 바람이 알맞게 부는 때를 기다렸다가 트리에레스가 이 수송선을 견인하게 했다. 배에 탄 용감한 선원이 불을 지폈고, 수송선은 바람을 받아서 둑길을 향해 나아갔다. 그리고 선원들은 트리에레스에 묶인 줄을 풀고 마지막 순간에 배 밖으로 뛰어내려 안전한 곳으로 헤엄쳐 갔다. 배가 곧 둑길에 충돌했고, 계획한 대로 돛대가 쓰러지면서 거대한 화염이 일고 둑길과 두 탑이 불길에 휩싸였다. 지옥 같은 불길을 막기에 짐승 가죽은 아무 쓸모가 없었고, 순식간에 두 탑 모두 불타올랐다. 둑길과 그 위에 있던 시설도 마찬가지였다. 더 많은 티레의 선박이 둑길 가까이 다가가 저항하는 마케도니아인들을 향해 무기를 쏘았으며, 둑길에 오른 티레의 병사들은 닥치는 대로 부수고 태웠다.

여러 달에 걸친 노고는 몇 시간 만에 물거품이 되었다. 더구나 기후까지 티레의 공격을 거들어 몰아치는 폭풍으로 그나마 남아있던 둑길마저 무너졌다. 남은 잔해를 살펴본 뒤 알렉산드로스는 공사를 다시 시작하라고 명령했다. 이번에는 둑길을 훨씬 더 넓게 만들고, 이를 방어하기 위해 더 많은 탑을 세우라고 했다. 아마도 새 둑길은 육지 쪽 해안의 다른 지점에서 시작해서 다른 각도로 지어졌을 것이다. 하지만 고대 문헌들은 이에 대해 명확하게 알려주지 않는다. 어느 쪽이든, 새 둑길을 짓는 일은 쉽게 무너져 버린 둑길을 짓는 것보다 훨씬 더 오랜 시간이 걸리는 작업이었다. 알렉산드로스는 히파스피스테스를 이끌고 시돈으로 갔다. 그는 할 수 있는 한 많은 전함을 모으기를 원했다. "티레인들이 바다를 지배하는 한 공성이 성공할 가능성은 없다"는 사실을 깨달았기 때문이다.[14]

성공한 지도자는 모두 행운이 따르는 경향이 있다. 물론 그들은 행운에 조력하고자 할 수 있는 모든 일을 하고 자신에게 유리한 가능성을 높이는 일을 더한다. 페르시아 파견 함대의 본거지를 탈취하려는 알렉산드로스의 전략은 그에게 항복한 시돈, 아라도스, 비블로스에서 80척의 페니키아 선박을 보내오며 결실을 맺었다. 로도스섬과 리키아에서는 각기 10척의 배를 보냈으며, 그 밖에 다른 곳에서도 소수의 배를 보냈다. 마케도니아에서는 오직 한 척의 소형 전함만 그에게 보내줄 수 있었다. "이소스 전투에서 다리우스가 패했다는 소식을 듣고 페니키아 전체가 이미 알렉산드로스의 수중에 들어갔다는 사실에 겁을 먹은" 키프로스의 왕들이 보낸 120척의 선박은 더욱 환영을 받았다. 알렉산드로스는 그들이 "페르시아 함대에 기여했던 것은 스스로 선택한 일이 아니라 부득이한 일이었다"고 간주하며, 과거는 그저 과거로 두었다. 양쪽 모두에게 실용주의는 시대적 사조였고, 알렉산드로스는 딱 알맞은 순간에 필요한 배를 갖게 되었다. 그는 적군과 마주치기를 바라며 배를 타고 티레로 돌아갔지만, 티레인들은 무척이나 신중하여 가망 없는 싸움은 시작도 하지 않았다. 그들은 일단 두 곳의 항구로 물러났다. 하나는 시돈을 향해 열려 있는 북쪽의 시돈항이었고, 다른 하나는 멀리 남쪽으로 이집트를 향해 있는 이집트항이었다. 충각이 달린 트리에레스들이 항구 입구에 늘어서서 알레산드로스의 배들의 접근을 막고 있었다. 하지만 그렇게 함으로써 자신의 배들도 항구 안에 가두는 꼴이 되었다.[15]

세력의 균형은 이제 공성군에 유리하게 기울었다. 하지만 그것이 확실한 성공을 보장하지는 않았다. 알렉산드로스는 부하들을 파견해 키프로스와 페니키아에서 할 수 있는 한 많은 기술자와 전문가를 구해왔으며, 그리하여 필요한 모든 건설 작업에 더 숙련되고 기량이 뛰어난 감독관들을 확보할 수 있었다. 이들의 땀과 기술로 새로 쌓은 둑길은 서서히 길어졌다. 하지만 곧 마케도니아 병사들은 건축 자재를, 그중에서도 특히 목재를 구하기 위해 더 먼 곳을 찾아야 했고, 이를 공사 현장으로 가져오는 데는 더 많은 시간이 소요되었다. 현장 노동자들은 전함의 공격은 피할 수 있었지만, 사정거리 안에 들어가면 도시의 성벽에서 날아오는 화살과 돌은 피하기 어려웠다. 마케도니아 병사들은 공성탑과 선박 위에 발사용 무기들을 설치해 티레의 수성군을 제압하려고 했으며, 양쪽에서 날아오는 무기들을 막기 위해 애를 썼다. 상선과 일부 트리에레스를 함께 묶어서 발사용 무기를 장착한 공성탑을 지지하거나 그 자체에 파성퇴를 설치할 수 있게 했다. 알렉산드로스는 단지 둑길 앞쪽의 성벽만이 아니라 방어시설의 여러 부분을 탐색할 수 있었다. 위협을 가하고 실제로 공격을 시작하자 수성군도 대응을 해야 했고, 서서히 힘이 약해졌다.

모든 것이 마케도니아 군대의 뜻대로 된 것은 아니었다. 티레인들은 일부 전함의 갑판을 갑옷으로 덮어 적군이 쏘아대는 무기를 막으면서 앞으로 나아가 공격을 가하거나 공성 장비를 장착한 배들의 닻줄을 끊어냈다. 다른 병사들은 물속으로 헤엄쳐서 밧줄을 끊었다. 늘 그러했듯이, 각각의 계략은 상대의 또 다른 계략을 불러왔다. 알렉산드로스의 부하들은 닻줄을 사슬로 교체해서 적군이 끊을 수 없게 하고, 적군의 방어시설에 접근하여 '갑옷을 입은' 티레 전함의 공격을 막기 위해 자신들의 배를 덮었다. 티레 병사들은 파성퇴의 공격을 받는 성벽을 속을 채운 포대로 포장해 충격을 완화했으며, 적군을 타격하거나 성벽을 향해 날아오는 무기들을 막기 위한 장비들을 만들었다. 그들은 또한 모래를 달구어서 성벽 아래에 근접한 배와 둑길의 끝에 쏟아부었다. 달군 모래가 옷이나 갑옷 속에 조금만 들어가도 화상을 입을 정도였다. 그러면 병사들은 갑옷을 벗고 날아오는 무기에 노출되거나, 아니면 계속되는 고통 속에 고투하는 수밖에 없었다.

티레의 수성군은 해상 공격에 주의를 기울였고, 며칠 동안 시돈항의 입구를 가로질러 돛을 길게 늘어뜨렸지만, 공성군은 이러한 광경에 익숙해져서 별다른 생각을 하지 않았다. 수성군의 공격은 노꾼들에게 일정하게 노를 저으라는 일반적인 명령도 없이 갑작스럽고 조용하게 시작되었다. 기습은 성공했고, 동맹국 왕들의 기함을 포함하여 많은 선박이 정박 중에 공격당하여 가라앉았다. 우연하게도 알렉산드로스는 평소와 달리 낮잠을 자고 있지 않았고, 기회를 발견했다. 그는 가능한 한 많은 배에 선원을 태우고 그 중 일부를 내보내 항구를 봉쇄함으로써 적군의 병력 증강을 막고 퇴로를 끊는 한편, 나머지 선박을 이끌고 적의 선박을 요격하러 나섰다. 성벽 위의 수성군은 습격 중인 아군에게 위험이 닥친 것을 먼저 보고 그들에게 필사적으로 신호를 보냈지만 아무 소용이 없었다. 결국 습격자들은 퇴각하기 시작했으나 이미 때가 너무 늦었다. 습격을 가했던 거의 모든 티레의 배들이 침몰하거나 나포되었고, 선원들은 배에서 탈출해 헤엄쳐서 도시로 돌아갔다. 더 이상의 기습 공격은 없었고, 이번 공격의 대가로 적군의 사기는 확실하게 꺾였다. 쿠르티우스는 이 일을 계기로 티레 내부에서 몰록 신에게 맏아들로 태어난 아기를 제물로 바치는 옛 관습을 다시 도입하자는 압력이 있었고, 오직 시민 지도자들의 단호한 결정으로 이를 막을 수 있었다고 전한다. 어떤 사람이 아폴론 신이 이 도시를 떠나는 꿈을 꾸었다고 하자, 티레인들은 아폴론 신상을 황금 사슬로 묶어두었다. 여러 달이 지나 수성군의 전망은 더욱 암울해졌지만 항복을 시도하지는 않았다.[16]

티레 함락은 필리포스나 알렉산드로스가 행한 공성 중에서도 가장 오래 걸리고 어려웠던 공격이었다. 아리아노스는 이를 가리켜 "명백히 큰 과업"이라 불렀고, 쿠르티우스는 알렉산드로스조차 절망에 가까워져 포기하고 이집트로 행진하는 것을 고려했다고 한다. "하지만 그는 물러나는 것이 수치스러웠다. (…) 패배에 대한 증인으로 티레를 남겨둔다면 (…) 그의 명성은 크게 흠집날 것이라고 생각했다." 정말로 그가 그런 생각을 했다 하더라도, 그 생각에 따라 행동을 결정한 것은 아니었다. 더 많은 노력과 위력을 공성에 쏟을수록 실패하기는 더욱 어려웠다. 쿠르티우스와 디오도로스는 거대한 '바다 괴물'이 제방 위로 솟구쳤다가 다시 바다로 들어갔는데, 공성군과 수성군 모두 자신들에게 좋은 징조로 보았다고 전한다. 마케도니아인들은 계속해서 전방위에서 압박을 가했고, 이집트항 근처 남쪽 성벽에서 취약한 부분을 발견했다. 성벽에 구멍이 뚫리고, 배 위의 사다리와 경사로에서 공격이 시작되었다. 하지만 공격은 실패했고, 이틀 동안의 악천후로 인해 소강상태에 들어갔다. 알렉산드로스는 그의 점술가가 예언한 대로 공성을 한 달 안에 끝마치려고 달력을 조작해 그 달에 하루를 더했다고 한다.[17]

주 공격은 면밀하게 준비되었으며, 사다리를 실은 두 척의 배가 선두에 섰다. 한 배에는 히파스피스테스가 탔고 다른 한 배에는 팔랑크스 대대의 창병들이 탔다. 마케도니아 군대가 성벽을 뚫고 들어갈 수 있게 수성군을 분산시키는 지원 공격도 있었을 것이다. 아마도 알렉산드로스는 둑길 위 높은 탑에서 지켜보고 있었을 것이고, 공격이 빠르게 진전되었을 때 즉각 가담했다. 히파스피스테스를 이끌던 장교가 성벽 위에서 죽었는데, 창에 맞았다거나 도끼에 머리가 쪼개졌다는 이야기가 전해진다. 알렉산드로스는 적군 병사들을 방패로 가격하고 검으로 베면서 성벽 꼭대기의 망루로 올라갔다. 티레 병사들은 빠르게 물러나기 시작했다. 마케도니아 배들이 양쪽 항구로 들어오자 티레 수성군은 바깥 성벽을 포기했고 점점 더 많은 마케도니아 병사들이 도시 안으로 쏟아져 들어왔다. 여러 달의 노력 끝에 개시된 공격에서, 살해당한 특사들과 공성 중에 처형된 포로들을 기억하는 마케도니아인들은 흥분과 복수심에 휩싸여 있었다.[18]

알렉산드로스는 신전에 피신하는 이들은 살려줄 것이라고 선포했고, 사자使者를 보내 이를 큰소리로 외치게 했다. 이 외침이 얼마나 멀리까지 들렸는지, 혹은 도시 안의 시민들이 그 말을 얼마나 믿었는지는 알 수 없다. 다른 어디에서도 자비가 베풀어지지 않았으며, 마케도니아인들은 격렬하게 날뛰었다. 많은 수성군 병사들이 아게노르의 신전 근처에 모여 마지막으로 항전했다. 아리아노스는 마케도니아 군대의 공격과 약탈로 8000명의 티레인이 죽었다고 말한다. 하지만 다른 전승에서는 그들 중 2000명이 포로로 잡혔고 해안에 늘어선 십자가에 매달렸다고 전한다. 분명히 알렉산드로스는 다른 이들을 향한 경고로 이토록 끔찍한 처벌을 명령할 수 있는 사람이었지만, 그렇다고 이 이야기가 반드시 사실이라는 의미는 아니다. 대략 3만 명(그저 '많은 수')의 여성과 아이가 노예로 팔렸다. 카르타고 특사들을 포함하여 헤라클레스 신전에 피신한 이들은 목숨을 구했다. 동맹으로서 알렉산드로스와 함께 싸운 시돈 사람들도 남녀를 똑같이 보호했다고 한다. 아리아노스는 20명의 히파스피스테스가 마지막 공격에서 전사했으며, 공성 중 목숨을 잃은 전체 사망자 수는 대략 400명이라고 전한다. 일반적으로 그러하듯이 많은 학자가 이 수치를 너무 낮은 것으로 보고 신뢰하지 않는다. 이는 아마도 마케도니아인 사망자만 세고, 동맹군과 민간인 사망자는 포함하지 않았기 때문일 것이다. 부상자들은 그보다 훨씬 많았을 것이다. 몇몇 상황을 제외하고 공성 중에는 부상자를 이송하고 치료하는 것이 용이했기 때문이다. 전반적으로는 티레에서 입은 손실이 이소스 전투 때와 비슷하거나 훨씬 더 많았으리라는 것을 시사한다.[19]

알렉산드로스는 티레의 함락을 경축했다. 이를 위해 단순히 학살만 벌인 것은 아니었다. 그가 처음 한 일들 가운데 하나는 이 도시의 신전에서 헤라클레스에게 희생제사를 올리고 싶다는 욕망을 실현한 것이었다. 그가 새로 확보한 해군 또한 이 반신半神을 기리며 연극을 공연했다. 군대는 거리에서 행진했고, 횃불 아래에서 운동경기가 열렸다. 어떠한 반어적 의미도 없이 알렉산드로스는 이 도시의 성벽을 처음 뚫은 파성퇴와 티레인의 성스러운 전함을 헤라클레스에게 헌정하고 신전에 설치했다. 다른 곳에서 사람들을 데려와 이 도시에 정착시켰지만, 시간이 흐르면서 옛 티레의 생존자들도 돌아왔다. 확실히 이 도시의 문화는 크게 바뀌지 않았고, 카르타고와의 관계도 계속 이어졌다. 티레는 여전히 크고 중요한 도시로 남았으나 예전과 같은 번영과 권력을 누리지는 못했다. 조류에 의해 점점 더 많은 진흙이 둑길에 쌓이면서 영구적인 지협이 생겨났다.

티레인들은 용감하게 저항한 탓에 엄청난 대가를 치러야 했지만, 그럼에도 그들에게 특별히 예외적인 형벌이 가해지지는 않았다. 물론 대규모 십자가 처형이 정말로 있었다면, 이는 부분적인 예외가 되긴 할 것이다. 테바이가 함락되었을 때와 마찬가지로 도시의 거대한 크기와 용감한 저항이 약탈을 훨씬 더 끔찍하게 보이도록 만들었다.

20

오아시스와 신

티레가 함락되기 전에 다리우스의 특사가 와서 동맹과 화평을 제안하고, 왕의 가족들을 풀어주는 대가로 1만 탈란톤을 제시했다. 페르시아 왕은 유프라테스강 서쪽의 모든 땅을 이양하고 딸을 알렉산드로스와 혼인시키겠다고 약속했다. 마케도니아 왕은 가까운 동지들과 대응 방안을 논의했다. 전승에 따르면, 파르메니온은 자신이 알렉산드로스라면 지금까지 얻은 것을 잃을 위험을 감수하기보다 페르시아 왕의 제안을 받아들이겠다고 했고, 이에 젊은 왕은 "내가 파르메니온이라면 그렇게 했을 것"이라고 응수했다. 이런 부류의 다른 이야기와 마찬가지로 이것 또한 지어진 것일 가능성이 높다. 이 몇 달 동안 파르메니온은 독립적인 지휘권을 가지고 시리아에 오래 머물렀기 때문에 우리는 그가 이 회의에 참석했는지도 확신할 수 없다. 알렉산드로스가 다리우스에게 보낸 서한에서 짚은 것처럼, 그는 이미 다리우스가 이양하겠다는 모든 땅을 지배하고 있었고, 최근에 획득한 재산 덕분에 돈은 필요가 없었으며, 자신이 마음만 먹는다면 페르시아 왕의 딸과 결혼할 수도 있었다. 전쟁을 지속하는 데는 명확한 위험이 있었지만, 멈추는 데도 위험은 있었다. 고대 국가들은 장기간의 화평과 친선의 약속을 잘 지키지 않았고, 원한을 품고 있다가 편리한 때가 되면 충돌을 재개하는 경향이 있었다. 지금은 승세가 알렉산드로스에게 있었고, 이를 잃는 것은 위험했다. 특히 수적인 면에서 여전히 크게 열세였기 때문에 더욱 그러했다.[1]

알렉산드로스는 다리우스의 제안을 거절하고 이집트를 향해 행군했다. 티레에 가한 형벌은 테바이를 약탈했을 때와 마찬가지로, 그에게 저항하는 것은 무익하고 자살 행위에 가깝다는 경고로서 의도적으로 살벌하게 진행되었다. 그러한 공포 전술은 효과를 발휘하는 경우가 많았지만, 적들이 더 이상 잃을 것이 없어 끝까지 싸우는 편이 낫다고 여기며 더욱 격렬하게 저항할 위험도 있었다. 알렉산드로스가 행군하는 길에 위치한 가자는 이집트로 통하는 사막 경로에 이르기 전에 해결해야 할 중요한 장애물이었다. 해안에서 몇 킬로미터 떨어진 이곳은 바티스(혹은 베티스)라는 페르시아 총독이 다스렸고, 그의 휘하 병력에는 아랍 용병 부대가 포함되어 있었다. 이 도시는 이전 정착지의 폐허에 수백 년에 걸쳐 흙이 쌓여 형성된 인공 언덕인 '텔' 위에 자리했고, 강력한 성벽을 갖추고 있었다.[2]

아리아노스에 따르면 바티스는 환관이었으며, 다른 문헌에서는 그가 뚱뚱했고 피부가 아주 어두웠다고 한다. 이러한 묘사는 아마도 페르시아의 조신에 대한 그리스인들의 혐오에 기반했을 것이다. 그의 행동으로 미루어 보면 그는 의지가 굳고 능력이 있는 지도자였으며, 자신의 지위를 확신하고 다리우스에게 충성했다. 이 도전 앞에서 알렉산드로스는 천하무적이라는 그의 명성이 손상될까 염려하여 시를 함락하기로 더욱 굳게 마음먹었다. 그는 가자가 항복하거나 급속한 공격에 함락되기를 바랐지만, 도시를 포위하여 공격한다면 두 달은 걸릴 것이었다. 분해하고 재조립할 수 있는 가벼운 공성 장비는 이미 부적합하다고 입증되었으므로, 더 무거운 장비를 티레에서 바다를 통해 운송해 와야 했다. 헤파이스티온이 이 과정을 감독했다고 하는데, 이는 여러 자료에서 이른 시기에 그가 등장하는 드문 장면 가운데 하나다.[3]

가자 공성은 티레 공성보다 훨씬 덜 자세하게 기록되어 있다. 전승에 따르면 땅이 물러서 공성 장치를 작동하고 탑을 세우기가 어려웠다고 한다. 이들 장비는 무거워서 모래 속으로 빠져드는 경향이 있었기 때문이다. 하지만 땅을 파서 굴을 뚫기는 더 쉬웠다. 아리아노스는 마케도니아인들이 공성탑과 파성퇴를 운반하기 위해 도시 둘레에 커다란 둔덕을 만들었다고 전한다. 이것은 엄청난 작업이었기 때문에 둔덕의 높이가 일정하지는 않았을 것이다. 또한 그들은 도시의 성벽 아래를 파서 갱도를 만들었다고 하는데, 마케도니아 공병들이 이러한 기술을 사용했다는 것은 여기에서 처음 언급된다. 이는 동방의 공성 전쟁의 전통에서도 매우 드문 것이었다. 이 같은 위협에 맞서는 방법은 대응 갱도를 파는 것이 유일했지만, 가자의 수성군은 그럴 능력도, 인식도 없었다.

모든 공성전에는 시간이 걸렸고, 대체로 그러하듯이 수성군을 약화시키기 위한 탐색 공격이 있었다. 하루는 알렉산드로스가 희생제사를 올리고 있었는데 새 한 마리가 그의 머리에 무언가를 떨어뜨렸다. 문헌에 따르면 그 새가 독수리 혹은 까마귀였다고 하며, 떨어진 것은 흙덩어리 혹은 새똥이었다고 한다. 알렉산드로스의 충실한 점술가 아리스탄드로스는 틀림없이 나쁜 징조로 보였을 일에 대해 전체적으로 긍정적인 해석을 내놓았는데, 그것이 의미하는 바는 이 도시가 곧 함락되겠지만 왕은 오늘 조심하며 싸움에는 나가지 말아야 한다는 것이었다. 얼마 뒤 바티스가 작심한 듯 기습 공격을 감행해 공성 장치를 불태우려고 하면서, 둔덕에 있는 마케도니아 병사들을 몰아냈다. 이 위기의 순간에 알렉산드로스는 점술가의 충고를 무시하거나 잊어버리고 히파스피스테스를 이끌고 반격해 적군을 몰아냈다. 쿠르티우스는 아랍 병사 하나가 거짓으로 항복하는 척하면서 칼을 휘둘렀으나 왕의 목에 자국을 냈을 뿐이었다고 말한다. 알렉산드로스는 더 빨리 움직여서 그 아랍 병사의 손목을 잘라 버렸다. 그다음엔 아마도 주변에 있던 마케도니아 병사들이 그를 처리했을 것이다. 이것이 바로 징조에 나타난 위험이라고 생각하며 알렉산드로스는 계속 병사들과 함께 싸웠고, 결국 방패와 흉갑을 모두 뚫고 들어온 화살에 어깨를 맞았다. 그는 심하게 피를 흘렸고 거의 정신을 잃기 직전에 안전한 곳으로 옮겨졌다. 메토네에서 필리포스가 당했던 부상처럼, 이번 알렉산드로스의 부상도 심각했다. 적어도 현전하는 고대 문헌들에 따르면 그러했다. 하지만 훌륭한 치료와 본인의 의지, 강인한 체질 덕분에 왕은 곧 회복되었다. 아버지와 아들 모두 비슷하게 위험을 무릅썼고 견뎌냈다. 물론 그들이 입은 튼튼한 갑옷과 순전한 행운 덕분에 목숨을 보전한 것이기도 했다.[4]

곧 헤파이스티온이 공성을 위한 중장비를 가지고 도착했고, 이어지는 몇 주 동안 공성전은 더욱 격렬해졌다. 파성퇴가 성벽에 충돌하면서 구멍을 냈다. 땅속 갱도가 완성되자 가연성 물질이 채워졌고, 불을 붙이자 버팀목을 통해 불길이 타올랐다. 버팀목이 무너져 내리면서 갱도의 천장이 내려앉았고, 그 위에 있던 성벽도 함께 무너졌다. 바티스와 부하들은 이에 굴복하지 않고 세 번의 공격을 물리쳤다. 성벽에 더 많은 구멍이 생기고 먼저 생긴 구멍은 더 넓어져서 이 구멍을 통한 네 번째 공격이 가해졌다. 이제 병사들은 성벽을 올라가서 수성군을 제압했다. 누가 먼저 성벽을 넘어가느냐를 두고 경쟁이 벌어졌고, 왕의 헤타이로이 가운데 하나가 경쟁에서 승리했다. 쿠르티우스는 알렉산드로스가 건강을 회복하여 이 경쟁에 뛰어들었지만, 누군가가 손이나 기계로 던진 돌에 다리를 맞았다고 전한다. 아마도 이것은 그저 베이거나 멍든 상처에 불과했을 것이다.

가자 주민들과 바티스는 알렉산드로스에게 도전했고, 알렉산드로스는 티레에서처럼 처벌에 가혹했다. 주민들은 학살되었고, 도시는 약탈당했으며, 여자와 아이들은 노예로 팔렸다. 그리고 광범위한 주변 지역에서 데려온 사람들로 도시는 다시 채워졌다. 아리아노스는 바티스의 운명에 대해 언급하지 않지만, 쿠르티우스는 그가 끝까지 영웅적으로 싸우다 지치고 부상을 입어 쓰러졌다고 설명한다. 바티스는 알렉산드로스 앞으로 끌려와서도 쏟아지는 욕설을 무시하고 침묵을 지킴으로써 저항했다. 그가 굴복하지도 않고 자비를 구하지도 않았으므로 왕은 분노가 폭발하여 그의 발을 묶고 달리는 전차에 매달아 죽을 때까지 끌고 다니게 했다. 이 이야기는 《일리아스》에서 아킬레우스가 헥토르의 시신을 다룬 방식의 의식적인 반향이긴 하지만, 살아있는 적장을 그렇게 다루었다는 점에서 훨씬 더 잔혹하다. 바티스가 정말로 이렇게 죽었다면 이는 특히 악랄한 행위였으며, 쿠르티우스조차 알렉산드로스가 보통 때는 적의 용기를 더 존중했다고 따로 덧붙일 정도였다. 아마 그의 삶을 쉽게 끝냈을지도 모를 상처가 여전히 그에게 고통을 주고 있었을 테고, 티레 이후 곧바로 이어진 또 다른 공성전에서 끝까지 버티고 있던 적에 대한 참을 수 없는 분노가 감정의 폭발을 촉발했을 수도 있다. 아니면 이 이야기는 그저 지어낸 것일 수도 있다. 우리가 말할 수 있는 것은 바티스가 목숨을 바쳐 큰 용기와 충성심으로 그의 왕을 섬겼다는 것이다.[5]

이집트로 가는 사막에 들어선 군대는 식량과 물자 공급, 특히 식수 공급에 주의를 기울여야 했고, 완강한 적과 마주치면 큰 위험에 처할 수 있었다. 알렉산드로스를 막아서는 것은 없었고, 전쟁이 이 단계에 이르렀을 때 그의 공급 체계는 안전성이 입증되었으며, 이집트의 전통적인 관문인 펠루시온 요새에 이르렀을 때 그는 열광적인 군중과 마주쳤다. 이것이 놀라운 광경은 아니었을 것이다. 이집트의 총독은 완강하게 저항하던 바티스와 달리 침략자에게 자신의 영역을 쉽게 넘겨주었다. 이집트인들이 페르시아의 지배를 못마땅하게 여겼으므로 알렉산드로스에게 성공적으로 저항한다는 것은 거의 불가능했기 때문이다. 알렉산드로스는 스스로 상왕국과 하왕국의 왕이자, 라 신의 아들이며 아문 신의 사랑을 받는 파라오가 되었고, 여러 기념비에 전통적인 방식으로 기록되었다. 그는 의도적으로 페르시아인들과 뚜렷하게 대비되는 방식으로 이집트인과 그들의 종교 및 관습을 존중하고 영향력 있는 사제 계급을 관대하게 대했다. 에게해에서 기쁜 소식이 들어온 것도 그의 기분을 좋게 하는 데 일조했을 것이다. 페르시아 함대가 파견대들이 탈영하고 지역 공동체들이 페르시아의 지배에 맞서 반란을 일으키면서 사라져 버린 것이다. 페르시아인 지휘관들은 생포되었는데, 나중에 파르나바조스는 탈출하는 데 성공한다.[6]

현지 여론에 대한 존중은 여기까지였다. 알렉산드로스가 통치자로서 정식 대관식을 치렀다거나 이집트 의식이나 제사에 참여했다는 뚜렷한 증거는 전혀 없다. 그가 축제를 거행했을 때 그것은 완전히 그리스적인 축제였고, 이집트의 해안에 위대한 도시를 세우기로 결정했을 때—이후 여러 알렉산드리아 중 가장 유명해질—이 도시는 처음부터 압도적으로 그리스적인 도시였다. 심지어 오시리스 같은 이집트 신들의 신전조차 그리스화되었다. 아리아노스는 다시 한번 이 도시를 세우고자 했던 알렉산드로스의 열망에 대해 이야기한다. 알렉산드로스는 호메로스에게서 영감을 받아 도시의 터를 골랐으며, 종종 그랬던 것처럼 신의 허락이 징조로 드러났다고 한다. 그의 부하가 곡식을 사용해서 주요 거리와 중요한 장소를 표시해 놓으면 새들이 내려와 그것을 먹었고, 이를 보고 이 도시가 앞으로 더 넓은 세상의 많은 사람을 먹여 살릴 것이라는 번영의 신호로 해석했다.[7]

기원전 332년 말이나 331년 초, 또 다른 열망이 알렉산드로스를 사로잡았다. 그는 소대를 이끌고 이집트 서쪽 사막으로 들어가서 시와 오아시스에 방문했다. 이 오아시스에는 그리스인들이 제우스와 결부시키는 암몬 신의 신전과 신탁소가 있었다. 이집트의 다른 신탁소가 아니라 굳이 이곳에 가기로 한 것은 알렉산드로스가 기본적으로 지역 여론에 관심을 갖지 않았음을 보여준다. 암몬은 그리스를 비롯하여 이집트 바깥 세계에 훨씬 더 잘 알려져 있었고, 덜 이질적이었다. 헤라클레스와 페르세우스도 이곳을 방문했다고 전해지지만, 페르세우스의 경우는 알렉산드로스의 방문 이야기에서만 언급될 뿐이고, 그가 알렉산드로스의 조상이라는 것도 여기에서만 언급된다. 우리는 이들 이야기가 실제로 얼마나 유명했는지, 혹은 고르디아스의 매듭처럼 단지 알렉산드로스가 관심을 보였을 때부터 이 장소도 중요해진 것은 아닌지 말할 수 없다.[8]

처음에 파라이토니온(오늘날의 메르사마트루)으로 간 알렉산드로스는 그곳에서 서쪽의 키레네 대표단의 항복 제의를 받아들였고, 사막으로 난 길을 따라 대략 270킬로미터를 이동한 끝에 시와에 도착했다. 이 오아시스는 고립되어 있었지만(2차 세계대전 때에는 독일군과 이탈리아군에 맞선 영국 장거리 사막 정찰대의 기지가 되었다) 왕래하는 사람이 적어 길이 나지 않을 만큼 외진 곳은 아니었다. 그러나 이집트로 행군한 것 말고 는 사막에 대한 경험이 없었던 마케도니아인들에게는 쉽지 않은 여정 이었다. 도중에 폭풍우가 닥치는가 하면 모래 폭풍이 부는 등 그들은 혼돈 속에서 길을 잃었다가 한 쌍의 까마귀를 따라가서 겨우 살 수 있 었다고 한다. 짐승이 물을 찾아 오아시스로 가는 것은 무척 자연스러 운 일이었지만, 이 사건 또한 어떤 징조로 해석되었다. 프톨레마이오 스는 길을 안내한 것이 두 마리의 뱀이었는데 그 뱀들이 사람의 말처 럼 들리는 소리를 냈다고 한다. 몇 년 후 그가 이 나라를 통치했을 때 기록된 이 이야기에는 이집트에서 왕권의 상징으로 뱀을 숭배하던 관 습이 분명히 영향을 끼쳤을 것이다.9

알렉산드로스와 그 일행이 먼지를 뒤집어 쓴 채 지친 모습으로 도 착했을 때는 그토록 황량한 땅을 힘들게 통과한 뒤여서 사당의 신비 로움이 더 강하게 느껴졌을 것이다. 고위 사제가 밖에서 기다리고 있 다가 "암몬 혹은 제우스의 아들"로서 알렉산드로스를 맞이했는데, 이 는 아마도 파라오가 된 그의 새로운 지위를 반영한 대우였을 것이다. 하지만 한 전승에서는 그것이 그리스어에 익숙하지 않은 사람의 입에 서 나온 말실수였다고도 한다. 일행이었던 프톨레마이오스와 아리스 토불로스는 알렉산드로스가 따로 사제와 함께 사당 안으로 들어갔다 고만 할 뿐 그 뒤에 무슨 일이 있었는지는 자세히 말하지 않는다. 아리아노스 또한 알렉산드로스가 신에게 물었고 "그의 마음이 원하는 대답을 받고 이집트로 돌아갔다"라고만 설명한다. 심지어 그가 어떤 방식으로 신탁을 받았는지도 확실하지 않다. 고대 이집트 방식을 따랐다면 사제들이 신성한 작은 보트를 어깨에 메고 와서 여러 방법으로 움직이게 했거나 일부 그리스 사당에서 하듯이 사제가 말을 하기보다는 표정과 몸짓을 보여주었을 것이다. 플루타르코스는 알렉산드로스가 올림피아스에게 보낸 편지를 인용하는데, 그 편지가 진짜이든 아니든 편지에서 알렉산드로스는 자신이 알게 된 비밀을 마케도니아로 돌아가서 어머니에게만 알려주겠다고 말했다 한다. 물론 그는 살아서 고국으로 돌아가지 못했으므로 그렇게 하지 못했지만, 적어도 이 이야기는 그를 기쁘게 한 응답에 관한 공개된 이야기와 상치되지 않고, 그의 아버지가 신적 존재라고 하는 올림피아스의 믿음을 확인시켜 주는 암시를 담고 있다. 알렉산드로스는 장차 자신의 제국과 관련된 다른 신들보다 제우스 암몬 신에 더 많은 관심을 쏟는다.[10]

고대 문헌의 저자들은 이 젊은 왕이 자기 아버지이기도 한 신의 신탁을 접했다는 이야기를 거부할 수 없었고, 다른 전승들도 빠르게 생겨났다. 이들이 상상하여 만들어낸 전승들은 대개 비슷한 줄거리를 가지고 있다. 알렉산드로스는 자신이 세계를 지배하게 될지 물었고 긍정적인 답을 들었다. 그리고 자신의 아버지를 살해한 이들이 모두 벌을 받았는지 물었고, 필리포스를 살해한 이들은 모두 죗값을 치렀으나 그의 진짜 아버지는 신이었다는 답을 들었다. 이 모든 세부 내용은 그가 죽은 뒤에 창작되었을 것이다. 시와 오아시스 방문은 분명히 알렉산드로스 개인에게 중요한 의미가 있었다. 그렇지 않았다면 그가 그렇게 먼 길을 왔을 리 없으며, 그것은 적어도 이집트를 차지하려는 부가적 이유이기도 했다. 그 자리에 있던 목격자들은 사제가 그를 가리켜 신의 아들이라고 부르는 것을 들었거나 적어도 그렇게 믿었고, 알렉산드로스는 남은 일생 동안 때로는 공공연하게 자신을 암몬 혹은 제우스 암몬의 아들이라고 칭했으며, 다른 이들이 그를 가리켜 제우스의 아들이라 부르도록 두었다. 이 무리에는 원정의 '공식' 역사서를 저술하고 있던 아리스토텔레스의 조카 칼리스테네스도 포함되어 있었다. 하지만 그가 항상 이렇게 불린 것은 아니며, 이것이 필리포스와의 절연을 의미하는 것도 아니다. 그리스 영웅들에게는 인간 아버지와 신 아버지가 모두 있을 수 있었고, 신은 어떤 신비로운 방법으로 수태에 관여할 수 있었다. 그것은 알렉산드로스가 자신의 아버지를 포함하여 다른 왕들과는 다른 특별한 존재, 즉 그가 이룬 엄청난 성공이 분명하게 보여주는 무언가로 보이기를 바랐다는—아마 스스로도 자신을 그렇게 여겼다는—또 다른 징후다. 알렉산드로스는 오아시스를 떠나 이집트로 돌아왔고, 곧이어 다리우스와의 전쟁을 재개했다.[11]

기원전 332년에서 331년까지 알렉산드로스는 넉 달이 넘는 시간을 이집트에서 보냈고, 앞선 두 번의 겨울과 달리 중대한 군사작전을 진행하진 않았다. 처음으로 왕과 병사들은 전투를 벌이지 않고 휴식을 취했는데, 그렇다고 그들이 아무 활동도 하지 않고 가만히 있었던 것은 아니다. 시와 오아시스 방문이 대다수 문헌을 지배하는 경향이 있긴 하지만 그건 기껏해야 몇 주밖에 걸리지 않았을 것이다. 그 경험으로 인해 왕의 성격이나 행동에 가시적이거나 즉각적인 변화가 생겼다는 조짐은 없음에도 다만 후대 사람들이 이 이야기에 매혹된 것뿐이다. 오아시스에 다녀온 일을 빼면 대부분의 시간은 행정에 투입되었다. 새로 정복한 영토를 조직하고, 다음 군사작전을 준비하며, 동맹국과 복속국의 사절을 받았다. 두 이집트 귀족이 노마르케스nomarches●라고 하는 고위 민간 관리로 임명되었는데, 한 사람은 구체적으로 밝혀지지 않은 이유로 이 명예를 사양했다. 더 많은 주민들, 특히 엘리트 계층 사이에서 가능한 한 많은 호감을 얻는 것이 실질적 의미가 있었기에 알렉산드로스는 그들과 그들의 관습에 존중을 보이는 데 시간과 노력을 들였다. 하지만 그 역시 어디까지나 정복자였고, 아마 과거 페르시아인들보다는 더 잘 처신했겠지만 여전히 외국인 침략자였기 때문에 이집트인들이 그를 좋아할 이유는 없었다. 주로 용병들로 이루어진 주둔군이 남았고, 그 지휘관들은 왕의 헤타이로이에서 나왔는데 마케도니아 귀족들이 압도적으로 많았고 그리스인들이 일부 섞여 있었다. 주둔군의 지휘관들은 노마르케스보다 더 큰 권한을 가지고 재정과 행정을 감독했고 어디에서나 이러한 방식이 적용되었다. 모든 중요한 직위는 알렉산드로스의 조정에서 선택된 인물들에게 돌아갔다. 각각의 선택은 왕에 의해서, 그가 한 개인을 신뢰하려는 의지에 근거하여 내려졌다. 횡령죄를 저지르고 달아났던 재무관 하르팔로스가 몇 달 후 그리스에서 돌아왔고, 알렉산드로스의 오랜 친구였던 그는 다시 신임을 얻어 고위직에 앉게 되었다.[12]

알렉산드로스는 멤피스에서 얼마간 시간을 보냈는데, 그곳에서 많은 그리스 도시의 사절단을 접견하고 대체로 너그러운 결정을 내렸다. 그리고 제우스에게 올리는 제사를 포함하는 축제를 열고 운동경

● 이집트는 전통적으로 42개의 노모스(nomos, '구역')로 나뉘었고 하나의 노모스를 담당하는 관리가 바로 노마르케스였다. ─옮긴이

기와 예술 대회를 개최했다. 철저하게 그리스적인 이 축하 행사는 똑같이 그리스적인 호기심과 어우러졌다. 그리고 어느 시점에 해마다 일어나는 범람의 원인을 알아내기 위해 나일강을 따라 남쪽으로 원정대가 파견되었다. 원정대가 내린 결론은 분명 조카 칼리스테네스를 통해 아리스토텔레스에게 전해졌을 터였고, 아리스토텔레스는 이를 바탕으로 문제가 해결되었다고 선언했다. 축하 행사와 탐험이 진행되는 동안 비극의 순간이 찾아왔다. 왕의 어린 친구들을 싣고 가던 배가 나일강에서 전복된 것이다. 그중 파르메니온의 막내 아들인 헥토르는 겨우 헤엄쳐서 강둑으로 올라왔지만 탈진하여 죽고 말았다. 알렉산드로스는 이 소년을 매우 좋아했고, 또한 그의 아버지가 중요한 인물이었으므로, '성대한' 장례식을 열어 주었다고 한다.[13]

기원전 331년 4월 초, 알렉산드로스는 나일강과 수로에 자신이 건설한 다리를 통해 행군하여 이집트에서 나왔다. 이집트를 침공했을 때와 거의 같은 경로를 택했고, 부하들을 위한 물과 식량도 틀림없이 비슷한 방식으로 보급했을 것이다. 그는 우선 티레로 돌아가서 군대를 결집한 다음, 작물이 여물어가는 초여름에 다시 전진할 준비를 했다. 도중에 그는 사마리아를 맡은 부하 중 하나가 사마리아인 무리에게 생포되어 산 채로 불태워졌다는 것을 알게 되었다. 알렉산드로스는 사마리아까지 행군하여 범인을 내놓으라고 요구했다. 그 범행이 어떤 고립된 집단의 행동이 아니라 널리 퍼진 불만과 동요에 의한 것이긴 했지만, 그가 군대를 이끌고 오자 곧 잠잠해졌다. 알렉산드로스는 넘겨받은 범인들을 처형하고, 죽은 관리를 대신할 인물을 임명했다.[14]

티레에서 알렉산드로스는 다시 한번 헤라클레스의 신전으로 가서 희생제사를 올리고 축제를 열었다. 승리한 지도자들의 명성과 넉넉한 상품에 이끌려 운동선수와 공연 예술가들이 몰려왔다. 그중에는 알렉산드로스가 필리포스와 카리아의 픽소다로스 사이의 협상에 개입하여 아리다이오스를 위한 혼인 동맹을 좌절시켰을 때 특사로 활동했던 비극 배우 테살로스도 있었다. 과거에 아테네의 몇몇 주요한 축제들에서 우승했던 그는 젊은 마케도니아 왕의 친구이자 총신으로 남아있었다. 하지만 이번에는 그만큼 뛰어난 기록을 보유한 경쟁자인 아테노도로스에게 상을 빼앗겼다. 아테노도로스는 알렉산드로스의 행사에 참여하고 싶은 마음이 너무 커서 아테네에서의 공연 계약까지 파기했다. 테살로스에 대한 알렉산드로스의 지지는 공공연한 일이었지만, 그것과 상관없이 심사위원들의 결정을 기꺼이 받아들이겠다는 그의 의지 또한 마찬가지였다. 얼마 뒤에 아테네인들은 아테노도로스에게 계약을 파기한 책임을 물어 벌금을 매겼다. 배우는 마케도니아 왕에게 편지를 써서 중재를 요청했고, 알렉산드로스는 아테네 당국의 조치를 무효로 만드는 대신 배우에게 돈을 보내 벌금을 납부하게 했다.[15]

그리스 축제 의식과 경기에 대한 알렉산드로스의 열정은 뿌리 깊고 진정성 있는 것이었고, 이는 대부분의 마케도니아인과 군인들 사이에서 공유되고 있었다. 그것은 또한 그와 마케도니아인들은 참된 그리스인이며 따라서 아직 이기지 못한 범그리스적 복수전의 합당한 지도자들임을 선언하는 정치적인 것이기도 했다. 그는 다른 도시의 행사에서 참가자들을 가로채 오는 일을 주저하지 않았거나 적어도 금지하지 않았던 반면, 다른 모든 면에서는 참주가 아닌 좋은 왕으로서 자기 역할을 다했다. 그렇기에 그는 테살로스를 위해 심사위원들에게 영향력을 행사하려 하지 않았다. 그리고 아테노도로스에 대한 아테네 당국의 판결을 받아들이면서도, 경연의 승자가 티레에 와서 그의 앞에서 공연하려 했던 그 열정으로 인해 손실을 보지 않도록 보장했다. 이러한 존중의 표시들이 그리스인에 대한 알렉산드로스의 통솔력은 마케도니아의 군사적·재정적 지배력에서 비롯된다는 엄연한 사실을 바꿀 수는 없었지만, 적어도 사람들이 그것을 더 쉽게 받아들일 수 있게는 만들었다.

폴리스들과의 관계는 언제나 중요했으며, 필리포스나 그의 아들은 어떤 이점을 발견하지 못하는 한 의식적으로 여론을 도발하지 않았다. 기원전 331년에 알렉산드로스가 페르시아 제국 깊숙이 들어갈 준비를 하고 있는 동안에 그리스의 분위기는 특히나 중요했다. 왜냐하면 아기스 3세가 스파르타의 힘을 행사하겠다는 결정을 명백히 밝혔기 때문이다. 알렉산드로스는 계속해서 다른 그리스 도시에서 들어오는 청원에 너그럽게 응했다. 그는 마케도니아인 지방 지휘관들에 맞섰던 몇몇 섬의 지도자들의 편을 들어 주었고, 페르시아 함대에 맞서 스스로를 방어할 수 없기 때문에 페르시아에 항복했다고 하는 미틸레네의 주장도 받아들였다. 이제 그 함대는 사라졌고, 알렉산드로스에게 저항하는 누구에게라도 군사와 자금을 보내줄 수 있었던 다리우스의 기회도 극적으로 줄었다. 그렇지만 스파르타의 아기스는 이미 페르시아에서 약간의 자금을 받았고, 돈보다 중요한 용병들을 받았다. 알렉산드로스는 얼마 전까지도 적군에 속했던 페니키아인들의 선박 다수를 크레타와 펠로폰네소스로 파견하여 스파르타인들과 그 동맹들을 괴롭혔다.[16]

알렉산드로스는 할 수 있는 한 다른 도시들이 스파르타에 합류하는 것이 현명하지 못한 일임을 납득시킬 필요가 있었는데, 과거 스파르타의 행적으로 그들에 대한 혐오감이 널리 퍼진 것이 도움이 되었다. 여전히 대규모 해군을 편성하고 상당수의 호플리테스를 모집할 능력이 있는 아테네의 역할이 특히 중요했다. 아테네 대표단은 마케도니아 왕에게 가서 그라니코스에서 용병들과 함께 생포된 시민들을 방면해 달라고 다시 요구했다. 이번에는 알렉산드로스도 동의했다. 아직 페르시아에 대한 전쟁은 끝나지 않았지만, 이렇게 해서 아테네의 호의를 구하는 것이 그 시민들을 볼모로 잡아두는 것보다 더 가치 있다고 판단했을 것이다. 알렉산드로스에게는 여전히 20척의 아테네 선박과 선원들이 있었고, 그 동료 시민들의 일부가 그의 동맹군 병사로 남아있었다.

아기스가 벌인 전쟁의 연대기는 혼란스럽다. 서로 다르게 재구성된 이야기들이 있지만, 아마도 전쟁은 알렉산드로스가 티레에서 출발하여 동쪽으로 행군하기 시작한 뒤에야 일어난 것 같다. 필리포스가 카이로네이아 전투에서 승리한 뒤에 체결한 공동 화평 조약에 스파르타는 참여하지 않았고, 알렉산드로스 또한 기원전 334년에 전리품을 아테나 신전에 봉헌했을 때 새긴 비문에서 스파르타를 배제했다. 그러므로 아기스의 전쟁은 어떠한 법적 의미에서도 마케도니아에 대한 반란이나 직접적인 공격이 아니었다. 아기스는 스파르타의 권력을 확고히 하기 위해 행동했다. 그가 노리는 목표물은 조국의 오랜 원수들이었고, 그중 가장 두드러지는 것은 해방된 헤일로테스들이 건설한 도시 메갈로폴리스였다. 하지만 그의 원수들은 공동 화평과 동맹에 가입했으므로 그들에 대한 공격은 조약의 위반이며 다른 도시들, 특히 마케도니아는 공격받은 도시들을 도와야 했다.

아기스는 한동안 전쟁을 준비하면서 신중하게 시기를 선택했다. 그는 스파르타 군대와 이를 지원할 강력한 용병대를 확보했다. 특히 그가 도전에 응한 첫 번째 마케도니아 장교 코라고스의 부대를 격파하자 펠로폰네소스에 있는 스파르타의 동맹들 거의 모두가 그에게 모여들었다. 전통적인 적들, 특히 메세니아와 메갈로폴리스가 그에게 맞섰지만, 아카이아 지역 대부분이 그의 대의에 함께했다. 하지만 아테네는 그렇지 않았다. 최근에 알렉산드로스가 아테네인들에게 그의 권능을 상기시키고 스파르타와 그들의 오랜 경쟁 관계를 떠올리게 한 조치에 만족했기 때문이다. 이소스 전투 이전에 데모스테네스는 마케도니아에 재난이 닥치기를 바라며 알렉산드로스와 그의 부하들이 다리우스가 이끄는 기병대의 말발굽에 짓밟힐 것이라고 신이 나서 말했다. 하지만 전투가 끝난 뒤에는 이 웅변가도 마케도니아 왕과 화해할 방법을 찾았다. 그리고 이번만은 동료 시민들에게 마케도니아에 맞선 새로운 전쟁에 참여할 것을 촉구하지 않았다.[17]

더 많은 그리스 국가가 아기스 편에 섰다면, 그리고 다리우스가 전쟁 초기에 더 많은 원조를 할 수 있었다면, 안티파트로스가 완전히 패배했을 수도 있다. 하지만 이를 당연한 것으로 여겨서는 안 된다. 그러한 최선의 전략은 다리우스에게도 열려 있지 않았다. 폴리스들 사이에서 일치와 협력은 자연스레 이루어질 수 있는 것이 아니었다. 지배적인 강대국을 쓰러뜨리는 데 도움을 준다는 것은 머지않아 압제적이거나 더 나쁜 모습을 드러낼 또 다른 강대국을 세우는 결과를 가져오기 때문이었다. 알렉산드로스는 원정을 떠날 때 자신의 부관에게 많은 군사적·재정적 자원을 남겨두었고, 이는 실제 사건들로 입증되었다. 왕과 그의 주력 군대는 아시아에 있었고, 계속해서 전진 중이었다. 다리우스는 이 전쟁을 확실하게 끝내고 자신의 통치권을 입증하려면 머나먼 그리스에서 대리전을 치를 것이 아니라 알렉산드로스를 직접 무찔러야 했다.

21

가우가멜라 전투

그리스에서 벌어진 아기스와의 전쟁에 관해서는 세부 사항과 연대를 확실히 알기가 어렵기 때문에 전쟁의 경과가 얼마나 빨리 알렉산드로스에게 보고되었는지 또는 마케도니아에 있는 안티파트로스에게 전갈이나 원조가 얼마나 빨리 도착했는지를 판단하는 것은 불가능하다. 기원전 332년 말 또는 331년 초에 알렉산드로스는 자신의 섭정에게 야전부대의 증강 병력을 최대 규모로 조성할 것을 명령했으며, 특히 이제 막 성인이 된 젊은이들 위주로 모집하라고 당부했다. 이는 계속 진행 중이며 앞으로 더욱 확장될 전쟁에 투입할 병력을 공급하기 위한 것이었다. 여기에 필요한 비용은 지금까지 정복한 곳들에서 획득한 전리품과 징수한 세금을 통해 충분히 감당할 수 있었다. 알렉산드로스는 이 명령을 철회하지 않았고, 이는 아기스가 아직 펠로폰네소스에서 싸움을 개시하지 않았거나, 알렉산드로스가 아직 그에 관해 듣지 못했다는 것을 시사한다. 만약 알면서도 그랬다면, 알렉산드로스는 단지 다리우스에게 집중하려 했고, 페르시아와 대전을 치르기 위해서는 아시아에서 증강 병력이 필요했으므로 안티파트로스가 자신이 맡은 것에 대해 알아서 대처할 수 있거나 대처해야 한다고 판단했던 것으로 보인다.

페르시아 왕에 대해 알렉산드로스가 가진 정보도 제한적이었다. 어떤 문헌들은 유프라테스강 서쪽의 모든 땅을 주겠다는 다리우스의 제안과 협상이 전년도가 아니라 이 몇 달 사이에 이루어진 것으로 추정하며, 다리우스도 한 번 이상 접근했을 것으로 본다. 페르시아 왕도 아무것도 안 하며 시간을 보내지는 않았다. 그는 새로운 군대를 박트리아와 심지어 인도같이 먼 속주에서도 모집했는데, 이에 대한 소문이 알렉산드로스에게도 들어갔다. 하지만 여러 달이 지난 후에도 다리우스가 공격을 개시하려는 조짐은 보이지 않았다. 알렉산드로스가 알 수 있는 한 페르시아 왕은 조국의 심장부에 적군이 다가오기만을 기다리고 있었다. 알렉산드로스는 이러한 도전을 피하거나 주도권이 넘어가도록 내버려둘 인물이 절대 아니었으므로 페르시아 왕을 찾아내 격파하기로 마음먹었다.[1]

공세의 다음 단계를 위한 준비가 한동안 진행되었지만, 모든 것이 알렉산드로스에게 만족스러운 것은 아니었다. 그는 시리아에서 물자 보급을 담당한 장교를 해임하고 다른 사람으로 교체했다. 우리는 시리아에서의 물자 보급 실패가 얼마나 심각했고 그것이 알렉산드로스의 계획에 얼마나 영향을 주었는지 알 수 없다. 내륙으로 행군한다는 것은 마케도니아인들이 더 이상 바다를 통해 대규모 물자 보급과 공성 장비 수송을 할 수 없다는 걸 의미했다. 하지만 어느 경로를 선택하느냐에 따라 유프라테스강에서 바지선을 이용하는 것도 가능했다. 육지에서 이동하려면 훨씬 더 많은 짐꾼과 짐승이 필요했고, 알렉산드로스가 지금까지 한 곳에서 지휘해 본 가장 큰 군대에 공급할 수 있는 충분한 식량과 식수, 그리고 그것을 담을 수 있는 튼튼하고 휴대가 편리한 용기도 있어야 했다. 알렉산드로스에게는 주요 야전 병력만 4만 명의 보병과 7000명의 기병이 있었고, 그 밖에도 이미 정복한 영역 전체에 점처럼 흩어져 있는 주둔군이 있었다. 민간인 공동체를 굶기지 않으면서도 병사들에게 먹일 곡식을 충분히 확보하려면 수확기를 기다려야 했으므로 알렉산드로스는 7월이 되어서야 티레에서 출발할 수 있었다.[2]

전위 부대가 유프라테스강에 있는 탑사코스로 가서 강을 가로지르는 두 개의 다리를 건설하기 시작했다. 건너편 강둑에서는 1000명 정도 되는 페르시아 병력이 마케도니아인들을 지켜보고 있었지만 다른 행동은 하지 않았다. 그래서 전위 부대는 알렉산드로스와 주력 부대가 도착하기를 기다렸다가 다리를 완성할 수 있었다. 수적으로 훨씬 열세에 있던 페르시아 병사들은 퇴각했고, 몇 주가 흐르는 사이에 알렉산드로스는 적군의 전초 기지와도 접촉이 끊겼다. 일단 강을 건너자 두 개의 길 중 하나를 선택해야 했다. 하나는 유프라테스강 유역을 따라 내려가서 바빌론까지 곧장 이어지는 길이고, 다른 하나는 북부 메소포타미아를 크게 돌면서 티그리스강에 이르는 더 먼 길이었다. 강을 따라 이동하면 짧은 기간이라도 물자를 바지선에 실어서 옮길 수가 있었지만, 여름 기온이 49도까지 오르는 평지에서 가차 없이 작열하는 햇볕을 맞으며 걸어야 했다. 또 다른 문제는 수확한 작물이 성벽으로 둘러싸인 도시들에 저장되어 있으리라는 것이었다. 이 지역 어딘가에 대규모 페르시아 군대가 있었으므로 이들 도시는 쉽게 항복하지 않을 테고, 이런 조건에서 공성은 어려웠고 다리우스에게 공격당할 위험도 있었다.[3]

알렉산드로스는 북쪽 경로를 택했다. 산개된 정착지에 저장된 작물과 가축을 모으기가 더 쉽고, 기후도 덜 극단적이었으며, 눈에 덜 띄는 길을 택함으로써 적군을 혼란에 빠뜨릴 수 있으리라 판단했다. 다리우스는 바빌론에 군대를 집결시켰지만 알렉산드로스는 이 사실을 몰랐을 가능성이 더 높다. 마찬가지로 페르시아인들도 방호 부대를 철수시켰으므로 마케도니아인들이 유프라테스강을 건넌 뒤 어디로 갔는지 알 수 없었다. 양쪽 모두 서로에게 아주 가까이 접근하고 나서야 상대의 위치를 알게 되었던 이소스 전투에서처럼 고대 문헌들은 두 군대 모두 원거리 정보 수집망을 제대로 갖추지 못했다는 인상을 준다. 양쪽의 사령관은 자신이 반드시 방어하거나 공격해야 하는 대상에 기초하여 적군이 어디에 있을지 추정했다. 어느 시점엔가 다리우스는 알렉산드로스가 유프라테스강을 따라 내려오지 않는다고 판단하고, 계속 티그리스강 동쪽 편에서 강을 건너지 않은 채 북쪽으로 이동했다. 필시 도강 지점을 선점하고, 마케도니아인들의 예고 없는 기습 공격을 더 어렵게 만들기 위해서였을 것이다.

아리아노스에 따르면 페르시아 쪽에는 100만 명의 보병과 20만 명의 기병이 있었다. 디오도로스와 플루타르코스는 보병과 기병을 모두 합해 100만 명이라고 하고, 유스티누스는 총 50만 명이었다고 말한다. 쿠르티우스는 가장 낮게 추산해서 보병 20만 명에 기병이 4만 5000명이라고 했는데, 이조차도 병참학적으로 야전에 내보낼 수 있던 병사 규모의 최고치이거나 그 이상이었을 것이다. 기원전 331년의 페르시아 군대는 이소스에서 패배한 군대보다 훨씬 더 컸을 가능성이 높으며, 모든 조건을 고려할 때 기병 또한 마케도니아의 기병보다 훨씬 많았을 것으로 추정된다. 어떤 이들은 4만~4만 5000명의 기병이 있었으리라는 추산을 받아들인다. 그중 다수가 탁월한 기병이었을 것이며, 다리우스는 지난 패배에서 얻은 교훈을 바탕으로 기병들에게 더 긴 창과 더 나은 검을 배포했다.

페르시아의 기병 다수가 매우 뛰어난 자질을 갖추고 있었으므로 기병대가 관건이었다. 반면에 페르시아 보병들은 대부분 근접전에서 마케도니아나 그리스의 보병대에 맞설 능력이 없었기 때문에 보병의 수는 그리 중요하지 않았다. 다가올 전투에서 카르다케스의 밀집 대형에 대한 언급은 없다. 다만 용병 호플리테스 부대는 겨우 몇천 명에 불과했고, '사과 운반자들'(창의 뒤쪽 끝에 칼이나 못을 다는 대신 황금 사과를 달았다)이라고 불린 1000명의 국왕 근위대를 제외한 나머지는 승리했을 때 적군을 추격하고 패배했을 때 달아나거나 학살당하는 것 말고는 할 수 있는 일이 거의 없었다. 다리우스의 군대는 그 규모 때문에 인상적으로 보였지만, 그렇게 많은 병사를 먹이는 일은 커다란 부담이었다. 그러나 페르시아 왕에게는 겉으로 보이는 면이 중요했고, 그래서 이번에도 호화로운 모습으로 전쟁에 나섰다. 실질적으로 그는 기병대를 이용해 승리하려는 계획을 세웠고, 낫을 장착한 전차 200대를 모아 기병들을 지원했다.[4]

알렉산드로스는 480킬로미터가 조금 안 되는 거리를 행군했다. 아마도 하란(구약성경 창세기에 등장해 알려진 도시로, 로마 시대에는 카레라고 불렀다)과 니시비스를 거쳐 9월에는 오늘날의 모술 근처에서 티그리스강에 이르렀을 것이다. 마지막 단계에 이를 때까지 그는 일정 속도를 강제하지 않고 꾸준히 이동하면서 부하들에게 쉬는 시간을 제공했다. 일부 페르시아 정찰병들을 생포한 덕분에 다리우스가 티그리스강을 방어하기 위해 부하들을 보냈다는 흔치 않은 정보도 얻을 수 있었다.

알렉산드로스는 전력으로 행군하여 강에 먼저 도착했지만, 페르시아 정찰병들의 말은 거짓으로 드러났고 마케도니아 군대는 아무런 저항도 받지 않고 강을 건넜다. 이 시기에는 걸어서 건널 수 있을 만큼 강물이 얕았으므로 다리를 놓을 필요도 없었다. 하지만 고대 문헌에서는 거센 물살 때문에 병사들과 말들이 어려움을 겪었다고 말한다. 알렉산드로스는 부하들에게 이틀간의 휴식을 허락했고, 9월 20일에서 21일로 넘어가는 밤에 월식이 일어나자 병사들을 안심시키는 데 주의를 기울였다. 교육받은 그리스인들은 월식이 무엇인지 이해했기 때문에 왕은 지구와 태양과 달에 제사를 지냈고, 점술가 아리스탄드로스는 월식이 다리우스에게는 나쁘고 마케도니아인에게는 좋은 징조라고 공표했다.[5]

이제 마케도니아 군대는 티그리스강의 동쪽 강둑을 따라 다시 전진하기 시작했고, 이틀 뒤 프로드로모이 경기병대의 정찰병이 페르시아의 강력한 기병대를 발견했다. 알렉산드로스는 전진을 멈추고 전투대형을 갖추었다. 얼마 뒤 또 다른 정찰병이 와서 페르시아 병사들은 1000명밖에 되지 않는다고 말했다. 알렉산드로스는 헤타이로이 기병대와 파이오니아인 기병대로 프로드로모이를 보강하여 적군을 향해 나아갔다가 즉각 철수했지만, 그의 장교들 중 하나가 페르시아 귀족을 창으로 찌르고 목을 베어 그 머리를 왕에게 가져왔다. 오랜 추격이 이어졌고, 말이 지쳐 달릴 수 없게 된 페르시아 병사들은 마케도니아 병사들에게 살해되거나 생포되었다. 포로들은 다리우스가 그리 멀지 않은 곳에 대규모 군대를 집결했다고 실토했다. 서로 위치를 잘 알지 못한 채 탐색만 하던 몇 주가 지나고, 마침내 양쪽 군대가 상대의 위치를 더 명확하게 알게 되었다. 얼마 전 다리우스는 마케도니아 군대가 유프라테스강을 따라 내려오지 않는다는 것을 깨달았고, 침략군이 택할 수 있는 다른 유일한 경로인 티그리스강을 따라 올라갔다. 그의 군대는 너무 커서 빠르게 움직이거나 방향을 바꾸는 데 적합하지 않았고, 한 장소에 너무 오래 머무를 수도 없었다. 그의 계획이 성공하려면 넓은 개활지가 있어야 했다. 이소스 전투에서 그를 방해했던 것과 같은 좁은 땅에서 다시 전투를 치를 수는 없었다. 그는 전진하면서 적당한 전투 장소를 찾았고, 아르벨라(오늘날 이라크 북부의 아르빌)라는 도시에서 조금 더 북쪽으로 올라간 곳에 자리를 잡고 알렉산드로스가 오기를 기다렸다. 하지만 그곳에서 마케도니아 군대와 마주치지 않았다면 그는 언제고 다시 이동했을 것이다.[6]

알렉산드로스도 행군을 멈추고 진을 칠 좋은 자리를 고른 뒤 나머지 군대를 데려왔다. 알렉산드로스가 그곳에 무거운 화물을 보관할 계획이었기에 병사들은 진영의 방어시설을 만들었다. 그리고 그는 나흘간 쉬면서 부대가 다가올 전투를 대비하게 했다. 그라니코스 전투에서는 속전속결 전략이 필요했었다. 이소스 전투에서는 다리우스가 그의 후방에 나타났기 때문에 그 자리에서 싸우는 수밖에 없었다. 이번에는 서두를 필요가 없었으므로, 거의 석 달에 걸친 긴 행군의 피로를 회복할 시간을 병사들에게 줄 수 있었다. 알렉산드로스는 며칠 동안 필요한 보급품만 챙겨서 전투 부대만 이끌고 어둠이 내리길 기다렸다가 동이 트면 곧 싸울 준비를 할 마음으로 행군했다. 9월 말의 태양이 떠올랐을 때 그들은 페르시아 군대로부터 12킬로미터 정도 떨어진 곳에 있었다. 산과 언덕이 시선을 가렸기 때문에 양쪽 모두 서로를 보지는 못했지만, 페르시아인들 또한 전투 준비가 되어 있었다. 페르시아의 정찰병들이 마케도니아 군대가 전진해 오고 있음을 밝혔거나, 아니면 적군이 가까이 왔음을 알았으므로 단순한 예비 조치를 취한 것이었다. 양쪽 군대는 6킬로미터까지 접근한 뒤에야 서로를 볼 수 있었다. 이 지점에서 알렉산드로스는 행군을 멈추고 장교들을 불러 모았다.[7]

여기까지가 적어도 아리아노스가 전하는 이야기의 핵심이다. 현전하는 고대 문헌들은 세부 내용에서 서로 차이를 보인다. 쿠르티우스는 다리우스가 그리스인들에게 군대를 제공함으로써 마케도니아에 등을 돌리게 하려는 시도를 했고, 그의 아내 스타테이라가 이 시점에 죽었으며, 이어서 마지막 협상 시도가 있었다고 전한다. 그의 이야기는 대부분 도덕적인 목적을 가지고 있다. 파르메니온이 그리스인들을 매수하려는 페르시아 왕의 편지를 가로챘는데 그 편지를 공개하지 말라고 알렉산드로스를 설득했다거나, 자기라면 화평 제안을 받아들이겠노라고 말했다는 대목들이 그러하다. 알렉산드로스가 "내가 파르메니온이라면" 화평을 받아들이겠다고 비꼬아 말했다는 일화도 바로 이 대목에서 비롯되었다. 스타테이라의 죽음은 쿠르티우스와 다른 저자들에게 풍부한 소재를 선사했다. 쿠르티우스에 따르면, 한 환관이 탈출하여 스타테이라가 죽었다는 소식을 다리우스에게 전했고, 상심한 다리우스는 알렉산드로스가 자기 아내를 잘 대해 주었다는 말을 듣고 처음에는 의심하다가 결국에 그가 그녀를 강간하거나 유혹하지 않았음을 믿게 되었다. 그리고 혹시라도 자기가 죽는다면 이 마케도니아 왕만이 자기 뒤를 이을 것이라고 소리 내어 기도했다고 한다. 이 중 어느 것도 실제로 일어났을 가능성이 없어 보이며, 진실은 너무 심하게 미화되어 거의 알아볼 수 없는 지경이 되었다.[8]

모든 문헌이 일치하는 부분은 양쪽 군대가 처음 서로를 보게 된 첫

날에는 전투가 벌어지지 않았다는 것이다. 6킬로미터나 떨어진 거리에서는 병사들이 일으키는 먼지구름이나 땅에 드리워진 짙은 그늘 정도만 보였을 것이다. 물론 정찰병들은 말을 타고 앞으로 나아가서 더 자세히 보았을 테고, 1.5킬로미터도 안 되는 거리에서는 기병대와 보병대도 확실히 구별할 수 있었을 것이다. 다리우스의 군대의 거대함은 처음부터 뚜렷하게 보였을 테고, 더 가까이 다가갔을 때는 제1선을 두껍게 형성하고 있는 강력한 기병대도 눈에 띄었을 것이다. 그리고 전차들과 15마리의 인도 코끼리도 보였겠지만, 이 코끼리들은 싸움에서 별다른 역할을 하지 못한다.[9]

알렉산드로스의 장교들은 그라니코스 전투 이후 페르시아와 맞붙은 중요한 싸움에서 매번 승리를 거두었으므로 자신감에 가득 차서 압박과 공격에 열을 올렸다. 유일하게 파르메니온만이 경계해야 한다고 목소리를 내며 일단 멈추어서 정찰할 것을 조언했고, 이번에는 왕이 그의 조언을 따랐다. 마케도니아인들이 행군을 멈추고 진영을 설치하는 사이에 알렉산드로스는 헤타이로이 기병대와 경보병대를 이끌고 가서 지형과 적군을 살폈다. 평야는 사방으로 열려 있었고 대체로 평평했다. 다리우스의 부하들은 전차가 적군에게 순조롭게 달려갈 수 있도록 넓게 펼쳐진 땅에 장애물을 모두 제거해 놓고 있었다. 이러한 부대의 배치는 다리우스가 짜놓은 계획의 핵심을 명확히 드러냈다. 잘 준비된 땅을 보면 다리우스는 알렉산드로스가 다가오기를 기다렸다가 반격을 가하려는 것이 분명했다. 전차나 기병대 모두 정지한 상태에서는 공격을 방어할 수 없었다. 다리우스가 뛰어난 기병대를 통해 노린 것은 규모가 더 작은 마케도니아 군대를 둘러싸는 것이었다. 기병들은 아무리 용감하다 해도 정면에서 팔랑크스를 뚫을 수 없었고, 더구나 창으로 무장할 수도 없었으므로, 보병대의 대형을 무너뜨리는 임무는 무거운 전차들이 맡을 게 분명했다. 보병대는 한번 대형이 무너지고 나면 기병대의 공격에 아주 취약해지기 마련이었다. 페르시아의 계획에는 특별히 교묘한 부분은 전혀 없었지만, 그토록 많은 병사를 거느린 군대가 할 수 있는 안전하고 쉬운 전략을 취했다. 알렉산드로스는 전차를 무력화시키고 적군을 밀어붙이는 동시에 자기 군대의 측면을 보호해야 했다.[10]

　알렉산드로스는 진영으로 돌아와 다시 장교들을 집합시킨 후 다음날 해야 할 일들을 명령하고 자신이 염두에 두고 있는 것을 설명했다. 파르메니온은 적군의 수적 우세를 무력화시키려면 야간 공격을 감행해야 한다고 촉구했지만, 알렉산드로스는 "승리를 훔치지 않을 것"이라며 파르메니온의 의견을 거부했다. 이 이야기는 우리가 접한 다른 이야기들과 비슷하지만, 공통된 맥락은 파르메니온이 항상 틀렸다는 것이 아니라 알렉산드로스가 항상 옳았다는 것이다. 이 경우, 전직 사령관이었던 아리아노스는 알렉산드로스의 결정을 칭찬했다. 그는 마케도니아인들의 교활함과 이중성을 탓할 수 있는 패배를 다리우스에게 안기기보다는 깔끔하게 승리를 거두는 것이 정치적으로 가치 있을 뿐 아니라, 야간 작전 수행에는 어쩔 수 없는 혼란이 야기될 수 있음을 지적했다. 그는 페르시아인들이 야간 공격을 염려하여 군대 전체나 대부분이 밤새 전투 태세를 갖추거나 적어도 대형을 유지하고 있었고, 그래서 마케도니아인들보다 생기가 없었다고 주장한다. 마케도니아인들은 집단적 공황에 빠졌고, 알렉산드로스와 아리스탄드로스는 만족할 만한 징조를 얻을 때까지 밤새 제사를 드렸으며, 그래서 왕이 너무 깊은 잠에 빠진 나머지 해가 떠오르고 몇 시간

이 지난 뒤에야 파르메니온이 그를 흔들어 깨웠다는 이야기는 모두 신빙성이 떨어진다.[11]

10월 1일, 동이 트자 마케도니아 병사들과 왕은 행렬을 이루어 진영에서 나왔다. 알렉산드로스는 평상시처럼 아침 제사를 지냈고, 칼리스테네스는 그가 '제우스의 아들'로서 기도하며 테살리아인들과 그리스 동맹군들에게 신들이 그들 모두를 지켜주고 힘을 줄 것이라고 연설했다고 한다. 아리스탄드로스는 흰색 제의에 황금관을 쓰고 나와서 자신의 머리 위로 날고 있는 독수리를 보았는데 이는 패배할 수밖에 없는 적군에게 날아가는 제우스의 전령이라고 단언했다. 플루타르코스는 이날 알렉산드로스가 입은 의상을 다른 어느 전투에서보다 자세하게 묘사하고 있다. 시칠리아산 튜닉을 입고 허리띠를 두르고, 그 위에 이소스 전투에서 획득한 두 겹의 리노토락스linothorax*를 착용했다. 철로 된 투구는 세심하게 마감 처리를 하고 광을 내서 은처럼 빛이 났다. 장식이 화려한 망토는 유명한 장인이 만든 것으로, 얼마 전에 로도스섬 주민들이 그에게 선물한 것이다. 그의 검 또한 키프로스에 있는 키티온의 임금이 선물한 것으로, 세밀하게 제련되었고 아름답게 균형을 이루었다고 한다. 병사들을 정렬하고 예비 진군을 하는 동안 알렉산드로스는 이름이 기록에 남지 않은 말을 타고 있다가 싸움이 벌어지기 직전에 부케팔로스로 옮겨 탔다. 그가 아끼던 애마도 "이제 전성기가 지났기" 때문이었다.[12]

마케도니아인들은 아마도 하나나 복수의 행렬을 이루어 얼마간 행

---

* 리노토락스는 아마포를 겹쳐서 만든 흉갑이다. 고대 지중해 지역 전역에서 병사들이나 전사들이 입었다고 한다. 가볍고 저렴했기 때문에 청동 갑옷보다 널리 사용되었다. 알렉산드로스를 비롯하여 고대 그리스 영웅들은 이 리노토락스를 입고 있는 모습으로 곧잘 묘사된다. ―옮긴이

군하다가 전투 대형을 이루었을 것이다. 다리우스의 부하들은 그들을 기다리고 있었고, 이소스 전투에서와 달리 경기병대를 먼저 내보내 먼지구름을 일으키지는 않았기 때문에 페르시아 군대가 전날과 같은 대형을 유지하고 있음을 명확히 알 수 있었다. 아리아노스는 아리스토불로스를 인용하여 마케도니아인들이 나중에 페르시아의 전투 대형을 복제했다고 주장하므로 고대 문헌들에 있는 세부 묘사는 비교적 정확하다고 할 수 있겠다. 왕들의 왕은 다시 한번 전차를 타고 대열의 중앙 후면에 위치하고 있었다. 1000명의 왕실 기병대와 1000명의 '사과 운반자들', 그리고 양 측면에 그리스 용병들이 그를 호위하고 있었다. 군대는 민족별로 부대가 나뉘었는데, 기병대가 제1열에 서고, 그에 상응하는 보병대가 그 뒤에 섰다. 다리우스의 우익은 전직 킬리키아 사트라프인 마자이오스가 지휘했고, 그 휘하에 시리아인, 메소포타미아인, 메디아인, 파르티아인, 사카족(중무장 궁기병으로 유명한 유목민족), 타푸리족, 히르카니아인, 알바니아인, 사카시니아인, 카파도키아인, 아르메니아인 병사들이 있었다. 우익과 마찬가지로 강력한 좌익은 박트리아의 사트라프인 베소스가 지휘했다. 그는 왕족이긴 했지만, 아마도 숙청에서 살아남은 왕의 먼 친척인 듯하다. 베소스의 휘하에는 박트리아인, 그의 영토에 속한 다하이족, 사카이족 병사들이 있었다.* 그리고 우익과 중앙 사이에는 페르시아인, 수사인, 카두시아인 병사들이 있었다. 일부 궁보병弓步兵들이 제1열에 있거나 그에 가까이 있었고, 세 개의 무리로 나뉜 전차들은 그보다 조금 더 앞쪽으

---

* 여기 등장하는 부족들은 흑해 연안에서 중앙아시아에 이르는 유라시아 스텝 지역에 퍼져 살던 스키타이족의 하위 부족들이다.—옮긴이

로, 왼편에 100대, 중앙에 50대, 오른편에 50대 이상 배치되었다.[13]

　알렉산드로스는 다리우스와 마주 보도록 전열을 배치했다. 늘 그렇듯이 중앙에는 히파스피스테스와 팔랑크스가 있었고, 바로 옆에 창병 6개 대대가 있었다. 또한 늘 그렇듯이 왕과 헤타이로이 기병대가 팔랑크스 오른편에, 파르메니온이 지휘하는 테살리아인 기병대가 팔랑크스 왼편에 배치되었는데, 마치 그들이 그라니코스에서 전투를 시작하여 이소스 전투에서 정위치로 이동한 것과 같은 모양새였다. 알렉산드로스가 모든 분대를 하나의 대열로 늘어놓았다 해도 페르시아 군대의 폭에 대응할 수 없었을 것이다. 개활지에서는 측면을 방어할 지형지물이 전혀 없었다. 그래서 필리포스나 알렉산드로스가 치른 전투에서 처음이자 마지막으로 그리스 동맹군과 용병대의 호플리테스가 제2 팔랑크스로 편성되어 주력 전열 뒤에 약간의 거리를 두고 배치되었다. 적어도 2열은 1열의 수와 길이에 대응되었으며 폭이 더 넓었을 수도 있었지만, 주된 역할은 1열의 예비군이 아니라 적군의 기병대가 아군을 둘러쌌을 때 후방으로 돌아서서 적군에 맞서는 것이었다. 그러면 측면의 병사들이 대열 뒤로 비스듬히 이동하면서 앞줄과 뒷줄을 연결했다. 오른편에는 파이오니아인, 프로드로모이, 아그리아네스족 보병대 절반, 궁수, 그리고 필리포스 휘하에서 복무한 고참 용병 보병대, 메니다스가 지휘하는 용병 기병대가 있었고, 그 밖에도 나머지 아그리아네스족과 다른 산병 일부가 약간 앞으로 나와 있었다. 왼편은 트라케인들과 동맹군과 용병 기병대가 호위했다. 그러므로 전체 군대가 대체로 사각형을 이루게 되는데, 더 정확히 말하자면 일종의 사다리꼴 형태가 되어 사방에서 오는 위협에 맞서게 되는 것이었다. 물 운반꾼과 마부와 다른 일꾼들은 물론 일부 하인도 두 팔랑크스의 후면이나 사이에 위치했고, 남은 인력은 전날 설치한 진영 안에 머물렀다.

이는 고정적인 대형은 물론이고, 방어적인 대형도 아니었다. 단순히 페르시아 병사들을 막아내는 것만으로는 충분하지 않았다. 알렉산드로스는 다리우스와 결판을 내야 했고 그의 군대를 완파해야 했다. 전군을 제 위치에 배치하는 데는 아마도 두세 시간 이상 걸렸을 테고, 이후에도 양쪽 군대가 서로를 탐색하느라 잠시 멈춰 있었을 것이다. 알렉산드로스는 페르시아인들이 그에게 먼저 다가올 것인가를 생각했다. 그들은 그렇게 하지 않고, 3~5킬로미터 정도 거리를 유지한 채 그대로 있었다. 이 상태에서 알렉산드로스는 틀림없이 부하들을 격려했을 것이다. 아리아노스는 사전에 알렉산드로스가 명령을 내렸다고 하는데, 그건 분명히 일반적인 관행이었을 것이다. 병사들에게 대형을 유지할 것, 함성을 질러야 할 때가 오기 전까지는 침묵할 것, 때가 되면 고함쳐서 적을 두려움에 떨게 할 것을 당부하고, 그들 모두가 서로에게 의지하며 함께 협력하여 싸운다면 반드시 승리하리라고 말해주었다. 자신감을 발산하며 익숙한 말을 반복하면 긴장과 불안이 없어지기 마련이었다.[14]

이제 알렉산드로스가 진군 명령을 내렸다. 이소스 전투와 달리 이 전투가 어떻게 전개되었는지에 대한 설명은 전혀 없다. 처음부터 팔랑크스와 군대의 다른 단위들이 표준적인 전투 대형을 이루고 있었는지 아니면 양쪽 군대가 서로에게 더 가까이 접근할 때까지 좁은 행렬을 이루어 나아갔는지도 알 수 없다. 그토록 복잡한 배치를 감안하면 개활지에서조차 3~5킬로미터를 행군하면서 대형을 정확히 유지하기란 어려운 일이었다. 하다못해 군대 전체가 나란히 줄을 맞추는 것도 쉽지 않았기에 행군을 멈추고 대열을 맞추거나 위치를 조정하는 일을 여러 차례 반복하는 것이 불가피했다. 우리가 아는 한, 마케도니아 군대는 이러한 대형을 사전에 연습한 적이 없었다. 처음부터 알렉산드로스는 오른쪽으로 비스듬히 움직여서 페르시아 군대의 중앙에서 멀어지며 그들이 세심하게 준비해 놓은 전차들의 진로에서 벗어났다. 하지만 이 때문에 대형을 유지하기는 더 힘들어졌다. 군대의 기동은 전투 자체보다는 덜 극적이었지만, 알렉산드로스와 그의 군대의 기동 능력은 다시 한 번 그 지도자들의 뛰어난 자질과 군대의 규율, 자신감, 훈련을 훌륭하게 입증했다.

마케도니아 군대는 점차 페르시아 군대에 접근하면서도 걷는 것보다 빠르게 움직이지는 않았다. 다리우스는 그들이 자신의 대규모 전차 부대에서 조금씩 멀어져서 왼쪽 측면을 향해 다가오는 것을 지켜보았다. 그는 이에 대응해 자신의 군대를 향해 같은 방향으로 이동하여 알렉산드로스의 오른쪽 측면을 확실히 공격할 수 있게 하라고 명령했다. 일부 사카족 병사들이 마케도니아 군대 우익 앞쪽에서 이동 중인 경보병대와 가볍게 접전을 벌이기 시작했으나 훨씬 더 규모가 큰 페르시아의 본대를 이동시키는 일은 더욱 어려웠다. 게다가 페르시아 군대는 다민족으로 구성되었을 뿐 아니라, 불과 몇 달 전에 모집되어 함께 훈련할 시간이 거의 없었다. 알렉산드로스가 계속 오른족으로 전진하자 다리우스는 적군이 매끈한 전차의 진로에서 벗어나 조금 더 거친 땅으로 이동할까 걱정하기 시작했다. 다리우스는 아마도 예상보다 일찍 군대의 좌익에 명령을 내려 적군을 둘러싸서 기동을 멈추고 전차들을 내보내 공격하게 했다.

대체로 그러하듯이 대형 배치와 예비 이동 이후에 벌어진 일들에 대해서는 우리의 이해가 단절되기 때문에 가우가멜라(가장 가까운 도시의 이름) 전투의 재구성은 상당히 추측에 의존할 수밖에 없다. 이 전투는 특히나 혼란스러운 전투였다. 예상대로 아주 많은 기병이 확실하게 구분되는 분대 단위로 움직이지 않고 대대 단위로 공격하고 반격했으며, 수만 개의 말발굽이 만들어내는 먼지 때문에 가시성이 극단적으로 나빠지곤 했다. 아리아노스는 가장 자세하고 설득력 있는 서사를 제공하지만, 실제로 일어난 일의 많은 부분을 설명하지 못한다. 그를 비롯한 다른 문헌들도 다시 알렉산드로스와 그가 한 일에만 집중한다. 오랜 시간이 지난 뒤에 쓰인 고대 문헌들은 물론이고, 전투의 정확한 경과를 정말로 이해한 사람은 아무도 없었을 가능성이 크다. 따라서 여기에 기술하는 내용 또한 기껏해야 단순화된 부분적 재구성에 불과할 수 있다.[15]

왼편에 있던 페르시아 기병대 일부가 마케도니아군을 둘러싸자, 메니다스 휘하의 400명 정도 되는 그리스인 용병 기병대가 알렉산드로스의 오른편에서 대기하고 있다가 측면에서 페르시아 기병들을 공격했다. 전투가 시작되기 전에 알렉산드로스는 메니다스에게 적군에 둘러싸이면 스스로 주도권을 가지고 공격을 개시하라는 명령을 내렸다. 페르시아의 포위가 잠시 멈춘 대신에 사카족과 박트리아인 대대가 반격을 가해 왔다. 이들의 수는 적어도 2000명은 되었으므로, 오래지 않아서 메니다스와 그의 작은 분대는 밀리기 시작했다. 이번에는 알렉산드로스가 파이오니아인들에게 공격을 명령하고 고참 용병 보병대가 이들을 지원하게 했다. 이 용병대는 더 가볍게 무장하여 호플리테스보다 기동성이 좋은 펠타스테스였을 것이다. 기병대와 훌륭한 보병대의 조합은 고대 세계에서 매우 큰 효과를 발휘할 때가 많았다. 보병대는 활이나 돌을 쏠 수 있고 빽빽한 밀집 대형을 구성할 수 있어서 그 뒤에서 지친 기병들이 기운을 되찾고 다시 공격을 개시할 수 있었다. 이제는 페르시아 병사들이 잠시 뒤로 밀렸다가 더 많은 지원병을 몰고 왔다. 그들은 마케도니아의 오른편을 둘러싸야 한다는 생각을 모두 잊어버렸다. 수적으로 크게 열세였음에도 알렉산드로스의 부하들은 힘겹게 싸우면서 자기 위치를 지켰고, 수가 엄청나게 많은 적군 병사들을 밀고 밀리는 싸움 속으로 끌어들였다. 어느 쪽도 확실히 우세하다고 할 수가 없었다.[16]

페르시아 전차들은 4마리 말이 한 조가 되어 이끄는 육중한 구조였고, 각 바퀴에 달린 회전하는 낫 외에도, 말에 씌운 멍에의 끝에 칼날과 창촉이 장착되어 있었다. 전차를 모는 이는 싸울 수가 없었고, 말에 채찍질을 가해 적군을 향해 똑바로 달려들도록 유지해야 했다. 상대할 적군이 보병에다가 앞쪽으로 창을 든 채 빽빽한 밀집 대형을 이루고 있다면 말은 본능적으로 갑자기 달리기를 멈추기 마련이었다. 하지만 시끄러운 말들과 전차들이 무시무시한 기세로 돌진해 오기 때문에 창을 세우고 말들을 멈추게 하려면 흔들리지 않는 배짱이 있어야 했다. 기원전 401년 쿠나크사에서 크세노폰의 만인대가 그러한 배짱을 보여주면서 전차를 무용지물로 만들었다. 가우가멜라 전투에서 다리우스의 전차들은 아마도 계획했던 것보다 더 빨리 출발했고, 그래서 더 멀리까지 가야 했다. 마케도니아 병사들은 그 유명한 만인대와 맞먹는 침착함을 보여주었다. 알렉산드로스는 히파스피스테스와 창병들에게 대형 안에 길을 열어 페르시아의 전차들을 그대로 통과시키라고 명령했다. 그가 왕으로서 처음 벌였던 군사작전에서 경사로를 굴러 내려오던 트라케인의 수레를 그냥 통과시켰던 것과 같은 계략이었다. 말들은 밀집 대형으로 벽을 이루고 있는 병사들에게 달려들기보다는 자연스레 방향을 틀어 대형 사이에 난 길을 통과했다. 다른 곳에서는, 특히 똑같은 계략이 통하지 않는 기병대 앞에서 경보병대가 말과 그 기수를 쏘아 떨어뜨렸다. 쿠르티우스와 디오도로스는 일부 전차가 방향을 틀어 달아나는 동안에 마케도니아 병사들과 페르시아 병사들 모두 팔다리가 잘리고 머리가 떨어져 나갔다는 섬뜩한 장면을 묘사하지 않을 수 없었다. 하지만 실제로 페르시아 전차들로 인한 사상자는 거의 없었을 것이다. 일단 전차가 팔랑크스를 지나쳐 버리고 나면 말들은 지치고 기수는 혼란에 빠졌다. 경보병들이 이런 전차와 기수들을 처리했고, 헤타이로이 기병대를 지원하려고 기다리고 있던 마부들도 거기에 가담했다.[17]

전차의 주된 목적은 적군을 죽이는 것이 아니라 팔랑크스를 흐트러뜨려서 기병대가 공격할 수 있게 길을 여는 것이었다. 전차들이 이 목적을 달성하는 데 완전히 실패했으므로, 페르시아 기병대 본진이 돌격해 들어왔을 때는 마케도니아의 히파스피스테스와 팔랑크스가 다시 대형을 갖추고 전진하면서 내미는 빽빽한 창과 사리사를 마주해야 했다. 그러나 마케도니아군은 전진하면서 오른쪽으로 이동했기 때문에 이소스 전투에서보다 왼쪽 측면에 훨씬 더 심각한 위협을 받았다. 파르메니온이 곧 측면에서 공격받았고, 테살리아인 병사들은 훨씬 더 수가 많은 적군 기병들에 맞서 힘겹게 싸웠다. 일부 페르시아 병사들은 마케도니아 군대를 우회하여 그들의 진영을 공격했다. (페르시아 군대에서 다리우스의 가족을 구출하기 위한 기습작전을 실행했는데 그의 어머니가 '구조자들'과 함께 떠나기를 거부했다는 이야기가 전해지지만 사실일 가능성은 거의 없다. 특히 포로들은 분명히 전장에서 어느 정도 멀리 떨어져서 강력하게 방비된 진영의 중심부에 있었을 것이기 때문이다.) 마케도니아 군대의 왼쪽 측면 전체가 위협을 받고 있었으므로 그쪽을 증강해야 한다는 데 의문의 여지가 없었다. 가장 왼쪽에 있던 팔랑크스 2개 대대가 좌익의 기병대 및 다른 부대들과 대열을 맞추기 위해 잠시 정지했다. 제1열의 나머지 병사들이 계속 앞으로 밀고 나가는 동안 대규모 팔랑크스가 장거리를 전진하면서 구성 단위로 쪼개지는 자연스러운 경향이 더욱 심해졌다. 팔랑크스 내부로 큰 틈이 벌어졌고, 그래서 돌격해 오던 인도인과 페르시아인 기병대가 그 사이로 통과해 버렸다. 기병들 대부분은 방향을 틀어 다시 팔랑크스의 측면이나 후면을 공격하지 못했고, 심지어 제2열의 팔랑크스에도 커다란 틈이 벌어져 있는 것을 발견했다. 하인들은 살해되고 짐승들은 공황에 빠진 가운데 2열의 분대들이 전투 개시 전에 받은 명령에 따라 돌아서서 적군을 몰아냈다.

알렉산드로스는 오른편에서 벌어지고 있는 아수라장에 프로드로모이를 투입하고, 헤타이로이 기병대 일부나 전체와 함께 공격을 개시했을 것이다. 전투가 시작되었을 때 페르시아 기병대는 질서 정연한 대열을 형성하고 있었지만, 밀집 대형 보병보다 훨씬 더 많은 기병들이 이런 식으로 대열을 유지하기란 거의 불가능했다. 비스듬히 전진해 오는 알렉산드로스 군대에 대응하고자 다리우스는 왼쪽으로 이동하라는 명령을 내렸고 이어서 마케도니아 군대를 둘러싸려고 시도했는데, 이 때문에 기병 대대의 대열이 무너지고 싸움이 시작되자 완전히 무질서해지고 말았다. 그렇게 많은 말들이 가까이 붙어 있으면 서로 흥분하는 경향이 있었고, 일부 분대가 돌격함에 따라 점점 더 많은 말들과 분대들이 명령에 상관없이 몰려들었으며, 이 분대들의 지도자들 역시 자신이 탄 말보다 조금 덜 흥분했을 뿐이었다. 페르시아의 전열은 크고 작은 몇 개의 무리로 나뉘어 어떤 대대들은 여전히 대열을 유지했지만 다른 대대들은 흩어져 버리며 무너졌다. 페르시아 보병대가 기병들을 효과적으로 지원했다는 흔적은 없으며, 그들이 대형을 그대로 유지했다는 흔적은 더더욱 없다. 마케도니아의 제1열 팔랑크스는 남은 4개의 창병 대대와 히파스피스테스와 함께 계속 전진했고 적군의 보병대와 기병대를 모두 몰아냈다.

페르시아의 대열에 아마도 가늘고 긴 틈이 벌어지기 시작했을 것이다. 알렉산드로스는 헤타이로이와 가장 가까이 있는 보병대를 이끌고 곧장 그 틈을 파고들었다. 아리아노스는 큰 쐐기형 대형에 대해서 말할 뿐, 그것이 그날 어떤 의미가 있었는지는 설명하지 않는다. 마케도니아의 주력 공격 부대가 중앙에 있는 다리우스를 향해 비스듬히 전진했다. "잠시동안 백병전이 벌어졌지만, 알렉산드로스는 기병대와 함께 힘차게 돌격해 들어와서 페르시아 병사들을 밀어내고 창으로 그들의 얼굴을 가격했다." 그와 동시에 팔랑크스가 쇄도하자 "이미 오래전부터 공황에 빠져 있던 다리우스는 (…) 가장 먼저 등을 돌려 달아났다." 거의 같은 시간에 우연이었는지 아니면 왕이 달아났다는 소식 때문이었는지, 페르시아 군대의 중앙과 좌익이 해체되었다. 역경을 무릅쓰고 버티고 있던 프로드로모이와 다른 경무장 부대가 한 번 더 돌격하여 그들 앞의 적군을 궤멸시켰다.[18]

파르메니온이 맡은 좌익은 여전히 세게 밀리고 있었다. 그는 알렉산드로스에게 전령을 보내 지원군이 필요하다고 알렸다. 디오도로스는 알렉산드로스가 이미 적을 추격하는 데 열중하고 있었으므로 이 전령이 왕을 찾을 수 없었다고 주장한다. 반면에 아리아노스는 알렉산드로스가 보고를 받고 헤타이로이 기병대를 이끌고 다시 돌아와 싸우기 시작했다고 말한다. 그들은 반대 방향으로 향하고 있는 파르티아인·인도인·페르시아인 기병대로 돌진했고, 이번 전투 중에 가장 크고 격렬한 싸움을 벌였다. 60명의 헤타이로이 기병이 죽었고, 헤파이스티온을 포함한 부상자는 훨씬 더 많았다. 마침내 마케도니아 군대가 승기를 잡았다. 아마도 적군의 일부가 떨어져 나가면서 의도한 대로 퇴각할 수 있게 되었을 것이다. 파르메니온에 대한 지원은 간접적으로 이루어졌다. 그는 테살리아인 병사들의 선두에 서서 완강하게 저항했고 마침내 싸움을 장악했다. 그제야 페르시아의 사령관 마자이오스는 다리우스와 나머지 군대가 이미 도망 중이라는 것을 깨닫고 부하들에게 퇴각 명령을 내렸다.

알렉산드로스는 파르메니온에게 페르시아 진영을 점령하라고 명하고, 자신은 나머지 기병대를 이끌고 추격전에 나섰다. 고대의 모든 전투에서 그러했듯이 가장 큰 학살은 무력하게 도망가는 적군에게 가해졌지만, 30만 명이 살해되고 훨씬 더 많은 인원이 포로가 되었다는 아리아노스의 언급은 그가 전투 전에 제시한 페르시아 병사의 수만큼 지나치게 부풀려진 것이었다. 디오도로스는 사상자의 수를 9만으로 잡았고, 쿠르티우스는 4만으로 보았다. 하지만 이러한 수치들이 신뢰할 만한 정보에 근거한 것인지는 알기 어렵다. 다리우스의 군대는 사기가 꺾였다. 그들의 진영과 물자도 유린당했고, 부대는 흩어졌다. 알렉산드로스가 추격전을 대비해 준비해둔 기병대가 없었기 때문에 지친 기병들이 지친 말을 타고 추격과 살육을 수행해야 했고, 결국 모두가 기진맥진하여 멈춰 설 때까지 할 수 있는 일은 제한적이었다. 그러나 승리의 흥분과 그들을 이끈 군주의 의욕적인 성격은 이들을 한계까지 밀어붙였고, 결국 가우가멜라 전투에서 마케도니아인들은 1000마리의 말을 잃었다. 싸움 중에 살해당한 말도 있었지만, 싸움이 끝난 뒤에 탈진해서 죽은 말도 있었다. 이중 절반은 늘 선두에 섰던 헤타이로이 기병대의 말이었다. 병사들 중 사망자는 이번에도 상대적으로 적었다. 아리아노스는 사망자가 100명밖에 안 된다고 말하지만 앞서 한 국면에서 60명이 쓰러졌다고 말한 것을 고려하면 타당하게 들리지 않으며, 아마도 마케도니아인 병사만 헤아렸을 가능성이 높다. 쿠르티우스는 사망자가 300명이 안 되었다고 말하는 반면, 디오도로스는 500명이 죽었다고 하는데, 이는 전체 군대의 2퍼센트도 되지 않는다. 항상 그렇듯이 죽은 이들보다 부상당한 이들이 훨씬 더 많았기 때문에 전체 사상자 수는 사망자 수의 열 배는 되었을 것으로 보인다. 헤파이스티온 말고도, 두 팔랑크스 대대의 지휘관들이 부상을 입었는데, 전투를 개시하는 임무를 맡고 용병 기병대를 이끈 메니다스도 그중 하나였다.

아기스 3세는 기원전 331년 말에 이미 죽었거나, 이듬해 이른 봄에 죽었을 것이다. 이 스파르타 왕은 초반에 승리를 거두고, 보병 2만 명과 기병 2000명으로 이루어진 군대를 소집하여 메갈로폴리스를 포위 공격했거나 적어도 봉쇄했다. 한동안 안티파트로스는 북쪽 지역에서 바쁘게 활동하고 있었다. 알렉산드로스가 임명한 트라케의 총독과 문제가 있었다고 하는데, 고대 문헌들의 내용이 서로 엇갈려서 정확히 무슨 일이 있었는지 알 수 없다. 싸움은 기록되지 않았고 총독은 처벌받지 않은 것으로 보이므로, 알렉산드로스의 두 부하 사이에 권한을 둘러싼 다툼 정도가 있었던 것 같다. 이제 안티파트로스도 용병과 동맹군을 포함하여 4만 명의 병사를 모았다. 당시 마케도니아의 인구를 대략 50만 명 정도로 추산하는 것이 옳다면, 알렉산드로스가 대범하고 열정적인 병사 대부분을 페르시아 원정에 데려갔다 하더라도 성인 남성의 절반이나 동원했을 리는 없다. 기원전 331년에 증원 병력을 아시아로 보낸 뒤에도 안티파트로스는 의지와 능력을 갖춘 병사들을 적어도 단기 군사작전을 위해서는 소집할 수 있었다.

전투는 메갈로폴리스 인근에서 벌어졌다. 아기스는 수가 더 많은 적군이 들어와 움직이기 힘든 제한된 싸움터를 골랐다. 격렬한 싸움이 있었던 것으로 보이지만, 자세한 기록은 전해지지 않는다. 하지만 싸움이 끝날 무렵에 스파르타 왕의 군대는 4분의 1이 전사했고, 왕자신도 심한 부상을 입고 전투 이후 소규모 접전에서 죽었다. 디오도로스는 이 승리에 따른 대가로 안티파트로스 또한 3000명의 병사를 잃었다고 하는데, 이 정도면 사망자의 비율이 높아 보인다. 쿠르티우스는 더 낮게 잡아서 사망자가 1000명 정도였다고 하지만, 더 이상의 세부 사항을 알지 못하기 때문에 이러한 수치가 정확한 것인지는 판단할 수 없다. 알렉산드로스는 해당 전투에서 자신의 섭정이 승리했다는 소식을 듣고는 머나먼 후방의 그리스에서 일어난 "생쥐들의 전쟁"이라고 일축했다. 디오도로스의 기록이 정확하다면 알렉산드로스의 발언은 적절하지 못한 것이었지만, 단 몇 년 만에 대제국의 대부분을 휩쓴 스물다섯 살의 왕이라면 할 수 있는 말이었다.[19]

22

"아시아에서 가장 혐오스러운 도시"

다리우스는 전투에서 다시 패했지만 탈출에는 성공했다. 기원전 331년 10월 2일, 알렉산드로스는 아르벨라를 점령하고 왕들의 왕이 그곳에 있다가 전차를 버리고 떠났음을 알게 되었다. 그를 붙잡을 가능성은 없어 보였는데, 다리우스가 남은 근위병과 그리스인 용병들 그리고 일부 박트리아인 기병대와 함께 바빌로니아의 부유한 도시로 향하지 않고 메디아로 향하는 더 어려운 길을 택했기 때문이다. 시간이 지나 그는 다시 군대를 소집할 수 있겠지만, 대규모 군대에 적합한 땅을 직접 골라 벌인 전투에서 겪은 두 번째 패배는 이소스에서의 첫 번째 패배보다 그의 위신에 더 큰 타격을 가했다.

게다가 더욱 실질적인 손실이 뒤따랐다. 전장 근처와 아르벨라의 진영은 이번에도 사치품이 가득 차 있었으므로 승자들에게는 즐거움과 경멸의 대상이 되었다. 쿠르티우스는 아르벨라 한 곳에만 4000탈란톤의 은이 있었다고 말한다. 알렉산드로스는 주력 부대를 가능한 한 빨리 가우가멜라에서 데리고 나왔다. 그곳에는 처리해야 할 시신이 너무 많았고, 더운 날씨에 빠르게 부패하고 있었기 때문이다. 오로지 마케도니아 군대의 사망자만 매장 처리되었다. 알렉산드로스는 아르벨라에서 승리를 축하하는 제사를 올리며 자신을 아시아의 왕으로 선포했고, 친구들과 동맹들에게 넉넉히 선물을 주었다. 그리스인들의 헤게몬으로서 그의 역할은 여전히 중요했는데, 그리스와 소아시아의 폴리스들에 서한을 보내 (아마도 페르시아 본토에서) 폭정이 폐지되었으며 이제 그들은 자체의 법률에 따라 살 수 있다고 말했다. 플라타이아이는 기원전 479년에 그리스의 대의를 위해 바친 희생을 기념하여 재건될 예정이었지만 이미 카이로네이아 전투 후에 필리포스가 이를 공표한 바 있었기에 이것은 도시의 재건을 더욱 근사하게 만들고자 하는 보상에 지나지 않았을 것이다. 이탈리아에 있는 그리스 도시 가운데 하나인 크로톤 출신으로 살라미스 전투에 트리에레스 한 척을 가져왔던 한 운동선수의 영웅적 행위를 기려, 범그리스적 승리를 축하하는 선물로 그의 도시를 택하여 특별히 대우했다.[1]

다시 군대가 전진하기 시작했을 때 알렉산드로스는 바빌론을 향했다. 군대는 아무런 저항도 받지 않고 행군했으며, 그가 도착하기 전에 특사들이 그를 찾아왔다. 가우가멜라 전투에서 페르시아 군대의 우익을 지휘했던 마자이오스는 바빌론에 인맥이 있고 바빌론 여자와 결혼했기 때문에 그곳으로 달아났다. 바빌론 사람들이 다리우스나 아케메네스 왕조를 좋아할 이유는 별로 없었다. 바빌론에는 고유한 문화와 종교가 있었고, 지난날의 영광에 대한 기억이 여전히 남아있었기 때문이다. 과거에 그들은 페르시아의 통치에 맞서 반란을 일으킨 적도 있었는데, 그들의 신과 명성에 대한 실질적인 모욕과 가상의 모욕으로 촉발된 반란은 금방 진압되었다. 다른 곳과 마찬가지로 페르시아의 통치에 대한 반감이 자동적으로 마케도니아 정복자에 대한 열광으로 이어지지는 않았다. 바빌론은 튼튼한 성벽으로 둘러싸여 있었기에 침략군에게 저항하는 쪽을 택할 수도 있었지만, 포위될 경우 구제될 가망은 없었다. 알렉산드로스의 군대는 공성 작전에서 그 기량과 결의를 보여주었으며, 결국 바빌론은 함락되고 약탈당할 것이었다. 무언가 더 나은 대안이 있다 해도 그리 매력적인 전망은 아니었다. 다른 곳과 마찬가지로, 여기에서도 판단을 좌우한 것은 실용주의였다. 바빌론인들은 다리우스에게 계속 충성하는 것은 극도로 위험하고 적어도 가까운 미래에 그들에게 이득을 가져다줄 가능성은 없다고 판단했으며, 마자이오스와 페르시아 주둔군 지휘관도 이에 동의했다. 10월 18일, 알렉산드로스는 자신의 군대가 바빌론 시민 개개인의 권리와 재산을 존중할 것이며 강제로 그들의 집에 들어가지 않을 것이라고 공표했다. 이번에도 양측이 서로에 대한 존중의 표시로 알렉산드로스는 그가 원하는 항복을 받았고, 그의 새로운 백성들은 수용 가능한 방식으로 항복했다.[2]

마케도니아인들이 그달 말에 바빌론에 도착했을 때 지역 출신의 고관들과 고위직 페르시아인들이 대표단으로 나와서 그들을 맞이했다. 알렉산드로스와 부하들은 군중이 환호하며 꽃을 뿌리는 거리를 행진했다. 바빌론은 마케도니아인들이 그때까지 보았던 그 어떤 그리스 도시나 공동체보다 더 크고, 훨씬 더 오래되었고, 훨씬 더 웅장했으며, 경이의 원천일 수밖에 없었다. 바빌론의 '공중정원'은 훗날에 항상 세계의 불가사의 중 하나로 꼽혔다. 알렉산드로스는 이 도시의 수호신 벨 마르두크에게 제사를 올렸다. 그는 왕으로 임명되었고, 도시의 보고寶庫와 요새에 대한 통제권을 부여받았으며, 사치품에서부터 군대에 필요한 식량과 물자까지 선물을 받았다. 양측의 협약은 존중되었고, 어떠한 약탈도 일어나지 않았다. 이어서 마자이오스를 해당 지역의 사트라프로 임명했는데, 이는 비밀로 유지된 다른 조항들이 협약에 포함되었음을 암시했다. 알렉산드로스가 페르시아인을 고위 직에 임명한 것은 이번이 처음이었으며, 비록 그가 재정에 관한 핵심 직위와 군사 관련 모든 직위에 마케도니아인을 임명해 마자이오스의 독립성을 제한했음에도 이는 새로운 아시아 왕국의 건립에 있어서 중요한 진전이 이루어졌음을 의미했다. 더욱이 이것은 다른 이들에게는 알렉산드로스의 전쟁이 페르시아 왕과 벌이는 전쟁이지 그 백성과 벌이는 것이 아니라는 신호가 되었다. 그들이 항복하겠다는 의지만 보여준다면 말이다.

이집트에서와 마찬가지로 알렉산드로스는 현지 종교와 관습을 존중했다. 이를 잘 보여주는 한 예가 페르시아인들이 파괴한 벨 마르두크의 8층짜리 지구라트 신전을 재건하겠다는 약속이었다. 하지만 그는 이를 위해 구체적인 행동을 취하지는 않았고 지역 주민들이 이 프로젝트를 지휘하고 자금을 대기를 기대했다. 바빌론 시민들에게 이것은 단지 한 지배자에서 다른 지배자로의 이행을 의미했고, 그 과정은 왕이 죽고 그의 후계자가 왕위를 계승하듯 비교적 순조롭게 이루어졌다. 설형문자가 새겨진 한 점토판에서는 가우가멜라 전투가 있던 날 아침에 다리우스를 가리켜 "세계의 왕"이라고 설명하고 있다. 나중에는 "왕의 부대가 그를 버리고 떠났다"라고 언급하고, 조금 더 뒤에서는 "세계의 왕 알렉산드로스가 바빌론에 들어왔다"라고 건조하게 기술하고 있다. 누가 왕이 되었든, 신전의 기록은 그저 계속 이어질 뿐이었다.

마케도니아인들은 협정의 의무 사항을 이행했다. 알렉산드로스는 도시의 약탈을 금지한 대신 페르시아 군대의 진영에서 탈취한 보물을 풀어 병사들에게 넉넉한 상금을 주었는데, 헤타이로이 기병대는 1인당 600드라크마*(10분의 1탈란톤), 동맹군 기병은 500드라크마, 마케도니아인 보병은 200드라크마를 받았고, 용병들에게는 두 달 치 급료에 해당하는 금액이 지급되었다. 또한 그들은 새로운 지배자들의 기분을 맞추고 싶어 하는 바빌론 주민들의 호의로 이 멋진 도시에서 몇 주간 휴식을 취하면서 잔치를 벌였다. 쿠르티우스에 따르면 바빌론의 여성들은 매춘부나 접대부만이 아니라 명망 있는 집안의 여성들도 선정적인 춤에 능했다고 한다.[3]

고대 문헌의 저자들은 병사들이 도시의 환락가에서 너무 많은 시간을 보내면 군대가 약해진다고 생각했지만, 몇 주 뒤에 마케도니아 군대가 다시 움직이기 시작했을 때 그러한 징후는 전혀 없었다. 그들이 가는 경로에 놓인 다음 도시는 수사였고, 이번에도 알렉산드로스가 도착하기 전에 협상이 완결되었다. 그는 해당 지역의 사트라프인 아불리테스의 아들을 길 위에서 만나 이 도시와 도시의 보고寶庫가 이제 알렉산드로스의 것임을 보증하는 서한을 받았다. 마자이오스와 마찬가지로 아불리테스 또한 새 지배자를 섬기는 사트라프가 되었다. 바빌론에서 수사까지의 느긋한 행군은 20일이 걸렸고, 수사 주민들의 따뜻한 환영으로 마무리되었다. 바빌론과 달리 수사는 페르시아의 도시였으며, 제국의 행정 중심지였다. 지도자와 주민들 모두 정복자의

● 드라크마는 고대 그리스의 은화다. 본래 고대 그리스어로는 드라크메(δραχμή)인데 이것이 라틴어에서 드라크마(drachma)로 변형되어 정착되었다. 도시마다 그 무게가 달랐으나 대표적인 아테네의 드라크마는 4.3그램 정도였고, 1드라크마는 숙련공의 하루 품삯이고 호플리테스의 1일 급료였다고 한다. 6000드라크마가 1탈란톤이었다. ―옮긴이

존재를 받아들였고 정복자는 그들을 존중했다. 도시의 보고에는 적어도 5만 탈란톤의 금화와 은화, 금괴와 은괴, 그 밖에 많은 보물이 있었다. 알렉산드로스가 얻는 이익은 다리우스의 전쟁 수행 역량과 자금의 손실로 이어졌다.[4]

지역 주민에 대한 존중은 여기까지였다. 승리를 축하하기 위해 희생제사와 운동경기가 열렸다. 참주를 살해한 아테네의 영웅 하르모디오스와 아리스토게이톤의 동상은 크세르크세스가 가져온 약탈물의 일부였으므로 아테네로 다시 반환되었고, 아리아노스의 시대에도 여전히 볼 수 있었다. 수사의 왕궁에는 왕의 의자와 발받침이 있었는데, 키가 큰 다리우스에게 맞춰 제작되었기에 알렉산드로스가 의자에 앉았을 때는 발이 발받침에 닿지 않았다. 그래서 누군가가 대신 발받침보다 높은 왕의 만찬상을 가져다주었다. 그 자신도 정복의 전리품의 일부인 한 환관이 그 광경을 보고 눈물을 흘렸다. 알렉산드로스는 만찬상을 치우라고 명하려 했는데, 필로타스가 그것이 좋은 징조라며 그를 안심시켰다.[5]

축하 행사 중에도 전쟁은 아직 끝나지 않았다는 자각이 있었다. 연초에 안티파트로스가 소집했던 증원 병력이 이 무렵에 마침내 알렉산드로스의 군대에 합류했다. 마케도니아인 보병 6000명, 마케도니아인 기병 500명, 트라케와 펠로폰네소스에서 보낸 파견대까지 포함해 대략 1만5000명의 병사가 동원된 역대 최대 규모의 증원 병력이었다. 이에 대한 보답으로 알렉산드로스는 새로 획득한 보물 중 은 3000탈란톤을 더딘 육로를 통해 마케도니아로 보내서 안티파트로스가 아기스에 맞선 전쟁에 사용할 수 있게 했다. 알렉산드로스는 그리스에서 전쟁이 일어났음은 알고 있었지만, 어떻게 진행되고 있는지는

확실히 알지 못했던 것이다.[6]

한 해가 저물고 겨울이 되자, 알렉산드로스는 수사에서 약 640킬로미터 떨어져 있는 아케메네스 왕조의 웅장한 수도 페르세폴리스를 향해 다시 전진하기 시작했다. 페르세폴리스로 가는 길은 자그로스 산맥의 나즈막한 산들을 통과해야 했다. 중간에 우키오이족이라는 산악 부족이 있었는데, 이들은 페르시아 왕의 일을 수행하는 사람까지 포함해 그곳을 통과하는 모든 이에게 통행세를 받아왔다. 알렉산드로스는 그들의 비위를 맞추어줄 기분이 아니었지만 일단 관행을 따르는 척했다. 그리고 밤이 되자 히파스피스테스와 다른 정예 부대를 이끌고 가서 부족의 땅을 유린하고, 그들이 막고 있던 통로를 장악했다. 부족민 중 일부는 죽었고 대부분은 달아났다. 다리우스의 어머니가 개입하여 알렉산드로스는 이를 구실로 그들에게 자비를 베풀었다. 그들은 화폐를 사용하지 않았으므로 알렉산드로스는 그들에게 매년 가축을 공물로 바치라고 명령했다.[7]

자그로스 산맥을 통과해 페르시스 지역으로 넘어가는 핵심 통로인 '페르시아 관문'에서는 더 어려운 도전을 맞닥뜨렸는데, 이 지역의 사트라프와 최소 2만5000에 달하는 병력이 이 고개를 막고 있었다. 알렉산드로스는 대부분의 군대와 화물을 파르메니온에게 맡겨 더 멀고 완만한 길로 먼저 보내고, 자신은 대부분 마케도니아인으로 이루어진 병사들과 정예 부대를 이끌고 페르시아 관문으로 향했다. 재빠른 기습 공격은 잘 구축된 성벽과 그곳에 탑재된 활과 투석기로 인해 실패하고 말았지만, 테르모필라이 전투에서 크세르크세스 왕이 그러했듯이 알렉산드로스는 생포한 지역 주민으로부터 더 험난한 우회로가 있음을 알게 되었다. 이때부터 점점 더 독립적인 지휘권을 갖게 되는 크라테로스는 상당히 적은 병력만을 가지고 방비된 진영을 차지하고, 전체 군대가 그 진영에 그대로 머무르는 것처럼 적을 속이려고 실제로 필요한 것보다 훨씬 더 많은 불을 밝혔다. 알렉산드로스는 나머지 병력을 이끌고 밤을 이용해 강행군을 시도했다. 이튿날 낮에는 숲에서 쉬었다가 밤이 되자 다시 출발했다. 페르시아의 초소들은 경보를 발령할 틈도 없이 점령당했고, 전방에서만이 아니라 크라테로스가 신호를 받은 후방에서도 공격을 당했다. 페르시아의 방위군은 궤멸했고, 사트라프는 달아났으나 멀리 가지 못하고 산병전에서 쓰러졌다. 이제 알렉산드로스와 페르세폴리스 사이에는 어떤 장애물도 남지 않게 되었다.[8]

페르세폴리스를 관리하는 페르시아 관리가 특사를 보내 항복을 제안했다. 그는 알렉산드로스에게 서둘러 도시로 와서 페르시아 주둔군이 약탈하기 전에 도시를 통제해달라고 촉구했다. 마케도니아 군대는 전력으로 행군했고, 적군이 어떠한 시도를 하기 전에 길목에 놓인 중요한 장애물인 다리를 먼저 차지했다. 어떤 문헌에서는 그때 전위 부대가 페르시아에 억류되어 있던 비참한 그리스인 포로들을 만나 그들을 풀어주었다고 한다. 그들 대부분은 노쇠했고, 모두가 불구였다. 특정 작업만 수행할 수 있도록 면밀하게 결정된 형벌을 받아 코와 귀가 잘리고 팔다리가 절단된 상태였다. 알렉산드로스는 측은한 마음이 들어 그들을 고향으로 돌려보내겠다고 했지만, 긴 토론 끝에 고립된 상태에서 그들이 손상된 신체를 견디는 것이 더 쉬울 거라는 결론이 내려졌다. 왕은 그들에게 그들만의 공동체를 허가하고, 포로 생활 중에 얻은 가족을 부양할 수 있는 땅을 하사했다.[9]

아리아노스는 이 일에 대해 언급하지 않았고, 오늘날의 학자들 대부분은 지난 반세기 중 언제 그토록 많은 그리스인 포로가 페르시아 제국의 중심부로 이송될 수 있었는지에 대해 의문을 제기했다. 아마도 마케도니아 군대는 신체가 훼손된 포로들을 만났을 테고, 그중에 이오니아나 그리스 본토에서 온 소수의 그리스인이 섞여 있었을 것이다. 시간이 지나면서 이야기가 점점 과장되었을 수도 있지만, 이야기 전체가 순전히 창작되었을 가능성이 훨씬 더 크다. 특히 칼리스테네스 같은 왕실 역사가들이 많은 것을 미화했고, 후대의 저자들 또한 본래의 이야기에 극적 흥미를 더하기 위해 일화와 사건을 지어냈기 때문에 알렉산드로스의 이야기는 처음부터 과장과 신화에 둘러싸여 있었다. 알렉산드로스와 그의 병사들이 그리스에서 멀어질수록 믿기 어려운 세부 사항이나 사건들이 더해졌다. 이는 부분적으로는 실제 정보의 부족 때문이기도 했고, 거리가 멀어진 만큼 어떤 이야기도 더 그럴듯하게 만들 수 있다는 확신 때문이기도 했다. 많은 저자들은 기원전 330년 말에 아마조네스 여왕이 알렉산드로스를 찾아왔다고 말한다. 하지만 이번에도 아리아노스는 이 일을 전혀 언급하지 않는다. 아마조네스 여왕은 가장 용감한 여성이기에 가장 용감한 남자에게서 아이를 얻고자 그를 찾아왔고, 아들을 낳으면 그에게 보내고 딸을 낳으면 그녀가 데리고 있겠다고 약속했다. 13일 동안 열정의 시간을 보낸 뒤 그녀는 지친 알렉산드로스를 남겨두고 고향으로 돌아갔다. 이 이야기를 미심쩍게 여긴 플루타르코스에 따르면, 훗날 알렉산드로스의 헤타이로이에 속했다가 왕이 되는 리시마코스가 한 역사가에게서 이 이야기를 듣고는 웃으면서 말했다고 한다. "그러면 그때 나는 어디에 있었단 말인가?"[10]

페르세폴리스 바로 바깥에서 잔인한 페르시아 왕에게 희생당한 그리스인들을 만났다는 일화는 그리스인 청중에게 알렉산드로스가 원정의 명분으로 내세웠던 복수의 필요성을 상기시켜주었다. 하지만 이는 결국 이 모든 이야기를 누군가가, 아마도 신뢰할 수 없기로 악명 높은 클레이타르코스* 같은 작가가 지어냈을 개연성만 더 높여준다. 그럼에도 페르세폴리스는 아케메네스 왕조의 권능과 위엄의 상징이었고, 실제로 알렉산드로스는 이곳에서 자기 군대의 적개심을 더욱 부추겼던 것으로 보인다. 디오도로스는 그가 이 도시를 가리켜 "아시아에서 가장 혐오스러운 도시"라고 했다고 주장한다. 쿠르티우스는 알렉산드로스가 부하들에게 다음과 같이 말했다고 전한다. "바로 이곳에서 그토록 거대한 군대가 쏟아져 나왔고, 이곳에서 먼저 다리우스가, 그다음에 크세르크세스가 유럽과 불경한 전쟁을 일으켰다." 다리우스 1세는 페르세폴리스에 광대한 왕궁 구역을 건설하기 시작했고 그의 아들은 그것을 완성하기 위해 누구보다 많은 일을 했기에, 아주 오래전에 그리스를 침략한 이들과 이 왕궁을 결부시키는 것에는 어느 정도 정당성이 있었다. 수사와 달리 페르세폴리스는 통치와 행정의 중심지가 아닌 의례의 장소였다. 조로아스터교의 신 아후라 마즈다의 대리자로서 페르시아 왕의 통치권이 매년 이곳에서 재확인되었고, 제국 전역에서 사절들이 찾아와 공물을 바쳤다. '페르세의 도시'라는 이름 자체가 다리우스 3세의 제국의 심장이며 페르시스 지역(오늘날 이란의 파르스 지방)의 중심이자 페르시아인의 고향임을 명확히

---

* 클레이타르코스는 알렉산드로스와 거의 동시대 인물로 기원전 4세기 말에 《알렉산드로스의 역사》를 저술한 것으로 유명했다. 이 책은 고대에 아주 인기가 많았으나 신빙성이 없다고 비판받았고, 클레이타르코스는 역사가보다는 재능있는 이야기 작가로 평가되었다. 라틴어로 번역되어 로마 시대에도 활발히 읽혔으나 오늘날에는 30편 정도의 파편만 전해진다. —옮긴이

드러냈다. 하지만 이제 다리우스는 이 도시를 마케도니아와 그리스의 침략군에게 내주고 떠나버렸다.[11]

이 모든 것은 알렉산드로스가 그에게 항복한 다른 도시와 다르게 페르세폴리스를 처리한 까닭을 설명해준다. 기원전 330년 1월 말에 도시에 도착했을 때 아무 저항도 없었지만, 그는 병사들에게 마음대로 행동할 수 있는 하루를 허락했다. 이는 티레와 가자에서는 없던 일이었다. 자세한 내용은 불분명하고 아리아노스는 이에 대해 전혀 언급하지 않는 반면, 다른 기록에서는 적어도 왕궁 구역은 제외되었고 잔혹한 약탈이 이루어졌으며 병사들은 전리품을 두고 서로 싸웠다고 전한다. 익숙한 참상이 벌어지는 와중에 흔치 않은 일들도 있었다. 여성들은 옷을 입은 채 끌려갔는데, 병사들은 그들이 걸치고 있는 값비싼 옷을 건지려고 강간을 뒤로 미루었다는 것이다. 증거가 있든 없든 고대 저자들은 이런 끔찍한 사건들을 묘사하는 데 능숙했으며, 수사적으로 현재 다루고 있는 대상을 다른 어떤 것보다 더 끔찍하게 만드는 경향이 있었다. 디오도로스는 "페르세폴리스가 다른 모든 도시보다 번영한 것과 비례하여 다른 모든 도시보다 비참해졌다"라고 주장했다. 끔찍한 일이 벌어진 것은 의심할 여지가 없으나 그렇다고 마케도니아 군대가 머무른 넉 달 동안 이 도시가 완전히 폐허가 되고 모두 학살되거나 노예가 되는 일이 일어났을 리도 없다. 도시에 대한 약탈은 가구가 잘 갖추어진 부유한 궁정 귀족들의 저택에 집중되었을 가능성이 높다.[12]

왕궁을 홀로 차지한 알렉산드로스는 그곳에 놓인 다리우스의 또 다른 왕좌에 앉았다. 플루타르코스는 다음과 같이 전한다. 이 광경을 보고 "코린토스의 데마라토스가 (…) 노인처럼 울음을 터뜨리며 다리우스의 왕좌에 앉은 알렉산드로스를 보지 못하고 죽은 그리스인들은 이토록 큰 기쁨을 박탈당했노라고 말했다." 많은 이들이 페르세폴리스를 점령한 사건이야말로 위대한 복수전의 행복한 절정으로 보았거나, 적어도 궁극적 승리가 분명히 가까워졌다고 생각했을 것이다. 바빌론의 기념비들은 참으로 웅장했고 페르시아 제국 이전으로 거슬러 올라갈 만큼 오래되었지만, 페르세폴리스에서는 모든 것이 아케메네스 왕조를 찬양하기 위해 설계되어 있었다. 이 도시는 기본적으로 왕이 주재하는 동안 왕궁을 지원하기 위해 존재했으며, 도시보다 높은 암석 단구 위에 지어진 왕궁 구역은 아파다나(알현실), 왕좌실, 보고寶庫, 이렇게 세 개의 구역으로 나뉘었고, 왕궁에는 왕의 하렘이 따로 포함되어 있었다. 방문객들은 여러 대문 가운데 하나로 들어와서 폭이 넓은 계단을 올라 노대露臺에 올랐고, 경의와 공물을 바치기 위해 찾아오는 제국의 여러 민족이 부조로 새겨져 있는 벽면을 지나쳤다. 부조의 민족은 독특한 옷을 입고 있어 왕의 백성들이 얼마나 다양한지를 강조하고 있으며, 조각된 병사들은 페르시아인뿐만 아니라 메디아인의 모습도 보여주었다.

페르세폴리스는 아이가이나 펠라보다, 아니 실제로 그리스의 그 어떤 도시보다 훨씬 더 크고 웅장했다. 대부분 돌이 아닌 진흙 벽돌로 지어진 왕궁의 벽은 높았고, 삼나무 들보로 된 지붕을 얹은 거대한 홀에는 기둥이 줄줄이 이어져 있었다. 색채는 밝고 장식은 정교했으며 풍성한 태피스트리와 가구가 채워진 이곳에 중대한 의례가 열리는 날이면 화려한 의상을 입은 수행원과 조신, 방문객들이 몰려들었다. 그러나 압도적 인상은 페르세폴리스의 거대한 규모에서 오는 것이었고, 이는 어떠한 방문객일지라도 이 모든 것을 소유한 왕의 위엄에 비하면 작고 하찮은 존재임을 상기시켰다. 모든 것이 광대했다. 알렉산드로스의 부하들은 보고에 들어가서 귀중품 말고도 12만 탈란톤의 금과 은을 찾아냈다고 한다. 엄청난 양의 무기도 보관되어 있었으며, 특히 철과 청동으로 만들어진 화살과 창이 많았다. 기원전 4세기에 이르러 페르세폴리스는 제국 경영에 있어서 부차적인 행정적 역할만 수행했던 것으로 보인다. 그리고 그 보고는 거의 손대지 않고 제국 전체에서 해마다 들어오는 공물을 보관하는 비축 창고로 보였다. 위대한 왕의 권력은 그가 이렇게 쌓여 있는 재산을 꺼낼 필요가 없었다는 것이나 페르세폴리스에서 그렇게 많은 시간을 보내지 않았다는 단순한 사실로 강조되었다. 페르시아 왕은 주로 수사 또는 엑바타나에서 제국을 통치했다.• 엑바타나는 메디아의 수도이면서 동부의 사트라피들을 감독하는 데 편리한 위치에 놓여 있었다.[13]

페르세폴리스는 아후라 마즈다의 대리자로서 아케메네스 왕들의 힘과 통치권을 선포했을 뿐 아니라, 그 백성의 다양성을 강조하면서 각 민족이 제국에 충성하고 복종하는 한 페르시아가 지역적 전통과 종교를 수용한다는 포용적인 선언을 했다. 알렉산드로스나 마케도니아인 혹은 그리스인이 이것을 얼마나 이해했고, 제국이 작동하는 방식을 알았는지를 말하기는 어렵다. 그들은 장관을 이루는 엄청난 부를 목격했고, 이제 알렉산드로스가 다리우스의 왕좌에 앉아 그의 왕궁과 의례용 건물과 보물을 모두 차지했으며, 왕들의 왕은 도망자가 되어 제국의 동부 어딘가에 있다는 단순한 진실만 이해할 뿐이었다.

• 페르시아 제국에는 파사르가다에, 수사, 바빌론, 페르세폴리스, 엑바타나 등 여러 개의 수도가 존재했고, 왕은 필요에 따라 수도를 옮겨 다니며 광대한 제국을 통치했다.—옮긴이

바빌론과 수사의 정복과 지난 몇 년 동안의 모든 승리를 이룬 뒤였음에도 이러한 진실은 모두를 도취하게 할 수밖에 없었다.[14]

문제는 이 모든 것을 가지고 무엇을 할 것인가에 있었다. 페르세폴리스는 페르시아의 상징적인 심장부였기에 중요한 도시였고, 페르시아인과 그들의 왕은 제국의 주인이었다. 인근에는 파사르가다에가 있었는데, 이곳은 웅장한 페르세폴리스가 지어지기 전에 제국의 수도였다. 알렉산드로스는 파사르가다에를 방문해 도시의 보고에서 6000탈란톤을 옮기라고 명령했고, 아케메네스 왕조의 창시자인 키루스 왕의 무덤을 찾아가 경의를 표했다. 이는 진심에서 우러나는 행동이었을 테지만, 한편으로는 아케메네스 왕조의 영웅적인 첫 임금과 연약한 다리우스 3세의 대조를 불러일으켰다. 알렉산드로스는 다른 페르시아 왕들과 그들의 권력의 상징에 대해서는 그리 열광적인 태도를 보이지 않았다. 한번은, 그리스를 침략했다는 사실과는 별개로 정의로운 왕이었다는 이유에서 쓰러진 크세르크세스 왕의 동상을 기단에 다시 세우는 것을 고려했다고도 하지만, 얼마 후 알렉산드로스는 다시 이동하기 시작했고 크세르크세스의 동상은 먼지 속에 묻힌 채 그대로 남아있었다.[15]

처음부터 알렉산드로스가 만들고자 했던 정권에 페르세폴리스가 들어설 자리는 없었음이 분명했다. 그는 도시의 보고를 비워 재물을 수사로 옮기게 했고, 나중에는 다시 엑바타나로 운송하게 했다. 7000톤이 넘는 금화와 은화, 금괴와 은괴를 옮기는 것만으로도 엄청난 일이었는데, 플루타르코스는 1만 쌍의 노새와 3000마리의 낙타가 페르세폴리스로 이동했다고 전한다. 운송 수단을 집결시키는 것뿐만 아니라, 보물을 집적하고 포장하고 호송하는 데에도 시간이 걸렸다.

이것이 군대가 페르세폴리스에 남았던 한 가지 이유다. 또 다른 이유는 겨울철에 물자 보급이 어렵다는 것이었는데, 특히 이용 가능한 운송 수단이 보물을 옮기는 데 사용되고 있는 동안에는 더욱 그러했다. 알렉산드로스는 완전히 한가하게 시간을 보내지 않았고, 한 달간 군대를 이끌고 자그로스 산맥 남쪽 지역에 살고 있는 마르디족을 징벌하는 원정에 나섰다. 조직된 저항은 거의 없었지만, 형세가 호락호락하지 않았다. 이 작전은 아마도 가만히 있지 못하는 왕의 정신을 만족시킬 뿐 아니라 향후 군사작전에 증원 병력을 도입하는 데 도움이 되었을 것이다.[16]

아리아노스는 알렉산드로스와 헤타이로이 사이에 페르세폴리스의 왕궁 구역을 어떻게 할 것인지에 대한 논쟁이 있었다고 전한다. 파르메니온은 "이제 그의 재산이 된 것을 파괴하는 것은 좋지 않다"며 보존하여 활용해야 한다고 주장했다. 게다가 페르세폴리스를 파괴한다면 아시아인들은 그가 새로운 왕국을 세우려고 온 것이 아니라 약탈하고 파괴하러 왔다고 생각하고 그의 편에 설 가치가 없다고 느낄 것이라고 했다. 하지만 알렉산드로스는 페르시아인들을 벌하길 원했고 모든 것을 파괴하는 쪽을 택했다. 아리아노스도 이번만큼은 왕이 아닌 그의 나이 든 부하가 옳았다고 느꼈다.[17]

플루타르코스와 다른 저자들은 또 다른 전승을 전한다. 이 전승에 따르면 알렉산드로스가 마케도니아 방식으로 벌인 잔치에 술이 흘러넘쳤다고 한다. 필리포스는 원정 중에 기회가 될 때마다 잔치를 벌이기를 좋아했는데 몇몇 일화를 보면 알렉산드로스도 아버지와 마찬가지였음이 분명했다. 잔치 자리에는 타이스라는 아테네인 창기(그리스어 헤타이라hetaira는 문자 그대로 '여성 동반자'를 의미한다)가 있었다. 그녀는 어느 시점엔가 역사가 프톨레마이오스의 정부가 되어 아이를 셋 낳고 나중에는 그의 아내가 된다. 다른 창기들도 그곳에 있었는데, 상당히 많은 장교가 애인을 두었던 것으로 보인다. 또한 여성 예인들도 있었다. 밤이 깊어지자 타이스는 알렉산드로스가 왕궁을 불태움으로써 크세르크세스에 의해 불탄 아테네의 복수를 하면 아주 멋진 일이 될 것이라고 했다. 특히 그 복수를 그리스 여성들이 한다면 더욱 달콤할 것이라고도 했다. 쿠르티우스에 따르면 "왕은 (…) 감당할 수 있는 양보다 더 많은 술에 욕심을 내며 소리쳤다. '그렇다면 우리가 그리스의 복수를 위해 이 도시에 불을 지르지 않을 이유가 무엇이겠느냐?'" 그들은 거리로 나와 코모스komos를 형성했다. 코모스란 그리스에서 잔치를 벌이고 나서 흥청거리는 사람들이 거리로 나와 즐거운 행렬을 이루는 것을 뜻한다. 여자 악사들이 피리를 연주하자 알렉산드로스는 횃불을 집어던져 건물에 불을 질렀다. 어떤 기록에서는 그다음으로 타이스가 횃불을 던졌다고 한다. 불길이 솟아올랐고, 병사들은 서둘러 불을 끄려 했으나 왕이 지른 불임을 알고서 멈추었다.[18]

두 이야기가 양립할 수 없는 것은 아니다. 몇 달 동안 가치 있는 물건은 모두 꺼냈지만 여전히 동전이나 부속품 같은 금붙이들이 많이 남아있었고, 화재로 목재 지붕이 무너져 내렸을 때 잔해 더미 아래 묻히기도 했다. 이는 도시 파괴 작업이 면밀하게 준비되었음에도, 재물들을 모두 찾기 전에 갑작스레 일이 벌어졌음을 시사한다. 가연성 물질이 미리 준비되어 있지 않았다면 횃불 몇 개가 그렇게 큰불을 일으켰을 가능성은 낮으며, 또한 일부 조각상들에 남아있는 망치질 자국은 일정 기간 의도적인 파괴 작업이 있었음을 입증한다. 그러므로 알렉산드로스가 왕궁 구역을 파괴하기로 결정하고 이 일에 대한 준비

작업을 진행했을 개연성이 크다. 아마도 술에 취해 흥분했던 탓에 계획보다 먼저 화재를 일으켰을 수도 있고, 아니면 이 이야기 전체가 꾸며진 것일 수도 있다.[19]

알렉산드로스의 페르세폴리스 점령은 다리우스의 약함을 드러냈고, 도시의 파괴는 그의 무력함을 강조했다. 알렉산드로스의 압도적인 힘의 표시로 마케도니아인들은 페르시아인들에게 더 이상의 저항은 아무 소용없다는 메시지를 보낸 것이다. 다른 한편으로 페르세폴리스의 점령과 파괴는 신과 왕, 백성 사이의 유대 관계가 확인되는 성스러운 장소에 가해진 새롭고도 끔찍한 수치였다. 그래서 페르시아인들의 격분을 불러일으키고, 그들이 알렉산드로스를 새로운 통치자로 받아들이는 일을 더 어렵게 만들 수 있었다. 단지 그 장소를 차지하는 것만으로는 페르시아인들의 물밀 듯한 항복을 촉발하지 못했으므로, 다리우스의 후계자로 보이고 싶은 마음이 있을 리 없던 그가 그 장소를 파괴한다고 해서 잃을 것도 별로 없었을 것이다. 그는 이미 정복을 통해서 통치자가 되어 있었다. 그리스인 청중에게는 이것이 복수전의 절정이자 그들이 임명한 지도자 아래 코린토스에서 동맹을 맺은 도시들이 이룩한 위대한 업적이었다. 페르세폴리스가 불탔을 때 알렉산드로스는 아기스가 죽고 그의 전쟁도 끝났음을 알지 못했을 것이다. 따라서 이것은 아마도 스파르타가 '진정한' 원수 페르시아의 협력자임을 그리스의 폴리스에 상기시키기 위한 신호였을 것이다. 만약 스파르타인들이 패했음을 알았더라도 그는 그의 지도 아래 그리스인들이 이룩한 위대한 승리의 소식을 전하길 원했을 것이다. 어떤 문헌은 그가 페르세폴리스의 파괴를 후회하며 불길을 잡으라고 명했다고 한다. 그러나 왕궁 구역은 모두 파괴되었고, 이후로는 누구에게도 다시

점유되지 않았다. 그러니 그는 더 넓은 도시 전체에 대해 염려했을 가능성이 높다.[20]

어쨌든 알렉산드로스는 다리우스의 왕좌에 앉아 그의 보물을 약탈하고 그의 궁전을 불태웠다. 그의 군대에 있는 많은 이에게는 이 모두가 완벽한 승리로 보였을 것이다.

23

끝과 시작

그러나 다리우스는 아직 살아있었고, 기원전 330년 봄에 왕들의 왕이 여전히 자신이 지배하는 제국의 마지막 수도 엑바타나에서 겨울을 보낸 뒤 새로운 군대를 소집하고 있다는 소식들이 도착하기 시작했다. 5월이 되자 알렉산드로스는 병력을 모아 행군을 재개했다. 일부 공동체는 그에게 저항하다가 공격을 받았고 다른 공동체는 순순히 항복했다. 페르세폴리스를 태워버렸어도 귀족들의 항복을 받고 그들을 자신의 대표로 재임명하려는 알렉산드로스의 의지에 변화가 생긴 것은 아니었다. 이는 마케도니아인이나 그리스인이 해당 지역에 관해 그들만큼 알 수 없었기 때문이기도 했다. 알렉산드로스에게 수사를 넘겨준 사트라프의 아들이 아버지처럼 다시 사트라프로 임명되었는데, 이는 알렉산드로스가 누군가가 너무 많은 영향력을 갖게 되는 것을 염려하기보다 자신에게 협조한 집안에 보상하는 데 더 관심을 쏟았음을 시사한다.[1]

알렉산드로스는 메디아를 향해 진군하면서 무거운 화물을 후방으로 보내고 대규모 전투부대를 이끌고 앞서나갔다. 그런데 다리우스가 기대했던 것보다 모집된 병사가 훨씬 적어서 계획을 바꿔 후퇴하기로 했다는 보고가 들어왔다. 마케도니아인들은 그를 잡을 수 있겠다는 희망에 서둘러 앞으로 나아갔지만, 알렉산드로스가 엑바타나에서 사흘 걸리는 거리에 있었을 때 다리우스 이전의 마지막으로 강력했던 페르시아 왕 아르타크세르크세스의 아들이 그를 찾아왔다. 이 남자에 대해서는 알려진 것이 없는데, 그는 아마도 다리우스가 왕위에 오르기 전 숙청 작업이 진행되었을 때 별로 중요하지 않았거나 너무 어렸기 때문에 살아남은 것 같다. 그는 현재 페르시아 왕에게 9000명의 병사와 엑바타나의 보고에서 나온 7000탈란톤이 있을 뿐이며, 나흘 전에 카스피해 근처 산간 지대의 좁은 고개인 '카스피해 관문'으로 향하고 있다는 소식을 전했다.[2]

이제 이소스나 가우가멜라 같은 규모의 전투가 일어날 가망은 전혀 없었다. 엑바타나에 도착한 알렉산드로스는 테살리아인들을 포함하여 모든 그리스 동맹군을 풀어주었다. 그리스에서 아시아로 건너온지 대략 4년 만의 일이었다. 병사 개개인은 미지급된 급료를 모두 받았고, 기병은 1탈란톤, 보병은 6분의 1탈란톤을 상여금으로 받았다. 병사들은 원한다면 집으로 향하는 먼 여정을 호위를 받으며 배를 타고 그리스로 돌아갈 수 있었다. 자발적으로 다시 입대하여 급료를 받고 싸우기를 원하는 기병은 각각 3탈란톤을 받았으며, 보병에게도 마땅한 인센티브가 주어졌을 것으로 추정된다. 전체적으로 얼마나 많은 병사가 남았고 떠나기로 했는지 비율을 알기는 힘들다. 쿠르티우스는 이를 위한 비용으로 1만2000탈란톤이 나갔고, 이 과정을 감독한 장교들이 그와 비슷한 금액을 착복했다고 주장한다. 아리아노스는 많은 테살리아인이 떠나기 전에 자기 말을 팔았다고 하는데, 종자가 우수하고 익숙한 방식으로 잘 훈련된 이 말들은 분명 높은 값에 팔렸을 것이다. 많은 사람이 더 가벼운 페르시아의 말보다 테살리아의 말을 선호했다.[3]

알렉산드로스에게는 여전히 마케도니아 병사들과 발칸 부대가 남아있었지만, 이때부터 용병과 아시아에서 모집한 부대의 역할이 꾸준히 늘었다. 리키아 출신의 병사들이 포함된 아시아인 부대가 곧 그에게 합류할 예정이었다. 그리스인들에게 고향에 돌아가도록 허락한 것은 약속했던 페르시아에 대한 복수전을 성취한 자발적 동맹의 지도자로서 그의 역할을 완수한 것이었다. 또한 많은 수의 호의적인 병사들을 수많은 모험담과 승리의 실질적 보상과 함께 고향 공동체에 돌려주는 것이기도 했다. 그들의 의지에 반해 계속 붙잡아두어서 불만이 쌓이게 하는 것보다는 자유롭게 놓아주는 편이 더 낫기도 했다. 테살리아인들은 지금까지 모든 군사작전에서 뛰어난 활약을 펼쳤기 때문에 그들이 떠나는 것은 마케도니아 군대에 치명적이진 않더라도 큰 손실이었다. 우리가 알 수 있는 한, 많은 그리스인 파견대가 여러 곳에서 주둔군으로 활동했고, 그만큼 용병으로 교체하기도 더 쉬웠기 때문에 마케도니아 군대가 군사적으로 별다른 영향을 받지는 않았다. 비록 부패가 있었다 하더라도 그 정도의 비용은 알렉산드로스가 새로 획득한 부를 고려하면 쉽게 감당할 수 있는 것이었다.[4]

파르메니온은 수사의 모든 보물을 엑바타나로 운송하라는 명령을 받았다. 엑바타나에서는 6000명의 마케도니아 보병과 다른 부대가 보물을 보호하고, 복권된 하르팔로스가 재무관으로서 그것을 감독하기로 했다. 운송작업을 마치고 이 늙은 장군은 반*독립적 지휘권을 갖고 다시 전장으로 나가야 했지만, 어떤 이유에서인지 그렇게 하지 않았다. 그 사이에 알렉산드로스는 마케도니아 병사와 테살리아 자원병들을 포함한 정예 부대를 이끌고 다리우스를 추격했다. 그를 잡으려는 열망에 열하루 동안 전력으로 행군하자 수많은 낙오병이 발생했고 말들이 다리를 절거나 거의 쓰러질 지경이 되었다. 다리우스는 '카스피해 관문'을 통과하며 그들을 따돌렸지만, 점점 더 많은 이탈병들이 알렉산드로스에게 넘어가 페르시아 병사들의 사기 저하와 대규모 탈영에 대해 이야기했다. 당장 다리우스를 따라잡을 수 없다는 것을 깨닫고 알렉산드로스는 병사들에게 닷새 동안 휴식을 취하고 기력을 회복할 시간을 주었다. 진을 치고 있는 동안에도 그는 일을 쉬지 않았는데, 이전에 다리우스에 의해 투옥되었던 페르시아인 귀족을 메디아의 새 사트라프로 임명했다.[5]

마케도니아 병사들은 아무런 저항도 받지 않고 '카스피해 관문'을 통과했다. 앞에 펼쳐진 땅이 황량해 보이고 보급물자보다 병사들이 더 빠르게 전진한 듯했으므로, 잠시 멈추어 주변에서 식량을 징발했다. 더 많은 페르시아 이탈병들이 찾아와 다리우스 진영에서 쿠데타가 발생했다는 소식을 전해 주었다. 이제 왕들의 왕은 박트리아의 사트라프이자 가우가멜라에서 좌익 지휘관이었던 베소스가 이끄는 귀족 무리에게 포로로 잡히고 말았다. 알렉산드로스는 크라테로스에게 본대를 맡기면서 징발 부대가 돌아올 때까지 기다렸다가 적당한 속도로 따라오라고 명령하고, 자신은 헤타이로이와 프로드로모이, 그리고 빠르고 끈기 있는 보병들을 선발하여 먼저 떠났다. 이틀치 식량만 가지고 밤새도록 전진했던 선발대는 다음 날 정오가 되어서야 잠시 휴식을 취했다. 더 많은 페르시아 병사들이 생포되거나 항복해 왔다. 그들은 알렉산드로스에게 이제 베소스가 지도자로 인정되었는데, 그 이유는 그들이 지금 그의 사트라피에 있기 때문이었고 모두가 그러한 상황에 만족한 것은 아니라는 소식을 전했다. 특히 알렉산드로스의 정부 바르시네의 아버지이자 한때 필리포스의 궁에서 망명생활을 했던 아르타바조스가 남아있는 그리스인 용병을 포함한 부대 일부와 함께 이탈했다고 말했다. 만약 알렉산드로스가 바짝 추격해 온다면 베소스는 다리우스를 내주고 협상하려 하겠지만, 추격이 느슨해진다면 그를 데리고 달아날 것이라는 말도 전했다.

알렉산드로스는 부하들을 이끌고 다시 야간에 행군하고, 한낮에 마을에 들러 휴식을 취했다. 그곳에서 그는 다리우스와 겨우 하루 거리만큼 뒤처져 있다는 걸 알게 되었다. 현지 주민들에게서 지름길이 있지만 "물이 없어서 버려졌다"는 말을 듣고 그는 한 주민에게 길을 안내하게 했다. 보병들이 지쳐서 더 이상 속도를 낼 수 없게 되자, 그는 기병 500명의 말을 선별된 보병들에게 양보하게 했다. 무기를 가지고 다니면서 문제가 발생하면 즉각 싸울 준비가 되어 있던 히파스피스테스와 아그리아네스족 병사들이 주로 선택되었을 것이고, 나머지는 그들 뒤를 따라 걸었을 것이다.[6]

알렉산드로스는 해가 질 무렵에도 계속 전진하여 하룻밤 사이에 65킬로미터를 주파했다고 한다. 말들이 쓰러지고 병사들도 뒤로 처지면서 그들의 지도자와 보조를 맞출 수 없게 되었다. 동이 트자 페르시아 병사들이 주요 도로를 따라 천천히 걸어가는 모습이 보였다. 그들 중 한 줌의 병사들만 전의를 보였고, 나머지는 적군 병사들을 보자마자 달아났다. 추격은 계속되었다. 양쪽 모두 서로를 직접 보거나, 적어도 서로가 만들어내는 먼지구름을 볼 수 있었다. 점점 더 많은 마케도니아 병사들이 낙오되었고, 결국 말을 탄 60명의 병사만이 알렉산드로스와 함께 보조를 맞추고 있었지만, 그럼에도 그는 계속 속도를 높이며 앞으로 나아갔다. 베소스와 다른 지도자들은 얼마나 많은 적군 병사가 그들을 뒤쫓고 있는지 몰랐다. 마케도니아 기병들이 더 가까워지자 페르시아 귀족들은 다리우스를 계속 데리고 있을 가치가 없다고 판단하고 수레를 모두 버렸다. 그 안에 실린 보물, 여자, 하인들도 함께 버려졌다. 포로가 된 왕의 하인들은 살해되었고, 그의 마차를 끌던 짐승들은 불구가 되었으며, 다리우스는 여러 차례 칼에 찔렸다. 그리고 귀족들은 달아났다.

남은 추격자들은 매우 지친 상태에서 적군의 버려진 진영을 점령했다. 이제 달아난 페르시아 귀족들과 그들의 호위 기병대를 잡을 수 없었기에 잠시 멈춰 섰다. 물을 찾던 한 기병이 샘물 곁에서 우연히 마차를 발견했는데, 그 안에 타고 있던 이들은 이미 죽었거나 죽어가고 있었다. 마차 안에는 황금 사슬로 묶인 다리우스도 있었다. 현전하는 고대 문헌들은 왕이 이미 죽었다거나 물은 마실 수 있을 만큼은 살아 있었다는 등 다양하게 주장하며, 일부는 그가 살아남아서 알렉산드로스를 직접 보고 찬양했다고 말하고 싶은 유혹을 참지 못했다. 포로가 된 다리우스가 알렉산드로스에게 항복하고 그를 아시아의 새로운 왕으로 받아들일 의지가 있었다면 쓸모가 있었을 것이다. 반면에 페르시아 귀족들에게 다리우스가 살해당했다면 알렉산드로스가 그를 죽이라고 명할 필요가 없었을 테니 거의 그만큼 편리하거나 오히려 더 낫기도 했다. 그는 왕의 시신을 예우하여 처리했다. 시신이 최상의 상태로 그의 어머니와 남은 가족들에게 이송되도록 했고, 영예로운 장례식을 치러주었다. 페르시아를 존중했고 그 왕을 전투에서 무찔렀으며 제국의 동쪽 끝까지 그를 추격했던 마케도니아인은 이제 곧 자신

을 왕의 복수자로 선언한다. 많은 것이 변하고 있었다.[7]

 페르세폴리스는 폐허가 되었고 다리우스는 죽었으며 알렉산드로스와 그의 군대는 페르시아 제국의 더 큰 부분을—가장 낙관적인 범그리스주의자가 예상했던 것보다 훨씬 더 넓은 영토를—점령했다. 모든 것이 복수전이 끝났음을 시사했다. 특히 그리스 동맹군은 이미 소아시아 해안까지 서너 달이 걸리는 머나먼 귀향길에 올랐다. 전례 없이 고향과 멀리 떨어진 곳에서 지치고 힘들었지만 의기양양한 승리와 전리품을 가득 안은 마케도니아 병사들과 다른 부대들 모두 자연스레 위대한 원정이 끝났다고 생각했다. 필리포스는 끊임없이 군사작전을 벌였기 때문에 그의 군대는 연중 대부분, 때로는 겨울에도 전투를 벌이고 외지에 나갈 것을 으레 예상했다. 그의 아들 밑에서는 작전의 강도가 훨씬 높아졌다. 이 모두는 단기간 군사작전에 이상적인 호플리테스로부터 일어난 큰 변화였지만, 그것이 군대 밖 생활에 대한 유대를 단절시키지는 않았고, 그들은 자주 고향으로 돌아가 가족과 농장을 돌볼 수 있는 기회가 있었다. 그들의 훈련과 규율에도 불구하고, 군생활이 그들의 유일한 생계가 아니라는 점에서 마케도니아인들은 아직 완전한 직업군인은 아니었다. 그들은 기병이든 보병이든 왕의 동지이자 마케도니아인이었기 때문에 싸웠고, 급료를 받았고, 그 밖에도 승리에 기여한 정도에 따라 땅을 포함한 여타 보상들을 받았다. 보상은 큰 동기 부여가 되었지만, 그들은 왕국을 위해 싸우는 것이 마케도니아인의 의무였기에 군인으로 복무했던 것이다.

 엑바타나는 펠라에서 3200킬로미터나 떨어져 있었다. 알렉산드로스와 그의 부하들은 기원전 334년에 아시아에 상륙한 이래로 그보다 먼 거리를 행군했고, 세 번의 주요 전투를 치렀고, 몇 차례의 어렵고 길었던 공성에 성공했고, 그보다 훨씬 많은 짧은 교전과 습격을 실행했다. 이 과정에서 많은 병사가 다쳤고 일부는 질병에 걸리거나 칼에 맞아 죽었지만, 이 모두는 왕에게 그들이 바쳐야 할 의무의 일부였다. 증원군이 고국의 소식을 전했고, 일부는 편지를 주고받았지만, 기원전 334년에서 333년에 걸친 겨울에 특별 휴가를 받았던 젊은이들조차 3년 이상 고향에 돌아가지 못했다. 전쟁에서 승리하고 과업을 완수했다고 생각하니 그들은 고향에 대한 그리움이 더욱 커졌는데, 그렇다고 해서 잠깐의 휴식 뒤에 왕이 그들을 이끌고 어디가 되었든 다시 군사작전에 나설 것을 예상하지 못했던 것은 아니다. 어떤 큰 집단에서나 특히 군대에서는 늘 소문이 돌기 마련이라 알렉산드로스가 고향으로 돌아가는 데 동의했고 곧 그 명령을 내릴 것이라는 소문이 퍼졌다. 병사들은 전리품을 운송하기 편하도록 정리하면서 귀향 여정을 준비하기 시작했다.

부하들 사이에서 흐르는 강한 감정에 알렉산드로스는 놀랐을 것이다. 쿠르티우스는 그가 정복 사업을 완전히 마무리하기 전에 그를 멈춰 세우려고 위협하는 '신들의 시기'에 좌절감을 느껴 울었다고 주장한다. 하지만 그의 장교들은 새로운 승리를 향한 그들의 열정을 확인시켜주었다. 알렉산드로스는 전 군대를 향해 혹은 자신의 발언을 나머지 병사들에게 전달할 대표들을 향해 연설했다. 그의 메시지는 단순하고, 논리적이었으며, 그들을 설득하기에 충분한 진실을 담고 있었다. 그는 아직 완전한 승리를 이루지 못했다고 말했다. 지금은 페르시아인들이 패배했지만, 마케도니아인들이 고향으로 돌아가 버리면 적들이 다시 힘을 모아 강해지는 것을 막을 수 없을 것이며, 특히 베소스와 같은 지도자들이 자유로이 활동하는 한 더욱 그러할 것이다.

그들이 지금 완수해야 할 일을 끝내지 않는다면 언젠가 머지않은 미래에 페르시아 군대가 다시 그리스를 침공할지 모른다. 이는 역사를 돌아보는 오늘날의 우리보다는 한 세기 반 전에 일어난 잘못에 대한 복수를 위해 복무한 병사들에게 더욱 설득력 있는 주장이었을 것이다. 알렉산드로스는 그들에게 조금만 더 수고하면 끝이 날 것이라고 말했다. 병사들은 그의 연설에 설득되었고, 전쟁을 완전히 끝내겠다는 열망이 더해져 앞으로 더욱 열심히 나아갔다. 하지만 알렉산드로스가 몇 달이 아니라 며칠의 차원에서 이야기했다는 쿠르티우스의 주장이 사실이라 해도, 그들은 크게 속은 셈이었다.[8]

　모든 것을 고려해 보면 알렉산드로스는 처음부터 아시아 영토를 자신의 왕국에 추가할 계획이었으며 단지 페르시아를 공격해 처벌하는 것에 그칠 생각은 없었던 게 분명하다. 다리우스가 협상을 시도했고 유프라테스강 서쪽 땅을 모두 주겠다는 등 일련의 제안을 계속했음에도 알렉산드로스가 모두 거부한 것은 그의 야망이 원대했음을 보여준다. 누가 되었든 페르시아 왕을 왕국의 수장으로 남겨두고 떠났다면, 그가 병사들에게 말한 것처럼 장래의 어느 시점에 전쟁이 재개될 가능성이 컸다. 그러므로 어떤 영토라도 새로 정복한 이상 장기적 관점에서 안전하게 확보하려면 페르시아 제국을 멸망시켜야 했다. 알렉산드로스는 아마도 처음부터 이를 이해했을 것이다. 사실 논리는 아주 간단하고, 그의 장교들 또한 이를 명확히 인지했기 때문이다. 문제는 이러한 생각 자체에 있는 것이 아니라 이 목적을 달성하는 데 있었다. 다시 한번 우리는 이 전쟁이 얼마나 장엄하고 빠르게 진행되었는지를 상기해야 한다. 알렉산드로스는 그러한 성공을 꿈꾸었을 것이고, 젊었고, 그만큼 자아가 강했다. 하지만 당대에 가까운 과거 혹은 그보다 먼 과거에서도 그러한 예는 없었다. 분별 있는 사람이라면 누구나 훨씬 더 긴 전쟁을 예상했을 것이다. 아마도 필리포스의 군사작전에서처럼 전쟁이 벌어지고 화평이 이루어졌다가 다시 싸움이 재개되는 식으로 전쟁이 진행되리라 생각했을 것이다. 당시의 관찰자들은 이조차 빠르다고 놀라워했다.

알렉산드로스는 전쟁의 속도를 높였고, 치명적인 실패를 경험하지 않고 승리했다. 물론 그렇다고 해서 전쟁이 쉬웠던 것은 아니었다. 이 모든 과정에서 그의 정신과 기력은 전쟁 자체를 수행하는 데 집중되었고, 그의 군대 또한 확실히 그러했다. 승리 이후의 계획은 승리를 얻고 난 뒤로 미룰 수 있었다. 한 지역을 획득할 때마다 그는 사트라프와 군사 및 재무 담당 지휘관들을 임명했다. 소아시아에서는 호의적인 군주와 파벌들을 포함하여 이집트와 제국의 중심부에서 지역 출신들을 등용했으며, 이는 그때그때 필요에 따라 즉석에서 이루어졌다. 이것은 광대하게 확장된 그의 왕국을 위한 영구적인 정부 체계와는 거리가 먼 것이었다. 특히 그는 아직 자신이 무엇을 창조하고 있는지 알지 못했으며, 다음 공격으로 넘어가기 전에 잠시 멈추는 일조차 드물었기 때문에 더욱 그러했다.

돈은 더 이상 문제가 되지 않았다. 뜻밖의 소득을 얻더라도 계속되는 외교 활동과 다음 전쟁을 위해 곧바로 지출해야 했던 필리포스와 달리, 알렉산드로스는 자신이 원하는 바를 하면서 재정적 제약을 받지 않게 되었다. 이제부터 생각해야 할 측면은 오직 자금을 필요한 곳으로 옮기는 것뿐이었다. 획득한 부가 너무나 컸기 때문에 낭비와 부패도 문제가 되지 않았다. 또한 알렉산드로스는 선물을 하사하는 데 너그러웠으며, 특히 그의 헤타이로이에게 그러했고, 그들은 호사와 사치의 본보기가 되었다. 어떤 장교는 은으로 된 징을 장화에 달았고, 또 다른 장교는 이집트에서 모래를 가져와서 레슬링 연습을 했다고 한다. 용맹에 대한 보상은 전리품에 비례하여 늘어났으니, 모두가 함께 고생했듯이 소득도 함께 나누었으며, 이것이 마케도니아인들에게는 마땅한 일이었다.[9]

대부분의 병사들은 전쟁이 끝나면 고향으로 돌아가리라 예상했다. 하지만 적어도 장교들 중에는 그들이 점령한 땅을 모두 포기하고 완전히 철수할 것이라고 생각한 이는 거의 없었을 것이다. 범그리스주의자들은 아시아인들을 정복하여 그들이 경작한 땅에서 나온 소출로 그리스인들이 먹고 살게 함으로써 그리스에 평화를 가져올 것이라고 말했고, 아마도 몇몇은 이 꿈이 실현되리라고 기대했을 것이다. 더 많은 사람들은 용병들이 새로운 영토에 주둔하면서 어떠한 반란이나 외부의 공격에 대처할 것이라고 생각했을 것이다. 하지만 알렉산드로스와 마찬가지로 미래를 자세히 생각할 여유가 있는 사람은 거의 없었고, 모두가 지금까지 획득한 것들을 보면서 희열에 사로잡혀 있었다. 그들은 전투와 공성에서 우월함을 보여주었고, 이는 앞으로도 바뀔 가능성이 거의 없었다. 그러나 모든 부대가 이 과업을 위해 기꺼이 목숨을 내놓는다 해도, 오직 무력으로 획득한 신생 제국을 유지하기에는 병사들의 수가 턱없이 부족했다.

알렉산드로스는 마케도니아인들의 왕이었지만, 이제 그들은 그의 통치에 복종하는 수많은 민족 가운데 소수 민족에 불과했고, 마케도니아 왕국은 필리포스가 영토를 확장한 이후부터 이미 그가 통치하는 영토의 작은 부분에 지나지 않았다. 필리포스와 그의 뒤를 이은 알렉산드로스는 자기 민족의 왕일 뿐 아니라, 테살리아의 아르콘이 되었고, 그리스 동맹의 지도자가 되었다. 게다가 최근에는 이집트의 파라오와 바빌론의 왕으로 인정받았고, 스스로 아시아의 주군임을 선포했다. 이 모두는 서로 다른 문화와 정치적 전통을 지닌 여러 민족의 통치자로서 그의 권력과 책임을 급격하게 배가시켰다. 불가피하게도 이로 인해 긴장이 발생했다. 알렉산드로스는 동포인 마케도니아인들, 그리고 그의 휘하에서 함께 승리를 쟁취한 그리스인들과 다른 민족들에 대한 관계를 계속 유지하는 동시에, 새로 정복한 백성들의 기대도 충족시키며 적어도 반란을 일으킬 마음이 들지는 않게 해야 했다. 처음부터 아시아의 주군이나 왕이 무엇을 의미하는지에 대한 근본적인 의문이 있었고, 쉽거나 명료한 답은 존재하지 않았다.

아케메네스 왕조의 왕이 되는 것은 절대로 현실적인 선택이 될 수 없었다. 그것은 침략자를 아후라 마즈다가 선택한 자로 받아들일 수 없었을 페르시아인들만이 아니라, 페르시아의 야만인들에 맞서 복수전을 펼친 그의 군대에도 똑같이 혐오스러운 일이었기 때문이다. 알렉산드로스가 가볍게라도 이런 생각을 했다는 징후는 전혀 없다. 페르세폴리스를 불태운 일은 그가 절대 아케메네스 왕조의 왕이 되는 길을 택하려 하지 않았음을 확실하게 보여준다. 그럼에도 그는 실제적으로 도움이 된다고 생각할 때마다 아케메네스 정부의 여러 측면을 모방하곤 했다. 페르시아인 이전에 메디아인과 바빌로니아인, 그 밖에 다른 민족이 거의 같은 지역에서 제국을 경영했기 때문에 그곳에는 '아시아의 왕들'에 대한 기억이 남아있었고, 이는 앞선 모든 왕들처럼 정복 활동으로 새로운 아시아의 왕이 된 이를 위한 길을 마련하는 데 도움이 되었다. 아케메네스의 왕들처럼 성공한 통치자들은 권력을 각 지역에 위임했고, 각 공동체가 고유의 종교, 관습, 법률을 그대로 유지하는 대신 통치자에게는 복종과 공물을 바치게 했다. 그리스인들, 그리고 우리가 알 수 있는 한 마케도니아인들은 동방인을 무력한 야만인이라며 멸시했기에 그들과 그들의 전통을 존경심으로 대한다는 것은 자연스러운 일이 아니었다. 알렉산드로스가 페르시아인과 다른 지역 출신을 사트라프로 임명했던 또 다른 이유는 그의 부하 중에서 아시아의 언어를 할 줄 알거나 배우려는 열의를 보이는 사람이 거의 없었기 때문이다.[10]

알렉산드로스는 철저하게 실용주의적인 본능과 자신이 특별하다는 믿음을 결합했다. 시와 오아시스를 방문하면서 강화된 그 믿음은 자신이 다른 사람들, 그 어떤 마케도니아인과 그리스인보다 우월하다고 믿게 했으므로 그가 원하기만 한다면 많은 일이 정당화될 수 있었다. 이는 그가 헤타이로이의 많은 이들과 달리, 아시아의 전통에서 어떤 의식이나 행동을 채택한다는 생각을 거부하지 않았음을 의미했다. 얼마 후, 베소스는 자신을 왕들의 왕으로 선포하고 아르타크세르크세스라는 왕명을 취했으며, 수직으로 솟은 왕관이 특징인 아케메네스 군주의 의상을 착용했다. 이에 대한 대응으로 알렉산드로스 또한 머리에 두르는 두 가지 색의 왕관을 채택하여 의상에 변화를 주었다. 이 왕관은 페르시아의 왕관과 달랐지만 마케도니아적인 것도 아니었다. 바지는 야만인을 드러내는 가장 노골적인 표시였으므로 알렉산드로스는 문명인답게 맨다리를 그대로 드러내는 의복을 유지했다. 튜닉은 자색 소매가 달린 흰색 튜닉을 입었는데, 이는 페르시아보다는 메디아에 가까운 옷이었다. 그리고 마케도니아의 전통적인 망토와 모자를 착용하되 모자에는 왕을 나타내는 자색 띠를 둘렀다.[11]

처음에 이 새로운 의상을 이용한 실험은 페르시아인이나 다른 지역 출신들과 사적으로 만날 때로 국한되었다. 하지만 나중에는 이에 충분히 고무되어서 말을 타고 멀리 나갈 때에도 사람들의 눈에 잘 띄게 이런 차림을 했다. 헤타이로이 중 연장자에게는 페르시아 조정의 고위 고문들이 입었던 것과 같은 붉은 튜닉이 주어졌고, 그들이 타는 말에는 아시아 양식의 안장을 등에 얹고 장신구를 다는 것이 권장되었다. 진군이 계속될수록 더 많은 페르시아 귀족이 투항했고, 그들은 알렉산드로스의 조정에서 훨씬 더 두드러져 보였다. 마케도니아인들과 그리스인들은 절대 대체되거나 옆으로 밀려나지 않고 압도적인 주류로 남아 있었지만, 최근에 정복한 '야만인들'에게 주어지는 뚜렷한 지위는 조정의 경쟁적인 문화 안에서 반감을 샀다. 시간이 흐르면서 알렉산드로스는 동방의 왕권을 명확히 드러내는 요소들을 점점 더 많이 추가했다. 그중에는 연중 매일 밤 첩을 한 명씩 두는 하렘도 포함되었다. 하렘은 단지 동방의 왕 개인에게만 한정되는 것이 아니라, 전통적으로 제국 전역의 귀족들과 유용한 유대를 형성하는 것이기도 했다. 왜냐하면 왕의 하렘에 있는 여자들은 귀족 가문 출신이었고, 그들에게 이것은 커다란 명성의 원천이 되었기 때문이다.[12]

알렉산드로스는 정복한 모든 땅에 대한 통치권을 공고히 하고자 노력하면서 스스로도 변화하고 있었다. 그가 평화와 고요의 기간에 이러한 통치의 공고화를 지켜보려 했던 징후는 전혀 없었고, 필리포스와 마찬가지로 그 또한 늘 다음 전쟁과 승리를 생각했던 것으로 보인다. 그는 정복을 통해 아시아의 주군이 되었으며, 마케도니아인과 그리스인의 영웅이자 승리의 지도자였고, 그의 지위를 확정하기 위해 더 많은 영광이 필요했다. 단기적으로는 베소스가 가하는 위협이 있었고, 스스로를 왕으로 선포한 그에게 힘이 실리도록 내버려둘 수는 없었다. 위대한 정복자이자 다리우스에 대한 복수자를 자임하며 알렉산드로스는 군대를 이끌고 히르카니아 속주로 들어갔다. 다리우스를 살해한 귀족 중 하나인 나바르자네스가 알렉산드로스에게 항복하고 이 속주의 수도를 넘겨주겠다는 조건을 걸고 협상을 개시했다. 결국 나바르자네스와의 협약이 성립되었고 히르카니아의 사트라프도 곧 그의 뒤를 따랐는데 그 역시 다리우스가 아닌 알렉산드로스의 대표로서 사트라프에 재임명되었다. 한편 알렉산드로스는 나바르자네스는 신뢰하지 않았던 것으로 보인다. 그는 아무런 권한도 없이 자기 지역으로 돌아갔다가 체포되었고, 아마도 결국엔 처형된 것 같다.[13]

히르카니아에서는 전투가 거의 없었다. 알렉산드로스의 조정에는 아주 반가운 인물이 더 추가되었는데, 그의 정부 바르시네의 아버지가 아들들을 데리고 온 것이었다. 다리우스에게 충성을 다하다가 그가 생포된 뒤에 그의 곁을 떠난 그리스인 용병 1500명도 알렉산드로스와 협상을 시도했다. 알렉산드로스는 사실상 선택의 여지가 없는 그들에게서 무조건적인 항복을 받아냈다. 그리스 용병들은 알렉산드로스가 그라니코스 전투에서 보여주었던 잔혹함이 다시 반복되지 않는다는 것을 알고 나서 안도했다. 코린토스에서 그리스 동맹이 맺어지기 전에 페르시아 편에서 복무한 이들은 자유의 몸이 되었고, 그밖에 다른 용병들은 알렉산드로스의 군대에 합류하여 기존 급료를 그대로 받았다. 아기스 왕이 보낸 스파르타인을 포함하여 알렉산드로스를 찾아온 여러 특사 중 일부는 한동안 억류되기도 했다.[14]

알렉산드로스는 산간 부족 마르디족에 맞서 간단한 군사작전을 벌였다. 공교롭게도 이 부족은 이전에 160킬로미터 떨어진 곳에서 싸웠던 집단과 이름이 같아서 고대 문헌에도 혼동이 있다. 이들은 마케도니아 군대를 약간 성가시게만 할 수 있었고, 기억에 남을 만한 사건도 마부에게서 부케팔로스를 포함해 몇 마리 말을 훔쳐간 일뿐이었다. 알렉산드로스는 그 말을 돌려주지 않으면 그들의 땅을 짓밟을 것이며, 남자는 모두 죽이고 여자와 아이들은 노예로 만들겠다고 위협했다. 그의 분노가 군대의 힘만큼이나 분명했으므로 부족 지도자들은 재빨리 부케팔로스를 돌려주고 완전히 굴복했다.[15]

히르카니아 다음으로 마케도니아인들은 아레이아에 갔다. 다리우스 살해에 참여했던 아레이아의 사트라프 사티바르자네스 또한 자기 지역을 넘겨주고 사트라프로 남았다. 그는 앞서 언급한 의상의 변화를 촉진했고, 베소스가 자신을 왕으로 선언했다는 사실을 가장 먼저 보고하여 알렉산드로스가 서둘러 박트리아로 향하게 한 사람이다. 그런데 마케도니아 군대가 떠나자 사티바르자네스는 알렉산드로스가 남겨놓은 장교와 40명의 기병을 모두 죽이고 아레이아의 수도 아르타코아나(오늘날 아프가니스탄의 헤라트)에서 반란을 일으켰다. 사티바르자네스가 배반했다는 소식을 듣고 알렉산드로스는 계획을 변경했다. 그는 나머지 군대를 크라테로스에게 맡겨두고 유격대를 구성해 이틀 만에 120킬로미터를 주파해 아르타코아나에 도착했다. 알렉산드로스가 대응하는 힘과 속도에 놀라서 사티바르자네스는 부하들을 버리고 근위대와 함께 달아나 베소스에게 합류했다. 그의 부하들 중 일부가 뒤에 남아 싸웠는데, 한 집단은 나무가 우거진 바위산으로 들어가 스스로를 방어했다. 이에 알렉산드로스는 숲에 불을 놓아 그들 모두를 태우거나 질식시켰다. 그 밖에도 여전히 무장하고 있는 이들에 대한 보복과 처형이 이어졌다. 하지만 대부분은 항복했고, 반란이 있었음에도 또 다른 페르시아인이 사트라프로 임명되었다.[16]

나머지 군대에 다시 합류한 알렉산드로스는 진군을 재개했고, 마케도니아인들은 드랑기아네에 도착했다. 이곳의 사트라프 또한 다리우스를 전복하고 살해한 이들 중 하나였는데, 알렉산드로스에게 항복하려는 시도조차 하지 않고 인도로 도주했다. 하지만 그는 인도에서 어떤 동정도 받지 못했고, 장래 어느 시점엔가 알렉산드로스에게 넘겨져 처형당한다. 한동안 군대가 이 지역의 수도 프라다(오늘날 아프가니스탄의 파라)에서 쉬었는데, 이곳에서 마케도니아 군대의 고위 사령부에 중대한 변화를 일으키고 필리포스의 치세와 가장 중요한 연결고리 가운데 하나가 제거되는 사건이 일어났다. 하지만 이 사건은 그 당시에도 불확실성에 가려져 있었다.

성공한 지휘관들은 자신감에 도취되는 경향이 있으며, 이 자신감은 다른 사람에 대한 폄하로 확장되는 경우가 많다. 나폴레옹 군대의 원수들이 서로 경쟁했던 것이나, 그보다는 폐해가 적었지만 2차 세계대전의 연합군 고위 지휘관들이 종종 격렬하게 경쟁했던 것을 생각해보면 쉽게 알 수 있다. 마케도니아 조정에서는 원정대의 지도자들이 함께 많은 시간을 보냈다. 그들은 종종 연회를 열고 술을 마시며 왕의 우월성에 도전하지 않는 한에서 모두가 자연스레 자기 자랑을 늘어놓았고, 그런 분위기에서 경쟁이 이루어졌다. 알렉산드로스의 실패에 대한 농담은 온건한 수준이었지만 다른 이들은 짓궂게 서로를 조롱했으며, 명성·호의·존경 그리고 이것들이 가져온 영향력과 지위를 향한 경쟁이 계속되었다. 왕은 중재자였다. 정해진 위계와 승진 체계가 없었으므로 그의 결정에 따라 모든 임명이 이루어졌다. '동지들'(헤타이로이)이라는 이름이 암시하듯이 이 모두는 매우 개인적인 것이었기 때문에 우정과 분쟁은 훨씬 더 격렬해질 수 있었고 서열은 언제나 갑작스럽거나 점차적인 변화에 따라 바뀔 수 있었다. 이것은 가족, 업적, 왕의 애정 사이의 균형에 따라 움직이기 마련이었다.

중대한 변화의 불씨는 알렉산드로스를 살해하려는 음모에서 비롯되었다. 이는 왕에게 복수해야 할 실제 혹은 가상의 이유가 있을 것으로 추정되는 알려지지 않은 마케도니아 귀족 집단이 꾸민 것이었다. 그중에 딤노스라는 자가 있었는데, 그는 니코마코스라는 어린 동성 연인을 믿고 그에게 도움을 요청했다. 하지만 이 젊은이는 겁을 먹고, 군인인 자기 형 케발리노스에게 이 사실을 털어놓았다. 케발리노스는 헤타이로이에 속했을 가능성이 있긴 하지만 계급이 그리 높지 않았던 것만은 확실하다. 그가 직접 왕에게 접근할 수는 없었으므로 왕의 천막 밖에서 기다렸다가 파르메니온의 마지막 남은 아들이자 헤타이로이의 지휘관인 필로타스에게 다가가 자신이 알게 된 사실을 전했다. 그러나 아무 일도 일어날 것 같지 않은 기미가 보이자 그는 필로타스에게 재차 이야기했다. 또다시 아무 일도 일어나지 않았고, 딤노스와 다른 공모자들은 체포되지 않고 자유로운 상태였다. 그래서 케발리노스는 왕의 시동 하나를 설득해서 음모에 관한 정보를 알렉산드로스에게 직접 전하게 했다.[17]

파르메니온은 엑바타나에 가서 임무를 수행하고 있었다. 필리포스와 알렉산드로스 밑에서 그가 따로 파견되는 일은 자주 있었다. 파르메니온의 아들 중 헥토르는 이집트에서 죽었고, 히파스피스테스의 지휘관이었던 니카노르는 불과 한두 달 전에 질병으로 죽었다. 알렉산드로스는 헥토르의 장례식에 직접 참석했지만, 기원전 330년에는 군사작전을 벌이느라 니카노르의 장례를 치를 수 있도록 필로타스 휘하에 분견대를 남겨두고 떠나야 했다. 니카노르와 필로타스는 그들의 아버지가 세 번의 큰 전투에서 군대의 좌익을 지휘하고 원정 내내 뛰어나게 싸웠듯이 많은 군사작전에서 특출한 역할들을 해냈다. 플루타르코스는 필로타스를 알렉산드로스의 어린 시절 친구라고 부르지만, 픽소다로스 사건이 있었을 때 필로타스는 왕자를 꾸짖으려는 필리포스와 동반하였고, 이후 알렉산드로스의 네 친구가 추방당할 때 추방을 면했었다. 그때 이후로 그는 용맹하게 싸웠고, 왕에게 충실하며 늘 왕을 지원하는 모습을 보였다. 이를테면 그는 다리우스의 상을 발받침으로 사용하는 것이 좋은 징조가 될 것이라고 왕을 설득하기도 했다. 그는 또한 전리품을 풍족하게 나누어 받았고, 호화로운 생활을 즐겼다. 플루타르코스는 그에게 길이가 20킬로미터에 달하는 사냥용 그물이 있었다고 한다. 기원전 333년 그는 다마스쿠스에서 다리우스의 수송 부대를 포획한 뒤, 이전에 페르시아인들이 생포하여 노예로 삼은 그리스 여자 안티고네를 정부로 두었다.[18]

　필로타스는 알렉산드로스의 조정에서 통용되는 기준으로 보아도 거만하고 자랑하기 좋아했다. 이는 그가 대중의 호감을 얻지 못했음을 의미했지만, 여전히 그가 중요한 자리에 있는 이상 사람들은 당연히 그에 대한 반감을 드러내지 않았다. 그의 아버지는 그의 행실과 새로 얻은 부를 과시하는 경향을 꾸짖었다고 한다. 크라테로스와 같은 헤타이로이의 주요 인물들은 그가 헤타이로이 기병대를 지휘하고 왕의 총애를 받는 것을 시기했을 뿐만 아니라 개인적으로도 그를 싫어했다. 이집트에서 보낸 몇 달간 필로타스는 알렉산드로스의 승리가 자신과 아버지의 기술과 영웅심 덕분이라고 안티고네에게 자주 자랑했으며, 자신이 제우스의 아들이라고 하는 왕의 말을 따라 하며 조롱하기도 했다. 그의 젊은 연인은 이런 이야기를 여기저기 떠벌렸고, 크라테로스도 그 이야기를 듣고 알렉산드로스에게 전했다. 이후 필로타스의 정부는 첩보원으로 영입되어 잠자리에서 연인이 하는 말을 잘 듣고 전달했다.[19]

프라다에 있는 동안에 필로타스는 살해 음모가 있음을 왕에게 알리지 않았고, 나중에 계집애 같은 하찮은 소년이 지껄이는 허튼소리라고 생각해서 그냥 잊어버렸다고 주장했다. 알렉산드로스는 이 사건을 훨씬 더 심각하게 받아들였다. 딤노스는 체포되지 않으려고 저항하다가 살해되거나 자살했고, 다른 공모자들은 감금되었고 필로타스도 마찬가지였다. 그의 죄목은 태만이었다. 케발리노스나 공모자들 중에 그가 직접 음모에 관여했다고 주장하는 사람은 아무도 없었다. 하지만 알렉산드로스는 완강했고, 크라테로스와 헤파이스티온, 페르디카스, 코이노스를 포함한 고위 헤타이로이가 왕을 부추겼다. 그들은 모두 필로타스를 희생시켜 자기들이 더 출세할 수 있는 기회를 본능적으로 알아챘던 것이다. 왕은 이전에 자기 의사에게 그러했던 것처럼 음모에 관한 보고를 무시할 수도 있었지만, 왕의 친구라고 생각했던 이들이 이에 대한 정보를 알려주지 않고 왕의 목숨을 가지고 도박을 한다는 건 전혀 다른 문제였다. 필로타스의 잘못을 비난하는 것은 조정에 있는 이들이 자신의 충성심을 입증하는 방법이었다.

마케도니아 시민들로 구성된 전통적인 법정이 군대에서 소집되어 이 사건을 심리했다. 왕은 마케도니아 방언이 아닌 교양 있는 그리스어를 사용하는 것이 귀족층에서는 당연한 일이었음에도 그리스어로 말하는 필로타스를 공격하고 조롱했다. 두 차례에 걸쳐 음모에 대해 듣고도 왕에게 알리지 않은 것은 논쟁의 여지가 없었고, 특히 알렉산드로스가 유죄 판결을 내리기로 마음먹었기에 그의 정죄를 보장하기에 충분했다. 파르메니온이 보낸 편지에 적힌 모호한 구절이 인용되었고, 왕에 대한 비판이 포함된 다른 비방들도 언급되었다. 필로타스는 유죄 판결을 받고 고문을 당했으며 그 시점에 자기 죄를 자백했지만, 이 사건의 정확한 진실은 여전히 불분명하다. 결국 필로타스는 칼에 찔리거나 돌에 맞아 처형당했다. 알렉산드로스는 파르메니온의 친구로 알려진 장교를 선택하여 특별한 임무를 맡겼다. 그는 변장을 하고 적은 수의 근위병과 함께 빠른 낙타를 타고 필로타스의 운명에 관한 소식이 그의 아버지에게 도착하기 전에 엑바타나로 달려갔다. 그리고 그곳에 도착하자마자 고위 장교들에게 서면으로 명령을 내린 다음 파르메니온에게 갔다. 나이 든 장군은 그를 보고 반가워했고, 그가 내민 아들의 편지를 얼른 읽고 싶어 했다. 하지만 편지를 개봉했을 때 필리포스의 이 훌륭한 장군은 칼에 맞아 쓰러졌다. 성난 병사들의 무리가 달려들어 살인자들을 위협했지만, 곧 알렉산드로스가 내린 명령이 낭독되었고, 그들이 왕에게 복종하고 있다는 것을 이해하자 상황은 조용히 정리되었다. 하지만 파르메니온의 부하들은 그들의 뛰어난 지휘관을 위한 영예로운 장례를 요구했고, 타협이 이루어졌다. 잘린 파르메니온의 머리는 알렉산드로스에게 보내졌고, 남은 몸은 정중하게 매장되었다.[20]

그리하여 필리포스와 그 아들의 성공에 지대한 공을 세운 한 인물의 생애가 끝났다. 그는 대략 70년을 살았고 그동안 마케도니아에서 몇 차례의 정권 교체를 경험했다. 6년 전에는 아탈로스의 처형을 묵인함으로써 알렉산드로스의 왕위 계승에 기여했다. 사건의 전말에 대한 진실은 감추어졌으므로, 같은 문헌을 가지고도 여러 해석이 가능하다. 정말로 필로타스는 음모가 있다는 케발리노스의 이야기를 그냥 하는 이야기라고 생각했을 것이다. 하지만 음모가 사실이고 왕이 살해된다 해도 그가 그다지 신경 쓰지 않았을 가능성도 있다. 음모를 꾸미게 된 계기가 무엇이었는지, 공모자들이 다음 왕위 계승자를 염두에 두고 있었는지는 우리가 알 수 없지만, 음모는 분명 실재했다. 파르메니온과 그의 남은 아들의 지위와 권한은 강력했고, 알렉산드로스가 갑자기 죽는다면 손쉽게 다음 왕을 고를 수 있는 위치에 있었다. 어쩌면 그들은 이것이 바람직하다고 생각했고, 더 많이 정복하려고 하는 왕의 끝없는 야망을 염려했을지도 모른다. 현전하는 고대 문헌에서는 26세의 젊은 왕의 야망과 동방의 양식 및 궁정 의례에 대한 새로운 열광을 둘러싼 불안과 동요를 암시한다. 이는 이후에 발생하는 다른 음모들에서 다시 등장할 것이다.

더 잔인하고 계산적인 알렉산드로스를 보길 좋아하는 이들은 이 사건을 그의 왕위 계승에 이어진 숙청의 연장으로 묘사한다. 필로타스는 거만함으로, 파르메니온은 잦은 반대 의견 및 필리포스와의 인연으로, 그리고 두 부자 모두 가문의 영향력을 가지고 알렉산드로스를 도발했기에 왕은 단지 그들을 제거할 기회를 노리고 있었다는 것이다. 한 전승에 따르면 필로타스가 고문당하고 있을 때 알렉산드로스가 장막 뒤에서 섬뜩한 표정으로 듣고 있었다고 한다. 이와 다르게 플루타르코스는 이 사건을 조정에서 경쟁하던 이들이 필로타스에 대해 꾸민 음모라고 본다. 필로타스의 경쟁자들은 왕이 자신의 오랜 친구가 음모를 꾸미고 있음을 확신할 때까지 부추겼다는 것이다. 쿠르티우스는 이 사건에 어두운 유머를 더하며, 필로타스가 고문자들에게 이렇게 속삭였다고 전한다. "크라테로스 말해보게, 내가 무슨 말을 하길 원하는지."[21]

아들을 죽이기로 한 것은 왕의 결정이었고, 왕이 그렇게 한 이상 그의 아버지가 계속 충성할 것이라고 믿기는 어려웠다. 마케도니아 정치의 맥락에서 보자면 파르메니온을 죽인 것은 자연스러운 일이었지만, 우리는 국왕 살해 혐의에 대해 유죄가 입증된 자의 친척들이 법률에 따라 자동으로 유죄 판결을 받았는지 아니면 마케도니아 민회에서 그 자리에 부재한 아버지에 대해 판결을 내린 것인지 알지 못한다. 두 부자의 죽음은 알렉산드로스의 결정이었고, 어떤 자료에서도 그러한 결정을 할 때 심지어 판단의 단초가 외부에서 비롯된 것이라 하더라도 그가 고뇌했다는 암시는 없다. 늘 그러했듯이 알렉산드로스는 재빠르고 가차 없이 상황을 처리했다. 우리는 왕이 파르메니온을 제거할 수 있게 된 상황을 어디까지 만들어내거나 바랐는지, 아니면 단순히 사건이 전개됨에 따라 그렇게 해야 할 필요가 있는 일이라고 결정한 것인지 말할 수 없다. 여하튼 두 부자는 빠르게 처형되었고, 곧이어 또 다른 음모 때문에 3년 동안 갇혀 있던 링케스티스의 알렉산드로스도 그들의 뒤를 따르게 된다. 그는 집결된 부대 앞으로 불려 나와 말을 더듬기까지 하며 두서없이 자신을 변호했지만 결국 유죄 판결을 받았다. 그러나 마케도니아인들은 역모를 꾸민 혐의로 기소된 어떤 형제에게 유죄 판결을 내리지 않았는데, 형제 중 하나는 체포되기 전에 달아났고 이것이 유죄의 증거처럼 여겨지는 상황이었다. 알렉산드로스는 아마도 자신의 정의감을 보여주고 싶은 마음에 이들을 처형하라고 압박하지는 않았던 것 같다. 부대들 또한 결과가 그리 중대하지 않으리라 추측하면서 그들의 독립성을 확고히 하고자 했을 것이다.[22]

파르메니온은 인기가 있었고 널리 존경받았기에 그의 휘하에서 싸웠던 이들은 그의 죽음을 애도했다. 모든 일에 알렉산드로스의 손길을 보고자 하는 이들은 테살리아 병사들을 해산한 것이 여러 해 동안 그의 휘하에서 복무했던 이 정예 기병대를 내보냄으로써 파르메니온의 지위를 의도적으로 약화시킨 것이라고 기술한다. 마찬가지로 파르메니온이 명백하게 부차적인 역할을 하며 주력 부대에서 멀리 떨어져 있던 것도 그를 제거하기 위한 또 다른 단계였다고 말한다. 그러나 이런 추측들은 자연스러운 결론이 아니며, 니카노르의 죽음이 우연이었듯이 어쩌면 이 사건의 진행도 우연이었을 가능성이 있다. 고대 저자들 중에 파르메니온이 음모에 가담했다는 명확한 증거가 있었음을 시사하는 이는 없다. 또한 그가 죽은 뒤에 그의 처형을 정당화하는 세부 이야기가 만들어지지 않았다는 것도 놀랍다. 마찬가지로 고대 문헌 중에 알렉산드로스가 파르메니온을 제거하기 위해 의도적으로 음모를 꾸몄다고 암시하는 것도 전혀 없다. 파르메니온은 존경받았지만 아르게아스 왕조의 사람이 아니었으므로 왕이 될 수 없었다. 그와 그의 아들들이 모두 죽게 되자 마케도니아 군대는 손실을 아쉬워했을 테지만 그 아쉬움 때문에 알렉산드로스에게 맞설 이유는 없었다. 알렉산드로스는 왕이었고, 승리를 거둔 그들의 지도자였다. 그 승리를 완성하고, 그들을 이끌고 고향으로 돌아가 영광과 전리품을 누리도록 해줄 알렉산드로스가 그들에게는 여전히 필요했다.

24

곧게 선 왕관

대부분의 군대가 그토록 열렬하게 기대했던 나머지 것들은 달성하기 어려운 것으로 드러났고, 하나의 전쟁이 끝나는 듯 보였을 때 또 다른 전쟁이 시작되었다. 알렉산드로스는 한 번 더 중요한 전투를 치러야 했지만, 티레나 가자처럼 인공 방어시설을 갖추어서 공성에만 몇 달이 걸리는 큰 도시를 공격하는 일은 다시 없었다. 그는 여생의 대부분을 전쟁터에서 보냈으며, 수많은 소규모 전투와 수천 명이 투입된 교전을 치렀고, 특히 진흙 벽으로 둘러싸인 몇백 개의 정착지들을 공격했다. 그의 남은 시간은 날마다 걷고, 말을 타고, 전진 또 전진하고, 밤마다 천막이나 마을의 오두막, 때로는 거대한 정착지의 웅장한 집에서 자는 잠으로 채워졌다. 힘든 여정뿐만 아니라 전투는 그 규모에 관계없이 흔한 경험이었고, 그는 계속해서 싸우고 이겼으며 그 대가로 긴 부상의 목록을 추가해야 했다. 알렉산드로스의 생애 마지막 몇 년은 뚜렷한 극적 사건이 없고 다리우스와 충돌하는 웅장한 전투 같은 명확한 서사도 없다. 대개는 군대가 몇 개의 대열로 나뉘어 각각 독립된 작전을 수행했다. 정복한 영토를 통제하기 위해 수많은 파견대와 주둔군이 뒤에 남겨진 것은 말할 것도 없다. 필리포스와 알렉산드로스 모두 전략적 상황에 따라 군대를 분할하고 재결합하기도 했으므로 이런 활동은 그 자체로 전혀 새로운 것은 아니었으며 대규모 전투는 언제나 드문 일이었다. 바뀐 것은 군대의 규모였다. 알렉산드로스는 그의 아버지가 소집한 것보다 훨씬 더 많은 병사들을 자기 휘하에 두었고, 군대가 이동한 거리는 훨씬 더 길었으며, 지형과 기후의 극단을 경험했다.

군대 구조의 개혁은 작전 규모가 작아진 것을 반영하지만, 어떤 경우에는 그 시기와 세부 내용이 분명하지 않다. 가우가멜라 전투 이후 헤타이로이 기병대의 일레는 이론적으로 대략 100명의 기병들을 갖춘 두 개의 영구적 하위 단위로 나뉘었고, 얼마 뒤에 히파스피스테스도 비슷한 방식으로 재조직되어 추가적인 지휘 단계가 생겼던 것 같다. 이는 각각의 경우에서 일반화된 기존 관행을 공식적으로 인정한 것이었을 수 있다. 1년 안에 헤타이로이 또한 각기 2개 일레로 구성된 복수의 기병대로 운영되었고, 단위 기병대의 규모가 작아진 것이 아니라면 필시 기병들의 수가 전체적으로 크게 증가하면서, 언젠가 적절한 시점에 8개의 히파르키아hipparchia*가 형성되었다. 일부 부대에는 무기와 장비에 변화가 있었을 수 있으며, 창이나 투창으로 무장한 경기병대가 이 시기에 등장한다. 어떤 학자들은 이 경무장 기병들은 현지에서 모집한 기병이라고 생각하지만, 사리소포로이 경기병대가 같은 시기에 사라지는 것으로 보아 이들이 과거에 쓰던 것보다 짧은

---

* 히파르키아는 일레보다 더 큰 단위였다. 보통 헤타이로이 기병대 전체가 8개의 일레로 이루어졌는데, 이 일레들을 결합하여 2~3개의 히파르키아를 구성했다고 한다.

창을 들게 되면서 새로운 명칭을 얻은 것으로 보인다. 기원전 330년에 상당수의 리키아인 병사와 함께 많은 용병이 도착했다. 그리고 이후 몇 년 동안 제국의 중부와 동부 사트라피에서 모집된 기병대가 증가하는 모습을 보인다. 이들은 대체로 아주 뛰어난 기병들이었으며, 그들이 싸우는 방식은 그 지역 전쟁에 아주 잘 맞았으므로 그들은 단지 추가 인력일 뿐 아니라 중요한 자산이 되었다. 마찬가지로 그리스와 그 밖의 지역에서 온 용병들을 고용한 것처럼, 활동적이고 호전적인 남자들을 알렉산드로스의 군대에 고용하는 편이 알렉산드로스의 반대편에서 복무할 것을 고민하게 두는 것보다 훨씬 나았다. 우리가 알 수 있는 한, 이러한 병사들은 별도의 부대로 편성되었고, 페르시아 귀족으로 구성된 추가적인 국왕 근위대를 제외하고 누구에게도 눈에 띄는 명예나 지위가 주어지지는 않았다.[1]

기원전 334년부터 필로타스가 헤타이로이 기병대 전체를 지휘했지만, 기원전 330년에 그를 처형한 뒤 알렉산드로스는 이 책무를 한 사람에게만 맡기지 않고 헤파이스티온과 검은 클레이토스에게 나누어 맡겼다. 클레이토스는 필리포스의 군사작전에도 많이 참여했던 경험 많은 군인이었으며 최근에는 왕의 대대를 지휘했고 그라니코스 전투에서는 알렉산드로스의 목숨을 구해주기도 했다. 그를 이 자리에 임명한 것에 의문을 제기하는 사람은 거의 없었을 것이다. 반면에 헤파이스티온은 실제로 분대조차 지휘해 본 적이 없는 듯하며, 그를 등용한 것은 오랜 친구를 향한 노골적인 믿음과 편애에서 나온 행동으로 보였다. 알렉산드로스에 대한 헤파이스티온의 충성심은 필로타스에 대한 유죄 판결에서 입증되었다. 마케도니아 군대는 그 자체가 무장한 국가였으며, 정부에 고정된 위계나 진급 체계가 없었던 것처럼 군대 역시 왕의 결정과 선택에 의해 그 형태가 바뀌었다. 이는 역으로 귀족층에 속한 개인과 가문의 영향력을 반영했다. 필로타스는 헤타이로이 기병대 총괄 지휘관으로 임명되기 전에 분대를 지휘한 경험이 있긴 했지만, 그토록 중요한 자리에 있기에는 여전히 매우 어렸다. 왕이 그를 선택한 데는 그 자신의 이력과 재능만큼이나 그의 아버지가 갖는 영향력이 반영되었다. 아리아노스는 정예 기병대의 공동 지휘권은 기본적으로 신뢰의 문제에 기인한다고 기술했다. 기병대 히파르키아가 언제 도입되었는지는 분명하지 않으므로 이러한 재조직 작업은 같은 시기나 더 나중에 이루어진 것으로 보인다.[2]

알렉산드로스는 비록 헤타이로이 기병대의 지휘권을 쪼개긴 했지만, 히파스피스테스는 단일한 지휘권 아래 두었다. 그에게 가장 가까운 부대에 너무 많은 책임을 위임하는 것에 대한 염려가 그의 유일한 고려사항은 아니었고, 군대 개혁은 기병대가 활용되는 방식을 반영했을 것이다. 정치적 혹은 실용적 이점이 무엇이었든 간에 장교의 증가는 새로운 영구적 직위들의 생성을 의미했다. 물론 새로운 직위에는 계급에 따른 급료와 명예가 주어졌다. 알렉산드로스가 새로운 지휘관을 임명할 때 집안이나 인맥 같은 다른 요소들이 중요한 역할을 했다는 데는 의심할 여지가 없긴 하지만, 기본적으로는 부하들의 복무 이력을 고려했다고 한다. 왕에게서 승진이라는 은혜를 입은 신임 장교들은, 왕에 대한 충성과 용기는 합당한 보상을 받는다는 가시적 증거가 되었다.[3]

마케도니아인과 왕의 관계는 근본적으로 개인적이었고, 군대에서 가장 명확하게 표현되었다. 특히 알렉산드로스처럼 지속적으로 전쟁을 벌이고 승리를 거두는 왕에 대해서는 더욱 그러했다. 시간이 흐름에 따라 군대는 알렉산드로스를 단지 필리포스의 아들이자 후계자가 아닌 그 자체로 지도자로 인정하고 유대감을 형성했다. 기원전 334년 이후 강도 높은 싸움과 거대한 규모의 승리가 이러한 과정에 힘과 속도를 더했지만 그렇다고 과거가 지워진 것은 아니었다. 필리포스가 죽은 지 10년도 채 되지 않았으며, 계급의 상하를 불문하고 많은 군인이 여전히 그의 영광과 성공을 공유하고 있었다. 필리포스는 그들의 자존감과 자부심에 단단히 연결되어 있었다. 그러나 필리포스의 오래된 부하들이 알렉산드로스의 세대와 대치했다고 보는 것은 너무 단순한 시각이다. 두 세대 모두 내부에는 다양한 의견과 신념, 개인적인 호불호, 경쟁 관계 등이 있었고, 서로 타협하고 최소한의 균형을 유지할 필요가 있었다. 보상과 진급은 원정의 목표가 근본적으로 바뀌는 와중에도 병사들이 계속해서 왕에게 복종하고 왕을 위해 싸울 수 있도록 동기 부여를 해주었다.

동전에 뒷면이 있듯이, 거의 같은 시기에 충성심이 의심되는 자들로 구성된 아타크토이Ataktoi('무질서한 자들')라는 특별 부대가 결성되었다. 한 전승에 따르면 알렉산드로스는 병사들이 고향에 보내는 모든 편지에 대한 검열을 명령했다. 파르메니온에 대한 애정이 표현되어 있거나, 알렉산드로스에 대해서나 계속되는 전쟁을 비판하는 내용이 담긴 편지를 골라내라는 것이었다. 이 새로운 '징벌 부대'에 정치적 견해가 의심스러운 인물들만 속했는지, 아니면 다른 잘못을 저지른 병사들까지 포함됐는지와 상관없이 여기에 속한 구성원들은 구제받기를 바라는 마음으로 매우 용감하게 싸웠다고 하는데, 그들의 공적에 대한 어떤 구체적인 사례도 기록되어 있지 않다. 왕은 상을 줄 수도, 벌을 내릴 수도 있었다. 하지만 필리포스가 맞이했던 운명이 보여주듯이 가장 성공한 왕조차 언제든 살해당할 위험에서 결코 안전하지 않았다. 알렉산드로스가 선택한 장교와 간부는 계속되는 군사작전에서 끊임없이 성과를 입증해야 했고, 어떠한 실패나 실망스러운 결과도 평가에 영향을 끼쳤다. 맹목적으로 충성하는 자를 원했지만 뛰어난 재능이나 명성을 가진 이들을 무시할 수 없었고, 언제나 각각을 고려하여 균형을 맞출 필요가 있었다. 마케도니아의 군주로서 훌륭한 처신에 대한 기대를 충족하는 동시에, 군대가 계속 승리할 수 있도록 사기를 유지하면서 충분한 효과를 발휘해야 했다.[4]

마찬가지로 그의 조정과 정부 또한 새 제국을 안정되게 유지하고 반란을 최소화하면서도 자금과 인력, 탈 짐승과 짐 나르는 짐승, 군사 보급품 등 필요한 자원을 조달할 수 있게 하려면 제대로 작동해야 했다. 여러 문헌들, 특히 오늘날 학계의 초점은 그가 마케도니아 왕과 '아시아의 주군' 사이에서 균형을 맞추기 위해 기울인 노력에서 생기는 긴장과 문제에 맞춰져 있다. 모든 일이 너무나 빨리 일어났고, 참고할 전례조차 없었으므로 이러한 긴장은 결코 과소평가할 수 없었다. 어떤 페르시아 귀족들은 새 통치자를 기꺼이 섬기고 실제로 무척이나 충실하고 유능하게 그를 위해 일했지만, 다른 귀족들은 그에 맞서 저항하며 싸웠고, 또 다른 귀족들은 이 둘 사이에서 망설이고 있었다. 각각의 목소리가 오늘날까지 전해지지 않으므로 우리는 알렉산드로스가 새 의상과 관습을 채택했을 때 그것이 피정복민에게 어떻게 보였는지 판단할 수 없다. 어떤 이들은 서로 이유는 다를지라도 다수의 마케도니아인이 느낀 것처럼 매우 혐오스럽게 느꼈을 테지만, 겉으로 드러내지 않고 잠자코 있었을 것이다. 결국 중요한 것은 그의 권력과 패권이었기 때문이다.[5]

알렉산드로스가 마케도니아인들과 새로운 백성을 위한 통치자로서 최선을 다했으므로, 쌍둥이 같은 두 개의 조정과 정부가 나란히 전개되고 작동했다. 그는 아시아의 귀족 및 공동체와 서신을 왕래할 때는 다리우스의 페르시아 왕의 인장을 사용하기 시작했고, 마케도니아인과 그리스인에 대해서는 마케도니아 왕의 인장을 그대로 유지했다. 그는 가능한 한 대부분의 지역에서 기존 행정 체계를 그대로 유지하고자 했으므로, 현지인에게 익숙한 페르시아 왕의 이미지가 도움이 되었을 것이다. 이런 이유로 아시아 신하들과의 회담을 위해 새로운 양식의 의상을 따로 마련한 것이다. 또한 그에게도 하렘이 생기긴 했지만, 아케메네스 왕조 임금들과는 달리 그의 하렘은 그가 출정할 때 함께 이동하지 않았던 것으로 보인다. 그의 군사작전이 으레 빠른 속도로 펼쳐졌던 것을 고려하면, 그가 한 곳에 몇 주 이상 머무르기로 계획했을 때만 하렘이 그에게로 왔을 것이다. 대체로 하렘 전체보다는 몇 명의 첩을 선별하여 동반했다 해도, 이런 관행에 대해 언급하는 문헌은 없다. 하지만 많은 경우에 그러하듯이 고대 문헌들은 이와 같은 일에 관해 거의 아무 말도 하지 않는다. 알렉산드로스의 정부 바르시네가 그와 함께 시간을 보냈을 테지만, 아마 다른 연인들도 있었을 것이다. 다리우스의 어머니와 딸들과 아들은, 이제 그 정치적 중요성이 줄어들었으므로 얼마 전부터 수사에 남겨졌다. 그들은 계속 예우를 받았고, 알렉산드로스는 그 자녀들이 그들의 전통 교육과 함께 그리스 교육을 받아야 한다고 지시했다. 이는 그가 이미 공주들 가운데 한 명을 아내로 취할 가능성을 고려하고 있었음을 암시할 수 있다. 마케도니아의 한 관습은 다리우스의 어머니를 진저리 치게 했다고 전해진다. 그녀에게 털실을 만들고 옷감을 짤 수 있는 도구들이 선물로 주어졌는데, 그녀에게 이것은 노예나 하는 일이었기 때문에 그녀는 이제 곧 자신이 노예로 강등되리라고 생각했던 것이다. 아르게아스 왕실의 여성들에게 그런 일은 일상적인 활동이고, 알렉산드로스는 어머니와 누이가 만들어준 옷을 가지고 있다는 설명을 듣고 나서야 그녀는 안심할 수 있었다.[6]

기원전 330년, 다리우스의 총신인 환관 바고아스(다리우스를 페르시아 왕좌에 앉힌 잔혹한 인물과 동명이인)가 다리우스의 가장 중요한 추종자였다가 베소스의 가장 중요한 추종자가 된 나바르자네스의 항복 조건을 협상하고자 알렉산드로스를 찾아왔다. 잘생기고 정치적 수완이 좋고 다른 사람의 기분을 잘 맞추는 이 환관은 새로운 왕의 신뢰를 얻었으며, 일부 사료는 그들이 연인이 되었다고 주장하기도 한다. 페르시아 조정과 근래에 활동한 인물들에 대한 바고아스의 지식은 유용했다. 특히 그는 그리스어를 할 줄 알았을 것이고, 이것이 알렉산드로스가 함께 일하고 싶은 사람들을 이해하는 데 큰 도움이 되었을 것이다. 그러므로 그가 중요한 인물이 된 것은 충분히 이해할 수 있는 일이었다. 하지만 그 이상의 무언가가 있었는지는 말할 수 없다. 어쩌면 그리스인과 로마인들이 환관에 대해 가진 뿌리 깊은 혐오감 때문에 그는 그가 갖는 실질적인 중요성보다는 동방의 퇴폐적인 문화에 기울어가는 알렉산드로스의 경향에 대한 상징으로 더 많이 언급되었을 것이다. 그렇다 하더라도 그는 가끔 언급될 뿐이고 특정 사건에 연루되기보다는 거의 항상 일반적인 의미에서만 언급된다.[7]

우리는 원정을 계속하는 알렉산드로스의 주위에 얼마나 많은 사치품이 있었고 얼마나 많은 조신이 있었는지 말할 수 없다. 어디에 있든 그는 왕이었고 근위병과 장교에 둘러싸여 있었으며, 의례와 사치의 수준은 때와 장소에 따라 달라졌고, 1년 중 아주 일부 시기에만 온갖 호화로운 의례와 사치가 그를 둘러쌌다. 그의 역할의 일부는 그가 어디에 있든지 계속되었고, 플루타르코스는 알렉산드로스가 놀라울 만큼 많은 글을 썼다는(엄격히 말하자면 구술口述했다는) 사실을 특별히 언급한다. 알렉산드로스는 군사작전 중에 마케도니아 귀족들과 더 잘 지냈다. 전쟁 중에는 모두가 바빴고, 분명한 목표와 맡은 역할이 있었으며, 왕은 용기와 기량의 모범을 보일 수 있었다. 오히려 긴장의 순간들은 작전의 휴지기에 찾아왔다. 군대가 몇 주나 몇 달간 쉬고 있을 때면 조정의 많은 조신이 놓치고 있던 근황을 따라잡을 수 있었다. 모두가 지쳐 있었지만, 페르시아인들과 다른 현지인들에게 보여준 호의에 반감을 드러낼 시간은 충분했다. 하지만 정복한 영토를 다루는데 있어서 마케도니아인과 그리스인에게 대다수의 핵심 역할이 주어졌던 반면, 어떤 페르시아인도 마케도니아인이나 그리스인을 상대하는 자리에 임명되거나 그들에게 영향을 끼치는 문제에 실질적인 영향력을 행사하지 않았음에 주목해야 한다. 그럼에도 불구하고 일부 페르시아인과 페르시아의 영향들이 휴지기에 눈에 띄었는데, 이는 불과 몇 년 전만 해도 있을 수 없는 일이었다.[8]

알렉산드로스는 기원전 330년 말에 필로타스와 파르메니온이 사망한 직후 프라다를 떠나 행군했지만, 떠나기 전에 음모를 꾸민 이들을 사전에 타도한 것을 기념하려고 도시 이름을 프로프타시아('예견')로 바꾸었다. 남쪽으로 향하던 그는 시스탄 호수와 헬만드강 유역 주변의 비옥한 농경지에 도착했다. 지역 주민인 아리아스피안족의 저항은 전혀 없었는데, 이 민족은 기원전 6세기에 굶주리고 있던 키루스의 군대에 먹을 것을 제공했다고 해서 '은인'으로 알려져 있었다. 알렉산드로스의 부하들은 훨씬 더 나은 상태에 있었지만, 보급물자는 언제나 환영받았고 준비된 항복은 늘 그렇듯 지역 공동체에 상당한 자치권을 보장하는 관대한 조건으로 돌아왔다. 쿠르티우스는 알렉산드로스가 아리아스피안족의 영역에 두 달 동안 머물렀다고 전하는 반면, 아리아노스는 마케도니아 군대가 훨씬 더 일찍 강을 따라 다시 이동했다고 말한다. 이 무렵 장차 이집트의 왕이 되는 프톨레마이오스가 왕의 일곱 근위병 중 한 명으로 임명되었다. 기존 근위병 중 하나가 필로타스나 다른 역모자에게 연루되었다는 혐의로 체포되어 처형된 후에 생긴 공석을 그가 채웠던 것이다.[9]

알렉산드로스의 주력 부대가 전진하는 길에 거의 저항이 없었고, 여러 민족이 연이어 항복해 왔다. 알렉산드로스는 해당 지역 사트라프를 지명했고, 몇천 명의 병사로 이루어진 부대를 배치해 사트라프를 지원하도록 했다. 이번에 사트라프로 임명된 인물은 마케도니아인이어서 최근에 연속적으로 현지인을 임명하던 관행을 깬 것이긴 했지만 이것이 영구적인 변화를 나타내지는 않았다. 사티바르자네스가 2000명의 기병을 이끌고 돌아와서 자신의 사트라피였던 아레이아를 기습했고, 이제는 베소스를 찾아 박트리아로 향하는 알렉산드로스의 뒤를 쫓고 있다는 소식이 전해졌다. 파르티아의 사트라프인 프라타페르네스와 협력할 두 헤타이로이의 지휘 아래 강력한 부대가 파견되었다. 전진을 계속하기 전에 알렉산드로스는 아라코시아(오늘날의 칸다하르)에 자신의 이름을 딴 또 다른 도시 알렉산드리아를 세우고 질병이나 부상으로 군사작전에 참여할 수 없게 된 용병과 병사들, 그리고 종군 상인들이나 일꾼들을 현지인들과 어울려 살게 했다. 그곳에서부터 그는 수백 년에 걸쳐 잘 다져진 경로를 따라* 오늘날의 카불로 향했다. 오늘날의 베그람 근처에 또 다른 알렉산드리아가 세워졌고, 군대는 남은 겨울 동안 그곳에서 잠시 휴식을 취했다.[10]

기원전 329년 3월 말 혹은 4월 초에 베소스가 박트리아에서 1만 명의 병사를 거느리고 있다는 보고가 들어왔고, 알렉산드로스는 베소스 추격을 재개했다. 마케도니아 군대가 가는 길에 산맥이 있었는데, 이 산맥이 코카서스 산맥의 일부라고 잘못 알려진 것은 아마도 이소스 전투가 일어난 곳에서 멀지 않은 토로스 산맥과 연결되어 있기 때문일 것이다. 알렉산드로스와 그의 부하들은 이미 그리스인들이 지리를 잘 알고 있는 땅을 지났고, 지역 안내자들에게 훨씬 더 많이 의지하고 있었다. 실제로 그가 마주한 산맥은 힌두쿠시 산맥이었는데, 이것이 그의 관점에서 정말로 중요한 것은 아니었다. 다만 기본적인 보고만 봐도 이 산맥이 그가 이제까지 마주쳤던 어떤 산보다 높다는 것이 문제였을 것이다. 산맥을 넘는 길에는 세 개의 고개가 있었다. 시바르 고개는 여행하는 이들이 가장 많이 이용했고 상대적으로 넘기 쉬웠다. 카와크 고개는 통행이 극도로 어려웠으며, 살랑 고개는 적어도 군대가 지나가기는 불가능한 통로였다. 베소스는 주요 통로의 건너편에 있는 땅들을 황폐하게 만들어서 어떤 군대가 산맥을 넘어오더라도 보급물자를 구할 수 없게 했다.

알렉산드로스는 카와크 고개를 택했는데, 이 고개는 최고 고도가 대략 3550미터에 달했고 주변 봉우리는 그보다 훨씬 더 높았다. 봄

---

* 2차 영국-아프가니스탄 전쟁 중이었던 1880년, 로버츠 경(매우 다른 사회와 시대의 산물이긴 하지만, '자신이 탈 수 있는 가장 큰 말'을 탔던 또 한 명의 키 작은 남성)과 그의 영국-인도 군대가 똑같은 경로를 반대 방향으로 따라가 칸다하르에 이르렀다.

은 더디게 왔다. 나무의 나이테를 분석해 보면 이 시기에 몇 년 동안
은 여름에도 평년보다 확실히 추웠음을 알 수 있다. 눈과 얼음이 땅에
쌓여 있었으므로 이동이 무척 어려웠고, 병사들이나 짐승들도 이전에
이토록 높은 고도에서 희박한 공기를 경험한 적이 없었다. 식량은 떨
어져 갔다. 군대가 이동하는 길에 있는 작은 정착지의 주민들이 중무
장을 한 외국인 군인들을 보고 겁에 질려서 줄 수 있는 것을 모두 주
었음에도 그것으로는 충분하지 않았다. 짐승들이 사람들보다 먼저 죽
는 경향이 있었으므로, 왕은 짐 나르는 짐승들을 잡아서 병사들이 먹
게 했다. 장작도 곧 떨어졌으므로, 짐승을 잡아도 생고기를 먹어야 했
는데, 그나마도 얼어서 딱딱해지기 전에 빨리 먹어야 했다. 지치고 굶
주린 병사들은 동상과 설맹雪盲으로 고생거나, 탈진해서 걸음을 멈
추고 드러눕거나 나무에 기댔다. 이들을 일으켜서 계속 움직이게 하
지 않으면 그 자리에서 죽을 게 뻔했으므로, 알렉산드로스는 대열의
앞뒤를 오가며 큰 소리로 병사들을 격려하여 계속 전진하게 했다. 다
른 이들도 그의 모범을 따랐고, 대략 17일에 걸쳐 군대는 산맥을 넘
었으며, 더 온화한 지방에 이르러 더 나은 식량을 공급받으면서 휴식
을 취했다. 먼저 도착한 이들은 기력을 회복하면서 뒤처진 이들이 본
대에 합류할 때까지 기다렸다.[11]

　베소스는 알렉산드로스가 산맥을 넘었다는 것을 알게 되자마자 옥
소스강(오늘날의 아무다리야강)으로 퇴각하여 그와 적 사이에 또 다른 물
리적 장벽을 세웠다. 이는 마케도니아인들이 박트리아를 차지하도
록 내버려 두겠다는 것을 의미했다. 베소스 군대의 태반을 차지하는
7000~8000명의 기병들은 이런 식으로 가족을 포기해버리는 지도자
를 위해 싸울 생각이 들지 않았기에 며칠 만에 흩어져 고향으로 돌아

갔다. 마케도니아 군대는 아무런 저항을 받지 않고 전진했으며, 중요한 교역 도시이자 이 지역의 수도인 박트리아를 포함한 여러 공동체가 성문을 활짝 열고 침략군을 맞이했다. 모든 것이 순조로워 보였고, 바르시네의 아버지 아르타바조스가 박트리아의 사트라프로 임명되었다. 또한 사티바르자네스의 패배와 죽음에 대한 반가운 소식이 그의 잘린 머리와 함께 전해졌다. 적절히 호메로스적인 방식으로, 이전의 사트라프는 단 한 번의 전투에서 에리기이오스에게 살해당했다. 에리기이오스는 본래 미틸레네 출신이었지만 오래 전에 마케도니아에 정착하여 암피폴리스에 있는 땅을 받고 왕의 헤타이로이로 임명된 인물이었다. 픽소다로스 사건으로 망명했던 왕의 친구 중 한 명이었던 그는 다른 친구들에 비해 상당히 나이가 많아서 쿠르티우스에 따르면 이제는 머리가 세고 노년에 접어들었다고 한다. 이번 군사작전에서 덜 만족스러운 측면은 아레이아의 사트라프로 복무했던 페르시아인의 불성실하고 불충한 행동이었다. 그는 결국 마케도니아인으로 교체되었다.[12]

박트리아에서 옥소스강까지 대략 80킬로미터에 이르는 여정은 대부분 사막 지대를 통과하는 것이었다. 추위와 동상을 견뎌낸 지 몇 주 만에 병사들은 메마른 땅에서 타는 듯한 여름의 열기를 견뎌야 했다. 야간에 가능한 한 빨리 행군하라는 조언이 있었지만, 그렇게 하더라도 한낮에 38도가 넘는 더위를 견뎌야 했다. 식수는 생각보다 빨리 떨어졌고, 목이 마른 병사들은 자연스레 술을 마셨지만, 몸에 들어간 알코올은 더 많은 탈수 증상을 일으켰다. 그러는 사이에 많은 말이 쓰러져 죽었다. 이러한 시기에 늘 그러했듯이 알렉산드로스는 가장 고무적인 모습을 보여주었다. 두 노병이 약간의 물을 가지고 가다가 왕에게 바쳤다고 한다. 왕은 그들에게 물을 어디로 가지고 가는 길이었느냐고 물었고, 그들은 자기 아들들에게 주려던 것이라고 답했다. 알렉산드로스는 그 물을 전혀 마시지 않고 그들이 가던 길을 가게 했다.

마침내 알렉산드로스와 선봉대는 해질 무렵 옥소스강에 도착했다. 알렉산드로스는 뒤처진 수천 명의 병사들이 불빛을 보고 올 수 있게 언덕 위 봉화에 불을 붙이고 그들을 먹일 음식과 식수를 준비하라고 명했다. 그러나 이미 그곳에 도착한 병사들 중 일부는 물을 너무 빨리 마시는 바람에 사망했으며, 쿠르티우스에 따르면 이제껏 어느 전투에서보다 많은 사망자가 나왔다고 한다. 쿠르티우스는 알렉산드로스에 대해 이렇게 기술하고 있다. "여전히 흉갑을 입고 음식이나 물을 섭취하지 않은 채 군대가 오는 길에 서 있었으며, 군대 전체가 다 지나가고 난 뒤에야 기력을 회복하고자 길에서 물러났다." 그의 군대가 다시 집결했지만 베소스가 인근의 모든 배를 파괴하고 제거했기 때문에 넓은 강을 건너야 하는 문제에 직면했다. 다리를 만들려고 했으나 기둥을 박기에는 강바닥이 너무 물렀고, 징발대는 인근에서 충분한 목재를 구할 수도 없었다. 그래서 알렉산드로스는 초기 군사작전에서 했던 것처럼 병사들에게 천막 천에 왕겨를 가득 넣고 꿰맨 것으로 뗏목을 만들게 했다. 다행히도 그동안에 적군의 저항이나 방해는 전혀 없었다. 뗏목을 만들어 병사와 짐승들을 건너편 강둑으로 옮기는 데는 닷새가 걸렸다. 군대의 일부는 강을 건너지 않았는데, 아리아노스에 따르면 알렉산드로스가 너무 지쳐서 더 이상 군사작전을 감당할 수 없는 상태가 된 테살리아인 자원병과 마케도니아 병사들을 소집 해제했다고 한다. 힌두쿠시 산맥을 넘고 사막을 가로질러서 여기까지 온 마당에 그들을 소집 해제한다는 것은 이상한 일이었지만, 아리아노스는 이에 대해 아무런 설명도 하지 않는다. 아마도 기원전 330년에 그러했던 것처럼 그는 적군이 야전군을 소집하지 않았다는 확신이 들 때까지 기다렸다가 자신의 병력을 줄였을 것이다. 다른 한편으로는 이 병사들이 군사작전에 계속 참여하고 싶어하지 않는다는 것을 알았기 때문에 그들의 불만이 끓어올라 악화되기 전에 놓아준 것일 수도 있다. 아리아노스의 이야기에 어떤 진실이 담겨 있다면, 그것은 극도의 어려움이 닥친 시기에 다른 이들을 격려하기 위해 스스로를 몰아붙일 수도 있는 반면 때로는 자신이 이끄는 이들의 분위기를 판단하는 데 완전히 실패하기도 하는 지도자의 역설을 더한다는 것이다.[13]

이제 베소스에게는 큰 군대가 없었고, 곧 어떤 군대도 남지 않게 되었다. 그가 다리우스를 타도했던 것과 마찬가지로, 그를 따르던 이들 중 소디아 출신의 귀족 스피타메네스와 다파페르네스가 그를 체포했다. 그들은 알렉산드로스에게 베소스를 넘겨주겠다는 전갈을 보냈다. 프톨레마이오스가 헤타이로이 기병대에 새로 도입된 3~4개 히파르키아를 포함한 몇천 명의 병사를 이끌고 가서, 스스로를 페르시아 왕으로 선포했던 자를 데려왔다. 프톨레마이오스는 말년에 이때 일어난 이야기를 영웅적으로 묘사하며 전했다. 그는 매복한 적군의 기습을 걱정하며 약속된 장소까지 말을 타고 열심히 달렸으며, 아무 문제없이 베소스를 확보했다. 그곳에 다른 귀족이나 병력은 전혀 보이지 않았는데, 그들이 이미 포로를 마을에 버려두고 떠났기 때문이었다. 지도자들 역시 누구도 스스로를 왕으로 선포하여 알렉산드로스의 통치권에 도전하려 하지 않았기 때문에 문제될 것이 없었다.

다른 저자들은 다소 덜 극적이며 이와 다른 이야기를 전하지만, 알렉산드로스가 기뻐하며 자신을 왕으로 선포한 경쟁자를 어떻게 데려와야 하는지에 관한 지침을 내렸다는 데에는 모두 일치한다. 베소스는 발가벗겨진 채 나무틀로 목을 조이고 쇠사슬에 묶여 길거리에 서 있어야 했다. 알렉산드로스는 페르시아 왕권의 상징인 전차를 타고 때맞춰 도착했고, 베소스가 왜 합법적 군주인 다리우스(물론 그는 마케도니아인들의 공격을 받고 사망했지만)에게서 등을 돌렸는지 알고자 했다. 전직 사트라프는 채찍질 당했고 채찍을 맞을 때마다 자신의 배반을 선포해야 했다. 진정한 페르시아 왕은 신체가 온전해야 했기 때문에 나중에 그의 코와 귀가 잘려 나갔다. 결국 그는 처형되었지만 처형이 이루어진 장소와 정확한 처형 방식에 대해서는 문헌마다 다른 이야기를 전한다. 분명한 것은 알렉산드로스가 다리우스의 복수자로 나서서 왕위 찬탈자이자 왕을 죽인 살인자에 대한 징벌에 페르시아 왕족과 귀족을 참여시키려고 최선을 다했다는 사실이다. 알렉산드로스를 비판하는 일이 거의 없는 아리아노스조차 고문과 신체 훼손이야말로 왕이 야만인들의 영향에 넘어가고 있는 징후라고 느꼈다.[14]

계급을 불문하고 마케도니아와 그리스인 병사들은 모두 지쳐 있었고, 고향에서 멀리 떨어져 있었다. 이제 다리우스는 죽었고, 그의 뒤를 이어 왕위에 오르려고 했던 유일한 도전자도 죽었다. 병사들은 그들의 왕을 아시아의 주군으로 만들었고, 거대한 제국을 휘젓고 다녔다. 그들은 이제 정말로 전쟁이 끝났다고 느꼈을 것이다. 하지만 알렉산드로스의 생각은 달랐다.

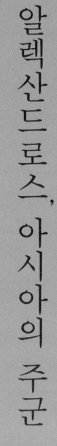

3부

알렉산드로스, 아시아의 주군

기원전 329–323

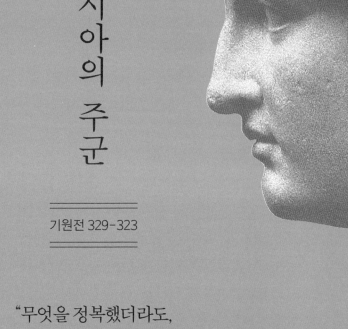

"무엇을 정복했더라도,
그는 멈추지 않았을 것이다"

25

검과 불

알렉산드로스는 한동안 인도를 염두에 두고 있었고, 이제 그 방향으로 진군할 수 있는 길이 열리기를 바랐을 것이다. 하지만 당장은 약사르테스강(오늘날의 시르다리야강)을 향해 계속 북쪽으로 나아갔다. 이번에도 아무 저항이 없었고, 소그디아나 사트라피의 수도 마라칸다(오늘날 우즈베키스탄의 사마르칸트)로 갈 때는 행군이 더욱 쉬웠다. 이곳은 페르시아 제국에서 가장 멀리까지 나간 곳으로 페르시아인들은 이 강 너머에서 지속적인 지배력을 구축한 적이 없었다. 남쪽 강둑에 이른 알렉산드로스는 기원전 335년에 다뉴브강에서 했던 것처럼 희생제사를 올렸다. 여기는 페르시아 제국의 끝이었고 그의 새로운 영역의 끝이 될 것이었으므로 강 건너편에서 온 유목민 사차이족으로부터 친선과 동맹의 제안을 받아들였다. 알렉산드로스와 이후의 그리스 및 로마인은 이 강이 유럽의 돈강에 연결된다고 생각한 탓에, 이곳이 단지 페르시아 제국의 끝이 아니라 아시아의 끝이라고 여겼다. 약사르테스강의 건너편에는 황량한 사막 같은 초원과 세 대륙을 둘러싼 대양만 있을 뿐 정복자에게 가치 있는 것은 아무것도 없다고 믿었다.[1]

페르시아의 통치는 소그디아나, 박트리아, 그리고 그 인근 사트라피에서 가볍게 이루어진 것으로 보인다. 마라칸다와 박트라 같은 정착지들이 교역의 중심지로 번성했고, 북쪽의 사카이족 및 인근 지역사회와의 접촉 또한 적어도 고대 세계의 기준에서는 평화롭게 이루어졌다는 증거가 있다. 그러나 이들 지역은 자부심 강한 전사 문화를 자랑했고, 모든 정착지에는 성벽이 둘러져 있었기 때문에 충돌이나 불화가 없는 곳은 아니었다. 알렉산드로스와 그의 부하들은 베소스를 쫓아 진군했을 뿐 지역 주민을 대상으로 전쟁을 벌이지는 않았으므로 별다른 저항을 받지 않았던 것이다. 현지인들에게는 침략자들이 그저 그들의 땅을 지나가는 사람들이었고, 사트라프나 다른 권력자들이 바뀐다 해도 별로 달라질 게 없었을 것이다.[2]

이러한 분위기가 바뀐 것은 기원전 329년 늦여름이었다. 알렉산드로스는 약사르테스강 근처에 알렉산드리아 에스카테('가장 먼 곳', 아마도 오늘날 타지키스탄의 쿠잔드 인근)라는 새 도시를 세웠다. 이는 침략자들이 그곳에 머무르며 땅을 차지할 뿐 아니라, 지역 인구를 이동시켜 외국인 정착민들에게 합류시킬 계획이 있었음을 보여주고, 이는 또한 사카이족과의 교류와 교역을 위협했을 것이다. 그 밖에 다른 도발적인 행위들도 있었다. 지리학자 스트라본은 알렉산드로스와 그 부하들이 현지 전통을 역겨워했다고 전한다. 그곳 주민들은 죽거나 죽어가는 이들을 ('장의사'라고 불리는) 개들에게 뜯어먹히도록 내놓았고, 그래서 도시의 땅바닥에는 "사람의 뼈가 가득했다". 마케도니아인들은 이런 관습을 금지했고, 근절하기 위해 최선을 다했다. 외국인이, 특히 무장한 정복자의 간섭이 환영받는 경우는 거의 없었지만, 침략자들은 자기 길을 가는 데 익숙했고, 자신의 문제에 골몰하느라 현지인들의 민감한 감수성을 신경 쓰지 못했다. 알렉산드로스의 빠른 군사작전은 병사들을 지치게 했고, 특히 말들을 혹사했다. 산과 사막을 힘겹게 넘은 뒤에 그의 군대는 절망적일 정도로 탈 짐승과 짐 나르는 짐승이 부족했다. 의기양양한 페르시아의 권력을 누르고 승리한 아시아의 주군 알렉산드로스와 그의 부하들은 지역 주민의 가축을 필요한 대로 몰수하는 일이 전혀 잘못되었다고 생각하지 않았다.[3]

또 다른 사건이 긴장된 분위기를 한층 고조시켰다. 아리아노스는 이 사건을 언급하지 않지만 다른 문헌에서는 마케도니아인들이 약사르테스강으로 행군하다가 마주치게 된 여러 공동체 중 한 곳에서 사람들이 그리스어를 어느 정도 할 줄 안다는 사실에 놀랐다고 전한다. 이들은 본래 밀레토스의 한 사제 가문의 추종자들이었으나 자신들이 맡고 있던 신전을 크세르크세스에게 넘기며 이곳에 정착하여 보호받던 자들의 후손인 브랑키다이족이었다. 페르시아에 대한 복수전의 막바지에 이르렀을 때 알렉산드로스는 이 오래된 범죄에 대한 형벌로 저항도 하지 않는 이 공동체 주민 전체를 살육하라고 명령했다. 이 이야기는 그저 신화일 뿐이거나, 우발적이었든 의도적이었든 평화로운 공동체에서 벌어진 학살을 정당화하려고 꾸며낸 구실이었을 것이다. 하지만 이 이야기에 어떤 진실이 있다면, 더 넓은 지역의 사람들이 침략자들의 신뢰도와 선의를 의심했다는 사실이었다.[4]

적어도 마케도니아인에 관한 한, 보급물자를 모으던 징발대가 아무런 경고도 없이 지역 전사들에게 살육당하거나 포로로 생포되었고, 고립된 주둔군도 학살당했다. 지역 주민들의 봉기는 한때 베소스를 섬기다 배신한 스피타메네스와 다타페르네스를 비롯한 지도자들의 부추김으로 소그디아나와 박트리아 전역에 빠르게 번졌다. 그들이 이것을 처음부터 계획했는지, 아니면 침략자들의 영구적인 정착의 징후에 낙담해서 그랬는지, 혹은 단순히 지역 공동체들의 분위기를 감지하고 기회를 포착했는지는 알 수 없다. 자리아스파라는 도시에서 알렉산드로스가 회담을 열겠다고 지역 지도자들을 불러 모은 것은 그들을 잡아들이기 위한 계략으로 해석되었고, 이는 알렉산드로스의 동기와 방식에 대한 지역 공동체의 의심을 보여준다. 늘 그렇듯이 알렉산드로스는 신속하게 전력으로, 이전보다 훨씬 더 맹렬하게 반응했다. 왕 자신이 그것을 배신이라고 보고 분노했으며, 마침내 전투가 끝났다고 생각한 병사들도 분노했기 때문이다. 첫 번째 목표는 징발대를 공격한 전사 무리로, 이들은 대략 3만 명까지 늘었고 산간지역에서 상당히 위협적인 진지를 점유하고 있었다. 이들을 측면에서 공격할 방법이 없었으므로 마케도니아인들은 화살과 무기들이 쏟아지는 상황에서 정면 공격을 감행했다. 많은 병사가 부상을 당하면서 첫 공격은 실패로 돌아갔다. 알렉산드로스는 종아리에 화살을 맞고 뼈가 잘게 부서졌다고 하는데, 고대 의사가 이를 어떻게 알 수 있었는지 이해하기는 어렵다. 아마도 고대 문헌들이 전하는 것보다는 부상이 덜 심각했을 것이다. 그럼에도 알렉산드로스의 부하들은 공격을 멈추지 않았고 마침내 적의 진지를 휩쓸며 전사들의 4분의 3을 그 자리에서 쓰러뜨렸다.[5]

여러 공동체가 알렉산드로스에게 맞서자, 그는 병사들에게 사다리를 만들라고 명령했다. 그는 며칠 만에 약사르테스강 인근의 '도시들'을 함락했고, 파견대를 보내 다른 공동체들을 처리하게 하는 한편 자신도 직접 공격을 지휘했다. 이 정착지 중 일부는 마을에 지나지 않아 궁수와 창병의 엄호를 받으며 사다리를 타고 올라가는 병사들에 의해 몇 시간 만에 함락되었다. 그나마 가장 위협적인 곳은 키루스가 세운 키루폴리스로, 그 지역 기준으로는 방어시설이 잘 되어 있었고 가장 큰 전사 집단이 지키고 있었다. 크라테로스가 서둘러 그곳으로 가서 공성을 시작했지만, 그곳은 돌격으로 급습하기에는 너무 강력했다. 며칠 뒤에 알렉산드로스가 합류했고, 공병대와 투석부대의 지원을 받으면서 파성퇴로 충격을 가해 성벽에 구멍을 냈다.

알렉산드로스는 방어시설 아래로 이어지는 마른 물길을 발견하고, 수성군이 나머지 마케도니아군 때문에 산만해져 있는 사이에, 히파스피스테스와 아그리아네스족으로 이루어진 정예 부대와 함께 안으로 들어갔다. 그들은 들키지 않고 성벽 안으로 들어가서 대문을 열고 나머지 공성군을 안으로 들여보냈다. 수성군은 결연한 의지로 집결하여 알렉산드로스와 그의 정예 부대가 제대로 증원하기 전에 그들을 압도하고자 했다. 왕은 머리와 목에 돌을 맞고 지금까지 그의 생애에서 가장 심각한 부상을 입었다. 고대 의사들도 뇌진탕에 대해서 어느 정도는 알았지만, 뇌 손상의 정도에 대해서는 전혀 알지 못했다. 알렉산드로스는 짧은 기간 동안 의식을 잃고 쓰러져 있었고, 깨어난 뒤에도 한동안 걷지 못했으며 말하는 것조차 힘들어했다. 병력을 이끌고 왕에게 합류하여 공격하려 했던 크라테로스도 화살에 맞았다. 마케도니아 병사들은 마치 시장 구석에 몰린 것처럼 압도당한 듯했다. 다행히도 수성군이 내부로 침입한 적군에게 대처하기 위해 이동했기 때문에 성벽 자체에 대한 공성은 성공했다. 제지할 병력이 거의 없는 상황에서 점점 더 많은 마케도니아 병사들이 도시 안으로 물밀듯이 들이닥쳤다. 아리아노스에 따르면 수성군 8000명이 죽었고 1만5000명이 성채로 피신했다가 식수가 떨어지자 며칠 만에 투항했다고 한다. 아리아노스는 그들이 결국 어떻게 되었는지는 언급하지 않는다. 하지만 다른 정착지에서는 알렉산드로스의 부하들이 모든 성인 남자를 죽이고 여자와 아이들을 노예로 삼았다고 한다.[6]

마케도니아 군대는 또 다른 도시를 공격하여 약탈했다. 사카이족의 대규모 군대가 건너편 강둑에 집결하고 있으며, 스피타메네스가 마라칸다를 공성하고 있다는 보고들이 들어왔다. 알렉산드로스는 주로 용병으로 구성된 2000~4000명의 병력을 파견하여 마라칸다를 구호하게 했고, 그 사이에 주력 부대는 알렉산드리아 에스카테를 위한 방어시설을 열심히 지었다. 이것은 이 도시가 곧 직면하게 될 위험을 고려하면 결정적인 조치였으며, 부상당한 알렉산드로스의 무능한 상태를 보여주는 것이기도 했다. 20일 후 방어시설은 주민을 충분히 보호할 수 있을 만큼 잘 구축되었고, 마케도니아 군대는 희생제사와 운동경기를 개최한 뒤에 사카이족에게로 행군했다. 건너편 강둑에 있던 사카이족은 마케도니아 병사가 사정권에 들어올 때마다 화살을 쏘고 조롱을 퍼부었다. 알렉산드로스는 여전히 허약한 상태여서 쉰 목소리로 속삭이듯 명령을 내렸지만, 역경에 굴하지 않고 자신이 원하는 바를 해내고 말겠다는 결의에 차 있었다. 희생제사에서는 나쁜 징조가 나왔고, 점술가 아리스탄드로스도 왕을 기쁘게 하기 위해 의견을 바꾸려 하지 않았다.[7]

이번에는 반대편으로 강을 건너야 했는데, 가죽과 천막으로 만든 뗏목과 함께 경무장 투석 부대를 옮길 수 있을 만큼 안정적인 뗏목도 있었다. 몇 해 전 일리리아에서 했던 것처럼 많은 투석기가 강둑에 늘어섰고, 이 투석기들은 사카이족의 잘 만들어진 다단식 활보다 사정거리도 길고 힘도 더 셌다. 사카이족의 한 기수는 방패와 갑옷을 뚫고 들어온 쐐기에 맞아 말에서 떨어졌고, 다른 전사들은 부상을 당했다. 그러한 기계를 본 적 없는 사카이족 전사들은 이에 대응할 수가 없어서 강둑 뒤로 밀려났다. 마케도니아 군대는 나팔소리를 신호로 첫 번째 뗏목 대열이 강 건너로 출발했다. 알렉산드로스도 그들과 함께 강을 건넜다. 그는 적들의 접근을 막기 위해 궁수와 투석병을 한 줄로 배치했다. 모든 조건이 같다면 궁보병이 궁기병弓騎兵보다 사정거리가 더 길었는데, 투석기 등이 이들을 보조했다. 이 방어막 뒤에서 팔랑크스가 대형을 갖추었고, 이들이 대형을 유지하는 한 세상 어떤 기병대도 이들을 뚫을 수 없었다. 사카이족은 계속 사정거리 밖에서 거리를 유지하면서 알렉산드로스의 기병대가 약사르테스강을 건너는 모습을 지켜볼 수밖에 없었다.

강을 건너는 데는 여러 시간, 어쩌면 거의 한나절 이상이 걸렸을 것이다. 그러나 적군은 더 이상 물러나지 않고 침략군이 대형을 갖추는 모습을 지켜보았다. 알렉산드로스는 용병 경기병대를 먼저 보내 사카이족을 공격하게 하고 그들의 반응을 살폈다. 사카이족은 전통적인 전술로 대응했는데, 전사들은 적군 기병대가 가까이 다가올 때까지 기다렸다가 돌격을 피해 흩어지면서 화살을 쏘았고, 멀리 달아나 한 개 이상의 원형 대형을 이루면서 계속 활을 쏘았다. 화살은 계속 날아왔지만 기병은 속도가 빨랐을 뿐만 아니라 말발굽이 일으키는 먼지에 가려졌기 때문에 쉽게 맞출 수 있는 표적이 아니었다. 하지만 마케도니아 병사들은 수적으로 열세였고 공격은 곧 힘을 잃어서 많은 병사와 말이 적군의 화살에 부상을 입었다. 알렉산드로스는 이어서 더 많은 기병대를 이끌고 앞으로 나아갔고, 그 뒤에서 아그리아네스족 병사들, 궁수들, 그리고 다른 산병들이 기병대를 지원했다. 이는 가우가멜라 전투에서 훌륭한 성과를 냈던 강력한 조합이었다. 이제 싸움이 본궤도에 올랐고 지켜보던 사카이족도 분주하고 치열하게 싸워야 했다. 알렉산드로스는 헤타이로이 기병대에서 3개 히파르키아와 경기병대에 돌격 명령을 내렸고, 곧이어 남은 기병대를 이끌고 또 한 번의 공격을 가했다.

　대부분의 스키타이족들이 그러하듯이 사카이족도 사나운 전사들이었으며 일부는 중무장을 하고 있었지만, 그들이 주로 쓰는 전술은 우선 백병전을 피하면서 적군을 유인하여 흩어지고 지치게 하는 것이었다. 하지만 이번에는 가까이 맞붙어 싸우게 되었기 때문인지, 피가 거꾸로 솟았기 때문인지, 아니면 먼지와 혼란 속에 무슨 일이 벌어지는지 알 수 없었기 때문인지, 적군의 돌격을 피하지 못하고 궤멸당했다. 아리아노스는 사카이족 지도자를 포함하여 1000명이 죽었고 150명이 포로로 잡혔다고 전한다. 마케도니아인들은 타는 듯한 한낮의 열기에도 남은 사카이족을 추격했다. 쿠르티우스는 단순하게 알렉산드로스의 병사들이 많은 적을 죽였으나 60명의 기병과 100명의 보병이 전사했고 1000명이 부상당했다고 전하는데, 이는 어려운 싸움이었음을 암시한다. 갈증과 피로로 인해 추격은 끝이 났고, 승리를 얻은 마케도니아인들은 눈에 보이는 웅덩이나 냇물에서 물을 마셨다. 알렉산드로스는 이로 인해 심하게 설사를 했고 쓰러져서 진영으로 실려 가야 했다. 이후에 사카이족의 왕이 특사를 보내 항복을 제의했으며, 알렉산드로스가 싸웠던 이들은 도적떼였고 마케도니아인들과 전쟁을 하는 것이 자신의 뜻은 아니었다고 해명했다. 당연히 알렉산드로스는 진의를 의심했지만, 다른 곳에서도 그와 그의 군대를 필요로 했기 때문에 사카이족 왕의 화평 제안을 받아들이는 것이 편하다고

판단했다. 재난의 소식이 전해지자 결정은 빠르게 확정되었다.[8]

마라칸다에 대한 스피타메네스의 공격은 일찌감치 실패했다. 스피타메네스의 파견대는 퇴각하면서 이 도시 주둔군의 기습 공격을 받아 큰 타격을 입었다. 하지만 알렉산드로스가 보낸 구원 병력은 이를 알지 못했고 도시를 구하기 위해 서둘러 진군했다. 이 대열에는 파르누케스라는 리키아인이 있었는데, 그는 박트리아와 소그디아나의 언어에 능통했고 그 지역과 지도자들도 잘 알았으며, 아마도 다리우스를 섬겼던 것으로 추정되는 인물이다. 최소한 다른 장교들은 그가 앞장서서 스피타메네스와 반란자들을 처리하게 하라는 명령을 받았는데, 이는 알렉산드로스가 싸움보다는 협상으로 문제를 해결하길 기대했음을 암시한다. 왜냐하면 스피타메네스가 얼마 전에 베소스를 내어주었기 때문이다. 그러나 파르누케스는 군사적 경험이 거의 없거나 전무했기 때문에 그가 공식적으로 지휘자의 자리에 오른다는 것은 매우 뜻밖의 일이었고, 아마도 왕은 부대를 이끄는 고위 장교들의 책임을 충분히 명확하게 밝히지 않았던 것 같다. 어느 쪽이든 알렉산드로스는 상황을 심각하게 오판했고, 책임을 맡긴 부하들의 능력도 잘 알지 못했다. 마케도니아 군대는 서열 체계가 확립되어 있지 않았고 관련자들의 책임이 혼재되어 있었기 때문에 서툴고 부적절한 작전이 실행될 수밖에 없었다.

스피타메네스에게는 600명의 사카이족과 현지 주민 병력이 있었지만 알렉산드로스의 원정대보다 수적으로 크게 우세하지는 않았을 것이다. 하지만 그는 뛰어난 기량과 집중력으로 계속해서 마케도니아인들을 꾀어내 그들이 덤벼들기 전에 지치게 만들었다. 특히 고위 지도자 중 누구도 살아남아 알렉산드로스에게 보고하지 못했기 때문에 세부 내용에는 혼선이 있지만, 파견된 구원 병력이 사실상 전멸했다는 것은 말할 수 있다. 여기에서 알렉산드로스 군대는 가장 큰 희생을 치르고 패배했는데, 사망자만 2000명이 넘었다. 그 어떤 대규모 전투에서보다 사망자가 많은 것은 부상자들까지 모두 적군에 의해 최후를 맞았기 때문이었다.[9]

알렉산드로스는 정예 부대를 이끌고 전력으로 행군해 마라칸다에 이르렀는데, 사흘 만에 300킬로미터가 넘는 거리를 주파했다고 한다. 하지만 스피타메네스는 이미 떠나고 없었고, 알렉산드로스는 뒤늦게 패배의 현장에 가서 남은 부하들의 시신을 묻었다. 옳든 그르든 간에 주변 공동체가 반란군을 도왔다고 판단한 그는 기원전 329년의 남은 기간 동안 인근 지역을 광범위하게 유린하는 데 시간을 보냈고, 자리아스파에 자리를 잡고 겨울을 났다. 뒤에 남겨졌던 상당수의 새로운 부대들이 제각기 다시 본대에 합류했으므로 이제 알렉산드로스의 병력 대부분과 거의 모든 최정예 부대들이 이 지역에 집결되었으며, 조정의 인사들과 보급물자도 대부분 그와 함께 있었을 것이다. 이 몇 달 동안 특사들이 찾아왔는데 그중에 유럽 부족들을 다스리는 스키타이족의 새로운 왕이 보낸 특사는 왕의 딸과 알렉산드로스의 혼인을 제안했고, 또 다른 통치자의 특사는 흑해 연안에 대한 공동 군사작전을 제안했다. 알렉산드로스는 혼인 동맹 제안을 거절했고, 다른 특사에게는 지금 자신이 집중하는 대상은 인도라고 말했다. 하지만 언젠가 때가 되면 유럽으로 돌아갈 테고 제안한 정복 사업은 그때 착수하겠다고 말했다.[10]

기원전 328년 초에 알렉산드로스는 상당 규모의 주둔군을 박트리아에 남겨두고 소그디아나로 돌아왔다. 그는 주력 군대를 다섯 부대로 나누고, 그중 한 부대는 직접 지휘하고 나머지는 아르타바조스의 지원을 받는 헤파이스티온, 프톨레마이오스, 페르디카스, 코이노스에게 맡겼다. 항복을 거부하는 정착지는 어디든 맹렬한 공격을 당했고, 주민들은 몰살되거나 노예가 되었다. 주민 중 일부는 철저히 통제되고 주둔군이 배치된 새 공동체로 이주해야 했다. 마케도니아 군대는 여러 기동 부대로 나뉘었음에도 여전히 강력했으므로 어떤 요새나 성채도 그들을 당해낼 수 없었고 어떤 지도자도 다양한 집단을 규합해 일어나지 못했다. 이곳은 지역 충성도가 강해 하나로 뭉치는 일이 드물었고, 이는 거의 모든 마을을 개별적으로 처리해야 한다는 것을 의미했다. 스피타메네스는 박트리아에 있는 주둔군을 급습해 완파했고, 이어서 자리아스파 인근의 경작지를 기습하고 약탈하며 계속해서 한 수 앞서 나갔다. 이에 분노한 용병과 회복 중인 부상병들, 그리고 왕의 시동까지 뒤섞인 혼합 부대가 전속력으로 추격에 나섰다. 그들은 고립된 일당을 추격하여 완파했지만, 역으로 스피타메네스와 그의 사카이족 병사들에게 쫓기게 되었다. 헤타이로이 중 7명이 죽었고, 80명의 용병 중 60명이 죽었다. 그중에는 유명한 음악가 아리스토니코스도 있었는데, 올린토스 출신의 그는 필리포스와 알렉산드로스의 총애를 받았으며 전투에서 장렬히 죽음을 맞았다. 왕은 한 손에 창을 쥐고 다른 한 손에 하프 같은 악기 키타라를 들고 있는 모습으로 그의 동상을 만들어 델포이에 세우게 했다.

전년도의 패배에 비하면 이번 패배는 소소한 일에 불과했지만, 소규모 작전에서도 지는 데 익숙하지 않은 왕과 군대에게는 그저 패배일 뿐이었다. 스피타메네스는 마음대로 공격을 가하며 활개를 쳤는데, 크라테로스가 그를 추격하면서 전세를 역전시켜 150명의 사카이족 병사가 죽고 그들의 지도자와 나머지 병사들은 척박한 땅으로 달아났다. 알렉산드로스의 주력 부대는 스피타메네스에게는 너무 강했고, 그들은 이 지역에서 더 많은 지역을 휩쓸며 반대 세력을 분쇄해나갔다. 점점 더 많은 전초 기지가 생겼고 이들이 주민을 통제하면서 스피타메네스나 다른 습격자들의 물자 보급을 어렵게 했다. 작전의 규모가 커졌고, 지형과 기후는 더욱 혹독해지고 적의 기동성은 더 좋아졌지만, 일리리아와 트라케에서 필리포스와 알렉산드로스가 벌였던 전쟁과 마찬가지로 다시 한번 마케도니아인들은 여러 방식으로 적응하고 싸울 수 있는 능력을 보여주었다. 현지인들에게 이것은 극도로 충격적인 일이었고, 대량학살·노예화·강제 이주는 그들에게 가혹한 것이었다. 마케도니아인과 그 적들이 군사작전에 동원하기 위해 식량과 짐승을 약탈한 것 또한 그러했다.[11]

스피타메네스는 좁아지는 그물망에서 달아나려고 했다. 3000명 이상의 사카이족 병사들을 모집한 후 이번에는 소그디아나로 방향을 틀어 다시 기습과 약탈을 시도했다. 하지만 그리 멀리 가지 못하고 적군 기병에 맞서기 위해 보병과 기병의 혼합 부대를 이끌고 온 코이노스에게 가로막혔다. 아리아노스는 적군 기병 800명이 죽었고, 마케도니아 쪽은 기병 25명과 보병 10여 명을 잃었다고 밝힌다. 하지만 적군을 몰아내면서 계속 전장을 지배했기 때문에 부상자는 훨씬 더 많았을 것이다. 스피타메네스는 그의 부하들에게 이제 운이 다한 듯 보였다. 박트리아인과 소그디아나인들은 그를 버리고 코이노스에게 투항했고, 사카이족은 다른 부대의 화물을 약탈해서 달아났다. 스피타메네스는 사카이족과 함께 있었으나 사카이족이 진군해 오는 알렉산드로스와 거래를 하는 편이 낫겠다고 판단했을 때 살해당했다. 쿠르티우스는 그를 죽인 이가 그의 아내였으며, 그는 아내에게 너무나 헌신적이어서 출정할 때마다 그녀를 데리고 다녔다는 낭만적인 이야기를 전한다. 끝나지 않을 것 같은 고통을 끝내고자 그녀는 남편의 머리를 베어 알렉산드로스에게 가져갔다. 알렉산드로스는 그가 죽었다는 사실에 안도했으나 아내가 남편을 죽였다는 것이 마음에 걸려 그녀를 돌려보냈다. 그에게 문제가 된 것은 살인 자체가 아니라 살인자의 성별이었다. 그리스와 로마의 남자들은 여성이 저지른 폭력과 가족 내 살인을 매우 거북하게 여겼다. 따라서 이 이야기에 진실이 있다면, 그것은 알렉산드로스와 그의 장교들을 불편하게 했을 것이다.[12]

한 지도자가 죽었지만, 비록 명성은 덜할지라도 다른 지도자들이 여전히 남아있었다. 이듬해까지 잔혹한 보복에 소요되었음에도, 여전히 기꺼이 싸우려고 하는 적들이 많았고, 알렉산드로스의 군대는 크고 작은 파견대로 나뉘어 지방 전체를 장악하려 했다. 마케도니아 군대는 이제 지친 병사들로 가득했다. 얼마 전까지만 해도 위대한 전쟁이 끝났다고 믿었는데 다시 싸우고, 행군하고, 힘들게 일해도 한 곳에서 적을 쳐부수면 다른 곳에서 더 많은 적이 솟아났다. 이것은 고대 세계의 기준으로 보아도 암울한 일이었다. 늘 그러했듯이 알렉산드로스는 전력으로 속도를 높여 작전을 진행했고, 이는 필리포스 때보다 훨씬 더 높은 작업 속도를 요구한 것 같다. 마케도니아 군대의 전체 손실에 관한 수치가 우리에게 없긴 하지만, 광범위한 지역에서 학살에 희생된 주민보다 군대의 사상자가 훨씬 더 적었다고 확신할 수 있다. 살육과 죽음은 흔한 일이었다. 때때로 식량이 떨어진 병사들이 식량을 몰수해간 탓에 굶주리게 된 민간인들도 분명 있었을 것이다. 쿠르티우스는 알렉산드로스가 페르시아 왕실의 사냥터에 부하들을 풀어놓고, 수년 동안 보존돼온 동물들을 죽여서 식량으로 삼게 했을 뿐 아니라 사냥 자체를 감정 해소용으로 즐기게 했다고 주장한다.[13]

알렉산드로스는 군대의 집결을 명령한 다음 기원전 328년에서 327년으로 넘어가는 가장 혹독한 겨울철 몇 달을 나우타카에서 보냈다. 박트라와 마라칸다 사이 어딘가에 있었을 이 도시에서 알렉산드로스는 조정을 열었다. 늘 그러했듯이 그에게는 할 일이 많았다. 일부 사트라프들을 물러나게 하고 그 자리에 새로운 인물들을 임명해야 했는데, 바르시네의 아버지는 나이가 많다고 호소하여 박트리아와 소그디아나의 사트라프직을 면했다. 하지만 어떤 학자들은 이것이 그저 변명에 불과하다고 생각한다. 여전히 반란이 일고 있는 상황에서 이 지역의 사트라프가 된다는 것은 제국 안에서 가장 까다롭고 위험한 일을 맡는 것이었다. 알렉산드로스는 충분히 강하고 거친 이력을 갖고 있는 검은 클레이토스에게 이 임무를 맡겼다. 이는 일종의 진급이었고, 기원전 330년 이후로 헤타이로이 기병대는 다 같이 작전을 수행하는 일이 거의 없었으므로 클레이토스와 헤파이스티온 모두 공동 지휘권을 행사할 기회가 많지 않았다. 우리는 클레이토스가 자신의 새로운 직무를 어떻게 받아들였는지 알지 못한다. 왜냐하면 그가 그 직책을 맡을 때까지 살아있지 않았기 때문이다.[14]

알렉산드로스는 기회가 될 때마다 연회를 열고 사람들과 술을 많이 마셨다. 마케도니아 귀족들은 일반적으로 이런 연회를 매우 좋아했으며 알렉산드로스와 그의 아버지도 마찬가지였다. 활동적인 군사작전 사이의 휴지기에는 이런 기회가 훨씬 더 자주 찾아왔으므로, 행군, 전투, 살인의 '일반적인' 경험들과 드문 휴지기 사이의 뚜렷한 간극이 더욱 심화되었다. 고대 문헌들은 알렉산드로스의 성격이 나쁜 방향으로 변했다고 묘사하며, 아시아 왕권의 상징과 전통에 대한 일시적 흥미, 주변 인물들에 대한 더 큰 의심, 늘 과음하는 경향을 못마땅하게 여긴다. 이 중에서 과음은 마케도니아 왕궁과 그 주변의 음주 문화를 생각하면 그리 놀라운 것은 아니었다. 알렉산드로스는 9년 동안의 재위 기간 내내 전쟁을 치르고, 수천 킬로미터의 거리를 가로지르며 몇 차례나 부상을 입었고, 엄청난 승리와 전리품을 거두었다. 하지만 갑자기 그 뒤로 2년 동안은 황량한 땅에서 완전히 제압할 수 없는 저항에 부딪혀 고통스러운 싸움을 계속하고 있었다. 승리를 거둘 때마다 새로운 적이 솟아 나오는 것만 같았다. 전쟁은 힘들고 비용이 많이 들었다. 게다가 대도시의 황금과 사치품들에 비해 이 전쟁에서 승리한다 해도 그리 대단한 것을 얻을 수도 없었다. 알렉산드로스는 지치고 좌절하여, 오랫동안 그려왔던 인도라는 목적지를 향해 갈 수 있을지 확신하지 못했을 수도 있다. 그의 장교들과 병사들도 계급을 막론하고 똑같이 느끼고 있었다. 하지만 그들에게는 다시 다른 나라를 침략하는 것보다는 휴식과 귀국이 훨씬 더 달콤한 꿈을 선사했다.[15]

이미 지친 신경들이 술 때문에 더 예민해졌다. 불평과 어두운 유머는 위험하고 긴장이 많은 상황에 처한 이들의 흔한 대응 기제이자, 좌절과 불만이 머릿속에 떠오르는 것을 막는 일종의 안전밸브였다. 많은 마케도니아 귀족이 알렉산드로스가 아시아의 의상과 궁중 의식, 하렘, 환관 등의 요소를 도입한 것을 두고 매우 거북해했으며, 이전의 적들을 권력과 명예의 자리에 임명한 것에 못마땅해했다. 지난 2년 동안 왕의 총애를 받는 소수의 집단, 헤파이스티온, 크라테로스, 코이노스, 페르디카스, 프톨레마이오스 등에게 중요한 군사 지휘권이 모두 돌아갔다. 이들은 필리포스의 사람들이 아니라 알렉산드로스의 사람들이자 어린 시절의 또래 친구들이었다. 헤파이스티온은 공공연하게 왕의 모든 새로운 정책을 지지했으며, 왕을 대신해 많은 페르시아 귀족을 처리했다. 반면에 크라테로스는 말투, 옷차림, 행동이 강건한 마케도니아인이라고 알려졌지만 그렇다고 해서 그에 대한 알렉산드로스의 애정이 감소하지는 않았다. 그는 헤파이스티온이 알렉산드로스의 친구라면 자신은 왕의 친구라고 말했다고 한다. 왕의 정책에 대해 공개적으로 반대하는 정도도 너무 지나치지 않고 절대적인 충성이 수반되는 한에서 받아들여질 수 있는 것이었다. 크라테로스와 다른 사람들은 필로타스와 파르메니온이 처형되는 과정에서 적극적인 역할을 수행하며 이를 증명했었다.[16]

그 숙청은 가장 큰 권력도 무너질 수 있다는 경고였지만, 그렇다고 해서 알렉산드로스의 '야만적인' 관습의 도입과 더 많은 정복을 향한 끝없는 욕망에 대한 반감을 종식시키지는 못했으며, 모든 이가 자기 의견을 감추게 하지도 못했다. 클레이토스는 동방인들이 조정과 제국의 행정에서 두드러지는 것과 왕의 변화하는 습관에 대한 반감을 공개적으로 표출했다. 알렉산드로스가 그를 멀리 보내기 위해 사트라프로 임명하는 것도 가능한 일이었지만, 문헌들에 그것을 암시하는 내용은 없다. 늘 그러하듯이 우리는 알렉산드로스의 조정에서 귀족 가문의 권력 균형에 대한 이해가 부족하기 때문에 일찍이 클레이토스를 헤타이로이 기병대의 공동 지휘관으로 임명한 것이 나이 많은 장교와 고문들, 필리포스의 군사작전에 참여했던 고참 병사들에게 주는 보상이었다고 하는 것은 어디까지나 추측일 뿐이다. 마찬가지로 그것은 훌륭한 이력을 갖추었을 뿐 아니라 자기 유모의 형제이며 자기 목숨을 구해준 사람에 대한 개인적 애정과 존경에 기초한 선택이었을 수도 있다. 이 시기에 알렉산드로스가 총애하는 인물들이 상급 지휘관 자리에 오른 것에는 분명 정치적인 측면이 있었지만, 이는 맹목적인 믿음 이상의 의미가 있었다. 지금까지 그들은 모두 새로운 역할을 적어도 괜찮은 정도로 해냈고, 그중 몇몇은 상당한 재능을 분명하게 보여주었다.

마케도니아의 전통에 따라 왕은 헤타이로이에 둘러싸여 있었다. 헤타이로이는 단순히 왕에게 종속된 부하나 신하가 아니었다. 따라서 마케도니아의 왕은―훗날 가장 존경받는 로마의 황제들이 그렇게 보이려고 노력했듯이―절대적 권력을 지닌 압제자가 아니라 동등한 이들 가운데 첫 번째였다. 이는 대부분 허울에 불과하긴 했지만 계급과 개인을 공적으로 존중하며 대한 덕분에 그들이 다른 이의 지배를 쉽게 받아들일 수 있었던 고대 세계의 또 다른 측면이기도 했다. 좀 더 차분한 그리스 심포지온의 마케도니아 버전이라 할 수 있는 음주 연회는 이러한 측면의 표현이었고, 다리우스 같은 왕의 종속적인 조신들과 마케도니아의 헤타이로이 사이의 커다란 차이로 여겨지는 자랑스러운 전통이었다. 손님들은 서로 잘 이해하고 있는 테두리 안에서 토론하고 논쟁하고 조롱했으며, 모두가 술을 마시면 혀가 풀리기 마련이니 그 자리에서 하는 말을 너무 심각하게 받아들일 필요가 없다는 데 동의했다. 이는 흔한 일이었으나 고대 문헌들이 음주 연회나 알렉산드로스의 치세 후반기의 알코올 소비 규모에 대해 더 많이 언급한 것일 수도 있다. 거의 모든 술자리가 별다른 일 없이 지나갔고, 그렇기 때문에 기원전 328년 마라칸다의 밤에 일어난 일은 더욱더 기묘하고 충격적이었다.

고대 문헌들은 이 사건의 세부 내용을 서로 다르게 전한다. 몇 명이 그 자리에 있었는지 알 수 없지만, 클레이토스와 다른 장교들, 그리고 일부 동방인들을 포함해서 알렉산드로스가 총애하는 몇몇 인물까지 참석한 큰 모임이었던 것은 분명하다. 플루타르코스는 왕이 그리스에서 운송된 과일을 방금 받았으며 이것을 나누어 먹고 싶어 했다고 전한다. 손님들은 먹고 마시며 이야기를 나누었다. 많은 이가 알렉산드로스에게 아첨했는데, 그가 이것을 용인했기에 흔한 일이 되었고 늘 과장되는 경향이 있었다. 사람들은 알렉산드로스를 그의 조상 헤라클레스나, 디오스쿠로이라고 불리는 천상의 쌍둥이 카스토르와 폴리데우케스 같은 영웅들에 비유하기도 했다. 그 자리에서는 알렉산드로스의 승리가 필리포스가 이룩한 모든 업적을 얼마나 능가했는지에 관한 이야기도 나왔다. 누군가는—플루타르코스는 두 사람의 이름을 제시한다—'근래에 야만인에게 패배한' 장교들을 풍자하는 시를 지어 노래로 불렀다. "이에 나이 든 손님들이 화가 나서 그 시인과 가수를 비난했지만, 알렉산드로스와 주변에 있던 이들은 기뻐하며 가수에게 노래를 계속하라고 말했다." 여기서 말하는 패배가 어떤 패배를 말하는 것인지는 확실하지 않아서 기원전 329년의 참사인지, 기원전 328년의 그보다 규모가 작은 실패인지, 아니면 빠져나가는 적을 잡지 못한 실수인지는 알 수 없다. 어쨌든 풍자에 함축된 의미는 그러한 실패와 좌절이 다른 이들의 무능력과 비겁함 때문이지 결코 언제나 승리하는 왕의 잘못은 아니라는 것이었다.[17]

플루타르코스에 따르면 "그때 이미 취했고 본래 성질이 거친 클레이토스가 보통 때보다 더 화가 나서" 용감한 마케도니아인들이 야만인들 앞에서 조롱당하고 있다고 푸념하며, 마케도니아인들이야말로 그들을 비웃고 있는 이들보다 훨씬 더 훌륭하다고 말했다. 알렉산드로스는 그 나이 든 전사에게 자신의 비겁함을 방어하길 원하느냐고 물었다. 그가 진짜 상대를 모욕하려고 말한 것인지, 아니면 그의 아버지가 능숙하게 했던 것처럼 농담으로 분위기를 전환하려고 했으나 실패한 것인지는 분명치 않다. 모든 목격자가 술에 취해 있었음을 감안하면 전해지는 이야기가 서로 다르다는 것은 이해할 만하다. 누구도 그가 실제로 무슨 말을 했는지 확실히 알지 못했을 것이다. 클레이토스는 왕에게 대꾸하며 자신이 왕의 목숨을 구해주었다는 사실을 상기시키고는 더 많은 불평을 늘어놓았다. 그는 필리포스를 옹호했고, 알렉산드로스가 스스로 암몬의 아들이라 선언한 사실을 비웃었으며, 끝나지 않는 원정의 고역과 야만인의 관습을 흉내 내는 어리석음을 성토했다. 군대 전체가 피와 땀을 흘렸는데 그 공로는 알렉산드로스가 가로챘다는 비판도 덧붙였다. 플루타르코스에 따르면 알렉산드로스는 그리스인들에게로 몸을 틀어 그들이 마케도니아인과 섞여 있으면 야수들 사이에 있는 반신반인半神半人처럼 보일 것이라고 말했다.[18]

욕설과 비방이 오갔고, 알렉산드로스는 사과를 던져 클레이토스를 맞혔다. 그리고 자신의 검을 가져오라고 했으나, 참석자들 중 적어도 한 명은 무기를 숨길 만큼 정신이 맑았다. 하지만 이 때문에 왕은 자신을 살해하려는 음모가 있다고 생각했다. 일부가 그를 진정시키며 저지하자 왕은 근위병을 불렀다. 왕은 순수한 그리스어가 아니라 마케도니아 방언을 사용했는데 이는 위급한 상황이 발생했음을 알리는 표시였다. 왕은 나팔수에게 경보를 울리라고 했고, 이 병사가 망설이며 행동하지 않자 왕은 그를 주먹으로 때려눕혔다. 프톨레마이오스를 포함한 다른 무리의 사람들이 서둘러 클레이토스를 연회장에서 정착지의 성벽 밖으로 데리고 나갔다. 거기에서 다 끝났을 수도 있었지만 클레이토스는 사람들의 손길을 뿌리치고, 아마도 그가 진정되었다고 믿게 한 다음, 연회장으로 다시 돌아갔다. "그는 마치 알렉산드로스가 '클레이토스!'라고 부른 것처럼 알렉산드로스를 마주하고 소리쳤다. '클레이토스가 여기 있다, 알렉산드로스!'" 그러자 왕은 보초병에게서 창을 빼앗아 그를 찔렀다. 우연이었든 평소 훈련의 결과였든 창은 대상을 정확히 겨누었고 클레이토스는 즉각 목숨을 잃었다.[19]

  이 장면은 결혼 피로연에서 필리포스가 칼을 휘두르며 아들을 향해 갔다가 넘어졌던 사건을 연상시킨다. 슬프게도 이번 사건에서 알렉산드로스는 걸을 수 없을 만큼 취해 있지 않았다. 연회에서 벌어진 말다툼이 사람을 죽이려는 의도나 심각한 싸움으로 발전한 것은 이 두 경우밖에 없었다. 충돌이 발생했어도 관련자들이 서로 어떤 해를 가하기 전에 그 자리에서 끌려 나온 경우도 많았을 것이다. 두 사람 간의 차이점과 감정이 무엇이었든, 모든 문헌에서 확실히 하고 있는 것은 이 사건이 사전에 모의된 것은 절대 아니라는 점이다. 그리고 이것은 격분했던 알렉산드로스가 왜 자신이 한 일 앞에서 갑작스레 공포를 느꼈는지를 설명해준다. 그는 술에 취했고, 매우 감정적인 상태였지만, 명예와 명성에 골몰하는 사람이기도 했다. 호메로스의 영웅들도 분노에 사로잡힐 수는 있었지만, 그것이 선한 군주의 행동일 수는 없었다. 알렉산드로스는 창을 벽에 기대어 세우고 그 위로 몸을 던져 자살하려 했으나 주변 사람들에게 제지당했다. 사나흘 동안 그는 천막에 머물며 먹지도 마시지도 않은 채 후회하며 한탄했다. 그가 자신의 나약함을 견딜 수 없어 했다는 것이 진짜가 아니었다고 의심할 이유는 없다. 알렉산드로스는 전장에서 많은 사람을 죽였고, 수천 명의 사람을 학살하거나 처형하라는 명령을 내리고 직접 지켜보기도 했다.

그러나 술에 취해 있었어도, 죽어야 할 이유가 없는 사람을 자신의 손으로 직접 살해한 것은 이번이 유일했다.

여러 날이 지나면서 방문객들이 계속 찾아와 왕을 위로하고자 했다. 아리스탄드로스는 희생제사 중간에 클레이토스가 왕에게 불려 왔을 때 도축할 준비가 된 양 몇 마리가 울음소리를 내며 따라왔던 것이 나쁜 징조였음을 상기시켰다. 다른 전승에 따르면 연회를 열던 당일은 디오니소스에게 제사를 올리는 것이 평소 관습이었음에도 알렉산드로스는 하지 않았다고 하는데, 이는 불행한 사건의 원인이 술이었다는 사실에 부합하는 것처럼 들린다. 칼리스테네스는 왕을 달래며, 왕을 도발한 클레이토스가 잘못이었다는 암시를 주었던 것 같다. 동료 철학자인 아브데라의 아낙사르코스는 이 사건에 근본적으로 다르게 접근했다. 그는 왕이 "사람들의 비난과 법에 대한 두려움으로 노예처럼 울었다"며 질타했다. 그는 임금이란 "세상의 주인이 하는 모든 일이 합법적이고 정의로울 수 있도록 법과 정의의 여신이 옆에 앉아 있는" 지상의 제우스와 같다는 것이었다. 군대 내 여론은, 비록 용감했지만 이미 죽은 장교보다는 살아있고 활동적인 알렉산드로스를 지도자로서 선호했으며, 클레이토스가 그렇게 화를 내며 왕과 논쟁함으로써 무례하게 행동한 것이 잘못이고, 나중에 다시 연회장으로 돌아온 것은 어리석었다고 판단했다.[20]

이 살인사건으로 알렉산드로스의 조정에는 훨씬 더 긴장된 분위기가 조성되었다. 알렉산드로스는 과거에 역모를 꾸민다고 느껴지는 이들을 처벌하는 데 가차 없는 잔혹함을 보였지만, 이번에는 달랐다. 우리는 이러한 일이 다시 일어나지 않았다는 것을 알고 있지만, 당시 알렉산드로스 주변에 있던 사람들은 이를 확신할 수 없었다. 이제 지나치게 자유롭게 말하는 것은 위험한 일이 되었고 이를 판단하는 것은 쉽지 않았다. 왕은 여전히 헤타이로이와 친구들을 모아놓고 전통적인 방식으로 연회를 벌였다. 끝날 것 같지 않은 전쟁과 피로 때문에 과음하는 일도 어느 정도 설명이 되겠지만, 그렇기 때문에 왕의 분노는 더더욱 통제하기 어렵게 변해갔다. 알렉산드로스와 클레이토스의 행동은 오늘날 병사들이 경험하는 외상후 스트레스 장애의 패턴에 잘 들어맞고, 이 증상이 극심한 기분의 변화와 감정 조절 문제를 유발할 수 있는 것처럼 왕의 경우에는 머리에 입은 부상으로 증상이 더욱 악화되었을 것이다. 하지만 이러한 해석들은 모두 추측에 근거한 것이다. 클레이토스 살해는 당시에 그러했듯이 오늘날에도 갑자기 벌어진 종잡을 수 없는 사건으로 남아있다.[21]

26

"한 번의 입맞춤이 모자라서"

후회와 자책으로 며칠을 보낸 뒤, 알렉산드로스는 부단히 활동적인 본래의 모습으로 돌아왔다. 기원전 328년에서 327년에 걸친 겨울을 동절기 병영에서 보내기는 했지만 군사작전의 휴지기는 짧았다. 구체적인 작전들은 가을까지 계속되었고 겨울이 끝나기 전에 재개되었다. 평소와 같이 싸움이 없을 때 왕은 행정에 몰두하고, 사람을 만날 약속을 잡고, 편지를 쓰고, 사절단을 맞았다. 알렉산드로스가 광대한 새 제국을 경영하는 데 필요한 모든 일을 제대로 파악하고 처리했는지는 알 수 없다. 겨울 날씨로 인해 통신 속도가 느려졌고, 보고의 전달과 명령의 발신도 지연되었다. 문헌들은 늘 그랬던 것처럼 알렉산드로스에게만 집중하고 다른 곳에서 일어난 사건들에 대해서는 거의 언급하지 않는다. 박트리아와 소그디아나는 전혀 안정되지 않았다. 많은 지도자가 저항하거나, 가능한 경우에는 침략자를 무시하는 편을 택했다. 페르시아와 메디아의 중심부를 포함해서 다른 지역에서도 문제가 있었을 가능성이 있다.[1]

이 단계에서 알렉산드로스의 활동에 관한 기록은 혼란스럽고 때로는 상충된다. 아리아노스는 기원전 327년 초, 봄이 오기 전에 왕이 행군을 시작하여 적의 거점들에 연이어 공격을 가했다고 한다. 첫 번째 공격 대상은 '소그디아나의 바위'로 불리는 험준한 바위 위에 있는 도시였다. 이 도시는 성곽에 둘러싸여 있을 뿐 아니라, 식량과 식수도 잘 공급되고 있었다. 알렉산드로스가 항복을 요구하자 도시의 지도자들은 '날개 달린 병사'를 구해오지 못하는 한 그들은 어떤 공격에도 안전할 것이라며 그를 조롱했다. 왕은 후한 상금을 걸고 산을 잘 타는 병사를 모집했다. 가장 먼저 꼭대기에 도달하는 병사에게는 12탈란톤을 주고, 다른 병사들도 순위에 따라 상금을 차등 지급하되, 꼴찌에게도 여전히 상당한 금액인 300다릭*을 주겠다고 약속했다. 300명의 병사들이 자원했고, 밤이 되어 어둠이 내렸을 때 밧줄과 천막 말뚝을 사용하여 산을 오르기 시작했다. 이 과정에서 서른 명 정도가 떨어져 목숨을 잃었는데, 아리아노스의 말에 따르면 이들의 시신이 눈 속으로 사라져 다시 찾지 못했다고 한다. 나머지 병사들은 성곽 외부에 도시보다 높이 솟아 있는 산의 정상에 올랐다.

동이 트자 산을 오른 병사들은 함성을 외치며, 짧은 창이나 지팡이에 단 아마포 깃발을 흔들었다. 알렉산드로스는 전령을 보내 다시 항복을 요구했다. 전령은 수성군에게 가서 마케도니아인들이 날개 달린 병사들을 찾았다고 알렸지만 그것은 허세였다. 270명의 병사들이 정상까지 올라갔지만 더 이상의 증원 병력은 올 수가 없었고, 이들만으로 도시를 공격하기에는 수가 너무 적고 무기도 부실했다. 하지만 적군이 눈앞에 와 있는 것을 본 것만으로도 수성군은 충격을 받았고

---

* 고대 페르시아의 금화.

곧바로 항복했다. 아리아노스에 따르면 포로 중에는 마케도니아인과 싸우고 있던 귀족들의 가족이 많았는데 여기에는 이전에 베소스를 지지했던 옥시아르테스의 부인과 자녀들도 포함되어 있었다. 그는 귀족 여성과 아이들 외의 다른 포로들의 운명에 대해서는 언급하지 않는다.[2]

아리아노스와 달리 쿠르티우스는 이 일화를 기원전 328년의 군사 작전 중에 있었던 일로 배치하고, 배경이 되는 장소를 지도자의 이름을 따서 '아리아마제스의 바위'라고 부른다. 옥시아르테스의 가족은 그곳이 아니라 다른 요새 도시에 피난해 있던 것으로 나온다. 그리고 수성군이 알렉산드로스를 비웃으며 나는 법을 아느냐고 물었고, 대담한 300명의 자원병이 산을 올랐다고 하지만, 세부적인 내용에서 차이가 난다. 이튿날 아침에 본진에 남아 있던 알렉산드로스의 부하들이 공격을 준비하라는 신호로 나팔을 불었는데, 이에 수성군이 겁을 먹고 항복했다는 것이다. 아리아마제스와 주요 지지자들은 채찍질 당하고 십자가에 매달렸다. 신분이 낮은 포로들은 무리를 이루어 알렉산드로스가 새로 세운 식민지로 보내졌고, 마케도니아인 및 그리스인 정착민을 위해 땅을 일구는 농노로 일했다.[3]

많은 학자가 쿠르티우스가 전하는 사건의 연대 쪽으로 의견이 기울지만 정확히 입증된 바는 없다. 아리아노스가 이 사건의 발생 연도를 기원전 327년으로 본 것이 잘못됐다면, 해당 지역을 광범위하게 지배하기 위한 분투가 그해에 마무리되지 않았을 게 분명하다. 극도로 잔혹한 충돌이 계속 이어졌고, 지도자에 대한 처형과 남은 인구의 이주는 다른 지역에서 마케도니아인들이 행한 행동과 다르지 않았을 것이다. 쳐부숴야 할 적군의 야전부대도, 함락해야 할 수도도, 죽이거나 생포해야 할 다리우스나 베소스 같은 왕도 없었다. 이제 군사 활동의 초점은 훨씬 더 지역적으로 맞추어졌다. 알렉산드로스와 부하들은 마을에 불과한 곳을 공격했고 지역 군벌을 찾아내 제거했다. 이들 말고는 다른 목표물이 없었기 때문이다. 침략자들에 대항해 지지 세력을 규합할 수 있을 것 같은 자는 누구든 찾아내 제거했다. 플루타르코스는 알렉산드로스가 한 지도자를 화살로 쏘아 죽인 이야기를 전한다. 여기에는 아무런 맥락이 제시되어 있지는 않지만, 아마도 공성 중이었을 가능성이 크다. 중요한 것은 마케도니아 왕이 페르시아 왕과 밀접하게 결부된 무기인 활을 사용했다는 점이다.[4]

아리아노스는 소그디아나의 바위 일화에 이어 또 다른 산간 요새에 대한 공성을 이야기한다. 이 요새는 지도자 귀족의 이름을 따서 '코리에네스의 바위'라고 불렸다. 코리에네스는 실제 이름이라기보다는 칭호였던 것 같고, 다른 곳에서는 시시미트레스라고도 불렸다. 쿠르티우스는 그가 지역 관습을 따라 자신의 어머니와 결혼했고 둘 사이에 자녀를 많이 두었다고 말한다. 이번에도 수성군은 자연적 입지가 지닌 강점을 지나치게 믿고 있었다. 사실 이 요새에 이르려면 깊은 골짜기를 건너야만 했는데, 마케도니아인들은 소나무를 베어 사다리를 만들었고, 사다리를 타고 가파른 비탈을 내려가 다리를 짓기 시작했다. 병사들은 교대로 일했고, 낮에는 알렉산드로스가, 밤에는 다른 장교들이 작업을 감독하면서 밤낮으로 끊이지 않고 공사가 계속됐다. 처음에는 다리를 놓는 것이 불가능해 보였기에 요새 안의 수성군은 알렉산드로스를 비웃었다. 그러나 여러 날이 지나고 둔덕이 점점 더 높이 올라오자 더 이상 어떤 웃음소리도 들리지 않았다. 마침내 공성 경사로는 그 위에 선 궁수들의 사정거리에 요새의 성곽을 둘 만큼 높이 올라갔고, 수성군이 발사하는 무기로부터 궁수와 일꾼을 보호하기 위해 버들가지로 짠 방어막이 설치되었다. 요새 안의 분위기는 절망적으로 바뀌었다.

옥시아르테스는 어느 시점엔가 항복했고, 이제는 알렉산드로스의 진영에 있게 되었다. 아리아노스가 주장하는 대로 마케도니아인들이 그의 가족을 생포했기 때문이거나, 아니면 일부 학자들이 선호하는 이야기처럼 그의 가족이 시시미트레스와 함께 포위되어 있기 때문이었을 것이다. 그것도 아니라면 단순히 그가 침략군에 맞서 싸우기보다 그들 편에 합류하는 것이 더 현명한 일이라고 판단했을 것이다. 그는 공성에 이어진 협상에서 핵심적인 역할을 했다. 알렉산드로스와 그의 병사들은 요새를 함락할 때까지 공격을 멈추지 않겠지만 그들은 자발적으로 항복하는 이들을 환영하고 너그럽게 대한다는 사실을 시시미트레스에게 납득시킨 것이다. 코리에네스의 바위도 결국 항복하여 알렉산드로스가 이끄는 강력한 히파스피스테스 부대를 안으로 맞아들이고 가득 찬 창고를 그들에게 개방했다. 이에 대한 보상으로 시시미트레스는 이 지역의 총독으로 임명되었다.[5]

옥시아르테스는 훨씬 더 이로운 일을 했는데, 기원전 327년 초에 알렉산드로스가 그의 딸 록사네와 결혼하기로 결정한 것이었다. '작은 별' 록사네는 아시아에서 다리우스의 아내 다음으로 가장 아름다웠다고 한다. 필리포스가 올림피아스와 사랑에 빠졌던 것처럼, 알렉산드로스 또한 연회에 참석했던 젊은 귀족 여성들 중에서 이 십 대 소녀를 잠깐 보고는 첫눈에 반해 버렸다고 한다. 학자들은 이 낭만적인 이야기를 후대의 창작물로 일축하는 경향이 있지만, 일부 학자들은 이 이야기 속에 클레이토스를 살해했던 것과 같은 맥락의 예측 불가능한 감정적 반응이 담겨 있다고 말한다. 여러 면에서 이 결혼은 필리포스가 변방 민족의 공주들과 결혼했던 것과 잘 부합하며, 알렉산드로스가 스물아홉이 될 때까지 기다리지 않고 이보다 먼저 한두 명의 아내를 취했다면 별다른 언급은 하지 않았을 것이다. 그가 후계자 출산에 관심을 가졌다는 조짐은 없었다. 그의 정부 바르시네는 곧 아들을 낳을 예정이었고, 그가 아시아인 신부를 찾고 있었다면 페르시아 정치에서 록사네보다 훨씬 더 중요한 집안의 여성을 골랐을 것이다. 하지만 신부감이 될 만한 다른 여성들도 마찬가지였고, 다른 남자들의 아이를 낳기도 한 바르시네는 아내로 선택하기에는 너무 많은 부담이 있었다. 알렉산드로스와 록사네는 같은 언어를 사용하지 않았기 때문에 애정과 이해에 기반하여 그녀에게 끌림을 느꼈다고 말하기는 어렵다. 아마도 알렉산드로스는 그녀를 원했을 테고, 이는 다른 현실적 고려사항과 함께 그의 선택에 영향을 미쳤을 것이다. 대다수의 정치적 혼인이 그러하듯이, 신부의 마음은 전혀 고려되지 않았다.[6]

록사네와의 결혼은 박트리아와 소그디아나의 귀족들에게 새로운 정복자가 그들을 존중할 의향이 있다는 신호로 다가왔으며, 이 신호는 그녀의 아버지가 사트라프로 임명됨으로써 확인되었다. 그와 동시에 현지의 최상류층과 혼인한 자가 단순히 공격과 약탈을 가하고 물러날 계획을 세울 리는 없기에 알렉산드로스가 획득한 통치권의 영구성도 더욱 강화되었다. 따라서 이 귀족들은 기원전 334년 이후로 다른 지역의 지도자들과 마찬가지로 승리할 가망이 없는 싸움을 계속할 것인지 아니면 알렉산드로스의 환심을 사기 위해 복종할 것인지를 두고 선택의 문제에 직면하게 되었다. 아마도 이 혼인은 일부 귀족들에게 마케도니아인과 그들의 왕이 믿을 만하고 같은 편이 될 가치가 있음을 납득시키는 데 도움이 되었을 것이다. 하지만 그렇다고 해서 저항의 조짐이 보이면 가차 없이 행해지던 작전들이 잠잠해졌다거나 박트리아와 소그디아나가 즉각 평화로워진 것은 아니었다.

알렉산드로스의 결혼에 대한 광범위한 페르시아 상류층의 반응은 전혀 기록되어 있지 않다. 어떤 이들은 환영했을 테고, 어떤 이들은 페르시아와 메디아의 심장부 바깥에서 상대적으로 알려지지 않은 가문의 여자를 신부로 선택한 것에 대해 의문을 품거나 반감을 가졌을 것이다. 마케도니아인들에게 외국인 왕비는 전혀 새로운 것이 아니었지만, 록사네와 그녀의 민족은 유럽의 인근 민족에 비해 더 이질적으로 보였을 것이다. 후대의 한 문헌에서는 록사네가 곧 임신하지만 아이가 태어나면서 금방 죽었다고 전한다. 1년이 안 되어 바르시네도 왕에게 서출 아들을 낳아주었고 이 아이는 오래 살아남았지만, 아버지의 남은 4년의 생애 동안 두드러진 관심을 받지 못한 채 막연하게만 인정되었다. 록사네와의 결혼은 전혀 눈에 띄지 않았고, 마케도니아의 전 계급에 걸쳐 곪아 터졌다고 하는 수많은 불만들에서 빠져 있었다는 것이 중요하다. 아리아노스는 알렉산드로스의 친구들도, 그저 눈치와 요령이 필요해서 그랬는지는 모르지만, 그녀의 아름다움에 감탄했다고 주장한다. 만약 알렉산드로스가 분명한 후계자 없이 그렇게 젊은 나이에 죽지 않았다면, 그가 죽었을 때 록사네와 그녀가 임신하고 있던 아이는 그의 이야기에서 사소한 사건에 불과했을 것이다.[7]

기원전 327년에 알렉산드로스에게는 오랜 시간 결혼을 축하하며 잔치를 벌일 시간이 없었다. 결혼 예식에는 신랑의 검으로 자른 고기 조각을 신랑과 신부가 함께 먹는 절차가 포함되어 있었는데, 이는 아마도 마케도니아의 관습이었을 것이다. 록사네에 대해서는 왕의 마지막 날까지 이야기되는 바가 거의 없기 때문에 페르시아 왕의 여자들이 그랬던 것처럼 그녀도 알렉산드로스를 따라 원정에 갔는지는 알 수 없다. 연초에 알렉산드로스는 다시 군대를 이끌고 산간 지역으로 가서 높은 고도와 끔찍한 날씨를 견뎌냈다. 일부 병사는 우박에 맞아 사망하기까지 했다. 왕은 병사들을 달래가며 혹사시켰다. 라틴어 문헌들에서 눈에 띄는 한 이야기가 있다. 알렉산드로스는 지쳐서 낙오한 한 병사를 진영까지 데려왔고, 자기보다 훨씬 나이가 많은 그 병사의 무장을 벗겨주고 자신의 옆 불가에 앉게 했다. 병사는 몸을 추스른 후에야 왕을 알아보고 너무 놀라 어쩔 줄 몰라 했다. 왕은 그를 안심시키며 페르시아인이 왕의 자리에 앉는다면 죽음을 면치 못했겠지만 자유로운 마케도니아인은 온기와 생기를 얻는다고 말했다.[8]

알렉산드로스의 군대는 몇 개의 부대로 나뉘어 여전히 맞서 싸우려는 지도자들을 추격하여 어떤 이들은 죽이고 어떤 이들에게는 항복을 받아냈다. 그러는 동안 알렉산드로스는 자신이 새로 건설하거나 재건한 정착지를 확실하게 안정시켰다. 마케도니아 군대는 떠나면서 다른 어떤 지역보다 더 큰 규모의 주둔군을 남겨두었는데, 대략 1만3500명의 병사가 주둔군으로 남았으며, 그중 4분의 1은 기병대였고, 적어도 자기 공동체를 방어할 수 있는 식민지 개척자들이 보충되었다. 물론 이들 중 일부는 나이나 부상 때문에 적극적인 군사작전에서 제외되었다. 이와 동시에 군대에 동행할 현지인 전사들이 모집되었고, 현지와 다른 사트라피에서 3만 명의 젊은이가 징집되어 몇 년간 마케도니아 방식의 군사 훈련을 받았다. 훈련 과정에는 군대의 공용 언어인 그리스어 학습도 포함되었다. 이로써 정복자에 맞서 무장할 가능성이 큰 인구의 상당수가 반란을 일으키기 어려운 지역으로 이동하게 된 셈이었다. 이제 군사력과 유화적인 교섭과 강력한 점령군의 유지를 통해 더 넓은 지역에 안정이 보장되었으므로 알렉산드로스는 다음 단계로 나아갈 수 있었다.[9]

　도시를 건설하고, 인구를 이식하고, 전사 또는 잠재적 전사를 모집하여 병력을 강화하고, 저항 세력에 맞서 쉴 틈 없이 싸우며 적군 내이탈을 유도하고, 항복한 자들에게 보상을 주는 이 모든 정책은 필리포스가 치세 초기에 마케도니아 왕국을 확장하고 안정시킬 때부터 익숙하게 사용했던 방식이다. 알렉산드로스는 박트리아와 소그디아나에서 격렬한 적대감을 마주하고 매우 놀랐을 테지만, 필리포스 시대가 남긴 또 다른 교훈은 성공에는 오랜 시간이 걸린다는 것과 부족들사이에서 새로운 지도자가 등장하면 정쟁이 확산될 수도 있다는 것이었다. 당근과 채찍 정책의 문제는 당근을 주면 모두가 충분히 당근을 먹었다고 계속 생각하지 않는다는 것이고, 채찍을 휘두르면 증오와 공포를 싹트게 한다는 것이다. 군대는 필리포스가 창설하고 알렉산드로스가 상속하여 발전시킨 체계의 핵심이었다. 새로운 땅을 정복할 때마다 군대는 성장했는데, 약탈물을 급료와 보상으로 사용했고, 정복당한 자들을 부대로 모집하여 새로운 적들에 맞서게 했다.

　알렉산드로스는 새로 모집된 병사들을 통합하기 위한 최소한의 기간 외에 진군을 멈춘 적이 없었다. 이는 그의 야망과 조급한 본성을 반영한 것이기도 했지만, 군대가 새로 모집된 병사들을 흡수하고 승리를 공유하며, 그들이 왕에게 결속되게 하기 위해 필요한 것이기도 했다. 가장 큰 칭찬과 보상은 계속해서 마케도니아인들에게 돌아갔다. 이즈음이나 인도 원정 당시에 히파스피스테스에게 은으로 장식된 방패가 배포되었고, 그래서 그들은 '은방패 부대'(아르기라스피데스

argyraspides)라는 별칭을 얻었다. 다른 마케도니아인들도 더 정교하게 장식된 장비를 받거나 구입했다. 마케도니아인들은 특히 공성 과정에서 핵심 공격 병력이 되어 모든 공격을 주도했고 관련된 노동의 대부분을 담당했다. 그러나 군대 규모가 점점 더 커지면서 이전에 비해 마케도니아인들이 전체 병력에서 차지하는 비율은 훨씬 낮아졌다. 아시아인 부대가 도처에 있었고, 분리되어 히파르키아에 배속된 기병대도 있었으며, 페르시아 제국 출신의 병사들 외에도 국경 너머에서 온 사카이족 궁기병들도 있었다. 일부 문헌은 대략 1년 이내에 알렉산드로스가 12만 대군을 지휘하게 된다고 하지만, 이는 그가 직접 이끄는 야전군에 집중된 인원이 아니라 더 넓은 지역에 배치된 병력까지 포함한 수치일 것이다. 마케도니아인 병력은 가장 높게 잡아도 전체의 6분의 1 미만이었을 것이고, 이는 초기 군사작전 때와 비교하면 현저히 낮아진 비율이다.[10]

　기원전 327년 봄, 알렉산드로스는 박트라에서 잠시 멈췄다. 그동안에 소규모 파견대가 저항하는 지도자들을 추격하여 제압했다. 이 휴식 기간에 아시아인과 그들의 관습에 열광하는 왕에 대해 거북해하던 조정에서 또 다시 갈등이 터졌다. 페르시아에서는 전통적으로 신분에 따라 아랫사람이 윗사람을 만나면 절을 함으로써 존경을 표하는 프로스키네시스proskynesis를 했다. 신분의 차이에 따라 절을 하는 정도도 달랐고, 평민들은 왕은 물론이고 높은 귀족을 만나면 땅바닥에 완전히 엎드려 절을 해야 했다. 신분의 차이가 크지 않은 사람들끼리 만나면 뺨에 입을 맞추었고, 신분이 같은 사람들끼리는 직접 입맞춤을 했다. 알렉산드로스의 백성이 된 페르시아인들은 자연스레 이런 관습에 따라 그에게 존경을 표했다. 신분이 가장 높은 귀족들조차 허리를

굽혀 인사했고, 대다수는 땅바닥에 엎드려 절했다.[11]

프로스키네시스는 그리스인과 마케도니아인 모두에게 반감을 불러일으켰다. 이 단어 자체는 명예가 중요한 사회에서 자유인이 어떻게 행동해야 하는지에 대한 깊은 의미를 담고 있기 때문에 너무 지나친 말은 아니었다. 하지만 땅에 엎드려 절하는 것은 물론이고 허리를 굽히는 것은 신들에게만 한정된 경배의 표시였기 때문에 그리스인들은 페르시아인들이 왕을 신으로 섬긴다고 여기게 되었다. 이제 알렉산드로스의 장교들은 그런 생각이 잘못되었다는 것을 알지만, 그런 행동을 기꺼이 하는 것이야말로 가장 귀족적인 페르시아인조차 본질적으로 노예와 다름없음을 입증한다는 그들의 확고한 믿음을 바꾸지는 못했다. 그런 행위를 하는 사람들은 자유로운 그리스인과 마케도니아인의 손에 패배를 당해 마땅했듯이 경멸을 받아 마땅했고, 알렉산드로스에게 그런 행동을 보이는 페르시아인들은 이러한 깊은 우월감을 강화시킬 뿐이었다. 때로는 공공연하게 그것을 조롱하는 자도 있었다. 한 마케도니아인이 엎드린 페르시아인에게 고개를 똑바로 숙이라고 소리치며 웃었다는 이야기도 전해진다.[12]

그러나 페르시아인들에게는 그들의 왕에게 엎드려 절하지 않는 것이 부자연스럽고 불경한 일이었다. 그것은 외국인 지배자가 왕이 되었을 때도 마찬가지였다. 그들은 왕의 본국 백성들이 절하지 않는 것을 무례하게 느끼며 의아해했을 것이다. 그러므로 상충하는 두 가지 의전 체계는 정복자들과 왕의 새로운 백성들 사이의 뚜렷한 차이를 시각적으로 상기시켜주었다. 알렉산드로스는 모두가 인정하는 왕권의 새로운 표시를 만들기 위해 아시아풍 관직의 상징을 의상에 덧붙였듯이, 조정에 있는 마케도니아인과 그리스인들에게 절충한 프로스키네시스를 도입하기로 했다. 이는 신하가 왕에게 가볍게 절을 하면 왕은 답례로 입맞춤을 하는 것이었다.[13]

선택받은 손님만 참여하는 연회에 도입하기 위해 알렉산드로스는 절충한 새 의전을 조신들에게 조심스레 준비시켰다. 그는 귀족들이 절하는 모습에 얼마나 반감을 가지고 있는지 알았어야 했다. 그는 이에 대해 전혀 상관하지 않았거나 제한적으로만 도입하면 그들의 양심을 달랠 수 있을 거라고 자신했던 것 같다. 그는 여전히 젊었고 원하는 것을 얻는 데 익숙했으며, 자신의 호의를 갈망하는 이들에게 둘러싸여, 경쟁적으로 그를 칭송하는 작가들이 가득한 궁에 살았다. 그리하여 자신이 결정한 것은 무엇이든 옳고 받아들여질 것이라고 확신했을 것이다. 한 전승에 따르면 아낙사르코스와 다른 사람들이 전례 없는 업적을 이룬 알렉산드로스가 사후에 신으로 숭배되는 것은 당연한 일이니 지금 당장 앞당겨서 그에게 신적인 영예를 수여하는 것이 낫다고 주장했다. 칼리스테네스는 유창한 언변으로 이에 반대하며, 누군가를 왕으로 만들 권력도 없으면서 어떻게 신으로 만들 수 있느냐고 반문했다.

축제가 열린 날 밤, 고위 헤타이로이가 줄지어 신의 제단에 술을 따르고 절한 다음 알렉산드로스에게 가서 입맞춤을 받았다. 제단의 존재는 그들의 양심에 대한 또 다른 절충안으로서, 그들이 절하는 대상이 왕이 아니라 신이라고 느끼게 하려는 것이었다. 이에 동의한 이들이 대열의 선두에 섰다. 칼리스테네스는 이 무리에 섞여 있었을 수도 있고, 선두의 무리를 따라 방 안에 들어가 처음 몇 명이 행한 의례를 따라 했을 수도 있다. 하지만 그는 제단에 술을 따르고 절은커녕 고개조차 숙이지 않은 채 알렉산드로스에게 가서 입맞춤을 받으려고 했다. 옆에 기대어 앉은 헤파이스티온과 이야기를 나누느라 바빴던 왕은 누군가가 알려주고 나서야 칼리스테네스가 절하지 않았음을 알고 뒤로 물러나 그에게 입맞춤을 하지 않았고, 칼리스테네스는 큰 소리로 "한 번의 입맞춤이 모자라서" 떠나겠노라고 외치며 걸어 나갔다.[14]

그의 행동은 다수의 의견을 반영한 것이었으므로 다른 이들도 그를 따라 했던 것 같다. 그리하여 제한적인 형태로 프로스키네시스를 도입하려 했던 계획은 폐기되었기에 그 의도와 형식이 어떠했는지 이제는 알 수 없게 되었다. 그것이 마케도니아인과 그리스인에게 한정된 것이었는지, 아니면 적어도 가장 중요한 귀족들 사이에서 아시아인들이 행하던 전통적인 프로스키네시스를 대체하는 것이었는지 말할 수 없다. 마찬가지로 더 넓게는 군대에 이러한 의전 지침을 확장할 계획이었는지, 아니면 좀더 복종적인 형태를 적용하려 했는지에 대한 언급도 전혀 없다. 이 일화 전체는 알렉산드로스와 그의 고문들에 의해 아주 부정적으로 평가되었다. 실험이 성공해서 그 행위가 궁의 의전 지침에 포함되었다 하더라도, 중요한 군사적 지위를 모두 차지하고 대부분의 행정 관리를 맡고 있는 마케도니아인과 그리스인의 분노와 반감만 더할 뿐이었기 때문이다. 이것이 아시아 귀족들을 기쁘게 하거나 왕을 향한 적절한 존경의 표현을 충족했는지도 분명치 않다. 아마 시간이 지나고 알렉산드로스가 계속 승리를 거두었다면 모두가 그것을 정상적인 것으로 받아들였을 수도 있고, 끝내 그렇지 않았을 수도 있다. 여하튼 의전 지침을 도입하려다 실패한 것은 두 세계 모두에서 최악을 의미했다.

아리스토텔레스는 자신의 조카 칼리스테네스를 언변이 뛰어나지만 잘난 척하는 바보라고 평가했다. 칼리스테네스는 역사가로서 알렉산드로스의 아시아 원정에 동행했고, 왕의 영웅적 행동과 업적을 찬양하는 이야기를 행복하게 기록했다. 예컨대 바다가 알렉산드로스에게 복종했다거나 시와에서는 신이 그를 자기 아들이라 칭했다는 것과 같은 이야기들이 그러했다. 이즈음에 다른 저자들은 이미 이러한 아첨에서 칼리스테네스보다 훨씬 멀리까지 나아갔고, 페르시아에 대한 복수전이 완결되자 칼리스테네스의 저술과 그리스인 독자들은 덜 중요해지기 시작했다. 그리하여 칼리스테네스는 조정의 다른 구성원에 대해 신랄하게 말할 수 있었고, 인기가 없었다. 사치를 즐기지도 않았기에 그것조차 다른 이들에 대한 힐난으로 간주되었고, 만찬 초대를 거절하는 것으로 악명이 높았다. 그런 그가 공개적으로 프로스키네시스를 거부한 일 때문에 갑작스레 인기를 얻게 되었다. 그와 같은 견해를 공유하고 있던 이들은 그가 분명한 태도를 취한 것에 반가워했는데, 특히 그 덕분에 그들이 왕을 거역한 첫 번째 인물이 되지 않은 것에 기뻐했다. 하지만 그가 다른 모임에서 웅변을 펼친 후 여론은 다시 돌아섰다. 알렉산드로스가 먼저 칼리스테네스를 초대하여 마케도니아인을 찬양하는 연설을 하도록 했고, 그는 기량과 열정을 다해 연설했다. 그러자 왕은 에우리피데스를 인용해 누구나 진리를 찬양하는 것은 쉽다고 말하며 반대 경우에 대해서도 주장해보라고 했다. 이는 수사법 훈련에서 흔히 있는 일이었고, 칼리스테네스는 필리포스가 성공한 것은 그리스인의 분열 때문이라고 주장하며 탁월한 실례를 보여주었다. 청중은 이를 모욕으로 받아들였고, 이 올린토스 출신의 오만한 철학자에 대한 일반적인 혐오가 되살아났다.[15]

칼리스테네스는 정치적으로 중요한 인물이 아니었기 때문에 사람들이 그를 좋아하든 싫어하든 문제될 것이 없었고 이 일화는 여기서 끝났을 수도 있었다. 하지만 얼마 후 왕의 목숨을 노리는 시도가 있었다. 음모는 왕실 시동들이 꾸민 것이었고, 아르게아스 군주들에 대한 몇몇 역모와 마찬가지로 우리 문헌들은 상처 난 자존심과 정열적인 동성 연인들에 관한 이야기를 들려준다. 기원전 330년 말에 마케도니아에서 온 군대에 시동들로 구성된 대규모 부대가 합류했는데, 이들은 초기 몇 년 동안의 위대한 승리를 경험하지는 못했다. 처음부터 왕과 함께 한 시동이 있었는지는 확실하지 않으며, 아마도 기원전 334년에 현역으로 복무할 수 있을 만큼 나이가 든 일부 시동은 항상 원정대와 함께했을 것이고 이 무렵에는 성인이 되어 완전한 군복무에 들어갔을 것이다. 적어도 필리포스 시절까지 거슬러 올라가는 전통이 재개되어 시동들이 왕과 함께 사냥과 전투에 나가고 왕의 천막을 지켰다. 이것이 음모자들에게 기회를 주었다.[16]

문제가 생긴 것은 사냥을 나갔을 때였다. 소폴리스의 아들 헤르몰라오스라는 시동이 왕에게 달려들던 멧돼지를 창으로 잡았다. 만약 옛 관습이 여전히 행해지고 있었다면 짐승을 잡는 일은 소년이 완전히 성인 남자가 된 것을 의미했고, 연회에서 비스듬히 기대어 앉는 것이 허락되었을 것이다. 헤르몰라오스는 자신에게 찾아온 기회에 너무 흥분했던 나머지 다른 것들이 눈에 들어오지 않았던 것 같다. 알렉산드로스는 소년이 자신의 사냥감을 가로챘다며 화를 냈다. 어쩌면 소년의 행동으로 그가 자신을 구할 능력이 없어 보였을 거라고 느꼈을 수도 있다. 페르시아의 사냥 전통에서는 첫 번째 사냥감을 잡을 기회는 왕에게 돌아가야 했고, 왕이 노리는 짐승은 어느 누구도 잡을 수 없었다. 어떤 문헌에서도 알렉산드로스가 이러한 규칙을 도입했다고 말하지는 않지만, 그렇다고 해서 그가 남들 모르게 이를 원하고 있지는 않을까 다른 이들이 살피지 않았다는 것은 아니다. 왕은 자신의 권리대로 헤르몰라오스를 채찍질하고 말을 빼앗아 굴욕감을 더해 주었다.[17]

헤르몰라오스는 이 모욕을 잊지 않고 곱씹었고 동료 시동이자 연인인 소스트라토스에게 털어놓았는데, 소스트라토스는 지금은 알 수 없는 이유로 이전부터 왕에 대한 증오심을 키우고 있었다. 두 사람은 알렉산드로스를 살해하기로 결정했고 다른 네 명의 시동이 이에 가담했는데, 이번 사건을 비롯하여 대부분의 경우에 알렉산드로스가 진정한 마케도니아 왕답게 처신하지 않고 그들을 영예롭게 대하지 않는다는 이유 때문이었다. 훨씬 더 전통적인 마케도니아 환경에서 자라다가 원정이 시작되고 한참 뒤에 동행하게 된 이 십 대 소년들은, 변화 과정을 점진적으로 지켜본 사람들보다 왕의 변화를 충격적으로 받아들였을 것이다. 군대와 지도자들 사이에는 늘 그렇듯이 불만이 있기 마련이었지만, 필로타스와 파르메니온 숙청, 클레이토스 살해, 왕의 아시아식 의상과 프로스키네시스 도입 시도는 불만을 가중시켰다. 이 소년들의 아버지는 모두 장교였던 것으로 보이지만 훌륭한 이력을 가진 사람은 아무도 없었기 때문에 그들은 불만을 뒤에서만 토로했을 것이다. 학자들은 보수적인 마케도니아인들 사이에 쌓여가던 반감이라는 정치적 맥락을 음모의 핵심 동기로 보는 경향이 있고 그것은 분명히 존재했지만, 감정과 신념의 절대적 중요성을 믿기 쉬운 나이의 소년들이 가졌던 개인적인 불만들도 경시해서는 안 된다. 개인적인 일과 정치적인 일은 결코 분리되지 않았고, 아르게아스 왕조의 임금들은 헤타이로이와 더 폭넓은 귀족들을 어떻게 다루었는지에 따라 평가되곤 했다.

적어도 왕을 살해하려는 음모는 치밀하게 계획되었다. 하지만 이 시동들이 왕을 죽인 다음에 무슨 일이 일어나길 기대했는지를 말하기는 어렵다. 어떤 문헌에서도 도주 계획을 언급하지 않는다. 약간의 기다림과 협의 끝에 역모자들은 자신들만 보초를 서는 밤에 거사를 치르기로 했다. 그들은 서로가 배신하지 않을 것을 보장해야 했고, 왕과 왕의 침대 근처에서 잠을 자는 근위병 두 명까지 제압해야 했기 때문에 모두가 한꺼번에 움직일 필요가 있었다. 하지만 왕이 술자리에서 돌아오지 않으면서 계획이 틀어졌다. 한 전승에서는 언젠가부터 조정을 따라다니며 차츰 예언하는 능력으로 유명해진, 반쯤 미친 노파로부터 조심하라는 경고를 들었다고 한다. 이유야 어찌 되었든 알렉산드로스는 그날 밤 계속 술을 마셨고 천막으로 돌아오지 않았다. 동틀 무렵이 되어 다른 조의 시동들이 도착해서 보초 임무를 교대했지만, 헤르몰라오스와 공범들은 기회를 잡기 위한 절박한 마음에 핑계를 대며 계속 남아있었다. 잠시 뒤에 나타난 알렉산드로스는 소년들의 헌신을 칭찬하며 상을 준 뒤 돌려보냈다.

그 뒤로 며칠 동안 중압감을 견디지 못한 공모자 중 한 명이 자기 연인에게 속내를 털어놓았다. 이 연인은 형에게 찾아갔고, 소년의 형은 다시 왕의 천막으로 가서 프톨레마이오스에게 이야기했다. 필로타스가 처형된 이후로 누구도 음모에 관한 정보를 왕에게 밝히지 않을 수 없었다. 알렉산드로스는 그 시동들을 체포하여 재판하게 했다. 헤르몰라오스의 아버지는 함께 처형당할까 두려워서 아들을 비난했다. 하지만 전승에 따르면 헤르몰라오스와 공모자들은 마지막까지 저항하며 알렉산드로스가 왕답게 행동하지 못했고, 끝없는 전쟁으로 귀족과 병사들의 건강과 목숨을 소진했을 뿐 아니라, 그들을 제대로 대우해주지도 않았다며 비난했다. 소년들은 국왕 시해를 시도한 죄로 돌에 맞아 죽었고, 쿠르티우스에 따르면 그들의 동료 시동들이 돌팔매질을 했다고 한다. 그들의 가족과 친척에 대한 광범위한 숙청의 흔적은 보이지 않으며, 역모자들이 너무 어려서 지지자도 없었다고 한다.[18]

헤르몰라오스는 칼리스테네스의 제자이자 추종자로 알려졌지만, 공모자 중 누구도 고문을 당하면서 그가 연루되었다고 말하지는 않았다. 그의 영향력은 기껏해야 간접적이었다. 그는 소년들이 명예를 소중히 여기도록 격려하고 폭군을 살해한 이들을 칭송했는데, 이는 주류 철학자들의 사상과 크게 다르지 않았다. 알렉산드로스는 프로스키네시스를 거부했을 때부터 칼리스테네스를 싫어했고 감히 자신을 죽이려 했던 소년들과 그가 가까운 사이였다는 것만으로 혐오를 더했다. 어느 시점엔가 그는 체포되고 감금되었다. 재판은 없었고, 한 자료에서는 이것이 군대가 그리스로 돌아갔을 때 일어난 일이었다고 한다. 칼리스테네스의 최종 운명에 관한 이야기는 문헌마다 뚜렷하게 차이가 나고, 그의 마지막을 직접 목격한 이들의 자료조차 그러하다. 어떤 이들은 그가 고문당하다가 결국 교수형에 처해졌다고 말하는 반면, 다른 이들은 그가 수감되어 있는 동안 비만과 들끓는 이 때문에 자연사했다고 주장한다. 세부 내용이 무엇이든 간에 한때 왕의 최측근이자 선전가였던 인물이 반대의 목소리를 냈다가 감옥에 갇혀 죽은 것만은 분명하다. 알렉산드로스는 그토록 많은 승리와 새로운 부를 축적했음에도 여전히 조정에서 많은 이들을 만족시키기 위해 고군분투해야 했다.[19]

인도

알렉산드로스는 한동안 인도를 염두에 두고 있었다. 다리우스 1세가 오래전 인더스강 유역을 정복했지만, 시간이 흐르고 세대가 여러 차례 바뀌면서 페르시아 왕의 의지가 해당 지역에서 얼마나 관철되었는지는 불분명하다. 어떤 '인도인' 부대가 가우가멜라 전투에서 다리우스 3세와 함께 싸웠다고 하지만, 이들은 아마도 카불 계곡에서 왔을 것이다. 이 무렵 카불 이남의 왕국들은 독립해 있던 것으로 보이기 때문이다. 그럼에도 인도는 페르시아 제국의 일부로 여겨지는 영토 가운데 마지막까지 정복되지 않은 땅으로 남아있었다. 엉성하고 모호한 이야기들이긴 하지만, 헤라클레스와 디오니소스가 이 지역에서 승리를 거두었다거나, 신비로운 바빌론 출신의 세미라미스 여왕*이 영웅적인 위업을 이루었다는 이야기가 아시아 대륙의 끝이 그리 멀지 않았다는 믿음과 더불어 인도 원정을 더욱 부추겼다. 더 실질적인 측면

---

* 세미라미스는 아시리아 제국의 니노스 왕의 왕비가 되었다가 왕위를 계승하여 아프리카와 인도까지 제국을 확장했다고 하는 전설적인 인물이다. —옮긴이

에서는 인도인 망명자들이 알렉산드로스의 군대에 합류했고, 다른 지도자들이 특사를 보내서 적대적인 이웃 부족이나 왕국과의 분쟁에 개입해줄 것을 간청했다. 알렉산드로스는 보급물자를 확보하고 수송하기 위한 준비와 더불어 외교 활동을 진행했고, 기원전 327년 마침내 군대를 집결하여 남쪽으로 행군하기 시작했다. 다시 힌두쿠시 산맥을 넘었고, 오늘날의 베그람 근처에 자신이 세운 알렉산드리아로 향했다.[1]

군대와 보급품이 집결하는 데 시간이 좀 걸렸다. 알렉산드로스는 불필요한 수송 마차와 그 안에 들어 있는 사치품을 모두 불태우라고 명령하고, 자기 것을 먼저 태움으로써 모범을 보였다. 이런 조치에 장교들이 가장 고통스러워한 것은 불가피한 일이었다. 적어도 최근 몇 년 동안 획득한 재산을 제대로 정리하지 못한 채 모두를 다 가지고 가려 했던 이들은 괴로워했다. 이 군대가 원정 초기처럼 짐을 줄이고 가볍게 행군할 수 있을지는 의문이었지만 알렉산드로스는 전쟁에 나가는 페르시아 왕의 거대한 행렬보다는 더 날렵하고 기동성 있는 군대를 원했다. 그는 이미 알렉산드리아를 담당했던 장교를 구체적이지 않은 능력 부족을 이유로 파면하고 다른 장교로 교체했으며, 이외에도 여러 건의 인사 교체가 이루어졌다. 헤타이로이 중에 자신이 맡은 임지에서 이탈한 자는 처형당했다. 더 많은 고참 병사들을 제대시켜 왕이 없는 동안 이 지역을 지배하는 데 도움을 줄 식민지 개척자들에 추가했다.[2]

기원전 327년 여름이 시작되자 군대의 행진도 재개되었다. 군대는 두 개의 주요 행렬로 나뉘어 앞으로 나아갔다. 헤파이스티온과 페르디카스는 인더스강에 먼저 도달하여 강을 건널 다리를 준비해 놓으라는 명령을 받고 키베르 고개를 통과했다. 행군 경로에 놓여 있는 공동체들에 대해서는 항복을 받거나 저항할 경우 공격하여 함락할 작정이었다. 처음에는 모든 것이 순조로웠다. 외교적으로 미리 대비한 덕분에 전투는 없었다. 그들이 지나간 뒤에 한 도시가 반란을 일으키자 되돌아와서 한 달간의 공성 끝에 도시를 함락시키기도 했다.[3]

그러는 사이에 알렉산드로스는 나머지 군대와 대부분의 정예 부대들을 이끌고 바자우르, 스와트, 키트랄 계곡으로 들어갔다. 이들 지역은 모두 훗날 영국령 인도의 북서쪽 경계에 놓이게 되는 곳으로 오늘날에도 매우 독립성이 강하고 폭력 사태가 빈번하게 발생하는 지역이다. 가장 먼저 도착한 곳의 공동체 중 일부는 마을을 버리고 산 위의 요새로 피신했다. 알렉산드로스는 800명의 보병대(주로 히파스피스테스로 이루어진 보병대)로 보강한 기병대를 이끌고 빠른 속도로 주력 부대에 앞서 적진으로 쇄도했다. 첫 정착치에서는 바깥에 모여 있던 전사들이 화살을 쏘아 알렉산드로스의 어깨를 맞혔고 프톨레마이오스와 다른 근위병에게도 부상을 입히긴 했지만, 곧바로 궤멸했다. 날아온 화살의 힘을 갑옷이 흡수한 덕분에 왕이 입은 상처도 찰과상에 지나지 않았다. 다음 날 동틀 무렵, 알렉산드로스는 같은 장소를 습격했다. 병사들은 보이는 대로 사람들을 죽였지만, 주민 대부분이 산으로 달아나는 것을 막지 못했다. 도망갈 수 있는 길을 모두 차단하기에는 마케도니아 병사들의 수가 너무 적었다. 마을은 모두 불에 탔고, 이것이 무시무시한 경고가 되어 다음 공동체를 항복시키는 데 도움이 되었다.[4]

이렇게 시작된 개막전이 완강하게 집을 지키려는 산간 주민들에 대한 잔혹한 군사작전의 분위기를 결정했다. 어떤 이들은 자기 집에 불을 지르고 황무지로 달아났다. 때때로 그들은 탈출에 성공하기도 했고, 실패하여 살육당하기도 했다. 분명 경미한 부상을 입었을 프톨레마이오스가 복귀해 단 한 번의 전투로 족장을 쓰러뜨리기도 했다. 마침내 주력 부대가 도착하여 마케도니아 군대의 요새가 세워졌고, 추격도 재개되었다. 많은 모닥불이 발견되었고, 이를 통해 적군 전사가 집중되어 있는 곳을 알 수 있었다. 이들은 자신들이 중요하게 여기는 장소를 지키려고 했다. 알렉산드로스는 병사들을 세 부대로 나누어 각각 다른 통로를 공격해 차단하도록 했고, 하루 종일 격렬하게 싸운 뒤에야 부족민들을 격파할 수 있었다. 프톨레마이오스는 4만 명의 포로와 23만 마리의 황소를 확보했다고 주장했다. 이러한 수치는 여성과 아동, 비전투원과 온갖 짐승을 모두 포함한다 해도 사실일 가능성이 거의 없다.[5]

다음 행군 경로에 있는 부족은 아사케노이족*이었다. 이들에게는 보병 3만 명, 기병 2000명, 코끼리 30마리가 있었다고 한다. 이들은 마케도니아인들과 개활지에서 대적하지 않기로 결정하고, 병력을 둘로 쪼개서 그들의 공동체로 돌아갔다. 알렉산드로스는 가장 큰 성읍이자 이 지역의 왕 아사케노스의 본거지인 마사가로 향했다. 아사케노스는 이보다 조금 앞서 죽은 것으로 보이는데, 알렉산드로스와의 초기 전투에서 목숨을 잃었을 것이다. 이는 그의 어머니 클레오피스와 형제 혹은 이복형제가 저항을 이끌었다는 것을 의미했다. 그들 가운데 최정예 부대의 일부는 인도의 군주들에게 고용되어 경험을 쌓은

---

* 오늘날 아프가니스탄 동부와 파키스탄 북부에 해당하는 아슈바카(Aśvaka)라는 지역에 살던 부족을 가리킨다. 아사케노이(Assakenoi)는 그리스어로 이들을 가리키던 명칭이고, 현지에서는 지역명을 따라 아슈바카 등으로 불렸다. —옮긴이

직업군인으로 보이는 용병대 출신이었다. 아리아노스는 그들이 적어도 9000명이었다고 주장하지만, 그의 서사를 보면 이 수치가 상당히 과장돼 있음을 암시한다. 마케도니아인들은 성벽 바깥에 진영을 설치하고 그 둘레에 참호를 파고 있을 때 아사케노이족이 기습 공격을 해왔다. 알렉산드로스는 적군 병사를 최대한 많이 죽이려고 일부러 후퇴했다가 그들이 다시 성읍 안으로 달아나기 전에 반격을 가했다. 결국 아사케노이족의 기습은 처절하게 격퇴되었다.

그럼에도 성읍의 수성군은 한동안 버티다가 다시 공격을 감행했다. 하지만 그들은 마케도니아의 투석 부대와 공성 기술에는 준비가 되어 있지 않았다. 그들에게 공성탑은 낯설고 두려운 신종 무기였다. 높이 솟아오른 공성탑에서는 궁수들이 성벽을 아래로 내려다보며 화살을 쏠 수 있었다. 그러나 수성군은 계속해서 싸웠고 공성탑에서 내려오는 경사로를 통해 개시된 또 다른 공격을 막아냈다. 어느 시점엔가 알렉산드로스가 발목 근처에 화살을 맞았는데, 이번에도 가벼운 부상이어서 그는 즉시 말을 타고 포위 전선을 한 바퀴 돌며 자신이 건재하다는 사실을 알렸다. 마케도니아인들은 계속해서 성벽을 압박했고 방위군을 꾸준히 조금씩 지쳐 쓰러지게 했다. 아마도 이 때문에 고대 문헌들에서 주장하는 것처럼 적들의 수가 많다는 인상이 더해진 것 같다. 저명한 지도자가 투석기에 의해 목숨을 잃자 수성군도 화평을 요청했다.

용병들 역시 항복에 동의했고, 아리아노스에 따르면 그들은 알렉산드로스의 군대에서 복무할 것을 약속했다고 한다. 하지만 그들은 알렉산드로스를 위해 동족과 맞서 싸우고 싶지 않았기 때문에 성벽 바깥에 점유했던 작은 언덕에서 어둠을 틈타 도망갈 계획을 세웠다. 이를 알게 된 알렉산드로스는 병사들에게 공격을 명령하여 용병들을 살육하고, 사실상 무방비 상태의 성읍을 유린했다. 하지만 이것은 알렉산드로스에게 가장 호의적인 버전이며, 이 모든 일이 오해에서 비롯한 끔찍한 사고였다는 오늘날의 추정도 마찬가지다. 반면에 플루타르코스는 오히려 이것이 왕의 고의적인 배신이라고 믿었고, 다른 문헌에서는 이 인도인 용병들의 부인들을 묘사하면서 이야기에 비애감을 더한다. 부인들은 후방에 피해 있다가 죽어가는 남편들의 무기를 들고 싸웠으며 결국 비참한 최후를 맞았다고 한다. 알렉산드로스는 그의 치세에 많은 학살과 집단 처형을 명령했지만, 이번 사건이 차별화되는 것은 알렉산드로스가 자신의 말을 스스로 어겼다는 점이다. 이는 클레이토스의 죽음이 알렉산드로스의 손으로 직접 저지른 유일한 살인이었기에 다른 살인과 차별화되는 것과 같다. 이번에 벌어진 학살은 그 흉포한 전쟁의 기준으로 보아도 참혹한 사건이었다.[6]

클레오피스는 결국 투항했다. 어떤 문헌들에 따르면 그녀는 너무도 매력적이어서 알렉산드로스를 사로잡았고, 둘은 연인이 되었으며 둘 사이에서 아이도 태어났다고 한다. 오늘날의 학자들은 합당한 이유로 이 일화 전체에 회의적이며, 심지어 로마의 자료에만 제시되어 있는 그녀의 이름까지도 율리우스 카이사르와 안토니우스가 클레오파트라와 가졌던 관계에서 영감을 받아 만든 것이라고 생각한다. 전해지는 이야기에서처럼 그녀가 계속 권력을 쥐고 있었다면 그것은 알렉산드로스가 그녀를 믿을 만하다고 생각했기 때문일 것이고, 다른 지도자들이 항복하도록 부추기길 바랐기 때문일 것이다. 이 공성 과정에서 알렉산드로스의 병사는 25명이 사망했고, 당연히 부상자는 훨씬 더 많았다. 곧이어 니사라는 도시의 특사들이 와서 항복을 제안했을 때 알렉산드로스는 이를 분명 환영했을 것이다. 그들이 그리스의 관습을 어느 정도 알고 있었거나, 협상 과정에서 우연히 서로 같은 전통이 발견되어 그들의 공동체가 디오니소스에 의해 건립되었다는 이야기까지 나왔다.● 그 이야기는 모두가 믿기에 적합했고, 페르시아에 없는 담쟁이덩굴이나 그와 비슷한 것이 그 지역에 자란다는 것이 증거가 되어 이야기가 사실처럼 확정되었다. 니사는 좋은 조건으로 항복했다. 알렉산드로스와 마케도니아 병사들은 싸울 필요도 없이 신의 발자취를 따라 걷는 기분을 느낄 수 있었다. 군대가 도시에 도착했을 때 축하연이 벌어졌고 다들 술을 많이 마셨다. 알렉산드로스는 이곳이 디오니소스가 이르렀던 동방의 끝이라는 생각에 한껏 고무되었고, 자신의 부하들도 디오니소스보다 더 멀리까지 가리라는 생각에 용기를 얻었을 것이라고 믿었다.[7]

따뜻한 환영을 받고 초기에 성공을 거두어 명성이 쌓였다고 해서 앞으로의 진군이 쉬워진다는 것을 의미하지는 않았다. 다음 두 곳의 성읍은 마케도니아 군대에 저항하기로 결정했다. 바지라(오늘날의 비르코트)에서 먼저 기습 공격해 왔지만 힘겨운 싸움 끝에 격퇴되었다. 인근의 오라(오늘날의 우데그람)는 알렉산드로스의 전면 공격을 받고 바지라 수성군은 마을을 포기했다. 그들은 다른 사람들과 함께 인더스강에 가까이 있으며 높고 접근이 어려운 '아오르노스의 바위'(오늘날의 피르사르)로 피신했다. 예전에 이 아오르노스를 함락하는 데 실패했다는 위대한 영웅의 이야기가 있었는데, 어떤 이들은 이 영웅이 헤라클레

● 알렉산드로스에게 투항한 니사라는 도시의 정확한 위치는 오늘날에도 정확히 알려져 있지 않다. 그리스 신화에서 니사는 디오니소스가 태어나고 자랐다고 전해지는 머나먼 산간 지방의 이름이며, 이곳이 어디인지에 대해서는 고대부터 의견이 분분했다.─옮긴이

스라고 했다. 알렉산드로스는 이 이야기를 믿는 편을 택했고, 다시 한 번 포토스, 즉 열망이 일었다. 이번에는 그의 영웅적인 조상이 실패했다는 곳에서 성공하고 싶었다. 그는 싸우지 않고 강변의 여러 성읍과 마을을 확보한 뒤에 크라테로스에게 주력 부대를 남겨두고 할 수 있는 한 기력을 비축하게 했다. 그리고 자신은 아그리아네스족 병사, 히파스피스테스, 팔랑크스 대대, 궁수 및 일부 기병, 다른 단위의 부대에서 선발한 병사들을 함께 이끌고 아오르노스의 바위로 갔다. 산의 정상으로 향하는 주요 등산로는 훨씬 더 많은 적군 병사들이 지키고 있었지만, 종종 그러했듯이 행운은 그의 편에 있었다. 현지인들이 나타나서—어떤 문헌에서는 동굴에 사는 한 노인과 그의 두 아들이었다고 한다—알렉산드로스에게서 보상을 받고 알려지지 않은 다른 길을 알려주었다.

밤이 되자 프톨레마이오스는 이 현지인 길잡이들의 안내에 따라 아그리아네스족 병사들과 히파스피스테스 부대를 이끌고 가서 고지를 점령하고 기초적인 방어벽을 쌓았다. 그리고 불을 밝혀서 목표 위치에 이르렀음을 신호로 알렸다. 다음 날은 하루 종일 격렬한 전투가 벌어졌고, 알렉산드로스와 그의 병력은 반복되는 공격에 맞서 버티고 있는 프톨레마이오스의 병력에 합류하려고 시도했으나 실패했다. 알렉산드로스는 한 탈영병을 발견했고, 그에게 적진을 뚫고 가서 프톨레마이오스에게 전투 소리가 들리는 즉시 공격할 준비를 하라는 메시지를 전달하게 했다. 다음 날 알렉산드로스는 프톨레마이오스가 갔던 길을 따라 올라갔고, 부족민들이 왕을 공격하자 프톨레마이오스는 탈영병이 전달한 지시대로 부족민들의 후방으로 진격했다. 부족 전사들은 결연하게 저항했으나 점차 기력이 떨어졌고, 수가 더 많은 마케도니아인들은 계속해서 새로운 병력을 추가했다. 날이 저물 무렵 알렉산드로스의 군대는 마침내 적군의 저항을 뚫고 프톨레마이오스의 고지에 합류할 수 있었다.

이제 그들은 산 위의 요새에 대한 공성 작업을 시작할 수 있는 위치에 있었지만, 그러려면 깊은 골짜기 양쪽을 서로 연결해야 했기에 프톨레마이오스가 장악한 고지 옆의 둔덕에서 공사를 개시했다. 다른 병사들이 화살을 쏘고 줄팔매로 돌을 던져서 공사 중인 병사들을 엄호했다. 넷째 날에는 또 다른 고지를 장악했고, 이 고지를 바탕으로 둔덕을 쌓아 올릴 수 있었기에 작업이 훨씬 쉬워졌다. 계속되는 경사로의 접근을 막을 수 없게 된 요새의 수성군은 항복을 제안했지만 아리아노스에 따르면 밤이 될 때까지 항복을 지연했다가 달아날 계획이었다고 한다. 알렉산드로스는 이를 알아채고 경계병들을 철수시켜 그들이 더 쉽게 계획을 실행하게 해주었다. 수성군이 요새에서 떠나고 있다고 판단한 그는 700명의 병사들을 이끌고 성벽의 약한 부분을 넘어 들어가 달아나려는 적군을 쓰러뜨렸다.[8]

공성 과정은 자연적이거나 인공적인 방어막에 상관없이 어떤 장소라도 탈취할 수 있는 마케도니아 군대의 능력과 의지를 보여주는 또 하나의 증거였다. 어떠한 피난처도 안전하지 않았고, 공성의 즉각적인 여파로, 정복당하지 않겠다고 결심한 이들은 누구나 정착지를 방어하는 대신 도주하는 쪽을 택했다. 알렉산드로스는 그들을 추격하며 어떤 저항도 뚫고 나아갔고, 다른 부대들도 적극적으로 저항 세력을 진압했다. 한 지도자는 부하들에게 살해당해 항복의 표시로 잘린 머리가 알렉산드로스에게 보내졌다. 다른 지역의 왕과 제후들은 침략의 시련을 견디고 살아남아서 알렉산드로스에게 고향 공동체에 대한 지배와 책임을 인정받았다. 알렉산드로스는 인더스강까지 이르는 모든 땅을 한 지역으로 묶어 니카노르라는 이름의 마케도니아인을 그 지역의 사트라프로 임명했다. 이 지역 지도자들의 독립성이 워낙 강했기 때문에 이는 어려운 과업이었고, 다리우스 치세에는 사트라프가 없었던 것 같다. 잠시 동안 현지 주민들은 알렉산드로스와 정복군의 힘에 압도되었지만, 패배와 강요된 항복에 모욕감을 느꼈다. 이들은 강력한 중앙 권력을 경험한 적이 없었다. 알렉산드로스가 압도적인 대군을 이끌고 이동하자 그의 권력에 대한 두려움도 차츰 약해지기 시작했다.[9]

비록 비영구적인 상태이기는 하지만 해당 지역을 진압하는 데 그해의 남은 기간이 다 지나고 벌써 겨울에 접어들었다. 기원전 326년 초봄이 되어서야 알렉산드로스는 페르디카스와 헤파이스티온과 사전에 결정해둔 인더스강의 도강 지점(아마도 오늘날의 차르사다 인근)에서 다시 만날 수 있었다. 다시 집결한 군대는 한 달 동안 휴식을 취하고 다가올 군사작전에 대비했으며, 이전에도 자주 그러했듯이 휴식 기간에 운동경기를 하면서 그리스인의 정체성을 상기했다. 이 군대는 아마도 이제까지 한 장소에 집결된 가장 큰 군대였을 것이다. 하지만 알렉산드로스는 이전 군사작전에서 그랬듯이 많아야 4만 명의 병사를 이끌었을 것이고, 기동 타격대로서 규모가 훨씬 작은 최고의 정예 부대를 활용하려 했을 것이다. 부분별로 분해된 배를 운송해 오거나 현장에서 배를 건조해서 강에 부교浮橋를 만들었다. (흥미롭게도, 아리아노스는 그들이 이 다리를 만든 방식에 대해 어떤 설명도 찾을 수 없었기에 자기 시대의 로마 군대가 실제 사용한 방법을 묘사하는데, 마케도니아인들도 비슷하게 했으리라는 전제를 깔고 있다.) 그런 중요한 순간에 걸맞게 양쪽 강둑에서 희생제

사를 올려서 도강 지점을 표시하는 한편 군대의 행군에 신들의 가호가 있기를 빌었다.[10]

외교 관계가 이미 작동 중이었고 탁실라의 통치자 옴피스(산스크리트어로는 암피)가 침략군을 환영했기 때문에 도강을 하는 동안 아무런 저항도 받지 않았다. 탁실라는 오늘날 파키스탄의 라왈핀디 지역에 있던 왕국이었다. 보통 이 왕국의 화신化身으로 '탁실레스'라고 알려진 옴피스는 지역 내 다른 세력의 위협을 더 위험하게 보고 알렉산드로스와 싸우기보다 동맹을 맺길 원했다. 1년여 전 그의 아버지가 왕으로 재위하던 시절에 그는 아버지를 설득하여 소그디아나에 있던 알렉산드로스에게 특사를 보내 항복을 제안했다. 늙은 왕이 죽자 옴피스는 후계자로서 마케도니아인들과 다시 접촉했지만, 알렉산드로스가 직접 인정할 때까지 왕위를 차지하지 않았다고 한다. 그는 헤파이스티온과 페르디카스가 왔을 때 그들에게 식량과 물자는 보냈지만 만나지는 않고 있다가, 알렉산드로스가 왔을 때에야 직접 나가서 그에게 투항했다. 그가 조정 대신과 수천 명의 전사를 선두에 이끌고 나오자 마케도니아인들은 그들을 적대적인 군대라고 오해했지만, 두 통치자가 말을 타고 나와 서로 얼굴을 대면하자 그의 진의가 확실하게 밝혀졌다. 알렉산드로스와 옴피스는 황금으로 된 호화로운 선물을 서로 주고받았다. 알렉산드로스는 자신이 더 관대하게 베풀겠다면서 1000탈란톤의 금을 건넸는데, 마케도니아 장교들 사이에서는 이를 마뜩찮게 여기는 말들이 들리기도 했다. 그럼에도 더욱 중요한 것은 옴피스가 왕으로 인정받고 심지어는 추가적인 영토까지 부여받았다는 것이다.[11]

이 모든 일을 할 수 있는 알렉산드로스의 권리는 전적으로 군대의 힘에 달려 있었고, 새로 왕이 된 옴피스는 자신의 이득을 위해 그것을 잘 활용했다고 느낄 만했다. 그의 이웃 군주들은 상황을 다르게 보았거나 단순히 호의적인 동맹의 기회를 놓쳤을 것이다. 이제 그들은 적과 동맹을 맺은 외국인 군사 지도자와 친선을 추구할 생각이 없어졌다. 히다스페스강과 아케시네스강 사이의 구릉 지대인 아비라를 다스리고 이름도 지역명에서 따온 아비사레스는 침략자들을 신뢰하지 않았던 것 같다. 그는 전사들을 보내 오라를 도왔고 나중에는 마케도니아인들을 피해 달아난 난민들을 받아들였다. 더 큰 이웃 나라인 파우라바 왕국의 통치자 포로스(이 이름 또한 그의 나라에서 따온 것)는 이전의 전투에는 관여하지 않았던 것으로 보이지만, 과거에 아비사레스와 동맹을 맺고 다른 지도자에게 맞섰던 적이 있었다.

마케도니아 특사들은 항복을 요청하기 위해 두 왕을 찾아갔다. 아비사레스는 항복 여부를 결정짓지 않고 얼버무리면서, 자신이 지금 너무 아파서 알렉산드로스를 접견할 수 없다고 말했다. 반면에 포로스는 공개적으로 항복 요구를 거절하고(후대의 한 문헌에서는 알렉산드로스의 대사가 채찍으로 맞았다고 한다) 군대를 소집하여 왕국의 경계까지 행군했다. 아비사레스의 병력이 포로스에게 합류한다는 이야기가 있었지만, 막상 그런 일은 일어나지 않았다. 평소처럼 알렉산드로스는 공개적인 저항에 부딪치기를 강하게 원했다. 기원전 326년 5월이 되자 그는 히다스페스강으로 행군했고, 강 건너편에서 기다리고 있는 포로스와 그의 군대를 볼 수 있었다. 이로써 알렉산드로스의 아시아 원정에 등장하는 마지막 대전의 무대가 모두 마련되었다.[12]

현전하는 고대 문헌들에 따르면 포로스는 위풍당당한 인물로, 용감하고, 고결하고, 잘생기고, 체격이 컸다. 아리아노스와 다른 저자들은 그의 키가 2미터를 훌쩍 넘겼다고 전하며, 가장 절제된 묘사에서조차 그의 키가 190센티미터라고 말한다. 이 중 일부는 그의 패배 이후에 일어날 일을 미리 대비하는 것이기도 하고, 위대한 영웅인 알렉산드로스가 대결해서 이겨야 할 인물 또한 훌륭하기를 바라는 열망이 반영되어 있는 것이다. 한편으로 그는 의인화된 인도라고도 할 수 있다. 인도는 그리스에서 너무 멀리 떨어져 있어서 그리스인들은 아는 바가 거의 없었으며, 이국적인 것들에 대한 갈망이 온갖 허무맹랑한 이야기를 지어내도록 부추겼다. 인도에는 땅굴을 파서 금덩이를 가져오는 거대한 개미들이 있고, 남쪽에는 모든 사람이 환상적으로 키가 크고 용모가 준수하며 오직 외모를 기준으로 결혼 상대를 고르는 나라가 있다는 이야기도 있었다. 알렉산드로스의 부하들이 인도에 도착해서 겪은 경험은 이러한 사실과 상상의 혼합을 조금 변형한 것들이다. 그들은 크고 무서운 코끼리, 엄청난 길이의 뱀과 끔찍한 독을 지닌 작은 뱀, 원숭이 등 온갖 신기한 짐승들을 보았다. 다른 낯선 현상을 믿는 것도 여전히 쉬웠고, 그런 현상들을 경험한 이야기는 시간이 지나면서 점점 늘어났다. 고대 문헌에서 인도에 관해 이야기할 때는 이전의 원정을 이야기할 때와 어조가 다르다. 몇 세기가 지난 후대에 더 많은 것이 알려졌을 때에도 인도는 여전히 이국적인 장소였고 알렉산드로스가 원정을 멈추고 회군한 곳으로 남아있었다. 그러나 이러한 이질감에도 불구하고 알렉산드로스는 정복자로서 인도에 도착했고, 그는 원정 내내 해오던 대로 행동했다.[13]

다리우스 3세 역시 키가 크고 외모가 준수했지만, 키가 작고 머리도 헝클어진 알렉산드로스에게 패배했다. 페르시아 군주는 광대한 제국을 통치했고, 거대한 군대를 이끌고 전투에 임했다. 반면에 포로스는 지역 내에 있는 여러 군주 가운데 하나였으며, 페르시아보다 훨씬 적은 인구와 자원을 가진 작은 왕국의 주인일 뿐이었고, 이 왕국 또한 문헌에서 말하는 여러 위대한 도시들의 땅은 아니었던 것이 분명하다. 그의 군대 규모에 대한 추정치에 이러한 사실이 암시되어 있다. 아리아노스에 따르면 그의 군대는 전차 300대, 기병 4000명, 보병 3만 명, 코끼리 200마리를 가지고 있었고, 이는 이소스 전투나 가우가멜라 전투에 나온 페르시아 군대의 규모와는 상당히 차이가 나는 것이었다. 디오도로스는 전체 보병이 5만 명, 전차가 1000대였다고 하는데, 이상하게도 코끼리의 수는 130마리밖에 없었다고 한다. 플루타르코스는 말 2000마리, 보병 2만 명에 불과했다고 한다. 이들을 모두 종합해서 생각해 보면 알렉산드로스의 군대가 수적으로 우세했으며, 아마 그 차이도 상당했을 것이다.[14]

두 가지 이유로 알렉산드로스는 잠시 멈추었다. 우선 히다스페스강이 문제였는데, 이 강은 넓고 깊었으며 산에서 눈이 녹아 흐르는 물과 우기의 시작을 예고하는 폭풍우로 인해 불어난 물이 빠르게 흐르고 있었다. 이는 건널 수 있는 여울목이 사실상 어디에도 없다는 걸 의미했다. 알렉산드로스는 인더스강에 놓았던 부교를 해체해서 육로를 통해 배들을 가져오라고 명령했다. 너무 큰 배들은 몇 개 부분으로 분해해서 옮겨야 했다. 다른 문제는 코끼리들이었다. 다리우스는 가우가멜라 전투에서 소규모 코끼리 부대를 동원했지만, 그렇게 큰 규모의 전투에서 코끼리들은 전혀 중요한 역할을 하지 못했다. 기원전 327년 이후로 코끼리들을 생포하거나 선물로 받았기 때문에 마케도니아인들도 이 동물의 크기와 힘을 알게 되었다. 알렉산드로스는 말들이 코끼리의 냄새와 생김새 때문에 겁먹는다는 걸 알았고, 두 동물이 서로에게 익숙해지려면 상당히 오랜 기간의 훈련이 필요했다. 하지만 지금 그에게는 그럴 시간이 없었다. 포로스에게는 코끼리가 많았으며, 가장 적게 잡은 경우에도 75마리였다. 인도인들이 강 건너편에서 전투 대형을 형성하자 코끼리들도 뚜렷이 잘 보였다.[15]

알렉산드로스는 이것이 정면으로 맞설 수 없는 문제라는 걸 깨달았다. 분해한 배들이 도착하여 재조립되더라도, 배가 충분하지 않았으므로 한 번에 전체 군대의 극히 일부만 강을 건널 수 있었을 테고, 그 사이에 적군은 그들이 오는 것을 기다리며 지켜볼 것이 뻔했다. 그라니코스 전투에서는 페르시아 기병들이 강둑을 제대로 방어할 수 없었지만, 코끼리는 전혀 다른 문제였다. 마케도니아 기병대는 이 무시무시한 생물들이 강둑에서 기다리고 있는 이상 말을 몰아서 강둑으로 올라갈 수 없을 터였고, 그러면 보병들 역시 제대로 강을 건너기 어려웠다. 그렇다고 직접 공격하게 되면 비용이 많이 들고 실패할 가능성도 높을 수밖에 없었다. 적어도 가을이 와서 우기가 끝나고 강의 수위가 내려가 히다스페스강을 걸어서 건널 수 있기 전까지는 그러했다. 알렉산드로스는 필요하다면 네다섯 달을 기다릴 의지가 충분하다는 것을 포로스에게 납득시키기 위해 모든 노력을 기울였다. 강변에 완전히 자리를 잡고 필요한 양의 엄청난 보급물자를 모으는 모습을 일부러 보여주었다. 그와 동시에 정찰병들이 양쪽 강변을 샅샅이 뒤져 도강이 가능한 지점들에 대한 정보를 수집했다. 또한 왕이나 고위 장교가 더 큰 규모의 파견대를 이끌고 나가 강둑의 서로 다른 지점에서 마치 곧 강을 건널 것처럼 시위했다. 밤에는 큰 소리로 명령을 내리거나 전투 구호를 외쳐 포로스의 초소에 있는 병사들의 관심을 끌었다.

처음에는 인도인들도 마케도니아인들의 시위에 매번 전투 준비를 하면서 대응했다. 이는 그들이 충분히 수면을 취하지 못하고, 또한 일어나지 않는 공격을 계속 기다리게 되는 것을 의미했다. 병사들이 이렇게 소모되고 있다는 것을 깨달은 포로스는 매번 병력을 집결하여 전투에 대비하는 대신 정찰병을 보내 적군을 감시하게 했다. 그것 말고 그가 할 수 있는 일은 거의 없었다. 수적으로 열세인 그가 먼저 강을 건너면 스스로 극도로 불리한 위치에 놓이게 된다. 이제 그가 바라는 것은 오직 알렉산드로스가 포기하고 물러나는 것뿐이었다. 아마도 그렇게 여러 달 동안 병사들을 먹여 살리는 것 자체가 어려웠기 때문일 것이다. 그렇지 않으면 적군이 공격해올 때까지 기다렸다가 마케도니아 군대 대부분이 강을 건너기 전에 격파하기를 희망했을 것이다. 그는 적군이 히다스페스강에 이르기까지 수많은 승리를 거두었음을 알고 있었지만, 알렉산드로스와 그의 군대가 얼마나 결연하고 기량이 뛰어난지는 잘 몰랐던 것 같다.[16]

알렉산드로스는 곧 도강할 수 있는 장소를 발견했다. 자신의 본진에서 대략 30킬로미터 떨어져 있고 히다스페스강이 급격히 휘어지면서 곶을 이루는 곳이었다. 근처에 섬이 하나 있었는데, 이 섬과 강변에 숲이 우거져 있었다. (2000년이 넘는 시간이 흐르면서 강의 흐름이 많이 바뀌어서 이곳이 어디인지는 정확히 알 수 없다.) 마케도니아인들은 옮겨온 배들을 다시 이곳으로 가져와서 조립했는데, 우거진 나무에 모습이 드러나지 않게 했다. 그러는 사이에도 적을 속이는 일은 계속되었다. 파견대가 나와 시위하는 일을 늘렸고, 강둑에는 말뚝을 줄지어 세웠다. 병사들은 진영을 설치하거나 신호를 보내는 것처럼 구호를 외치거나 불을 피웠다. 알렉산드로스와 닮은 부하 한 명이 본진에 배치되었는데, 그는 왕의 옷과 갑옷을 입었고, 다른 병사들은 왕에게 하듯이 그에게 예를 표했다. 이것이 인도인들을 얼마나 속일 수 있었는지는 말하기 어렵다. 포로스는 긴 강변을 모두 방어할 만큼 병력이 충분하지 않았다. 그래서 최선을 다해 기다리며 지켜보는 수밖에 없었다. 그의 병사들이 멀리 떨어진 곳 주변에서 벌어지고 있는 적군의 수상한 활동을 눈치 챘다는 조짐은 없었다.[17]

알렉산드로스는 크라테로스에게 군대의 본진을 맡기면서 헤타이로이 기병대의 한 개 히파르키아와 팔랑크스 2개 대대, 그리고 인도와 다른 동맹들이 보낸 5000명의 병사를 배치하고 떠났다. 그의 명령은 구체적이었고, 보통 때와 달리 자세하게 기록되어 있다. 크라테로스는 포로스가 자기 진영에 남아있는 동안에는 강을 건너지 말아야 하고, 인도 군대 전체가 알렉산드로스와 대결하기 위해 진영에서 이동하거나 그들이 완파되었다는 소식이 들리면 그때 강을 건너야 한다. 만약 포로스가 자기 군대를 나누어서 그 일부를 본진에 남겨둔다면 크라테로스는 도강을 시도하되, 적의 군대에 코끼리가 없을 경우에만 시도한다. 팔랑크스 3개 대대는 용병 기병대 및 보병대와 함께 본진과 곶의 중간쯤에 있는 강가의 한 지점에 배치됐고, 알렉산드로스가 적군의 주력 부대와 싸우는 것을 보자마자 도강을 시작하라는 명령을 받았다. 그런데 이어지는 이야기에서 이들에 대한 설명은 더 이상 등장하지 않는다.[18]

알렉산드로스는 헤타이로이 기병대 중 왕실 일레(이제는 보통 아게마 agema라고 불리는)와 3개 히파르키아를 거느리고 박트리아와 소그디아나의 파견 기병들과 사카이족과 다하이족의 파견 궁기병들의 지원을 받았다. 그의 보병대는 히파스피스테스, 팔랑크스 2개 대대, 아그리아네스족 병사들, 그리고 많은 궁수를 포함한 기타 경보병으로 이루어졌다. 병력을 모두 합하면 말 5000마리에 보병이 6000명이었다. 밤의 어둠을 보호막으로 삼아 정해진 위치로 이동했고 배들을 강물로 가져왔다. 그리고 즉석에서 동물 가죽에 (아마도 다시 천막을 이용해서) 왕겨를 채워 만든 뗏목으로 보충했다. 이렇게 도강을 준비하는 동안 강력한 폭풍이 닥쳤지만, 적어도 그들이 내는 소음을 가려주는 효과가 있었다. 동트기 직전에 날씨가 좋아졌고 첫 번째 배와 뗏목이 강을 건너기 시작했다. 알렉산드로스는 가장 작은 등급의 전함이지만 도강 현장에서는 가장 큰 배인 트리아콘토로스triacontoros●를 타고 선두에서 도강을 지휘했다.

밤이라 어두웠지만 그들이 도강하는 모습이 인도인 정찰병에게도 보였다. 하지만 배와 뗏목이 섬을 지나간 시점에야 이것 또한 적군의 관심을 돌리기 위한 또 다른 술책이었음이 분명해졌다. 정찰병들은 말을 급하게 몰아 포로스에게 가서 이 소식을 알렸지만, 필연적으로 그의 대응은 늦어질 수밖에 없었다. 지금까지는 마케도니아의 입장에서 모든 것이 잘 진행되고 있었다. 마케도니아 병사들은 강가에 무사히 발을 디뎠고 배들을 돌려보내 다음 부대가 건너오도록 했다. 하지만 그들이 또 다른 섬에 와 있다는 것을 깨닫는 데는 시간이 좀 걸렸다. 이 섬은 강둑에 아주 가까워서 마치 곶처럼 보였던 것이다. 섬과 강둑 사이에 흐르는 물은 폭이 매우 좁았지만, 밤에 내린 비 때문에

● 좌우 1열로 15명씩 30명의 노잡이가 배치된 선박이라서 트리아콘토로스라고 불렸다. 고대 그리스에서 상선과 전함이 분리되던 초기부터 가장 기본이 되는 전함은 노잡이가 50명인 펜테콘토로스(pentecontoros)였고, 이를 더욱 축소한 것이 트리아콘토로스이고, 이후에 노꾼을 3단으로 배치하여 속도를 높인 것이 그리스 전함의 기본이 되는 트리에레스였다.―옮긴이

수심이 깊었다. 마케도니아 병사들은 급히 서둘러 주변을 탐색했고 결국 물을 건널 수 있는 지점을 찾아냈다. 그나마 물이 얕은 곳을 찾았음에도 보병의 가슴까지 물이 올라왔고 말들도 목까지 물에 잠겼는데, 아마도 기병들이 다른 병사들을 보호하고 필요 이상으로 강기슭이 무너져 내리는 것을 방지하기 위해 조금 더 상류 쪽을 선택했기 때문일 것이다. 알렉산드로스는 정예 기병대를 활용해 적의 시선을 차단하고 병사들을 정렬했다. 그리고 이 과정이 끝나자 보병대는 일정한 속도를 유지하며 행군하게 하고, 자신은 기병대와 함께 전력으로 전진했다.[19]

　뒤에 이어지는 과정은 알렉산드로스의 다른 전투와 비교해 보아도 재구성하기가 매우 어렵다. 문헌들의 기록이 혼란스럽고 상충되기 때문이다. 플루타르코스는 8시〔오늘날 시각으로 오후 1~2시〕에 전투가 끝났다고 하는데, 다음에 일어난 일을 고려할 때 이것을 기억해두는 것이 중요하다고 말한다. 알렉산드로스는 포로스의 진영에서 24~32킬로미터 떨어진 지점에서 강을 건넜다. 그는 동틀 무렵에 강기슭에 닿았지만, 모두가 강을 건너는 데는 시간이 걸렸다. 게다가 곶이 아니라 섬에 도달한 탓에 좁지만 깊은 샛강을 다시 건넌 다음에야 강 건너편에 이르렀고, 겨우 대형을 이룰 수 있었다. 포로스 또한 병사들을 집결하는 데 시간이 걸렸다. 이제 양쪽 군대 모두 상당한 거리를 행군한 끝에 서로를 마주하고 전투 대형으로 군대를 배치했다. 이 모든 것을 몇 줄의 문장으로 말하는 것은 쉽지만, 실제로는 상당한 시간이 걸리는 과정이었다. 페르시아인들과 맞붙은 세 번의 전투에서, 실제로는 카이로네이아 전투에서, 마케도니아인들은 약간의 재배치 과정이 있긴 했지만 이미 전투 대형으로 배치된 적군을 공격했었다. 오직 그라니코스 전투와 이소스 전투에서만 알렉산드로스의 부하들은 전투 당일 상당한 거리를 전진했다. 히다스페스 전투는 달랐다. 양쪽 군대가 모두 행군해서 중간에서 조우했고, 어느 쪽도 무슨 일이 벌어질지 예측할 수 없는 상황에서 서둘러 위치를 잡고 대형을 이루었다. 이날 전투는 마케도니아인들이 당일에 볼 수 있게 된 땅에서 벌어졌고, 대부분의 시간 동안 비가 쏟아진 탓에 병사들의 시야가 제한되어 전투에 참여한 당사자들조차 무슨 일이 일어났는지 이해할 수 없었다.[20]

양쪽 군대의 첫 접촉은 금세 이루어졌다. 포로스는 인도인 기병대와 전차들을 내보내 적군을 탐색했다. 아리아노스는 프톨레마이오스의 기록을 가장 타당한 자료라고 인용하며 포로스의 아들이 2000명의 기병과 120대의 전차를 이끌었다고 하지만, 다른 기록들에서는 그보다 수가 더 적었다고 하며 일부에서는 마케도니아인들이 아직 강을 건너고 있었을 때 그들이 도착했다고 한다. 포로스의 전차들은 가우가멜라 전투에서 사용된 낫이 달린 페르시아의 전차와 달리, 멋진 장관을 연출하기 위해 설계된 웅장한 연단이자 무기를 발사할 수 있는 이동식 발사대였다. 네 마리 말이 끄는 전차에 여섯 명의 병사가 한 조가 되어 탑승했는데, 두 명은 말을 몰면서 창을 던졌고, 두 명은 활을 쏘았으며 두 명은 이들을 방패로 보호했다. 하지만 전차는 적절한 때에 방향을 전환할 수 없었다. 특히 많은 수의 전차가 한꺼번에 배치되었을 때는 더욱 그러했다. 그리고 이번 전투에서는 비가 내린 탓에 땅이 온통 진흙 범벅이 돼서 전차 바퀴가 제대로 굴러가기 어려웠다.

알렉산드로스는 자신의 보병대보다 3~4킬로미터 앞서 있었지만, 포로스가 보낸 병력이 전체 군대의 전위 부대인지 확신할 수 없는 상태에서 상대가 균형을 잃길 바라면서 공격을 개시하기로 결정했다. 그는 궁기병들과 함께 먼저 나아갔고 궁기병들은 인도인 기병대를 향해 화살을 날렸다. 곧이어 헤타이로이 기병대가 빠르게 돌격했다. 알렉산드로스의 숙련된 병사들보다 수도 적고 기량도 떨어지는 인도인 병사들은 적군의 속도에 빠르게 기운이 꺾였고, 그들의 지도자는 부하 400명과 함께 전사했다. 나머지는 부서지거나 진흙에 빠진 전차들을 그대로 버려둔 채 달아났다.

아리아노스에 따르면, 포로스는 여기서 살아남은 몇몇 병사들로부터 소식을 들은 뒤에야 주력 부대를 이끌고 알렉산드로스와 싸워야겠다고 결정했다. 이는 그가 주력 부대를 투입하는 데 상당히 지체했음을 의미했다. 또한 포로스는 강 건너편에서 배에 타고 있는 크라테로스의 병사들에 대해서도 우려했다고 한다. 만약 그랬다면 그가 주력 부대를 이끌고 싸움을 시작하려 한 시간이 이미 많이 늦었고, 크라테로스는 알렉산드로스의 명령을 매우 공격적으로 해석하여 강 건너편에서 적군의 코끼리들이 여전히 기다리고 있는데도 강을 건너기 시작했거나 아니면 적어도 강을 건너는 척 했음을 암시한다. 이제 적군의 상당수가 강을 넘어왔으므로 포로스는 그 자리에 그대로 있을 수가 없었다. 알렉산드로스가 병사들과 함께 강을 넘어왔다는 사실을 알았든, 아니면 단순히 이것이 가장 큰 위협이라고 추측했든 간에 그는 병사들 다수를 이끌고 가서 적군과 맞붙기로 했다. 다만 코끼리와 일부 병사들을 남겨두어 크라테로스의 부대에 최선을 다해 저항하게 했다. 인도인 주력 부대는 전력으로 진군하여 모래사장에 이르렀고, 포로스는 이곳에서 자신의 기병대와 전차가 효과를 발휘하길 바라며 전투 대형을 준비했다.

알렉산드로스와 그의 기병대가 눈에 들어오자 포로스는 부하들에게 멈추라고 명령했다. 아마도 그의 본진과 마케도니아 군대의 도강 지점 사이에는 군대가 이동하기에 적당한 경로가 있었을 것이다. 앞쪽에서 무슨 일이 벌어지고 있음을 인식하고 마케도니아 기병대의 지휘관들은 속도를 두 배로 높여 전진했다. 고대 문헌들 중 어느 곳에서도 그동안에 증원 병력이 도착했음을 언급하고 있지 않다. 그러므로 이즈음에 병사의 수가 증가했다고 하는 주장은 추측에 의한 것일 뿐 반드시 그랬던 것은 아니다. 아리아노스는 알렉산드로스가 전투 대형을 형성하기 전에 보병대에 휴식 시간을 주었다고 말한다. 그동안에 그와 기병대가 적군의 방해를 막기 위해 시위했다.

고대의 군대는 전투 대형을 이룬 상태에서 먼 거리를 이동하지 못했다. 전투 대형은 필연적으로 폭이 넓고 다루기 힘들었으며, 장애물을 만나면 쉽게 흐트러졌기 때문이다. 그래서 대부분은 하나의 좁은 대열이나, 이상적으로는 개별 단위로 나뉘어 대열들을 이루어서 행군했고, 정해진 위치에 도착하면 바로 선회하여 전투 대형을 이룰 수 있게 했다. 포로스의 군대가 어떻게 행군해서 전투 대형을 이루었는지를 판단하기에는 알려진 바가 너무 없다. 하지만 그의 군대라고 해서 크게 다르지는 않았을 것이다. 마케도니아 군대보다는 분명히 훈련이 덜 되어 있었기에 시간이 더 많이 걸렸을 것이다. 포로스가 의도한 전투 대형은 기병대와 전차들이 좌우 양편에 나뉘어 있고, 중앙에는 코끼리들이 각각 15~30미터 간격을 두고 1열로 늘어서 있으며, 코끼리 사이의 빈 공간 뒤쪽으로 보병대가 배치된 형태였다. 전체 병력의 수를 가장 낮게 잡는다고 해도 포로스의 대형은 폭이 무척 넓었을 것이고, 전체 병력이 전장으로 들어와서 대형을 모두 갖추는 데는 상당한 시간이 걸렸을 것이다. 대형이 완성되지 않은 상태에서 전투가 시작되었을 가능성도 높으며, 이는 이어지는 싸움에서 대형이 흐트러진 이유를 설명해준다.

알렉산드로스는 병사들을 쉬게 한 뒤, 기병대 대부분을 오른편에 집결시켰다. 하지만 코이노스 휘하에 있는 2개 히파르키아는 약간 뒤쪽과 오른쪽 측면에 배치했다. 보병대는 기병대 바로 왼쪽에 히파스피스테스와 팔랑크스 3개 대대가 배치되었다. 경보병대가 이들 앞쪽과 양 옆에 배치되었는데, 이들은 밀집 대형 보병대와 정면으로 마주하고 있지 않았기 때문에 산병들이 창병들을 지나쳐 빠져나가거나 물러날 수 있게 하려고 단위 사이의 간격을 넓게 정렬했을 것이다. 이때까지 인도인 병사들은 어떤 공격적인 움직임도 보이지 않았다고 하며, 이러한 진술은 그들이 여전히 대형을 갖추는 중이었다는 인상을 더욱 강화한다. 그러나 그들에게 충분히 많은 코끼리가 이미 대형을 이루고 있었다. 알렉산드로스는 코끼리와 직접 부딪히기를 꺼렸고, 그래서 보병대에게 기병대가 상대 기병대를 궤멸하기 전에는 전진하지 말고 배치된 자리에 그대로 머물라고 명령했다.

알렉산드로스와 그의 기병대는 방향을 전환하면서 적군 기병대를 본대로부터 멀리 유인해냈다. 전투가 시작되기 전에 포로스의 기병대 전부 혹은 대부분은 알렉산드로스의 맞은편인 인도군의 왼쪽 측면으로 이동했는데, 아마도 대형을 보호하는 차장부대 역할을 하고 있었을 것이다. 다시 스키타이족 궁기병들이 먼저 앞으로 질주하며 아직 대형을 형성하지 못하고 이동하고 있던 인도인 기병대에 화살을 쏘아댔다. 그러자 그들은 더욱 혼란스러워했고, 코이노스와 2개 히파르키아가 다가와 그들을 둘러싸고 측면과 후면을 위협했다. 이 두 가지 위협에 대응하기 위해 그들이 서둘러 대형을 이루려 하는 동안 알렉산드로스가 돌격했다. 교착 상태에 빠진 많은 인도인 기병들이―그들 중 일부는 지난번에 완패를 당하고 살아남은 이들이었기에―공포에 질려 달아났다. 일부는 자기 부대의 코끼리를 향해 달아났고, 이것이 신호가 되어 마케도니아 보병대도 전진하기 시작했다. 잠시 뒤에 충분히 많은 인도 기병대가 결집하여 마케도니아 군대를 향해 돌격하려 했으나, 또다시 무너지고 말았다. 소용돌이치는 혼전이 벌어지면서 알렉산드로스의 기병들은 단위별 대형의 흔적이 사라진 채 하나의 거대한 덩어리가 되었다. 하지만 형태를 잃은 기병대 무리도 여전히 공격적이었고 왕을 따라 앞으로 나아가면서 인도인 보병대를 공격하고 때로는 코끼리들과 접전을 벌였다.

팔랑크스가 인도 보병대 및 코끼리들과 만난 전투는 대혼돈이었다. 전투는 이제 각각의 거대한 짐승을 둘러싸고 벌어지는 몸부림이 되어 있었다. 다수의 인도인 보병들은 무거운 화살을 단거리까지 쏠 수 있는 활을 가지고 있었지만, 비가 오고 땅이 미끄러워서 효율성이 매우 떨어졌을 뿐 아니라 이러한 백병전에서는 마케도니아의 창병과 히파스피스테스보다 기량이 한참 떨어졌다. 곳곳에서 코끼리들이 팔랑크스를 무너뜨리고 발에 걸리는 모든 것들을 짓밟고 있었다. 그러나 그들의 조련사나 코끼리 등에 타고 있는 병사들은 긴 사리사의 공격 범위 안에 들었을 뿐 아니라, 투창과 화살의 뚜렷한 목표물이 되었다. 그들은 쉽게 살해당했고, 이 때문에 코끼리가 한쪽으로 쏠리면서 아군과 적군을 가리지 않고 압사시켰다. 때로는 팔랑크스가 가우가멜라 전투에서 낫 전차에게 했던 것처럼 분대 사이에 길을 터서 코끼리가 통과해 버리도록 했다. 그리고 가능한 곳에서는 코끼리를 둘러싸고립시킨 다음 도끼와 칼로 짐승의 발과 코를 찍고 베었으며, 눈을 향해 창으로 찌르거나 투창을 던지고 화살을 쏘아댔다. 코끼리들은 마치 후진하는 전함처럼 물러나면서 날카롭게 울부짖었다.

　포로스는 거대한 코끼리를 타고 전투의 한 가운데에서 열심히 싸웠지만, 개인의 영웅적인 행동으로 군대의 붕괴를 막을 수는 없었다. 일부 문헌에서는 그가 날아오는 무기에 맞아서 부상을 입고, 결국 피를 너무 많이 흘려 기절했지만 충실한 코끼리가 계속 그를 보호해 주었다고 전한다. 알렉산드로스는 그가 죽었다고 생각했으나 누군가가 그를 코끼리에서 내리는 것을 보고서야 아직 인도인 왕이 살아있음을 알았다고 한다. 또 다른 전승에서는 포로스가 패배했지만 굴복하지 않은 채 그 거대한 짐승을 타고 떠나 버렸다고 한다. 알렉산드로스가 옴피스를 보내 항복을 요구하자, 포로스는 증오스러운 경쟁자를 보고 그를 거의 죽이려 했다. 알렉산드로스가 다시 자신의 친구인 귀족을 보내자 그제서야 포로스는 단념하고 항복했다. 대부분의 이야기에서 포로스는 알렉산드로스가 그를 어떻게 대해주기를 바라느냐고 질문했을 때 즉각 "왕처럼"이라고 대답했다고 한다. 그리고 그는 그것이야말로 그의 적이 알아야 할 모든 것이라고 설명했다. 이런 이야기들에 진실이 담겨 있든 아니든, 알렉산드로스는 정말로 포로스를 왕으로 인정했을 뿐 아니라 적정한 때가 되자 추가적인 영토까지 하사했다.[21]

　아리아노스는 2만 명의 인도인 보병과 3000명의 기병이 전투 중에 전사했으며, 그중에는 부대 지휘관들과 포로스의 두 아들, 한 저명한 귀족이 포함되어 있었다고 전한다. 이것은 왕이 이전의 적들과 화해하려 했던 맥락을 보여준다. 늘 그렇듯 적군의 손실은 부풀려졌을 가능성이 크다. 크라테로스의 부하들이 제때 도착해서 알렉산드로스의 지친 병사들로부터 추격 임무를 넘겨받았고 이는 기운이 넘치고 어떤 역할을 하기를 간절히 원하는 병사들의 손에 달아나는 적군 병사들의 운명이 맡겨졌음을 의미했다. 마케도니아인의 손실을 보면, 보병 86명과 기병 약 230명이 죽었다. 기병 사망자는 대부분은 동맹군 부대에서 나왔다. 디오도로스는 보병 700명, 기병 280명이 죽었다고 전한다. 부상자 수를 언급하는 문헌은 없다. 병사들의 사망과 더불어 알렉산드로스는 부케팔로스를 잃고 슬퍼했는데, 이야기에 따라서 첫 접전에서 부상 때문에 죽었다고도 하고, 피로와 질병 때문에 죽었다고도 한다. 이미 말은 대략 서른 살이었고, 몇 주 뒤면 서른 번째 생일을 맞이하게 되는 그 주인보다 조금 더 나이가 들어 있었다. 알렉산드로스는 자신의 본진이 있던 곳에 부케팔리아라는 도시를 세워서 오랜 동지를 기렸다. 강 건너편 혹은 전쟁터 근처에는 니카이아('승리')라는 또 다른 도시를 세웠다.[22]

지금까지 인도 원정은 잘 진행되고 있었다. 알렉산드로스는 대양의 해안이 이제 자신의 사정권 안에 들어왔다고 믿고, 앞으로 더 밀고 나아가기를 열망했다.

28

승리에서 퇴각으로

전투가 끝난 뒤 알렉산드로스와 그의 부대는 휴식과 희생제사, 축제로 한 달의 대부분을 보냈으며, 경마를 비롯한 친숙한 운동경기도 벌였다. 군대의 진군이 재개될 무렵 본격적인 우기가 시작되었고, 이는 앞으로 몇 달 동안 폭우가 쏟아진다는 것을 의미했다. 누구도 끊임없이 쏟아지는 비에 대비하지 못했다. 옷과 끈이 상했고, 금속은 녹이 슬었고, 길은 온통 진흙탕이 되었다. 현지 출신의 동맹군을 제외하고 이런 일을 겪어본 사람은 아무도 없었다. 문헌에서 이따금 언급되지만 이것이 앞으로 다가올 사건들의 배경이 되었으며, 모든 일이 힘들어지고 모두의 사기가 떨어지게 만들었다. 디오도로스는 70일 동안 비가 쏟아졌다고 말했다.[1]

크라테로스는 새로운 도시를 건설하기 위해 남겨두고, 알렉산드로스는 야전부대에서 선발한 인원만 데리고 앞으로 나아갔다. 그가 취하는 방법은 늘 비슷했고 잘 실행되었다. 때때로 그는 신뢰하는 부하에게 일부 병사들을 주고 넓은 주변 지역을 평정하게 했다. 기꺼이 항복하고 알렉산드로스의 통치를 받아들이려는 지도자와 공동체는 관대하게 대했지만, 투항을 거부하거나 심지어 망설이는 경우에도 빠르게 참회와 항복으로 이어지지 않는다면 적으로 취급하며 처벌했다. 37개의 '도시'가 투항했다. 아비사레스 왕의 병력은 포로스에게 제때 합류하지 못했는데, 비록 그가 직접 나타나지 않는다면 공격당할 위험이 있었지만 동생 편에 코끼리 30마리를 선물로 보내면서 재빨리 항복했다. 결국 알렉산드로스의 특사들은 그가 정말로 아파서 올 수 없었다는 것에 납득했다. 그로부터 1년 안에 그가 죽었으니 이는 사실이었을 것이다. 그는 자기 왕국의 통치자로 인정받는 대신 매년 공물을 바치기로 했다. 하지만 포로스와는 다르게 영토를 더 얻지는 못했으므로 아무런 이득이 없었던 셈이다.[2]

마케도니아인들은 아케시네스강(오늘날의 체나브강)을 건넜고, 도강 지점을 안전하게 확보하여 보급물자가 계속 군대를 따라갈 수 있도록 일부 병력을 남겨두었다. 포로스는 이제 충분히 회복되었고, 병사와 코끼리를 알렉산드로스의 증원 병력으로 보내라는 지침을 받고 집으로 돌아갔다. 그와 이름이 같아서 여러 문헌에서 '나쁜' 포로스나 '겁쟁이' 포로스로 알려진 그의 사촌은 히다스페스 전투 이전에 이미 마케도니아인들을 환영했다. 그들과 친선 관계를 맺는 것이 자기 사촌인 경쟁자를 꺾는 데 유리하리라고 예상했던 것이다. 하지만 포로스가 전투에서 지고도 알렉산드로스에게서 호의적인 대접을 받자 그는 자신의 계획이 별 효과가 없었음을 깨달았다. 그는 전사들을 모아서 마케도니아인들로부터 달아났다. 알렉산드로스는 이를 적대 행위로 여기고 헤파이스티온에게 병사를 배치해 문제를 해결하게 했고, 헤파이스티온은 재빨리 주어진 과업을 완수했다. 우리는 정확히 '나쁜' 포로스에게 무슨 일이 일어났는지 알지 못한다. 하지만 그의 영토는 그의 '좋은' 사촌에게 넘어갔다. 이 일화는 알렉산드로스와 그의 군대에 대한 반응에 현지 정치 상황과 경쟁 관계가 주로 작용했음을 보여주는 또 다른 예다.[3]

알렉산드로스는 히드라오테스강(오늘날의 라비강)을 건너 계속 밀고 나갔고, 이제 더 많은 공동체가 위험을 무릅쓴 전투를 택하기보다는 그에게 투항하는 편을 택했다. 그가 지나간 곳에는 요새화된 작은 기지들이 조성되었고, 각 기지에는 주둔군이 남아서 보급 경로를 보호했다. 그가 가는 길에 있던 일부 민족은 외국 군대에 굴복하기를 꺼렸고, 적어도 그들의 힘을 보여주고자 병사들을 소집하기 시작했다. 그들은 또한 포로스의 적이었으므로, 그가 알렉산드로스와 동맹을 맺었다는 사실이 그들의 의혹을 심화시켰다. 마케도니아 왕은 서둘러 그들에게 접근했고, 첫 번째 도시를 빠르게 기습 공격하여 즉각 항복을 받아냈다. 하루 뒤에는 카타이아의 중심지이자 수도인 상갈라에 도착했는데, 이곳에 지역 전체의 병사들이 집결하고 있었다. 대다수 병사들은 화차貨車를 세 겹의 동심원 형태로 정렬하여 만든 진영 안에 있었다. 알렉산드로스는 궁기병을 앞세우고 헤타이로이 기병대가 뒤따르게 하며 공격을 가했다. 적군이 화차 진영에서 나오려 하지 않자 그는 말에서 내려 보병대를 이끌고 직접 공격을 주도했다. 두 번째 진영을 사이에 두고 격한 싸움이 벌어졌으나, 결국 마케도니아인들이 방어선을 뚫고 안으로 들어가자 인도인들은 도시 안으로 달아났다.

알렉산드로스는 공성을 위해 자리를 잡고 벽으로 도시를 둘러싸는 한편, 자신의 포위망에 얕은 호수 주변같이 취약 지점이 있음을 일부러 넌지시 암시했다. 밤에 도시에서 빠져나오려던 무리를 매복해 있던 병사들이 잡아들였고 살아남은 인도인들이 도시로 다시 달아나기 전에 큰 손실을 입혔다. 포로스와 그의 부대를 포함한 수송대가 운반한 더 무거운 공성 장비들이 현장에 도착하자 공격이 시작될 수 있었다. 공성은 생각보다 쉽게 진행됐다. 마케도니아 병사들은 진흙 벽돌로 된 성벽을 곡괭이로 찍어서 부수고, 사다리를 타고 올라가 점령했다. 뒤이어 학살이 벌어졌고 1만7000명이 죽고 7만 명이 포로로 잡혔다고 한다. 알렉산드로스 쪽에서는 사망자가 100명 미만이었고 부상자는 1200명 정도였다. 이전 전투들에 비해서도 양쪽의 손실 차이가 크게 벌어졌다. 알렉산드로스는 힘의 과시가 그들을 설득할 수 있기를 바라며 부대를 파견해 인근의 다른 도시들에게 항복을 요구했다. 하지만 주민들은 무시무시한 침략자를 피해 달아났으며, 알렉산드로스는 이를 저항으로 받아들였다. 마케도니아인들은 달아나는 인근 도시 주민들을 추격해 죽이거나 생포했지만, 모두 너무 늙거나 병약해서 속도를 낼 수 없던 이들뿐이었고, 나머지는 이미 훨씬 더 멀리 달아나고 없었다. 알렉산드로스는 상갈라를 완전히 허물고 그 영토를 자신에게 항복한 공동체들에게 주었다. 그리고 주력 부대를 이끌고 히파시스강(오늘날의 베아스강)으로 진군했다.[4]

히파시스강은 이 군대가 건넜던 수많은 강들 중 하나에 불과했으며, 이번에는 멀리서 지켜보고 있는 적의 전사들도 없었다. 하지만 강 너머에 무엇이 있는지 잘 알고 있는 그리스인도 없었다. 그들은 앞으로 더 많은 강이 있고 이 강들은 가장 큰 강인 갠지스강으로 흘러든다는 것을 알고 있었지만, 인도의 끝이 그리 멀지 않고 그다음에는 대양만이 있다고 생각했다. 알렉산드로스는 아시아의 끝자락에 닿을 수 있을 거라는 생각으로 인도에 왔다. 하지만 현지인들은 그가 생각한 것보다 인도는 훨씬 크다는 사실을 알려주었다. 부유하고 인구가 많으며 수백 마리의 코끼리와 거대한 군대가 있는 위대한 왕국에 대한 소문이 퍼져 나갔다. 포로스는 위대한 통치자의 무능한 상속자에 지나지 않는 무명의 왕을 무시했지만 소문의 진위 여부를 확인시켜주었다. 실제로 갠지스강 유역의 난다 왕조는 이미 기울고 있었고, 한 세대 안에 몰락하게 될 것이므로 알렉산드로스가 알게 된 사실은 정확한 편이었다. 그가 아직 320킬로미터 이상 떨어져 있는 이 왕국 또한 인도의 끝이 아님을 알았을 수도 있고 몰랐을 수도 있다. 그는 지난 8년 동안 얼마나 멀리 왔는지를 생각하며 여전히 모든 곳에 도달할 수 있다고 느꼈다.[5]

왕은 계속해서 전진하고 싶어 했지만 병사들은 더 이상 나아가려 하지 않았다. 마케도니아인들은 고국에서 직선으로 5000킬로미터나 떨어져 있고, 가장 짧은 경로를 택한다 해도 6500킬로미터를 여행해야 닿을 수 있는 곳에 있었다. 더욱이 그들이 걷거나 말을 타고 온 거리는 적어도 그 세 배에 달했다. 이제 그들은 페르시아의 영향권 안에서 가장 멀리 떨어져 있다고 여겨지는 땅끝에 이미 도달했으며, 계속해서 싸우고 또 싸웠다. 하지만 아직도 더 많은 도시와 왕국이 그들 앞에 놓여 있다는 것은 앞으로도 더 많이 싸워야 한다는 것을 의미했다. 그 어떤 군대보다 많은 전리품을 획득했기에 이제 전리품도 더 이상 중요하지 않았다. 영광과 명성이 그러하듯, 고향으로 돌아가 누릴 수 없다면 아무 가치도 없었다. 다시 한번, 우리는 마케도니아인들이 원수정 시대의 로마 군대가 어떤 면에서 그러했듯이 사회와 분리된 직업군인이 아니었음을 기억해야 한다. 근본적으로 이 군대는 무장한 마케도니아 시민 병사들이 모두를 위해, 특히 그들의 가족과 고향 공동체를 위해 왕에게 복무하는 군대였다. 그들은 이제 너무 오랫동안 고향을 떠나 있다고 느꼈다. 어떤 문헌에서는 많은 병사가 전투에서 더 많은 코끼리를 만나게 될까 봐 무서워했다고 전하지만, 이것이 문제의 핵심이라고 주장하는 곳은 하나도 없다. 그들은 지쳤고, 무자비한 비를 맞았고, 더 많이 정복하기 위해 계속 싸우는 것은 아무 의미가 없다고 느꼈다.

과거에 알렉산드로스는 병사들이 그만두려고 할 때 다리우스를 잡아야 한다, 베소스를 잡아야 한다, 반란과 외부의 위협으로부터 새 제국을 안전하게 지켜야 한다고 말하면서 병사들을 설득해 계속 전진하도록 했다. 몇 달이 몇 년이 되고, 몇 킬로미터가 수백 킬로미터가 되었지만 적들은 전혀 줄지 않았다. 이것은 항명이라기보다는 파업에 가까웠다. 병사들은 알렉산드로스를 거부하지 않았고, 그들 모두를 이끌어준 왕과의 유대를 저버린 것도 아니었다. 왕은 그들과 함께 위험과 역경을 겪었고, 칭찬과 진급과 전리품에 관대했다. 그들은 왕과 함께 이룩한 모든 것을 자랑스러워했다. 그들은 왕의 직접적인 명령을 거부하지도 않았는데, 이는 알렉산드로스가 직접 명령을 내리지 않을 만큼 충분한 지각이 있었기 때문이다. 병사들은 알렉산드로스를 조롱하거나 야유를 보내지도 않았고, 간청하지도 않았다. 오히려 마케도니아인들은—많은 동맹국과 용병대의 감정이 아니라 전적으로 그들의 감정에 관한 것이었기 때문에—함께 모여서 침묵했다.[6]

문헌들에 담긴 담화가 실제로 오고 간 말이었을 가능성은 거의 없다. 누구도 현장에서 대화를 기록하지 않았고, 전통적으로 저자들은 적당하다고 생각되는 대로 담화를 지어내서 적었기 때문이다. 알렉산드로스는 분명 모두에게 승리를 상기시키며, 이제 곧 아시아의 끝에 도달할 것이므로 싸움의 끝도 멀지 않았다고 약속했을 것이다. 코이노스가 대변인으로 나서기 전까지 누구도 환호하지 않았고 말을 꺼내는 사람도 없었다. 코이노스는 적어도 알렉산드로스의 치세가 시작된 이래로 팔랑크스 부대를 지휘했고, 아마 필리포스의 치세 때 이미 같은 지위에 있었을 것이므로 많은 병사들이 그러했듯이 베테랑이었다. 그는 파르메니온의 딸과 결혼했음에도 필로타스를 맹렬하게 비난해 알렉산드로스에 대한 충성심을 증명했고, 독립적인 지휘권과 높은 명예를 상으로 얻었다. 코이노스는 다시 한번 자신과 병사들이 공유하고 있는 왕에 대한 절대적인 헌신을 확신시킨 다음 그들이 지쳤고 고향을 그리워하고 있다고 설명했다.

알렉산드로스는 첫날 그들을 설득하는 데 실패했고, 다음날 다시 시도했지만 역시 성공하지 못했다. 그는 화를 내며 자신을 따르는 이들과 강을 건너겠다고 말했을 것이다. 나머지는 원하는 곳으로 가도 좋으나 그들이 왕을 저버린 것을 모두에게 알리겠다고도 했을 것이다. 그런 다음 그는 천막으로 돌아가 사흘 동안 머물면서 수치심이나 두려움이 그들의 마음을 돌려놓기를 바랐다. 하지만 사흘이 지난 뒤에도 그의 장교들로부터 병사들의 마음이 바뀌지 않았음을 알게 되었다. 그들은 희생제사를 올렸는데, 다행스럽게도 진군을 계속하는 것에 대한 나쁜 징조가 나왔고 왕은 신의 뜻에 따라 계획을 철회했다. 알렉산드로스는 제국의 경계를 표시하고 경계 바깥에 사는 이들을 위협하기 위해 열두 개의 거대한 제단을 지으라고 명령했다. 어떤 문헌들은 거인들의 군대가 왔던 것처럼 보이려고, 버려진 듯 흩어져 있는 침대, 마구간, 무기와 장비 등 모든 것이 이상할 정도로 크게 만들어진 진영을 건설하려 했다고 전한다. 만약 이것이 사실이라면, 이는 남방의 왕국에 거대한 인도인들이 살고 있다는 그리스 이야기들에 대한

독특한 대응이었던 셈이다.[7]

기원전 326년 말, 오랜 시간 전진하던 마케도니아 군대는 방향을 돌려 왔던 길을 되돌아가기 시작했다. 어떤 학자들은 이것이 알렉산드로스의 의도였으며, 그는 이전 페르시아 제국의 영토를 최대한 확보하는 것을 목표로 삼았는데 아마도 생각했던 것보다 인도가 훨씬 크다는 사실을 깨달았을 것이라고 주장한다. 이러한 관점에서 보면 '항명'은 그가 원하는 것이었으며 아마 일부러 이것을 유발했을 가능성이 높다. 이로써 그는 부하들이 그토록 나약하지 않았다면 세계를 정복했을 것이라고 말할 수 있게 되었다는 것이다. 하지만 이 주장은 그리 설득력이 없다. 알렉산드로스는 늘 자신이 도달한 경계에서 희생제사를 올렸고, 어떤 강이든 건널 수 있는 능력을 보여준 다음, 다른 곳에 가서 다시 군사작전을 펼쳤다. 그가 히파시스강에서 그렇게 할 수 없었을 것이라고 생각할 이유는 전혀 없다. 현전하는 고대 문헌들의 저자들은 부하들이 더 이상 나아가기를 거부한 것을 알렉산드로스의 실패로 제시하지만, 지친 장교와 병사들을 비난하기보다는 동정한다. 이것은 그가 단순히 전진을 중단한다며 회군을 공표했을 때보다 그의 명성에 더 큰 타격을 입혔다. 알렉산드로스는 이제 겨우 서른 살이었다. 그 자신도, 다른 누구도, 그가 이곳에 다시 다시 돌아오지 못하거나 그 너머의 땅으로 진군하지 못하리라는 것을 알 수 없었다.[8]

코이노스는 몇 달 만에 사망했다. 오늘날의 일부 학자들은 이를 의심스럽게 바라보며 왕을 좌절시켰다는 이유로 살해된 것이라고 생각한다. 하지만 고대 문헌에서 이러한 암시는 전혀 없다. 그의 죽음은 우연이었을 것이다. 어쩌면 그는 이미 건강이 좋지 못했고 그래서 잃을 게 없다는 생각에 군대를 대표해 목소리를 높였을 수도 있다. 히파시스강에서 군대가 파업하는 동안에도 알렉산드로스는 병사들을 처형하거나 처벌하지 않은 것은 물론이고 체포하라는 명령도 내리지 않았다. 그의 헤타이로이로부터 귀족과 천민, 기병, 보병 모두가 같은 의견임을 확인했고, 왕은 그들이 자신의 뜻을 따라주길 바랐으나 결국에는 자신이 그들의 의견을 받아들였다. 이것이 그의 군대와 국가가 작동하는 방식이었다. 하지만 그렇다고 해서 알렉산드로스가 이 모두에 대해 만족했다는 것은 아니다. 다만 그가 느낀 쓰라림이 어느 정도였는지는 판단하는 것이 불가능할 따름이다.[9]

히파시스강에서 일어난 사건이 말하는 핵심 메시지는 알렉산드로스가 여전히 마케도니아 아르게아스 왕조의 왕으로 남아있었다는 것이다. 그가 아무리 많은 것을 이루었다고 해도, 또한 그가 아무리 많은 아시아 군주의 사치품과 새로운 백성과 관리와 조신을 얻었다 해도, 그의 지도력은 결국 필리포스로부터 물려받은 왕좌에서 기인한 것이었다. 그의 병사 중 마케도니아인들은 이제 소수에 불과했지만, 여전히 지휘 체계의 중심이며 전투력의 기반이었다. 알렉산드로스는 용병과 아시아의 동맹군만 가지고 계속 나아갈 수 없었다. 그렇게 한다면 그는 내킬 때만 충성하는 부하와 장교들의 눈치를 살피는 군벌에 지나지 않게 되기 때문이었다. 진군을 거부했음에도 마케도니아인들은 여전히 동족애와 전통, 애국심으로 묶인 그의 부하였고, 그는 그들의 왕이었다. 사적인 감정이야 어찌되었든 적어도 공개적으로는 히파시스강에서의 회군이 왕과 그의 백성 간의 관계를 바꾸어 놓지는 않았다. 그해가 다 가기 전에 알렉산드로스는 그들을 이끌고 다시 한번 전투를 하게 되고 그들은 그를 위해 싸우다 죽을 것이다. 병사들은 명령에 불복하지 않았고, 즉각 제대하여 머나먼 귀향길에 오르기를 기대하지도 않았다. 그들은 더 멀리까지 나아가려고 하지 않았을 뿐, 그들의 왕과 함께 승리의 열매를 즐기며 고국으로 돌아가길 원했다. 물론 고향에 이르기 전에 해야 할 일들이 아직 남아 있긴 하지만, 그들은 이제 왕이 그들을 고향으로 이끌어줄 것이라고 기꺼이 믿었다.

알렉산드로스와 그의 부하들은 히다스페스강으로 돌아왔고, 인더스강을 따라 내려가기 위한 선단 건조 작업을 시작했다. 강기슭에 악어들이 있고, 이집트에서 보았던 콩들이 자라고 있었으므로 알렉산드로스와 다른 많은 이들이 일부 그리스 지리학자들이 주장한 것처럼 이 거대한 인도의 강이 나일강의 수원이라고 결론지었다. 이 결론은 그의 새로운 제국의 두 부분을 합치는 계기를 제공했다. 인더스강을 따라 내려가겠다는 계획은 그가 히파시스강으로 전진하기 전에 포로스가 패배했을 때 이미 세워 놓은 것이었다. 과거에 그러했던 것처럼 알렉산드로스는 둘 이상의 계획을 염두에 두고 있는 경우가 많았고, 그런 계획 중 일부는 부하들의 지휘 아래 전개되기도 했다. 그간에 파르메니온에게 한정되었던 역할은 이제 크라테로스가 거의 다수행하고 있었고, 그에게는 중요한 독립적 지휘권의 대부분이 주어졌다. 이는 알렉산드로스가 솔직하게 의견을 말하는 친구를 싫어하지 않고 오히려 신뢰했다는 증거다. 크라테로스와 헤파이스티온의 경쟁은 치열해졌고, 인도 원정 기간 중 어느 땐가 논쟁이 격렬해지면서 두 사람 모두 검을 뽑아 드는 일이 있었다. 마침 알렉산드로스가 올라와 두 사람을 떨어뜨려 놓고, 공개적으로 헤파이스티온을 질책한 후 화해하게 했다.[10]

알렉산드로스가 히다스페스강에 돌아온 것은 기원전 326년 9월 말이었다. 우기가 끝났으므로 그는 그곳에 머무르면서 가벼운 트리아콘토로스와 수송용 바지선을 더 많이 짓게 했다. 이 함대의 선박 수는 800~2000척에 이른 것으로 추산되는데, 대부분 작은 배였다. 필리포스에 의해 추방되었고 알렉산드로스의 어린 시절 친구들 중 한 명이자 최근에 팜필리아와 리키아의 사트라프로 임명되었던 네아르코스에게 함대의 지휘권이 주어졌다. 그는 트리에라르코스trierarchos*라고 불린 고위 헤타이로이 중 하나이기도 했다. 트리에라르코스라는 직위는 그 이름을 아테네인들에게서 그대로 베껴온 것인데, 자신의 자금으로 한 대의 전함을 건조하고 장비를 갖추는 일을 해야 했다. 알렉산드로스는 많은 곳을 정복했고 엄청난 부를 모았지만, 필요할 때마다 충분한 양의 동전을 확보하는 일은 쉽지 않았다. 인도인 제후들에게 호화로운 선물을 준 탓에 군대와 함께 이동하는 그의 보고가 줄어든 것으로 보이며, 이것이 알렉산드로스가 장교들에게 선박 건조를 요청한 이유 중 하나였을 것이다. 또한 이것이 왕과 함께 그들도 공유하는 기획이라는 인식을 강화하는 것도 중요했다.[11]

늦가을, 희생제사와 여러 의례와 운동경기를 치른 다음 위대한 원정대가 출발했다. 히다스페스강에 배를 띄우고, 부대는 양쪽 강둑에 하나씩 두 대열로 나뉘어 행진했다. 알렉산드로스는 네아르코스와 함께 배를 타고 이동했고, 헤파이스티온과 크라테로스는 각기 군대의 절반씩 이끌었는데, 두 대열 사이에 넓은 강이 흐르고 있다는 것은 다행스런 일이었다. 육상 병력은 최적의 경로를 따라 이동하면서 며칠

● 트리에라르코스는 본래 아테네에서 트리에레스의 지휘관을 가리키는 말이었다. 기본적으로 전시에 트리에레스를 이끌고 나가 싸울 뿐 아니라, 상시적으로 자신의 자금으로 트리에레스의 장비를 갖추고 선원과 병사를 마련해야 했다. 지금 알렉산드로스는 트리에라르코스를 임명하여 함대를 마련했지만 그 배들은 모두 소형으로 트리에레스는 아니었다. ─옮긴이

에 한 번씩 함대와 만나도록 사전에 준비가 되어 있었다. 강물에 그토록 많은 배가 떠워진 모습은 장관을 이루었다. 노를 젓는 수많은 갤리선의 모습과 소리는 이 지역에서 한 번도 본 적도 들은 적도 없는 낯선 광경이었다. 또한 육상에는 엄청나게 많은 병사와 말, 코끼리와 짐승들이 큰 강을 따라 이동하고 있었다. 인도에 주둔한 알렉산드로스의 병력이 12만 명이었다는 추정은 이 몇 달간에는 현실적인 것일 수 있다. 함대에 필요한 선원을 제외하고, 마케도니아 병사들이 충원되지 않았음에도, 대규모 용병대와 동맹군 병사들이 와 있었기 때문이다. 증원 병력과 더불어 2만5000벌의 장비가 도착해서 많은 병사가 오랜 군사작전에 마모되고 우기에 부식된 옛 장비를 갖추고 있을 때보다 더욱 늠름하고 근사하게 보였다.

축제 분위기가 한창이었고 현지 군중들이 모여 군대의 출발을 지켜보며 노래하고 춤을 추었다. 냉소적인 사람이라면 침략자들이 떠나는 것을 보고 기뻐한 것은 아닌지 의문을 갖겠지만, 그렇게만 보는 것은 공정하지 않은 것 같다. 이것은 정말로 엄청난 장관을 이루었고 기억에 남을 만한 일이었으며, 새로 건립한 도시들에는 주둔군이 남았기에 침략자들이 모두 떠나는 것은 아니었다. 포로스는 이제 이곳에서 히파시스강에 이르는 대부분의 땅을 다스렸고, 옴피스를 포함한 다른 현지 군주들과 달리, 마케도니아인이나 그리스인 사트라프가 그를 통제하지 않았다. 그는 알렉산드로스에게 충성했고, 알렉산드로스는 강력한 현지인 왕을 두는 것이 제국의 변경에 대한 최선의 안보 대책이라 생각했을 것이다.[12]

원정대가 출발하기 전에 현지인들은 마케도니아인들이 나일강과 이집트로 향하고 있지 않다는 것을 명확히 밝혀주었다. 하지만 알렉산드로스는 단념하지 않았고, 원정의 목적은 새 제국의 안정을 확보하고 대략 1300킬로미터를 여행해서 제국이 바다와 만나는 지점까지 도달하는 것이었다. 얼마 지나지 않아 그는 인도에서 페르시아만에 이르는 바닷길이 산개한 정복지들을 연결하는 훌륭한 통신망을 제공하지 않을까 고민하게 되었다. 무역상들은 수 세기에 걸쳐 이 바닷길을 이용해왔으며 계절풍의 변화를 기다려 원하는 곳으로 항해할 수 있었다. 하지만 알렉산드로스는 더 영구적이고 규모가 큰 목표를 생각했다. 이 전략적 목표는 망망대해에서든 사막 같은 초원에서든 상관없이 자기 영토의 경계에 도달하여 표시하고 싶은 익숙한 충동에 따르는 것이었다.

이 과정에서 탐험은 아주 작긴 하지만 한 가지 역할을 했다. 알렉산드로스의 정복 활동 내내 그가 가는 곳 어디에서나 해당 지역에 대한 탐험이 실시되었다. 그의 대열에 동반한 학자들은 군사작전의 군사적·정치적 요구에 따라 여행하면서 많은 것을 배웠다(그리고 대부분의 학자들과 초기 탐험가들이 그랬던 것처럼 불가피하게 많은 것을 오해하기도 했다). 그들은 자연 현상은 물론 동물과 식물을 연구했다. 박트리아에서 기름이 지표면으로 새어 나오는 곳에 군대가 진영을 설치했는데, 그들은 익숙한 올리브유가 자연적으로 발생하는 것을 발견했다고 결론 내렸다. 소아시아에서는 나프타와 크레오소트를 발견하고, 이 물질들이 아주 쉽게 불탈 수 있다는 사실에 놀라워했다. 알렉산드로스의 궁에서 하인으로 일하는 한 소년이 자원해서 몸에 나프타를 바르고 불을 붙이는 과학적 실험을 했다는 이야기기도 전해진다. 소년은 끔찍한 화상을 입었지만 죽지는 않았고, 남은 생애 동안 왕이 직접 소년을 돌보았다고 한다.[13]

약초에 대한 알렉산드로스의 열렬한 관심도 계속되었다. 인도에서는 독사에게 물린 프톨레마이오스의 치료를 돕는 약초를 발견하기도 했다. 하지만 인도 자체에 대한 깊은 관심은 없었던 것으로 보이는데, 히파시스강에서 멈추지 않고 나아가서 훨씬 더 많은 인도 아대륙을 정복했더라면 달라졌을 수도 있다. 알렉산드로스가 이집트와 바빌론의 신들을 존중했던 것과는 대조적으로, 현전하는 고대 문헌 중 어디에서도 인도의 신들에게 경의를 표했다거나 제사를 올렸다는 이야기는 찾아볼 수 없다. 인도의 성자聖者들에 대한 관심은 있었는데, 알렉산드로스와 그의 장교들이 '벌거벗은 철학자들'이라고 부른 사람들이나 브라만들을 만났던 탁실라에서부터 그런 관심이 시작되었다. 안타깝게도 이러한 만남에 대한 인도인의 시각을 보여주는 인도 문헌들은 전혀 없다. 다만 위대한 정복자와 이국적인 현자들의 만남은 후대의 그리스 작가들에게 실제 이야기를 미화하거나 새로운 이야기를 만들어내는 좋은 소재가 되었다. 물론 이런 이야기들은 사실과 거리가 멀었다.[14]

알렉산드로스가 일단의 브라만들과 만났던 일화는 다음과 같다. 왕과 만나고 있는 동안에도 이 브라만들은 몇 번이고 발을 굴렀는데, 이는 아무리 위대한 통치자라 해도 참으로 소유할 수 있는 땅은 지금 두 발로 딛고 서 있는 땅과 앞으로 죽어 묻히게 될 땅뿐임을 상기시키려는 행동이었다. 알렉산드로스는 코린토스에서 키니코스 학파의 디오게네스를 만났을 때 감탄했던 것처럼 인도 현자들이 알려준 진리에도 깊은 감명을 받았다고 한다. 디오게네스의 학생이었다가 알렉산드로스를 따라온 오네시크리토스는 몇몇의 벌거벗은 철학자들과 만나기 위해 파견되었는데, 이들과 대화를 나누려면 적어도 세 명의 통역사가 필요했기 때문에 복잡한 관념을 전달하고 이해하는 것이 훨씬 더 어려웠다고 한다. 타인에게서 자신의 가정이 반영되는 것을 보려는 것이 인간의 본성이기에 그는 자연스레 인도 현자들의 신념이나 생각을 그리스의 철학적 사고와 일맥상통하는 것으로 해석했다. 그들의 엄격한 금욕적 생활방식이 그에게 깊은 인상을 남겼던 것은 그것이 디오게네스를 연상케 했기 때문이었다. 하지만 역사적으로도 금욕 생활을 추구하는 이들이 있었으므로 다른 그리스인들도 여기에 관심을 보였다. 시네스라는 자는 오네시크리토스에게 자신의 지혜를 나누어 받길 원한다면 옷을 벗으라고 요구했는데, 나중에는 오히려 오네시크리토스에게 설득되어 알렉산드로스의 궁에 합류하게 되었다. 시네스의 동료들은 명예와 부를 좇아 금욕 생활을 포기해 버렸다며 그의 행보를 비판했다. 그는 그리스어 인사말 카이레chaire를 칼레kale라고 유쾌하게 잘못 발음한 탓에● 칼라노스라는 별명을 얻었으며, 사람들은 그를 호기심의 대상 정도로만 여겼던 것 같다. 알렉산드로스의 주변 인물들에게 그가 남긴 주된 기억은 2~3년 뒤에 나이가 들고 질병에 걸려 괴로워하다가 장작더미에 올라가 스스로 불을 붙여 자살한 사건이었다.[15]

히다스페스강을 항해하는 동안 새로운 것들을 이해하거나 배우는 것이 알렉산드로스의 우선순위는 아니었다. 늘 그렇듯이 이것 또한 정복을 위한 것이었다. 그가 가는 길에 놓인 공동체들은 그의 지배를 받아들이거나 그에게 맞서 싸워야 했다. 초반에는 저항이 없었고, 가장

● 카이레는 우리말의 '안녕'처럼 만날 때와 헤어질 때 모두 사용하는 인사말이었고, 칼레는 '좋은, 아름다운'이라는 뜻의 형용사 칼로스(kalos)의 호격으로, 사람을 부르거나 놀람을 나타내거나 부탁할 때 덧붙여 사용하는 감탄사였다.―옮긴이

큰 위험은 아케시네스강과 히다스페스강이 만나는 지점에 이르렀을 때 경전함 몇 척이 급류에 전복된 것이었다. 알렉산드로스는 수영을 배운 적이 없었음에도 타고 있던 배를 버리고 친구들의 도움을 받아 강기슭으로 나왔다. 두 강의 합류지점에서 조금 떨어진 곳에 말리족과 옥시드라카이족의 땅이 있었다. 이들은 전체를 아우르는 왕 없이 때로는 서로 적대적이고 때로는 동맹을 맺기도 하는 느슨한 연맹을 형성하고 있었다. 그들은 침략자를 만날 대표들을 보내지 않았고, 이제 군대를 소집하고 가족들을 성곽을 갖춘 도시 안으로 피신시켰다. 알렉산드로스는 이를 도전으로 받아들이고 곧 공격 계획을 세웠다.[16]

알렉산드로스의 함대는 대부분의 군대와 함께 힘차게 전진했고, 몇몇 병사들은 '적'의 영토로 들어갔다. 알렉산드로스는 헤타이로이 기병대 절반과 히파스피스테스, 팔랑크스 2개 대대, 아그리아네스족 병사들, 궁기병 및 궁보병을 직접 이끌고 빠르게 움직이며 주공격을 가했고, 나머지 병사들은 달아나는 이들을 붙잡았다. 예상치 못한 공격의 달인인 그는 속도를 더욱 높여 군대가 통과할 수 없으리라 생각되던 메마른 땅을 빠르게 지나 말리족을 급습했다. 말리족은 너무 놀란 나머지 저항할 수 있는 병력을 조직하지도 못했다. 왕의 군대가 도착한 첫 번째 도시의 성곽 바깥에서 많은 이들이 학살당했다. 알렉산드로스의 기병대는 그곳을 포위하고 누구도 달아나지 못하게 하여 그가 이 땅에 도착했다는 소문이 새어나갈 수 없게 했다. 그리고 보병대가 와서 공격을 가했다. 도시의 바깥 성벽은 빠르게 무너졌다. 하지만 성벽의 안쪽 혹은 요새에서는 결연한 저항이 있었고, 한동안 공격하는 쪽에서도 혼란을 겪었다. 알렉산드로스는 바쁘게 이곳저곳을 돌아다니면서 모든 병사를 재촉하고 직접 공격을 주도하여 방위군의 거점을

탈취해 2000명을 살육했다.[17]

곧이어 페르디카스가 또 다른 공동체에 도달했다. 그는 그 공동체가 버려졌음을 발견하고 주민들을 추격하여 안전한 습지대에 이르지 못한 이들을 베어 버렸다. 알렉산드로스는 자신의 부대에 짧은 휴식을 허락했다가 이내 추격을 시작했다. 히드라오테스강의 주요 여울목에서 대부분의 말리족을 놓치긴 했지만 태양이 떠오를 때 여전히 강을 건너고 있던 이들을 공격하여 죽였다. 그리고 다시 나머지 말리족을 기병대와 함께 추격하여 더 많은 이를 죽였다. 보병대가 따라왔을 때 그는 이들을 이용하여 성곽으로 둘러싸인 또 다른 마을을 휩쓸었다. 마을의 주민들은 목숨을 잃거나 노예가 되었다. 이제 알렉산드로스는 기병과 보병을 모두 이끌고 근처의 도시로 갔다. 아리아노스가 '브라흐만의 도시'라고 부른 이 도시에는 많은 말리족이 피신해 있었다. 외곽 성벽이 빠르게 무너지고 접근전이 시작되자 알렉산드로스는 성벽에 가장 먼저 올라가 힘든 싸움 끝에 요새를 탈취했다. 성을 방어하던 이들은 집에 불을 지르고 가족들과 함께 죽었고, 나머지 사람들은 살해되거나 노예가 되었다.

하루 동안 휴식을 취한 뒤 마케도니아인들은 다시 전진했다. 다음 정착지들이 버려진 것을 발견하고 경무장 부대를 파견하여 숲에 숨어 있는 도망자들을 찾아내 죽였다. 히드라오테스강 건너편에 군대가 집결하고 있다는 보고가 들어오자 알렉산드로스는 방향을 틀어 곧장 그곳으로 전진했다. 알렉산드로스가 기병대만으로 공격해오자 한동안 적군은 그를 숫자로 압도할 기회가 생겼다고 생각했으나 마케도니아 보병대가 도착하자마자 모두 흩어져 달아났다. 알렉산드로스는 가까이에 있는 성읍까지 그들을 따라가 기병대로 포위해서 누구도 달아나지 못하게 했다. 거의 모든 보병대가 도착했을 때는 이미 해질녘이 다 되어서 지친 병사들을 쉬게 했다. 다음 날, 알렉산드로스는 병력의 절반은 페르디카스에게 맡기고 나머지 절반을 직접 이끌고 가서 공격을 개시했다. 수성군이 성벽을 지키지 않고 성채 안으로 후퇴했기 때문에 그들은 빠르게 침입할 수 있었다. 공격하는 병사들이 성읍 안의 미로 같은 거리를 통과하느라 혼란을 겪으면서 공격이 지연되자 알렉산드로스의 마음은 더욱 조급해졌다.[18]

그의 병사들이 최근의 공격에서 덜 공격적인 모습을 보였거나, 적어도 왕이 그렇게 생각했다는 암시들이 있다. 병사들 중에 특히 히파스피스테스 부대가 많은 성읍을 휩쓸었는데 매번 사상자가 상대적으로 적게 나왔음에도 가장 대담한 이들이 주로 죽거나 다쳤다. 군대 전체가 지쳐 있었고, 이번 군사작전은 알렉산드로스의 기준에서도 매우 빠른 속도로 진행되었으므로 피로가 한 요인이 되어 병사들을 굼뜨게 만들었다. 마찬가지로 병사들이 히파시스강을 건너기를 거부했을 때 느꼈던 실망으로 인해 알렉산드로스가 꺼리거나 주저하는 태도처럼 보이는 모든 것에 과민해졌는지도 모른다. 페르디카스의 병사들은 단순히 방어군이 요새 안에서 버티고 있다는 사실을 몰랐을 수도 있지만, 그에게 사다리를 너무 천천히 올려주었다. 알렉산드로스는 화가 나서 몇몇 장교들과 함께 사다리 두 개를 가져다가 요새의 벽에 놓고 오르기 시작했다. 왕은 사다리 끝에 도달한 다음, 바로 방어벽에 올라서서 가까이에 있는 수성군을 방패로 내리치며 경사로에서 떨어뜨리거나 검으로 죽였다. 왕이 직접 나서서 싸우고 있는 모습을 본 병사들은 필사적으로 왕을 따르려 하다가 너무 많은 인원이 한꺼번에 사다리를 오르는 바람에 사다리가 부러지고 말았다.

수성군은 이 맹렬한 적과 대면하기를 꺼리고 다른 누군가가 대신 위험을 무릅써주기를 바라고 있었다. 하지만 성벽 위에 올라선 알렉산드로스는 궁수들에게 아주 잘 보이는 목표물이었으며, 그들은 무거운 화살을 그에게 퍼붓기 시작했다. 마케도니아 병사 세 명이 알렉산드로스 뒤에 있었지만, 그들이 왕에게 합류하기 전에 왕은 요새 안으로 뛰어내렸다. 이 병사들이 성벽에 올라선 뒤에는 두 번째 사다리도 부서졌다. 전에도 자주 그러했듯이, 왕의 대담함은 이성적인 계산으로 조절된 본능적 공격성의 혼합물이었다. 이 경우에는 성벽 위 통로에 높이 서 있을 때보다 요새 안이 위험에 덜 노출된다는 걸 노렸던 것이다. 그는 나무 근처에 안전하게 착지했고, 나무 덕분에 적어도 한쪽의 공격은 피할 수 있었다. 그는 가까이에 있는 수성군을 죽이거나 밀어냈다. 길어야 몇 분이긴 하지만, 이 광대한 제국의 왕이 한동안 적군의 요새 안에서 홀로 싸운 뒤에야 다른 세 병사가 성벽에서 뛰어내려 그에게 합류했다.

그들은 검으로 싸웠고, 적이 다가오지 않으면 돌을 던졌으며, 최선을 다해 방패로 화살을 막았다. 아마도 하급 장교였을 보병 아브레아스는 용맹하기로 유명했으나 얼굴에 화살을 맞았다. 알렉산드로스도 화살을 맞았는데, 아마도 화살이 옆구리를 뚫고 폐의 가장자리를 찌른 것 같다. 피를 많이 흘리며 기력을 잃어가는 와중에도 그는 자신에게 달려드는 전사 한 명을 죽였다고 한다. 왕의 근위병인 레온나토스와, 기원전 334년 일리온의 신전에서 탈취한 아킬레우스의 방패를 가지고 있는 페우케스타스 모두 의식을 잃은 채 쓰러진 왕을 지키느라 부상을 입었다. 바깥에서는 병사들이 필사적으로 부서진 사다리 조각들을 진흙 벽돌에 박아 넣은 다음 그것을 딛고 성벽을 오르고 있었다. 다른 병사들은 성문을 계속 타격해 부숴 버렸다. 왕이 죽었거나 치명상을 입고 쓰러졌다는 소식이 퍼지자 공포가 맹목적인 분노로 바뀌었고 마케도니아인들은 도시 안에 있는 남자, 여자, 아이를 가리지 않고 죽이면서 날뛰었다.[19]

어떤 이들은 페르디카스가 왕의 옆구리에 박힌 미늘 돋은 화살촉을 빼내려고 검으로 상처를 더 크게 벌리는 바람에 피가 솟구쳐 나왔다고 한다. 다른 이들은 28년 전에 메토네에서 화살을 맞은 필리포스를 치료했던 크리토불로스가 이번에도 왕의 수술을 맡았다고 한다. 현전하는 고대 문헌들은 고대 의학에 대한 이해에서 여러 차이가 있기 때문에 정확히 그가 어떤 부상을 당했는지 알기는 어렵다. 숨을 쉴 때 공기가 피와 함께 나왔다는 이야기 자체가 흡인성 흉부 창상*을 가리키는 것은 아니지만, 이 증상으로 인해 한쪽 폐가 기능을 못 했을 수 있다. 병명이 시사하는 것처럼 공기를 들이마실 때 공기의 흐름이 폐가 아닌 상처 쪽으로 이루어졌을 것이기 때문이다. 정면이 아니라 측면에 화살을 맞은 것이 맞다면 부상이 덜 심각하고, 시간이 흐르면 더 쉽게 그의 몸도 회복되고 폐도 다시 부풀어 오른다는 것을 의미했다. 고대 문헌들은 부상이 심각했고 며칠 안에 그가 죽을 수도 있었다고 말하지만 그가 영구적으로 불구가 되었다고 암시하지는 않는다. 얼마 뒤에 크라테로스는 장교 대표단을 이끌고 가서 왕이 다른 사람에게 맡겼어야 할 너무 많은 위험을 감수했다며 그를 책망했다. 나중에 진영 안에서 그에게 다가와 그러한 행동이야말로 "사나이의 일"이라고

---

* 칼이나 창에 폐를 찔린 탓에 공기를 들이마실 때 공기가 기도만이 아니라 상처 부위를 통해서 폐로 빨려 들어가는 상태를 말한다. ─옮긴이

선언한 보이오티아인 고참 병사의 허풍 섞인 말을 알렉산드로스는 더 좋아했다.[20]

한동안 알렉산드로스는 허약한 상태여서 어디든 실려 다녀야 했고, 그가 죽었다는 소문이 빠르게 퍼졌다. 이 소문은 함대와 주력 부대가 머물러 있던 진영에 절망을 불러일으켰다. 마침내 고향으로 돌아가는 길에 올랐다고 생각한 병사들은 이제 누가 그들을 이끌 것인지 생각하며, 정복했던 모든 땅에서 반란이 일어나지는 않을까 걱정했다. 알렉산드로스가 쓴 편지조차 가짜라며 묵살되었다. 왕은 최대한 조심스레 히드라오테스강으로 옮겨져 배를 타고 진영으로 돌아왔다. 그제야 병사들의 두려움도 가라앉았다. 며칠이 지나 알렉산드로스는 의식을 온전히 되찾고, 배를 타고 가는 중에도 강기슭에 있는 병사들도 볼 수 있도록 자신을 가리고 있는 차양을 치우라고 명령했다. 자신이 시체가 아님을 보여주려고 그가 한 팔을 들어 올리자 병사들이 함성을 질렀다. 가마가 그를 기다리고 있었지만, 알렉산드로스는 주변 사람들을 추동한 것만큼 자신을 추동하는 불굴의 의지력을 보여주면서 그것을 거부하고 말에 올라 진영을 가로 질러 천막을 향해 갔다. 그는 조금 가다가 멈추어서 말에서 내린 뒤 부축을 받지 않고 몇 미터를 걸어갔다. 환호는 계속되었고 그가 지나갈 때 병사들이 가까이 다가와 그의 몸이나 망토를 만지려고 했다. 이렇게 자신의 의지를 과시한 뒤 알렉산드로스는 적절한 회복기를 보낼 수 있었다.[21]

말리족과 옥시드라카이족은 특사를 보내 항복해왔다. 그들은 그가 원하는 것은 무엇이든 주겠다는 의지의 표시로 공물을 가져왔으며, 적절한 절차에 따라 정해진 수의 전사와 전차를 제공했다. 사트라프 필리포스가 다스리는 영역을 조직하기 위한 휴지기가 있었는데, 여기에는 탁실리아는 물론 아케시네스강과 히다스페스강의 교차 지점에 이르는 모든 땅이 포함되었다. 알렉산드로스는 다시 배를 타고 가면서 부하들이 그의 명령을 수행하는 방식으로 군사작전을 재개했다. 더 많은 민족이 항복했고, 그렇지 않은 민족은 무력으로 진압되었다. 새로운 신민이 된 부족들이 바친 공물의 일부로 더 많은 선박을 건조했고, 함대의 규모도 점점 더 커졌다. 알렉산드로스는 강변에서 항구로 기능할 수 있도록 또 다른 알렉산드리아를 건설했다. 또 다른 사트라피가 생겨났고 지휘권은 한 마케도니아인에게 하사되었으며 록사네의 아버지가 그의 동료로 지명되었다.[22]

얼마 뒤 그들은 무시카노스라는 부유하고 훌륭한 왕의 영토에 다가갔다. 무시카노스는 특사를 보내 화평을 요청하지 않았다. 아마도 그가 이 낯선 외국인 침략자들이 접근해 온다는 사실을 그저 희미하게 인식했기 때문일 것이다. 그는 실수를 만회하기 위해 자신이 직접 나서서 매우 겸손하게 알렉산드로스의 용서를 구했고, 이런 태도는 알렉산드로스의 마음에 들었다. 무시카노스는 자기 왕국의 왕으로 인정받았지만, 좋은 관계는 오래가지 않았다. 침략자들에 대한 반감이 백성들 사이에 널리 퍼져 있었고, 특히 브라만들 사이에서 불만이 심했다. 마케도니아인들은 브라만을 전사와 지도자를 공급하는 카스트 계급이 아니라 작은 철학 분파로 잘못 이해하고 있었다. 저항은 빠르게 확산되었다.

자신에 대한 적대감의 뿌리를 제대로 파악하지 못했지만 저항에 대한 알렉산드로스의 대응은 신속하고 효과적이며 무자비했다. 도시들은 초토화되었고, 주민들은 칼에 맞아 쓰러지거나 노예가 되었다. 결국 모든 저항이 분쇄되었다. 무시카노스는 마음을 바꿔 저항 세력에 가담했기 때문에 생포되어 알렉산드로스 앞에 끌려왔다. 알렉산드로스는 그를 십자가에 매달아 처형했다. 많은 브라만이 한꺼번에 살육되거나 공포스러운 합동 작전에 의해 처형되었다. 학자들은 기원전 326년에서 325년에 진행된 작전들이 이제껏 알렉산드로스와 그의 부하들이 실행했던 어떤 작전들보다 희생자들에게 잔혹했고 큰 대가를 치르게 했다고 말한다. 마케도니아인들이 가한 손실과 파괴는 물론이고 죽거나 다친 주민들에 대해서도 신뢰할 만한 수치가 우리에게 남아 있지 않다. 이때 사용된 방법들도 그들이 오랫동안, 특히 박트리아와 소그디아나에서 사용한 방법들과 다르지 않았다. 하지만 그러한 사실이 이 몇 달 동안 벌어진 참상에 대한 공포를 경감시키지는 않는다. 오히려 고통을 겪은 공동체가 하나이든 여럿이든, 다른 곳에서 행해지는 비슷한 행위들에 대해서도 우리가 똑같은 혐오감을 느껴야 한다는 사실을 상기시킬 따름이다.[23]

알렉산드로스의 군대는 너무나 효율적이고 강력해서 앞길에 놓인 그 어떤 국가도 그들을 당해낼 수 없었다. 마케도니아인들에게 맞서 싸우는 대가는 무시무시했다. 현전하는 고대 문헌들에서는 번개같이 빠른 전진과 공성과 학살에 관한 이야기들이 주를 이룬다. 이런 이야기들이야말로 공포에 질린 지도자들이 미리 항복했다는 이야기보다 훨씬 더 극적인 긴장과 재미를 줄 뿐 아니라 쓸거리 자체가 많기 때문이다. 하지만 실제로는 싸움과 학살이 벌어지는 경우보다 상대 지도자들이 먼저 항복해 오는 경우가 더 많았다. 인더스강 하류 삼각주 지역 파탈라의 왕 또한 침략자들을 받아들이는 편이 가망 없이 저항하는 것보다 낫겠다고 판단하고, 기원전 325년에 직접 알렉산드로스를 찾아와 친선 관계를 요청했다. 함대와 군대가 바다에 가까워지면서 다음 단계들에서는 싸움이 거의 벌어지지 않았고, 동맹들에게 환영을 받고 보급물자를 제공받는 일이 많았다. 그렇지 않은 경우에는 정착지들이 버려져 있었고 사람들은 보이지 않았다. 사막 인근 지역에 우물을 파기 위해 파견된 한 무리의 병사들이 현지인들에게 공격당하는 일이 있었지만 이들은 파탈라 왕의 직접적인 통치를 받는 이들이 아니었을 것이다. 알렉산드로스의 병사들은 약간의 싸움 끝에 그 현지인들을 쫓아 버렸다. 알렉산드로스는 파탈라에 주요 항구 시설과 새로운 요새 도시를 건설하라고 명령했다.

기원전 325년 6~7월에 함대 일부가 육군 병사 9000명의 지원을 받으며 긴 여정의 마지막 단계를 실행했다. 그들은 바다로 흘러드는 인더스강의 두 지류를 탐사했다. 현지인 조종사를 구할 수 없었고, 갑작스러운 폭풍으로 손상이 발생해 선박들을 서둘러 수리해야 했다. 지중해에만 익숙했던 그리스인과 마케도니아인들은 썰물로 배들이 갯벌 위에서 움직이지 못하는 상황이 되자 크게 당황했다. 그들은 강한 바람과 함께 밀물이 밀려들 것에 대비하지 못했기 때문에 일부 선박들이 심각하게 파손되기도 했다. 그러나 그것은 그들이 바다 가까이에 왔다는 신호였다. 그들은 한 섬으로 인도되어 물가에 내린 뒤 깨끗한 민물도 구했다. 40킬로미터를 더 가서 진짜 바다가 나왔고, 두 번째 섬이 가까이에 있었다. 알렉산드로스는 두 섬에서 모두 희생제사를 올렸고, 봉헌된 제물과 숭배받은 신들의 본질이 시와에서 제우스 암몬 신이 내린 신탁과 부합한다고 발표했다. 그는 배를 몰아서 바다로 나섰다. 그리고 포세이돈에게 황소를 제물로 바쳤다. 짐승의 사체를 옆으로 기울인 다음 신주를 따르고 황금으로 된 잔과 그릇을 파도 속으로 던졌다. 그가 마지막으로 바다를 본 것이 6년 전이었고, 위대한 원정을 시작하면서 다르다넬스를 건널 때 포세이돈에게 제사를 드렸던 것이 9년 전이었다. 알렉산드로스는 서른한 살이었고 이제 막 서쪽으로 향하는 여정을 시작하려는 참이었다.[24]

29

바다와 모래

알렉산드로스가 결코 서른세 번째 생일을 맞지 못한다는 것을 알고 역사를 돌아보는 입장에서는 그와 그의 병사들이 인도를 떠난 순간을 실제보다 훨씬 더 큰 전환점으로 여기는 경향이 있다. 우리에게 있는 고대 문헌들을 보면 그가 이집트나 킬리키아를 떠났을 때 그곳에 대한 '관심을 잃었던' 것처럼 히파시스강에서 실망한 뒤에 인도에 대한 관심을 잃었다는 암시는 전혀 없다. 그는 병사들이 강을 건너길 거부한 뒤에도 1년 동안 그 지역에 머물렀는데, 단지 그가 부상에서 회복할 시간이 필요했기 때문만은 아니었다. 알렉산드로스는 군사작전과 정복을 위해 머물렀고, 그것은 어디에서든 그가 오랜 시간 머무르는 유일한 이유였다. 그가 만들어낸 행정은 조금 달라서 포로스와 탁실레스 같은 지역 군주들에게 크게 의존했는데, 이는 여러 세대 동안 사트라프의 실질적인 통치를 받아본 적 없는 지역에 대한 현실적인 결정이었으며, 어떤 면에서는 다른 지역에서 페르시아 귀족들을 포함한 현지인들을 고용한 것과 유사했다. 알렉산드로스는 또한 필리포스라는 장교를 사트라프로 고용해 남겨두고, 대부분 용병으로

이루어진 부대와 제대하여 새로운 식민지에 정착한 군인들의 지원을 받게 했다.[1]

두 섬에서 제사를 올린 뒤 그는 파탈라로 돌아갔다가 즉각 다시 출발하여 인더스강의 다른 지류를 탐험하며 대양으로 통하는 더 나은 경로가 있는지 살폈다. 그러는 사이에 그의 병력 대부분을 제국의 심장부로 돌려보내기 위한 준비가 여러 달에 걸쳐 이루어졌는데, 전혀 서두르는 기색 없이 체계적인 방식으로 일이 진행되었으며, 새로운 항구와 기타 시설들이 건설되었다. 수많은 인도인 외인부대는 본래 속해 있던 나라와 공동체로 돌려보냈다. 남은 병력은 두 개의 육상 부대와 함대로 나누었다. 크라테로스에게는 나이와 건강 악화로 제대를 앞둔 마케도니아 병사들, 용병, 아시아 동맹군을 포함한 육상 병력이 주어졌고, 인도에서 획득한 코끼리와 화물 및 장비 수송대와 함께 이동했다. 이들은 부분적으로는 왔던 길을 따라서 행군한 다음, 몇 달 뒤에 카르미니아에서 알렉산드로스와 만나기로 되어 있었다. 먼저 크라테로스의 육상 병력이 출발했다. 알렉산드로스는 이번에도 부하에게 그의 지침을 따르되 통신이 빠르게 이루어질 수 없는 몇 달 동안은 선제적으로 행동하게 했다.[2]

알렉산드로스는 다른 육상 병력을 이끌고 최대한 해안선에 이어지는 길을 따라가면서 함대와 함께 이동하기로 계획했다. 이 대양이 아프리카를 향한 내해가 아니라 유프라테스강으로 이어지는 바다라고 상정하고, 유프라테스강으로 가는 물길을 탐사하라고 함대에 명령했다. 네아르코스는 제국에서 멀리 떨어진 지역들을 서로 연결하려는 알렉산드로스의 계획이 실제로 가능한 것인지 확인하는 임무를 맡았고, 나중에 이를 바탕으로 매우 극적인 모험담을 썼다. 아리아노스는 이 모험담에 크게 의지해 책을 집필했다고 한다. 네아르코스가 자신의 영웅적 면모를 크게 과장하는 경향이 있었지만 이 탐사는 진정 미지의 세계로 뛰어드는 것이었다. 바닷길이 수세기 동안 사용된 것은 사실이지만 가까운 과거에 이 길을 통해 무역이 이루어진 흔적이 거의 없었다. 알렉산드로스와 그의 부하들은 현지인들에게서 거의 아무것도 알아내지 못했고, 그의 선원들은 지중해 출신이어서 이 바다에 대해서는 아는 바가 전혀 없었다. 네아르코스에 따르면, 왕은 그가 그런 미지의 위험을 감수하는 것을 허락하려 하지 않았지만, 결국엔 그의 열정에 설복되었다고 주장했다. 이는 틀림없이 네아르코스가 과장한 이야기일 것이다. 알렉산드로스는 이미 확신을 가지고 있었으며 탐험은 계획대로 진행되었기 때문이다. 그것은 알 수 없는 세계로 들어가는 일종의 도박이었지만, 알렉산드로스는 과거에도 그런 도박을 자주 했고 대체로 승리했다.[3]

어떤 문헌에도 셋으로 나뉜 군대에 관한 구체적인 수치를 제시하는 곳은 없다. 크라테로스의 병력이 가장 컸을 뿐만 아니라 가장 느리고 통제가 어려웠을 가능성이 크다. 그가 이끈 대열에는 절반 이상의 히파스피스테스가 포함되었는데, 이들은 필리포스 치세부터 복무하여 이미 60대에 이르러 제대를 앞둔 노병들이었으므로, 알렉산드로스가 택한 빠르고 힘든 길을 따라갈 수 없었을 것이다. 그러나 왕에게는 히파스피스테스가 있었고, 헤타이로이의 정예 기병대와 팔랑크스가 있었으며, 인도에서 아주 효과적으로 활용한 아그리아네스족 병사들과 궁기병들이 있었다. 어떤 학자들은 그의 병력이 대략 8만이나 그 이상이었을 것이라고 추정하지만, 진영을 따라다니는 비전투 인원을 포함하더라도 3만 정도였을 가능성이 크고, 2만 명 이하였을 수도 있다. 배가 몇 척이었는지도 알려져 있지 않지만 대부분의 배는 알렉산드로스가 강에서 선호했던 30명의 노꾼이 배치되는 전함 트리아콘토로스였던 것으로 보인다. 수송선이 따로 있었다는 증거는 없으며, 네아르코스가 육상 병력을 위한 대량의 식량과 보급품을 선박으로 운송했다는 암시도 전혀 없다. 이 함대가 인도의 여러 강에서 사용했던 함대만큼 컸는지도 분명치가 않으므로 수백 척보다는 수십 척 규모였을 가능성이 훨씬 크다.[4]

이번 항해는 이렇게 상대적으로 규모가 작은 선단에게는 매우 긴 여정이 될 예정이었다. 수송선이나 보급선과 달리 전함은 돛에만 의지하지 않고 상당한 시간 동안 노를 저어 항해할 수는 있었지만 장시간 빠른 속도를 유지할 수도, 먼 거리를 계속 노를 저어 갈 수도 없었다. 따라서 대부분의 여정을 바람과 돛에 의존해야 했는데, 이는 서풍이 지배적으로 부는 우기가 끝날 때까지 기다려야 한다는 것을 의미했다. 대체로 우기는 10월 말에 끝났고, 그때가 되면 항해에 좋은 조건이 갖추어지고 순풍이 불어올 가능성이 컸다. 적어도 이런 정보는 현지인들이 마케도니아인들에게 말해 주었을 테고, 이는 출발이 늦어진 또 다른 이유였다.[5]

알렉산드로스는 자신이 가고자 하는 길에 여러 난관이 있을 거라 생각했지만, 그것이 무엇인지 구체적으로 알지는 못했다. 횡단해야 할 지역은 인구 밀도가 낮았고, 실질적인 정착지가 거의 없었으며, 메마른 땅이나 사막을 지나야 했다. 이 지역에는 페르시아의 통치력도 엄격하게 작용한 적이 없었는데, 수익이나 안보에 들여야 하는 노력에 비해 얻을 것이 별로 없었기 때문이다. 어느 시점부터 키루스 왕과 반쯤 신화적인 세미라미스 여왕에 대한 이야기가 돌았다. 그들 또한 군대를 이끌고 이 지역을 행군했으나 한 줌의 생존자를 제외하고 모두가 죽었다는 것이었다. 네아르코스는 과거의 가장 위대한 지도자들조차 실패한 곳에서 성공하겠다는 알렉산드로스의 포토스가 다시 한 번 그에게 찾아왔다고 주장했다. 사실 그는 함대를 탐사에 보내기로 결정했고 길을 마련하기로 한 이상 경로에 대한 선택의 여지가 거의 없었다.

불가능하다고 여겨지는 일을 행하는 것은 다른 경우와 마찬가지로 분명 알렉산드로스를 매혹시켰고 해상 탐험은 그러한 일의 일부였다. 더구나 이 지역은 느슨하게나마 페르시아 제국에 속해 있었고, 그는 이미 인도 북부를 자신의 제국에 추가했으므로 논리적으로 보면 이 지역 또한 추가해야 했다. 이 길로 가는 것은 또한 그가 병사들을 이끌고 정복되지 않은 영역으로 가는 것이고, 단순히 왔던 곳으로 돌아가는 것이 아니라 전진한다는 것을 의미했다. 크라테로스는 마케도니아의 지배력을 확고히 하기 위해 필요하거나 유용하다면 어디에서든 싸우라는 지침을 받았다. 그러므로 그의 행군은 단순한 재이동이나 재배치 이상의 의미를 지니며, 오랫동안 바라왔던 마케도니아를 향한 귀환의 시작이었다.[6]

인도의 땅들은 알렉산드로스 제국의 나머지 지역과 비교했을 때에도 최근에야 정복되었다. 유사 이래 제국의 건설자들은 정복 초기에는 저항에 직면하고, 이후에는 주민들의 상당수가 제국의 지배 아래 놓인 삶을 참기 어렵다고 판단하여 다양한 기간과 단계에 걸쳐 반란을 일으키기 마련이었다. 박트리아와 소그디아나의 많은 지역에서도 봉기가 일어났고, 이 지역을 다시 진압하기 위한 길고도 잔혹한 군사 작전이 재개된 적이 있었다. 기원전 327년에 마케도니아인들은 인더스강으로 가는 길에 있던 산간 부족들을 공격했고 다시 일시적인 지배력을 획득했다. 1년 뒤, 알렉산드로스가 포로스에 맞서 행군하는 동안에 아사케노이족의 일부가 반란을 일으켰고, 그가 사트라프로 임명한 니카노르를 죽였다. 부대가 파견되어 폭동을 처리했고, 해당 지역은 포로스의 왕국 바깥 지역의 사트라프로 임명된 필리포스에게 맡겨졌다. 크라테로스가 이 지역을 다시 통과하여 행군하는 것은 여전히 불안정한 지역들에 대한 마케도니아의 지배력을 더욱 강화할 것이었다. 그러나 최근에 인도에서 브라만들이 주도한 저항이 있었음에도 기원전 329년에 빠르게 번졌던 것과 같은 유형의 불안이 다시 확산되었다는 흔적은 없다. 이제 적어도 왕과 그의 최정예 병사들이 와 있는 동안에는 누구도 마케도니아의 지배력에 도전하려 하지 않았다.[7]

기원전 325년 8월 말, 알렉산드로스는 함대가 계절풍 때문에 두 달간은 따라오지 못하리라는 것을 알고 파탈라에서 출발했다. 이것은 해상과 육상의 병력이 서로를 그림자처럼 따라다니며 밀접하게 협력하는 작전으로 계획된 것은 절대 아니었으며, 인도에서 헤파이스티온과 크라테로스가 정기적으로 강기슭으로 다시 돌아와 함대와 조우하면서 행군하던 것과도 전혀 달랐다. 대신 알렉산드로스는 함대를 위한 길을 마련하면서 해안 지방 주민들이 지나치게 적대적이지 않도록 하고, 네아르코스를 지원할 보급물자를 미리 준비해두었다. 긴 여정 중에 어느 지점에서든 함대와 군대가 만날 계획이 있었어도, 각각의 속도를 예측할 수 없었으므로 기껏해야 매우 느슨한 예정에 불과했을 것이다. 알렉산드로스의 의도는 군대를 이끌고 해안에 닿을 수 있는 길을 따라가는 것이었지만, 군대가 지나갈 때 해안 지방에서 식량을 몰수하는 일이 벌어지지 않도록 주의해야 했다.

넉 달 동안 쓰기에 충분한 보급물자를 파탈라에서 모을 수 있었다. 알렉산드로스가 이끄는 대열은 많은 양의 식량을 수송대 수레와 짐승에 실었다. 아마 짐꾼도 있었을 것이다. 함대보다 훨씬 앞서서 출발하는 또 다른 이유는 우기에 내리는 비를 최대한 활용해 적어도 여정이 시작될 때에는 사용 가능한 물을 많이 확보하기 위해서였다. 알렉산드로스가 가는 길에는 아라비타이족과 오레이타이족이 있었는데, 이들은 특사를 보내 화평을 맺지 않았으므로 적대적인 세력으로 간주되었다. 알렉산드로스는 빠르게 움직였고, 이번에도 주된 행렬 앞에 정예 부대를 세웠다. 대부분의 현지인들은 그가 도착하기도 전에 달아났지만, 어떤 이들은 너무나 빠른 공격에 놀랐고 알렉산드로스의 기병 선봉대에 의해 쓰러졌다. 마케도니아 왕은 오레이타이족의 중심지 마을이 도시가 되기에 좋은 장소라고 판단하여 헤파이스티온을 그곳에 남겨두고 도시를 건설하게 했다. 알렉산드로스는 다시 전진했고, 통로를 방어하기 위해 집결했던 지역 군대는 그가 도착하기 전에 흩어져 버렸다. 마케도니아 군대의 맹렬하고 강력한 공격에 겁을 먹은 지역 지도자들이 알렉산드로스 앞에 나타나 투항했다.

알렉산드로스는 계속해서 전진하기를 열망했다. 싸움이 거의 없거나 전혀 없었으므로 현지 주민들에게 보복하고 싶은 기분은 아니었다. 그는 아폴로파네스를 이 지역의 사트라프로 임명하고, 말리족 성읍의 성곽 안에서 자신과 함께 나란히 싸웠던 근위병 레온나토스, 아그리아네스족 병사와 용병들, 동맹군 병사들을 포함한 강력한 병력을 그곳에 남겨두었다. 군대가 떠나기 전에 여러 분대가 밖으로 나가 함대가 도착했을 때 사용할 수 있도록 우물을 팠다. 트리아콘토로스 같은 소형 전함 갤리선도 크기에 비해 많은 선원들을 태웠고, 특히 노꾼들이 노를 저어 항해해야 할 때는 식량보다 식수 공급이 우선시되었다. 이제 사트라프와 남겨진 부대는 함대를 보조하라는 명령을 받고 상륙 장소와 보급물자를 확보하기 시작했다. 그 사이에 헤파이스티온은 도시 건설 사업에 착수했으며, 도시가 건설되면 주민들을 더 쉽게 통제할 수 있으리라는 기대가 있었다.[8]

10월이 되자 알렉산드로스와 주력 부대는 게드로시아에 도달했다. 이 지역에 사는 사람들은 그에게 항복할 것 같지 않았다. 게드로시아는 가난한 지역이었고, 많은 영역이 사막이었다. 처음에는 군대가 이전에 걸어왔던 다른 길들보다 더 힘들지는 않았다. 지난 몇 주 동안 비가 왔기 때문에 물도 충분히 있었다. 군대와 함께 이동하고 있던 페니키아 상인들은 진저그라스*뿐만 아니라, 유난히 크게 자란 몰약나무에서 고무수지를 발견하고 기뻐했다. 현지 부족의 저항은 전혀 없었지만―사실 어떤 지역에는 살고 있는 사람이 보이지 않았다―운송 수단도 통과할 수 없고 사람들도 지나가기 어려운 바위투성이 산들이 마케도니아인들과 바다 사이에 길게 펼쳐져 있었다. 알렉산드로스는 힘든 고지대를 우회하여 다시 해안에 가까워질 수 있기를 바랐다. 우기가 끝나자 물을 찾는 일은 더 어려워졌다. 낮 동안에는 타는 듯이 더웠으므로, 밤에만 행군할 수 있었다. 정찰병을 보내 해안을 찾게 하고, 물이 있는 샘이나 항구, 적당한 정박지도 찾아보게 했다. 하지만 극도로 가난한 어부들 말고는 어떠한 정착지나 시설도 없고 우물의 흔적도 없다는 실망스러운 보고만 돌아왔다.

---

* 진저그라스는 레몬그라스와 비슷한 허브의 일종이다. 인도가 원산지이고, 장미향이 나기 때문에 팔마로사라는 이름으로 더 잘 알려져 있다. 식용보다는 약용으로 많이 사용된다.―옮긴이

얼마 뒤에 마케도니아 군대의 행렬은 덜 척박한 땅에 들어섰고, 약간의 보급물자를 확보할 수 있었다. 알렉산드로스는 상당량의 식량을 수송대에 따로 싣고 왕의 인장으로 표시하여 함대의 병사들에게 배정하라고 명령했다. 하지만 알렉산드로스가 이끄는 부대에 배급된 식량이 부족했으므로, 병사들은 수송대에 잔뜩 실린 식량을 보고 참을 수 없는 유혹을 느꼈다. 왕이 선두에서 대열을 이끌고 해안으로 가는 동안, 근위대까지 가담한 병사들이 왕의 인장을 뜯고 식량을 꺼냈다. 이는 규율 위반이었지만 구조될 희망도 없이 굶주린 자들의 필사적인 몸부림이기도 했다. 알렉산드로스는 그런 극한 상황에서 엄격한 대응은 현명하지 못한 조치라고 판단하고 그들을 용서했다. 그리고 또 다른 비축 식량을 마련하여 호송대와 함께 해안으로 보냈다. 얼마 지나지 않아 다른 장소에서 추가로 보급물자가 마련되었다. 알렉산드로스는 소규모 지역 주민에게 명령을 내려 곡식을 가루로 빻아서 함대에 보내게 했다. 우리가 알 수 있는 한, 함대를 위해 배정된 이 보급물자 중 어느 것도 네아르코스와 그의 부하들이 발견하진 못했다.

알렉산드로스가 게드로시아의 수도 푸라에 이르는 데는 60일이 걸렸고, 정확한 여정의 순서는 분명치 않다. 고대 문헌들은 모두 여로의 대부분이 부드러운 모래로 인해 걷기 힘들고, 샘은 멀리 떨어져 있는 사막 길이었다는 데서 일치한다. 이 대목에서는 아리아노스조차 병사들이 견딘 고통을 자세히 기술하는데, 태양의 열기에 그을리고 목이 마르고 대개는 굶주리고 탈진할 만큼 지쳐 있었다. 가능하면 밤에 이동했지만 때로는 다음 샘이 물 없이 감당할 수 있는 거리보다 더 멀리 있기도 했다. 일단 샘에 도착하면 바싹 말라버린 병사들과 말들이 물로 뛰어들었고, 너무 많은 물을 빨리 마셔서 죽거나 다른 사람들이 마실 물을 더럽히는 이들도 있었다. 알렉산드로스는 샘까지 3~4킬로미터 남은 지점에서 진영을 설치하여 병사들이 샘에 몰려가지 못하게 막고 질서를 회복했다.

군율이 무너지기 시작했지만 군대는 계속해서 이동했다. 병사들은 이전에도 자주 보여줬듯이 결연한 의지에 차 있었으며, 멈추면 곧 죽게 되리라는 것을 알고 있었다. 알렉산드로스는 늘 그러했듯이 강철 같은 의지로 자신을 몰아붙이며 누구도 약한 모습을 드러내기 어렵게 만드는 모범을 보였다. 이 여정에서 다른 시기에 비롯되었던 이야기와 비슷한 이야기가 전해진다. 한번은 병사들이 투구에 물을 담아서 알렉산드로스에게 가져왔다. 그 물 말고는 마실 물이 전혀 없었는데 알렉산드로스는 모두가 목이 마른 상황에서 왕이 물을 마시는 모습을 보이는 대신 투구를 뒤집어 물을 쏟아버렸다고 한다. 그는 전투의 위험을 분담하듯이 병사들의 고난도 분담했고, 아리아노스는 잠시 동안 모두가 정말로 물을 마신 것 같았다고 주장한다.

하지만 모든 이의 힘이 그들의 의지에 상응하는 것은 아니었다. 어떤 이들은 행군이 힘에 부쳐서 대열의 뒤로 밀리다가 결국 낙오하거나 길을 잃었다. 그러한 낙오자들은 모두 죽었고, 아리아노스는 그들의 운명을 바다에서 조난당한 사람에 비유했다. 어느 날 밤에 군대는 말라버린 강바닥에서 야영을 했는데, 이는 무지보다는 완전한 피로에 의해 생각 없이 내린 결정이었을 것이다. 저 멀리 산에 폭풍우가 내려 협곡을 따라 물이 빠르게 불어나면서 홍수가 발생했다. 왕의 천막이 휩쓸려 내려갔고, 왕의 짐이 사라졌으며, 병사들은 급류에서 헤엄치거나 걸어서 나오려고 애를 썼다. 많은 여자와 아이들이 익사했고, 살아남은 병사들조차 무기 말고 건진 것이 거의 없었다. 잠시나마 갈

증을 해소할 수 있는 것이 다행이라면 다행이었으나, 곧 해가 떠오르고 모두를 태울 듯한 열기를 내뿜었다. 병사들은 짐 나르는 짐승들을 잡아 그 고기를 먹었다. 수레를 부수어 땔감으로 쓰지 않았다면 달리 불을 피울 방법이 없었으므로 고기는 그냥 날것으로 먹거나 햇빛에 조금 그을려 먹었을 것이다. 여하튼 수레에 담겨 있던 보급물자도 곧 바닥나게 될 것이었다. 짐 꾸러미와 장비, 운송 수단은 버려졌고, 너무 아프거나 약해서 걸을 수 없는 사람들을 싣던 수레도 일부 버렸다. 병사들은 기병대의 말까지 다리를 절름거린다며 죽이기 시작했고, 왕은 이번에도 그들의 행동을 눈감아 주었다.

모래 폭풍이 불어왔다. 주변 풍경이 바뀌었고, 현지인 길잡이도 길을 잃었다. 알렉산드로스는 군대가 해안에서 그리 멀리 있지 않다고 확신하고, 남은 기병대에서 가장 뛰어난 기병들을 데리고 태양과 별을 길잡이 삼아 남쪽으로 향하면서 남은 이들에게 따라오라고 말했다. 병사들은 쓰러졌고, 말들도 지쳤다. 그래서 그들이 결국 바다를 보게 되었을 때 겨우 한 줌밖에 되지 않는 기병들만 그와 함께 있었다. 그래도 행운은 그의 편이었다. 그들은 곧 물을 발견하고 새로운 우물들을 넉넉히 파서 비틀거리며 다가오는 나머지 병사들도 실컷 물을 마실 수 있게 했다. 그 시점부터 다음 한 주 동안은 계속 해안을 따라 이동할 수 있었고 물도 충분했다. 상황은 점점 더 나아졌고, 기원전 325년 12월 말, 그들은 마침내 푸라에 이르렀다.[9]

게드로시아의 사막을 횡단한 일은 알렉산드로스와 그의 병사들이 견뎌낸 최악의 시련 중 하나였다. 아리아노스는 이것을 단연코 가장 혹독한 시련으로 보았다. 그러나 우리의 자료 어디에서도 이 몇 달 동안 발생한 사상자의 수치를 제시하지 않는다. 오직 플루타르코스만 병력의 4분의 1만 살아남았다고 모호하게 주장하지만, 알렉산드로스가 인도 원정의 절정에서 소집했다고 하는 전체 인원에 기초하고 있기 때문에 이러한 추정치는 별 쓸모가 없다. 이로 인해 현대 학자들도 별다른 제약 없이 추측을 하는데, 어떤 학자들은 사망자가 7만~8만에 달한다고 말하기도 한다. 많은 이들이 다른 유명한 재난들과 비교하기도 하는데, 예를 들어 기원전 36년 마르쿠스 안토니우스가 파르티아인들에게서 달아날 때는 군대의 4분의 1에서 3분의 1을 잃었고, 1812년 나폴레옹이 모스크바에서 퇴각할 때는 그보다 더 많은 사망자가 나온 사례가 있다. 하지만 이 두 가지 경우를 바탕으로 알렉산드로스의 손실을 추정하는 것은 적절하지 않다. 안토니우스와 나폴레옹의 경우에는 모두 혹독한 날씨 외에도 복수심에 불타는 강력한 적군의 추격으로 인해 전투가 재난으로 변했기 때문이다. 게드로시아 사막에서 알렉산드로스는 적을 만난 적도 없었고, 행군이 시작되기 전에 어떤 패배나 값비싼 승리를 경험하지도 않았으며, 오히려 보급 물자까지 잘 갖추고 자신감에 찬 군대와 행군을 시작했다. 그러한 의미에서 물리쳐야 할 적이 없었기 때문에 행군 중에 발생한 죽음들은 더 헛되고 비극적으로 보였을 수도 있다.

알렉산드로스가 치른 큰 전투들에서 그의 군대는 많아야 수백 명이 죽었고 소그디아나에서 패배했을 때도 사망자는 2000명 정도였다. 그러므로 게드로시아 사막에서 발생한 사망자가 수백 명에 이르렀다면 이소스 전투나 가우가멜라 전투에 비견될 수는 있겠지만 이들에게는 그런 전투에서 승리하여 누린 영광이나 업적이 없었다. 더구나 사망자 수가 수천 명에 달한다면 적군의 손에 죽은 것보다 더 많은 숫자다. 고대 문헌들에는 마케도니아 병사들의 수가 급감했다는 내용은 없다. 아마도 동맹군 병사들과 용병 중에서 사망자가 더 많이 나왔을 것이고, 군대를 따라다니던 상인이나 일꾼 사이에서도 마찬가지였다. 전체 사망자 수는 대부분의 오늘날 역사학자들이 추정하는 만큼 그렇게 높지 않더라도 관계자들을 모두 놀라게 할 정도로 많았을 것이다. 알렉산드로스와 그의 부하들은 언제나 그러했듯이 대열에서 가장 약한 이들 중 다수를 잃긴 했지만, 위기에서 벗어났다. 상인들이 그들의 소중한 몰약을 대부분 끝까지 가지고 왔을 가능성은 거의 없어 보인다. 전략적 목적의 관점에서 보면 이번 행군은 실패로 끝났다. 함대를 위한 길을 준비할 수 있는 능력이 미미했고, 그들이 준비해서 남겨둔 보급품과 물 대부분을 네아르코스가 발견하지도 못했다. 그렇다고 해서 최초의 기획 자체가 어리석은 생각이었다는 것은 아니다. 길게 보았을 때 함대는 육상의 군대보다 훨씬 더 쉽게 이동했다.[10]

하지만 우기가 평년보다 몇 주 더 지속되었기 때문에 상황은 좋아지지 않았다. 알렉산드로스와 마케도니아 병사들 대다수가 떠나버리자 그들이 조성했던 공포는 곧 희미해졌고, 현지인들은 점점 더 침략자들에게 적대적으로 변해갔다. 네아르코스는 이러한 적대감이 직접적인 공격으로 변할 때까지 기다리기를 원치 않았기에 10월 중에 항해를 시작했다. 하지만 바람 때문에 인더스강 하구로 나가지 못했고, 그는 잠시 멈추어서 진영을 설치하고 다시 24일간 기다렸다. 바람이 북서풍에서 남동풍으로 바뀌었고 그도 마침내 대양으로 나와 모험을 할 수 있게 되었다. 얼마 지나지 않아 그는 알렉산드로스가 남겨둔 우물과 보급품 저장소를 발견하고 최근에 현지인들이 일으킨 반란을 진압한 레온나토스와 접촉했다. 반란 중에 사트라프인 아폴로파네스는 살해되었다. 이제 다시 마케도니아인들이 지배권을 회복했고, 레온나토스는 보급품 저장고와 관련해 네아르코스를 도와줄 수 있었다.

그때부터 함대는 육상 군대와 연락이 끊어졌다. 함대는 알렉산드로스의 정찰병들이 보았던 어촌 마을 주민들과 만났는데, 네아르코스가 상륙하려 했을 때 600명의 주민이 모여 그를 막았다고 한다. 그는 자신이 어떻게 해안가를 공습했는지 이야기했다. (이 작은 규모의 교전은 함대가 그리 크지 않았음을 암시한다.) 그의 부하들은 가치 있는 물건들을 거의 찾지 못했고, 겨우 양 몇 마리를 가져왔는데 그 고기에서는 짠맛이 났다. 계속 이동하니 조금 더 큰 공동체가 나타났는데, 이번에는 주민들이 이 낯선 이들을 환영하고 보급품을 제공했다. 네아르코스는 부하들에게 명령하여 주민들에게 우호적인 척하다가 신호를 주면 달려들어 저항하는 자는 누구든 죽이고 찾을 수 있는 모든 식량을 빼앗게 했다. 이 함대의 여정은 그 길에 있는 공동체에게는 난데없는 공포였지만 네아르코스나 다른 고대 문헌의 저자들은 그에 대해서 별로 신경 쓰지 않았다.

함대는 계속 항해했고, 몇 차례 식량이 떨어지기도 했다. 네아르코스는 엄격한 규율을 유지했고, 상황이 정말 절망적으로 변하기 전에 늘 충분한 식량을 찾아냈다. 이집트 선원들이 탄 배가 어떤 섬 근처에서 사라져서 다시 찾지 못하는 일도 있었지만, 이 때문에 심각한 손실이 발생하지는 않았다. 지중해에서 보았던 것보다 훨씬 더 큰 고래 무리가 나타나서 모두가 공황에 빠지기도 했다. 네아르코스는 빨리 노를 젓게 해서 그 짐승들에게 다가간 다음 병사들에게 소리를 치고 나팔을 불게 했다고 자랑스레 이야기한다. 고래들은 함대가 지나가는 길에서 물러나 물속으로 깊이 들어갔다가 조금 떨어진 곳에서 다시 나타났지만, 여전히 선원들이 그들이 숨을 내쉴 때 나오는 물줄기를 볼 수 있을 만큼 가까이 있었다. 하지만 행운이 함대와 함께 했다. 특히 날씨가 대체로 좋았고, 게드로시아 현지인 길잡이가 그들에게 큰 도움이 되었다. 때로는 병사들이 노를 젓거나 바람에 의지해 모두가 지친 상황에서도 계속 전진했다. 기원전 324년 1월, 1600킬로미터 이상을 주파한 끝에 그들은 페르시아만에 이르렀고 카르마니아의 해안에 닿았다. 네아르코스와 그의 병사들이 안전하다는 사실을 알렉산드로스가 알게 되기까지는 시간이 좀 더 걸렸다.[11]

30

왕의 귀환

푸라에 도착했을 때 알렉산드로스는 곡식이 이미 도시 안으로 옮겨진 것을 발견하고 군대에 짧은 휴식을 허락한 후 다시 카르마니아의 수도인 엑바타나까지 이동했다. 거의 320킬로미터를 행군한 뒤에 크라테로스와 그의 군대를 다시 만났다. 크라테로스에게는 풍부한 보급 물자와 수송용 짐승들이 있었다. 왕은 자기가 이끈 군대가 사막을 성공적으로 횡단한 것에 감사하는 희생제사를 올리고 축제를 열었다. 정말 오랜만에 음식과 술이 넘쳐나는 풍성한 축하연이 벌어졌다. 일부 기록에서는 병사들이 술에 취해 줄지어 행진하는 모습을 묘사했는데, 왕과 그의 헤타이로이가 디오니소스와 추종자 역을 맡고 화려하게 장식된 마차와 전차를 서로 연결해 그 위에서 먹고 마시며 즐겼다고 한다. 쿠르티우스는 대담한 적군 병사 1000명만 있었어도 술에 취해 비틀거리는 군대 전체를 제압할 수 있었을 것이라고 말했다. 아리아노스도 이 이야기를 전하고 있지만, 그대로 믿지는 않았다. 오늘날의 학자들도 알렉산드로스에 대한 태도에 따라 이를 수용하거나 거부한다.

역경을 극복했으니 이를 축하하고 긴장을 푸는 자리를 마련했을 법은 하지만, 사막에서 보급물자 대부분과 왕의 짐까지 잃어버린 마당에 성대한 잔치에 필요한 것을 얻기는 어려웠을 것이고, 과도하게 흥청거리는 것은 더더욱 불가능했을 것이다. 물론 군대가 다시 만났다는 사실 자체는 충분히 기쁜 일이었으나, 함대의 운명이 불확실하다는 현실 때문에 그 기쁨도 완전하진 않았다. 네아르코스를 만났던 전령은 일시적인 희망을 가져다주었지만, 더 이상 아무 소식도 들을 수 없게 되자 절망이 찾아왔다. 알렉산드로스는 그 전령을 잡아들였다가 해군 제독이 직접 나타났을 때 풀어주었다. 네아르코스 자신의 설명에 따르면 그는 누더기를 걸친 채 머리도 헝클어지고 아주 더러운 상태로 나타났기 때문에 그의 친구도 처음엔 그를 알아보지 못했다고 한다.[1]

크라테로스는 행군하는 도중에 반란군들과 마주쳤고, 왕이 지시한 대로 저항의 조짐은 모두 짓밟았다고 보고했다. 그리고 자신이 거둔 승리의 표시로 귀족 포로 두 명을 내놓았다. 다른 곳에서도 문제가 발생했다는 소식이 들어왔다. 푸라에서 알렉산드로스는 인도의 사트라프로 임명되었던 필리포스가 자기 용병들에 의해 살해되었다는 편지를 받았다. 이것은 일반적인 반란의 일환은 아니었고, 마케도니아 병사들은 재빠르게 그 살해범들을 붙잡아 죽였다. 알렉산드로스는 답장을 써서 새 사트라프를 보낼 때까지 옴피스와 포로스가 일을 맡아 처리하라고 지시했다. 박트리아와 소그디아나에 있는 용병과 정착민도 불만이 많았다. 인도에서 부상당한 뒤에 왕이 죽었다는 잘못된 이야기가 널리 퍼지자 3000명이 넘는 용병들이 정착했던 식민지를 버리고 그리스로 돌아가려 했다. 알렉산드로스가 게드로시아 사막으로 사라졌을 때에도 비슷한 소문들이 창궐했다. 그가 정복한 새로운 백성들은 물론 그의 많은 부하도 그가 인도 원정에서 돌아올 수 있을지 의심했던 것으로 보인다.[2]

인도에서 돌아오는 여정은 먼 거리에 걸쳐서 커다란 군대를 조직하고 움직이고 물자를 보급하는 마케도니아인들의 능력을 입증했다. 이러한 능력은 통신과 교통이 느리던 시대에는 결코 가볍게 볼 수 없는 것이다. 일부 사트라프들은 알렉산드로스의 병사들이 택한 경로를 감안해 식량과 물자가 많이 부족하리라 예상하고 명령이 도달하기도 전에 보급품을 모아들이기 시작했다. 하지만 다른 사트라프들은 알렉산드로스가 재촉한 뒤에야 움직였다. 그 이상 할 수 있는 일이 없었음에도, 몇몇 부하들의 반응은 만족스럽지 않았다. 알렉산드로스는 아폴로파네스가 자신을 실망시켰다고 느꼈기 때문에 그를 사트라프에서 해임하기로 결정했다. 하지만 해임 명령을 내리고 나서 아폴로파네스가 전투에서 쓰러졌음을 알게 되었다. 레온나토스와 그의 병사들이 어느 지점에선가(어느 경로를 통해서였는지 우리는 알 수 없으나) 본진에 다시 합류했다. 그들은 반란이 일어났고 이를 진압했지만 아군의 손실이 컸다는 소식을 가져왔다.[3]

크라테로스가 도착한 뒤 얼마 지나지 않아 많은 사트라프와 고위 장교들이 부대를 이끌고 왕에게 합류했다. 모두가 따뜻한 환영을 받은 것은 아니었고 알렉산드로스가 그들 중 몇몇에게 불만을 품고 있다는 것이 곧 분명해졌다. 카르마니아의 사트라프로 임명되었던 페르시아인 아스타스페스가 반란을 도모했다는 의심을 받았다. 쿠르티우스에 따르면 알렉산드로스는 우정을 가장하다가 혐의가 사실로 입증되자 그를 체포하고 처형했다. 좀 더 공개적으로는 왕의 고위 장교인

코이노스의 형제 클레안드로스, 트라케의 왕자들인 시탈케스와 아가톤, 그리고 헤라콘, 이렇게 네 명에 대한 기소가 이루어졌다. 이 네 명은 한때 파르메니온 휘하에서 복무했으나 왕의 명령에 따라 파르메니온을 살해한 인물들이었는데, 이로 인해 군대 안에서 많은 이들이 그들을 싫어하게 되었다.

이제 그들은 신전과 무덤을 약탈하고, 갈취와 강간으로 원주민을 학대했다는 혐의로 기소되었다. 클레안드로스는 취해서 한 귀족 집안의 처녀를 강간했고, 싫증이 나자 노예에게 정부로 주었다고 한다. 페르시아인만이 아니라 기소된 장교의 병사들이 이를 직접 증언하기도 했다. 왕은 물론이고 문헌들 또한 그들의 유죄를 확신했다. 클레안드로스와 시탈케스는 처형당했고, 헤라콘은 처음에 처형을 면했다가 그해 수사에서 다시 비슷한 혐의로 기소돼 유죄 판결을 받고 처형당했다. 이들보다 덜 알려진 아가톤은 어떻게 되었는지 기록이 남아 있지 않다. 하지만 클레안드로스가 이끌고 온 분견대의 10분의 1에 해당하는 병사 600명도 재판에 회부되어 유죄 판결을 받고 처형되었다.[4]

왕의 가장 오래된 친구 중 한 명이 처신을 잘못했다는 이야기도 있었다. 하르팔로스는 기원전 331년 이소스 전투가 벌어지기 전에 수상쩍은 상황에서 달아났다가 돌아와서 다시 왕의 총애를 얻고 재무관으로 재임명되었다. 엑바타나에 머문 후에 왕의 재물을 가지고 바빌론으로 이동했고, 그곳에서 호화로운 삶을 누렸다. 그는 그리스에서 가져온 식물들이 바빌론의 유명한 정원에서도 잘 자랄 수 있는지 조사하는 등 무해한 활동을 하기도 했다. 알렉산드로스는 그의 착복에 대해 그다지 우려하지 않았고, 심지어 규모가 큰 횡령에 대해서도 크게 신경 쓰지 않았다. 하지만 하르팔로스가 현지인 여성들을 유혹하고 강간한 것은 그의 횡령이나 착복보다 더 심각했고, 그가 아테네 출신의 창기(헤타이라) 피티오니케를 사람들 앞에서 과시하고 그녀에게 지나치게 헌신하는 것은 더 당혹스러운 일이었다. 피티오니케가 죽었을 때 그는 공금을 이용해 바빌론에 피티오니케 아프로디테로서 그녀를 기리는 신전을 짓고 아테네에 웅장한 무덤을 만들었는데, 무덤에만 30탈란톤이 들고 두 기념물 모두에는 총 200탈란톤이 들었다고 한다. 하지만 피티오니케를 잃은 슬픔은 또 다른 헤타이라를 얻음으로써 곧 사라졌다. 하르팔로스는 소아시아 해안에서 글리케라를 맞아들였고 타르소스 사람들에게 그녀를 여왕으로 대우하라고 지시했다. 자기 이름을 새긴 동전까지 발행한 걸 보면 그가 왕처럼 구는 분위기가 분명 있었던 것 같다. 하지만 그는 자신의 행동에 대한 친구의 반응을 시험하기 위해 기다리지 않았으므로, 그가 무엇을 계획하고 있었는지 알기는 어렵다. 여전히 그의 관대하고 충실한 친구였던 알렉산드로스는 하르팔로스에 대해 제기된 비난들을 믿지 않았고, 오히려 그를 비난하는 자들을 잡아들였다. 그러나 하르팔로스가 6000명의 용병과 함대, 5000탈란톤을 가지고 그리스로 달아났다는 소식이 전해지자 왕은 분노했다.[5]

하르팔로스가 달아나기로 한 것은 자기 잘못을 인식했기 때문이든, 왕이 더 이상 우호적이지 않다고 생각했기 때문이든 간에 두 번째 사면을 받지 못할 것을 예상했던 것은 분명하다. 그가 그리스로 달아나고 나서 제국의 같은 지역에서 여러 직위를 장악하고 그와 함께 행동했던 클레안드로스와 다른 이들의 운명을 알게 됐을 수도 있지만, 그렇지 않았다면 그들이 처형되었다는 사실이 그의 두려움을 가중시켰을 것이다. 기원전 324년에 왕이 처형을 명령한 자들은 그들만은 아니었다. 많은 페르시아 귀족이 처형당했고, 그중에는 페르시아의 왕관을 쓰고 자신이 왕이라고 선포한 이도 있었으며, 세 명의 사트라 프가 더 있었다. 사트라프 중 한 명은 지방 귀족이었는데 알렉산드로스가 페르시스의 통치를 맡겼던 인물이 자연사했을 때 그 지방을 차지했다. 그는 질서를 유지했고 알렉산드로스에게 어떠한 적대적 행위도 하지 않았다. 그럼에도 자의적인 그의 행동은 위험하게 보였을 수 있는데, 쿠르티우스에 따르면 그가 환관 바고아스를 대놓고 경멸했고 이에 화가 난 환관이 키루스의 무덤을 도굴했다는 구실로 그의 죽음을 꾀했다고 한다. 이와 동시에 다른 지휘관들과 사트라프들도 교체되었는데 일부는 직무를 수행하다 사망했기 때문이었고, 일부는 알수 없는 이유로 교체되었다. 이로 인해 생긴 한 가지 결과는 연말까지 극소수의 페르시아인들만 고위직에 남게 되었고, 알렉산드로스의 행정부와 군대의 고위직에는 압도적으로 마케도니아인들이 많았고, 그리스인도 상당수 있었다는 것이다.

어떤 학자들은 이것이 왕이 '공포 정치'를 편 것이라고 본다. 히파시스강을 건너지 않겠다고 한 부하들이 원망스럽고, 부상으로 고통받고, 위안을 얻기 위해 술에 의존하고, 화를 통제하지 못하고, 주변의 거의 모든 사람을 의심하게 된 결과라는 것이다. 이것이 냉정한 계산에 의해서였는지, 아니면 피해망상적 의심 때문이었는지에 관해서는 의견이 나뉜다. 그는 병사들에게 게드로시아 사막에서 참상을 겪게 했고, 술에 취한 상태에서 격분하여 클레이토스를 죽였으며, 무수한 학살과 처형을 명령했고, 자신의 실수에 분노하고 최소한의 변명조차 맹렬히 비난하며 계속해서 거의 모든 자제력을 잃어가고 있었다. 하지만 클레안드로스가 히파시스강에서 알렉산드로스의 뜻을 꺾은 코이노스의 형제였고, 하르팔로스처럼 고지 마케도니아 왕족 출신으로 보인다는 점을 중요하게 보는 학자들도 있다. 알렉산드로스가 잠재적 경쟁자나 단순한 반대자를 기회가 될 때마다 처리해 버리는, 언제나 무자비한 인물이라고 보는 사람들에게 이것은 그의 잔혹한 이력의 또 다른 국면에 불과하다. 그가 최근에 저지른 실수들과 사막에서 목숨을 잃은 자들에 대한 주의를 돌리려는 연막작전으로 의도되었다는 것이다.[6]

관점이 중요하다. 알렉산드로스와 그의 병사들은 광활하고 풍요로운 페르시아 제국을 믿기지 않을 만큼 짧은 시간에 누비고 다니면서 계속해서 앞으로 나아가 더 많은 영토를 정복했다. 제국의 통합을 공고히 할 시간은 거의 없거나 전혀 없었다. 또한 정복한 제국을 관리할 숙련된 행정가들도 충분하지 않았다. 하지만 이 제국은 이전에 필리포스가 자신의 치세에 애써 만들어 놓은 확장된 왕국과 종속적 동맹들보다 훨씬 더 컸을 뿐 아니라, 훨씬 더 낯설고 이질적이었다. 제국을 조직하려고 할 때 알렉산드로스에게는 따를 수 있는 전례가 없었다. 그는 그저 자신의 군대와 조정의 고위급에 속하는 개인을 골라서 책임을 맡기고 그들이 일을 잘 배우고 적응하기를 바라는 수밖에 없었다. 그는 지방 정부에서도 특히 도시 정부, 또는 아케메네스 왕들의 관료제 등에서 가능한 한 기존의 체계를 그대로 유지하고자 했다. 그의 휘하에서 일하게 된 아시아인들은 단기간에 진영을 바꾸어 정복자이자 새 주인이 된 알렉산드로스를 섬기기로 했을 뿐이지 능력에 따라 선발된 인물들은 아니었다. 알렉산드로스가 그들을 임명하거나 재임명하기로 결정한 것에 대한 감사와는 별개로, 새로운 왕을 사랑해야 할 대의 같은 것은 전혀 없었다.

마케도니아인과 그리스인은 페르시아인을 비롯한 모든 아시아인을 노예에 적합한 야만인들이라고 경멸하도록 배우면서 자랐다. 다리우스와 그의 대군이 그리스에 패배한 사건은 그들의 우월의식을 더욱 강화했을 것이다. 그들은 이제 부와 사치와 아름답기로 유명한 여자들을 제외하고 그 언어와 문화에 대해서는 전혀 관심이 없었던 피지배 민족의 주인이 되었다. 정복당한 이들 중 일부가 새 왕의 대표로서 지방 권력을 획득했고, 이를 통해 자신과 친구들을 부자로 만들거나 자신의 경쟁자를 공격하려는 야망을 충족시킬 기회를 얻었다. 반면에 다른 일부가 정복자들을 약화시키거나 타도할 크고 작은 기회를 노리고 있었다 해도 그건 그리 놀라운 일이 아니다.

알렉산드로스가 지방 관리들이 무엇을 하는지 면밀하게 감독한다는 건 불가능했다. 그는 편지를 보내고 보고를 받았으며 명령을 하달했지만, 당시에 모든 통신 수단은 느렸고, 왕은 모든 일을 알아내고 관여할 시간이 없었다. 그가 점점 더 멀리까지 이동할수록 서신 왕래도 시간이 훨씬 더 오래 걸리거나 아예 이루어지지 못했다. 한 페르시아인이 자기를 사트라프로 상정하여 여러 달 동안 해당 사트라피를 자기 뜻대로 다스렸다는 것은 제국에 대한 알렉산드로스의 장악력이 얼마나 느슨했는지를 보여준다. 거리가 너무 멀었고, 통신에서 발생하는 시간차가 너무 컸으며, 그가 제국 전체를 면밀히 감시하기에는 그의 대표들과 그들 휘하의 부대들이 너무 적었다. 시간이 흐르면서 사트라프와 주둔군 지휘관들은 대개 자체적으로 행동했으며, 대체로 용병으로 구성된 수백에서 수천 명에 이르는 병사들을 가지고 자기 지역 안에서 원하는 것은 무엇이든 할 수 있었다. 자제의 문화가 거의 없는 마케도니아인과 그리스인, 혹은 아시아인 중에서 권한을 남용하는 이들이 있었다는 건 전혀 놀랍지 않다.

순수하게 실용적인 관점에서 알렉산드로스는 주민들의 반란을 촉발할 수 있는 노골적인 권력의 남용을 용납할 수 없었고, 지역 귀족들이 페르시아 군주정을 되살리려는 시도도 용인할 수 없었다. 특출한 헤타이로이를 비롯하여 누구나 상관없이 처벌하겠다는 의지는 공정하게 통치하겠다는 진의에 대한 보증이었다. 왕의 돈을 착복하거나 남용하는 것에 대해 그는 크게 분노하지 않았지만, 여성들을 성적으로 학대하는 일에 대해서는 매우 강하게 대응했다. 이는 개인적인 감정에서 비롯한 것이기도 하지만, 그러한 범죄 때문에 자신의 대표들과 정권 자체가 사람들에게 미움을 받게 되리라는 인식에서 비롯한 것이기도 하다. 그래서 이집트를 담당하던 클레오메네스는 재정에 대해 더 큰 지배력을 행사했고 엄청난 규모의 횡령과 착복을 저질렀다고는 하지만, 성적인 포식자나 살인자는 아니었던 것으로 보였기 때문에 계속 같은 직위를 유지할 수 있었다. 알렉산드로스는 저항과 반란을 촉발할 수 있는 일들은 되도록 피하려고 한 것 외에도, 그가 인도에서 다시 돌아오지 않으리라고 많은 이들이 예상했다는 사실에 크게 화를 냈다고 한다. 그의 행운과 미래의 성공에 대한 의심은 그에 대한 불충만큼이나 그를 분노하게 했다.[7]

모든 것을 고려해 보면 알렉산드로스가 인도에서 회군한 이후 몇 달 동안 명령한 처형들 대부분에는 그럴 만한 충분한 이유가 있었다. 그렇다고 왕의 판단에 결점이 전혀 없었다거나, 혐의에 대한 조사가 전적으로 완전하거나 공정했다는 것도 아니다. 그는 때로 조신들에게 조종당하고 부당한 의심과 불신에 빠지기도 했을 것이다. 페르시아 귀족들의 반란은 즉각적으로 분노를 일으켰다. 알렉산드로스는 반역자 한 명을 직접 창으로 찔러 죽였다고도 한다. 몇 년 동안 본국과 긴밀히 연락하지 못하고 머나먼 타향에서 수년을 보낸 끝에 그는 확실한 본보기를 만들어 제국 전체에 자신의 의지와 통제를 강제하기를 원했다. 이를 공포 정치라고 하는 주장에는 근거가 빈약하다. 불균형하고 악의적인 왕이라는 묘사 또한 그러하다. 알렉산드로스가 그러한 사람이었다면 자신의 잔혹한 충동을 제한하여 그렇게 상대적으로 적은 희생자만 만들었을 리 없다. 그는 자신에게 복속된 이들에게 공포를 조성하고 싶어했고, 확실히 성공했다. 고위직에 있는 페르시아인 대다수를 제거하려는 의식적인 결정이 있었는지, 아니면 그가 훨씬 더 오랫동안 알고 지냈고 같은 언어를 사용하며 현지에서 지원 세력을 모을 가능성이 적은 사람들을 신뢰하려는 더 큰 의지가 반영된 것인지는 말하기 어렵다.[8]

타인을 신뢰한다는 것이 아르게아스 왕가 사람들에게는 결코 간단한 일이 아니었다. 그들은 외부의 적보다는 가까운 누군가의 손에 죽게 될 가능성이 더 크다는 걸 알고 있었다. 알렉산드로스는 지난 10년 동안 적어도 세 번의 역모에 직면했고, 이 경험들이 주변 사람을 신뢰할 수 없는 그의 두려움을 더욱 강화했다. (일부 학자들이 생각하는 것처럼, 음모 혐의로 기소된 자들의 몰락을 그가 획책한 것이라 하더라도, 기꺼이 그렇게 할 수 있는 사람이라면 자신의 헤타이로이와 조신들에게 큰 믿음을 가졌을 가능성은 거의 없다.) 클레안드로스와 나머지 인물들에 대한 그의 감정이 무엇이었든, 이들은 모두 그가 잘 아는 이들이었다. 그들 또한 그가 그들이 어떻게 행동하기를 기대하는지 이해했지만, 그들의 직위를 남용했다. 하르팔로스와 마찬가지로 이들 또한 알렉산드로스의 아주 가깝고 소중한 친구이기도 했다. 오히려 그런 사람들이 훨씬 더 위험했다. 그들이 용병에 대한 지휘권을 가지고 있었기 때문에 그들을 막으려면 용병들 안에서 심각한 반란이 일어나거나, 알렉산드로스의 주력 군대 일부를 파견해서 그들을 처리하게 해야 했기 때문이다. 다리우스는 그리스인이나 카리아인은 물론 다른 여러 지역 출신의 용병을 많이 고용했었다. 일부는 죽거나 생포되어 노예가 되거나 알렉산드로스에게 징집되었고, 다른 일부는 지중해로 도망갔다. 그 결과 주력 군대에서 복무하지 않고 주둔군으로서 흩어진 이들과, 전쟁 중에 집과 생업을 잃고 용병이 되는 이들이 많았다. 이들 중 상당수는 정복 활동으로 얻은 이득을 언제든 사용할 수 있는 사트라프와 다른 관리들에게 고용되었고, 다른 이들은 산적이나 도둑으로 전락했다.

알렉산드로스는 칙령을 내려 부하들이 독자적인 권한으로 용병을 고용하는 것을 금지하고, 이미 고용한 용병들은 자신의 주력 부대에 편입시키라고 명령했다. 그리스인 용병들에 대해서는 간단한 해결책을 사용하기로 결정했다. 이들 중 다수는 고향에서 추방당했거나 정치적 투쟁과 전쟁에서 패한 자들이었고, 특히 필리포스와 마케도니아인들이 가능한 한 많은 공동체에서 동맹들을 모아 힘을 키울 때 벌인 군사작전들에서 패한 이들이 많았다. 알렉산드로스는 이들 모두가 자유로이 고향으로 돌아갈 수 있다고 선언했다. 다만 불경죄나 다른 심각한 범죄를 저지른 이들과 고향 폴리스가 폐지된 테바이인들은 예외였다. 이 결정의 본질이 무엇이었는지, 이것이 정식 칙령이나 명령이었는지, 아니면 단순히 그리스 도시들이 받아들일 수밖에 없다고 느낀 왕의 의지의 표현이었는지는 확실하지 않다. 기원전 324년 올림피아 제전에 알렉산드로스는 특사를 보내 이와 함께 다른 결정들을 공지했다. 2만 명의 망명자가 모여서 이 소식을 들었으므로 그가 의도한 바는 분명하게 널리 알려졌다. 명백한 반어적 표현 없이, 알렉산드로스는 그들이 추방된 것은 본래 그의 책임은 아니지만 화합을 도모하기 위해 그들을 복권시키겠다고 언명했다.

그리스 도시 중에 추방자가 없는 곳이 없었으므로 알렉산드로스의 결정은 모든 도시의 내정에 대한 직접적인 간섭이었고, 코린토스 동맹에서 보장한 각 도시의 자율성과 정면으로 충돌하는 것이었다. 추방자들은 현 정권의 경쟁자들이었고, 그들의 재등장은 각 도시의 안정에 대한 명백한 위협이자 오래된 싸움을 재발시킬 위험이 되었다. 또 다른 차원에서 재산 문제가 제기되었다. 추방자들 중에는 수십 년 동안 부재하여 그들이 소유한 주택과 토지가 이미 다른 소유주들에게 넘어간 경우도 많아서 온갖 법률적인 문제가 야기될 수 있었다. 대개 그랬듯이 각 도시는 개별적으로 반응했고 그들이 우려하는 문제도 제각각이었다. 오래전부터 시민들의 투표로 추방자를 결정했던 아테네에서는 과거에 정복한 식민지 공동체들에 대한 우려가 가장 컸으며, 그중에서도 특히 사모스섬이 문제가 되었다. 반감을 품은 사모스인들이 고향으로 돌아온다면 선량한 아테네인들은 어떻게 될 것인가? 알렉산드로스의 결정에 관한 소식이 빠르게 널리 퍼졌지만 제기될 수밖에 없는 많은 의문과 문제가 세부적으로 논의된 것 같지 않았다. 일단 이렇게 독단적인 간섭에 대한 불가피한 반감이 일었지만, 마케도니아의 힘에 대한 존중으로 억제된 것만은 확실했다.[9]

하르팔로스는 기원전 324년 어느 시점에 선박과 병사, 보물을 가지고 아테네의 해안에 도착함으로써 일촉즉발의 불안한 상황 속으로 뛰어들었다. 최근 몇 년 동안 그는 이 도시와 좋은 관계를 발전시켰고, 작황이 나빠서 (그리고 알렉산드로스의 군사작전에서 비롯한 식량 수입의 단절과 점점 더 늘어나는 군인들에 대한 식량 공급으로 인해) 식량이 부족했을 때는 곡식을 보내기도 했다. 이에 대한 감사의 표시로 아테네인들은 그를 시민으로 받아들였지만, 이제는 쿠데타가 두려워 그를 거부했다. 그래서 그는 일자리를 찾는 용병들이 자주 들르는 곳인 펠로폰네소스에 있는 타이나론으로 갔다. 겨우 세 척의 배, 적은 수의 병사, 700탈란톤의 자금만 가지고 그는 아테네로 다시 돌아갔고, 이번에는 받아들여졌다. 그가 가져온 자금은 도시의 보고에 보관되었다.

안티파트로스와 올림피아스가 보낸 서한이 빠르게 아테네에 도착했다. 두 사람 모두 도주 중인 범죄자와 그가 훔친 재물에 피난처를 마련해준 아테네의 처사에 항의했다. 이에 아테네인들은 하르팔로스를 느슨하게 구금하고 데모스테네스를 올림피아 제전에 보내어 알렉산드로스의 특사와 협상하게 했다. 그들은 이 협상으로 아테네의 이익이 보호받을 수 있게 추방자들에 관한 문제가 조율될 수 있기를 바랐다. 아테네와 다른 도시가 협상의 결과를 기다리고 있었지만, 하르팔로스는 오래 기다리지 않기로 결정하고, 느슨한 경비병들에게서 빠져나와 타이나론에 있는 용병들에게 합류했다. 그는 용병을 이끌고 크레타섬으로 갔지만 그곳에서 부하의 손에 살해당했다. 알렉산드로스의 오랜 친구이자 전직 재무관이었던 그는 이렇게 사망했지만, 이 짧은 사건은 이후에도 아테네인들의 뇌리에서 떠나지 않았다. 도시의 보고에 저장해둔 돈의 절반이 사라졌고, 이로 인해 주요 인사들이 뇌물을 받은 혐의로 기소되는 소동까지 일었기 때문이다.[10]

기원전 324년 여름에 알렉산드로스는 서른두 살이었다. 그가 왕이 된 지 12년, 아시아를 침공한 지 10년이 지났다. 그동안 그와 그의 병사들이 크게 변하지 않았다면 그것이야말로 정말 놀라운 일이었을 것이다. 고대 세계의 기준으로 보아도 그동안에 많은 전투를 치렀고 많은 이를 죽였다. 어떤 기준으로 보더라도 그들은 어마어마한 거리를 행군했다. 오늘날의 가장 짧은 추정치로도 더위와 추위를 견디고, 우기의 계속되는 비를 맞고, 산맥을 넘고 사막을 가로지르며 걸어간 거리가 1만 6000킬로미터가 넘는다. 20세기 이전의 전쟁에서는 전투보다 훨씬 더 큰 위험이 질병이었는데, 이로 인한 사망자 수치가 없기 때문에 전체적인 인명 손실을 알기란 불가능하다. 군대의 핵심을 이룬 마케도니아인들에게 사망자는 오랫동안 함께 일하고 싸웠던 병사들의 공동체에서 나왔으며, 그중 어떤 이들은 필리포스의 치세 초기부터 함께해 온 사이이기도 했다. 많은 이들이, 아마도 대다수가, 그들의 왕이 그러했듯이 하나 이상의 부상을 입었고, 비록 살아남았다 해도 자신이 결코 강하기만 한 존재가 아니라는 것을 깨달았다. 알렉산드로스는 예전부터 잘 알고 지내던 친구들이나 중요한 조신들을 많이 잃었다.[11]

고대의 한 전승에서는 알렉산드로스를 권력에 취해 부패한 인간으로 묘사한다. 어느 쪽으로든 증명할 수는 없겠지만 충분히 그럴 수 있는 일이었다. 링케스티스의 알렉산드로스의 처형을 지연시킨 것 외에는 젊은 시절에 주저한 듯한 흔적이 거의 없었지만, 그는 말년에 처형 명령을 더욱 선뜻 내렸던 것 같다. 그의 세계는 극적으로 변했다. 망명지에서 돌아와 왕의 총애를 되찾은 지 얼마 지나지 않아 살해당한 아버지의 상속자로서 왕위에 오른 어리고 불안한 왕의 세계에서, 이제는 아시아의 정복자이자 주군의 세계로 넘어왔다. 페르시아와의 대전을 준비하는 과정이 필리포스 치세의 마지막 몇 년을 차지했으므로, 필리포스의 헤타이로이와 병사들, 범그리스주의자들이 오래된 꿈과 유사한 이상으로든, 아니면 단순히 위대한 도전으로든 이 전쟁에 대한 큰 생각을 공유하지 않았을 리 없다. 필리포스의 치세까지도 그리스 세계에서 무시당하던 그토록 약하고 작은 왕국 마케도니아가 다른 그리스 국가들을 강제로 통합하고 당대 최고의 강대국을 공격하여 완전히 압도한 것이다.[12]

이제 전쟁은 끝났다. 알렉산드로스와 그의 군대는 페르시아 제국의 확실한 주인이 되어 제국의 심장부로 돌아오고 있었다. 삶의 많은 일들은 실제로 이루었을 때보다 기다리며 기대하고 있을 때 더 달콤한 법이다. 그토록 오래 소중하게 간직했던 꿈은 그다음에 일어날 일들에 대해 생각할 여지를 남겨놓지 않았다. 그렇게 빨리 많은 것을 이룰 수 있었던 것은 알렉산드로스의 강력한 추진력 덕분이었다. 왜냐하면 중년에 이른 필리포스가 이룬 것을 공고히 하고자 잠시도 멈추지 않고 그렇게 빨리 많은 것을 획득할 수 있었으리라고 상상하기는 어렵기 때문이다. 마케도니아인들은 기병이든 보병이든, 귀족이든 농민이든, 모두 왕의 동지로서 위대한 모험을 떠났고 누구도 상상할 수 없었던 영광과 전리품을 얻었다. 많은 이들이 이제 고향으로 가고 있다고 믿었다. 기원전 330년 페르세폴리스에서부터 생각해왔던 귀향이었다. 하지만 그들은 몇 년 동안 전투를 벌이고 역경을 이겨내며 고생한 탓에 육체적으로, 정신적으로, 감정적으로 매우 지쳐 있었다. 진이다 빠진 듯 느껴지는 것도 당연했을 것이다. 이는 알렉산드로스 자신도 마찬가지였다. 비록 인도에서 완전히 만족할 수는 없었지만, 그럼에도 그토록 큰 꿈을 이룬 그는 이제 변한 세상과 새로운 야망에 맞게 자신을 조정해야 했다.

알렉산드로스에게는 새로운 발상과 계획이 절대 부족하지 않았다. 그는 다음 차례로 아라비아 반도에 초점을 맞추고 있었다. 유프라테스강과 티그리스강을 항해하겠다는 신선한 포토스가 일었고, 대대적인 육군과 해군 준비에 착수했다. 우선 그는 파사르가다에를 통과하여 행군했는데, 그곳에서 키루스 왕의 무덤이 약탈당한 것을 발견했다. 그는 페르시아인 사트라프에게 책임을 묻고 그를 처형했다. 다시 페르세폴리스에 도착했을 때는 페르시아 궁을 파괴했던 일에 대한 후회를 표현했을 테지만, 이를 다시 건설하려는 시도는 하지 않고 수사로 이동했다. 그곳에서 더 많은 축하 행사를 벌였고, 그 절정은 성대한 단체 결혼식이었다. 알렉산드로스는 두 명의 아내를 맞이했는데, 하나는 다리우스 3세의 맏딸 스타테이라였고, 다른 하나는 아르타크세르크세스 오코스의 막내딸 파리사티스였다. 헤파이스티온도 다리우스의 다른 딸과 결혼했는데, 알렉산드로스는 앞으로 자신과 친구의 자녀가 태어나면 서로 사촌이 된다는 생각에 기뻐했다. 크라테로스도 페르시아 왕의 조카딸과 결혼했다. 왕의 고위 헤타이로이 가운데 80~90명이 페르시아 귀족 출신의 신부를 얻었다. 알렉산드로스는 그들에게 지참금을 넉넉히 주었고, 신랑들이 의자에 앉아 축배를 들면 신부들이 그들 곁에 와서 앉았다. 원정 기간 중 아시아 여자를 취해 가정을 꾸린 대략 1만 명의 병사들에게도 상당한 양의 선물이 주어졌다.[13]

마케도니아인이나 그리스인 신부를 얻은 페르시아인은 전혀 없었다. 이 단체 결혼식은 두 민족의 혼합이 아니라, 페르시아 왕족과 상류층에서 신부감으로 적당한 젊은 여성들을 취하여 알렉산드로스의 장교들에게 하사한 것이었다. 왕의 신부들과 마찬가지로, 이들 여성은 대부분 이 순간을 위해 그리스어 교육을 받았다. 알렉산드로스의 이번 결혼은, 상대적으로 잘 알려지지 않았고 명확하게 왕족이 아닌 록사네와 결혼한 것보다 훨씬 더 크게 내디딘 걸음이었다. 신부들에게는 아무런 선택권이 없었으며, 마케도니아인들과 그리스인들도 그들의 군주가 제안한 것을 거부할 위치에 있지 않았다. 사실 이것은 왕에게보다 일반 병사들에게 훨씬 더 큰 진전이었다. 앞에서 보았듯이 왕을 제외한 마케도니아인들이 일부다처제를 유지했다는 증거는 전혀 없다. 이날 맺어진 여러 부부 중에 오직 한 쌍만 계속 부부로 남았다. 이날 아파메와 혼인한 셀레우코스는 이후에도 결혼생활을 오래도록 유지했다. 마케도니아인과 싸우다 죽은 박트리아의 지도자 스피타메네스의 딸인 아파메는 두 명의 딸은 물론 셀레우코스의 상속자가 되는 아들도 낳았다. 그는 아내를 기려 세 도시의 이름을 아파메아라고 했다. 그밖에 다른 결혼들은 모두 알렉산드로스가 죽은 직후 이혼으로 종결되었다.[14]

일단 지금은 축하와 찬양의 시간이었다. 인도에서 말리족의 요새를 공격할 때 위험에 빠진 알렉산드로스를 방어했던 레온나토스와 페우케스타스에게 황금관이 수여되었다. 함대를 이끌면서 항해사로서 더 많은 기량을 쌓았을 네아르코스와 오네시크리토스에게도 황금관이 수여되었다. 그리고 헤파이스티온과 남아있는 다른 근위병들도 황금관을 받았다. 페우케스타스는 정원 외의 여덟 번째 근위병으로 임명되었고, 얼마 뒤에는 사트라프로 임명되어 처형된 페르시아인 사프라프를 대체했다. 왕의 격려를 받은 그는 현지어를 배우고 지역 관습을 채택한 유일한 마케도니아인 사트라프가 되었고, 그 결과 페르시아인들에게 인기를 얻었던 것으로 보인다. 고위 장교들에게 베푼 것과는 별개로 알렉산드로스는 가능한 한 많은 부대원에게 너그럽게 베풀고자 했다. 여자를 선물로 준 것 외에도 그는 군대에 있는 모든 사람의 빚을 대신 갚아주겠다고 발표했다. 하지만 병사들은 이것이 함정일 것이라고 의심했다. 가장 빚을 많이 진 자는 문책당하리라고 생각했기에 앞으로 나서는 이가 별로 없었다. 왕의 말이 진심에서 나온 것이라는 것을 알고 난 뒤에야 사람들은 자신의 부채를 신고했고 이어서 부채가 청산된 것을 확인했다. 알렉산드로스는 왕의 말을 의심한 것에 대해 그들을 꾸짖으며 왕은 언제나 진실만을 말한다고 했는데, 이는 굉장히 페르시아적인 정서가 담긴 말로 이전의 아르게아스 왕조의 군주들, 특히 간교한 필리포스에게서는 연상되지 않는 것이었다.[15]

불충분한 소통, 점점 커지는 의식의 차이, 피로에서 비롯한 실수와 조바심이 합쳐져 더 많은 오해와 마찰이 이어졌다. 단체 결혼이 끝나자마자 3만 명의 신병이 도착해 왕을 위해 행진했다. 이들은 3년도 더 전에 아시아 공동체들에서 모집된 젊은이들이었지만, 마케도니아식 팔랑크스로 훈련받고 장비를 갖추었으며, 그리스어 명령을 따랐다. 알렉산드로스는 그들을 '후손들'(에피고노이epigonoi)이라고 불렀고, 아마도 훨씬 더 요령 없이 반反팔랑크스라고도 불렀던 것 같다. 그의 노병들은 그들을 아시아의 무희들이라며 경멸했다. 행사용으로 행진할 때야 괜찮지만 실제 전투에 나서기엔 무리라는 뜻이었다. 그들은 자신들이 정복한 야만인 민족들이 그들을 대체할 수 있으리라는 암시에 깊이 분개했다. 마찬가지로 점점 더 많은 아시아인들이 헤타이로이 기병대에 들어와 완전히 아시아인으로만 구성된 다섯 번째 히파르키아가 만들어진 것도 기존 병사들의 반감을 샀다.[16]

알렉산드로스는 그러한 우려들을 실제로 알고 있었다 해도 무시했다. 그는 여러 가지 일을 준비하느라 바빴다. 티그리스강을 따라 내려가 바다에 이르렀고, 그런 다음에는 다시 유프라테스강을 거슬러 올라갔다. 그러면서 양쪽 강에 방어시설로 설치된 둑을 제거했다. 그는 군대에 명령을 내려 바빌로니아의 오피스로 와서 합류하게 했다. 이제 여름이 거의 끝나가고 있었고, 그는 이 시기에 중대 발표를 하기로 결정했다. 그는 너무 나이가 많거나 고된 임무에 맞지 않는 마케도니아인들을 모두 고향으로 돌려보내겠다고 했다. 과거에 테살리아인 병사들과 다른 동맹군들의 제대를 갑작스레 명령했던 것과 상당히 비슷했다. 고향으로 돌아가게 된 노병들에게는 넉넉한 보상이 주어질 것이고, 군대에 남은 이들 또한 마케도니아에서 새로 모집된 신병들을 포함한 모두의 부러움을 살 만큼 보상을 받을 것이었다.[17]

그러나 이에 대한 반응은 분노였다. 알렉산드로스의 발표는 보상이라기보다 거부처럼 보였다. 마케도니아 병사들은 그들의 왕과 함께 동고동락하며 싸웠다. 그들의 꿈은 알렉산드로스가 그들을 이끌고 고향으로 돌아가는 것이었지, 왕이 그들을 떠나 보내는 것이 아니었다. 최근의 단체 결혼식, 동방의 왕 같은 알렉산드로스의 옷차림, '에피고노이'를 비롯해 군대 내에서 부쩍 눈에 띄게 된 아시아의 야만인들에 대한 불만이 끓어올랐다. 그리고 그 중심에는 그들이 페르시아 제국을 정복했으나 결과적으로는 그들의 왕을 아시아의 매력에 빼앗겨 버렸다는 두려움이 자리 잡고 있었다. 병사들이 무리지어 왕에게 가서 모두가 함께 고향으로 돌아갈 것을 요구했다. 원한다면 왕은 홀로 아시아에 남아서 그 야만인 병사들이나 그의 '아버지'인 제우스 암몬과 함께 싸움을 계속하라는 것이었다.

알렉산드로스는 연단에서 뛰어내렸다. 그리고 선동자로 보이는 이들을 가리켜 근위병들에게 잡아들이게 했다. 대략 열세 명이 히파스피스테스에 의해 체포되어 즉각 처형되었다. 나머지 병사들은 모두 너무 놀라서 어쩔 줄을 몰랐다. 갑작스러운 분노에 충격을 받고 모든 외침이 사라졌다. 알렉산드로스는 다시 연단에 올라 연설했다. 아리아노스에 따르면, 그는 병사들에게 아버지—암몬이 아니라 필리포스—와 자신의 휘하에서 그들이 함께 이룬 모든 것을 상기시켰으며, 자신의 의도는 다만 지친 병사들에게 보상하려는 것일 뿐이라고 했다. 하지만 그들이 정말로 모두 고향으로 돌아가기를 택한다면, 가서 그들 모두가 왕을 버리고 왔노라고 말하라고도 했다. 물론 이러한 연설은 아리아노스에 의해 창작된 것이 분명하지만, 알렉산드로스가 실제로 말한 내용의 핵심을 담고 있을 것이다. 알렉산드로스는 군대를 향해 떠날 테면 떠나라고 말하고, 도시 안에 있는 궁에 칩거해 이틀 동안 모습을 드러내지 않았다. 그리고 사흘째 되던 날 고위직 페르시아인들과 메디아인들을 소집하여 지휘권과 다른 직위들을 나누어 주고, 최정예 아시아인 근위병, 보병과 기병, 히파스피스테스로 구성된 아게마를 만들겠다고 공지했다.

마케도니아인들은 이제 자포자기하는 심정으로 궁으로 몰려가서 무기를 내던지며 왕에게 해를 끼칠 의도가 없다는 것을 보여주고, 왕을 만날 수 있게 해달라고 요청하면서 용서를 빌고 남은 선동자를 모두 넘기겠다고 약속했다. 알렉산드로스에게 화가 났고, 그가 아시아풍으로 옷을 입는 것과 이전에 적이었던 이들을 조신과 병사로 고용하는 것이 불만이었지만, 그럼에도 그들은 여전히 마케도니아인이었고, 알렉산드로스는 그들이 그토록 오래 따르고 함께 성공을 거두었던 군주였다. 양쪽의 유대는 매우 깊었고, 그들의 분노보다 훨씬 더 깊었다. 이런 유대는 왕과 그의 백성은 하나로 결합되어야 한다는 느낌에서 자라났다. 알렉산드로스는 자신이 이겼음을 알고 밖으로 나왔다. 역설적이게도 한 명의 헤타이로이가 요청하기를, 페르시아인 신하들과 마찬가지로 지도자급 마케도니아인들을 그의 친족으로 지명해 입맞춤을 해달라고 했다. 왕은 호의를 베풀어 이를 허락했고, 큰 잔치를 베풀어 화해를 기념했다. 대략 9000명의 손님이 초대되었고 대부분은 군대에서 온 이들이었다. 알렉산드로스가 중앙에 있었고, 그 주변에는 고위 마케도니아인 헤타이로이가, 그다음에는 가장 특출한 페르시아인들이, 그리고 다른 민족들의 중요한 인물들이 자리했다. 이러한 자리 배치에서 그리스인들이 어디에 위치했는지는 확실하지 않다. 모든 주빈은 같은 사발에 담긴 술을 마셨다. 그리스인 점술가들과 페르시아인 역술가들이 제물을 바치고 알렉산드로스는 제국을 다스리는 동반자로서 마케도니아인과 페르시아인의 화합을 빌었다.

알렉산드로스는 처음에 의도했던 대로 가장 나이가 많고 지친 병사들을 선정해 고향으로 돌려보냈다. 인원은 대략 1만 명이었고, 각자 밀린 급료 외에 추가로 1탈란톤을 받았다. 이들의 아내와 첩, 자녀들은 현지에 남아야 했는데, 많은 병사가 마케도니아에 아내와 가족을 두고 왔기 때문이었다. 갑작스럽게 '야만인' 여성들과 그들의 '서출' 자녀들을 데려가는 것은 고향 도시와 마을에 문제를 일으킬 것이었다. 알렉산드로스는 병사들이 남기고 가는 아들들을 양육하고, 그들에게 적절한 교육과 군사 훈련을 시키겠다고 약속했다. 이들이 자라서 나이가 차면 아버지에게 보내주겠다고도 했다. 물론 이중에 실제로 이루어진 일은 하나도 없다. 귀향 대열을 이끄는 책임은 크라테로스에게 맡겨졌고, 이는 알렉산드로스가 이 일을 얼마나 중요하게 생각했는지 보여준다. 아마도 40대 중반에 이르렀을 크라테로스는 최근 몇 년 동안 지휘관들 중에 가장 신뢰받았지만 부상과 질병을 겪었고 건강이 좋지 않았으므로, 알렉산드로스의 선택은 적절한 것이었다. 훨씬 더 나이 든 다른 장교 하나가 크라테로스와 동반했고, 혹시라도 크라테로스가 중간에 죽는다면 그의 임무를 넘겨받기로 했다.[18]

마침내 일부 마케도니아인들이 귀향길에 올랐다. 그들은 서두르지 않았다. 다들 나이가 들었고 지쳤으며, 어떤 이들은 질병과 부상으로 몸이 성치 않았고, 아마도 모든 일을 함께했던 나머지 군대와 왕을 남겨두고 떠나기 싫었기 때문이었을 것이다. 더욱이 소아시아에서는 하르팔로스가 도주한 일과 한 사트라프가 반란자들과 싸우다 죽은 일로 인해 분란이 일었고, 그래서 그들은 다시 검을 빼 들어야 했다. 그 결과 여정은 더욱 지체되었고, 이듬해 여름이 될 때까지 그들은 유럽에 도착하지 못했다. 그때까지 그들은 몰랐겠지만, 그들 대부분은 다시 싸움에 불려 나가게 된다. 기원전 324년이 저물어갈 무렵 누구도 미래를 예측할 수 없었으나 알렉산드로스는 여전히 새로운 꿈과 야망을 구현하느라 바쁜 나날을 보내고 있었다.[19]

31

"망연자실"

알렉산드로스조차 다음에 무엇을 해야 할지 알기 위해 고군분투했을 것이다. 모든 그리스인을 이끌고 세계 최강의 페르시아에 맞서겠다는 것만큼 훌륭한 구실이며 단순한 목표이자 낭만적인 모험은 또 없었다. 다른 어떤 적도 그만큼 위대하거나 부유하지 않았고, 그만큼 커다란 증오와 멸시의 대상이 되지도 못했다. 그가 할 수 있는 일은 많았지만, 이 업적에 영광스러운 의미를 부여하는 일은 어려울 수밖에 없었다. 플루타르코스에 따르면 알렉산드로스는 친구들에게 "남은 생에 무엇을 해야 할지, 완전히 망연자실해 있다"라고 말했다. 자신이 정복한 영역에 대한 지배력을 공고히 하고 매끄러운 행정 체계를 조성하기 위해 한 자리에 오랫동안 정착하고 머무르는 것이 알렉산드로스에게는 전투를 벌이는 것처럼 자연스레 어울리지 않았다. 그래서 다른 이들은 정복 활동이 계속되리라 예상했다. 자신의 성과조차 넘어서려 하는 그의 열망과는 별개로, 이전에 적이었던 자들을 모아서 승자들과 나란히 새로운 전쟁에서 함께 싸우게 하면 새 제국을 하나로 통합하는 데 도움이 될 가능성이 컸다. 페르시아 원정이 그리스와 북쪽 경계에 있던 필리포스의 이전 적들을 분산시키는 데 도움이 되었던 것처럼 말이다. 필리포스가 창조하고 그의 아들이 강대국으로 키운 마케도니아는 전쟁과 확장에 적합하게 조직되어 있었고, 군 복무 경험은 왕과 백성 사이에 가장 큰 유대를 형성했다. 따라서 알렉산드로스가 스스로 그렇게 하고 싶다고 해도 정복 활동을 멈추기는 어려웠을 것이다.[1]

아라비아가 첫 목표가 되었으며 이는 타당한 선택이었다. 아라비아는 실제로 페르시아의 지배 아래 놓인 적이 없었지만, 페르시아의 중심부와 가까웠고 그 영향권 안에 있었다. 사치품 무역, 특히 향신료 무역이 이 지역에서 시작되거나 이 지역을 통과해 이루어진다는 점 또한 매력적이었다. 알렉산드로스는 아랍인들이 숭배하는 신이 둘밖에 없다는 사실을 알게 되었다. 그래서 정복군의 힘과 그의 정의로운 통치를 통해 세 번째 신이 되기로 결심했다. 아라비아를 넘어서는 더 큰 계획에 대한 논의도 있었는데, 함대를 파견해 아프리카 해안을 일주하는 것이 그 시작이었다. 헤로도토스는 이것이 수 세기 전에 행해졌던 일이라고 주장했다. 그다음엔 서쪽을 향한다. 우선은 시칠리아 그리스인들의 전통적인 경쟁자 카르타고를 노릴 것이다. 카르타고와 티레의 긴밀한 관계는 티레 공성 중에 이미 분명하게 드러난 바 있다. 카르타고 다음은 이탈리아와 나머지 유럽이다. 아리아노스는 다른 많은 계획에 대한 자료를 읽었지만, 진실이 어디에 있는지 판단할 수 없었다. 다만 "알렉산드로스의 계획 중에 작고 사소한 것은 아무것도 없었고, 그가 무엇을 정복했든 거기서 조용히 멈추지 않고" 언제나 "그 너머에 알려지지 않은 무언가를 찾고 있었다".[2]

당분간은 다른 방향에서 들어오는 공격에 대비하기 위해 자원을 결집하는 데 시간과 노력을 쏟아야 했다. 국고가 거의 비어 있는 상태로 아시아 원정을 시작했던 마케도니아 왕에서 이제 거대한 제국의 왕이 된 변화를 반영하듯이 모든 것이 거대한 규모로 이루어졌다. 대규모 함대를 수용하고 지원하기 위한 항만 시설들이 두 강을 따라 여러 곳에 설치되었다. 함대의 전함들은 대부분 트리에레스나 그보다 큰 선박으로 구성되었고, 일부는 지중해 해안에서 미리 건조되고 부분으로 나뉘어 육상으로 운송된 다음 다시 조립되었다. 정찰대가 파견되어 두 강과 그 너머 해안 지방에 대한 더 많은 정보를 수집하고 참여한 병사들을 훈련하는 데 도움을 주기도 했다. 기원전 323년까지 군대의 대대적 개혁은 초기 단계에 있었는데, 이는 노병이 제대하여 병사가 크게 줄어든 팔랑크스 대대에 활, 줄팔매, 투창 등으로 무장한 2만 명의 아시아인 병사들을 편입시키려는 것이었다. 이제 팔랑크스는 대략 16명이 이루는 분대(하지만 여전히 10을 뜻하는 '데카'라고 불림)를 기반으로 조성되었고, 이 분대에는 세 명의 마케도니아인이 맨 앞인 1열과 맨 뒤인 4열에 서고 아시아인들이 그 사이에 섰다. 아라비아 원정은 대규모 회전보다는 공성과 기습과 산병전으로 이루어질 가능성이 컸으므로 이러한 팔랑크스 구성은 전술적인 것인 만큼 행정적인 것이었고, 실제 전투에서 시험해 보지는 않았던 것으로 보인다.[3]

다음 정복을 준비하면서 알렉산드로스는 군대를 이끌고 엑바타나에 가서 겨울을 났다. 보통 군사작전의 휴지기는 정치와 행정에 집중되었다. 이제 제국의 중심에 있게 된 알렉산드로스는 이전 몇 년보다 더 쉽게 그리스와 마케도니아에 접근할 수 있었다. 한동안 그는 아테네를 상대로 군사작전을 펼칠까 고민했으나, 하르팔로스가 도주했다가 죽었다는 소식과 더불어 아테네가 우호 관계 유지를 확약하겠다

는 소식이 전해지면서 생각을 접었다. 안티파트로스와 올림피아스가
아테네에 압력을 가한 것은 왕의 대표와 왕의 어머니가 협력했던 흔
치 않은 경우였다. 보통 두 사람은 영향력과 후원, 병사 모집과 같은
알렉산드로스의 명령 이행에 대해 논쟁을 벌였다. 결국 올림피아스
는 고향 에페이로스로 돌아갔지만, 딸 클레오파트라를 남겨두어 안
티파트로스와 분쟁을 벌이게 했다. 마케도니아인들은 여성 통치자를
용인하지 않았을 것이므로, 알렉산드로스는 자신의 어머니가 현명
하다고 말했다. 올림피아스는 안티파트로스야말로 왕이 되려고 하는
반역자라는 비난을 계속해서 퍼부었다.[4]

크라테로스는 마케도니아에 도착하자마자 안티파트로스를 대신하
라는 명령을 받았다. 이제 70대에 이른 안티파트로스는 새로 모집한
병사들을 이끌고 알렉산드로스의 주력 부대에 합류하라는 지시를 받
았다. 안티파트로스가 이러한 결정을 인지했든 아니든, 또한 왕이 도
착했을 때 자신에게 더 안 좋은 일을 할까 봐 두려워했는지 여부와 관
계없이 그는 모든 비난에 맞서 자기 행동을 정당화하고자 아들 카산
드로스를 대신 보냈다. 알렉산드로스보다 한두 살 어렸던 카산드로
스는 몸이 약했던 것 같고, 알렉산드로스의 원정에 참여하지 않았다.
그 때문에 왕의 변화와 그에 따른 조정에서의 새로운 예법에 전혀 준
비되어 있지 않았던 것 같다. 그는 페르시아인들이 프로스키네시스를
행하며 바닥에 엎드리는 것을 보고 웃음을 터뜨렸다. 알렉산드로스는
왕좌에서 뛰어 내려와 카산드로스의 머리를 벽에 처박았다. 몇 년 뒤,
왕의 동상을 보는 것만으로도 카산드로스는 몸을 떨며 식은땀을 흘
렸다고 한다. 이번 일이 그의 아버지에 관한 송사에 도움이 되었을 리
없다. 하지만 크라테로스는 고향으로 천천히 가고 있었고, 상황은 아

직 위기에 이르지 않았다.[5]

　알렉산드로스는 더 많은 축제와 행사를 열었다. 그리스에서 3000명이 넘는 예인들과 운동선수들이 와서 참여했다. 휴식과 기념행사는 그와 장교들이 잔치를 벌이고 술을 많이 마신다는 것을 의미했다. 헤파이스티온은 연회에 참석했다가 열병을 앓았다. 의사의 처방에 따라 일주일 동안 휴식을 취하면서 엄격한 식이요법을 실천했다. 몸이 조금 나아지자 삶은 닭을 먹고 포도주를 많이 마셨다. 곧바로 다시 병이 도졌고 몇 시간 만에 죽었다. 알렉산드로스는 연회 중에 이 소식을 듣고 서둘러 그를 보러 갔다. 왕은 큰 충격에 빠져 시신을 껴안고 하루 종일 그 곁을 떠나지 않았다고 한다. 두 사람의 관계가 정확히 어떤 것이었든, 가장 가깝고 신뢰하는 친구로서 헤파이스티온이 알렉산드로스의 삶에 중요한 역할을 했다는 것은 분명하다. 성적인 관계였든 아니든 두 사람의 사랑은 진실된 것이었고, 헤파이스티온에 대한 알렉산드로스의 사랑은 오로지 어머니에 대한 애정에 견줄 수 있으며, 오히려 그 모든 전쟁과 승리의 세월을 함께 했으므로 그의 어머니보다도 중요했다. 정치적으로도 그의 중요성은 공공연하게 과시되었다. 그는 헤타이로이 기병대 고위 히파르키아의 지휘관이었으며—전체 병력을 책임지는 공식적 직위나 이중 지휘 체계는 더 이상 존재하지 않았다—최근에는 킬리아르코스chiliarchos로 임명되었다. 킬리아르코스는 1000명의 병사를 담당하는 지휘관을 가리키는 그리스어 칭호이지만 페르시아의 전통에서 영감을 받아 만들어진 직위였고, 실제로는 왕의 수석 각료 역할을 했다.

　《일리아스》에서 아킬레우스는 가장 사랑하는 친구 파트로클로스가 죽자 극적인 슬픔에 빠져 애통해했다. 이 위대한 영웅은 자신의 명예가 모욕당한 뒤에 전투에 나서기를 거부했기 때문에 파트로클로스가 그의 갑옷을 입고 대신 싸우다 죽은 것이었다. 후대에 있어서 아킬레우스의 자손인 알렉산드로스의 슬픔을 아킬레우스와 같은 시각에서 보는 것은 자연스러운 일이었다. 그의 위대한 조상이 그러했듯이 알렉산드로스 또한 자신의 가장 가까운 동지를 잃고 비탄에 빠졌다고 생각했다. 아리아노스는 두 사람 모두 사랑하는 친구보다 먼저 죽기를 바랐을 것이라고 했다. 아마도 알렉산드로스는 《일리아스》라는 프리즘을 통해 자기 삶의 많은 부분을 표현한 것처럼 호메로스에게서 끌어낸 감정을 통해 자신의 슬픔과 고통 또한 이해했을 것이다. 과거에 그는 죽은 이들, 특히 죽은 마케도니아인들, 그중에서도 쓰러진 헤타이로이를 영예롭게 추모하기 위해 정성을 들였다. 인도 원정이 끝나갈 무렵 코린토스의 데마라토스가 나이 들어 숨을 거두자 알렉산드로스는 성대한 장례식을 열고, 화려한 행렬을 조성하여 수천 킬로미터 떨어진 코린토스까지 유해를 운반하게 했다. 부와 권력이 점점 커지면서 어떠한 감정이든 표현할 수 있게 된 알렉산드로스의 역량은 거의 한계가 없어졌다. 몇몇 문헌에서는 알렉산드로스가 친구의 죽음에 분개하여 그 의사를 처형했다고 전한다.

헤파이스티온에 대한 애도는 의식적으로 호메로스식으로 표현되었다. 아킬레우스가 했던 것처럼 알렉산드로스는 자기 머리카락을 잘랐고 말들의 갈기와 꼬리를 자르게 했다. 가까운 사람과 사별한 이들이 공통으로 느끼는 감정은 그들의 세상은 그토록 갑자기 변해 버렸는데 나머지 세상은 이전과 다름없이 계속된다는 것이다. 알렉산드로스에게는 더 넓은 세상이 자신의 슬픔과 고통을 알아차리게 할 힘이 있었다. 디오도로스에 따르면 그는 장례가 끝날 때까지 모든 조로아스터 신전의 성스러운 불을 끄게 함으로써 페르시아인들에게까지 공적인 애도를 강요했다. 그는 그러한 행동이 페르시아인들에게는 끔찍한 신성모독이라는 것을 깨닫지 못했거나, 아니면 신경 쓰지 않았을 것이다. 장례 과정에는 시간이 걸렸다. 우선 시신을 적절한 예우를 갖추어 바빌론으로 옮긴 다음 그곳에서 화장했다. 60미터에 달하는 거대한 장작더미는 전함의 이물과 기타 전리품과 사치품으로 장식되어 있었다. 주요 인사들이 자신의 무기를 불 속에 던져 넣었다. 얼마 전에 헤파이스티온과 다투었다가 왕의 명령으로 사람들 앞에서 화해한 적이 있는 헤타이로이의 에우메네스*가 제일 먼저 나와 자신의 가장 좋은 무기를 불길 속에 던져 넣고 슬픔을 과장하여 드러냈다. 그리하여 자신이 망자에게 아무런 나쁜 뜻도 품지 않았음을 왕에게 납득시키려 했다.[6]

알렉산드로스는 시와에 특사를 보내 어떻게 하면 친구의 기억을 가장 영예롭게 할 수 있는지 신탁을 구했다. 그리고 헤파이스티온은 영웅에 합당한 숭배를 받으리라는 응답을 듣고 기뻐했다고 한다. 아킬레우스는 전투에 뛰어들어 헥토르를 포함한 트로이인들을 살육하고 포로들을 잡아 파트로클로스의 무덤에 희생제물로 바쳐 애도의 대미를 장식했다. 알렉산드로스는 겨울이 끝나기 전에 활동을 재개하고 전투를 벌임으로써 위안을 찾고자 했다. 그는 자그로스 산맥의 코사이오이족**을 징벌하고자 원정을 떠났다. 이 원정은 마케도니아인들

---

* 에우메네스는 일찍이 필리포스의 비서로 고용되었다가, 그의 사후에도 계속 왕의 비서로 일하면서 알렉산드로스의 아시아 원정에 동반했다. 알렉산드로스 사후에 제국 통치와 왕위 계승 문제를 둘러싼 갈등에서도 주요 인물들 가운데 하나로 활동한다. ─옮긴이

** 코사이아라고 알려진 산간 지역에 살아서 코사이오이족으로 불렸다. 호전적인 유목민족이었

에게 익숙한 속도와 잔인함으로 행해졌다. 병사들은 몇 개의 대열로 나뉘어 산간 부족민을 사냥하듯 잡아들였다. 농경민은 도적으로 변하는 경향이 적었기 때문에 이 유목민들을 농경민으로 바꾸기 위한 희망으로 새로운 정착지들이 조성되었다.[7]

기원전 323년 초, 알렉산드로스는 다시 바빌론으로 돌아왔다. 지중해 전역에서 수많은 사절이 알렉산드로스의 군대를 찾아왔다. 이들은 알렉산드로스의 관심이 그들에게로 향했다는 이야기를 들었거나, 그렇다고 추측했다. 아리아노스는 아프리카의 리비아인, 이탈리아의 브루티족·루카니아인·에트루리아인 사절들이 왔다고 열거한 뒤, 카르타고인, 이베리아인, 켈트족 사절들이 왔는지에 대해서는 자신이 가진 자료에서 읽었지만 그다지 확신할 수 없다고 말했다. 그는 로마 공화정에서도 사절을 보냈다고 하는 주장에 대해서는 크게 의심했다. 어떤 사절들은 아시아에서 거둔 왕의 승리를 기리고자 황금관을 선물하고 우호 관계를 맺고자 했으며, 또 어떤 사절들은 지역 내 갈등의 중재를 요청했다. 그리스에서 온 사절도 많았는데, 그들은 주로 추방되었다 귀환한 이들을 어떻게 다루고 통제해야 할지에 관심을 보였다. 알렉산드로스는 자신이 결정한 내용의 참뜻이 존중되는 한 기꺼이 호의적인 자세를 보여주었다.[8]

왕의 이런 호의는 많은 도시가 기꺼이 알렉산드로스를 신으로 숭배하는 것은 물론 헤파이스티온을 영웅으로 숭배하겠다는 태도에 대한 반응이기도 했다. 알렉산드로스에 대한 숭배는 이미 오래전부터 시

으며 산적질을 했다. 페르시아의 왕들은 이들을 완전히 제압하지 못했고, 매년 엑바타나에서 바빌론으로 조정을 옮길 때 해당지역을 통과하면서 공물을 바쳤다고 한다.─옮긴이

작되었다. 이전에 신과 결부된 필리포스를 숭배했던 것처럼 여러 도시에서 알렉산드로스의 조각상을 세우고 그에게 헌정된 제단을 마련했다. 제우스 암몬의 아들이라는 그의 주장을 받아들이는 것 또한 그의 총애를 받기 위한 좋은 방법이었다. 아버지나 아들이 이것을 심각하게 생각했는지, 아니면 그저 존경과 충성의 공식적 표시로 보았는지는 중요하지 않았다. 추방자들의 귀향을 허락하는 칙령과 함께 올림피아 제전에 파견된 알렉산드로스의 특사는 그리스 본토에서도 어떤 형식으로든 왕을 신으로 공경하기를 바란다는 왕의 의지를 표현했다. 이는 부분적으로 그의 힘을 상기시키고, 그가 원하는 것은 무엇이든 행하기를 촉구한 것으로 보인다. 알렉산드로스의 속마음은 알 수 없으니, 그가 제우스 암몬의 아들이었기 때문에 단순히 신비로운 방식으로 특별한 것이 아니라 자신을 완전히 신성한 존재로 여기게 되었는지는 말할 수 없다. 아테네의 문헌을 보면 그리스에서는 현실적인 반응을 보였다는 인상을 받게 된다. 그것이 왕이 원하는 것이라면 그들은 그를 신으로 숭배하는 데 기꺼이 찬성할 의사가 있었으며, 더 실제적인 사안들에서 왕의 양보를 얻어내는 데 훨씬 더 관심이 많았다. 데모스테네스는 알렉산드로스가 원하기만 한다면 그는 제우스나 포세이돈이 될 수 있다고 말했다고 한다. 왕이나 왕의 친구를 숭배하는 이런 일들이 모두 마음속 깊은 데서 우러나왔을 리는 없다. 기원전 4세기에 작성된 한 자료에서는 알렉산드로스가 매일 다른 신의 모습으로 차려입었고, 암몬의 뿔을 머리에 쓰는가 하면, 전차를 타고 돌아다닐 때는 심지어 아르테미스의 활과 화살통을 들기도 했다고 묘사한다. 하지만 이 문헌의 저자는 전반적으로 신뢰하기가 어렵고, 이러한 사실을 다른 누구도 언급하고 있지 않기 때문에 알렉산드로스가 정말

로 그러했을 가능성은 매우 적다.[9]

궁극적으로 이 마지막 몇 달 동안 알렉산드로스나 고위급 부하들의 마음속에 무엇이 있었는지 알아낼 방법은 없다. 현전하는 문헌들은 그의 활동에 대해 약간은 알려주고 있지만, 대부분은 기원전 323년 여름에 시작할 예정인 아라비아 원정의 준비 작업에 관한 것들이다. 불가피하게도 그 내용은 앞으로 다가올 일들을 암시하는 징조로 가득 차 있다. 얼마 전, 한 장교가 자신의 미래와 왕의 총애에 대해 염려하여 희생제사를 올리며 알렉산드로스와 자신의 운명을 알아봐달라고 점술가 형제에게 부탁했다. 처음에 올린 제사에서는 헤파이스티온의 죽음이 예견되었고, 두 번째 제사에서는 왕에 대한 똑같은 위험이 예견되었다. 자신의 호기심이 적대적인 의도로 보일까 걱정하는 두려움보다 왕에 대한 충성심이 더 컸기에 장교는 알렉산드로스에게 이 신탁을 알렸다. 하지만 왕에게 소식이 닿은 것은 헤파이스티온이 죽은 다음 날이었다. 왕은 진지하게 경고를 받아들였고 그의 염려와 솔직함에 감사를 표했다.[10]

한번은 알렉산드로스가 여행 중에 띠 형태의 왕관이 달린 모자가 바람에 날아가 버리는 일이 생겼다. 한 선원이 강에 뛰어들어 그 모자를 건졌고, 모자를 젖지 않게 하기 위해 머리에 쓴 채로 물살을 거슬러 돌아왔다. 알렉산드로스는 고문들의 조언을 듣고 그 선원에게 모자를 건져준 대가로 1탈란톤을 주었고, 왕권의 상징을 머리에 쓴 대가로 태형에 처했다(어떤 기록에서는 처형했다고 한다). 봄에 그가 바빌론으로 돌아갔을 때 평소에 가던 방향으로 도시에 가면 나쁜 일이 생길 테니 그렇게 하지 말라는 칼데아인들의 경고가 있었다. 알렉산드로스는 이 경고를 진지하게 받아들였고 다른 경로를 선택했으나, 이 경로는 군대 대열이 지나갈 수 없음을 깨닫고 다시 평소의 경로로 돌아왔다. 이후에 그가 술을 마시러 가려고 왕좌를 비워두었을 때 정체불명의 남자가 우왕좌왕하다가 그의 자리에 앉는 일이 있었다. 페르시아의 금기에 따라 환관들은 왕좌에 앉은 사람은 누구도 건드릴 수 없었으므로, 그를 쫓아내지 않았다. 그 남자는 나중에 체포되어 고문을 당하면서도 자신이 거기에 어떻게 가게 되었는지, 또 왜 그렇게 행동했는지 전혀 알 수 없다고 주장했다. 늘 그렇듯이 이러한 사건은 대다수가 후대에 창작된 것이거나 미화된 것이지만, 어떤 일은 실제로 일어난 것일 수도 있다. 다른 측면에서 알렉산드로스는 바빴고 만족했다. 조사하고, 순찰하고, 명령하고, 전함들이 강을 따라 이동하는 것을 관찰했다. 아라비아에 대한 공격은 아직 시작조차 하지 않았음에도 모든 측면에서 또 다른 큰 성공이 될 주요 사업이었다.[11]

록사네가 두 번째로 임신했다는 사실은, 나중에 중요해질 것에 비해 덜 중요해 보이긴 했으나, 일단 왕에겐 또 다른 희소식이었다. 알렉산드로스는 여러 번 부상을 당했지만 여전히 건강해 보였고 모든 면에서 앞으로 오래 살 것처럼 보였다. 그리고 그렇게 되었더라면 이 마지막 몇 달 또한 군사작전들 사이의 평범한 휴지기로 지나갔을 게 분명하다. 하지만 학자들은 그의 삶이 곧 끝나리라는 것을 알기에 고대 문헌들에서 그의 기분을 암시하는 내용을 찾으려고 노력해 왔고, 뚜렷한 증거가 없을 때면 추측해 보려고 애를 썼다. 알렉산드로스를 편집증적인 의심에 시달린 인물로 보려는 사람들은 그의 조정을 긴장이 가득한 공간으로 묘사한다. 이런 관점에서 보면, 안티파트로스를 교체하고 그를 페르시아로 불러들인 것은 그가 왕에게 충성하지 않았다는 공공연한 비난과 처형으로 이어지는 서곡이었다. 그러나 정말 그러했다면 크라테로스가 서둘러 마케도니아에 도착하지 않은 것은 이해하기 어렵다. 이는 그가 안티파트로스나 어쩌면 다른 고위 장교들과도 비밀스레 연락하고 있었다는 추측으로 이어지게 하기 때문이다. 이러한 해석에 따르면 알렉산드로스의 장군들은 모두 전쟁에 지쳐 있었지만, 만족을 모르는 지도자의 정복 욕구가 언제 끝나는지도 모르는 채 계산적이고 무자비한 군주에 대한 두려움 속에서 살았다는 게 된다.[12]

이 중 불가능한 것은 없지만, 모두가 추측에 불과할 뿐이다. 알렉산드로스가 죽은 뒤 그가 암살당한 것이라는 소문이 퍼졌고, 이어지는 권력 투쟁에서 경쟁자들은 상대를 비방하기 위해 그런 소문들을 부채질했다. 일반적으로 가장 잘 알려진 전승은 안티파트로스를 비난하며 그의 아들 카산드로스가 조정으로 오는 길에 독약을 가져왔다는 것이다. 이 독약은 지하세계로 통하는 스틱스강에서 떠온 물로, 얼음처럼 차갑고 마시면 죽을 수밖에 없는 것이었기에 노새의 발굽으로 만든 특별한 용기에 담아 와야 했다. 이것을 왕에게 건넨 사람은, 이미 왕의 술잔을 담당하는 신하로 왕의 곁에 가까이 있었던 그의 동생 이올라오스였다. 이올라오스는 그로부터 6년 안에 죽었고, 올림피아스는 그가 아들을 죽였다고 비난하며 그의 무덤을 훼손했다. 아마 다른 이들도 그녀의 말을 믿었을 것이다. 오늘날에 이루어진 연구들은 다양한 결론에 도달했으며, 당시에 그러한 방식으로 왕을 죽였을 독약이 있었는지에 대해 숙고했다. 안티파트로스 및 그의 가족들 외에 다른 사람들도, 그와 공모했든 단독으로 움직였든 간에 이 살인사건에 책임이 있다고 비난받았다. 한 저자는 알렉산드로스가 더욱 빼어난 부인들을 얻으면 자기가 밀려날 거라고 걱정한 록사네가 살인자라고 판단했다. 아르게아스의 왕들에게 암살은 매우 흔한 사망 원인이었다. 그러므로 알렉산드로스가 암살되었으리라는 생각 자체는 전혀 충격적이지 않다. 그러나 대체로 암살에 쓰이는 방법은 공개적인 공격이지 음독은 아니었다. 누군가 알렉산드로스를 살해했다거나 그러한 동기를 가졌다는 주장에 대한 강력한 근거는 없다. 더 나은 증거가 없다면 왕이 자연사했다고 받아들이는 편이 훨씬 더 쉽다. 오늘날 이 분야의 대다수 학자들은 이러한 입장을 지지한다.[13]

추가적인 논쟁은 왕실 일지로 알려진《에페메리스Ephemeris》에 관한 것이다. 오직 알렉산드로스의 마지막 1년에 관한 자세한 이야기를 전할 때뿐이긴 하지만, 몇 개의 문헌에서 이를 인용하고 있다. 그렇다고 해서 이 저자들이 원본에 접근할 수 있었다는 것을 의미하지는 않는다. 말 그대로 이 일지는 알렉산드로스가 매일 하던 일을 기록한 것이다. 다른 자료에 인용된 내용을 보면, 술을 마시는 연회를 선별적으로 강조하고, 많은 경우에 연회를 벌인 사람의 이름을 대거나, 다음 날 왕이 늦게 일어났다는 이야기를 전한다. 우리가 전체 일지의 분량과 다루는 내용의 범위를 확실히 알 수는 없지만, 일지에서 알렉산드로스의 음주에 관한 내용은 그렇게 두드러지지 않았을 것이다. 단편적으로 인용된 내용에서 그의 음주가 강조되었다는 사실은 그가 죽은 뒤 본문이 수정되거나 창작되었음을 암시한다. 죽은 왕을 자주 폭음하는 사람으로 묘사하는 것은, 이를테면 한 달 동안 다섯 번이나 술잔치가 벌어졌고 그때마다 왕이 술에 취해 다음 날까지 제대로 일을 하지 못했다고 하는 식의 묘사는, 권력을 차지하려던 장군들에게 유용했을 것이다. 그런 이야기는 알렉산드로스의 상태가 점점 나빠졌고,

정신이 맑은 다른 지도자 아래에서 모든 게 더 나아지리라는 것을 암시했기 때문이다. 그러나 그것이 완전히 날조된 이야기였을 가능성 또한 없어 보인다. 우리는 왕의 주연酒宴에 대한 마케도니아인들의 태도를 오늘날의 행동기준으로 판단해서는 안 된다. 기원전 324년 알렉산드로스가 어느 성대한 기념행사에서 카라노스●가 자신을 제물로 바침으로써 자살하는 것을 허락했다. 얼마 뒤에는 군대의 유명 인사들이 축제의 일환으로 술 마시기 대회를 열었다가 우승자를 비롯한 몇 명의 참가자들이 과음으로 죽는 일도 발생했다. 마케도니아 귀족들 사이에는 이웃 테살리아의 귀족들처럼 과음을 즐기는 문화가 있었고, 이는 남부 그리스인들에게는 이질적인 것이었다. 필리포스나 알렉산드로스가 술을 많이 마셨다는 이유로 마케도니아인들이 그들의 왕을 나쁘게 보았을 리는 없다.[14]

한 전승에 따르면 알렉산드로스가 마지막으로 병이 난 것도 연회에서 비슷한 음주 시합을 한 뒤였다고 한다. 하지만 왕실 일지에 근거하고 있다고 서로 주장하는 플루타르코스와 아리아노스의 더 자세한 이야기에는 이런 내용이 없다. 기원전 323년 5월 말의 어느 밤, 알렉산드로스는 네아르코스가 벌인 연회에 참석했고, 많이 먹고 마시며 즐겼다. 궁으로 돌아오는 길에 그는 라리사 출신의 테살리아인 메디오스를 만났다. 메디오스는 왕에게 자신의 처소에서 열리는 연회에 가자고 설득했다. 그는 군사적인 역량 면에서는 거의 언급되지 않지만 헤타이로이의 일원이었고, 아첨꾼이라고 비난받는 인물이었다. 알렉

● 28장에서 언급되는 칼라노스를 가리킨다. 모든 자료에서 칼라노스(Kalanos)라고 불리지만, 디오도로스 시켈리오테스는 카라노스(Karanos)라고 부른다. ―옮긴이

산드로스는 그의 말에 설득되어 새벽까지 술을 마셨다. 결국 자리에서 일어나 궁으로 돌아간 뒤 목욕하고 잠을 잔 알렉산드로스는 다음 날에도 다시 메디오스와 주연을 벌였고, 물을 섞지 않은 포도주를 마시던 중에 열이 나기 시작했다. 그는 등에서 칼로 찌르는 듯한 고통을 느끼며 소리를 질렀다.[15]

그럼에도 그는 다음 날 또다시 메디오스와 술을 마셨다. 그리고 다시 열이 나서 시원한 욕실에서 잠을 자야 했다. 그다음 날에는 왕으로서 해야 할 일이었기에 희생제사를 올렸다. 아리아노스의 말로는, 그가 인사불성인 상태여서 다른 사람들이 그를 옮겨야 했다고 한다. 하지만 그는 남은 하루도 헤타이로이들과 잡담을 나누고 주사위 놀이를 하며 보냈다. 저녁에는 고위 장교들과 회의를 열고 사흘 뒤에 시작하기로 한 아라비아 원정을 논의했다. 그날 밤에는 열이 나서 잠을 제대로 이루지 못했고, 강을 건너 왕의 정원으로 옮겨졌다. 다음 날 아침에는 목욕을 하고 희생제사를 올렸다. 플루타르코스는 그가 그날 하루를 메디오스와 보냈다고 하는 반면, 아리아노스는 네아르코스가 바다에서 했던 모험 이야기를 욕실에 누운 채로 들었다고 한다. 아마도 그는 두 사람 모두와 시간을 보냈을 것이다. 하지만 밤이 되자 열이 더 심해졌다. 다음 날 아침 그는 가까스로 목욕을 마쳤다. 구체적으로 언급되지는 않지만, 분명 희생제사도 올렸을 것이다. 그리고 네아르코스와 다른 장교들에게 원정에서 함대가 할 역할을 계획하라고 말했다.

왕의 열병은 더욱 악화되었다. 다음 날은 하루 종일 상태가 좋지 않았다. 그럼에도 그는 여전히 지휘관들과 회의를 진행할 수 있었다. 몸 상태는 좋아지지 않았고, 다시 다음 날이 되자 목욕을 하고 제사를 올리긴 했지만 어디를 가든 계속 실려 다녀야 했다. 그는 여전히 장교들에게 지침을 내리고 진급에 관해 논의했다. 의미심장하게도 함대는 계획된 일정대로 출발하지 못했다. 다음 날 아침에는 희생제사를 드리러 갈 때도 왕은 실려서 가야 했다. 산을 넘고 사막을 가로지르던 강철 의지로 그는 다시 장교들과 만나 회의를 주재했지만 한계가 있었다. 다음 날에는 정원에서 궁으로 옮겨지는 일도 있었다. 열이 더욱 심해졌고, 말도 할 수 없게 되었다. 군대 내에 소문이 퍼지기 시작했으며, 병사들은 왕을 직접 보고 그가 여전히 살아있는지 알기를 원했다. 다음 날, 많은 병사가 허락을 받고 줄지어 궁으로 와서 차례대로 왕의 침소를 방문했다. 알렉산드로스는 말을 할 수 없고, 다만 몸짓과 표정으로 힘들게 의사를 표시했다. 한 무리의 장교들이 세라피스* 신전에서 밤새 기도하고 제사를 올리며 왕을 신전으로 옮겨야 하는지 물었다. 사제들이 가져온 응답은 아니라는 것이었다. 아마도 사제들은 왕이 신전에서 죽게 되면 자신들이 비난을 받을까 염려했을 것이다.[16]

알렉산드로스는 생의 마지막을 궁에서 보냈다. 말을 할 수 없었을 뿐 아니라 거의 의식도 없었다. 그리고 다음 날 저녁에 사망했다. 그의 아버지는 말할 것도 없고 알렉산드로스의 생애 또한 세부적인 내용들이 불확실하다는 점을 감안하면, 그의 사망 날짜가 의심된다는 것 또한 그리 놀랍지 않다. 학자들은 대부분 기원전 323년 6월 10일이 맞을 거라고 생각하지만, 11일이나 12일이라고 생각하는 학자들

• 세라피스는 그리스와 이집트의 신화를 혼합하여 만들어진 신이다. 알렉산드로스 사후에 이집트를 지배한 프톨레마이오스가 꿈에서 만난 새로운 신을 세라피스라고 선포했다는 플루타르코스의 이야기가 일반적으로 잘 알려져 있다. 알렉산드로스가 죽어가던 이 시점에 바빌론에 세라피스의 신전이 있다는 것은 플루타르코스의 이야기와 모순되므로, 이것이 세라프시('심연의 왕')라고 불린 바빌론의 엔키 신을 가리키는 것이라고 보기도 한다.—옮긴이

도 있다. 서른세 살이 되는 생일까지는 불과 몇 주밖에 남지 않았고 재위 기간도 13년이 채 되지 않았다. 현전하는 고대 문헌들은 그의 질병에 대해 신뢰할 만한 진단을 제시하지 않는다. 그렇다고 추측이 가능하지 않은 것도 아니어서 많은 경우 말라리아로 추측하지만, 티푸스라고 생각하는 이도 있고, 그밖에 다양한 희귀 질병을 언급하기도 한다. 기원전 333년 타르소스 바깥에서 열병을 앓았을 때나 이후에 인도에서 화살을 맞았을 때도 알렉산드로스는 목숨이 위태로웠지만 살아남았다. 필리포스가 몇 차례 심각한 부상과 질병을 겪고 가까스로 살아남았던 것과 비슷했다. 그때마다 그가 살아남은 것에는 운이 크게 작용했다. 결국 누적된 부상은 과거에 비해 그를 약하게 만들었고, 과도한 음주는 상황을 더욱 악화시켰다. 원정 과정에서 알렉산드로스와 그의 부하들은 너무나 다양한 기후와 환경을 통과했고, 그때마다 새로운 박테리아와 바이러스에 노출될 수밖에 없었다. 어떠한 문헌에도 질병으로 인한 사망자들에 대한 기록이나, 알렉산드로스가 전염병으로 죽었다는 암시는 없다. 그러므로 알렉산드로스는 단순히 운이 나빴던 것일 수도 있다.[17]

고위 장교들은 알렉산드로스의 병이 며칠 내에 심각해졌으므로 그의 죽음도 갑자기 닥치리라는 것을 알았을 것이다. 말리족의 화살에 맞아서 생긴 상처는 알렉산드로스 또한 필멸의 존재이며 어느 때고 죽을 수 있다는 사실을 모두에게 상기시켜 주었다. 마케도니아 조정은 물론이고, 어느 정치 체계에서든 높은 자리에 오른 사람들은 자연스레 미래를 생각하면서 가능한 어떤 경우에도 대비하고자 끊임없이 자신의 위치와 전망을 재평가하기 마련이다. 대다수는 알렉산드로스의 즉위를 기억했고, 필리포스가 왕이 되기까지의 혼란스러웠던 시기를 기억하는 이들도 적지 않게 있었을 것이다. 전투나 질병, 역모에 의한 왕의 죽음은 언제든 일어날 수 있는 일이었다. 적어도 그의 조신들은 며칠 동안에 알렉산드로스의 죽음이 임박했다는 사실에 적응할 수 있었다. 하지만 병든 왕이 스스로 죽음을 예감했는지는 말하기 어렵다. 알렉산드로스가 헤파이스티온을 대신해(여전히 그의 히파르키아는 그를 기리는 의미에서 그의 이름과 기준을 유지했음에도) 킬리아르코스가 된 근위병 페르디카스에게 인장이 새겨진 반지를 건넸다는 이야기도 전해진다. 그가 죽어가던 순간에 누구에게 제국을 물려줄 것인지 묻자, "가장 강한 자에게" 혹은 "가장 자격이 있는 이에게"라고 속삭였다는 이야기도 있다. 그가 자신이 죽고 나면 자신의 시신을 둘러싸고 성대한 장례 경기*가 벌어질 것이라는 예언도 했는데, 이는 후계자가 되려는 이들 사이에서 실제로 벌어진 큰 전쟁을 가리킨 것이라는 이야기도 전해진다. 그가 마지막 며칠 동안 말을 할 수 없었다는 점을 감안하면 이런 주장들은 모두 신빙성이 없으며, 알렉산드로스의 정신 상태가 어떠했는지에 대한 믿을 만한 길잡이도 되지 못한다.

알렉산드로스가 죽은 뒤 며칠 사이, 바빌론에서 가장 두드러지는 고위 장교로 등장한 것은 페르디카스였다. 알렉산드로스가 어떤 방식으로 그를 지명했거나, 아니면 단순히 그가 이미 상당한 영향력을 가지고 있었기 때문일 것이다. 확실한 왕위 계승자는 아무도 없었다. 왕의 이복동생 아리다이오스는 알렉산드로스 치세 말기에 소환되어 군

• 장례 경기(funeral games)는 그리스를 비롯한 몇몇 고대 문명에서 망자를 기리기 위해 열리던 운동경기를 말한다. 호메로스의 《일리아스》에서는 아킬레우스가 친구 파트로클로스가 죽었을 때 장례 경기를 열고, 베르길리우스의 《아이네이스》에서는 아이네이아스가 아버지의 기일에 장례 경기를 연다. —옮긴이

대와 함께 있었지만, 언제나 통치자로서는 적합하지 않다고 여겨졌다. 페르디카스는 록사네의 태중에 있는 아기를 지지했다. 그는 그 아이가 아들이고 일찍 죽지 않고 성장하여 적절한 통치자가 되기를 바랐던 것이다. 네아르코스는 바르시네의 아들 헤라클레스를 지지하고 나섰다. 서출이긴 하지만 이미 존재하는 알렉산드로스의 아들이었다. 하지만 어느 쪽 아들이 왕이 된다고 해도, 어린아이는 통치할 수가 없으므로 여러 해 동안 섭정이 필요할 것이고, 섭정이 되는 사람은 자기 의지를 실행할 수 있을 만큼 강력해야 할 것이다. 네아르코스는 군대 전체에서 큰 지지를 받지 못했고, 이는 그의 생각이 신속하게 묵살되었음을 의미했다.

처음으로 페르디카스를 심각하게 반대하고 나선 것은 멜레아그로스였다. 적어도 그라니코스 전투에서부터 팔랑크스 대대의 지휘관을 맡았던 그는 마케도니아 보병대의 대변인이 되어 있었다. 알렉산드로스가 야만인 아내에게서 얻은 아들이 왕이 되는 것을 받아들이고 싶지 않았던 그는 진짜 아르게아스 왕조의 자손이자 필리포스의 아들이며, 이미 성인이 된 아리다이오스야말로 당연히 왕이 되어야 한다고 선언했다. 한동안 페르디카스와 대부분의 다른 귀족들은 보병대와 함께 바빌론에서 떠나 있었다. 그리고 군대가 협의하여 의견 일치를 본 뒤에 다시 돌아와서 록사네의 아이가 아들이라면 이 아이와 아리다이오스가 공동 왕이 된다는 데 합의했다. 이렇게 이룬 화합을 뚜렷이 기념하고자 공식적인 정화 의식을 행하고 전통에 따라 희생제물로 바친 개를 둘로 갈라 그 사이로 병사들이 지나갔다. 희생제사와 행렬은 보병대에서 300명의 선동자를 체포하고 신전에 피신해 있던 멜레아그로스를 처형하는 데서 절정에 이르렀다.[18]

이것이 유혈 사태의 시작이었다.** 알렉산드로스의 '장례 경기'에 관한 완전한 이야기는 여기에서 다루기에는 너무 길고 너무 복잡하다. 알렉산드로스 사후 수십 년 동안 이어지는 갈등의 특징은 대부분 끔찍한 죽음을 맞이한 핵심 인물들의 숙명에서 나온다. 페르디카스는 이집트를 쳐부수려다 실패한 군사작전 중에 반란을 일으킨 자기 병사들의 손에 죽임을 당했다. 크라테로스는 에우메네스 휘하의 군대에 맞서 전투를 벌이다가 말에서 떨어져 말발굽에 차여 죽었다고도 하고, 그를 알아보지 못한 동맹군 병사의 손에 죽었다고도 한다. 에우메네스는 더 오래 살았지만, 이후에 참여했던 전투에서 승리하지 못했고, 결국엔 자기 병사들에 의해 넘겨져 아리다이오스에게 처형당했다. 아리다이오스는 필리포스 3세라는 이름을 취하고 왕이 되었지만 다른 이들을 위한 꼭두각시에 지나지 않았다. 6년 4개월 동안 왕으로서 통치했으나 결국 그의 군대는 그를 버리고 올림피아스의 군대에 합류해 버렸고, 그 자신은 트라케인 근위병들의 칼에 찔려 죽음을 맞았다. 알렉산드로스가 죽은 뒤 마케도니아는 외부 공격에 취약해졌고, 오래된 반감에 새로운 반감이 더해져―추방된 자들을 귀향시키는 칙령이 쌓인 반감을 되살려내기도 했고―아테네를 비롯한 많은 그리스 도시에서 마케도니아로부터 벗어나 독립을 확고히 하려는 움직임

• 알렉산드로스 사후 그의 장군들이 남겨진 제국의 통치와 왕위 계승 문제를 두고 의견을 나눈 이 일련의 과정을 바빌론회의(Partrition of Babylon)라고 부른다.―옮긴이

•• 이른바 '디아도코이 전쟁'(기원전 323~281)을 말한다. 10여 명의 주요 장군들은 '후계자들'이라는 의미의 '디아도코이(Diadochi)'라고 불렸고, 바빌론회의에서 제국을 분할하여 각자 자기에게 맡겨진 지방을 통치했다. 이들은 서로 패권을 장악하기 위해 계속 전쟁을 벌였다. 결국 40년 가까이 지나면서 대부분의 디아도코이가 죽고, 그 후계자들이 각 지방의 왕조와 국가로 자리를 잡는 가운데 대략적인 패권 구도가 형성되었다. 하지만 이후에도 개별 국가들 사이에 국지적 전쟁이 이어지는 혼란기가 계속 이어진다.―옮긴이

이 일었다. 안티파트로스는 기원전 322년 말에 끝난 라미아 전쟁●에서 이들을 물리쳤다. 하르팔로스에게서 뇌물을 받았다는 혐의로 유죄 판결을 받았던 데모스테네스는 전쟁 와중에 아테네로 돌아왔지만 결국 아테네가 패하자 다시 달아나서 독약을 먹고 자결했다.

이 시기는 왕실 여성들이 매우 공적인 역할을 수행한 시기였다. 그들은 군대를 직접 지휘하기도 하고 군대를 선동하기도 했다. 올림피아스는 아리다이오스의 아내이자 필리포스의 손녀인 아데아 에우리디케를 죽었다. 그전에 에우리디케의 어머니 키나네는 딸과 함께 군대를 이끌고 아시아로 갔다가 이제까지 동맹이었던 자에 의해 살해되었다.●● 하지만 이런 행동에 큰 충격을 받은 그의 병사들은 반란을 일으켜 그를 타도했다. 그러나 올림피아스도 카산드로스에게 패한 뒤 처형당했다. 다만 카산드로스는 기꺼이 그녀를 죽이겠다는 사형 집행인을 찾는 데 어려움을 겪었다고 한다. 록사네는 다리우스의 딸 스타테이라 살해를 공모했고, 알렉산드로스의 아들 알렉산드로스 4세의 어머니로서 두드러진 역할을 했다. 하지만 이 모자는 실제적 권력은 전혀 없는 허수아비에 불과했다. 유복자로 태어난 아들은 남성성과 독립성이 발현되는 열네 살까지 잘 자랐지만, 이는 불안한 휴전 상태에 도달한 다른 권력자들에게는 곤란한 일이 되었다. 카산드로스

● 라미아 전쟁(기원전323~322)은 아테네를 중심으로 한 그리스 연합이 마케도니아 및 그 동맹국 보이오티아와 충돌한 전쟁이다. 알렉산드로스 사후에 마케도니아의 지배에서 벗어나려는 그리스 도시들의 반란으로 시작된 전쟁에서 안티파트로스가 이끄는 마케도니아는 제해권을 장악한 뒤 아시아에서 증원 병력을 조달하여 초반의 열세를 만회하고 전쟁에서 승리했다.―옮긴이

●● 키나네는 딸 에우리디케를 필리포스 3세가 된 아리다이오스와 결혼하게 하려고 군대를 이끌고 아시아로 건너갔으나, 그녀의 영향력을 경계한 페르디카스가 자기 동생 알케타스를 보내 그녀를 살해하게 했다. 에우리디케와 아리다이오스는 결혼하긴 했지만, 기원전 317년 올림피아스에 의해 둘 다 목숨을 잃는다.―옮긴이

는 이 모자를 한동안 감금하고 편안하게 생활하도록 했다가 은밀하게 살해했다. 얼마 뒤에 비밀이 새 나가긴 했지만, 그때는 이미 아무런 문제도 되지 않았다. 1년 뒤에 카산드로스는 바르시네와 헤라클라스의 살해를 계획했다. 이 모자는 사실상 무명인 상태로 살아가고자 했고 그래서 목숨을 부지할 수 있었으나 결국 다시 사람들의 눈에 띄었던 것이다. 그리고 가장 마지막으로 알렉산드로스의 여동생 클레오파트라가 살해되었다. 이로써 아르게아스 왕조는 혈통이 끊겼고 새로운 왕조들이 성립되었다.

카산드로스는 아버지 안티파트로스에게 물려받은 강력한 입지에 기반을 두고 적어도 한동안 승자의 지위를 누리다가 기원전 297년 자연사했다. 안티파트로스는 이미 나이 들고 병이 깊어 기원전 319년에 숨을 거두었다. 안티고노스 모노프탈모스라는 장군은 필리포스와 알렉산드로스의 군사작전에 관한 이야기들에서 거의 등장한 적이 없지만 왕조를 창건했다. 알렉산드로스의 군사작전에서 더 많은 시간을 보냈고 후반에는 상당한 명성을 떨쳤던 프톨레마이오스와 셀레우코스도 왕조를 세웠다. 시간이 좀 지나서 주요 인물들은 모두 무능한 아리다이오스와 어린 알렉산드로스 4세에게 충성하는 군대 지도자나 지역 사트라프로 머무는 데서 벗어나 스스로 왕이 되었다. 마케도니아에는 안티고노스 왕조, 이집트에는 프톨레마이오스 왕조, 동방에는 셀레우코스 왕조가 성립되었고, 그 밖에도 작은 왕국들이 많았는데 이들은 때로 이웃의 더 큰 왕국들의 지배를 받기도 하고 독립을 유지하기도 했다. 이렇게 알렉산드로스의 제국은 그의 사후에 하나로 유지되지 못한 채 완전히 분해되었다. 일부 영토는 상실되었다. 특히 인도에서는 기원전 4세기 말에 필리포스와 알렉산드로스에 맞먹는 재능과 야망을 가진 찬드라굽타가 등장하여 몇십 년에 걸쳐 위대한 왕국을 건설했다. 하지만 알렉산드로스의 제국 안에서 정복자들로부터 독립하려는 움직임이 크게 확산되지는 않았고, 기원전 2세기에 파르티아인들이 부상하기까지 새로운 '동방'의 제국은 등장하지 않았다. 이제 더 이상 하나의 왕국은 아니었지만, 알렉산드로스의 제국 대부분은 다음 몇 세대 동안 마케도니아의 후계 국가들의 통치를 받게 된다.

새 왕조들은 정통성을 확보하고 명망을 얻기 위해 알렉산드로스에게 의지했다. 그래서 그의 이미지는 그가 죽은 뒤에 오히려 훨씬 더 흔하게 사용되었다. 살아있는 동안에 알렉산드로스는 자기 이름을 동전에 새기긴 했지만, 아테나 여신이나 헤라클레스의 이미지를 새기는 걸 좋아했다. 나중에는 바빌론에서 인도 원정을 기념하기 위해 발행한 일련의 동전 앞면에는 말을 탄 그가 코끼리를 탄 포로스를 공격하는 모습을 새기고, 뒷면에는 제우스의 번개를 손에 들고 승리의 여신 니케로부터 화관을 받는 자신의 모습을 새겼다. 그와 동시에 발행된 다른 동전들에는 코끼리, 전차, 큰 활을 든 인도인 전사 등 패배한 적군의 이국적인 모습을 강조하는 이미지들이 새겨졌다. 병사들이 인도에서 더 남쪽으로 내려가기를 거부한 탓에 좌절감을 느꼈지만, 그럼에도 그는 이런 식으로 성공을 축하하고 기념하는 편을 택했다. 에페소스에서 아펠레스는 마치 알렉산드로스가 그 이전에도 내내 번개를 휘둘렀던 것처럼 그의 모습을 그렸지만, 사실 그가 살아있는 동안에 번개라는 신적 상징물이 결부되는 일은 거의 없었으며, 더구나 조율된 군사작전의 일부였던 것도 아니다. 알렉산드로스가 죽은 뒤 서로 경쟁하는 파벌들은 그의 이미지를 더 자유롭게 이용했다. 그들은 그의 이미지를 정통성의 휘장처럼 사용했고, 암몬의 뿔이 달린 모자를 쓰고 있거나 헤라클레스와 같은 모습으로 묘사했다. 당연한 수순으로 그의 후계자를 자처하는 군주들 대부분이 자신을 신적인 존재로 선포했다. 아르게아스 왕조의 혈통은 끊겼지만, 그 후계자들은 그들의 상징과 행동을 많이 차용했다.

알렉산드로스에 대한 기억은 중요했다. 특히 그가 죽은 지금은 그에 대한 기억은 조작할 수 있고 왕의 간섭도 없어졌다. 즉 그의 인기 없는 행동은 걸러내고 이상적인 상징으로 만들어낼 수 있게 된 것이다. 예를 들어, 페르디카스는 병사들에게 일련의 계획을 낭독해 주면서 이것이 바로 알렉산드로스가 하려고 했던 것이라고 주장했다. 거기에는 거대한 군대와 함대를 거느려야 할 수 있는, 막대한 비용이 필요한 대규모 원정부터, 장관을 이루는 헤파이스티온의 기념비와 피라미드보다 더 큰 필리포스의 무덤에 이르기까지 온갖 내용이 포함되어 있었다. 그는 자신이 말할 것을 선별해 부정적인 방식으로 말했겠지만 모든 것을 지어냈을 리는 없다. 그와 다른 지휘관들은 이 모든 계획이 병사들의 민회에서 거부되었을 때 매우 만족스러워했다. 하지만 알렉산드로스를 향한 사람들의 애정은 깊이 남아 있었다. '장례 경기'에서 최고의 부대들은 모두 알렉산드로스의 부하들이었다. 특히 필리포스와 알렉산드로스가 이끌고 수많은 승리로 이끌었던 히파스피스테스 '은방패 부대'는 단연코 최고였다. 기원전 317년 가비에네 전투* 때, 이들 대부분은 70대에 이르렀지만 그들 앞에 놓인 모든 것을 궤멸시켰고, 군대의 나머지 병사들이 모두 쓰러졌을 때에

---

* 오늘날 이란의 가비에네에서 에우메네스와 안티고노스가 맞붙은 회전이다. 에우메네스 쪽에서 싸운 은방패 부대의 활약이 크게 두드러진 덕분에 회전에서 에우메네스가 승리했다.—옮긴이

도 똑바로 대열을 맞추어 전장을 누비며 저항하는 자를 모두 쓸어 버렸다고 한다.[19] 알렉산드로스는 상징이자 영감이 되었다. 후계자들(디아도코이)은 그 위대한 정복자에 대한 기억에 상응하는 능력이 있고 그의 권력을 누릴 자격이 있음을 입증하기 위해 서로 싸웠듯이, 알렉산드로스의 시신을 두고도 다투었다. 그의 시신은 이집트식으로 방부 처리되었다. 분명히 왕 자신이 바랐던 대로 처리한 것이겠지만, 그가 언제 그러한 바람을 표현했는지는 분명하지 않다. 예를 갖추어 시신을 마케도니아로 옮긴 뒤 장례를 치르려는 계획이 마련되었다. 아마도 장례식은 다른 왕족들과 함께 베르기나에서 열릴 예정이었을 것이다. 최근에 암피폴리스에서 발견된 거대한 무덤 유적이 그의 영면 장소로 만들어진 것이라는 주장은 매우 매력적이긴 하다. 이 무덤의 거대한 규모는 마케도니아의 다른 무덤들을 왜소하게 만들 정도다. 아마도 이 무덤에 필적하는 것은 후대에 건설된 아우구스투스 황제의 무덤일 것이다. 기원전 321년에서 320년까지도 알렉산드로스의 시신은 마지막 여정을 시작하지도 못했다. 시리아를 지나던 운구 행렬을 프톨레마이오스가 군대를 보내 가로막았기 때문이다. 그는 행렬의 방향을 돌려 이집트로 향했고, 이것이 알렉산드로스가 의도했던 것이라고 주장했다. 그러한 주장이 사실이든 아니든, 그는 알렉산드로스의 시신을 확보했고, 그 자신이나 그의 아들이 알렉산드리아에 만든 무덤에 묻었다. 그 뒤로 알렉산드로스는 그곳에 남아 있었겠지만, 그 정확한 위치는 오래전에 사라져 버렸다.

눈물과 부러진 코

율리우스 카이사르는 서른여덟 살에, 오늘날 스페인에 있는 로마의 속주 가운데 한 곳의 총독으로 임명되었다. 속주의 총독은 이 정도 경력을 쌓은 로마 원로원 의원에게 상당히 영예로운 자리였다. 카이사르로서는 처음으로 독립된 지휘권을 갖게 되는 것이었으므로 그는 이 기회를 이용하여 현지 부족들에 맞서 공격적인 군사작전을 펼쳤고 큰 승리를 거두어 로마로 귀환할 때 개선식을 할 수 있었다. 플루타르코스에 따르면 속주의 총독을 지내던 중에 드물게 여유 시간이 생겼을 때 카이사르는 누가 쓴 것인지는 밝히고 있지 않지만 알렉산드로스의 역사를 읽었다고 한다. 평소에 침착하고 자신감에 차 있던 로마인 총독이 조용히 글을 읽다가 눈물을 터뜨리는 바람에 친구들이 깜짝 놀랐다. 카이사르는 감정을 추스르고 친구들의 물음에 답했다. 알렉산드로스는 그 젊은 나이에 그토록 많은 나라와 민족의 왕이 되었는데 자신은 나이가 더 많은데도 지금까지 그렇게 훌륭한 업적을 이루지 못했노라고 했다. 카이사르와 대강 같은 시기에 살았던 수에토니우스는 이 이야기를 조금 다르게 기록했다. 더 젊은 시절의 카이사르가 다른 직위로 히스파니아에 갔을 때 가데스(오늘날의 카디스)에 서 있는 알렉산드로스의 조각상을 보고 한숨을 쉬었다는 것이다. 이때부터 그는 서둘러 자신의 업적을 쌓기 시작했다고 한다.[1]

10년 뒤 카이사르는 갈리아를 정복하고 라인강에 다리를 놓았으며 브리타니아에도 상륙했다. 그리고 로마의 내전에서 싸워서 이겼으며, 마침내 로마 공화국과 제국의 유일한 최고 지도자가 되었다. 플루타르코스는 영웅을 둘씩 짝지어 기술한 일련의 전기인 《영웅전》에서 알렉산드로스와 카이사르를 그리스와 로마의 가장 위대한 지휘관이자 지도자로 묶어 놓았다. 그리스 출신의 또 다른 로마 시민으로 2세기 초에 저술 활동을 한 아피아노스에게도 두 영웅을 비교하는 것이 자연스러웠다. 하지만 로마의 다른 어떤 지도자도 알렉산드로스에게는 절대 필적할 수 없었다. 물론 알렉산드로스에게 필적하고자 애쓴 이들이 있긴 했다. 폼페이우스는 자기 이름에 '위대하다'는 뜻의 마그누스Magnus를 붙였고, 로마에서 개선식을 할 때 알렉산드로스의 것이었다고 하는 망토를 자랑스레 입었다.* 하지만 결국 그는 내전에서 카이사르에게 져서 이집트로 달아났다가 프톨레마이오스의 후손**의 명령으로 살해되었다.

카이사르는 로마의 알렉산드로스였다. 아니면 적어도 로마인들이 자랑스레 내세울 수 있는 인물 가운데 알렉산드로스에게 가장 근접

---

* 폼페이우스는 기원전 67년부터 61년까지 알렉산드로스의 본거지이자 정복지인 그리스, 소아시아, 시리아, 팔레스타인, 이집트에 이르는 동방 지역을 로마의 지배 아래 복속시켰다. 그는 카이사르보다 알렉산드로스를 더 많이 의식했을 것이다.─옮긴이

** 프톨레마이오스 13세를 말한다. 잘 알려진 클레오파트라의 동생이기도 한 그는 폼페이우스를 받아주려 했으나, 카이사르에게 잘 보이기 위해 알렉산드리아에 도착한 폼페이우스의 목을 잘라 바쳤다고 한다(기원전 48). 이로써 1차 삼두정치가 종식되었다.─옮긴이

한 인물이었다. 10년 동안 갈리아를 누빈 일은 무척 인상적이긴 하지만, 사실 그가 벌인 군사작전은 규모나 명성 면에서 페르시아 정복에 미치지 못한다. 알렉산드로스는 사실 로마인들에게 적어도 군사적 재능에 있어서는 그냥 위대한 존재가 아니라 가장 위대한 존재였다. 기원전 1세기 후반에 저술 활동을 한 로마의 역사가 리비우스는 2차 포에니전쟁에 많은 분량을 할애했다. 이 전쟁에서 카르타고의 한니발은 로마인들에게 참혹한 손실을 입혔고, 로마인들은 고군분투 끝에 겨우 승기를 잡을 수 있었다. 한니발은 기원전 202년 북아프리카 자마의 들판에서 벌어진 회전에서 한 번밖에 패하지 않았지만, 로마는 이 승리를 계기로 결국 전쟁을 종결할 수 있었다. 망명한 한니발은 몇 년 뒤에 소아시아의 한 왕궁에서 로마의 사절단을 만났다. 그중에는 자마에서 자신을 물리친 스키피오 아프리카누스도 있었다. 아마도 두 사람의 만남은 실제로 일어난 일일 것이다. 물론 두 사람이 나눈 대화에 대한 보고는 필리포스나 알렉산드로스에 관한 일화들만큼 주의해서 다루어야 하지만, 리비우스의 이야기는 널리 퍼진 로마의 태도를 반영하는 것 같다. 리비우스에 따르면 스키피오가 한니발에게 역사상 가장 훌륭한 장군의 이름을 대보라고 요청하자, 한니발은 전혀 망설이지 않고 알렉산드로스를 가장 먼저 말했고, 다음으로 에페이로스의 피로스 왕(알렉산드로스의 2세대 후계자 장군 가운데 가장 유명한 지도자)과 한니발 자신을 차례로 말했다. 만약 그가 자마에서 로마인들을 이겼다면 어떻게 대답하겠느냐고 묻자, 이 카르타고 장군은 그랬다면 자기 이름이 가장 먼저 나와야 할 것이라고 말했다. 리비우스는 이 대답이 카르타고인의 교묘함을 보여주는 전형적인 예라고 말한다. 말하고 있는 자신과 예전에 적이었던 상대방을 동시에 치켜세우고 있기 때

문이다.[2]

이 책은 필리포스와 그의 더 유명한 아들에 관한 책이다. 불가피하게도 고대나 현대나 거의 모든 관심을 받고 있는 것은 알렉산드로스다. 필리포스는 나약한 마케도니아를 해체 위기에서, 특히 외부 세력들의 지배에서 구해냈고, 그런 다음 자신의 왕국과 그 권력을 강화하고 확장하여 마침내 이웃 나라와 부족뿐만 아니라 그리스 대부분을 지배했다. 이렇게 해서 알렉산드로스가 페르시아 원정에 몰두할 수 있는 환경이 조성되었다. 필리포스가 없었다면 알렉산드로스도 없었을 것이다. 적어도 그토록 빨리 그토록 많은 영역을 정복할 수 없었을 것이다. 하지만 어떤 면에서는 아들에게 선택의 여지가 없기도 했다. 필리포스의 마케도니아는 왕과 백성 사이의 유대에 기초해서 유지되었고, 그 유대는 주로 군대라는 형식으로 표현되었다. 또한 필리포스의 경제는—그것을 경제라는 말로 그럴듯하게 말할 수 있다면—새로운 자원과 수입을 획득하고, 그것을 사용하여 그의 권력을 확장하며, 그 과정에서 더 많은 부를 획득하여 다시 다음 전쟁에 자금을 대는 일을 계속 반복했다. 그간에 필리포스가 수익을 늘리기 위해 했던 그 모든 노력에도 불구하고 페르시아 원정을 준비하면서 왕국의 부는 거의 고갈될 지경에 이르렀다.

알렉산드로스는 페르시아 침공을 이끌었을 때 주저하는 기미를 전혀 보이지 않았다. 성인이 된 이후의 생애에서 그는 줄곧 전쟁과 정복을 즐겼다. 알렉산드로스에게는 영광이 중요했다. 이 점을 당연히 여기고, 오직 그의 성품이 그의 계획을 추진한 유일한 힘으로 보기 쉽다. 확실히 영광을 향한 그의 갈망은 중요한 동기였으며, 그가 벌이는 전쟁에 긴급성을 부여했다. 하지만 그에게는 그밖에 달리 선택의 여지가 없었다. 필리포스 치세에 마케도니아는 매년 군사작전을 벌였고, 대부분의 시간 동안 여러 곳의 적과 전쟁 중에 있었다. 그는 생존을 위해 싸우는 약자에서 다른 공동체들을 흡수하는 침략자로 너무나 자연스럽게 이행했다. 그리스 세계는 늘 이런 식이었다. 동맹은 쉽게 결성되는 것만큼 쉽게 해체되었고, 각 폴리스의 지위와 자부심은 다른 폴리스들의 힘이 바뀜에 따라 올라가기도 하고 떨어지기도 했다. 점점 더 많은 성공을 거둘수록 필리포스의 힘이 다른 이들에게는 도전이 되었다. 따라서 그를 약화시킬 수 있는 기회를 잡아서 이용하려는 유혹은 커져 갔고, 이는 마케도니아와 그 왕은 절대로 나약하거나 취약해 보여서는 안 된다는 현실을 의미했다.

그리스에서 힘의 균형은 유동적이었는데, 그 이유는 국가들의 실제 힘만큼이나 국가들에 대한 인식에 따라 이것이 달라지고, 힘의 균형 자체가 시험받고 있었기 때문이다. 도시들과 도시 안의 파벌들은 서로 끊임없이 다투었고, 따라서 영구적인 경쟁관계가 존재했으며, 외부 세력에 대한 원조 요청도 자주 발생했다. 필리포스가 그리스 도시들에 개입하지 않았더라도 다른 이들이 개입했을 것이고, 이로써 그들은 더 강하고 더 영향력 있게 보였을 것이다. 이는 다른 어떤 지도자나 국가에 대해서도 마찬가지였다. 권력이 확장되면서 필리포스는 훨씬 더 넓은 지역에서 점점 더 많은 공동체와 직접 관계하게 되었고, 그에게 호소하는 이들을 도와줄 능력과 의지가 있는 인물로 인식되었다. 그리스의 국가 간 경쟁관계와 국가 내 경쟁관계가 불현듯 끝나지 않는 한, 필리포스든 아테네든 테바이든 권력자를 자처하는 자는 누구라도 권력을 유지하기 위해 끊임없이 권력을 과시하며 개입해야만 했다.

필리포스는 전쟁과 확장에 기초하여 강한 마케도니아를 창조했다. 그가 전쟁을 멈출 가능성은 거의 없었다. 다만 다음 전쟁을 준비하는 동안 짧은 휴지기를 가질 수는 있었다. 당대 사람으로서 그가 전쟁을 멈출 가능성을 고려했을까도 매우 의심스럽다. 그 시대에는 지배하거나 지배당하는 것이 아주 자연스러운 일이었기 때문이다. 이소크라테스를 비롯한 범그리스주의자들은 페르시아를 정복함으로써 그리스인들의 공격적 본능을 분출하고, 모든 그리스인에게, 아니면 적어도 중요한 그리스인에게 다시 싸울 필요가 없을 정도로 편안한 삶을 보장하는 땅과 노예가 주어지길 바랐다. 이런 꿈은 별로 설득력이 없었다. 알렉산드로스 휘하에서 페르시아 정복은 이루어졌지만, 그리스인이나 마케도니아인 중에 아시아에 영구적으로 살기를 바라는 이들은 상대적으로 적었다. 또한 알렉산드로스는 모든 아시아인을 노예로 강등시켜 새로운 지배자를 위해 힘들게 일하도록 만들 생각도 없었다. 범그리스주의자들은 늘 스파르타의 교훈을 잊곤 했다. 스파르타의 헤일로테스는 국가가 작동하려면 없어서는 안 되는 존재였지만, 그 처우가 너무 가혹했기에 오히려 도시의 안정에 영구적인 위협이 되었다. 알렉산드로스는 이와 비슷한 어떠한 것도 대규모로 도입하려고 시도하지 않았다. 만약 도입했다면 저항과 반란만 촉발했을 것이다.

알렉산드로스가 호메로스를 좋아했고 아킬레우스에 대해서, 그리고 나중에는 헤라클레스와 디오니소스에 대해서 경쟁심을 품었다는 사실은 잘 알려져 있으며, 이것이 그의 일생에 매우 중요했다는 것을 의심할 어떤 타당한 이유도 없다. 그는 영광을 갈망했고 더 뛰어난 업적을 이루기로 굳게 결심했다. 그러나 알렉산드로스 또한 필리포스만큼이나 전쟁을 멈출 수 없었을 것이라는 기본적인 진실을 감출 수는 없다. 왕위를 계승했을 때 그는 취약했고 거의 인정받지 못했으므로, 특히 자신도 아버지의 무자비함과 순전한 행운 말고도 군사적·정치적 기량을 가지고 있음을 입증해야 했다. 계획된 페르시아 전쟁을 포기한다면 약하고 자신감이 없어 보일 위험이 있었다. 대체로 그러했듯이, 약간이라도 취약성을 드러내 보이면 다른 국가들이 새 왕을 시험하려 들 것이 뻔했다. 테바이를 파괴한 것은 경고였지만, 그와 똑같은 끔찍한 사례를 반복하려는 의지와 능력이 모두에게 분명하게 보이지 않는다면 전쟁을 억지하는 요소들도 그리 오래가지 못한다는 것이 그리스 역사의 또 다른 교훈이었다.

필리포스와 알렉산드로스는 마케도니아를 전쟁과 확장에 최적화된 나라로 창조했고 지도했다. 이는 두 사람 모두 계속 싸우는 것 말고 다른 선택의 여지가 없었음을 의미한다. 필리포스는 군사적 성공보다 외교적 성취를 더 자랑스러워하긴 했지만, 그렇다고 그가 전쟁을 자연스러운 것인 동시에 즐길 만한 것으로 받아들이지 않았다는 암시는 어디에도 없다. 물론 그의 아들이 전투를 좋아했다는 사실은 명백하다. 이 모두를 고려해 보면, 계속되는 전쟁의 순환을 깰 수 있는 기회는 알렉산드로스가 인도에서 회군했을 때 찾아왔다. 분명히 그의 장교들과 병사들 다수가 바로 지금이 확실하게 멈추어야 할 때라고 생각했다. 완전한 중단은 아니더라도 적어도 다음 정복에 나서기 전까지는 휴지기가 필요했다. 재정적인 면에서 알렉산드로스는 안정적이었다. 단지 다리우스의 보고에서 가져온 전리품만이 아니라 광대한 새 제국에서 거둔 세금과 공물이 있었기 때문이었다. 그는 이제 방금 이긴 전쟁의 비용을 치르기 위해 또 다른 전쟁에 나설 필요가 없었다.

　그러나 알렉산드로스는 멈추려고 하지 않았다. 질병과 죽음만이 그가 원대한 아라비아 원정을 시작하지 못하게 막았을 뿐이다. 이전에 페르시아였던 지역과 그가 정복한 다른 나머지 지역들을 그가 얼마나 확실하게 장악했는지, 널리 퍼진 반란의 조짐들이 있었는지 아니면 알렉산드로스가 그렇다고 생각했는지, 그래서 그가 주민 중 호전적인 이들이 자기에 맞서 싸우기보다 자기를 위해 싸우느라 바쁘게 유지하고 싶었는지는 알 수 없다. 여기에서 개인적 성격은 매우 중요하다. 여러 문헌에서 만족을 모르고, 늘 지금까지보다 더 크고 새로운 영광을 갈망하는 사람으로 왕을 묘사한다. 동일한 원동력 중 일부는 여전히 전과 같이 유효했는데, 백성의 충성심은 주로 군대에 의해 드러났기 때문이다. 그의 군대는 오랜 시간 쉬지 않았고 승리와 승리가 가져다주는 부와 진급이라는 보상에 익숙했다. 전례 없는 성공을 거두고 나서 그러한 관계는 손상되었다. 왕은 다른 무엇보다도 마케도니아와 그 백성의 지도자에서 멀어져서 아시아에 중심을 둔 제국의 통치자가 되었기 때문이다. 하지만 그렇다고 해서 그 관계가 완전히 무너진 것도 아니었다. 그들 모두에게, 특히 알렉산드로스에게는 관습이 중요했다. 그의 일생 동안 마케도니아는 계속 전쟁 중에 있었고, 왕으로서 그는 계속 싸웠고 평화와 안정을 경험한 적이 별로 없었으며, 군사작전에 나서지 않는 생활을 누린 적도 없었다. 그의 후계자들에게 와서야 계속되던 확장이 중단되었지만, 그것이 전쟁의 종결을 의미하지는 않았다.

　필리포스와 알렉산드로스는 당대의 사람들이었고, 전투에 나가 싸우는 왕이었다. 마케도니아 병사들은 각자의 무기로 방패를 두드려서 내는 소리로 왕을 칭송했고, 왕이 위험을 무릅쓰고 그들을 이끌고 전투에 나가기를 기대했다. 필리포스와 알렉산드로스를 오늘날의 기준으로 판단하고, 최신 유행에 따라 영웅이나 악당으로 만들어서 얻을 수 있는 것은 거의 없다. 그들은 강자들이 할 수 있다면 언제 어디서나 자기 세력을 확장하고 다른 세력을 지배하는 것이 당연한 세계에서 살았다. 민주적인 아테네 또한 국제 관계에서 필리포스나 알렉산드로스보다 더 평화를 사랑하고 덜 이기적이었던 것은 절대 아니며, 다른 어떤 국가나 지도자도 마찬가지였다. 포식자들의 세계에서 필리포스와 그의 아들은 다른 누구보다 더 많은 성공을 거두었지만, 그들의 행동이 근본적으로 달랐던 것은 아니다. 물론 그것이 그들의 이력에서 발생한 인명 손실을 변호하지는 못한다. 그들의 성공 이면에는 죽거나 노예가 되거나 점령당한 많은 존재가 있었다. 다만 그들의 행동은 페르시아나 인도의 왕들은 물론, 아테네, 스파르타, 테바이와 셀 수 없이 많은 작은 도시국가들과 유사한 공격성의 맥락에 놓여 있을 뿐이다.

필리포스와 알렉산드로스를 개인적으로 비교하는 것은 정말로 별다른 의미가 없다. 특히 이들 각자가 한 인간으로서 어떤 사람이었는지에 대한 증거가 매우 빈약할 뿐 아니라 본질적으로 다르기 때문이다. 리비우스는 한니발이 가장 위대한 지휘관들을 순서대로 나열했다고 하는데, 오늘날에도 그러한 논의는 학자들은 물론 역사 애호가들 사이에서도 매우 흔하게 벌어진다. 알렉산드로스에 대한 반감과 비판을 표현하는 한 가지 방법은 그를 필리포스와 비교하고 그의 아버지를 더 훌륭한 정치인이나 군주로 묘사하는 것이다. 그러나 두 사람이 통치했던 시대의 맥락은 서로 달랐다. 필리포스는 아들에 비해 외교를 더 선호했지만, 이는 그의 성정만큼이나 특히 치세 초반의 약한 지위를 반영하는 것이었다. 알렉산드로스의 군사작전들은 필리포스보다 훨씬 더 큰 규모로 진행되었고, 지도자이자 장군으로서 그가 지닌 재능은 그를 비판하는 이들 사이에서도 널리 인정되는 것이다. 고대부터 지금까지 아들이 아버지보다 더 나은 장수로 여겨져 왔다. 물론 이러한 판단은 한니발의 판단만큼이나 주관적인 것이다. 알렉산드로스가 필리포스와 똑같은 환경에서 왕이 되었더라면 어떻게 대처했을지, 혹은 필리포스가 살해당하지 않고 페르시아 원정에 나섰더라면 어떠했을지는 누구도 알 수 없다. 마케도니아 군대와 같은 것은 이전에 존재하지 않았다. 어떠한 군사적 혁신으로도 적들이 새로운 싸움의 방식을 이해하고 그에 대응하는 데는 시간이 걸렸다.[3]

필리포스와 알렉산드로스 모두 능력이 있었다. 알렉산드로스는 필리포스가 계획하고 준비한 전쟁에서 승리했다. 둘의 가장 큰 차이 중 하나는 이력의 출발점이었다. 알렉산드로스는 아버지로부터 아주 많은 것을 물려받았고 그것을 최대한 이용했다. 하지만 필리포스의 유산은 짐이기도 했다. 그의 상속자는 적어도 그에 필적하거나, 이상적으로는 그를 능가해야 했기 때문이다. 어떤 면에서라도 그에 못 미친다면 나약하다는 것을 의미했다. 어떤 의미에서 이 시대의 권력과 명성은 오늘날의 경제적 분석에 상응한다. 오늘날 강력한 경제성장에 미치지 못하는 것은 무엇이든 실패로 여겨지는 것과 마찬가지인 셈이다. 나약함은 외부만이 아니라 내부 경쟁자들의 공격을 불러들였다. 아르게아스 왕조의 마케도니아에서는 내부 경쟁자들의 공격이 훨씬 더 치명적이었다. 따라서 알렉산드로스가 이런 맥락의 말을 했든 안 했든, 아버지가 승리를 거두었다는 소식에 그가 한탄했다는 이야기에는 내밀한 진실이 담겨 있다. 경쟁과 영광을 그토록 소중히 여기는 필리포스가 성공을 거둘수록 아들이 넘어야 할 업적의 기준선도 계속 높아졌다. 알렉산드로스가 과도하게 영광을 추구한 듯 보이기는 하지만, 아버지에게 필적하려면 많은 것을 이루어야 했다. 특히 그의 장교와 부하 중 다수가 아버지의 부하들이었을 때는 더욱 그러했다. 알렉산드로스의 두 아들은 아버지 못지않게 살아야 한다는 훨씬 더 큰 도전에 직면할 만큼 오래 살지도 못했다.

이러한 사실을 말하는 것과 이것이 알렉산드로스에게 무엇을 의미했는지를 말하는 것은 전혀 별개의 일이며, 후자의 경우는 순전히 추정에 그칠 수밖에 없다. 필리포스와 알렉산드로스는 여전히 명확히 파악되지 않는 인물들로 남아있다. 그들이 진짜 어떤 인물이었는지 정확히 확인할 수는 없지만, 그렇다고 많은 사람이 문헌들에 있는 커다란 공백을 채워서 그들이 보고 싶어 하는 바를 창조하지 못하는 것도 아니다. 소실된 당대의 이야기들이 담긴 파피루스들이 나타나기를 아무리 바란다 해도, 이러한 상황이 극적으로 개선될 가능성은 거의 없거나 전혀 없다. 알렉산드로스와 필리포스가 그들의 세계에 준 충격을 고려하는 편이 더 쉽다. 물론 여기에서도 그들이 한 일들을 하지 않았더라면 어떻게 되었을지 알기란 불가능하다.

가장 극적인 결과는 페르시아 제국의 정복이다. 후계자들 중 누구도 알렉산드로스의 영역을 그대로 보전하지 못했지만, 그럼에도 그 대부분은 새로운 그리스계 왕조들의 지배 아래 남았다. 아케메네스 왕조의 페르시아는 전복되었고 제국의 중심부로부터 마케도니아인과 그리스인 정복자들을 몰아내려는 광범위한 반란이 일어날 가망은 전혀 없었다. 시리아, 소아시아, 이집트는 저어도 로마 제국의 지배가 끝날 때까지 1000년도 넘게 그리스의 언어권과 문화권으로 남았다. 기원전 2세기 페르시아에서 부상한 파르티아 왕조는 셀레우코스 왕조의 지배를 타도하고 로마의 제국주의에 저항했지만 헬레니즘 전통의 측면들을 보존했고 상당수의 '그리스' 도시들도 오래 유지되었다.

페르시아의 경우와 대조적으로, 인도에서 정복한 영역들은 후계자들의 지배 아래 오랫동안 남지 못했다. 찬드라굽타의 부상으로 그리스 세력은 이 지역에서 서둘러 물러나게 되었다. 박트리아의 상황은 더욱 복잡했지만, 몇 세기에 걸쳐 발행된 동전들은 많은 왕이 그리스식 이름을 지녔고 그리스식 칭호와 구호를 사용했음을 입증한다. 이들의 연대를 확인할 수는 없고, 다른 방식으로 입증된 통치자들도 거의 없기 때문에, 이들의 연대적 순서나 이들 사이의 관계를 확실히 알기는 불가능하다. 마찬가지로 이 박트리아의 왕국들이 완전히 독립적이었는지, 아니면 셀레우코스 왕조에 복속되어 있었는지도 알려지지 않았다. 그들이 보여주는 것은, 적어도 문화적으로 그리스적이고 그리스어를 사용하는 엘리트 계층이 오랜 시간 존재했다는 사실이다. 북부 아프가니스탄의 아이 카눔에는 그리스식 성채, 극장과 경기장 등 그리스 도시의 유적들이 남아있다. 이 도시의 고대 이름이 무엇이었는지는 확실하지 않지만, 그 안에는 박트리아의 왕들 중 하나를 위한 궁전, 보고, 도서관(그리스어 작품 소장)도 있었다. 이 도시는 확실히 그리스인 공동체였다. 인도를 포함해서 다른 여러 지역에도, 이들 지역이 어떤 그리스 왕국에 속한 것은 확실히 아니지만 그리스인 공동체들이 존재했고 여러 세대에 걸쳐 유지되었다. 간다라 미술에 미친 그리스의 영향은 매우 깊었다. 특히 붓다를 포함한 인간의 묘사에서 그러했다. 물론 그리스의 영향만이 유일한 영감의 근원은 아니었고,

간다라 미술은 여러 전통이 이 지역에서 융합된 결과였다.[4]

알렉산드로스가 이 모든 일을 일으킨 것은 아니었다. 그가 아이 카눔을 설립했을 수도 있지만, 한 세대 뒤에 셀레우코스 왕조에서 세운 것일 수도 있다. 셀레우코스 왕국과 박트리아의 소소한 왕조들은 교역을 계속하면서 그리스인들의 존재와 그 영향력을 보존했고, 아마 확장하기도 했을 것이다. 정착민의 후손과 나중에 이주한 사람들이 그러했듯이 모두가 그곳에 오래도록 있었던 반면, 알렉산드로스의 방문은 짧고 번잡했었다. 하지만 그는 그 과정을 시작했고, 영토를 누비고 그 영토를 통제할 식민지들을 설립하면서 헬레니즘을 퍼뜨렸다. 그가 없었다면 그리스 문화와 언어가 그렇게 멀리 퍼지거나 그토록 큰 규모로 뿌리내릴 기회를 갖지 못했을 것이다. 알렉산드로스와 직접 연결되어 있지 않고 시간적 거리가 멀기도 하지만, 성경의 복음서가 그리스어로 쓰였다는 사실은 물론, 예수라는 이름 자체가 히브리어 이름 여호수아가 아람어를 거쳐 그리스어식으로 번안된 것임을 상기해 보는 것도 의미가 있다.*

아람어는 페르시아 제국의 행정과 장거리 통신에 쓰인 편리한 언어였지만, 이제 그리스어가 아람어를 대신해 이러한 목적들로 쓰이게 되었다. 그리스어는 그 자체로 알렉산드로스의 제국이 해당 지역 대부분을 지배해온 일련의 여러 제국 중 가장 최근의 제국이라는 사실을 상기시켰다. 어떤 의미에서 마케도니아인들은 이 지역의 변두

---

* 유대인들은 알렉산드로스 사후 프톨레마이오스 왕조와 셀레우코스 왕조 사이에서 상당한 내외적 갈등을 겪으면서도 헬레니즘 문화를 수용했다. 특히 이집트의 알렉산드리아에 거대한 유대인 공동체가 형성되면서 헬레니즘 수용 과정을 주도했고 기원전 300년경에는 히브리어 성경의 그리스어 번역도 이루어졌다. 기원후 1세기 예수 시대에 팔레스타인의 유대인 지식인들과 지도자들도 대체로 그리스어를 사용할 수 있었고, 신약성경은 모두 그리스로 쓰였다. ─옮긴이

리에서 온 또 다른 민족이었을 뿐이다. 그들은 이 지역을 차지할 야망을 가지고 전쟁에 능숙한 지도자 혹은 지도자들을 배출했다. 키루스와 페르시아인들 또한 같은 방식으로 시작했다. 물론 그들은 아시아 출신이긴 하다. 하지만 동방과 서방, 유럽인과 아시아인의 구분은 그리스인들의 관념에서 기원한 것임에도 지나치게 과장되었다. 페르시아인들은 지방의 엘리트 계층과 세습 군주들에게 상당한 정도의 자치를 허락했고, 이들도 많은 소규모 공동체들이 늘 해오던 대로 자기들의 문제를 처리하도록 허락했을 것이다. 현실적인 문제들을 고려한다면 마케도니아인들과 그 후계자들을 포함하여, 어떠한 정복자도 그와 같이 할 수밖에 없었다. 그러므로 그리스 도시들과 더불어 여전히 고유한 언어를 사용하고 고유한 신들을 숭배하며 조상들과 같은 관습을 따르는 전통적인 마을들도 존재했을 것이다.

점령 세력의 사상들이 일반 주민의 일상생활에 얼마나 영향을 끼쳤는지는 명백한 세금 징수, 식민지 주민이나 통치자와 관련된 문제를 다루는 외국인법, 공개적 반발을 막는 폭력의 사용을 넘어서서 추적하기란 거의 불가능하다. 기원전 2세기에는 유다 지방 주민의 그리스화에 반대하는 저항이 셀레우코스 왕조에 대한 반란과 독립적인 하스모니아 왕국의 출현을 촉발했고, 이 왕국은 로마 시대까지 이어지지만 그리스 문화의 모든 면을 거부한 것은 아니었다. 프톨레마이오스 왕조의 이집트에서는 옛 전통들이 지속되었고, 대부분의 주민은 도시를 만들지 않고 늘 해오던 대로 마을에서 살았다. 그리스인과 이집트인에 대한 법률 체계가 구분되어 있었고, 전자가 시민에게 더 많은 권리를 부여하고 처벌과 벌금을 관대하게 적용했다. 이집트인이 정부에 들어가 왕의 총애를 얻는 유일한 길은 그리스어를 배우고 그리스식

생활양식을 채택하는 것이었다. 알렉산드로스의 정복활동이 동방에 가져온 장기적 결과들은 복합적이므로, 알렉산드로스와 그의 아버지가 행한 일들의 결과로 이들 지역 주민들의 삶이 더 나아졌다거나 더 나빠졌다고 말하기는 어렵다.

그리스에서는 필리포스와 알렉산드로스 때문에 일어난 문화적 변화가 비교적 적었다. 알렉산드로스가 죽고 얼마 지나지 않아 벌어진 라미아 전쟁은 마케도니아가 부상하기 이전으로 돌아가기 위한 시도였으나 실패했다. 이제 다시는 어떤 도시도 이전에 아테네, 스파르타, 테바이가 했던 것처럼 그리스 전역에 권력을 확장하여 영향력을 행사할 수 없게 되었고, 많은 그리스인이 자유라고 생각한 것의 핵심적 측면은 특히 그들이 더 강력한 국가 가운데 한 곳에 속하게 되었을 때 종결되었다. 그 결과 국가 간 권력 다툼이 끝난 것은 아니지만 상대적으로는 좀 더 안정되었다. 테바이는 기원전 315년 카산드로스가 남아있는 시민들에게 폴리스 재건을 허락함으로써 다시 등장하게 되었다. 스파르타는 그 나름의 방식으로 느리지만 완강하게 쇠락을 거듭했다. 아테네는 영광을 꿈꾸었으나 알렉산드로스의 후계자들이 세운 왕국의 힘에 대적할 만한 위치에 있지 못했다.

이제 그리스에서도 왕들의 통치가 일탈이 아닌 정상으로 받아들여졌다. 후계자들의 왕국이 너무나 강력해서 무시할 수 없었기 때문이다. 전성기의 아테네처럼 예술과 사상과 학문을 꽃피우는 도시는 다시 등장하지 않았고, 문화는 왕들의 궁정에 의해, 이후에는 로마 황제의 통치에 의해 형성되었다. 독립된 폴리스들의 시대는 점차 사라졌지만, 도시에 대한 관념은 로마 시대에도 내내 중요한 것으로 남았다. 필리포스와 알렉산드로스 치세의 마케도니아가 강대국으로 부상하지 못했다면, 도시국가들이 패권을 다투며 계속해서 싸웠을 게 분명하다. 필리포스가 만들어낸 공격적인 군사 기계가 될 역량이나 의향을 지닌 도시는 하나도 없었으므로 어떤 도시도 비슷한 수준의 지배력을 유지하지 못했을 것이다. 그리스의 자유는 필리포스와 알렉산드로스에 의해 억제되었지만, 이것이 좋은 일이었는지 나쁜 일이었는지에 대해서는 논쟁의 소지가 있다. 마케도니아인들에 의해 어느 정도의 일치와 내부적 평화가 이루어졌고, 로마인들의 지배 아래에서 평화가 완전해졌다. 창의력이 다시 꽃피었고, 특히 기원전 2세기에 절정에 이르렀다. 하지만 이것은 로마 제국 전반의 현상이었지 그리스 본토에 주로 초점이 맞춰진 것은 아니었으며, 활기찬 도시국가들의 야망보다는 황제들의 전제적 지배에 의해 이루어진 것이기에 본질적으로 달랐다. 남부 그리스는 마케도니아에 많은 자유를 빼앗겼고, 그다음엔 로마에 빼앗겼다. 하지만 두 경우 모두 승자가 패자의 문화를 포용했다. 호라티우스의 말대로 "포로가 된 그리스가 흉포한 정복자를 사로잡았다."[5]

마케도니아는 필리포스와 알렉산드로스의 권력의 중심이었으며 군대의 핵심 병력을 제공했다. 필리포스는 상실한 영토를 되찾고 새로운 영토를 추가하였으며, 더 이상 외세의 간섭에 위협받지 않게 함으로써 왕국을 되살려냈다. 그의 치세는 어느 선왕의 치세보다 더 길었고 더 안정적이었다. 그는 또한 마케도니아를 더 부유하게 만들었으며, 땅과 돈을 귀족들에게 너그러이 선사했다. 그리하여 귀족 계층 또한 규모가 확대되었다. 그 대가로 전시 상황이 계속되고 갑작스러운 변동이 이어졌으며, 주민들은 새로운 공동체를 세우기 위해 이동해야 했다. 하지만 그의 통치로 인해 왕국은 더 강해졌고, 더 번성했으며, 더 안정되었다. 또한 마케도니아는 더욱 자신감을 갖게 되었다. 특히 엘리트 계층과 군대가 그러했다. 이러한 자부심과 높은 자긍심은 마케도니아 사회는 물론 그리스 사회에서도 무척 중요했다.

알렉산드로스 휘하의 마케도니아는 모든 면에서 앞으로 더 나아갔다. 재위 기간 중에 그가 마케도니아에서 보낸 시간은 매우 짧다. 아시아로 건너가기 전의 2년 동안에도 왕은 대체로 왕국 바깥에서 군사 작전을 벌이고 있었다. 그의 동방 원정으로 고향에는 부가 흘러들었다. 이는 금과 은으로 화려하게 장식된 당대 마케도니아인들의 무덤에서 명확히 드러난다. 이 젊은 왕이 마케도니아와 그리스의 역사에 등장하는 누구보다도 더 큰 승리를 거두자 마케도니아인들의 자부심도 하늘을 찔렀다. 알렉산드로스를 헤라클레스와 디오니소스에 비유하는 일도 그만큼 당연하게 여겨졌다. 일리리아인들이나 트라케인들의 위협, 스파르타 아기스 왕의 도전, 알렉산드로스의 죽음 직후에 일어난 라미아 전쟁까지, 마케도니아의 안보를 위협하는 세력은 모두 격퇴되었다. 왕이 멀리 나가 있으면서 가까운 장래에 돌아올 기미를 보이지 않을 때조차 마케도니아는 강력했고 부유했다.

10년이 넘는 기간 동안 왕이 본국에 부재한 것은 이전에 없던 일이었다. 국가의 일부가 헤타이로이와 군대의 형태로 그와 함께 여행한 셈이었지만, 마케도니아 자체는 간접적으로 통치되었을 뿐 아니라 왕의 우선순위에 들지 못했다. 알렉산드로스가 아시아 원정을 위해 마케도니아에서 무엇보다도 병력을 얼마나 많이 가져갔는가에 관해서는 의견이 나뉜다. 고대 문헌들은 페르시아 원정에 마케도니아 시민 3만 명이 참여했다고 증언한다. 하지만 어떤 학자들은 이러한 수치에는 여러 차례 모집된 증원 병력은 포함되지 않았다고 생각하며, 훨씬 더 많은 인원이 그의 원정에 참여했다고 본다. 사망자 추정치 또한 각기 다르다. 하지만 대다수의 병사들이 집으로 돌아와 마케도니아에 정착하지 못했다는 데는 이견이 없다. 그들이 돌아오지 못한 것은 특히 후계자들 사이에서 벌어진 권력 다툼 때문이었다. 후계자들은 모두 가능한 한 많은 마케도니아인 노병들을 원했다.

알렉산드로스가 누린 영광의 대가는 늘 그의 사후에 오랫동안 벌어진 '장례 경기'와 결부되었다. 그가 벌인 정복 활동의 영향이 많은 부분 후계자 왕국들 덕분에 지속된 것과 마찬가지였다. 후계자들 사이에서 벌어진 어떤 전투에서는 마케도니아 방식으로 무장한 부대들이 필리포스나 알렉산드로스가 지휘했던 군대에서보다 훨씬 더 많이 동원되었고, 그로 인한 희생도 컸다. 시간이 흐르면서 이들의 군대는 우선 질이 떨어졌고, 이어서 수도 줄었다. 특히 이러한 현상은 마케도니아에서 두드러졌다. 안티파트로스에게는 그리스에서 제기되는 어떠한 도전도 억제하고 격퇴하기에 충분한 병사들이 있었다. 하지만 이후에는 군대가 계속 줄어들었고, 로마와 충돌하게 된 시기에 필리포스 5세나 페르세우스 같은 왕들●은 기원전 334년의 원정대에 필적하는 군대를 더 이상 모을 수 없었다. 알렉산드로스의 군사작전은 인구학적으로도 상당한 영향을 끼쳤을 가능성이 크다. 그렇게 많은 병사를 (최근에 결혼한 이들을 위한 첫 겨울 휴가 이후에) 전쟁에 동원했다는 것은 그렇지 않았을 경우보다 그들의 아내가 자녀를 더 적게 낳았음을 의미했다. 하지만 후계자들이 벌인 계속된 권력 다툼도 이러한 경향을

● 필리포스 5세와 페르세우스는 알렉산드로스의 장군이었던 안티고노스가 창건한 안티고노스 왕조의 마지막 두 왕이다.─옮긴이

강화했으므로, 알렉산드로스의 군사작전으로 인한 결과만을 따로 구분하여 말하기는 불가능하다. 인명 손실과는 별개로 이후 마케도니아 군대가 비율적으로 기병 쪽에서 더 약해졌다는 사실이 눈에 띄는데, 어쩌면 필리포스와 알렉산드로스 치세의 전쟁 때문에 말이 부족해진 탓일 수 있다.[6]

이후 몇 세기 동안 마케도니아는 알렉산드로스가 아버지에게서 물려받았던 때만큼 다시 강해지지 못했다. 어떤 학자들은 마케도니아를 크게 일으켰다고 필리포스를 찬양하고 마케도니아의 쇠락을 초래했다고 그의 아들을 비난하기도 한다. 대부분의 학자들은 필리포스가 물려받았던 때만큼 마케도니아가 다시 약해지지도 않았으니, 그의 유산이 모두 소실된 것은 아니라는 사실을 언급하려고 하지 않는다. 이번에도 후계자들의 역할이 결정적이다. 분열된 제국의 파편들은 전체로 통합된 제국보다 약할 수밖에 없었다. 필리포스의 성공은 아르게아스 왕조의 왕위를 차지하려는 실제적인 경쟁자들을 제거하고 잠재적인 경쟁자들을 도태시킨 데 기반했다. 그는 여러 아내와 결혼했지만 적자는 둘밖에 얻지 못했고, 그나마 한 아들은 통치 능력이 없다고 생각되었다. 알렉산드로스는 상속자 없이 죽었고, 록사네가 임신 중인 아기가 아들인지 누구도 확신할 수 없었기에 군대는 거의 자포자기 상태에 빠졌다. 과거에는 아르게아스 왕족들이 늘 많이 있었다. 이들은 불안의 원천이 되기도 했지만, 언제나 새 왕의 후보의 존재를 보장하기도 했다. 어떤 이들에게는 이것이 알렉산드로스가 본래부터 자기중심적이고 자기만의 영광에 집착했으며 자신이 죽은 뒤의 미래에 대해서는 아무 생각이 없었다고 비판하는 또 다른 이유가 된다. 물론 그가 그런 인물이었을 가능성은 있지만, 그가 왕위에 오르자마자 아들을 낳았고 그 아들이 오래 생존했다 하더라도 기원전 323년에는 여전히 너무 어려서 자신의 지위를 확고히 할 수 없는 10대 초반의 소년에 불과했으리라는 점을 언급할 가치는 있다. 또한 알렉산드로스 자신이 여전히 젊었고, 마지막 열병에 걸리기 전까지는 여러 번 부상을 당하고도 건강했다는 사실 또한 그만큼 중요하다. 그는 충분히 자신이 오래 살 거라고 예상할 만했다. 그가 오래 살았더라면 무엇을 했을지는 아무도 알 수 없다.

궁극적으로 필리포스나 알렉산드로스에 대한 간단한 판결은 존재할 수 없다. 이 책의 첫 부분에서도 언급했듯이, 그들의 도덕적 가치를 판단하는 것은 역사가의 일이 아니다. 그러한 판단은 개별 독자들에게 맡기는 편이 가장 좋기 때문이다. 필리포스와 알렉산드로스는 당대의 기준에서 강력하고 성공적인 인물들이었다. 특히 아들은 너무도 큰 성공을 거둔 탓에 아버지의 성공을 가리고 말았다. 고대의 모든 논평가가 그들을 동경한 것은 아니었지만, 그들이 유명했던 것만은 사실이다. 군사적이지 않은 키케로조차 기원전 51년 이소스 근처 진영에서 야영하게 되었을 때 알렉산드로스가 더 나은 장수였다고 고백했으며, 기원전 44년에는 마르쿠스 안토니우스를 공격하는 연설을 하면서 필리포스를 공격했던 데모스테네스의 연설을 본보기로 삼았다. 물론 데모스테네스의 연설은 성공하지 못했지만, 그 문체와 형식을 귀하게 여겼던 것이다. 네로 치하에서 시를 썼던 루카누스는 알렉산드로스를 광인이라 불렀지만, 그가 정복한 영역의 엄청난 규모에 대해서는 의문을 제기하지 못했다.

많은 로마 지도자가 그 점을 부러워했다. 알렉산드로스에 대한 기억은 율리우스 카이사르처럼 트라야누스 황제도 울게 만들었다. 트라야누스 황제는 아라비아만에서 떠나는 배를 바라보며 자신이 인도까지 따라가기에는 너무 늙었음을 깨달았다고 한다. 3세기에 카라칼라 황제는 마케도니아 팔랑크스와 똑같다고 생각되는 제복과 무기를 갖춘 군단을 만들고 알렉산드로스를 모방하여, 옛 페르시아의 중심부에서 일어난 아시아의 왕국 파르티아를 공격하려 했다. 한 세기 뒤에 또 다른 황제인 배교자 율리아누스*는 페르시아를 공격하면서, 유명한 로마의 지휘관들의 역할만큼 알렉산드로스의 역할을 흉내 냈다. 트라야누스는 아라비아만에서 눈물을 흘린 뒤에 얼마 지나지 않아 죽었고, 카라칼라는 살해되었다. 율리아누스는 산병전에서 목숨을 잃었고, 그의 군대는 뚜렷한 후계자도 없이 적진 깊숙이에서 헤맸다. 군사적 성공에서 알렉산드로스를 능가하는 로마인은 말할 것도 없고 그에게 필적하는 로마인도 전혀 없다. 오직 율리우스 카이사르만이 그에게 근접할 뿐이다.[7]

아우구스투스는 알렉산드로스와 같은 청년의 이미지를 구축했다. 어쩌면 그의 장대한 무덤은 암피폴리스에 있는 거대한 무덤에서 영감을 받은 것일 수도 있다. 하지만 그는 자신이 군사적 천재가 아님을 인정하고 재능 있는 부하들에게 의지할 줄 아는 양식을 지니고 있었다. 그는 프톨레마이오스 왕조의 마지막 군주였던 클레오파트라와, 헤라클레스나 디오니소스에 비견되기를 좋아했으며 율리우스 카이사르의 조카딸의 사위인 마르쿠스 안토니우스를 격파하고, 알렉산드리아에 있는 알렉산드로스의 무덤에 갔다. 그가 미라로 보존되어 있

---

* 율리아누스 황제는 362년에 모든 종교의 자유를 인정하여 그리스도교의 성장과 확장에 기여하는 듯했으나 이후에는 오히려 그리스도교의 과도한 확장을 제한하는 정책을 시행해 '배교자'라는 별칭을 얻게 되었다. —옮긴이

던 시신을 한동안 바라본 뒤에 손을 뻗어 시신을 만져보았는데, 이때 우발적으로 알렉산드로스의 코 부분이 조금 떨어져 나갔다고 한다. 프톨레마이오스 왕조의 무덤들을 보겠느냐는 물음에 아우구스투스는 멸시하듯이 자신은 "시신이 아니라 왕"을 보러 왔노라고 답했다.[8]

알렉산드로스는 엄청난 명성을 얻었다. 그는 너무나 유명해서 2300년이 지난 지금도 이와 같은 책들이 그의 이야기를 전하고 있다. 필리포스는 그러한 업적을 가능하게 했으며, 그 자신의 이력 또한 그 자체로 주목할 만하다. 이 두 인물 사이에서 마케도니아와 그리스가 달라졌고 더 넓은 세계의 역사가 바뀌었다. 좋든 나쁘든, 필리포스와 알렉산드로스는 중요하며 그들의 이야기는 전해질 가치가 충분하다. 그럼에도 두 인물이나 그들의 시대에 대해 우리가 알 수 없는 것들이 아주 많다. 최소한 두 사람 모두 명백하게 선한 사람은 아니었지만, '대왕'이라는 칭호가 반드시 선한 것이 아니라 중요하다는 의미로 이해된다면, 이는 두 사람 모두에게 합당한 칭호다. 비록 다른 시대를 살았지만 우리가 인간이듯이 그들도 인간이었으며, 그들의 주변인들도 그러했다. 여느 지도자들이 그러하듯이, 그들의 성격은 당대에도 베일에 싸인 경우가 많았고, 이제는 알아낼 수 없게 되었다. 아우구스투스가 그 유명한 왕의 유해를 건드리면서 이룬 것은 망자의 정수를 감지한 것이 아니라 미라의 코를 부러뜨린 것뿐이었다. 인간 필리포스와 알렉산드로스는 사라졌고, 그들이 행한 일들에 대한 기억만이 남았다.[9]

부 록

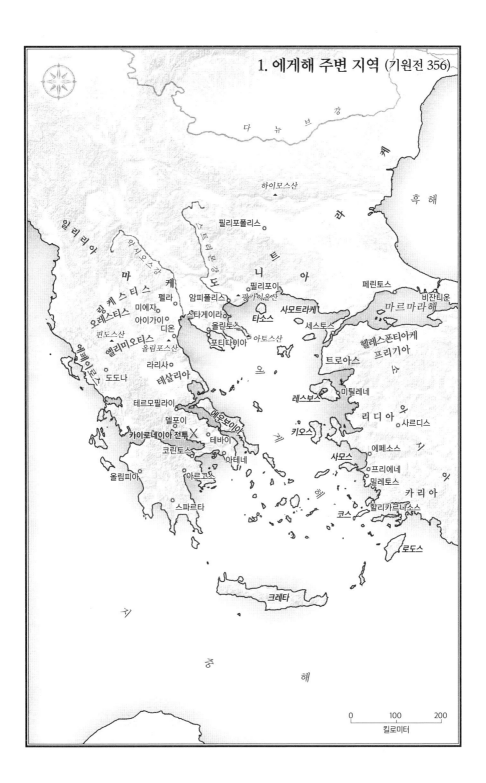

1. 에게해 주변 지역 (기원전 356)

다 뉴 브 강

흑 해

하이모스산

트 라 키 아

필리포폴리스

스 트 리 몬 강

일 리 리 아

마 케 도 니 아

필리포이

페린토스

비잔티온

링케스티스
오레스티스
미에자
펠라
암피폴리스
스타게이라
타소스
사모트라케
세스토스
마르마라 해

핀도스산
엘리미오티스
아이가이
디온
올림포스산
올린토스
아토스산
포티다이아

헬레스폰티아케
프리기아
트로아스

라리사
테살리아

아토스산

오

레스보스
미틸레네

에 페 이 로 스

도도나

에 우 보 이 아

리 디 아
사르디스

테르모필라이
델포이
카이로네이아 전투 ✕
테바이
아테네
코린토스

키오스

에페소스
사모스
프리에네
밀레토스

올림피아
아르고스

카 리 아
할리카르나소스

스파르타

코스

로도스

크레타

지

중
해

0   100   200
킬로미터

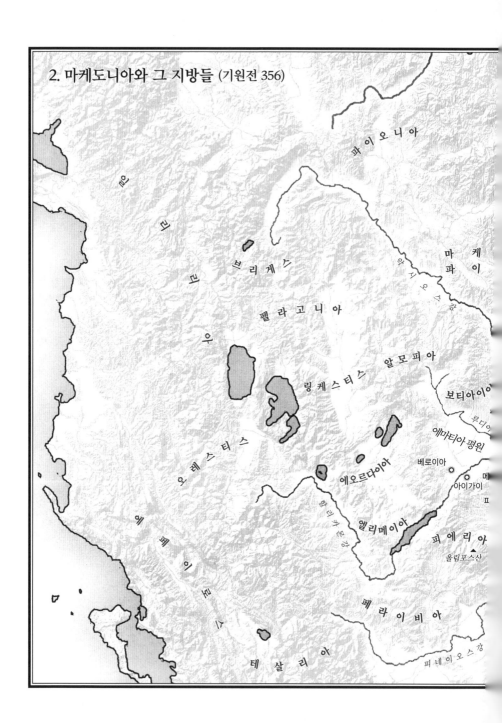

2. 마케도니아와 그 지방들 (기원전 356)

파이오니아

마케
파이

은
리
리

브리게스

펠라고니아

우

악시오스강

링케스티스 알모피아

보티아이아

오레스티스

류디아

에마티아 평원

베로이아

에오르다이아

메
아이가이 토
ㅍ

엘리메이아

피에리아

할리아크몬강

올림포스산

에
페
이
로
스

페라이비아

테살리아

피네이오스강

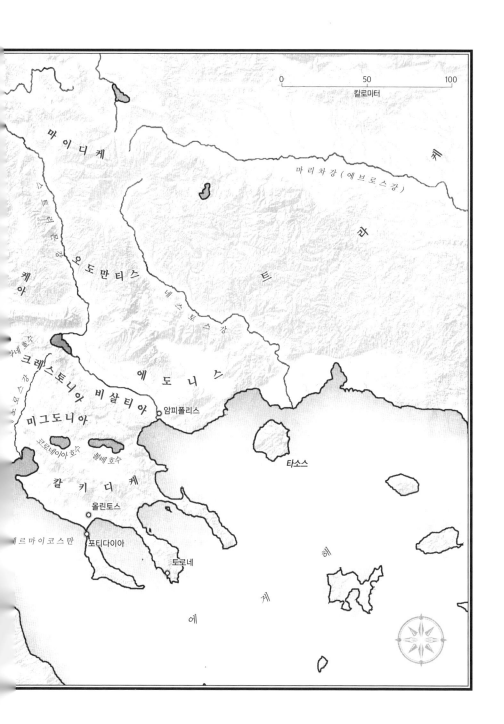

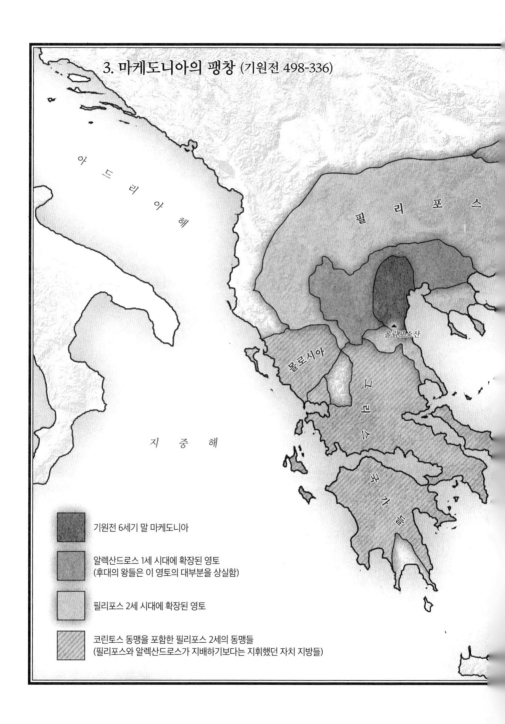

3. 마케도니아의 팽창 (기원전 498-336)

아 드 리 아 해

필 리 포 스

올림포스산

몰로시아

지 중 해

기원전 6세기 말 마케도니아

알렉산드로스 1세 시대에 확장된 영토
(후대의 왕들은 이 영토의 대부분을 상실함)

필리포스 2세 시대에 확장된 영토

코린토스 동맹을 포함한 필리포스 2세의 동맹들
(필리포스와 알렉산드로스가 지배하기보다는 지휘했던 자치 지방들)

4. 마케도니아 기병의 쐐기 대형과 일레(기병 대대) 대형

55명의 기병으로 이루어진 쐐기 대형. 지휘관은 선두에 서고 부지휘관은 후방 중앙에 선다. 그리고 측방 경호병이 후방 양 끝에 선다.

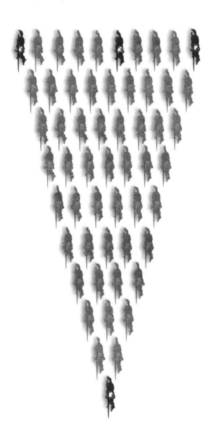

일레(기병 대대)의 정확한 규모와 내부 조직을 알 수 없는 탓에 '표준' 대형을 정확히 추정하는 것은 불가능하다. 실제 군사작전에서는 상황과 환경에 따른 변용이 불가피했을 것이다.

이 도해는 한 개 일레(기병 대대)가 분리된 4개의 쐐기 대형으로 구성되었을 것으로 추정하여 작성한 것이다. 일레는 200명 이상의 기병이 하나의 쐐기 대형을 이루기보다 이렇게 분리된 다수의 대형으로 구성되었을 가능성이 더 크다. 이러한 추정은 일레가 최종적으로 4개의 하부 단위로 분할되었다는 사실에도 부합한다. 개별적인 쐐기 대형이 편성된 방식은 어디에서도 언급되지 않지만, 가변적이었으리라고 추측된다. 대체로 처음부터 일부 예비 병력을 두는 것이 합당했을 것이다.

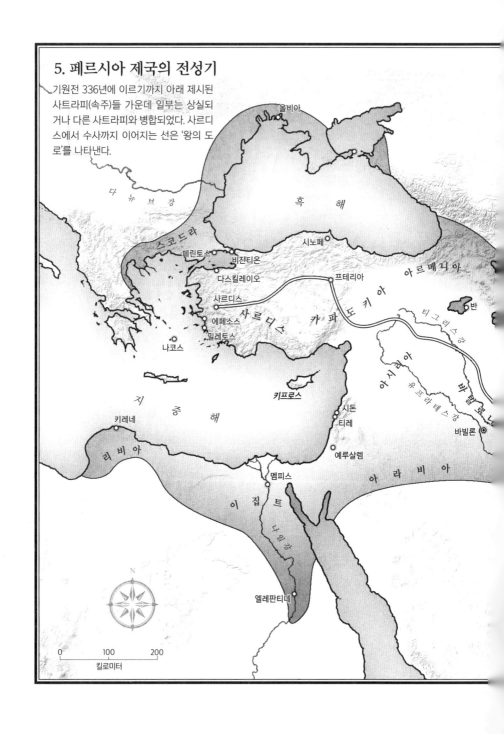

5. 페르시아 제국의 전성기

기원전 336년에 이르기까지 아래 제시된 사트라피(속주)들 가운데 일부는 상실되거나 다른 사트라피와 병합되었다. 사르디스에서 수사까지 이어지는 선은 '왕의 도로'를 나타낸다.

올비아

다뉴브강

흑해

스코드라

시노페

펜린토스

비쟌티온

다스킬레이오

프테리아

아르메니아

사르디스

사르디스

카파도키아

반

에페소스

티그리스강

밀레토스

아시리아

나코스

유프라테스강

파르티아

지중해

키프로스

키레네

시돈

티레

바빌론

리비아

예루살렘

아라비아

멤피스

이집트

나일강

N

엘레판티네

0   100   200
킬로미터

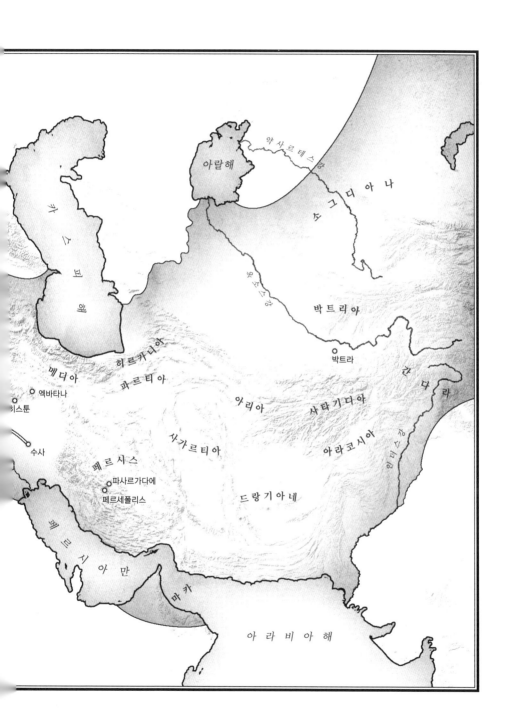

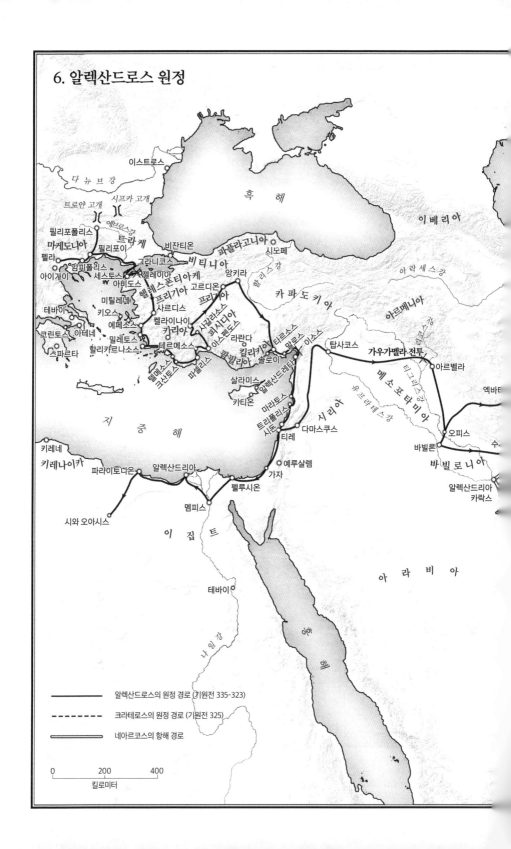

6. 알렉산드로스 원정

이스트로스

다뉴브강

시프카 고개

흑 해

이 베 리 아

트로얀 고개

에브로스강

필리포폴리스

트 라 케

마케도니아

필리포이

펠라

비잔티온

파플라고니아

시노페

아이가이

암피폴리스

세스토스

그라니코스

비 티 니 아

아비도스

헬레스폰티아케

앙키라

아라세스강

테바이

미틸레네

키오스

에페소스

사르디스

프리기아

고르디온

카 파 도 키 아

아르메니아

코린토스

아테네

밀레토스

카 리 아

시갈라소스

피시디아

리카오니아

탑사코스

가우가멜라 전투

스파르타

할리카르나소스

테르메소스

이스펜도스

라란다

킬리키아

마루스

이소스

아르벨라

텔메소스

크산토스

파셀리스

팜 필 리 아

솔로이

알렉산드레타

엑바타

살라미스

알렉산드레타

시 리 아

메 소 포 타 미 아

유프라테스강

티그리스강

지 중 해

키티온

마라토스

트리폴리스

시돈

다마스쿠스

오피스

티레

바빌론

수

키레네

키레나이카

파라이토니온

알렉산드리아

예루살렘

바 빌 로 니 아

가자

알렉산드리아

펠루시온

카락스

시와 오아시스

멤피스

이 집 트

아 라 비 아

테바이

나일강

홍 해

―――― 알렉산드로스의 원정 경로 (기원전 335-323)

------ 크라테로스의 원정 경로 (기원전 325)

═══════ 네아르코스의 항해 경로

0   200   400

킬로미터

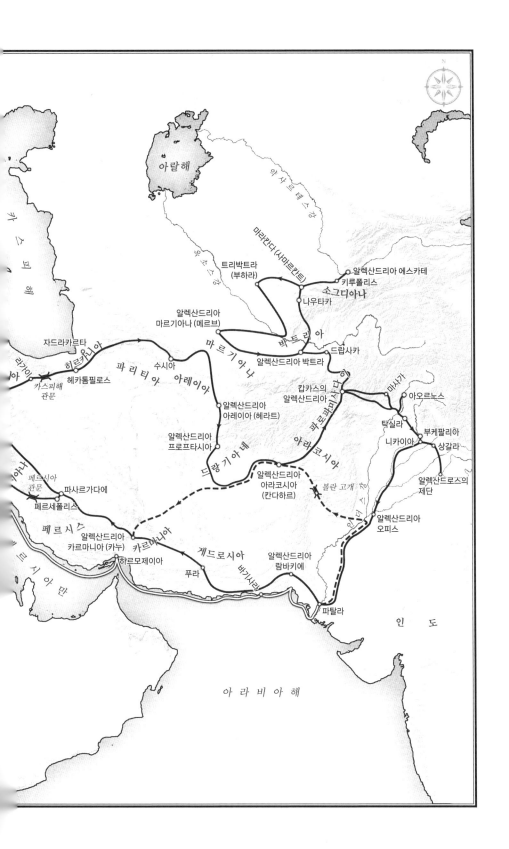

7. 그라니코스 전투 (기원전 334)

일정한 축척을 따르지 않고 지형을 매우 단순화하여
재현한 전투 대형이다. 세부 형태는 추측에 의한 것이다.

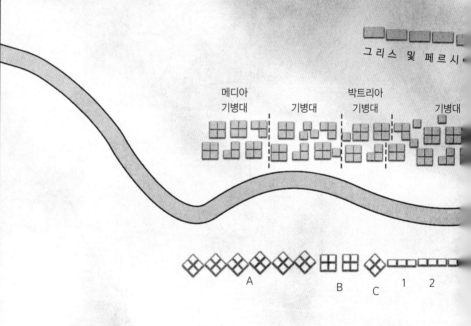

고

그리스 및 페르시

메디아
기병대   기병대   박트리아
                        기병대   기병대

A   B   C   1   2

A=테살리아 기병대
B=그리스 기병대
C=트라케 기병대
1=팔랑크스 대대 (멜레아그로스)
2=팔랑크스 대대 (필리포스)
3=팔랑크스 대대 (아민타스)
4=팔랑크스 대대 (크라테로스)
5=팔랑크스 대대 (코이노스)

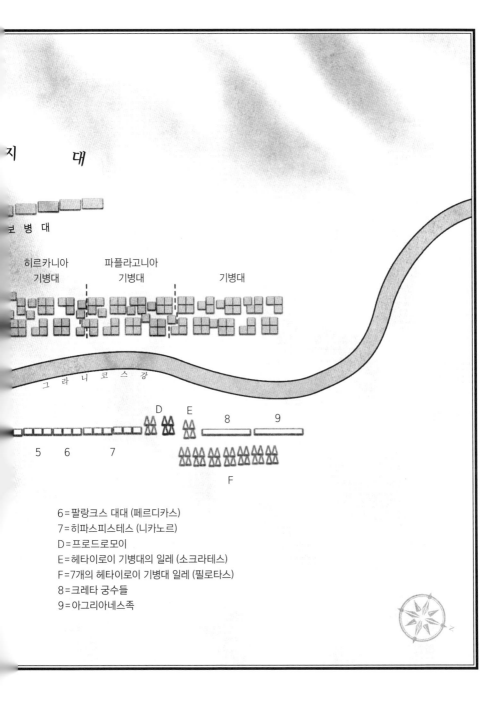

지　　대

로 병 대

히르카니아
기병대

파플라고니아
기병대

기병대

그 라 니 코 스 강

D　　E　　　8　　　9

5　　6　　　7　　　　　　　　　F

6 = 팔랑크스 대대 (페르디카스)
7 = 히파스피스테스 (니카노르)
D = 프로드로모이
E = 헤타이로이 기병대의 일레 (소크라테스)
F = 7개의 헤타이로이 기병대 일레 (필로타스)
8 = 크레타 궁수들
9 = 아그리아네스족

8. 이소스 전투(기원전 333)

일정한 축척을 따르지 않고 강과 해안선을 포함한 지형을 단순화한 것이다.
피나로스강은 훨씬 더 비스듬하게 흘렀을 수도 있다.

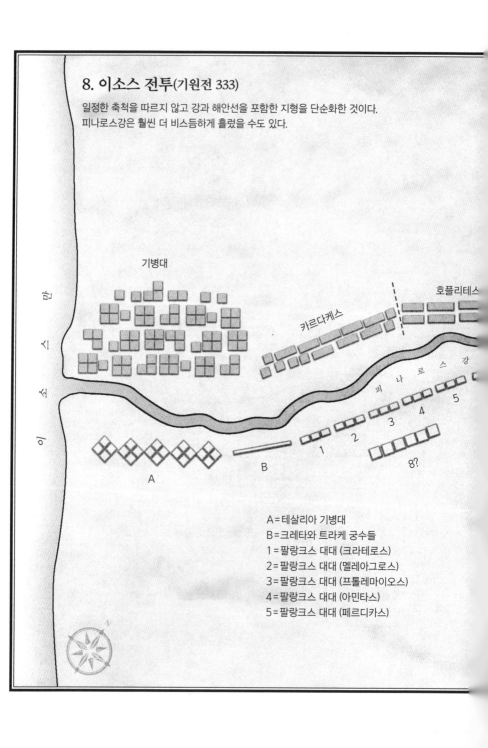

A=테살리아 기병대
B=크레타와 트라케 궁수들
1=팔랑크스 대대 (크라테로스)
2=팔랑크스 대대 (멜레아그로스)
3=팔랑크스 대대 (프톨레마이오스)
4=팔랑크스 대대 (아민타스)
5=팔랑크스 대대 (페르디카스)

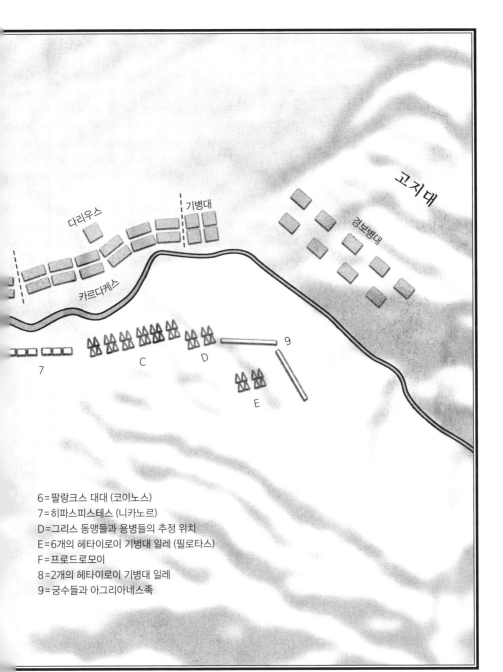

고지대

다리우스   기병대

경보병대

카르다케스

7   C   D   9

E

6 = 팔랑크스 대대 (코이노스)
7 = 히파스피스테스 (니카노르)
D = 그리스 동맹들과 용병들의 추정 위치
E = 6개의 헤타이로이 기병대 일레 (필로타스)
F = 프로드로모이
8 = 2개의 헤타이로이 기병대 일레
9 = 궁수들과 아그리아네스족

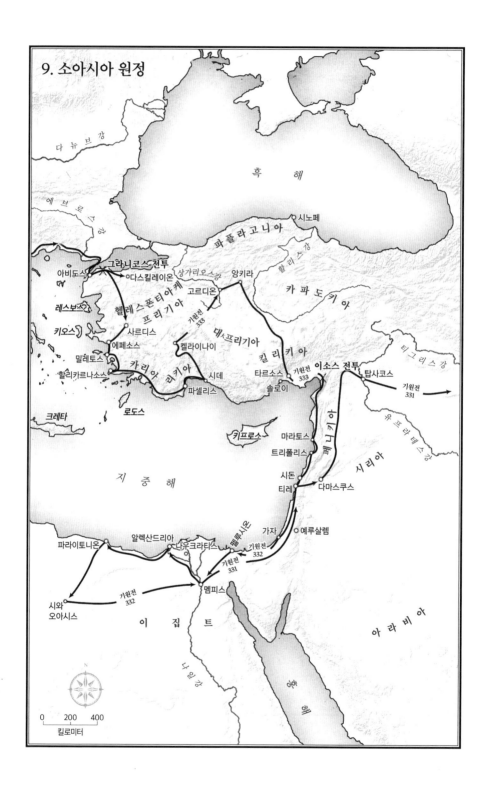

9. 소아시아 원정

다뉴브강

흑 해

에브로스강

파플라고니아

시노페

그라니코스 전투

아비도스

다스킬레이온

상가리오스강

앙키라

할리스강

카 파 도 키 아

티그리스강

헬레스폰티아케

프리기아

고르디온

레스보스

사르디스

기원전
333

대프리기아

키오스

에페소스

켈라이나이

킬리키아

이소스 전투

탑사코스

밀레토스

할리카르나소스

카 리 아

리키아

시데

타르소스

기원전
333

솔로이

기원전
331

유프라테스강

크레타

파셀리스

로도스

키프로스

마라토스

트리폴리스

시 리 아

지 중 해

시돈

티레

다마스쿠스

파라이토니온

알렉산드리아

나우크라티스

펠루시온

가자

예루살렘

기원전
332

기원전
331

시와
오아시스

기원전
332

멤피스

이 집 트

아 라 비 아

나일강

홍해

N

0   200   400
킬로미터

10. 티레 공성 도면

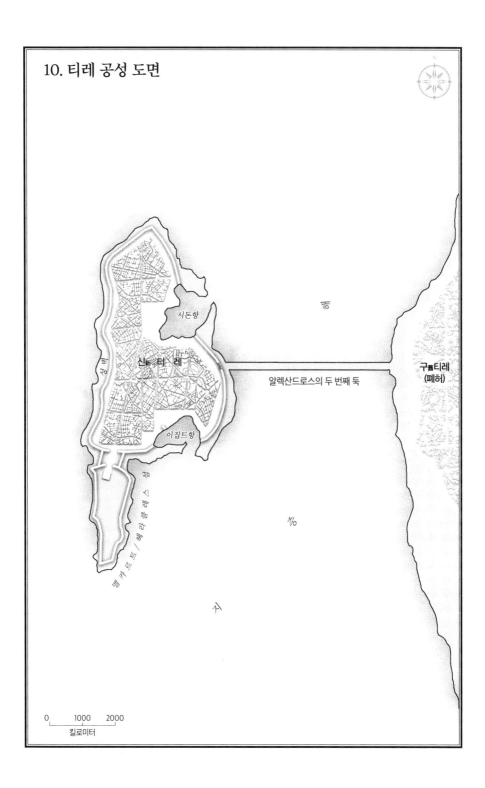

시돈항

신新 티 레

이집트항

성벽

벨카르트 / 헤라클레스 섬

해

해

해

알렉산드로스의 두 번째 둑

구舊티레
(폐허)

0   1000   2000
킬로미터

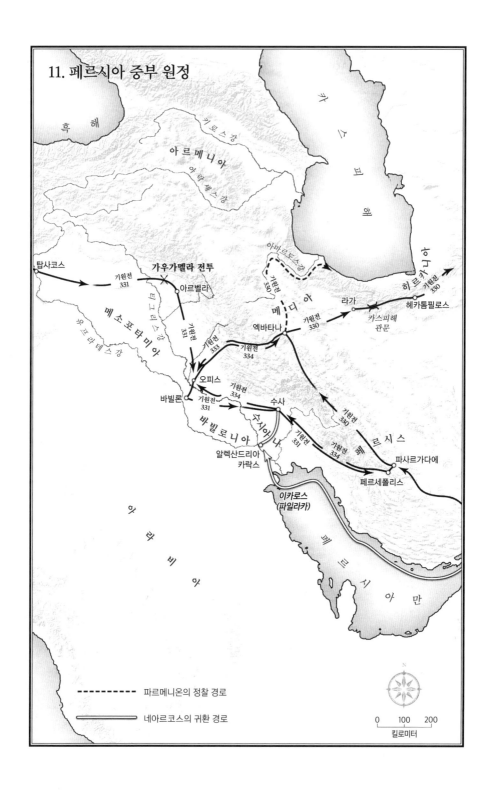

11. 페르시아 중부 원정

흑해

카로스강

아르메니아

아락세스강

카스피해

탑사코스

가우가멜라 전투

기원전
331

아르벨라

메소포타미아

티그리스강

유프라테스강

기원전
331

아마르두스강

기원전
330

메디아

라가

히르카니아

기원전
330

헤카톰필로스

기원전
333

기원전
334

엑바타나

기원전
330

카스피해
관문

오피스

기원전
334

바빌론

기원전
331

수사

기원전
330

페르시스

바빌로니아

수시아나

기원전
331

기원전
334

파사르가다에

알렉산드리아
카락스

페르세폴리스

이카로스
(파일라카)

아라비아

페르시아만

- - - - - - - 파르메니온의 정찰 경로

———— 네아르코스의 귀환 경로

N

0   100   200
킬로미터

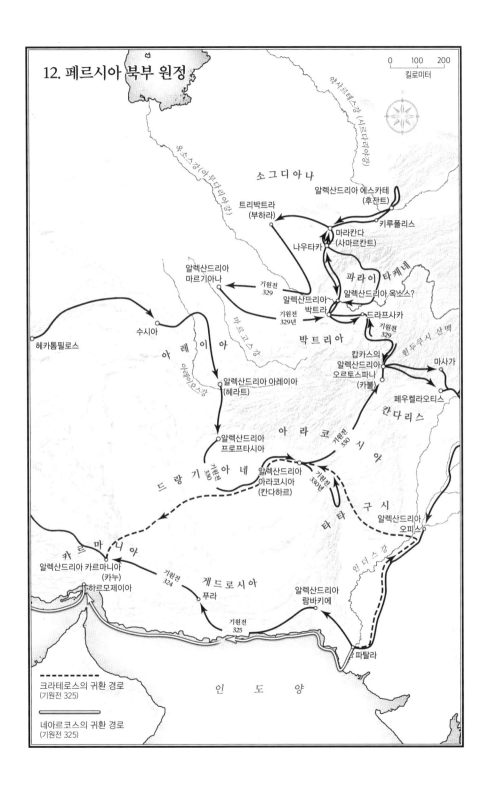

12. 페르시아 북부 원정

0 100 200
킬로미터

아사르테스강 (시르다리야강)

소그디아나

알렉산드리아 에스카테
(후잔트)

트리박트라
(부하라)

키루폴리스

옥소스강 (아무다리야강)

마라칸다
(사마르칸트)

나우타카

파라이타케네

알렉산드리아
마르기아나

기원전
329

알렉산드리아, 옥소스?

알렉산드리아
박트라

기원전
329년

드라프사카

기원전
329

헤카톰필로스

수시아

아레이아

박트리아

마르고스강

아레이오스강

힌두쿠시 산맥

칼카스의
알렉산드리아
오르토스파나
(카불)

마사가

페우켈라오티스

알렉산드리아 아레이아
(헤라트)

간다리스

아라코시아

알렉산드리아
프로프타시아

기원전
330

기원전
330년

구시

드랑기아네

알렉산드리아
아라코시아
(칸다하르)

기원전
330년

타타

알렉산드리아
오피스

카르마니아

인더스강

알렉산드리아 카르마니아
(카누)

기원전
324

게드로시아

알렉산드리아
람바키에

하르모제이아

푸라

기원전
325

파탈라

- - - - - - -
크라테로스의 귀환 경로
(기원전 325)

━━━━━
네아르코스의 귀환 경로
(기원전 325)

인 도 양

13. 가우가멜라 전투 (기원전 331)

일정한 축척을 따르지 않았고, 세부 형태는 추측으로 작성되었다.

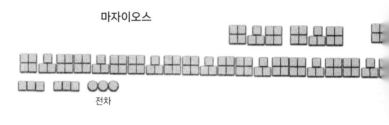

다리우스

마자이오스

전차

B

A

C

9

10

8

D

1   2   3

파르메니온

A = 트라케 기병대 (아가톤)
B = 그리스 용병 기병대 (안드로마코스)
C = 그리스 동맹 기병대 (코이라노스)
D = 테살리아 기병대 (필리포스)
1 = 팔랑크스 대대 (크라테로스)
2 = 팔랑크스 대대 (아민타스를 대신한 시미아스)
3 = 팔랑크스 대대 (폴리페르콘)
4 = 팔랑크스 대대 (멜레아그로스)
5 = 팔랑크스 대대 (페르디카스)
6 = 팔랑크스 대대 (코이노스)

베소스

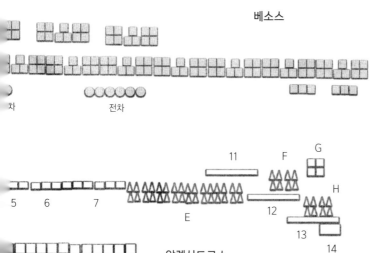

차 　　　전차

11　　　F　　G

5　6　7　　　　　　E　　　12　　H

13

14

알렉산드로스

진영

7 = 히파스피스테스 (니카노르)
8 = 용병 보병대
9 = 트라케 산병散兵
10 = 크레타 궁수
E = 헤타이로이 기병대 (필로타스)
F = 프로드로모이 (아레테스)
G = 그리스 용병 기병대 (메니다스)
H = 파이오니아 기병대 (아리스톤)
11 = 일부 아그리아네스족과 다른 경보병대

12 = 나머지 아그리아네스족
13 = 궁수들
14 = '노병' 용병 보병대
15 = 동맹 용병 보병대

제2열의 규모는 확실하지 않으며 다른 부대들에 의해
2열이 1열과 얼마나 밀접하게 연결되었는지도 분명하
지 않다. 군대는 내부가 빈 정사각형이나 평행사변형을
대략적으로 이루고, 측면에 배치된 부대들이 비스듬하
게 늘어서서 1열과 2열을 연결했을 것이다.

14. 히다스페스 전투 (기원전 326)

일정한 축척을 따르지 않았고, 알렉산드로스의
다른 전투들에 비해서도 더 많이 추측하여 재구성한 것이다.

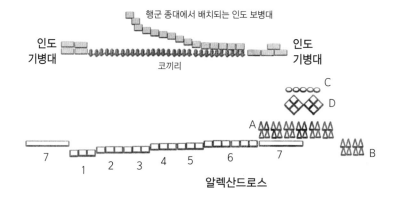

포로스

행군 종대에서 배치되는 인도 보병대

**인도
기병대**

코끼리

**인도
기병대**

C

D

A

7

1
2
3
4
5
6
7

B

알렉산드로스

1 = 팔랑크스 대대 (멜레아그로스)　　　　7 = 경보병대
2 = 팔랑크스 대대 (아탈로스)　　　　　　A = 헤타이로이 기병대
3 = 팔랑크스 대대 (고르기아스)　　　　　B = 헤타이로이 기병대 (코이노스)
4 = 팔랑크스 대대 (클레이토스)　　　　　C = 궁기병
5 = 팔랑크스 대대 (코이노스)　　　　　　D = 아시아 기병대
6 = 히파스피스테스 (셀레우코스)

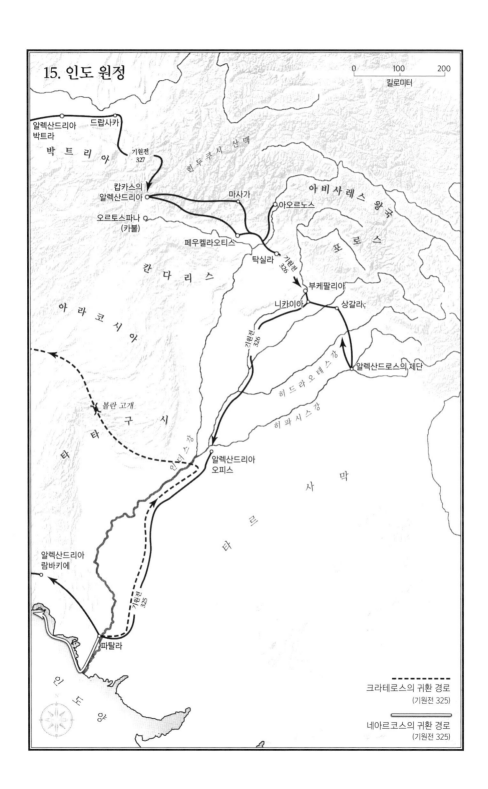

15. 인도 원정

알렉산드리아
박트라

드랍사카

박 트 리 아

기원전
327

힌두쿠시 산맥

아비사레스 왕국

칸카스의
알렉산드리아

마사가

아오르노스

포 로 스

오르토스파나
(카불)

페우켈라오티스

탁실라

기원전
326

칸 다 리 스

부케팔리아

니카이아

상갈라

아 라 코 시 아

기원전
326

알렉산드로스의 제단

히 드 라 오 테 스 강

볼란 고개

구 시

히 파 시 스 강

타

알렉산드리아
오피스

사 막

타

알렉산드리아
람바키에

리

기원전
325

파탈라

인 도 양

크라테로스의 귀환 경로
(기원전 325)

네아르코스의 귀환 경로
(기원전 325)

0   100   200
킬로미터

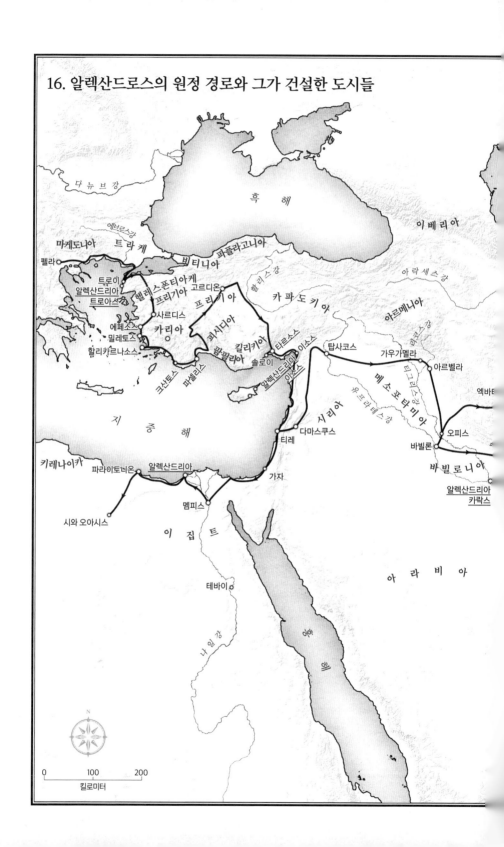

16. 알렉산드로스의 원정 경로와 그가 건설한 도시들

다뉴브강

흑 해

이베리아

아락세스강

마케도니아

트라케

폰티아케

파플라고니아

비티니아

헬리스강

펠라

트로이
알렉산드리아
트로아스

헬레스폰티아케
프리기아

고르디온

프리기아

카파도키아

아르메니아

사르디스

티그리스강

에페소스

카리아

피시디아

킬리키아

탑사코스

가우가멜라

밀레토스

팜필리아

타르소스

이소스

아르벨라

할리카르나소스

솔로이

이소스

엑바타

메소포타미아

크산토스

파셀리스

알렉산드리아
이소스

유프라테스강

지 중 해

시리아

오피스

다마스쿠스

바빌론

키레나이카

티레

바빌로니아

파라이토니온

알렉산드리아

가자

알렉산드리아
카락스

멤피스

시와 오아시스

이 집 트

아라비아

테바이

나일강

홍해

N

0   100   200
킬로미터

밑줄 표시된 지명은 '알렉산드리아'라고 명명된 도시들이다. 이외에도 다수의 공동체가 다시 건설되었고 변경에는 소도시들이 형성되었다.

아랄해

야사르테스강

옥소스강

트리박트라 (부하라)

알렉산드리아 에스카테

키루폴리스

소그디아나

나우타카

마라칸다 (사마르칸트)

박트리아

알렉산드리아 마르기아나 (메르브)

알렉산드리아 옥소스

트랍사카

마르기아나

다이

카스피해

히르카니아

파리티아

수시아

아레이아

알렉산드리아 박트라

헤디아

라가

헤카톰필로스

파라미소스

칼카스의 알렉산드리아

마사카

아오르노스

알렉산드리아 아레이아 (헤라트)

탁실라

부케팔리아

니카이아

상갈라

알렉산드리아 프로프타시아

드랑기아네

아라코시아

알렉산드로스의 제단

파사르가다에

페르세폴리스

페르시스

알렉산드리아 아라코시아 (칸다하르)

알렉산드리아 오피스

인더스강

알렉산드리아 카르마니아 (카누)

카르마니아

게드로시아

알렉산드리아 람바키에

파탈라

인도

페르시아만

아라비아해

연표

연도 표시는 모두 기원전이다. 사건의 발생 연도가 확실치 않은 경우가 많다. 본문에서 설명한 대로, 특히 필리포스 치세에 일어난 사건들이 그러하다.

393 – 370/69	**아민타스 3세 재위**
386	그리스에서 페르시아 '대왕의 화평'이 체결되다.
382	스파르타가 테바이의 성채(카드메이아)를 점령하다.
382?	필리포스 탄생
379/8	테바이인들이 스파르타의 주둔군을 완파하다.
371	에파메이논다스와 펠로피다스 휘하의 테바이 군대가 레우크트라에서 스파르타 군대에 승리하다.
370/69 – 367	**마케도니아의 알렉산드로스 2세 재위**
368? – 365	필리포스가 테바이에 볼모로 잡히다.
367 – 365	**프톨레마이오스의 재위/섭정**
365 – 359	**페르디카스 3세의 재위**
362	만티네이아에서 스파르타의 전술적 패배는 부분적으로 에파메이논다스의 죽음 때문에 전략적으로 심각하지 않은 것으로 드러나다.
359	페르디카스 3세 사망. 필리포스가 왕 또는 섭정으로서 마케도니아의 지도자가 되어, 아르게아스 왕조의 몇몇 도전자들을 물리치다.
359 – 336	**마케도니아의 필리포스 2세 재위**
358	필리포스가 파이오니아 왕국을 진압하고 일리리아의 왕 바르딜리스를 물리치다. 테살리아에 개입하다(?).
357	필리포스가 암피폴리스를 함락하다. 아테네가 반란 동맹국들과 전쟁을 벌이다. 필리포스가 올림피아스와 혼인하다. (초기에 필리포스가 조카 아민타스를 대신하여 섭정으로 통치했다면, 이 시기에는 자신의 힘으로 온전한 임금이 되었을 것이다.) 필리포스가 칼키디케 동맹과 연합하다.
356	필리포스가 피드나와 다른 도시들을 함락하고, 트라케·일리리아·파이오니아 지도자의 느슨한 연합을 물리치다. 알렉산드로스가 탄생하다. 포티다이아를 함락하여 칼키디케 동맹에 넘겨주다.
355	필리포스가 테살리아에 적극 개입하다(?). 메토네 공성을 시작으로

신성전쟁이 발발하다.

354 필리포스가 공성 중에 부상을 입고, 한쪽 눈을 잃다.
메토네가 함락되다. 가을에 트라케에 출정하다(?).

353 필리포스가 다시 한번 테살리아에 출정하여 신성전쟁에 관여하다.
오노마르코스에게 패하다.

352 필리포스가 돌아와 크로키온 평원 전투에서 승리하다.
테르모필라이 통로가 강력한 연합 세력에 점령되면서 남부 그리스
로 전진하는 마케도니아의 진로가 차단되다. 연말에 필리포스가 트
라케에 출정하였으나 병을 얻다.

351 갈리폴리 반도 근처 트라케와 일리리아에서 군사작전을 벌이다.

350 필리포스가 에페이로스에 개입하다.

349 필리포스가 칼키디케 동맹을 공격하다.

348 필리포스가 올린토스를 함락하다.

347 필리포스가 할로스를 포위공격하다. 아테네인들이 반反마케도니아
연합을 결성하려 했으나 실패하다. 필리포스가 트라케 출정을 시작
하다.

346 필리포스가 트라케에 출정하다. 아테네 및 다른 국가들과 협상을 계
속하다. 남쪽으로 진군하며 상황을 능숙하게 조종하여 포키스의 항
복을 받아내다. 신성전쟁의 종결. 가을에 피티아 제전을 주재하다.

345 필리포스가 다르다니아에 출정하다.

344 필리포스가 일리리아에 출정하다. 테살리아에서 활동.
아테네와 협상.

343 필리포스가 아테네에 특사를 보내다. 데모스테네스가 아이스키네
스를 기소하다.

342 필리포스가 에페이로스의 왕을 폐위하고 올림피아스의 형제인 에
페이로스의 알렉산드로스를 왕으로 세우다.
아리스토텔레스가 필리포스의 아들 알렉산드로스를 가르치기 시작

하다.

341 필리포스가 트라케에 출정하다.

340 페린토스, 셀림브리아, 비잔티온 공성.

아테네의 곡물 수송 선단 나포. 섭정으로 남은 알렉산드로스가 마이도이족을 물리치다. 알렉산드로폴리스를 건설하다.

339 암피크티오니아 회의에서 암피사에 신성전쟁을 선포하고 필리포스를 지휘자로 지명하다. 필리포스는 비잔티온 공성을 중단하고 스키타이족에 맞서 군사작전을 펼치다. 고향으로 돌아오는 길에 트리발리족과의 접전에서 부상을 입다. 부상에서 회복 후, 남쪽으로 진군하여 연말에 엘라테이아를 점령하다

338 필리포스가 카이로네이아에서 테바이와 아테네, 그리고 그들의 동맹국을 물리치고 강화조약을 맺다.

337 필리포스가 그리스의 지도자들을 코린토스로 소집하다. 페르시아에 맞선 범凡그리스 전쟁의 지휘자로 지명되다. 필리포스와 클레오파트라의 혼인 뒤에 궁에서 벌어진 갈등을 피해 알렉산드로스가 도망치다. 이후에 다시 그가 소환되다.

336 - 323 마케도니아의 알렉산드로스 3세(대왕)의 재위

336 파르메니온과 아탈로스가 1만 명의 병사를 이끌고 소아시아로 파견되다. 뒤이어 소아시아 출정을 준비하던 필리포스가 살해되다. 책임자 처형과 정치적 살해가 이어지는 가운데 알렉산드로스가 왕위를 계승하다. 그리스에서 일어난 반란을 초기에 신속하게 진압하다. 페르시아 전쟁을 수행할 범그리스 세력의 헤게몬으로 지명되다.

335 알렉산드로스가 트라케와 일리리아에 출정하다.

테바이가 전쟁을 선포하여 알렉산드로스가 급히 귀환하다. 테바이는 기습 공격을 당하고 독립된 정치적 실체로서 지위를 상실하다.

334 5월에 알렉산드로스가 육로를 이용하여 다르다넬스 해협으로 진군한 뒤 아시아로 건너가다. 그라니코스에서 사트라프들을 물리치다.

밀레토스 함락, 할리카르나소스 공성.

333 멤논이 해상공격을 감행하다. 그러나 그가 추진력을 잃고 사망하자 다리우스가 함대에 복무하는 모든 용병을 불러들이다. 알렉산드로스가 소아시아에 출정하여 고르디아스의 매듭을 끊다.

알렉산드로스가 늦여름에 킬리키아에 도착했을 때 중병에 걸리지만 회복하다. 이소스 전투에서 다리우스를 물리치다.

332 티레 공성. 페르시아 함대가 해체되어 상당 부분이 알렉산드로스에 합류하다. 티레 함락 후, 알렉산드로스가 가자를 포위 공격하여 함락하다. 연말에는 방어전에 나서지 않은 이집트를 점령하다.

331 알렉산드로스가 이집트를 방문하여 알렉산드리아를 건설하고 시와 오아시스의 제우스 암몬 신탁소를 찾아가다. 티레로 귀환하여 페르시아 중심부 공격을 개시하다. 가우가멜라 전투에서 다리우스를 물리치고, 바빌론을 점령하다.

연말에 (혹은 이듬해에) 스파르타의 아기스가 반란을 일으켰으나 패퇴했다는 소식이 전해지다.

330 알렉산드로스가 페르세폴리스를 약탈하고 불지르다. 마르디족에 맞선 군사작전 실행. 다리우스에 대한 추격을 재개하다. 다리우스가 페르시아 귀족들에게 체포되어 처형되다. 알렉산드로스의 궁 내부 인물들에 의한 음모가 발각되다.

필로타스가 반역죄로 기소되어 처형되다. 베소스가 자신을 왕들의 왕으로 선언하다.

329 마케도니아가 소그디아나와 박트리아로 전진하다.

알렉산드로스가 군대를 이끌고 힌두쿠시 산맥을 넘다.

베소스 생포. 박트리아와 소그디아나에서 마케도니아에 맞선 반란이 확산되다.

328 반란 지도자들에 대한 가차 없는 군사작전이 실행되다.

연말에 알렉산드로스가 취중 논쟁에서 클레이토스를 살해하다.

328/327	알렉산드로스가 '소그디아나의 바위'와 '코리에네스의 바위'를 함락하다.
327	반란군에 대한 군사작전을 계속하다. 음모를 꾸민 시동들이 발각되어 처형되다. 인더스강으로 진군하다.
326	알렉산드로스가 히다스페스 전투에서 포로스를 물리치다. 히파시스강으로 전진하지만, 마케도니아 부대들이 도강을 거부하다. 알렉산드로스가 히다스페스로 돌아와 원정대를 이끌고 강을 따라 바다에 이르다. 투항을 거부하는 공동체는 적으로 간주하고 공격하다. 연말에 (혹은 이듬해에) 말리족의 도시를 기습하던 중 알렉산드로스가 중상을 입다.
325	알렉산드로스가 부상 중에도 지체하지 않고 진군하다. 브라만들이 주도하는 반란이 진압되다. 알렉산드로스가 인도양에 이르러 신에게 제사를 지내다. 병력을 나누어 페르시아의 중심부로 회군하다. 크라테로스가 먼저 출발하고 이어서 알렉산드로스가 출발하다. 날씨로 인해 지체된 네아르코스와 함대가 마지막으로 출발하다. 알렉산드로스와 부하들이 게드로시아 사막의 악조건을 견디다.
324	군대와 함대가 다시 한번 카르마니아에 집결하다. 알렉산드로스가 자신의 사트라프들이 고용한 용병들의 해산을 명령하다. 또한 올림피아 제전에 사절을 보내 그리스 도시들에서 추방당한 이들의 귀환을 선포하다. 참전 군인들이 오피스에서 항명하여 반란을 일으키다. 그럼에도 알렉산드로스는 자신의 의지를 관철하다. 대규모 집단 혼인. 크라테로스의 명령으로 노병들의 귀향 여정이 시작되다. 헤파이스티온 사망.
323	알렉산드로스가 바빌론에 주둔하며 대규모 아라비아 원정을 준비하다. 원정이 시작되기 전에 알렉산드로스가 병들어 사망하다.

주요 문헌

아이스키네스Aischines(기원전 대략 397~322)

아테네의 정치인. 비교적 낮은 신분 출신이지만 아테네 민회에서 매우 영향력 있는 웅변가가 되었다. 초년에는 시민의 의무를 이행하기 위해 호플리테스로 복무했으며, 이후에는 잘 알려진 배우로 활동하다가 정치에 입문했다. 현전하는 그의 연설문에는 아테네, 필리포스, 알렉산드로스, 마케도니아에 관련된 부분이 많이 있지만, 데모스테네스와의 갈등이라는 맥락 때문에 내용이 명확하지는 않다.

아리아노스Arrianos(로마식 정식 성명은 루키우스 플라비우스 아리아누스Lucius Flavius Arrianus, 기원후 대략 86~160)

비티니아 지방(오늘날 튀르키예 북부)의 니코메디아라는 도시 출신이며, 젊은 시절 철학을 공부했다. 로마 시민으로서 하드리아누스 황제의 관심을 받고 로마 원로원 의원이 되었고, 131년부터 137년까지 카파도키아의 총독을 지냈는데, 군사적으로 중요한 속주에서 이례적으로 오랫동안 총독직을 수행한 경우다. 철학적인 문제들에 관한 그의 관심과 저술과는 별개로, 다수의 역사서를 집필했으나 오직 《알렉산드로스 대왕 원정기Alexandrou Anabasis》와 인도에 관한 짧은 안내서라고 할 수 있는 《인도Indike》, 두 작품만 오늘날까지 완전하게 전해지고 있다. 그는 유목민족인 알라니족과의 교전에서 쓰려고 한 전술들을 기술하여 단편들로 남기기도 했는데, 그가 전진하자 알라니족은 후퇴한 것으로 보인다. 또한 마케도니아의 팔랑크스와 로마 기병대의 전술을 함께 논하는 설명서를 작성했다.

아리아노스의 《알렉산드로스 대왕 원정기》는 알렉산드로스의 치세에 관한 가장 완전하고 상세하며 분별력 있는 서사다. 최근 몇십 년 동안 아리아노스의 신빙성에 대한 전통적 믿음이 공격당하긴 했지만, 그를 비판하는 이들은 각각의 경우에 단지 대안적인 이야기들이 더 선호될 수 있음을 주장할 뿐이다.

쿠르티우스Curtius(정식 성명은 퀸투스 쿠르티우스 루푸스Quintus Curtius Rufus, 생몰연대 미상, 클라우디우스 황제 치세 기원후 41~54년에 저술 활동을 한 것으로 추정)

쿠르티우스에 대해서는 로마의 귀족 집안 출신이며 역사가이자 수사학자라는 것 외에 알려진 사실이 거의 없다. 그가 쓴 알렉산드로스에 관한 10권짜리 역사서는 대부분이 현전한다. 기원전 333년까지를 다루는 첫 두 권이 완전히 소실되었고, 그 밖에도 말년 부분을 다루는 몇몇 큰 부분들이 소실되었으나 알렉산드로스의 사망 직후 기간을 어느 정도 자세히 다루고 있는 부분들은 그대로 남았다. 문체가 매우 수사적이고, 긴 연설과 논쟁이 실려 있지만 저자가 적합하다고 느낀 대로 창작한 것이 분명하다. 전체적으로 알렉산드로스에 대해 아리아노스보다 비판적 태도를 취하고 있다. 많은 학자들은 알렉산드리아의 클레타르코스가 기원전 4세기 말에 집필했으나 소실된 역사서를 쿠르티우스가 많이 활용한 것으로 본다. 클레이타르코스의 역사서는 고대 세계에서 아주 인기가 많았던 반면, 선정적인 어조와 신뢰성 부족으로 비판을 받았으나, 바로 그 점이 인기에 한몫했을 것이다. 그러나 쿠르티우스가 어떤 한 가지 자료에 전적으로 의존했다고 보는 것은 옳지 않다. 그는 자기가 다루고 있는 내용에 확실히 자기만의 흔적을 남겼다. 예를 들어, 옳든 그르든, 쿠르티우스는 알렉산드로스의 조정에서 벌어진 논쟁들을 다루면서 자기 시대 로마에서 일어난 반역죄 재판들을 투영한 것으로 보인다.

데모스테네스Demosthenes(기원전 384~322)

아테네 최고의 연설가로 고대 세계에서 널리 존경받았다. 《플루타르코스 영웅전》에 전기가 실려 있어, 자료 출처가 되는 다른 인물들보다 개인적인 삶에 대해 더 많이 알려져 있다. 플루타르코스는 그의 유산을 후견인들이 잘못 사용한 점들과 그가 대중 연설에 관해 오랜 세월 연구하고 실천한 것들을 우리에게 이야기한다. 상당히 많은 연설문이 오늘날까지 전해지고 있으며(생각이 비슷한 다른 연설가들의 것이지만 그의 것이라고 여겨진 몇몇 연설문도 전해진다), 그중에는 필리포스와 알렉산드로스를 다루고 있는 연설문도 많다. 언어를 다루는 그의 열정과 기량은 너무나 확연하지만, 그가 공정하지 않고 정직하지 않았으며 단지 자기 입장을 조리 있게 주장했다는 것은 이해할 만한 일이다. 아이스키네스의 경우와 마찬가지로, 사건들에 관한 데모스테네스의 기술 또한 회의적으로 다루어야 할 필요가 있다. 하지만 그러함에도 사건들과 인물들에 관한 동시대의 의견을 제공하는 흔치 않은 자료다.

디오도로스Didodorus(시칠리아의 디오도로스라는 뜻으로 디오도로스 시켈리오테스 Diodoros Sikeliotes라고 알려져 있다. 생몰연대 미상이지만, 기원전 1세기 중반에 저술활동을 한 것으로 보인다.)

생의 대부분을 로마에서 보낸 시칠리아 출신의 그리스인이다. 가장 이른 시기부터 기원전 60년까지의 보편 역사를 총 40권의 책으로 엮은 《역사총서Bibliotheke historike》를 저술했다. 이 책의 주된 관심은 주로 그리스인이며, 시칠리아의 서방 그리스인들을 더 많이 다루다가 점차 로마인들을 많이 다루고 있다. 전체 작품의 일부만 현전하지만, 필리포스의 치세 전체를 다루는 16권이 온전히 남아있고, 알렉산드로스를 다루는 17권도—박트리아에서의 군사작전들을 다루는 내용이 상당부분 소실되긴 했지만—대부분의 내용이 오늘날까지 전해진다. 알렉산드로스 후계자들의 초기 역사를 완전하게 다루는 이야기도 남아 있다. 그가 남긴 자료는 매우 중요하지만, 문체의 변화가 심하고 부분에 따라 신빙성도 달라지는데 이는 그가 사용한 다양한 자료들을 반영한 것으로 보인다.

유스티누스Justinus(정식 성명은 아마도 마르쿠스 유니아누스 유스티누스Marcus Junianus Justiuns일 것이다. 생몰연대가 매우 불확실하여 기원후 2세기나 3세기로 추정되지만 4세기로 볼 수 있는 강력한 근거도 있다.)

유스티누스는 기원후 1세기 초에 활발하게 활동한 갈로-로마인 저자 폼페이우스 트로구스의 소실된 저서 《필리포스의 역사Liber Historiarum Philippicarum》의 축약본 《에피토메Epitome》를 썼다. 트로구스의 저서는 근동 지방의 초기 역사도 다룰 만큼 그 범위가 매우 넓지만, 주로 마케도니아와 그 후계자 왕국들에 초점을 맞추었으며, 파르티아, 로마,

갈리아, 히스파니아에 대해서도 상당한 분량을 할애했다. 유스티누스의 축약본은 때때로 혼란스럽고, 물음에 답하기보다 더 많은 물음을 불러일으키기도 한다. 하지만 어떤 연도들에 대해서는 이것이 유일한 자료이기도 하다.

플루타르코스Plutarchos(로마식 정식 성명은 루키오스 메스트리오스 플루타르쿠스 Lucius Mestrius Plutarchus이다. 생몰연대는 대략 기원후 15~120년이지만, 더 일찍 태어났거나 더 나중에 죽었을 수도 있다.)

플루타르코스는 필리포스가 기원전 338년에 대승을 거둔 현장에서 가까운 카이로네이아 지방 출신의 그리스인이다. 로마시민으로서 제국의 공직에 있었을 가능성이 있다. 가장 확실한 것은 그가 가르치고, 글을 쓰고, 널리 여행을 했으며, 적어도 30년 동안 델포이의 아폴론 신전에서 사제로 일했다는 사실이다. 《영웅전Bioi Paralleloi》의 저자로 유명하다. 그리스의 유명 인물 한 명과 로마의 유명 인물 한 명을 짝지어 그들의 전기를 제시하는 이 책은 로마의 지배 아래 통합되는 그레코-로마 문화를 반영한다. 전부 스물세 쌍의 인물들의 전기가 남아있는데, 그중 카이사르와 알렉산드로스를 포함한 네 인물의 전기에는 인물들을 비교하고 대조하는 서론과 결론이 없다. 그가 쓴 알렉산드로스의 전기는 중요한 자료이며, 다른 전기들과 마찬가지로 정치와 군사에 관한 문제들보다는 개인적인 세세한 내용에 초점을 맞추고 있다. 플루타르코스는 그러한 내용이 인물에 대해 더 많은 것을 드러낸다고 믿었기 때문이다. 그밖에 다른 인물들, 특히 데모스테네스의 전기와 포키온의 전기에도 단편적인 자료들이 포함되어 있다. 플루타르코스는 다양한 주제에 대하여 글을 썼고, 《알렉산드로스의 운명에 관하여Perites Alexandrou tyches》와 같은 작품들에는 많은 정보가 담겨 있다.

스트라본Strabon(기원전 1세기~기원후 1세기)

스트라본은 17권으로 된 《지리학Geographika》를 저술했다. 이 책은 필리포스와 알렉산드로스가 군사작전을 펼친 많은 지역들을 개괄하는 가장 좋은 자료다. 서사보다는 유용한 정보들이 담겨 있으며, 이들 정보는 때로 매우 도움이 된다.

베르기나/아이가이의 왕릉들

1977~1978년에 안드로니코스 교수가 이끄는 연구팀은 베르기나의 거대한 둔덕에서 발굴 작업을 진행했다. 베르기나는 고대 마케도니아의 수도, '염소들의 장소'라는 뜻의 아이가이로 확인된 곳이다. 고고학자들은 후대에 쌓은 이 둔덕 안에서 하나의 봉분을 발굴했고, 그 안에 다시 세 개의 무덤이 있음을 발견했다. 시신이 매장된 위치와 규모로 볼 때 이 무덤들은 왕족의 것이 분명했고, 한 무덤의 주인이 필리포스일 가능성이 컸다. 그러므로 여기에서 이 무덤들의 주인을 확인할 수 있는 증거들을 정리해 보는 것도 의미가 있겠다.

1호 무덤

이 무덤은 석관에 시신을 안치하고 석회석 판으로 덮은 석관묘다. 이미 고대에 도굴이 되었는데, 아마도 피로스가 아이가이를 점령한 기원전 274년에서 273년 사이에 도굴이 이루어졌을 것이다. 기원전 4세기 중반에는 규모가 더 큰 매장지에서 석관묘石棺墓가 석실묘石室墓로 대체되기 시작했으므로, 무덤1의 연대는 대략 기원전 375~350년으로 추정되는데, 학자들은 대부분은 이 기간 중에서도 전반기 쪽으로 기운다. 나이 든 남성 한 명과 젊은 여성(치아 분석을 토대로 대략 18세일 것으로 추정) 한 명, 그리고 아주 어린 아기 한 명이 함께 묻혀 있었다. 남자는 평균 키보다 커서 180센티미터가 넘었다. 뼈를 화장한 흔적은 전혀 없었다. 이들 유해는 본래 이곳에 묻힌 시신일 수도 있지만, 나중에 매장지로 무덤을 재사용하는 과정에 안치된 시신일 수도 있다. 벽에 그려진 그림들은 특성과 양식 면에서 다른 두 무덤의 그림들과 유사하며, 본래 이 무덤의 주인이 왕족이었고, 어쩌면 왕이었음을 암시한다.

2호 무덤

전통적인 석관묘가 아니라 석실묘다. 석실은 주실과 전실로 나뉘어 있다. 고고학자들이 발굴하기 전에 누군가가 침입하거나 건드린 흔적이 없다. 전면에는 도리아식 기둥들과 커다란 대리석 문이 있다. 무덤 위에는 무언가를 태운 흔적이 있는데, 아마도 장례용 장작더미가 있었을 것이다. 그 양식을 보면 무덤2와 무덤3은 기원전 4세기 중반에서 말에 만들어진 것으로 추정된다. 주실에는 40~50세 정도 된 남성의 시신이 있고, 전실에는 20~30세 정도 된 여성의 시신이 있었다. 남성은 키가 170~173센티미터 정도 되고, 화장되었다. 남자에게는 황금관, 사리사를 포함한 무기들, 흉갑을 포함한 갑옷, 방패, 정강이 받이가 함께 놓여 있었다. 전실에는 스키타이 양식의 화려하게 장식된 황금 화살통과 흉갑이 있었다. 하지만 그 배치가 어지럽게 되어 있는 것으로 보아, 세심하게 신경 쓸 여유가 없이 급하게 마무리되고 봉인되었던 것 같다. 무덤 안에 그려진 프레스코화에는 수염을 기른 필리포스와 어린 알렉산드로스가 함께 사냥하는 장면이 묘사되어 있다. 무덤 위에 있는 불탄 흔적에는 남자 두 명과 말 두 마리의 뼈, 그리고 마구와 장비가 남아있었다.

3호 무덤

2호 무덤과 같은 석실묘다. 마찬가지로 전면부가 신전처럼 만들어졌다. 무덤의 주인은 열세 살에서 열여섯 살 사이로 보이는 소년인데, 대체로 열네 살 무렵에 살해당한 알렉산드로스 4세일 것으로 본다.

이 무덤들 바깥에는 헤로온heroon이라고 하는, 영웅 숭배 의식을 행하기 위한 사당이 있었다. 이 사당은 필리포스의 아들 아리다이오스나 손자 알렉산드로스 4세에게 헌정된 것이 아니라, 필리포스와 어쩌면 그의 아버지 아민타스 3세에게 헌정된 것으로 보인다.

이들 무덤에서 발견된 물건들을 둘러싸고 논쟁이 계속되었고, 양식이나 문양이나 주제가 필리포스의 시대보다 훨씬 이전 시대의 것인지에 대한 이론들도 많았지만, 어떠한 이론도 결정적인 답을 제시하지 못했다. 따라서 문제를 풀 열쇠는 유해였다. 2호 무덤의 주인이 필리포스라는 주장의 근거는 추정된 나이가 사망 당시 필리포스와 잘 맞는다는 것이었다. 또한 유해를 분석한 결과, 한쪽 눈이 상할 만큼 심각한 두개골 손상이 있었음이 밝혀졌고 이는 메토네에서 입은 필리포스의 부상과 일치한다. 두 개의 정강이받이의 크기가 다른 것은 그 주인이 다리에 부상을 당했다는 증거로 해석되는데, 이것 역시 필리포스가 트리발리족에게 당한 부상과 부합한다. 더욱이 무덤 위에 있는 장작더미는 아레오포스의 두 아들, 곧 링케스티스의 알렉산드로스의 두 형제를 암살에 연루된 혐의로 그들의 말과 무기와 함께 처형한 사건에 잘 들어맞는다.

전실에 있는 여성의 유해는 문제를 제기한다. 필리포스의 부인들 중에 그가 살해당한 것과 비슷한 시기에 죽어서 그와 함께 매장되었던 부인은 없다. 클레오파트라는 필리포스가 죽고 곧이어 살해되었지만, 무덤 속 유해가 그녀의 것이라기에는 너무 나이가 들었을 뿐 아니라, 복수심이 가득했던 올림피아스가 왕과 함께 매장하는 식으로 그녀를 영예롭게 하기를 원했을 리도 없었다. 화살통과 다른 무기나 장비는 필리포스의 아내이자 게타이족 왕의 딸인 메다의 것이었을 수도 있고, 별로 입증된 바가 없는 스키타이족 아테아스 왕의 딸인 아내에게 속한 것이었을 수도 있다. 이러한 의견의 근거는, 이 두 여성이 남편이 죽으면 부인도 따라죽는 전통을 지닌 문화에서 왔을 가능성이 있다는 것이다. 하지만 이러한 관습은 충분히 입증되지 않았으므로 이는 모두 추측에 불과하다.

2호 무덤의 남성이 필리포스라는 데 대한 반대 주장은 두개골 파편에 대한 재분석에 근거한다. 즉 두개골이 손상된 것은 죽기 전에 입은 부상 때문이 아니라 사후에 화장 과정에서 발생한 것이라는 말이다. 처음 두개골을 검사하고 망자의 얼굴을 재구성한 이들은 이러한 주장을 받아들이지 않고 그들이 내린 결론을 계속 견지했다는 사실에 유념해야 한다. 다리 부상에 대해서도 명확한 근거는 없다. 두 개의 정강이받이는 본래 한 벌이 아니었는데, 매장을 서두르다 보니 함께 묻혔을 수도 있고, 손에 잡히는 대로 가져다가 대체로 적절해 보이는 것을 추가한 결과일 가능성이 높다.

2호 무덤의 주인이 필리포스 2세가 아니라면, 가장 가능성 있는 유일한 후보는 아리다이오스다. 그렇다면 전실에 있는 여성은 아데아 키나네의 딸 아데아 에우리디케일 것이다. 군사 장비들이 함께 묻힌 것도 그녀 때문이었을 것이다. 그녀가 어머니에 의해 군사 훈련을 받았다는 기록이 있기 때문이다. 그녀와 아리다이오스는 기원전 315년에 카산드로스에 의해 매장되었다. 올림피아스의 손에 죽은 지 18개월에서 2년 정도 지난 뒤였다. 이러할 경우, 기원전 336년에 필리포스를 매장했던 것보다는 이 맥락에서 무덤을 서둘러 재빨리 봉했다는 사실이 더 잘 이해된다. 하지만 벽에 그려진 왕의 사냥 장면을 근거로 이 주장을 반박할 수 있다. 그림 속 인물은 아들 아리다이오스가 아니라 아버지 필리포스에게 더 쉽게 부합되기 때문이다. 또한 손상된 두개골이 살아있는 동안에 입은 안면 부상 때문이라고 상정한다면, 아리다이오스가 안면 부상을 당했다는 증거는 전혀 없다. 또한 사망하고 나서 화장이 오랫동안 지연되었다는 사실은 두개골 부상이 화장 과정에서 생긴 것이라는 가능성 또한 제거한다.

　과거에는 1호 무덤에 매장된 인물이 필리포스의 아버지 아민타스 3세라는 주장이 있었지만, 최근에는 필리포스 2세라는 주장이 제기되었다. 이러한 주장의 근거는, 유해를 분석했을 때 무릎에 장애가 있어 다리를 절었을 것으로 보이고, 뼈에 난 구멍은 뼈를 관통하는 부상에 의한 것으로 보인다는 점이다. 이 남성의 연령 추정치는 상당히 다양한데, 어떤 이들은 필리포스라고 하기에는 너무 젊다고 말한다. 하지만 골반뼈가 마모된 정도로 보아 대략 45세로 예상된다는 분석도 있다. 그렇다면 같은 무덤에 있는 다른 유해는 클레오파트라와 둘 사이의 어린아이로 추정된다. 어린아이의 경우 성별은 알 수 없고 태어난 지 겨우 몇 주밖에 되지 않아 보인다. 이 여성의 연령은 클레오파트라에 대응된다. 하지만 문제는 필리포스가 살해된 뒤 그녀와 아기가 얼마나 빨리 살해되었는지가 분명하지 않다는 것이다. 올림피아스가 이 살해된 여성이 자기 남편과 무덤을 공유하도록 허락하지 않았으리라는 동일한 가정도 제기되었지만, 두 경우 모두에서 이러한 가정은 매우 주관적인 판단이다. 경쟁자를 죽이는 것이 올림피아스를 만족시키기에 충분했으므로 망자가 완전한 영예를 누리게 하는 데에도 그녀가 반대하지 않았을 것으로 판단하거나, 그러한 일들에 대해 알렉산드로스가 어떤 태도를 취했을지 추측하는 것은 불가능하다.

더 강력한 반대 의견은 필리포스 2세가 화장되었다는 유스티누스의 명확한 진술에서 나온다. 1호 무덤의 남성은 화장하지 않은 상태로 매장되었다. 장작더미에서 불태워진 것은 2호 무덤의 남자다. 유스티누스가 틀렸을 수도 있고, 그랬다면 1호 무덤의 남자가 필리포스라는 주장에 힘이 실린다. 그러나 우리는 고대의 자료가 아무리 신빙성이 떨어진다 해도, 단지 편리하다는 이유로 그 내용을 거부하지 않도록 주의해야 한다. 또한 아민타스 3세가 1호 무덤 남성의 무릎에서 관찰되는 것과 같은 부상을 당했는지 알아낼 수도 없다. 마찬가지로, 아민타스 3세의 아내나 연인 중에 그와 거의 같은 시기에 출산 때문에 죽은 이가 있었는지도 전혀 입증되지 않았다. 더욱이 1호 무덤의 유해들이 모두 처음 그곳에 묻힌 사람들의 것이 아니고 석실묘가 후대에 재사용되었을 가능성도 있다.

지금으로서는 확실한 판단은 여전히 불가능하다. 보편적인 의견은 아니지만, 대다수 학자들은 2호 무덤의 남성이 필리포스 2세라는 주장을 계속 선호하는 편이다. 이를 통해 우리는 필리포스의 신장이 평균 수준이었다고 추측할 수 있으며, 유해를 바탕으로 재구성된 그 유명한 얼굴 이미지에서 그의 얼굴을 유추해볼 수 있다. 반면에 1호 무덤의 남성이 필리포스 2세라는 이론이 옳다면, 그는 대단히 키가 컸다. 그리고 2호 무덤에서 발견된 투구와 흉갑 같은 장비들이 동방 원정에서 알렉산드로스가 실제로 착용한 것이어서 그의 이복동생의 매장에 쓰인 것일 수도 있다.[1]

진실이 무엇이든, 이들 무덤에서 발견된 유해들이 필리포스와 알렉산드로스의 가까운 가족들의 것이라는 점만은 거의 확실하다.

주

머리말: 알렉산드로스에 관한 약간의 언설

1. 더 이상 정복할 땅이 없어서 알렉산드로스가 눈물을 흘렸다는 이야기를 전하는 고대 문헌은 없다. 이는 근대에 만들어진 이야기다. 셰익스피어의 《헨리 5세》를 보면, 헨리 5세의 그 유명한 "다시 한 번 성곽 틈새로Once more into the breach" 연설에 다음과 같은 구절이 들어 있다. "앞으로, 앞으로, 너희 너무도 고결한 잉글랜드인이여,/ 너희 피는 전쟁으로 증명된 아버지들에게서 온 것./ 그 아버지들은 수많은 알렉산드로스들처럼/ 이들 지방에서 아침부터 저녁까지 싸우고/ 나설 싸움이 없어 칼을 칼집에 넣었도다."(《헨리 5세》, 3막 1장) 사실 알렉산드로스는 일찍 죽은 탓에 새로운 정복 활동에 나설 수 없었을 뿐이다.

2. Plutarch, *Alexander* 58.4-5.

3. Arrian, *Anabasis* 1.1, Preface 1-2.

4. 참고문헌을 빠르게 훑어보면 내가 많은 학자 중에서도 특히 보즈워스, 카니, 그리피스, 해먼드에게 빈번히 의지한다는 것을 알 수 있을 것이다. 지난 수십 년 동안 재평가가 이루어졌으나 오늘날 그의 생각을 지지하는 사람들이 거의 없는 탄 같은 학자들을 참조하는 것은 별 의미가 없어 보였다. 그렇다고 이전 세대의 학자들이 이 분야에 크게 공헌했음을 부정하는 것은 아니다. 태도들이 달라졌고 알렉산드로스에 대한 옛 해석들에 대해 호의적이지 않게 되었지만, 역사는 그 본성으로 증거와 우리의 이해에 대한 항구적인 재평가를 요구하는 법이다.

1. 시초

1. 아르고스에서 추방당한 이들이라는 아르게아스 왕조의 기원에 관한 이야기는 다음을 참조하라. Herodotus 8.137. 같은 주장이 다음에서 반복된다. Thucydides 2.99.3, 5.80.2. 일반적 논의에 대해서는 다음을 참조하라. N. Hammond and G. Griffith, *A History of Macedonia. Volume II 560-336 BC* (1979), pp. 3-11, 27-8, 31-9; 하이두이족에 관해서는 다음을 참조하라. D. Braund, "The Aedui, Troy, and the Apocolocyntosis", *Classical Quarterly*, 30 (1980), pp. 420-5.

2. 전장으로 옮겨진 아기 덕분에 일리리아 군대에 승리했다는 이야기에 관해서는 다음을 참조하라. Justin 7.2.8. 왕의 종교적 역할에 대해서는 다음을 참조하라. N. Hammond, *The Macedonian State. The Origins, Institutions and History* (1989), pp. 21-3.

3. 무기를 부딪쳐 큰 소리를 냄으로써 왕을 옹립하는 전통에 관해서는 알렉산드로스가 죽은 뒤의 일화를 기술하고 있는 다음을 참조하라. Curtius 10.7.13-14. 왕위 계승에 관해서는 다음을 참조하라. E. Anson, "Philip II, Amyntas Perdiccas, and Macedonian royal

succession,' *Historia*, 58 (2009), pp. 276-86, 특히 277-80.

4. Diodorus 14.37.6, Aristotle, Politics 1311b8-35, 다음의 논의 내용을 함께 참조. Hammond and Griffith, A History of Macedonia, pp. 167-8; 노에의 아들인 아르켈라오스에 관해서는 다음을 참조하라. Plato, *Gorgias* 471a-c.

5. Hammond and Griffith, *A History of Macedonia*, pp. 167-72, D. March, "The kings of Macedon 399-369 BC", *Historia*, 44 (1995), pp. 257-82(재구성된 정통적 연대표에 도전하고 있다).

6. Diodorus 14.92.3, with Hammond and Griffith, *A History of Macedonia*, pp. 172-3, and N. Hammond, "The kingdoms in Illyria circa 400-167 BC", The Annual of the British School in Athens, 61 (1966), pp. 239-53.

7. Diodorus 14.92.3-4, 15.19.2-3, Isocrates 6.46, Xenophon, Hellenica 5.2.11-20, 42, 5.3.1, 3-6, 26, with Hammond and Griffith, *A History of Macedonia*, pp. 177-8 and E. Borza, In the Shadow of Olympus. The Emergence of Macedonia (1990), pp. 182-9, 그리고 아르가이오스에 관해서는 pp. 296-7 참조.

8. Hammond and Griffith, *A History of Macedonia*, pp. 14-22. 고지 마케도니아 왕조들에 관해서 참조.

9. E. Carney, *Women and Monarchy in Macedonia* (2000), pp. 23-27, and E. Carney, "The politics of polygamy: Olympias, Alexander and the murder of Philip,' Historia, 41 (1992), pp. 169-89, 특히 171-2.

10. Pausanias 8.7.6. 필리포스가 기원전 336년 살해되었을 때 마흔여섯 살이었다고 한다. Justin 9.8.1. 암살되었을 때 필리포스는 마흔일곱 살이었다고 한다.

11. 마케도니아 왕가의 위상에 관해서는 다음을 보라. Hammond, *The Macedonian State*, pp. 16-24. 다음은 알렉산드로스 대왕을 다루는 출처들에서 교육에 관한 정보를 모아놓았다. the chapter "Elite education and high culture in Macedonia", in E. Carney, *King and Court in Ancient Macedonia. Rivalry, Treason, and Conspiracy* (2015), pp. 191-205. 유년기에 대한 정보는 당시에도 거의 없었다. 따뜻한 물로 목욕해서 해임된 장교에 관해서는 다음을 보라. Polyaenus, *Strategems* 4.2.2. 아르테미스 숭배에 관해서는 다음을 보라. P. Christesen and S. Murray, "Macedonian Religion", in J. Roisman and I. Worthington (eds), *A Companion to Ancient Macedonia* (2010), pp. 428-45, 특히 431.

12. 에우리디케의 자녀들에 관해서는 다음을 참조하라. Justin 7.4.5, 7. 말라리아에 관해서는 다음에 실린 논의를 보라. E. Borza, "Some observations on malaria and the ecology of Central Macedonia", *American Journal of Ancient History*, 4 (1979), pp. 102-24.

13. 에우리디케에 관해서는 Carney, *Women and Monarchy in Macedonia*, pp. 40-6, 그리고 기가이에에 관해서는 pp. 46-7을 보라.

14. Plutarch, *The Education of Children* 20 (14).

15. 에우리디케에 관해서는 다음을 보라. G. Macurdy, "Queen Eurydice and the evidence for woman power in early Macedonia", *The American Journal of Philology*, 48 (1927), pp. 201-14 and references in n. 9. 플루타르코스를 인용하는 저작이 정말로 이 저자에 의해 작성되었는지 의심하는 이들도 있다. 세부적인 논의와 참고 자료에 관해서는 다음을 보라. Carney, *Women and Monarchy in Macedonia*, pp. 269 nn. 12-14.

16. Diodorus 15.60.3, Justin 7.4.5, 7-8 with Carney, *Women and Monarchy in Macedonia*, pp. 39-40, 42.

17. Justin 7.5.1, Diodorus 16.2.2, Plutarch, Pelopidas 26. 두 자료는 세부 사항에서 차이를 보인다.

18. Athenaeus 1.18a. 아테나이오스는 알렉산드로스의 최고 사령관들 가운데 하나의 아들이 이러한 정해진 경로를 제대로 통과하지 못한 탓에 [향연에서 침상에 비스듬히 기대 음식을 먹고 이야기를 나누지 못하고] 자리에 앉아 있어야 했다고 한다.

19. 필리포스와 팜메네스의 동성연애 관계에 대해서는 다음을 보라. Suidas, s. v. Karanos.

20. Plutarch, *Pelopidas* 26.4-5 (Loeb 번역).

21. 구체적인 사례는 다음을 보라. I. Worthington, *Philip II of Macedonia* (2008), pp. 17-19, R. Gabriel, *Philip II of Macedonia. Greater than Alexander* (2010), pp. 23-8, Hammond and Griffith, *A History of Macedonia*, pp. 204-6; Justin 6.9.7, 7.5.3. 이 시기의 중요성에 관해서 참조.

22. Diodorus 15.71.1, Justin 7.5.4, Plutarch, *Pelodpidas* 26-7, Marsyas *FGrH* 135/6 = Athenaeus 14. 629d, Hammond and Griffith, *A History of Macedonia*, pp. 181-4, Borza, *In the Shadow of Olympus*, pp. 190-5, Carney, *Women and Monarchy in Macedonia*, pp. 42-4.

23. 프톨레마이오스는 다음에서 에피트로포스epitropos[관리자, 집사, 대리인]로 불린다. Plutarch, *Pelopidas* 27.3 and Aeschines, On the Embassy 2.29. 그러나 다음에서는 왕(바실레우스basileus)으로 불린다. Diodorus 15.71.1, 77.5 왕의 최근 목록에 관해서는 다음을 보라. Hammond and Griffith, *A History of Macedonia*, pp. 183-4. 에우리디케가 프톨레마이오스와 결혼했다고 하는 주장은 다음에 관한 한 고전학자의 주석에 근거한다. Aeschines, *On the Embassy* 2.29.

24. Plutarch, *Pelopidas* 27-8, Diodorus 16.2.6, Aeschines, *On the Embassy* 26-9, Nepos, Iphicrates 3.2.

25. Aeschines, *On the Embassy* 2.28-9.

26. Aeschines, *On the Embassy* 2.26, 29.

27. Diodorus 15.77.5, 16.2.4.

2. 위기

1. Worthington, *Philip II*, pp. 15-16; 이 고분에 대해 잘 설명된 안내서로는 애시몰린 박물관에서 발간한 다음 자료를 보라. *Heracles to Alexander the Great. Treasures from the Royal Capital of Macedon, a Hellenic Kingdom in the Age of Democracy* (2011). 이 자료에서도 특히 다음 부분을 보라. J. Musgrave and J. Prag, "The occupants of Tomb II at Vergina: why Arrhidaios and Eurydice must be excluded", pp. 127-30; 그리고 다음을 보라. the chapter "Tomb I at Vergina and the meaning of the great tumulus as a historical moment,' in Carney, *King and Court*, pp. 91-107.

2. Justin 7.5.5. 유스티누스에 따르면 에우리디케가 페르디카스를 살해했다고 하는데, 이러한 주장은 그가 전투에서 사망했다는 사실에 대한 더욱 충분한 증거와 대립한다. 2호 무덤에서 나온 유골을 토대로 재구성된 두 개의 초상에 대해서는 다음을 보라. A. Prag, "Reconstructing King Philip II: The 'nice' version", *American Journal of Archaeology*, 94 (1990), pp. 237-47.

3. Speusippus, Epist. Socrat. 30.12, Caryst. Perg. F 1. FHG 4. 356=Athenaeus 11. 506e, with Hammond and Griffith, A History of Macedonia, pp. 188, 206-8, Worthington, Philip II, pp. 19-20; Euphraeus see Plato, Ep. 5=Athenaeus 12.508d

4. 이에 관한 논의를 위해서는 다음을 보라. Hammond and Griffith, *A History of Macedonia*, pp. 186-8.

5. Polyaenus, *Strategems* 4.10.1.

6. Frontinus, *Strategems* 2.5.19. 몰로소이족에 관해서 참조.

7. Diodorus 16.2.5-6.

8. Justin 7.5.9-10, with Anson, "Philip II, Amyntas Perdiccas, and Macedonian royal succession", pp. 276-86.

9. Hammond, *The Macedonian State*, pp. 60-70. 민회에 관해서 참조.

10. 필리포스가 섭정이었는지 아니었는지에 관한 대립되는 견해들에 관해서는 다음에 제시된 상세한 논의를 보라. Hammond and Griffith, *A History of Macedonia*, pp. 702-4 and N. Hammond, *Philip of Macedon* (1994), pp. 23-24, 40; 보이오티아의 명문은 IG vii.3055이다.

11. Justin 8.3.10. 두 의붓형제는 이후에 올린토스로 피신하여 그곳 주민들의 보호를 받았다고 한다. 이와 관련해서 다음을 보라. Hammond and Griffith, *A History of Macedonia*, pp. 699-701.

12. 왕이라는 칭호를 거의 사용하지 않는 것에 관해서는 다음을 보라. Hammond, *The Macedonian State* (1989), pp. 69-70.

13. Worthington, *Philip II*, pp. 23-4. 워딩턴은 바르딜리스가 즉각적으로 자신의 성공을 밀어붙이지 않은 이유를 모색하지만 충분한 근거는 찾지 못한 것 같다. 그래서 그는 일리리아인

들이 연합을 제안했다는 의견을 제시하는데 이러한 연합은 입증되지 않았다.

14. Thucydides 2.100, Anaximenes=FGrHist. 72 F4. 이에 관한 유용한 조사와 논의는 다음을 보라. C. Matthew, *An Invincible Beast. Understanding the Hellenistic Pike-Phalanx at War* (2015), pp. 4-22.

15. 동전 주조와 발행에 대해서는 다음을 보라. Hammond and Griffith, *A History of Macedonia*, pp. 191-3. 알렉산드로스 1세에 대해서는 다음을 보라. Herodotus 5.17.2; Callisthenes, Ps-Aristotle, Oec. 2, 22 and H&G, p. 187.

16. Theophrastus, *Hist. Plant.* 5.2.1 and in general E. Borza, "The natural resources of early Macedonia", in W. Lindsay Adams and E. Borza, *Philip II, Alexander the Great and the Macedonian Heritage* (1982), pp. 1-20, and "Timber and politics in the ancient world: Macedon and the Greeks", *Proceedings of the American Philosophical Society*, 131 (1987), pp. 32-52.

17. Orestae, H&G p. 185, SEG 23.471.13; 더 오랜 제휴 관계로의 회귀에 관해서는 다음을 보라. Hammond and Griffith, *A History of Macedonia*, p. 63, Hecataeus FGrHist. 1 F 107 in c. 기원전 500년 그들을 몰로시아인으로 기술한다. cf. Strabo, Geog. 7 C 326 and 9 C 434; 동전 주조에 관해서는 다음을 보라. Hammond and Griffith, *A History of Macedonia*, pp. 189-93.

18. Satyrus in Athenaeus 557b.

19. Diodorus Siculus 16.3.1, 3 (Loeb 번역).

20. 같은 책, 16.3.2; 장창 팔랑크스와 사리사에 관해서는 다음을 보라. Matthew, *An Invincible Beast, passim,* and 특히 1-91.

21. Plutarch, *Aemilius Paullus* 19.

22. Nepos, Iphicrates 1.3-4, with Matthew, *An Invincible Beast*, pp. 11-19.

23. 장군들 중에서 발생한 사상자에 관해서는 다음을 보라. V. Davis Hanson, *The Western Way of War. Infantry Battle in Classical Greece* (1989), pp. 107-16. 다른 강조점에 대해서는 다음을 참조. Wheeler, "The general as hoplite", in V. Davis Hanson (ed.), *Hoplites. The Classical Greek Battle Experience* (1991), pp. 121-70, 특히 146-51.

24. Diodorus Siculus 16.3.3-4, with Hammond (1994), pp. 24-5.

25. Diodorus Siculus 16.3.3-6.4.2, with Hammond and Griffith, *A History of Macedonia*, pp. 211-13.

26. Diodorus Siculus 16.4.2-3.

27. 같은 책, 16.4.4.

28. Thucydides 4.126 (Loeb 번역).

29. Diodorus Siculus 16.4.4-7, Frontinus, Strategems 3.2, with Hammond and Griffith, *A History of Macedonia*, pp. 213-14, and Hammond *Philip of Macedon* (1994), pp.

25-7; 둘 다 바르딜리스가 처음부터 정사각형으로 배치했을 것으로 상정하지만, 디오도로스는 전투가 시작된 이후에 정사각형 배치가 이루어졌다고 주장한다.

3. 마케도니아인, 그리스인, 야만인

1. 마케도니아인이 그리스인인가 하는 문제에 관해서는 다음의 논의 내용을 보라. Borza, In the Shadow of Olympus, pp. 77-97, 특히 90-7. 더욱 구체적으로 언어에 관해서는 다음을 보라. Hammond (1989), pp. 12-15 and N. Hammond, "Literary evidence for Macedonian speech", *Historia*, 43 (1994), pp. 131-42.

2. 그리스 역사와 문화에 관해서는 다음과 같은 훌륭한 연구서가 많다. M. Finley, The Ancient Greeks (1963). 보다 최근 자료를 원한다면 다음 책의 전반부 장들을 보라. R. Lane Fox, *The Classical World. An Epic History from Homer to Hadrian* (2006).

3. D. Dawson, *The Origins of Western Warfare. Militarism and Morality in the Ancient World* (1996), pp. 47-107, H. Bowden, "Hoplites and Homer: Warfare, hero cult, and the ideology of the polis", in J. Rich and G. Shipley (eds), *War and Society in the Greek World* (1993), pp. 45-61, 전반적 내용은 다음을 참조. V. Davis Hanson, *Warfare and Agriculture in Classical Greece* (1998), H. van Wees, *Greek Warfare. Myths and Realities* (2004).

4. Herodotus 7.9b (Loeb 번역).

5. 호플리테스의 전투에 관한 문헌은 방대하다. 개괄적인 내용은 다음을 보라. Davis Hanson, *The Western Way of War*, and the collection of papers in V. Davis Hanson (ed.), *Hoplites. The Classical Greek Battle Experience* (1991).

6. Plutarch, *Pelopidas* 4.

7. 경쟁과 명예에 관해서는 다음을 보라. J. Lendon, "Homeric vengeance and the outbreak of Greek wars", in H. van Wees (ed.), *War and Violence in Ancient Greece* (2000), pp. 1-30, J. Lendon, *Soldiers and Ghosts* (2005), pp. 20-38, J. Lendon, "Xenophon and the alternative to realist foreign policy: *Cyropaedia 3.1.14-31*", *JHS*, 126 (2006), pp. 82-98.

8. 페르시아 전쟁에 관한 생생하고도 이해가 쉬운 설명은 다음을 보라. T. Holland, *Persian Fire. The First World Empire and the Battle for the West* (2005). 페르시아의 관점에서 바라본 전쟁에 관해서는 다음을 보라. G. Cawkwell, *The Greek Wars. The Failure of Persia* (2005), pp. 1-138.

9. 기원전 5세기 아테네와 스파르타의 주된 충돌들에 관해서는 다음을 보라. J. Lendon, *Song of Wrath. The Peloponnesian War Begins* (2010), D. Kagan, T*he Peloponnesian War. Athens and Sparta in Savage Conflict 431-404 BC* (new ed. 2005), V. Davis Hanson, *A War Like No Other: How the Athenians and Spartans Fought the*

Peloponnesian War (2005).

10. 시라쿠사에 관해서는 다음을 보라. P. Matyszak, *Expedition to Disaster. The Athenian Mission to Sicily 415 BC* (2012).

11. 펠로폰네소스전쟁 이후 그리스 역사에 관한 연구는 다음을 보라. M. Scott, *From Democrats to Kings. The Downfall of Athens to the Epic Rise of Alexander the Great* (2009).

12. Xenophon, *Hell.* 7.5.26-27 (Loeb 번역).

13. Hesiod in Cat. Gyn. frag. 3, with Borza, *In the Shadow of Olympus*, pp. 62-3, and Herodotus 7.131; 페르시아 비문에 관해서는 다음을 참조. Cawkwell, *The Greek Wars*, pp. 46-7, D Pe 1 16 and 17 (Kent 136), D Na 15-30 (Kent 137).

14. Herodotus 9.44-5.

15. 알렉산드로스 1세가 언제 처음으로 필헬렌philhellene[그리스문화 애호가]이라 불렸는지는 분명하지 않다. 이에 관해서는 다음을 보라. Hammond and Griffith, *A History of Macedonia*, p. 101, fn. 3; 올림피아 제전에 관해서는 다음을 보라. Herodotus 5.22. Borza, *In the Shadow of Olympus*, pp. 110-13는 회의적이지만 반드시 그럴 필요는 없어 보인다.

16. Herodotus 5.18-21, 8.140, with Hammond and Griffth, *A History of Macedonia*, pp. 98-103, Borza, *In the Shadow of Olympus*, pp. 100-3.

17. Borza (1987), pp. 34-35, and *In the Shadow of Olympus*, pp. 108-9.

18. Thucydides 4.102-6, 18.

19. 페르디카스 2세와 아르켈라오스의 이력에 관해서는 다음을 보라. Borza, *In the Shadow of Olympus*, pp. 139-66.

20. Solinus 9.13, Pausanias 5.23.1, 10.13.9, Thucydides 2.99.3, with Hammond and Griffith, *A History of Macedonia*, pp. 103, 149. 그리스의 사당에 봉헌한 외국 왕들의 더 넓은 전후사정에 관해서는 다음을 보라. P. Kaplan, "Dedications to Greek sanctuaries by foreign kings in the eighth through sixth centuries bce", *Historia*, 55 (2006), pp. 129-52; 에우리피데스에 관해서는 다음을 보라. W. Ridgway, "Euripides in Macedon", *The Classical Quarterly*, 20 (1926), pp. 1-19, S. Scullion, "Euripides and Macedon, or the silence of the frogs", *The Classical Quarterly*, 53 (2003), pp. 389-400. 그리고 에우리피데스의 시대에 관한 후대의 인식에 관해서는 다음을 보라. M. Revermann, "Euripides, tragedy and Macedon: Some conditions of reception", *Illinois Classical Studies*, 24/25 (1999-2000), pp. 451-67.

21. Aristotle, *Rhetoric* 1398a.24.

4. 동맹과 아내들

1. Athenaeus 557c. 아우다테에 관해서는 다음을 참조. Carney, *Women and Monarchy in*

Macedonia, pp. 57-8.

2. Diodorus Siculus 16.8.1, with Hammond, *Philip of Macedon*, pp. 27-8.

3. 군대 내 통합과 결속에 대해서는 다음을 보라. Arrian, Anabasis 7.9.2-3, and Hammond and Griffith, *A History of Macedonia*, pp. 405-28.

4. Diodorus Siculus 16.95.3 and Polyaenus, *Stratagems* 4.2.9.

5. 테살리아에 대해서는 다음을 보라. Hammond and Griffith, *A History of Macedonia*, pp. 218-30; 페라이의 야손에 대한 칭송은 Xenophon, *Hellenica* 6.4.28, 알렉산드로스의 집권과 죽음에 대해서는 6.4.33-7을 참조.

6. Athenaeus 13.557b-e, with A. Tronson, "The marriages of Philip II", *JHS*, 104 (1984), pp. 116-26 and Carney, *Women and Monarchy in Macedonia*, pp. 52-8, 60-2.

7. Carney, *Women and Monarchy in Macedonia*, pp. 62-7.

8. 같은 책 pp. 27-32, 35-7.

9. 시동에 관해서는 다음을 보라. N. Hammond, "Royal pages, personal pages, and boys trained in the Macedonian manner during the period of the Temenid monarchy", *Historia*, 39 (1990), pp. 261-90, and the chapter "The role of the basilikoi paides at the Argead court,' in Carney, *King and Court*, pp. 207-23. '시동page'이라는 단어의 사용이 이제는 잘 정립된 탓에, 완벽하지는 않더라도 소년이나 청년이 더 나았을 곳에 이 단어를 사용했다. 이 시대의 시동은 중세 시대의 시동처럼 아주 어린 아동은 아니었다. 이 점은 다음에서 잘 설명되어 있다. Carney, *King and Court*, p. 207.

10. 다음을 보라. L. Mitchell, "The women of ruling families in archaic and classical Greece", *Classical Quarterly*, 62 (2012), pp. 1-21.

11. Athenaeus 560f, Polyaenus 8.60, Arrian FGrH 156, F 9. 22-23 with Carney, *Women and Monarchy in Macedonia*, pp. 57-8.

12. Carney, *Women and Monarchy in Macedonia*, pp. 59-62.

13. Plutarch, *Alexander* 2.1 (Loeb 번역); 이름들에 관해서는 다음을 참조. Plutarch, *Moralia* 401, Justin 2.7.13.

14. 이 이야기는 Hammond(1994)에 의해 잠정적으로 수용되었으나 Carney, *Women and Monarchy in Macedonia*, p.63에서 거부되었다.

15. Plutarch, *Alexander* 2.3-3.4.

16. 아리다이오스는 알렉산드로스보다 먼저 혼인 동맹의 대상으로 고려되었으며, 이는 그가 나이가 조금이라도 더 많았음을 암시한다. Plutarch, *Alexander* 10.1.

5. 전쟁과 그 대가

1. Diodorus Siculus 16.8.2 (Loeb 번역); 암피폴리스 원정에 대한 자세한 개괄을 원한다면 다음을 보라. Hammond and Griffith, *A History of Macedonia*, pp. 230-54.

2. P. Kern, *Ancient Siege Warfare* (1999), pp. 89-134.

3. Diodorus Siculus 16.8.2, with Kern, *Ancient Siege Warfare*, pp. 197-201.

4. Diodorus Siculus 16.8.2. '연속적인 혹독한 공격'에 대해 언급한다.

5. 예를 들면, 한 번의 공성전에서 16명이 사망하고 300명가량이 부상당했으며(Arrian, *Anabasis* 2.24.4), 또 다른 공성전에선 100명이 사망하고 1200명이 사망했다(5.24.5). 율리우스 카이사르는 수적으로 열세인 수비병들이 약화되어 무너지는 과정을 묘사한 바 있다 (Julius Caesar, *Bellum Gallicum* 3.4-5, 5.45).

6. Cicero, *Letters to Atticus* 1.16.12 (Loeb 번역).

7. Demosthenes 1.8 (*First Olynthiac*, Loeb 번역).

8. 이에 관한 상세한 논의는 다음을 보라. Demosthenes 2.6 (*Second Olynthiac*, Loeb 번역), Theopompus F 30 A, and Hammond and Griffith, *A History of Macedonia*, pp. 237-42.

9. Diodorus Siculus 16.8.2: 함락된 도시의 처리에 대해서는 다음을 보라. Kern, *Ancient Siege Warfare*, pp. 135-62.

10. 같은 책, 16.8.3.

11. 같은 책, 16.22.3; becoming king, Justin 7.5.9, Hammond (1994), pp. 23-4. 필리포스가 섭정에서 왕이 된 것에 대해 언급한다.

12. Hammond and Griffith, *A History of Macedonia*, pp. 241-6.

13. Plutarch, Alexander 3.4-5, Hammond and Griffith, *A History of Macedonia*, pp. 246-9.

14. Diodorus Siculus 16.3.7, 8.6-7, Hammond and Griffith, *A History of Macedonia*, pp. 246-51: 필리포스의 초기 통치 기간에 파르메니온은 페르디카스 3세의 친구 하나를 체포하여 처형했다고 한다(Carystius *ap*. Athenaeus 11. 508e). 이는 그가 처음부터 필리포스에 대한 자신의 충성심을 입증했음을 시사한다.

15. Diodorus Siculus 16.8.5, 21.1-4, Demosthenes 4.23, 35, with Hammond and Griffith, *A History of Macedonia*, pp. 250-1.

16. Plutarch, *Alexander* 3.5.

17. Diodorus Siculus 16.8.7: 필리포이의 공동체 내에 있던 집단들의 지위에 대해서는 다음을 보라. N. Hammond, "The king and the land in the Macedonian kingdom", *Classical Quarterly*, 38 (1988), pp. 382-91; 동전 주조에 대해서는 다음을 보라. A. West, "The early diplomacy of Philip of Macedon illustrated by his coins", *The Numismatic Chronicle and Journal of the Royal Numismatic Society*, 3 (1923), pp. 169-210, M. Jessop Price, "The coinage of Philip II", *The Numismatic Chronicle 7th Series*, 19 (1979), pp. 230-41, M. Thompsen, "The coinage of Philip II and Alexander the Great", *Studies in the History of Art*, 10 (1982), pp. 112-21, and J.

Schell, "Observations of the metrology of the precious metal coinage of Philip II of Macedon: the 'Thraco-Macedonian' standard or the Corinthian standard?", *American Journal of Numismatics*, 12 (2000), pp. 1-8.

18. Polyaenus 4.2.10, Frontinus, *Strategems* 4.1.6; 일반적인 병참과 이동속도에 관해서는 다음을 보라. D. Engels, *Alexander the Great and the Logistics of the Macedonian Army* (1978).

19. Hammond, *The Macedonian State*, pp. 16-36.

20. Arrian, *Anabasis* 4.13.1, with Carney, *King and Court*, pp. 208-10, 214-16.

21. Aelian, V. H. 14.48, Theopompus *FGrH* 115 F 27.

22. Diodorus Siculus 16.34.4-5, with Hammond and Griffith, *A History of Macedonia*, pp. 254-58; 사다리를 걷어치운 일에 관해서는 다음을 보라. Polyaenus 4.2.15.

23. 이 사건을 둘러싼 이야기에 관한 충분한 논의는 다음을 보라. A. Riginos, "The wounding of Philip II of Macedon: Fact and fabrication", *JHS*, 114 (1994), pp. 103-19. 일반적인 활이 아니라 투석기를 사용하여 쏜 화살에 관한 가장 오래된 고대의 문헌이거나, 아니면 적어도 더 이른 시기의 문헌은 다음과 같다. Dydimus, *Demosthenes* 11.22 col. xii 43-64. Strabo, Geog. 7. frag. 22, 22a, 8. 6. 15.

24. Pliny, *Natural History* 7.37.124에서 인용; 두개골에 관해서는 다음을 보라. Prag, "Reconstructing King Philip II", pp. 237-47, 하지만 다음에 실린 회의적인 의견 또한 유의하라. A. Bartsiokas, "The eye injury of King Philip II and the skeletal evidence from the Royal Tomb II at Vergina", *Science*, 228, issue 5465 (2000), pp. 511-14.

25. Diodorus Siculus 16.34.5.

6. "나는 패주하지 않았노라": 테살리아에서의 패배

1. 필리포스의 해군에 관해서는 다음을 보라. Polyaenus, *Strategems* 4.2.22. 다음 논의 내용을 함께 참조. Hammond and Griffith, *A History of Macedonia*, pp. 264-7.

2. Polyaenus, *Strategems* 2.2.6

3. Diodorus Siculus 16.31.6. 하지만 메토네의 함락을 반복해서 기술하는 16.34.4-5은 이후에 일어난 테살리아에 대한 개입을 가리키는 것일 수 있다. 서로 다른 해석들에 관해서는 다음을 보라. Hammond, *Philip of Macedon*, pp. 46, 200 n. 3, and Worthington, *Philip II*, p. 57.

4. Theopompus, *FGrH 115 F 49* (translation from G. Shrimpton, *Theopompus the Historian* (1991)), Demosthenes, *First Philippic* 35.

5. Diodorus Siculus 16.34.1, Demosthenes, *Against Aristocrates* 23.183; 테베인들은 페르시아인들의 이집트 재정복을 돕고자 병력을 보낸다. Diodorus Siculus 16.44.1-2.

6. Polyaenus, *Strategems* 2.2.22.

7. 세스토스에 관해서는 다음을 보라. Diodorus Siculus 16.34.3. 아다이오스에 관해서는 다음을 보라. Theopompus, *FGrH* no. 115, F 249.

8. 델포이에 관해서는 다음을 보라. M. Scott, Delphi. *A History of the Centre of the Ancient World* (2014).

9. 전반적인 배경과 그에 따른 충돌에 관해서는 다음을 보라. T. Buckley, *Philip II and the Sacred War* (1989), and J. Ellis in *Cambridge Ancient History* (2nd edition), pp. 739-42.

10. 전쟁의 초기 단계에 관한 기술은 다음을 참조하라. Diodorus Siculus 16.23.1-25.3, 27.1-31.5.

11. 용병의 급료에 관해서는 다음을 참조하라. Diodorus Siculus 16.30.1, 36.1. 카레스에 관해서는 다음을 보라. Theopompus, *FGrH* no. 115, F 249. 전반적인 내용은 다음을 참조하라. Diodorus Siculus 16.33.2-3.

12. Diodorus Siculus 16.35.1, Hammond and Griffith, *A History of Macedonia*, pp. 267-8.

13. Diodorus Siculus 16.35.2, Polyaenus, *Strategems* 2.38.2.

14. Diodorus Siculus 16.35.2-3, Polyaenus, *Strategems* 2.38.2, with Hammond and Griffith, *A History of Macedonia*, pp. 269-73. 투석기의 존재는 오노마르코스의 전략을 드러낸다는 의견을 제시하고 있다.

15. Justin, *Epitome* 8.3.

7. 복수

1. Justin, *Epitome* 8.2, Diodorus Siculus 16.35.3-6; 월계수의 사용과 처형에 대한 의혹들에 관해서는 다음을 보라. Hammond and Griffith, *A History of Macedonia*, pp. 274-7; in contrast Hammond, *Philip of Macedon*, pp. 47-8, Worthington, Philip II, pp. 62-3; 이전 시대 전쟁 중 포로 처형, Diodorus Siculus 16.31.1-2.

2. Justin, Epitome 8.2-3; 이 시기의 필리포스와 테살리아에 관해서는 다음을 참조. Hammond and Griffith, *A History of Macedonia*, pp. 277-9, 285-95, and Hammond (1994), pp. 48-9.

3. Justin, *Epitome* 8.2; Worthington, *Philip II*, pp. 64-6, Hammond and Griffith, *A History of Macedonia*, pp. 293-5.

4 Diodorus Siculus 16.37.1-38.2.

5. Demosthenes, *First Olynthiac* 12-13, *Third Olynthiac* 4, Hammond and Griffith, *A History of Macedonia*, pp. 283-4.

6. Demosthenes, *First Olynthiac* 13, Worthington, Philip II, pp. 69-70.

7. Justin, *Epitome* 8.6, 전반적 내용은 다음을 참조. Hammond and Griffith, *A History of*

Macedonia, pp. 304-8. M. Errington, "Arybbas the Molossian", *Greek, Roman and Byzantine Studies*, 16 (1975), pp. 41-50. 하지만 이 당시 아리바스가 그의 왕국에서 추방되었다고 주장하는 그의 의견은 널리 수용되지 않고 있다.

8. 필리포스와 칼키디케 동맹의 긴장 관계에 관해서는 다음을 보라. Hammond and Griffith, *A History of Macedonia*, pp. 296-304.

9. G. Cawkwell, *Philip of Macedon* (1978), pp. 77-82에서 데모스테네스의 중요성과 아테네의 배경에 대해 냉정한 평가를 제시한다.

10. Plutarch, *Demosthenes* 4.1-6.3: Demosthenes, *First Olynthiac* 14-15 (Loeb 번역)에서 인용.

11. Demosthenes, *First Philippic* 40 (Loeb 번역).

12. 같은 책, 21-22 필리포스의 해상 습격에 대응하기 위해 선별된 열 척의 트리에레스 편성에 관해. 필리포스의 전함들에 의한 습격에 관해서는 같은 책 34를 참조하라.

13. Diodorus Siculus 16.52.9, with Hammond and Griffith, A History of Macedonia, pp. 315-21.

14. Philichorus, *FGrH* 328 F 49-51. 아테네의 원정대에 관해서는 다음을 보라. G. Cawkwell, "The defence of Olynthus", *Classical Quarterly*, 12 (1962), pp. 122-40, 특히 130-1.

15. Demosthenes, *Third Philippic* 11.

16. Diodorus Siculus 16.53.2-54.4, with Hammond and Griffith, *A History of Macedonia*, pp. 321-8.

17. Aeschines, *On the Embassy* 2.12-14.

18. Diodorus Siculus 16.55.1-4, Demosthenes, *On the False Embassy* 192-5.

8. 화평

1. Justin, *Epitome* 8.3-4.

2. 다음은 이 시기에 관한 유스티누스의 기술이 전체적으로 신뢰할 만한 것이라고 주장한다. N. Hammond, "Philip's actions in 347 and early 346 BC", *Classical Quarterly* 44 (1994), pp. 367-74. 반면에 다음은 확신하지 못한다. J. Buckler, "The actions of Philip II in 347 and 346 BC: A reply to N. G. L. Hammond", *Classical Quarterly*, 46 (1996), pp. 380-6

3. Justin, Epitome 8.3: 케르소블렙테스의 아들에 관해서는 다음을 보라. Aeschines, *On the Embassy* 81, with Hammond, *Philip of Macedon*, p. 370 이 소식이 아테네인들을 놀라게 했을 거라는 암시에 주목하고 있다.

4. 아테네인들의 태도에 관해서는 다음을 보라. Hammond, *Philip of Macedon*, pp. 79-82, 84-9.

5. Diodorus Siculus 16.56.3.

6. Justin, *Epitome* 8.4: 전반적 내용은 다음을 참조. Hammond and Griffith, *A History of*

Macedonia, pp. 331-5.

7. Diodorus Siculus 16.59.1-2, Aeschines, *On the Embassy* 12-17, 130-3.

8. Diodorus Siculus 16.59.2-3, Aeschines, *On the Embassy* 134-5, 다음의 논의 내용 참조. Cawkwell, *Philip of Macedon*, pp. 91-7.

9. Aeschines, *On the Embassy* 17-20. 증거 자료에 대한 유용한 논의에 관해서는 다음을 보라. Cawkwell (1978), pp. 92-5; 이후의 연대기와 배경에 관해서는 다음을 보라. Worthington, *Philip II*, pp. 86-104, G. Cawkwell, "Aeschines and the Peace of Philocrates", *Revue des études grecques*, 73 (1960), pp. 416-38 and G. Cawkwell, "The Peace of Philocrates again", *Classical Quarterly*, 28 (1978), pp. 93-104.

10. Aeschines, *On the Embassy* 22-39 and Plutarch, *Demosthenes* 16 필리포스에게 행한 연설들에 관해서 다음을 참조하라. Halus, Demosthenes, *On the False Embassy* 2 (with scholiast), 163, 174.

11. Demosthenes, *On the False Embassy* 69 필리포스의 사절들에 관해서 참조.

12. Aeschines, *On the Embassy* 104-5, 120.

13. 필리포스가 테바이를 심하게 다루지 않으리라는 희망에 관해서 참조. Demosthenes, *On the False Embassy* 166-7, Aeschines, *On the Embassy* 100, 112, and 136-7.

14. Demosthenes, *On the False Embassy* 139; 필리포스의 풍채와 언변에 관해서는 다음을 보라. D. Guth and D. Guth, "The king's speech: Philip's rhetoric and democratic leadership in the debate over the Peace of Philocrates", *Rhetorica: A Journal of the History of Rhetoric* 33 (2015), pp. 333-48.

15. Demosthenes, *On the False Embassy* 128, 196-8, Aeschines, *On the Embassy* 153, 162.

16. Demosthenes, *On the False Embassy* 17-18, 31-2, 121-2, Aeschines, *On the Embassy* 94-5, 137.

17. Diodorus Siculus 16.59.2-60.5, Demosthenes, *On the False Embassy* 62-3; Justin, *Epitome* 8.5 필리포스가 포키스인들에게 한 약속을 깨고 그 주민 다수를 학살했다고 주장한다. 하지만 이러한 내용은 아테네의 자료에도 나오지 않으므로 순전한 정치선전에 지나지 않을 가능성이 크다. 포키스 처리의 전반적인 내용에 관해서는 다음을 보라. Hammond and Griffith, *A History of Macedonia*, pp. 450-8.

18. Diodorus Siculus 16.60.2-3, Demosthenes, *On the False Embassy* 86-90, Aeschines, *On the Embassy* 137-42.

19. 기원전 346년에 필리포스가 테바이를 타파하려 했다는 주장들에 관해서는 다음을 보라. J. Ellis, *Philip II and Macedonian Imperialism* (1976), pp. 103-24 and *Cambridge Ancient History (2nd edition)* VI (1994), pp. 751-9, and M. Markle, "The strategy of Philip in 346 BC", *Classical Quarterly*, 24 (1974), pp. 253-68.

20. J. Buckler and H. Beck, *Central Greece and the Politics of Power in the Fourth*

Century BC (2008), pp. 259-76, 특히 267-9. 기원전 346년 필리포스가 가진 목적들과 그가 처한 상황에 대해 매우 훌륭한 평가를 제공한다.

9. 왕자

1. Aeschines, *Against Timarchus* 166-9.

2. Plutarch, *Alexander* 10.1-2, 77.5; 알렉산드로스의 다른 형제들에 관해서는 다음을 보라. R. Unz, "Alexander's brothers?", *JHS*, 105 (1985), pp. 171-4.

3. Plutarch, *Alexander* 2.5-3.2.

4. 라니케에 관해서는 다음을 보라. Plutarch, *Alexander* 4.9.3, Curtius 8.1.21, 2.8-9; 알렉산드로스의 교사들에 관해서는 다음을 보라. Plutarch, *Alexander* 5.4-5; 숨겨진 물건들을 찾는 레오니다스에 관해서는 다음을 보라. Plutarch, *Alexander* 22.5.

5. Plutarch, *Alexander* 22.5; 교육에 대한 마케도니아인들의 태도에 관해서는 다음을 보라. "Elite education and high culture in Macedonia", in Carney, King and Court, pp. 191-205; 알렉산드로스가 시련 없이 보호받는 유년기를 보냈으리라는 추측에 관해서는 다음을 보라. R. Gabriel, *The Madness of Alexander the Great and the Myth of Military Genius* (2015), pp. 17-31, 반대로 알렉산드로스가 더욱 활동적인 양육 과정을 거쳤다는 가정에 관해서는 다음을 보라. R. Lane Fox, *Alexander the Great* (1973/2004), pp. 43-67, P. Green, *Alexander of Macedon 356- 323 BC. A Historical Biography* (2012), pp. 35-65, and P. Cartledge, *Alexander the Great. The Truth Behind the Myth* (2013), pp. 47-58.

6. 전체에 관해서는 다음을 참조. Plutarch, *Alexander* 6.1-5.(Loeb 번역에서 인용. 약간의 수정을 거침).

7. A. Fraser, "The 'breaking' of Bucephalus", *The Classical Weekly* 47 (1953), pp. 22-3; Plutarch, *Alexander* 61 부케팔로스는 서른 살에 죽었다고 한다.

8. Plutarch, *Alexander* 7.1 (Loeb 번역) 필리포스의 아들에 대한 의견; 아리스토텔레스에 관해서는 다음을 보라. Plutarch, *Alexander* 7.1-8.4, Pliny, *Natural History* 8.44; Justin, *Epitome* 12.16 아리스토텔레스가 5년 동안 알렉산드로스를 가르쳤다고 주장하지만 과장된 것으로 보인다.

9. Plutarch, *Alexander* 8.2, 26.1.

10. 같은 책, 4.1-2, Aelian, *Various Histories* 12.

11. Plutarch, *Alexander* 5.1-3, 25.6-8, *Moralia* 331C, Pliny, *Natural History* 12.62.

12. Justin, *Epitome* 8.5-6; 이에 관한 논의는 다음을 보라. Hammond, *Philip of Macedon*, pp. 109-14 and Worthington, *Philip II*, pp. 108-10.

13. Polyaenus, *Strategems* 4.2.12; 군사작전과 우리에게 있는 빈약한 자료들의 문제에 관해서는 다음을 보라. Hammond and Griffith, *A History of Macedonia*, pp. 469-74,

Hammond (1994), pp. 115-18.

14. Justin, *Prologue* 8, Diodorus Siculus 16.69.7, 93.4-6, Plutarch, *Moralia* 331B, Demosthenes, *de corona* 67, Didymus *in Demosthenes xi 22*, col. xiii 3-7: 부상에 관해서는 다음을 보라. Riginos, "The wounding of Philip II", pp. 103-19, 특히 115-16.

15. Diodorus Siculus 16.69.8, with Ellis, *Philip II and Macedonian Imperialism*, pp. 137-43 and Hammond (1994), pp. 118-19.

16. Diodorus Siculus 16.72.1, Justin, *Epitome* 8.6.4-7, Demosthenes, *On Halonnesus* 32, *Against Olympiodorus* 24, *Third Philippic* 72, with Hammond (1994), pp. 120-2.

17. Diodorus Siculus 16.71.1-2, Demosthenes, *On the Chersonese* 2.35, *Third Philippic* 49-50.

18. 개들에 관해서는 Polyaenus, *Strategems* 4.2.16, 예지적 방어 대책에 관해서는 4.2.13 참조; 메다와의 혼인에 관해서는 다음을 보라. Jordanes, *Getica* 10-65, Athenaeus 13.557b-e, with Carney, *Women and Monarchy in Macedonia*, p. 68.

19. 이 시기의 아테네 정치상황에 대한 보다 완전한 논의에 관해서는 다음을 보라. Ellis, *Philip II and Macedonian Imperialism*, pp. 143-7, 148-50, 151-3, Hammond (1994), pp. 105-8, Worthington, *Philip II*, pp. 118-19, G. Cawkwell, "Demosthenes' policy after the peace of Philocrates", *Classical Quarterly*, 13 (1963), pp. 120-38 and Cawkwell, *Philip of Macedon*, pp. 114-31.

20. C. Taylor, "Bribery in Athenian politics part I: Accusations, allegations, and slander", *Greece and Rome*, 48 (2001), pp. 53-66 and C. Taylor, "Bribery in Athenian politics part II: ancient reactions and perceptions," *Greece and Rome*, 48 (2001), pp. 154-72, G. Mader, "Fighting Philip with decrees: Demosthenes and the syndrome of symbolic action", *American Journal of Philology*, 127 (2006), pp. 367-86, and G. Mader, "Foresight, hindsight, and the rhetoric of self-fashioning in Demosthenes' Philippic cycle", *A Journal of the History of Rhetoric*, 25 (2007), pp. 339-60.

21. Demosthenes, *On the Chersonese* 44-5 (Loeb 번역).

22. Demosthenes, *On the False Embassy* 87, 260-1, 294-5, 326, 334, *Third Philippic* 57-66 and see Hammond and Griffith, *A History of Macedonia*, pp. 474-84 on the Peloponnese and pp. 496-504 on Euboea.

23. Diodorus Siculus 16.62.1-63.2, Philochorus, FGrHist. 328 F 157.

24. Demosthenes, *On the Chersonese*, passim, 특히 2, 8-20, 23-32, 44-7, with Hammond and Griffith, *A History of Macedonia*, pp. 563-6.

25. Demosthenes, *On the Crown* 136, *On Halonennsus* 20-3, with Ellis, *Philip II and Macedonian Imperialism*, pp. 143-7 and Hammond (1994), p. 106.

26. Demosthenes, *On Halonnensus* 특히 26-30, and pseudo-Demosthenes, *Philip's*

Letter, passim, Ellis, *Philip II and Macedonian Imperialism*, pp. 166-78 and CAH2
VI (1994), pp. 768-70, 773-7.

27. Pseudo-Demosthenes, *Philip's Letter* 2-5.

28. Demosthenes, *On the Chersonese* 14-16, *On the Crown* 244, 302, *Fourth Philippic*
32, Diodorus Siculus 16.54.1-2; in general Hammond and Griffith, *A History of
Macedonia*, pp. 554-70.

29. Diodorus Siculus 16.74.2-76.4, Vitruvius, *de architectura* 10.13.3, with E. Marsden,
Greek and Roman Artillery: Historical Development (1969), pp. 5-17, 48-62 and
E. Marsden, "Macedonian Military machinery and its designers under Philip and
Alexander", *Ancient Macedonia*, 2 (1977), pp. 211-33.

30. Kern, *Ancient Siege Warfare*, pp. 198-200.

31. Philolochus F 162, Theopompus, FGrHist. 115 F 295, with Hammond and Griffith,
A History of Macedonia, pp. 575-7. Justin, *Epitome* 9.1.6 수송대 탈취를 비잔티온 공성
이후라고 하고 있으나, 그러했을 가능성은 없어 보인다.

32. Diodorus Siculus 16.77.2-3; 개들에 관해서는 다음을 참조. Hesychius Milesius 26-27
(FHG 4, 151).

33. 아테네의 조약 파기에 관해서 다음을 참조하라. Demosthenes, *On the Crown* 71-2,
Diodorus Siculus 16.77.2, Aeschines, *Against Ctesiphon* 55; Worthington, *Philip II*,
pp. 128-35 기원전 341년에 아테네에 보낸 필리포스의 편지가 사실상 전쟁 선포라고 본다;
Ellis, *Philip II and Macedonian Imperialism*, pp. 179-80 and Hammond (1994), pp.
131-2 필리포스가 곡물 수송대를 탈취한 다음 기원전 340년에 아테네가 전쟁을 선했다고
본다.

34. Plutarch, *Alexander* 9.1, Worthington, *Philip II*, pp. 130-1.

10. 오래된 적과 새로운 적

1. 전반적 내용에 관해서는 다음을 보라. M. Flower, "The Panhellenisim of Philip and
Alexander. A reassessment", *Ancient Macedonia* 6 (1999), pp. 419-29 그러한 생각의
보편적 호소력에 관해 언급한다.

2. Isocrates, *Letter to Philip* 68 (Loeb 번역); 이소크라테스와 필리포스를 향한 그의 호
소에 관해서는 다음을 보라. S. Pearlman, "Isocrates' 'Phillipus': A reinterpretation",
Historia, 6 (1957), pp. 306-17, S. Pearlman, "Panhellenism, the polis and
imperialism", *Historia*, 25 (1976), pp. 1-30 and S. Pearlman, "Isocrates, ΜΑΤΡΙΣ
and Philip II", *Ancient Macedonia*, 3 (1983), pp. 211-27, M. Markle, "Support
of Athenian intellectuals for Philip: A study of Isocrates' letter to Philip and
Speusippus' letter to Philip", *JHS*, 96 (1976), pp. 80-99.

3. Isocrates, *Letter to Philip* 73 (Loeb 번역). 그리고 같은 책 56쪽에서 아테네가 필리포스에게 합류하려는 의지에 관해 언급한다.

4. 같은 책, 154 (Loeb 번역): 무명의 부족들과 싸우느라 죽을 위험을 무릅쓰는 필리포스에 관한 우려에 대해 설명한다. Isocrates, *Letter to Philip* 1-11.

5. Isocrates, *Letter to Philip* 132 (Loeb 번역).

6. Demosthenes, *On Halonnesus* 33-5 (Loeb 번역). 이 연설은 아마도 헤게시포스가 기원전 342년에 한 것일 개연성이 크다: 필리포스의 태도에 관해서는 다음을 보라. G. Cawkwell, *The Persian Wars* (2005), pp. 200-3.

7. Plutarch, *Phocion* 14.

8. Frontinus, *Strategems* 1, 4, 13-13a 기만과 협상들에 관해 다음 논의 내용을 함께 참조. with discussion in Hammond and Griffith, *A History of Macedonia*, pp. 579-81 and Hammond, *Philip of Macedon*, pp. 134-5.

9. 마케도니아의 북쪽 경계에서 행한 필리포스의 활동들을 개관하려면 다음을 보라. W. Adams, "The frontier policy of Philip II", *Ancient Macedonia*, 7 (2002), pp. 283-91.

10. Hammond and Griffith, *A History of Macedonia*, pp. 581-4; Darius' invasion, in Herodotus 4.1-2, 86-143.

11. 인용 출처: Justin, Epitome 9.1.9, 필리포스를 상인에 비유하고 있다.

12. 필리포스와 아테아스 사이의 어쟁은 Justin, *Epitome* 9.2.1-13 에서만 등장한다.

13. Justin, *Epitome* 9.2.14-16: 도망치는 이는 누구든 처형하라고 기병대에 내려진 명령에 대해서는 다음을 참조하라. Frontinus, *Strategems* 2.8.14.

14. Justin, *Epitome* 9.1.8 트라케에서 벌어진 군사작전에서 필리포스와 동행한 알렉산드로스에 관해 언급한다.

15. 같은 책, 9.2.16. 축자적으로 이해한다면, 암말들은 마케도니아로 돌려보내졌다.

16. 같은 책, 9.3.1-3.

17. 부상에 관해서는 다음을 보라. Riginos, "The wounding of Philip II", pp. 103-19, 특히 116-18, and Gabriel, *Philip II of Macedonia*, pp. 12-14, 창이 그의 넓적다리를 뚫고 말을 죽일 만큼 강력했다면, 그의 부상은 뼈가 아니라 살에만 한정되었을 것이라고 주장한다.

11. 카이로네이아 전투

1. Justin, *Epitome* 8.1.

2. Philolochus, *FGrH* 328 F 56.

3. Aeschines, *Against Ctesiphon* 3. 115-21, Demosthenes, *On the Crown* 140-55 암피크티오니아 회의의 모임들에 관해 대량의 정보를 제공한다.

4. Demosthenes, *On the Crown* 149. 아테네의 세련된 웅변가를 마주했을 때 제기된, 회의에 참석한 이들의 순진성에 관해 언급한다.

5. Aeschines, *Against Ctesiphon* 125-8; 이에 관한 논의는 다음을 보라. Hammond and Griffith, *A History of Macedonia*, pp. 585-8, E. Harris, *Aeschines and Athenian politics* (1995), pp. 126-30, and J. Buckler, "Demosthenes and Aeschines", in I. Worthington (ed.), *Demosthenes: Statesman and Orator* (2000), pp. 142-3.

6. Justin, *Epitome* 9.3.4, Diodorus Siculus 18.84.2, Demosthenes, *On the Crown* 169, with Hammond and Griffith, *A History of Macedonia*, p. 589, Hammond, *Philip of Macedon*, pp. 144-5, Worthington, *Philip II*, pp. 141-2.

7. Plutarch, *Demosthenes* 18.2-4.

8. Demosthenes, *On the Crown* 172-3 (Loeb 번역).

9. 같은 책, 184-5 (Loeb 번역, 약간 변형).

10. 전체 이야기는 다음에서 보라. Demosthenes, *On the Crown* 169-87, 이는 명확하게 다음 문헌의 주된 자료가 된다: Diodorus Siculus 16.84.2-85.1, and more briefly Plutarch, Demosthenes 18.1-4.

11. 이 시기 테바이에 관해서는 다음을 보라. 'From hegemony to disaster: Thebes from 362 to 335 bc' in A. Schacter, *Boiotia in Antiquity. Selected Papers* (2006), pp. 113-32. 테바이의 경제적 약점을 언급하고 있다.

12. Hammond and Griffith, *A History of Macedonia*, pp. 590-3; Worthington, *Philip II*, p. 263 n. 28, 프록세노스를 테바이인이 아니라 아테네인으로 본다. Hammond (1994), p. 147, 프록세노스를 테바이인으로 간주한다.

13. Demosthenes, *On the Crown* 18.216-17, Polyaenus, *Strategems* 4.2.14, Diodorus Siculus 16.85.5.

14. 필리포스의 군대의 강점에 관해서는 Polyaenus, *Stratagems* 4.2.8, Aeschines, *Against Ctesiphon* 146, Diodorus Siculus 16.85.3 참조. 카레스의 능력에 대한 비판은 16.85.7과 Hammond and Griffith, *A History of Macedonia*, pp. 593-4 참조.

15. Van Wees, *Greek Warfare*, pp. 131-50.

16. Plutarch, *Phocion* 16.1-3, Aeschines, *Against Ctesiphon* 3.149-51.

17. 이 군대들에 관해서는 다음을 보라. Diodorus Siculus 16.86.6, Justin, *Epitome* 9.3.9, 제시된 숫자와 하나의 전체로서 전투에 관한 가장 충실한 논의는 다음을 보라. J-N. Corvisier, *Bataille de Chéronée. Printemps-338. Philippe II, roi de Macédoine, et le futur Alexandre le Grand* (2012), pp. 75-80; 데모스테네스의 방패에 관해서는 다음을 참조하라. Plutarch, *Demosthenes* 20.2; 테바이의 신성 부대에 관해서는 다음을 참조하라. A. Schachtler, "Boiotian military elites (with an appendix on the funeral stelai", in Schachtler (2016), pp. 193-215, 특히 193-8, and D. Ogden, "Homosexuality and warfare in Ancient Greece,' in A. Lloyd (ed.), *Battle in Antiquity* (1996), pp. 107-68, 특히 111-15 해당 주제를 다룬 기본적인 문헌에 접근하기 위한 훌륭한 입문서가 된다. 만약

이 이야기들이 문자 그대로 사실이라면, 가장 분명하게 제기될 수 있는 현실적인 의문 중 하나는 한 쌍의 연인 중 한 명이 죽거나 불구가 되었을 때 사상자를 어떻게 대체할 것인가 하는 것이다.

18. 주된 설명의 출처는 다음과 같다. Diodorus Siculus 16.86.1-6, with Plutarch, *Alexander* 9.2, Polyaenus, *Stratagems* 4.2.2, 7; 놀라울 정도로 완전하고 자세한 전투의 재구성은 다음을 보라. W. Pritchett, "Observations on Chaironea", *American Journal of Archaeology*, 62 (1958), pp. 307-11, Hammond and Griffith, *A History of Macedonia*, pp. 596-603, Hammond (1994), pp. 151-4, J. Ashley, *The Macedonian Empire. The Era of Warfare under Philip II and Alexander the Great*, 359-323 bc (1998), pp. 153-8, Worthington, *Philip II*, pp. 147-51; 더욱 회의적인 분석은 다음을 보라. Buckler and Beck, *Central Greece and the Politics of Power*, pp. 254-8, J. Ma, "Chaironea 338: The topographies of commemoration", *JHS*, 128 (2008), pp. 72-91, and J. Lendon, "Battle description in the ancient historians, part 1': Structure, array and fighting,' *Greece and Rome*, 64 (2017), pp. 39-64, 특히 61.

19. Polyaenus, *Stratagems* 4.2.2, 7, Diodorus Siculus 16.86.1-2. 필리포스의 부하들이 후퇴하다가 더 유리한 지면에 이르렀다는 주장은 오늘날의 지형에 부합하기 어렵다. 적어도 학자들 대부분이 전투가 일어난 현장이라고 말하는 곳과는 잘 맞지 않는다. 그러나 지형이 변했을 수 있고, 전투 현장으로 지목된 장소가 틀렸을 수도 있기 때문에 이를 바탕으로 이야기의 신빙성을 판단하기는 어렵다.

20. 사리사와 그 사용 방식에 관한 더욱 충분한 논의는 다음을 보라. Matthew, *An Invincible Beast, passim*; 초기 그리스의 팔랑크스에 배치된 궁수들에 관해서는 다음을 보라. van Wees, *Greek Warfare*, pp. 172-97. 하지만 궁수들은 고전시대에 완전히 발전하고 더욱 조밀해진 팔랑크스에서 제외되어 팔랑크스의 후방이나 측면에 배치되었다고 주장한다.

21. Diodorus Siculus 16.86.3-6, Plutarch, *Alexander* 9.2, Demosthenes 20.2.

22. P. Rahe, "The annihilation of the Sacred Band at Chaeronea", *American Journal of Archaeology*, 85 (1981), pp. 84-7, Ma, "Chaironea 338", pp. 75-8, 83-6.

23. Plutarch, Demosthenes 20.3, Justin, *Epitome* 9.4.1-4, Diodorus Siculus 16.87.1-3, with discussion in Worthington, *Philip II*, pp. 153-4.

12. 사랑과 페르시아

1. 개괄적인 내용은 다음을 보라. P. Vaughn, "The identification and retrieval of the hoplite battle-dead", in V. Davis Hanson, *Hoplites. The Classical Greek Battle Experience* (1991), pp. 38-62, 특히 43-4.

2. Diodorus Siculus 16.88.1-2, Plutarch, *Phocion* 16.3, Demosthenes 20.3.

3. Diodorus Siculus 16.87.3, 17.13.5, Justin, *Epitome* 9.4.7-8, Polybius 5.10.1-5 거

의 200년 뒤에 많은 펠로폰네소스 공동체들이 필리포스를 향해 느낀 선의에 관해서는 다
음을 참조. Plutarch, *Moralia* 177 D. 4 인용; 전체적인 내용에 관해서는 다음을 보라 C.
Roebuck, "The settlements of Philip II with the Greek states in 338 BC", *Classical
Philology*, 43 (1948), pp. 73-92.

4. 어떤 이들은 필리포스가 아테네의 함대를 페르시아 전쟁에서 사용할 수 있도록 그 존속을 원
했다고 주장한다. 다음이 그러한 예다. Hammond and Griffith, *A History of Macedonia*,
pp. 570, 619. 하지만 만약 그러했다면, 필리포스나 알렉산드로스가 아테네의 함대를 전혀
이용하지 않았다는 것이 이상하다.cf. Worthington, *Philip II*, pp. 155-6, 특히 그의 치세
초기에 동쪽에서 전쟁을 일으키려는 계획이 있었을 가능성이 거의 없기 때문에, 필리포스가
아테네의 함대를 이용하려 했다는 주장에 대해 회의적이다.

5. Hammond and Griffith, A History of Macedonia, pp. 623-46, S. Perlman, "Greek
diplomatic tradition and the Corinthian League of Philip of Macedon", *Historia*, 34
(1985), pp. 153-74, W. Adams, "Philip II, the League of Corinth and the governance
of Greece', *Ancient Macedonian*, 6 (1999), pp. 15-22.

6. Justin, *Epitome* 9.5.1-8, Diodorus Siculus 16.89.1-3.

7. Isocrates, Letters 3.3, with M. Sakellariou, "Panhellenism: from concept to policy",
in M. Hatzoupoulos and L. Loukopoulos (eds), *Philip of Macedon* (1980), pp.
128-45, Worthington, *Philip II*, pp. 166-7.

8. 페르시아와 전쟁을 벌이기로 한 결정에 대한 더욱 폭넓은 논의에 관해서는 다음을 보라. J.
Buckler, "Philip II, the Greeks and the king, 346-336 bc", *Illinois Classical Studies*,
19 (1994), pp. 99-122, E. Bloedow, "Why did Philip and Alexander launch a war
against the Persian Empire?", *L'Antiquité Classique*, 72 (2003), pp. 261-74.

9. Carney, Women and Monarchy in Macedonia, pp.68-75. 상속자들을 얻으려는 욕망이
이 혼인의 주요 동기라고 주장한다. with Worthington, Philip II, pp. 172-4, Hammond,
Philip of Macedon, pp. 171-3; A. Bosworth, "Philip II and Upper Macedonia", *CQ*,
21 (1971), pp. 93-105, 특히 102-3 이 혼인은 고지 마케도니아와 저지 마케도니아 귀
족들 사이의 권력 다툼의 맥락에서 보아야 한다고 주장한다. W. Heckel, "Cleopatra or
Eurydice", *Phoenix*, 32 (1978), pp. 155-8 비슷한 주제들을 탐구하지만 각기 다른 결론
에 도달한다.

10. 내부 정치에 관한 논의는 다음을 보라. W. Heckel, "Factions and Macedonian politics in
the reign of Alexander the Great", *Ancient Macedonia*, 4 (1986), pp. 293-305, 298
알렉산드로스가 아탈로스를 처리하는 일이 명백하게 쉬웠는지를 언급한다. 이는 특별히 강
력한 친족 집단이나 지지자 집단을 암시하지 않는다.

11. Plutarch, *Alexander* 9.4-5, 더 간략한 기술은 Justin, *Epitome* 9.7.3-4를 보라. 이 이야
기가 사실이라면 같은 기준에서 어머니가 일리리아인인 필리포스 또한 적법하지 않게 되

므로 어떤 이들은 아탈로스가 왕을 모욕하지는 않았을 것이고, 따라서 이런 일도 일어나지 않았을 것으로 본다. 이는 말이 분명했고, 정확하게 들렸으며, 필리포스가 그에 관해 민감했음을 암시하지만, 이들 중 어떤 것도 반드시 사실이어야 하는 것은 아니다. 다음을 보라. Hammond and Griffith, *A History of Macedonia*, pp. 676-8, Carney, "The politics of polygamy", pp. 169-89, 특히 174-6, and W. Greenwalt, "Polygamy and succession in Argead Macedonia", *Arethusa*, 22 (1989), pp. 19-45, 특히 41-2.

12. Worthington, *Philip II*, pp. 164-6, R. Townshend, "The Philippeion and fourth-century Athenian architecture", in O. Palagia and S. Tracy (eds), *The Macedonians in Athens, 322- 229 BC* (2003), pp. 93-101, Hammond and Griffith, *A History of Macedonia*, pp. 692-4.

13. E. Fredricksmeyer, "Alexander and Philip: Emulation and resentment", *The Classical Journal*, 85 (1990), pp. 300-15.

14. Plato, *Gorgias* 471B. 우리가 이미 보았듯이 아르켈라오스가 서자였음을 주장하지만, 이것은 마케도니아의 일부다처제에 대한 오해를 반영하는 것일 수 있다; 카라노스에 관해서는 다음을 참조하라. Justin, *Epitome* 9.7.3, 11.2.3, with Unz, "Alexander's brothers?", pp. 171-4.

15. Plutarch, *Alexander* 9.3 알렉산드로스에 대한 필리포스의 자부심에 관해서 언급한다.

16. 같은 책, 9.6; Justin, *Epitome* 9.7.7-8 기원전 336년에 올림피아스가 아이가이에 없었다는 것을 시사하지만, 이것이 반드시 그녀가 아예 마케도니아에 없었다는 것을 의미하는 것은 아니다.

17. Carney, "The politics of polygamy", pp. 178-9 and Carney, *Women and Monarchy in Macedonia*, pp. 75-6.

18. Plutarch, *Alexander* 10.1-3. 이 이야기에 관한 의견은 상당히 다양하다. Hammond (1994), pp.174-5에서는 이 이야기를 거부한다. Carney, "The politics of polygamy", pp. 179-80 이 이야기를 조심스레 수용한다; Fredricksmeyer, "Alexander and Philip", p. 303 다른 시간 순서를 제시하는데 특히 친구들의 추방에 대해 그러하다.

19. Plutarch, *Alexander* 4.4, 21.4, 22.3, Athenaeus 10.435.

20. Curtius 3.12.16, Diodorus Siculus 17.114.1, 3. 출처가 된 고대 문헌의 전체 목록은 다음을 보라. W. Heckel, *Who's Who in the Age of Alexander the Great. A Prosopography of Alexander's Empire* (2006), pp. 133-7.

13. "황소의 목에 화환이 걸렸다": 열정, 야망, 설욕

1. Diodorus Siculus 16.90.2, Arrian, *Anabasis* 1.17.11; J. Ellis in *Cambridge Ancient History (2nd edition) VI*, pp. 787-9, Hammond (1994), pp. 167-70.

2. Diodorus Siculus 16.93.3-9, Justin, *Epitome* 9.6.5-8, Plutarch, *Alexander* 10.4; 맥락

에 관한 논의는 다음을 보라. K. Mortensen, "Homosexuality at the Macedonian court and the death of Philip II", *Ancient Macedonia*, 7 (2002), pp. 371-87.

3. Diodorus Siculus 16.94.1, with B. Antela-Bernardez, "Philip and Pausanias: A deadly love in Macedonian politics", *CQ*, 62 (2012), pp. 859-61.

4. Diodorus Siculus 16.91.3-92.2: 결혼의 시기 선택에 관해서는 다음을 보라. M. Hartzopoulos, "The Oliveni inscription and the dates of Philip II's reign", in W. Adams and E. Borza (eds), *Philip II, Alexander the Great, and the Macedonian heritage* (1982), pp. 21-42, 특히 38-42.

5. Diodorus Siculus 16.93.3-4, Loeb 번역 인용; 조각상들의 상징성에 대해서는 다음을 보라. E. Fredricksmeyer, "Divine honors for Philip II", *Transactions of the American Philological Association*, 109 (1979), pp. 36-61 and E. Baynham, "The question of Macedonian divine honours for Philip II", *Mediterranean Archaeology*, 7 (1994), pp. 35-43.

6. Diodorus Siculus 16.92.5-93.1, 94.2-4, Aristotle, *Politics* 1311b, Justin, *Epitome* 9.6.1-8.

7. Arrian, *Anabasis* 1.25.2, Curtius 7.1.6-7, Justin, *Epitome* 11.2.2; 안티파트로스에 관해서는 다음을 보라. Heckel, *Who's Who in the Age of Alexander the Great*, pp. 35-8.

8. 개괄적 내용에 관해서는 다음을 보라. the chapter 'Regicide in Macedonia", in Carney, *King and Court*, pp. 155-65, E. Badian, "The death of Philip II", *Phoenix*, 17 (1963), pp. 244-50 and E. Badian, "Once more the death of Philip II", *Ancient Macedonia*, 7 (2002), pp. 389-406, J. Ellis, "The assassination of Philip II", in E. Borza and H. Dell (eds), *Ancient Macedonian Studies in honor of Charles F. Edson* (1981), pp. 99-137.

9. Plutarch, *Alexander* 10.4, Justin, *Epitome* 9.7.1-14.

10. Arrian, *Anabasis* 1.5.4, 25.1, Justin, *Epitome* 12.6.14, Diodorus Siculus 17.2.1, *FGrHist* 148. 점술가에 관해서 다음을 보라. Hammond (1994), pp. 175-9.

11. Diodorus Siculus 17.2.5-6, Curtius 7.1.3.

12. Justin, *Epitome* 9.7.12, Pausanias 8.7.7; 올림피아스에 반대하는 정치선전에 관해서는 다음을 보라. E. Carney, "Olympias and the image of the virago", *Phoenix*, 47 (1993), pp. 29-55.

13. Arrian, *Anabasis* 2.14, with Carney, "The politics of polygamy", pp. 183-5.

14. Plutarch, *Demosthenes* 22.1-5, Aeschines, *On the Crown* 77.

15. Diodorus Siculus 17.3.1-5.

16. Hammond (1994), pp. 178-82에서는 유해의 신원 확인을 지지하고, Worthington, *Philip II*, pp. 234-41에서는 유해의 신원 확인에 신중하다.

17. Diodorus Siculus 17.4.1-3.

14. 본보기

1. Plutarch, *Alexander* 11.1 (Loeb 번역).

2. 같은 책, 14.1-3, *Moralia (On the Fortune of Alexander)* 331e-f, Valerius Maximus 4.3.4b; 이 이야기의 진실성에 관한 다양한 판단은 다음을 보라. Green, *Alexander of Macedon*, pp. 122-3, Lane Fox, *Alexander the Great*, p. 71, I. Worthington, *By the Spear. Philip II, Alexander the Great, and the Rise and Fall of the Macedonian Empire* (2014), p. 127.

3. Plutarch, *Alexander* 11.2, 14.4; Lane Fox, *Alexander the Great*, pp. 71-2 이 이야기를 로마인들이 지어낸 것으로 보는 편이다.

4. Arrian, *Anabasis* 1.1.4.

5. 같은 책, 1.1.4-13; Green, *Alexander of Macedon*, pp. 125-6. 적의 계획을 알아채는 면에서 '영감을 받은 알렉산드로스의 예지'를 기술하는 데 있어 다소 관대하지만, 그러한 상찬은 매우 흔한 것이다 cf. Worthington, By the Spear, p. 128 and to a lesser extent Lane Fox, *Alexander the Great*, p. 82; J. Fuller, *The Generalship of Alexander the Great* (1958), p. 220, fn. 2. 적어도 그러한 전술이 완전히 새로운 것인지 숙고한다.

6. Arrian, Anabasis 1.2.1-7; Plutarch, *Alexander* 11.5. 플루타르코스는 알렉산드로스가 시르모스를 격파했다고 말하지만, 아리아노스는 왕이 페우케에 있었으나 실제로 전투에 직접 참여하지는 않았다고 기술한다.

7. Lane Fox, *Alexander the Great*, p. 83. 크세노폰이 영감을 제공했다고 암시하고 있다. 크세노폰이 알렉산드로스에게 끼친 영향에 대한 더욱 폭넓은 논의에 관해서는 다음을 보라. K. McGroaty, "Did Alexander the Great read Xenophon?", *Hermathena*, 181 (2006), pp. 105-24.

8. Arrian, *Anabasis* 1.2.1-4.5 이 군사작전을 다룬다.

9. 같은 책, 1.4.6-8, Strabo, *Geog.* 7.3.8, see J. Tierney, "The Celtic ethnography of Poseidonius", *Proceedings of the Royal Irish Academy: Archaeology, Culture, History*, 60 (1959/1960), pp. 189-275, 특히 196. 최근에 아스테릭스로 인해 유명해진 '두려움 없음'이라는 주제에 관해 다룬다.

10. Arrian, *Anabasis* 1.5.1-7; 이 군사작전에 관해서, 특히 그것이 일어난 장소에 관해서는 다음을 보라. N. Hammond, "Alexander's campaign in Illyria", *JHS*, 94 (1974), pp. 66-87, 비판과 매우 타당해 보이는 대안을 제시하는 다음도 참조하라. A. Bosworth, "The location of Alexander's campaign against the Illyrians in 335 BC", *Studies in the History of Art, Vol. 10: Symposium Series I: Macedonia and Greece in late Classical and early Hellenistic times* (1982), pp. 74-85.

11. Arrian, *Anabasis* 1.5.8-12.

12. 같은 책, 1.6.1-8.

13. 같은 책, 1.6.9-11.

14. 알렉산드로스에 대한 찬양에 관해서, 하지만 마땅하게 그의 군대의 자질을 강조하고 있는 다음을 참조하라. Worthington, *By the Spear*, p. 130, Green, *Alexander of Macedon*, pp. 133-4, A. Bosworth, *Conquest and Empire. The Reign of Alexander the Great* (1988), pp. 31-2. 반면에 풀러Fuller는 전략에 관한 판단을 유보하면서도 알렉산드로스가 이 군사 작전에서 기가 죽지 않은 것을 '뛰어나다'라고 묘사한다.

15. Arrian, *Anabasis* 1.5.2-4, 7.1-3, Plutarch, *Demosthenes* 23.1, Diodorus Siculus 17.8.3-7, Justin, *Epitome* 11. 2.5-10; Demades, *Twelve Years* 17 유스티누스가 기술한 세부사항들을 뒷받침하지만, 데마데스 자신의 이야기는 훨씬 후대에 수사법 연습용으로 쓰인 것이라고 여겨진다. I. Worthington, "The context of [Demades] on the twelve years", *CQ*, 41 (1991), pp. 90-5. 그러나 사건들에 관해서 사실이지만 소실된 이야기에 근거했을 수도 있다.

16. Arrian, *Anabasis* 1.7.4-6, Diodorus Siculus 17.9.1-3.

17. 같은 책, 1.7.7-11 알렉산드로스의 자제력을 강조한다; Diodorus Siculus 17.9.4-5 처음에는 내키지 않았던 마음이 테바이를 본보기로 삼겠다는 결정으로 바뀐다.

18. Arrian, *Anabasis* 1.8.1-8, Diodorus Siculus 17.11.1-12.5, Plutarch, *Alexander* 11.4-6; 프톨레마이오스의 이야기를 사용하여 페르디카스를 다루는 아리아노스에 관해서는 다음을 보라. J. Roisman, "Ptolemy and his rivals in the history of Alexander", *CQ*, 34 (1984), pp. 373-85, 특히 374-6.

19. Arrian, Ananbasis 1.8.8, Plutarch, *Alexander* 11.5-12.3, Diodorus Siculus 17.13.2-6.

20. Plutarch, *Alexander* 11.7-8, Arrian, *Anabasis* 1.9.6-9; 개괄적 내용에 관해서는 다음을 보라. I. Worthington, "Alexander's destruction of Thebes", in W. Heckel and L. Tritle (eds), *Crossroads of History. The Age of Alexander* (2003), pp. 65-86.

21. Arrian, *Anabasis* 1.10.1-3, Plutarch, *Demosthenes* 23.1-3, *Alexander* 13.1-2.

22. Arrian, *Anabasis* 1.10.3-6, Plutarch, *Demosthenes* 23.3-24.1, Diodorus Siculus 17.15.1-5.

23. 테바이 파괴가 미친 영향에 관해서는 다음을 보라. Green, *Alexander of Macedon*, pp. 146-51, Lane Fox, *Alexander the Great*, pp. 87-9, Worthington, *By the Spear*, pp. 133-5.

15. 마케도니아 군대와 적군

1. Diodorus Siculus 17.7.2-10, Bosworth, *Conquest and Empire*, pp. 34-5, Green, *Alexander of Macedon*, pp. 138-40.

2. Plutarch, *Alexander* 15.1; Arrian, *Anabasis*. 주요 병력이 3만 명이 조금 넘는 보병과 5000명 이상의 기병으로 구성되었다고 본다. Diodorus Siculus 17.17.3-5 마케도니아 병

력에 대한 자세한 분석을 유일하게 제시하지만, 이조차도 여러 의문을 불러일으킨다. 이어지는 내용은 다음의 문헌에 크게 의지했다: Bosworth, *Conquest and Empire*, pp. 259-66, N. Sekunda, "Military Forces", in P. Sabin, H. van Wees and M. Whitby (eds), *The Cambridge Companion to Greek and Roman Warfare. Vol. 1: Greece, the Hellenistic World and the Rise of Rome* (2007), pp. 325-57, 특히 330-3, 같은 저자의 보다 풍성한 묘사는 다음에 나와 있다. *The Army of Alexander the Great*, Osprey Men at arms series 148 (1984), W. Heckel, *Alexander's Marshals. A Study of the Makedonian Aristocracy and the Politics of Military Leadership* (2nd ed., 2016), pp. 260-80, and D. Devine, "Alexander the Great", in Gen. Sir John Hackett (ed.), *Warfare in the Ancient World* (1989), pp. 104-29, 특히 104-8. 알렉산드로스의 군대와 군사작전에 관한 참고문헌 목록은 다음에서 찾을 수 있다. J. O'Brien, Alexander the Great. *The Invisible Enemy. A Biography* (1992), pp. 307-10 여전히 탁월하다.

3. 각 단위의 규모에 대해서는 다음을 따랐다. Sekunda, "Military forces", pp. 331 하지만 왕의 일레와 표준적인 일레의 규모에 관한 다른 추산들도 있다. Diodorus 17.17.4에서 말하는 1800명의 기병대에는 헤타이로이 기병대는 물론 프로드로이가 전부나 일부가 포함되었을 가능성이 있다. 헤켈Heckel은 1800명이 8개 일레로 나뉘면 한 단위는 225명으로 이루어진다는 점을 언급한다; 안장에 관해서는 다음을 보라. P. Sidnell, *Warhorse* (2007), pp. 20-1, 35, 85.

4. 대형 앞쪽과 뒤쪽에 배치된 병사들의 역할에 관해서는 다음을 보라. Xenophon, *Memorabilia* 3.1 8, Cyropaedia 3.3.41-2, 6.3.27, Asclepiodotus 3.2-5.

5. Bosworth, *Conquest and Empire*, pp. 259, 262-3, contrasting with Sekunda, *The Army of Alexander the Great*, pp. 20-1 여기서는 프로드로모이가 트라케인들이라고 생각한다.

6. Engels, *Alexander the Great and the Logistics of the Macedonian Army* 군수품에 관한 가장 완전한 연구로 남아 있지만 사용할 때는 어느 정도 주의가 필요하다. 불가피하게 추정된 전제를 깔고 있으며, 그에 따른 계산들도 추정된 것이기 때문이다.

7. Diodorus Siculus 17.17.5 안티파트로스에게 보병 1만2000명, 기병 1500명이 남겨졌다고 말한다. 다른 자료에서는 남겨진 부대의 수에 대해 언급하지 않는다. 하지만 그가 가진 자원의 규모는 이어지는 군사작전으로 특히 스파르타에 맞선 전쟁으로 추산할 수 있다. 디오도로스는 단지 안티파트로스의 휘하에 남은 마케도니아 군대에 관한 수치만을 제시한 것으로 생각하는 것이 일반적이고 또한 합리적이다.

8. Justin, *Epitome* 11.6.3-7; 기원전 317년 히파스피스테스를 계승한 아르기라스피데스, 즉 '은방패' 부대는 모두 60세가 넘었다고 한다. Diodorus 19.41.2, Plutarch, *Eumenes* 16.7-8.

9. Plutarch, *Alexander* 15.1.

10. Diodorus Siculus 17.16.1-4, Plutarch, *Alexander* 15.2-3, Arrian, *Anabasis* 1.11.1-2,

with E. Baynham, "Why didn't Alexander marry before leaving Macedonia? Observations on factional politics at Alexander's court in 336-334 BC", *Rheinisches Museum für Philologie*, 141 (1998), pp. 141-52.

11. Livy 8.24.5-13, Strabo, *Geog.* 6.1.5.

12. Arrian, *Anabasis* 1.11.3, Curtius 4.1.39, Justin, *Epitome* 11.7.1, Diodorus Siculus 17.32.1, 118.1, 18.21.2, Plutarch, *Alexander* 39.5, 58.2-3, Heckel, *Alexander's Marshals*, pp. 35-8.

13. Plutarch, *Alexander* 3.2, Arrian, *Anabasis* 1.11.3-4.

14. Arrian, *Anabasis* 1.11.6, E. Anson, "The Persian fleet in 334", *Classical Philology*, 84 (1989), pp. 44-9 페르시아인들이 마케도니아 군대의 해협 횡단을 막지 못한 것에 관해 언급하고 있다.

15. Arrian, *Anabasis* 1.11.5-6; Homer, *Iliad* 2.701-2 (Lattimore translation)에서 인용.

16. Arrian, *Anabasis* 1.11.7-12.1, Plutarch, *Alexander* 15.4-5, Diodorus Siculus 17.17.6-7.

17. Bosworth, *Conquest and Empire*, pp. 38-9, Green, *Alexander of Macedon*, pp. 165-8, Lane Fox, *Alexander the Great*, pp. 109-15.

18. Diodorus Siculus 17.5.3-6.3, Justin, *Epitome* 10.1.1-3.5, 자세한 논의는 다음을 참조. E. Badian, "Darius III", *Harvard Studies of Classical Philology*, 100 (2000), pp. 241-67 = E. Badian (ed.), *Collected Papers on Alexander the Great* (2012), pp. 457-78.

19. Justin, *Epitome* 10.1.1 오코스의 아들들에 관해 언급한다.

20. See Badian, *Collected Papers on Alexander the Great*, pp. 458-63.

21. 그리스의 태도와 실제 페르시아의 힘에 관해서는 다음을 보라. Cawkwell, *The Greek Wars*, pp. 198-206.

22. Herodotus 7.60.1. 헤로도토스는 그리스 쪽 자료에서 제시하는 수치와 실제 페르시아 군대의 규모와 조직에 관한 해설도 싣고 있다. 다음을 참조하라. Cawkwell, *The Greek Wars*, pp. 237-54.

23. Cawkwell, *The Greek Wars*, pp. 255-73; 400척의 함대에 관해서는 다음을 보라. Arrian, *Anabasis* 1.18.5.

16. 강

1. Arrian, *Anabasis* 1.12.8-9, Diodorus Siculus 18.2.2-4, with E. Garvin, "Darius III and homeland defense", in W. Heckel and L. Tritle (eds), *Crossroads of History. The Age of Alexander* (2003), pp. 87-111, 특히 96-100; 기원전 335년 멤논 휘하의 용병 5000명, Diodorus Siculus 17.7.2, 멘토르와 아르타바조스에 관해서는 16.52.4 참조.

Arrian, *Anabasis* 7.4.6, Plutarch, *Alexander* 21.8.

2. Arrian, *Anabasis* 1.14.4; 먼 거리의 속주들에서 온 기병대의 목록은 다음을 참조하라. Diodorus Siculus 17.19.4-5. 디오도로스는 전체 기병 수를 1만 명으로 잡는다.

3. Engels, *Alexander the Great and the Logistics of the Macedonian Army*, pp. 11-36.

4. 이 군사작전에 관해서는 다음을 보라. Arrian, *Anabasis* 1.12.6-7; 이러한 장르의 시의 대표적인 예는 다음과 같다. Horace, *Sermones* 1.8.

5. 그라니코스 전투에 관해서는 다음을 보라. E. Badian, "The battle of Granicus", *Ancient Macedonia*, 2 (1977), pp. 271-93 = Badian, *Collected Papers on Alexander the Great*, pp. 224-43, N. Hammond, "The Battle of the Granicus River", JHS, 100 (1980), pp. 73-88, A. Devine, "Demythologizing the Battle of the Granicus", *Phoenix*, 40 (1986), pp. 265-78, Bosworth, *Conquest and Empire*, pp. 39-44, Green, *Alexander of Macedon*, pp. 168-81, 489-512, and W. Heckel, *The Conquests of Alexander the Great* (2008), pp. 45-51.

6. Arrian, *Anabasis* 1.13.3-7, and Plutarch, *Alexander* 16.1-2, 여기에는 마케도니아 왕이 출정하기에 그 달이 불운한 시기로 여겨졌기 때문에 알렉산드로스가 해당 달의 이름을 바꾸었다는 이야기가 포함되어 있다.

7. Diodorus Siculus 17.19.1-22.6 이 전투에 관한 그의 설명에 관해서; Hammond, "The Battle of the Granicus River", 설득력 있게 디오도로스의 설명을 묵살한다. 이 설명은 소수의 학자들에게서만 지지받았다.

8. Arrian, *Anabasis* 1.14.1-16.7. 이 전투에 관해 더 자세하고 설득력 있는 서사를 제공한다. 하지만 몇 가지 명확한 오류를 담고 있으며, 답변되지 않은 질문들을 그대로 남겨두었다; Plutarch, *Alexander* 16.3-8 세부 내용에서 차이가 있긴 하지만 대강 일치한다. 페르시아 기병대가 뚜렷이 구별되는 민족별 파견대로 구성되었다는 주장은 다음에 근거한다. Diodorus Siculus 17.19.4. 그러나 디오도로스의 나머지 서사가 신뢰성이 없다는 것을 고려하여 주의해서 다루어야 한다.

9. 지형에 관한 한 나는 일반적으로 다음을 따랐다. Hammond, "The Battle of the Granicus River", pp. 76-80, 가장 설득력 있는 논거를 제시한다.

10. 눈에 잘 띄는 알렉산드로스의 모습에 관해서 다음을 참조하라. Arrian, *Anabasis* 14.4; 선봉대에서 발생한 사상자에 관해서, Arrian, *Anabasis* 16.4; 멤논에 관해서는 다음을 보라. W. McCoy, "Memnon of Rhodes at the Granicus", *The American Journal of Philology*, 110 (1989), pp. 413-33.

11. R. Gaebel, *Cavalry Operations in the Ancient Greek World* (2002), pp. 184-5; R. Holmes, Firing Line (1986), p. 163. 천 명의 대장장이라는 비유에 관해서는 다음을 참조.

12. Arrian, *Anabasis* 1.15 6-8; Plutarch, *Alexander* 16.4-5 두 문헌은 세부 내용에서 다르다. Diodorus Siculus 17.20.3-21.3의 서술은 훨씬 다르고, 알렉산드로스가 공격을 받고 쓰

러져 부하들의 보호를 받았다는 극적인 이야기를 덧붙인다. 이렇게 혼란스러운 상황에서는 목격자들의 증언도 조금씩은 다를 수밖에 없을 것이다. 하지만 나중에 나온 이야기는 미화된 것이다.

13. 전투의 여파와 사상자에 관해서는 다음을 보라. Arrian, *Anabasis* 1.16.2-6; Plutarch, *Alexander* 16.7-8. 마케도니아의 사망자가 단지 서른네 명이라고 주장하지만, 선봉에 선 헤타이로이 기병대와 그 근처 보병대만을 언급했을 것이다. 페르시아 쪽에서는 기병이 2350명, 보병이 2만 명 죽었다고 하기 때문이다; Diodorus Siculus 17.21.5-6. 마케도니아 쪽 사상자의 수를 제시하지 않지만 페르시아 쪽은 기병이 1000명, 보병이 1만 명 죽었고 2만 명이 포로로 잡혔다고 한다; Justin, *Epitome* 11.6.14 마케도니아 쪽은 보병이 9명, 기병이 120명 죽었고, 페르시아 쪽에서는 거대한 살육이 일어났다고 한다.

14. Arrian, *Anabasis* 1.16.7-17.8, Plutarch, *Alexander* 16.8.

15. Arrian, *Anabasis* 1.17.9-18.2, Strabo, *Geog.* 14.1.23.

16. Pliny, *Natural History* 32.95, 35.85-86.

17. Arrian, *Anabasis* 1.18.3-9.

18. 같은 책, 1.19.1-6; R. Evans, *Fields of Battle. Retracing Ancient Battlefields* (2015), pp. 1-39. 이오니아 전쟁에 관한 유용한 조사 자료를 제공하며 약간 도발적인 해석들도 함께 제시한다.

19. Arrian, *Anabasis* 1.19.7-11.

20. 같은 책, 1.20.1 (Loeb 번역), Diodorus Siculus 17.22.5-23.3; A. Bosworth, *A Historical Commentary on Arrian's History of Alexander I* (1980), pp. 141-3. 비판적이긴 하지만 전쟁의 현단계에서는 함대와 같이 값비싼 시설을 유지할 수 있는 알렉산드로스의 역량을 과대평가한다.

21. Arrian, *Anabasis* 1.23.8, Strabo, *Geog.* 14.2.17, Diodorus Siculus 17.24.2-3, Plutarch, *Alexander* 22.7-10.

22. Arrian, *Anabasis* 1.20.2-23.6, Diodorus Siculus 17.23.4-27.6. 디오도로스는 방어군에 대해 특별히 영웅적인 이야기를 제시한다.

23. Arrian, *Anabasis* 1.24.1-2.

17. 고르디아스의 매듭

1. Arrian, *Anabasis* 1.24.3 (Loeb 번역) 인용문과 개괄적 내용은 1.24.3-6, 26.1-29.8에 나와 있다.

2. 같은 책, 1.24.4-5 (Loeb 번역); Bosworth, *Conquest and Empire*, pp. 49-53 그리고 특히 N. Hammond, *Alexander the Great. King, Commander and Statesman* (3rd ed., 1994), pp. 83-94 이 둘은 규칙에 대한 드문 예외들이며, 이 작전들을 어느 정도 자세히 논의한다.

3. Diodorus Siculus 17.28.1-5.

4. Arrian, *Anabasis* 1.26.5, 27.5-28.8.

5. 같은 책, 1.24.5-6, 29.1-2.

6. 같은 책, 1.25.2-3, 26.5-27.4.

7. Plutarch, *Alexander* 17.2-4, and Strabo, *Geog.* 14.3.9 with Green, *Alexander of Macedon*, pp. 205, Worthington, *By the Spear*, pp. 157-8.

8. Arrian, *Anabasis* 1.25.1-10, Diodorus Siculus 17.32.1-2, Curtius 3.7.11-15, 7.1.6-9, Justin, *Epitome* 12.14.1, with Green (1991), pp. 202-4, Lane Fox, *Alexander the Great*, pp. 144-8, Bosworth, *Conquest and Empire*, pp. 50-1, the chapter 'Conspiracies' in Badian, *Collected Papers on Alexander the Great*, pp. 420-55, 특히 424-7, and Heckel, *Alexander's Marshals*, pp. 24-31.

9. Arrian, *Anabasis* 1.29.3-4; 병력 증원에 관해서는 다음 둘을 대조하라. A. Bosworth, "Alexander the Great and the decline of Macedon", *JHS*, 106 (1986), pp. 1-12, 특히 2-9, with N. Hammond, "Casualties and reinforcements of citizen soldiers in Greece and Macedonia", *JHS*, 109 (1989), pp. 56-68.

10. Arrian, *Anabasis* 2.3.1-8, Plutarch, *Alexander* 18.1-2, Curtius 3.1.14-18, Justin, *Epitome* 11.7, with Green, *Alexander of Macedon*, pp. 213-14.

11. Arrian, *Anabasis* 2.4.1.

12. 같은 책, 2.1.1-2.5, Diodorus Siculus 17.31.3-4, Curtius 3.2.1, with Garvin, "Darius III and homeland defense", pp. 87-111, 특히 100-1, 107-8, Cawkwell, *The Greek Wars*, pp. 209-10, Hammond (1994), pp. 90-1.

13. Arrian, *Anabasis* 1.29.5-6.

14. 같은 책, 2.8.8, Diodorus Siculus 17.30.1-31.3, Justin, *Epitome* 11.9.1.

15. Aeschines, *Against Ctesiphon* 3.163-4; 다리우스의 군대와 전략에 관해서는 다음을 보라. A. Devine, "The strategies of Alexander the Great and Darius III in the Issus campaign (333 bc)", *Ancient Word*, 12 (1985), pp. 25-38, 특히 27.

16. Diodorus Siculus 17.30.2-7.

17. Arrian, Anabasis 2.4.1-6, Curtius 3.4.3-5.

18. Arrian, *Anabasis* 2.4.7-11, 3.6.4-7, Plutarch, *Alexander* 19.1-5, Curtius 3.5.1-6.17.

19. Arrian, *Anabasis* 2.5.1-9, with Hammond (1994), pp. 93-5, Bosworth, *Conquest and Empire*, pp. 54-8.

18. "그때 참으로 유혈이 낭자했다": 이소스 전투

1. Arrian, *Anabasis* 2.6.1-2, 7.1, 다음과 대조하라. Curtius 3.7.1-10, 쿠르티우스는 알렉산드로스가 방어적 군사작전을 구사하려고 계획했다고 주장한다. Devine, "The strategies of

Alexander the Great", pp. 29-34.

2. Arrian, *Anabasis* 2.6.3-7, 7.2.

3. 같은 책, 2.7.1, Curtius 3.8.1-17, Diodorus 17.32.2-4.

4. Arrian, *Anabasis* 2.7.3-9, 다음에서 인용. 2.7.9 (Loeb 번역).

5. 같은 책, 2.8.1-2.

6. 파야스강에 관해서는 다음에 나오는 논의들을 보라. Hammond (1994), pp. 95-103 and N. Hammond, "Alexander's charge at the Battle of Issus in 333 BC", *Historia*, 41 (1992), pp. 395-406, 특히 395-6; 제시된 숫자들에 관해서 Polybius 12.18.1, Arrian, Anabasis 2.8.6, 8; A. Devine, "Grand tactics at the Battle of Issus," *Ancient World*, 12 (1985), pp. 39-59, 46-7. 창을 든 팔랑크스와 히파스피스테스에 맞서 용병들이 대결할 준비를 했으므로 그들의 수가 대강 비슷하여 1만2000명 정도였을 것이라고 추정하지만 정확히 입증할 수는 없다.

7. 이 전투에 관한 고대 자료의 출처는 다음과 같다. Arrian, *Anabasis* 2.8.1-12.1, Polybius 12.17.1-22.7, Diodorus Siculus 17.331.1-35.1, Curtius 3.8.18-20.19, Plutarch, *Alexander* 20.1-5, Justin, *Epitome* 11.9.1-16; Hammond (1992) and (1994), pp. 95-107은 오늘날의 설명 중 가장 설득력이 있으며, 나는 이 전투에 관한 많은 측면에서 그의 견해를 따랐다.

8. 30스타디온이라는 거리에 관한 출처. Diodorus Siculus 17.33.1 and Curtius 3.8.23.

9. 대형의 깊이에 관한 출처. Depth of formations from Polybius 12.19.6. 칼리스테네스를 인용하고 있다. 이 부분은 본래 맥락에서 벗어나 이 전투에 관한 칼리스테네스의 이해와 서사를 길게 비판하는 부분이다. 이에 대한 자세한 논의는 다음을 참조하라. F. Walbank, *Polybius II. A Historical Commentary on Polybius* (1967), pp. 364-76.

10. Polybius 12.17.5, 22.4 Hammond (1994), pp. 98-101.

11. '패배자", Arrian, *Anabasis* 2.10.2.

12. Arrian, *Anabasis* 2.10.3 (Loeb 번역).

13. 같은 책, 2.10.3-4, with Hammond (1992), p. 402, 특히 n. 24; 카르다케스에 관해서는 다음을 보라. M. Charles, "The Persian ΚΑΡΛΑΚΕΣ", *JHS*, 132 (2012), pp. 7-21.

14. 사상자에 관해서, Arrian, Anabasis 2.10.7.

15. Arrian, *Anabasis* 2.11.8; 다리우스에 대한 동정을 나타낸다고 하는 해석에 대해서는 다음을 보라. the chapter 'A note on the Alexander Mosaic' in Badian, *Collected Papers on Alexander the Great*, pp. 404-19. 대부분의 해설자들은 알렉산드로스의 승리와 영웅성을 축하하고 찬양하는 그림으로 보는 경향이 있다.

16. Arrian, *Anabasis* 2.12.1-2, Curtius 3.11.27, Diodorus Siculus 17.36.6, Justin, *Epitome* 11.9.10, and the discussion in Devine, "The strategies of Alexander the Great", pp. 55-7. 하지만 그는 옥시링코스의 무명 역사가(1789)가 제시한 사망자 1200명이라는 수치를

'아마도 더 진실에 가까운' 것으로 지지하는 경향이 있다. 이러한 수치가 가능하긴 하지만 필연적으로 보이지는 않는다.

17 '알렉산드로스의 목욕', see Plutarch, *Alexander* 20.7-8 (Loeb 번역).

18. Arrian, *Anabasis* 2.12.3-8, Plutarch, *Alexander* 21.1-3 and Moralia 338e, 522a, Curtius 3.12.4-26, Diodorus Siculus 17.36.2-4, 37.3-38.3, Justin, *Epitome* 11.9.14-16, Valerius Maximus 4.7 ext. 2; 스타테이라의 죽음은 다음을 보라. Plutarch, *Alexander* 30.1, Diodorus 17.54.17, Curtius 4.10.18-34, Justin, *Epitome* 11.12.6; see E. Carney, "Alexander and the Persian women", *American Journal of Philology*, 117 (1996), pp. 563-83, 특히 563-71.

19. Plutarch, *Alexander* 21.4-22.3, Justin, *Epitome* 11.10.2-3, Curtius 3.13.14, with D. Ogden, *Alexander the Great. Myth, Genesis and Sexuality* (2011), pp. 139-42, Carney (1996), pp. 571-5.

20. Arrian, *Anabasis* 2.14.1-9, with quote from Loeb 번역, Curtius 4.1.7-14, Justin, Epitome 11.12.1-2, Diodorus Siculus 17.39.1-2 (알렉산드로스가 자신의 고문들이 준 진짜 편지를 감추고, 그들에게는 위조한 더 가혹한 내용의 편지만 보여주었다고 주장하지만 그런 일이 있었을 개연성은 적다.)

19. "명백히 큰 과업": 티레 공성

1. Arrian, *Anabasis* 2.11.9-10, 12.3-8, 15.1-2, Curtius 3.13.1-17, Plutarch, *Alexander* 24.1-2, Diodorus Siculus 17.35.1-36.1, with Green, *Alexander of Macedon*, pp. 244-5, Lane Fox, *Alexander the Great*, pp. 177-8; 아리아노스의 근사치와 쿠르티우스의 더 구체적인 수치들은 사실상 같은 것일 수 있다.

2. Plutarch, *Alexander* 22.2, 24.1-2, 26.1; Plutarch, *Moralia* 339E 정부를 얻은 한 장교에 관해서 언급하고 있다.

3. Arrian, *Anabasis* 2.15.2-5 and Curtius 3.13, 이피크라테스 이외에 다른 특사들의 이름을 제시한다.

4. Arrian, *Anabasis* 2.13.1-6, Diodorus Siculus 17.48.1.

5. E. Bloedow and E. Bloedow, "Alexander's speech on the eve of the siege of Tyre", *L'Antiquité Classique*, 63 (1994), pp. 65-76, 특히 70. 페르시아 함대가 이미 해체되고 있었다고 주장하지만, 이런 주장은 유지되기 어렵다. 해체 과정이 진행 중이었다 하더라도 알렉산드로스나 다른 누군가가 그것을 명확하게 알지는 못했을 것이다.

6. Contra Bloedow and Bloedow, "Alexander's speech on the eve of the siege of Tyre", and E. Bloedow, "Egypt in Alexander's scheme of things", *Quaderni Urbinati de Cultura Classica*, 77 (2004), pp. 75-99. 합리적인 전략은 다리우스를 추격하는 것이었다고 주장한다.

7. Plutarch, *Sulla* 38.

8. Arrian, *Anabasis* 1.29.3, Curtius 4.1.35, 5.9.

9. Arrian, *Anabasis* 2.13.7-8, 15.6, Curtius 4.1.15-26, Plutarch, *Moralia* 340c-d, Diodorus Siculus 17.47.1-6.

10. Arrian, *Anabasis* 15.7-16.7, Curtius 4.2.1-15.

11. Arrian, *Anabasis* 2.17.1-18.2; Bloedow and Bloedow, "Alexander's speech on the eve of the siege of Tyre". 이 연설과 그 해석들에 대해 논의하지만 어떤 주장들은 섣불리 일축해 버린다.

12. Arrian, *Anabasis* 2.21.4; 이에 관한 고대의 주요 서사들은 다음과 같다. Arrian, *Anabasis* 2.18.1-24.6, Curtius 4.2.12-4.21, Diodorus 17.40.2-46.6. 여러 세부 사항에서 차이가 나지만 전반적으로는 서로 일치한다. 이 공성에 관한 가장 치밀한 검토한 자료는 다음과 같다. P. Romane, "Alexander's siege of Tyre", *Ancient World*, 16 (1987), pp. 79-90.

13. Josephus, *Jewish Antiquities* 11.313-20, 329-39, Plutarch, *Alexander* 24.6-8.

14. Arrian, *Anabasis* 2.19.6 (Loeb 번역).

15. 같은 책, 2.20.3 (Loeb 번역).

16. Curtius 4.3.21-3, Diodorus Siculus 17.41.7-8.

17. Curtius 4.4.1-5, Diodorus Siculus 17.41.5, Plutarch, *Alexander* 24.1-2.

18. Arrian, *Anabasis* 2.23.2, 5, Diodorus Siculus 17.45.6, Curtius 4.4.10-11.

19. Arrian, *Anabasis* 2.24.4-5, and Curtius 4.4.15-18. 대규모 십자가 처형에 관한 이야기가 포함되었다.

20. 오아시스와 신

1. Arrian, *Anabasis* 2.25.1-3 (Loeb 번역 인용); Plutarch, *Alexander* 29.29.4 비슷한 이야기를 하지만 시기가 이듬해였다고 한다. Diodorus Siculus 17.54.1-5 and Curtius 4.11.1-18 또한 플루타르코스와 마찬가지다. Justin, Epitome 11.12.1-10은 이것이 이집트에 있던 기간에 일어난 일로 기록했다.

2. Arrian, Anabasis 2.26.1-27.7 and Curtius 4.6.7-31은 가자 공성에 관해 자세하게 이야기하는 유일한 자료다. P. Romane, "Alexander's siege of Gaza", Ancient World, 18 (1988), pp. 21-30은 오늘날 가장 훌륭한 논의를 전달한다.

3. Arrian, *Anabasis* 2.25.4, Curtius 4.5.10, 6.7, Hegesias, *FGrH* 142 F5, Homer, *Iliad* 22.396-400.

4. 이 징조에 관한 논의는 다음을 보라. Romane, "Alexander's siege of Gaza", pp. 25-6. 갱도 작전에 관해서는 pp. 28-9을 보라. Gabriel, *The Madness of Alexander the Great*, pp. 45-7. 알렉산드로스의 부상이 살갗에 입은 상처에 불과했으며, 그 심각성은 우리가 가진 자료에 의해 부풀려졌다고 주장하지만 확실하지 않다.

5. Curtius 4.6.26-9 and Hegesias, *FGrH 142 F5*.

6. Arrian, *Anabasis* 3.1.15, 2.3-7, Curtius 4.5.13-21 : 이집트로 향하는 여정에 관해서는 다음을 보라. Engels, *Alexander the Great and the Logistics of the Macedonian Army*, pp. 57-61.

7. Arrian, *Anabasis* 3.1.3-2.2, Curtius 4.8.1-6, Plutarch, *Alexander* 26.2-5.

8. 주된 이야기 출처는 다음과 같다. Arrian, *Anabasis* 3.3.1-4.5, Curtius 4.7.5-31, Plutarch, *Alexander* 26.6-27.6, Diodorus Siculus 17.49.2-51.4 ; 장소에 관한 최근의 논의는 다음을 보라. W. Seymour Walker, "An outline of modern exploration of the Oasis of Siwa", *The Geographical Journal*, 57 (1921), pp. 29-34.

9. 프톨레마이오스 인용, *Anabasis* 3.3.5.

10. 신격화의 방식에 관한 논의는 다음을 보라. A. Collins, "Alexander's visit to Siwah : A new analysis", *Classical Association of Canada*, 68 (2014), pp. 62-77 ; 올림피아스에게 보낸 편지는 다음을 보라. Plutarch, *Alexander* 27.5 ; 알렉산드로스가 신적 존재라는 주장에 관한 논쟁에서 이 방문이 갖는 중요성에 대해서는 다음을 보라. Bosworth, *Conquest and Empire*, pp. 281-4, Hammond, *Alexander the Great. King, Commander and Statesman*, pp. 126-9.

11. 이 방문이 갖는 중요성에 관해서는 다음을 보라. Bloedow (2004), pp. 95-9 ; 이중 혈통에 관해서는 다음을 보라. Ogden, *Alexander the Great. Myth, Genesis and Sexuality*, pp. 7-28 ; 아리아노스는 이 회귀 여정에서 택한 경로에 관하여 아리스토불로스와 프톨레마이오스 사이의 명백한 차이를 언급하지만, 이 차이는 별로 중요하지 않다. 어찌 되었든 나일강에서 출발하여 나일강으로 돌아오는 왕복 여정의 거리는 적어도 640킬로미터에 달했다.

12. Arrian, *Anabasis* 3.5.1-7, Curtius 4.7.4-5 ; Harpalus, Arrian, *Anabasis* 3.6.4.

13. Curtius 4.8.7-9 ; Lucan, *Pharsalia* 10.272-5, Callisthenes, Fragment 12a, Aristotle, Fragment 246 on the Nile, 아리스토텔레스는 강의 범람을 아이티오피아[고대 그리스에서 나일강 상류지역을 가리키던 지명]의 호우 때문으로 보았다, 다음을 보라. Hammond, *Alexander the Great. King, Commander and Statesman*, p. 129.

14. Curtius 4.8.9-11 : 이집트에서 다시 나오는 여정과 다가오는 군사작전을 위한 물자 조달에 관해서는 다음을 보라. Engels, *Alexander the Great and the Logistics of the Macedonian Army*, pp. 63-7.

15. Plutarch, *Alexander* 29.3-5, Moralia 334e, Arrian, *Anabasis* 3.1.4.

16. Arrian, *Anabasis* 3.6.2-3.

17. 이 문제들에 관한 논의들은 다음을 보라. E. Badian, "Agis III", *Hermes*, 95 (1967), pp. 37-69 and 'Agis III : Revisions and reflections", in I. Worthington (ed.), *Ventures into Greek History* (1994), pp. 258-92. 둘 다 반란이 신중하게 계획되었으며 반드시 실패할 운명은 아니었다고 주장한다.

21. 가우가멜라 전투

1. Curtius 4.6.30, Diodorus Siculus 17.49.1.

2. Arrian, *Anabasis* 3.6.7, 3.12.5, Hammond (1994), p. 132.

3. Arrian, *Anabasis* 3.7.1-3, Bosworth, *Conquest and Empire*, p. 79, and Engels, *Alexander the Great and the Logistics of the Macedonian Army*, pp. 66-9.

4. Arrian, *Anabasis* 3.8.6, Plutarch, *Alexander* 31.1, Diodorus Siculus 17.53.1-3, Curtius 4.12.13; 양쪽 군대의 수에 관한 논의는 다음을 보라. E. Marsden, *The Campaign of Gaugamela* (1964), pp. 24-39; '사과 운반자들'에 관해서는 다음을 보라. M. Charles, "Immortals and apple bearers: Towards a better understanding of Achaemenid infantry units", *CQ*, 61 (2011), pp. 114-33, 특히 124-30, 우리가 가진 자료들의 모호함을 강조했는데, 1000명이라고 하기는 했지만 이 국왕의 근위대의 규모에 대해서 특히 그러했다.

5. Arrian, *Anabasis* 3.7.3-6, Curtius 4.9.12-21, Diodorus Siculus 17.55.1-6, Plutarch, *Alexander* 31.3-4.

6. Arrian, *Anabasis* 3.7.6-8.7, Curtius 4.9.23-5.

7. Arrian, *Anabasis* 3.9.1-3.

8. Curtius 4.10.8-11.22, Plutarch, *Alexander* 30.1-7. 스타테이라가 조금 더 이른 시기에 죽은 것으로 말하고 있지만, 세부적인 내용은 비슷하다. Diodorus Siculus 17.54.1-7, and Carney, "Alexander and the Persian women", pp. 563-83, 특히 569-71.

9. Marsden, *The Campaign of Gaugamela*, pp. 40-2. 관련 논의를 다룬다.

10. Arrian, *Anabasis* 3.9.3-5.

11. 같은 책, 3.9.5-11.2, Curtius 4.12.14-13.25, Diodorus Siculus 17.56.1-4, Plutarch, *Alexander* 31.3-32.2.

12. Plutarch, *Alexander* 32.3-7은 옷에 관해서 언급하고, 33.1-2는 칼리스테네스와 아리스탄드로스에 관해서 언급한다.

13. 가우가멜라 전투에 관한 고대의 주된 서술과 설명은 다음과 같다: Arrian, *Anabasis* 3.11.2-15.7, Curtius 4.13.26-16.15, Diodorus Siculus 17.57.1-60.3, Justin, *Epitome* 14.1-15.14, Plutarch, *Alexander* 32.3-33.7; 전투의 분석은 다음을 보라. Marsden, *The Campaign of Gaugamela*, 특히 32-64, Lane Fox, *Alexander the Great*, pp. 233-43, Bosworth, *Conquest and Empire*, pp. 80-5, Green, *Alexander of Macedon*, pp. 288-95, Hammond (1994), pp. 138-49, G. Griffith, "Alexander's generalship at Gaugamela", *JHS*, 67 (1947), pp. 77-89, A. Devine, "Grand tactics at Gaugamela", *Phoenix*, 29 (1975), pp. 374-85, A. Devine, "The Battle of Gaugamela: A tactical and source-critical study", *Ancient World*, 16 (1986), pp. 87-115, and A. Devine, "The Macedonian army at Gaugamela: Its strength and the length of its battle-line",

Ancient World, 19 (1989), pp. 77-80.

14. Arrian, *Anabasis* 3.9.7-8.

15. 먼지에 관해서는 다음을 주목하라. Fuller, *The Generalship of Alexander the Great*, p. 178, fn. 2. 건기에 인도의 광장에서 했던 교련 훈련을 상기하면서 가우가멜라 전투에서보다 훨씬 더 적은 기병이 있었을 뿐이지만 "가시거리가 4~5미터까지 줄었다"고 말한다.

16. 메니다스 휘하에 400면의 기병이 있었다는 것은 이들이 다음에서 언급된 부대였으리라는 가정에 기초한 것이다. Arrian, Anabasis 3.5.1 여기서 그의 이름은 메네오타스로 나온다.

17. 다음을 보라. W. Heckel, C. Willikes and G. Wrightson, "Scythed chariots at Gaugamela. A case study", in E. Carney and D. Ogden (eds), *Philip II and Alexander the Great: Father and Son: Lives and Afterlives* (2010), pp. 103-109.

18. Arrian, *Anabasis* 3.14.3 (Loeb 번역).

19. 이 이야기는 다음 자료에만 등장한다. Diodorus 17.62.4-63.4, with a few details in Curtius 6.1.2-21, 해당 문제에 관해서는 다음을 보라. n. 7 and E. Borza, "The end of Agis' revolt", *Classical Philology*, 66 (1971), pp. 230-5 and A. Bosworth, "The mission of Amphoterus and the outbreak of Agis' War", *Phoenix*, 29 (1975), pp. 27-43; a 'battle of mice", Plutarch, *Aegisilaus* 15.4.

22. "아시아에서 가장 혐오스러운 도시"

1. Plutarch, *Alexander* 34.1-2, Arrian, *Anabasis* 3.16.1-3, Curtius 4.16.16-5.1.12; 4,000탈란톤에 관해서는 5.1.10을 참조.

2. Arrian, *Anabasis* 3.16.3-5, Curtius 5.1.17-39, Diodorus Siculus 17.64.3-6; P. Briant (trans. J. Todd), *Darius in the Shadow of Alexander* (2015), pp. 61-2 on the tablet.

3. Tablet 330 in Sachs-Hunger Collection, 번역은 A. Kuhrt, P*ersian Empire. A Corpus of Sources from the Acaemenid Period*, 2 vols (2007), pp. 447-8, 인용은 discussion in Briant, *Darius in the Shadow of Alexander,* pp. 60-4, E. Anson, *Alexander the Great. Themes and Issues* (2013), pp. 105, 122-6; 선정적인 춤과 도시의 퇴폐적 영향력에 관해서는 다음을 참조하라. Curtius 5.1.36-9.

4. Arrian, Anabasis 3.16.6-9, Curtius 5.2.1-12, Diodorus Siculus 17.65-66.1.

5. Diodorus Siculus 17.66.3-7, Curtius 5.2.13-15, Arrian, *Anabasis* 3.7-8, Plutarch, *Alexander* 36.1-2.

6. Arrian, *Anabasis* 3.16.10, Diodorus Siculus 17.65.1.

7. Arrian, *Anabasis* 3.17.1-6, Diodorus Siculus 17.67.1-5, Curtius 5.3.1-16.

8. Arrian, *Anabasis* 3.18.1-9, Diodorus Siculus 17.68.1-7, Curtius 5.3.17-4.34.

9. Diodorus Siculus 17.69.1-9, Curtius 5.5.5-24, Justin, *Epitome* 11.14.11-12.

10. Heckel, *The Conquests of Alexander the Great*, pp. 82-3, Hammond, *Alexander the*

Great. King, Commander and Statesman, pp. 179-80, 하지만 Green, *Alexander of Macedon*, p. 313에서는 이 이야기를 수용한다; 아마조네스에 관해서는 다음을 참조하라. Plutarch, *Alexander* 46.2 (Loeb 번역) cf. Curtius 6.5.24-32, Diodorus Siculus 17.77.1-3, Justin, *Epitome* 12.3.5-7 .

11. Diodorus Siculus 17.70.1 (Loeb 번역), Curtius 5.6.1 (Loeb 번역을 약간 변형).

12. Diodorus Siculus 17.70.6 (Loeb 번역)에서 인용. 약탈에 관해서는 17.70.1-6 참조. Curtius 5.6.1-8. 그리고 페르시스에서 일어난 의도적 학살에 관한 더욱 전반적인 기술은 Plutarch, *Alexander* 37.2를 보라.

13. Diodorus Siculus 17.71.1-8, O'Brien, *Alexander the Great*, pp. 105-6 for a brief description with R. Barnett, "Persepolis", *Iraq*, 19 (1957), pp. 55-77.

14. 페르세폴리스의 역할에 관해서는 다음을 보라. A. Pope, "Persepolis as a ritual city", *Archaeology*, 10 (1957), pp. 123-30, N. Cahill, "The treasury at Persepolis: Gift-giving at the city of the Persians", *American Journal of Archaeology*, 89 (1985), pp. 373-89.

15. Plutarch, *Alexander* 37.3, Curtius 5.6.10, with Bosworth, *Conquest and Empire*, p. 79, and Engels, *Alexander the Great and the Logistics of the Macedonian Army*, pp. 92, 154.

16. Plutarch, *Alexander* 37.2, cf Diodorus Siculus 17.71.1-2; 서로 다른 추정치에 관해서 다음을 참조하라. Strabo, *Geog.* 15.3.9. 이 군사작전에 관해서 다음을 참조하라. Curtius 5.6.12-20.

17. Arrian, *Anabasis* 3.18.11-12 (Loeb 번역).

18. Plutarch, *Alexander* 38.1-4, Diodorus Siculus 17.72.1-6, Curtius 5.7.3-7 and 5.7.5 (Loeb 번역)에서 인용, and Athenaeus 13.576d-e.

19. E. Borza, "Fire from heaven: Alexander at Persepolis", *Classical Philology*, 67 (1972), pp. 233-45, N. Hammond, "The archaeological and literary evidence for the burning of the Persepolis Palace", *The Classical Quarterly*, 2 (1992), pp. 358-64.

20. Regrets, Plutarch, *Alexander* 38.4; 전쟁에 대한 그리스인들의 맥락에 관해서는 다음을 보라. Badian, "Agis III", pp. 37-69. Badian, "Agis III: Revisions and reflections", pp. 258-92. with Borza, "The end of Agis' revolt", pp. 230-5, 특히 232-5.

23. 끝과 시작

1. Arrian, *Anbasis* 3.18.10, 19.1-3, Diodorus Siculus 17.73.1, Curtius 6.2.11-14.

2. Arrian, *Anabasis* 3.19.4-5, Curtius 5.13.1.

3. Arrian, *Anabasis* 3.5-8, Curtius 6.2.10, 15-17, Plutarch, *Alexander* 42.3, Diodorus Siculus 17.74.3-4 세부 내용과 연대순에 약간의 차이들이 있다.

4. 증원 병력, Curtius 5.7.12.

5. Arrian, *Anabasis* 3.19 6-8, 20.3-4.

6. 같은 책, 3.21.7.

7. 다리우스 추격에 관해서는 다음을 보라. Arrian, *Anabasis* 3.20.1-22.6, Plutarch, *Alexander* 42.3-43.3, Diodorus Siculus 17.73.2-3, Curtius 5.13.15-25, Justin, *Epitome* 11.15.1-14.

8. Curtius 6.2.15-16, Diodorus Siculus 17.74.3, Justin, *Epitome* 12.3.2-3, Plutarch, *Alexander* 47.1-3.

9. Plutarch, *Alexander* 40.1.

10. 이 광범위한 이슈들에 관한 유용한 논의는 다음을 보라. M. Olbrycht, "Macedonia and Persia", in J. Roisman and I. Worthington (eds), *A Companion to Ancient Macedon* (2010), pp. 351-60, and R. Lane Fox, "Alexander the Great. The 'last of the Achaemenids'?", in C. Tuplin (ed.), *Persian R⬜⬜nses. Political and Cultural Interaction with(in) the Achaemenid Empire* (2007), pp. 267-311.

11. Plutarch, *Alexander* 45.1-2, Curtius 6.6.2-10, Arrian, *Anabasis* 4.7.4, Diodorus Siculus 18.48.5, with A. Bosworth, "Alexander and the Iranians", *JHS*, 100 (1980), pp. 1-21, 특히 4-5.

12. Diodorus Siculus 17.77.6-7, Curtius 6.6.8, Justin 12.3.10 하렘에 관해서, 그리고 하렘이 사용하는 달력의 1년의 날수에 따라 360명이나 365명의 여자로 이루어졌다는 데 대한 논쟁에 관해서 언급한다.

13. Curtius 6.4.12-14, 5.22-3, Arrian, *Anabasis* 3.23.4, 28.2, 4.7.1, 18.1.

14. Arrian, *Anabasis* 3.23.1-9, Curtius 6.5.1-10.

15. Arrian, *Anabasis* 3.24.1-3, Curtius 6.5.11-22, Diodorus Siculus 17.76.3-8.

16. Arrian, *Anabasis* 3.25.1-8, Curtius 6.6.13, 20-34.

17. 음모에 관한 주요 자료의 출처는 다음과 같다. Arrian, *Anabasis* 3.26.1-4, Diodorus Siculus 17.78.4, 79.1-80.1, Plutarch, *Alexander* 48.1-49.7, Curtius 6.7.1-11.40, 7.2.11-34 (쿠르티우스의 기술이 가장 길지만, 저자가 살던 로마 시대의 환경에 많은 영향을 받았다). 다음의 논의 내용 함께 참조. W. Heckel, "The conspiracy against Philotas", *Phoenix*, 31 (1977), pp. 9-21, E. Badian, "The death of Parmenio", *Transactions and Proceedings of the American Philological Association*, 91 (1960), pp. 324-38 and 'Conspiracies' in Badian, Collected Papers on Alexander the Great, pp. 420-55, 특히 427-32.

18. Plutarch, *Alexander* 40.3, 48.1-3, Moralia 339d-f: 파르메니온에게 주어진 엄청난 부에 주목할 것. 이를테면 내시 바고아스가 소유했던 집에는 1000탈란톤의 가치에 해당하는 옷들이 있었다고 한다. Plutarch, Alexander 39.7.

19. Plutarch, *Alexander* 48.4-5.

20. Hammond (1994), pp. 183-7.

21. Curtius 6.11.18 (Loeb 번역).

22. Hammond (1994), p. 185는 다음을 수용한다. Diodorus Siculus 17.80.1 and Justin, *Epitome* 12.5.3. 디오도로스와 유스티누스는 파르메니온이 마케도니아인들의 회합에서 정식으로 유죄 판결을 받았다고 기술한다. Alexander of Lyncestis, Curtius 7.1.5-9, Diodorus Siculus 17.80.2, Justin, Epitome 12.14.1 ; 형제들에 관해서는 다음을 참조하라. Arrian, *Anabasis* 3.27.1, Curtius 7.1.10-2. 10. 맏이는 아민타스인데 곧 있을 공성에서 죽는다. Arrian, Anabasis 3. 27. 3.

24. 곧게 선 왕관

1. Arrian, *Anabasis* 3.16.11, 4.22.7, 23.1, 24.1, with Hammond, *Alexander the Great. King, Commander and Statesman*, pp. 191-2, P. Brunt, "Alexander's Macedonian cavalry", *JHS*, 83 (1963), pp. 27-46, Bosworth, *Conquest and Empire*, pp. 268-73.

2. Arrian, *Anabasis* 427.4 ; 필로타스는 기원전 335년에 여러 분대를 이끈 것이 입증된다 (1.2.5, 5.9-11). 그러나 헤타이로이 기병대의 사령관이 되기 전에 그의 군사적 경험에 대해서는 달리 알려진 바가 없다.

3. Arrian, *Anabasis* 3.16.11, Diodorus Siculus 17.65.3.

4. Diodorus Siculus 17.80.4, Curtius 7.2.35-8, Justin, *Epitome* 12.5.5-8.

5. Bosworth, "Alexander and the Iranians", pp. 1-21. 쌍둥이 같은 두 개의 조정과 두 개의 행정, 그리고 마케도니아인과 그리스인의 우위에 관한 탁월한 개관이자 역설力說로 남아 있다.

6. Diodorus Siculus 17.67.1, Curtius 5.2.17-19, Arrian, *Anabasis* 3.22.6, with Carney, "Alexander and the Persian women", pp. 563-83, 특히 571-5, 577.

7. Curtius 6.5.23, 10.1.22-38, Plutarch, *Alexander* 67.7-8, Moralia 66d ; 육체적 관계에 대한 회의론에 관해서는 다음을 보라. Ogden, *Alexander the Great. Myth, Genesis and Sexuality*, pp. 167-70.

8. Plutarch, *Alexander* 41.1-42.2.

9. Arrian, *Anabasis* 3.27.4-28.1, Curtius 7.3.1-3.

10. Arrian, *Anabasis* 3.28.1-4.

11. 같은 책, 3.28.8-10, Curtius 7.3.5-23, 4 22-5, Diodorus Siculus 17.82.2-83.1, with Hammond (1994), pp. 190-1, F. Holt, *Into the Land of Bones. Alexander the Great in Afghanistan* (2006), pp. 32-6, 여느 여름보다 더 추웠다는 내용은 다음에 나와 있다. H. Grudd et al., "A 7400-Year tree ring chronology in northern Swedish Lapland : Natural climate variability expressed on annual to millennial timescales", *Holocene*,

12 (2002), pp. 657-65 and S. Helama et al., "Supra-long Scots pine tree-ring record for Finnish Lapland: Part 2, Interannual to centennial variability in summer temperatures for 7500 years", *Holocene*, 12 (2002), pp. 681-7.

12. Arrian, *Anabasis* 3.28.3, 8-29.5 Curtius 7.4.32-40, Diodorus Siculus 17.83.5-6.

13. Curtius 7.5.1-16, with 7.5.16 (Loeb 번역)에서 인용, with Bosworth, *Conquest and Empire*, pp. 107-8, Holt, *Into the Land of Bones*, pp. 37-8.

14. Arrian, *Anabasis* 3.29.6-30.5, 4.7.3, Curtius 7.5.19-26, 36-43.

25. 검과 불

1. Pliny, *NH* 6.18, Arrian, *Anabasis* 3.30.6-9.

2. Holt, *Into the Land of Bones*, pp. 45-8.

3. Strabo, *Geog.* 11.11.3, 8, Arrian, *Anabasis* 3.30.6, 10.

4. Curtius 7.5.28-35, Strabo, *Geog.* 11.11.4, Plutarch, *Moralia* 557b, Diodorus Siculus 17 summary 20 (실제 이 구절의 텍스트는 현전하지 않는다).

5. Arrian, *Anabasis* 3.30.10-11, Curtius 7.6.1-9, 그리고 부상에 관해서는 다음의 회의적 견해에 주목하라. Gabriel, The Madness of Alexander the Great, pp. 47-8. 부상이 경미했다고 주장하고 있다.

6. Arrian, *Anabasis* 4.1.1-3.4, Curtius 7.6.10-27, with Gabriel, *The Madness of Alexander the Great*, pp. 48-51. 이 부상의 심각성을 강조한다.

7. Arrian, *Anabasis* 4.3.5-4.3, Curtius 7.7.1-29.

8. Arrian, *Anabasis* 4.4.3-5.1, Curtius 7.8.1-9. 19.

9. Arrian, *Anabasis* 4.3.7, 5.2- 6.2, Curtius 7.7.30-9.

10. Arrian, *Anabasis* 4.6.3-7.2, 15.1-6, Curtius 7.9.20-2, 10.10-14, with Hammond (1994), pp. 195-7, Bosworth, *Conquest and Empire*, pp. 113-14.

11. Arrian, *Anabasis* 4.15.7-17.3, Plutarch, *Moralia* 334e-f.

12. Arrian, *Anabasis* 4.17.4-7, Strabo, *Geog.* 11.11.6, Curtius 8.2.13-18, 3.1-16.

13. Curtius 8.1.11-19.

14. Arrian, *Anabasis* 4.17.3, Curtius 8.1.19, with Carney (1996), pp. 575-7 아르타바조스의 퇴거가 기원전 327년이라고 주장한다, Bosworth, *Conquest and Empire*, p. 114, Lane Fox, *Alexander the Great*, pp. 311-12, Holt, *Into the Land of Bones*, pp. 76-7.

15. O'Brien, *Alexander the Great*, pp. 101-4.

16. Plutarch, *Alexander* 48.5-7.

17. 같은 책, 50.4-5 (Loeb 번역).

18. 같은 책, 50.5, 51.2 (Loeb 번역).

19. Arrian, *Anabasis* 4.8.9 (Loeb 번역); 이 살인 사건에 관한 가장 완전한 이야기들은 다음을

보라. Arrian, *Anabasis* 4.8.1-9.8, Curtius 8.1.20-2.12, Plutarch, *Alexander* 50.1-52.4, Justin, *Epitome* 12.6.3.

20. Plutarch, *Alexander* 52.1-4 (Loeb 번역 for quotes).

21. Gabriel, *The Madness of Alexander the Great*, pp. 49-50, 118-21, and L. Tritle, "Alexander the Great and the killing of Cleitus the Black", in W. Heckel and L. Tritle (eds), *Crossroads of History: The Age of Alexander* (2003), pp. 127-46 PTSD의 맥락 에서 이 사건을 다룬 통찰력 있는 논의다.

26. "한 번의 입맞춤이 모자라서"

1. 이 기간에 관한 세부적인 사실들과 사건들의 연대적 순서는 여전히 불명확하다. 아리아노스 보다 쿠르티우스에 기초한 연대기를 선호하는 한 가지 해결책과 논의에 관해서는 다음을 보라. A. Bosworth, "A missing year in the history of Alexander the Great", *JHS*, 101 (1981), pp. 17-39, 특히 21-3 v. 페르시아의 중심부에서 일어난 문제에 관해 언급하고 있다.

2. Arrian, *Anabasis* 4.17.4-19.6.

3. Curtius 7.11.1-29, 다음의 논의 내용 함께 참조. Bosworth 'A missing year in the history of Alexander the Great", pp. 29-33, 34-5, 38-9. 이와 대조적으로 *Hammond, Alexander the Great. King, Commander and Statesman*, pp. 198-9에서는 아리아노스 의 연대적 순서를 수용한다.

4. Plutarch, *Alexander* 58.2, 그리고 싸움 전반에 관해서는 다음을 보라. Holt, *Into the Land of Bones*, pp. 66-84.

5. Arrian, *Anabasis* 4.21.1-10, Curtius 8.2.19-33, Strabo, *Geog.* 11.11.4.

6. Arrian, *Anabasis* 4.19.5-6, Curtius 8.4.21-30, Plutarch, *Alexander* 47.4, *Moralia* 332e, 338d, with Carney, "Alexander and the Persian women", pp. 563-83, 특히 575-7, and Carney, *Women and Monarchy in Macedonia*, pp. 106-7.

7. Diodorus Siculus 20.20.1 바르시네의 아들에 관해 언급한다. 이 시기에 관한 디오도로스 의 이야기는 소실되었지만, 『메츠 에피토메*Metz Epitome*』로 알려진 그 작품의 요약본에서 는 록사네가 아들을 낳았으나 살아남지 못했다고 한다.

8. Curtius 8.4.27은 그 고기 덩어리에 관해서, 8.4.1-20과 Frontinus, Strategems 4.6.3, Valerius Maximus 5.1. ext.1a는 폭풍이 치는 날씨 속에서의 행군에 관해서 언급하고 있다. 이 사건들이 힌두쿠시 산맥을 넘어가던 일과 관련된 것일 가능성도 있지만, 여전히 시간 순 서의 문제 때문에 확신하기 어렵다.

9. 박트리아와 소그디아나에 남겨진 주둔군에 관해서는 다음을 보라. Arrian, *Anabasis* 4.22.3; Arrian, *Anabasis* 5.11.3, 12.2, 7.6.1, Bosworth, *Conquest and Empire*, pp. 271-3.

10. Arrian, *Indica* 19.5, 모든 수치에 관해서는 다음을 보라. Engels, *Alexander the Great*

and the Logistics of the Macedonian Army, pp. 146-52; '은방패 부대'에 관해서는 다음을 보라. Curtius 8.5.4 with Hammond (1994), p. 222.

11. Herodotus 1.134 페르시아의 관습에 관해 언급하고 있다.

12. Arrian, *Anabasis* 4.12.2, Curtius 8.5.22, Plutarch, *Alexander* 74.1-2 프로스키네시스를 행하는 페르시아인들에 대한 조롱에 관해서 언급하고 있다.

13. 이 일화에 관한 논의는 다음을 보라. Green, *Alexander of Macedon*, pp. 372-7, Bosworth, *Conquest and Empire*, pp. 284-7, O'Brien, *Alexander the Great*, pp. 142-5, Heckel, *The Conquests of Alexander the Great*, pp. 106-10.

14. Arrian, *Anabasis* 4.20.5-12.7, Plutarch, *Alexander* 53.3-4, Curtius 8.5.5-19.

15. Plutarch, *Alexander* 54.1 자신의 친척에 관한 아리스토텔레스의 의견에 관해서 설명한다. 짧았던 그의 인기에 관해서는 다음을 참조하라. Curtius 8.5.20, Plutarch, *Alexander* 53.3-5, 그리고 그의 실제적 중요성에 관한 훌륭한 논의는 다음을 보라. E. Borza, "Anaxarchus and Callisthenes: Academic intrigue at Alexander's court", in C. Thomas (ed.), *Makedonika. Essays by Eugene N. Borza* (1995), pp. 173-88.

16. 기원전 331-330년 시동 50명의 도착에 관해서는 다음을 보라. Diodorus Siculus 17.65.1, Curtius 5.1.42, 다음의 논의 내용 함께 참조. Hammond, "Royal pages, personal pages", pp. 261-90, 특히 265-8.

17. 다음을 참조하라. 'The role of the basilikoi paides at the Argead court", in Carney, *King and Court*, pp. 207-23, 특히 212-16, 222-3.

18. Arrian, *Anabasis* 4.12.7-13.7, Curtius 8.6 2-8.20, Plutarch, *Alexander* 54.2-4, Justin, *Epitome* 12.7.2.

19. Plutarch, *Alexander* 55.9, Curtius 8.8.21, Arrian, *Anabasis* 4.14.3.

27. 인도

1. Herodotus 4.44 on Darius I in India; Arrian, *Anabasis* 3.8.3, 6 가우가멜라 전투에서의 병력에 대해서 다음을 참조하라. Diodorus Siculus 17.86.4, Arrian, *Anabasis* 4.30.4, Curtius 8.11.25 망명자들과 특사들에 관해서 언급하고 있다.

2. Arrian, *Anabasis* 4.22.3-5, Plutarch, Alexander 57.1-2, Polyaenus, Strategems 4.3.10; Engels, *Alexander the Great and the Logistics of the Macedonian Army*, pp. 65-6. 알렉산드로스가 공성 장비와 무기를 운송할 수레 이외에는 모든 수레의 사용을 중단하길 원했다고 말하지만, 과도하고 다루기 어려운 사치품들의 운송과 관련해서 수레 사용을 제한했을 가능성이 크다.

3. Arrian, *Anabasis* 4.22.7-8, Curtius 8.10.1-4.

4. Arrian, *Anabasis* 4.23.1-5, Curtius 8.10.5-6.

5. Arrian, *Anabasis* 4.24.1-25.4, 다음은 신중한 회의적 시각을 견지한다. A. Bosworth,

Alexander and the East. The Tragedy of Triumph (1996), p. 42.

6. Arrian, *Anabasis* 4.25.5-27.4, Plutarch, *Alexander* 59.3-4, Diodorus Siculus 17.84.1-6, Polyaenus 4.3.20, and Curtius 8.10.22-34(용병들에 대해서는 언급하지 않고 있다).

7. 클레오피스에 관해서는 다음을 보라. Justin, *Epitome* 12.7.10, Curtius 8.10.36; 니사에 관해서는 다음을 보라. Curtius 8.10.7-18, Arrian, *Anabasis* 5.1.3-3.4, Plutarch, *Alexander* 58.3-5, Justin, *Epitome* 12.7.6-8, Philostratus, *Life of Apollonius of Tyre* 2.9.

8. Arrian, *Anabasis* 4.27.5-30.4, Curtius 8.11.1-25, Diodorus Siculus 17.85.1-86.1.

9. Arrian, *Anabasis* 4.28.6, 30.5-9, Diodorus Siculus 17.86.2-3.

10. Arrian, *Anabasis* 5.3.5-4.3, 7.1-8.3, Curtius 8.12.4, Diodorus Siculus 17.86.3.

11. Diodorus Siculus 17.86.4-7, Curtius 8.12.5-18, Arrian, *Anabasis* 5.3.5-6.

12. Arrian, *Anabasis* 4.27.7, 30.7, 5.8.3, 22.2, Curtius Rufus 8.12.13, 13.2, 14.1, with *Metz Epitome* 56-7 그가 특사에게 채찍질을 가하게 했다고 주장한다.

13. 개괄적인 내용에 대해서는 다음을 보라. Bosworth, *Alexander and the East*, 특히 pp. 31-97, S. Beggiora, "Indian ethnography in Alexandrian sources: A missed opportunity", in C. Antonetti and P. Biagi (eds), *With Alexander in India and Central Asia. Moving East and Back to West* (2017), pp. 238-54; 포로스의 키와 외모에 관해서 다음을 참조하라. Arrian, *Anabasis* 5.19.1, Plutarch, *Alexander* 60.12, Diodorus Siculus 17.88.4, Curtius 8.13.7, 14.13, Justin, *Epitome* 12.8.1.

14. Bosworth, *Alexander and the East*, pp. 5-11; Arrian, *Anabasis* 5.15.4, Diodorus Siculus 17.87.2, Curtius 8.13.6, Plutarch, *Alexander* 62.2.

15. Arrian, *Anabasis* 5.9.1-4; 코끼리에 관해서는 다음을 보라. C. Epplett, "War elephants in the Hellenistic World", in W. Heckel, L. Tritle and P. Wheatley (eds), *Alexander's Empire. Formulation to Decay* (2007), pp. 209-32, 특히 209-16.

16. Arrian, *Anabasis* 5.10.1-4, Curtius 8.13.9-11, 17-21, Polyaenus, *Strat.* 4.3.9.

17. Arrian, *Anabasis* 5.11.1-2.

18. 같은 책, 5.11.3-12.1.

19. 같은 책, 5.12.2-13.4, Curtius 8.13.22-7, Plutarch, *Alexander* 60.1-3.

20. 히다스페스 전투에 관한 자료의 출처는 다음과 같다. Arrian, *Anabasis* 5.14.1-18.3, Curtius 8.14.1-30, Diodorus Siculus 17.87.3-89.3, Polyaenus, *Strat.* 4.3.21-2, Plutarch, *Alexander* 60.5-8; 현대에 재구성된 자료는 다음과 같다. Bosworth, *Alexander and the East*, pp. 15-20, Hammond, *Alexander the Great. King, Commander and Statesman*, pp. 210-15, J. Hamilton, "The cavalry battle at Hydaspes", *JHS*, 76 (1956), pp. 26-31. 모든 자료에서 이전에 벌어진 알렉산드로스의 세 전투로부터 분명하게 영향 받은 정렬된 전선戰線과 정규전을 상정하고 있다.

21. Arrian, *Anabasis* 5.18.6-7, Curtius 18.14.35-6, Plutarch, *Alexander* 60.7-8, Moralia 332e, 458b, Diodorus Siculus 17.89.2, Justin, *Epitome* 8.12.1-15.

22. Plutarch, *Alexander* 61, Arrian, *Anabasis* 5.19.4-6.

28. 승리에서 퇴각으로

1. Diodorus Siculus 17.94.2. 다음의 논평 내용 함께 참조. Green, *Alexander of Macedon*, pp. 461-2.

2. Arrian, *Anabasis* 5.20.1-7, Curtius 9.1.7, Diodorus Siculus 17.90.4.

3. Arrian, *Anabasis* 5.20.6, 21.2-5, Diodorus Siculus 17.91.1-2, Strabo, *Geog.* 15.1.30.

4. Arrian, *Anabasis* 5.21.1-2, 4-24.8, Curtius 9.1.9-36.

5. Arrian, *Anabasis* 25.1, Curtius 9.2.1-9, Diodorus Siculus 17.93.2-3, with Bosworth, *Conquest and Empire*, pp. 132-3, Hammond (1994), pp. 218-19.

6. Hammond (1994), pp. 218-19.

7. 이 항목에 대한 자료는 다음을 보라. Arrian, *Anabasis* 5.25.2-29.2, Curtius 9.2.9-3.19, Diodorus Siculus 17, 93.4-95.2, Plutarch, *Alexander* 62.1-4, Justin, *Epitome* 12.8.10-17.

8. 다음의 논의 내용 참조. Bosworth, *Conquest and Empire*, pp. 133-4, Green, *Alexanderof Macedon*, pp. 407-11, Lane Fox, *Alexander the Great*, pp. 367-72, W. Heckel, "Alexander and the 'limits of the civilized world'", in W. Heckel and L. Tritle (eds), *The Crossroads of History: The Age of Alexander* (2003), pp. 147-74, Heckel, *The Conquests of Alexander the Great*, pp. 120-5, W. Heckel, "The King and his army," in W. Heckel and L. Tritle (eds), *Alexander the Great. A New History* (2009), pp. 69-82, 특히 80-1, P. Spann, "Alexander at the Beas: Fox in Lion's skin", in F. Titchener and R. Moorton (eds), *The Eye Expanded. Life and Arts in Greco-Roman Antiquity* (1999), pp. 62-74. 이에 대한 응답은 다음을 참조. E. Anson, "Alexander at the Beas", in P. Wheatley and E. Baynham (eds), *East and West in the World Empire of Alexander. Essays in Honour of Brian Bosworth* (2015), pp. 65-74.

9. 그 예로 다음에서 제기된 의혹을 보라. Bosworth, *Conquest and Empire*, p. 134, E. Badian, "Harpalus", *JHS*, 81 (1961), pp. 16-43, 특히 20.

10. Arrian, *Anabasis* 5.20.1-2, 6.1.2-5, Diodorus Siculus 17.89.4-6, Curtius 9.1.4, Strabo, *Geog.* 15.1.29 ; 헤파이스티온과 크라테로스에 관해서는 다음을 참조하라. Plutarch, *Alexander* 47.6-7.

11. Arrian, *Anabasis* 6.2.3-4, *Indica* 19.7, Curtius 9.3.22, with Bosworth, *Conquest and Empire*, p. 134.

12. Curtius 9.3.20-2. 히파스피스테스가 은으로 무늬를 새긴 방패를 받은 것은 이전이 아니라

지금이었을 것이다.

13. 다음을 보라. Beggiora, "Indian ethnography in Alexandrian sources", 민족지학적 측면들에 집중하고 있다. 나프타에 관해서는 다음을 참조하라. Plutarch, *Alexander* 35.1-5: 기름/석유에 관해서는 다음을 보라. Arrian, *Anabasis* 4.15.7-8, Strabo, *Geog.* 11.11.5, Curtius 7.10.13-14, Plutarch, *Alexander* 57.5-9.

14. 프톨레마이오스와 독에 관해서 다음을 보라. Strabo, *Geog.* 15.2.7, Curtius 9.8.20, Diodorus Siculus 17.103.3-6. 눈에 띄는 것은 이 사건이 아리아노스의 서사에는 포함되어 있지 않다는 사실이다. 아리아노스는 프톨레마이오스 자신의 이야기에 상당히 의지하고 있으므로, 이 이야기는 허구일 가능성이 크다.

15. 다음에 담긴 유용한 논의를 참고하라. R. Stoneman, "Who are the Brahmans? Indian Lore and Cynic Doctrine in Palladius' de Bragmanibus and its models", *Classical Quarterly*, 44 (1994), pp. 500-10 and R. Stoneman, "Naked philosophers: The Brahmans in the Alexander historians and the Alexander romance,' *JHS*, 115 (1995), pp. 99-114: 칼라노스에 관해서는 다음을 보라. Plutarch, *Alexander* 65.5, Diodorus Siculus 17.107.1-6, Strabo, *Geog.* 15.1.68, Arrian, *Anabasis* 7.3.1-6.

16. Arrian, *Anabasis* 6.3.1-5.4, Curtius 9.4.10-14.

17. Arrian, *Anabasis* 6.5.4-6.5, Curtius 9.4.1-5.

18. Arrian, *Anabasis* 6.6.6-8.8, Curtius 9.4.6-8, 15-25, Diodorus Siculus 17.96.2-5. 서로 시간적 순서와 세부적 내용이 다르다.

19. Arrian, *Anabasis* 6.9.1-11.1, Curtius 9.4.26-5.21, 6.4-27, Diodorus Siculus 17.98.3-99.4, Plutarch, *Alexander* 63.1-4, Justin, *Epitome* 12.9.1-13. 역시 세부적인 내용은 서로 상충된다.

20. Arrian, *Anabasis* 6.11.1-8, 13.4-5, Plutarch, *Alexander* 63.5-6, Curtius 9.5.22-30, with discussion in Hammond (1994), pp. 225-6, Bosworth, *Conquest and Empire*, pp. 136-7, Bosworth, *Alexander and the East*, pp. 139-41, Green, *Alexander of Macedon*, pp. 418-22, Lane Fox, *Alexander the Great*, pp. 378-82: 부상에 관한 자세한 논의는 다음을 참조하라. Gabriel, T*he Madness of Alexander the Great*, pp. 52-5.

21. Arrian, *Anabasis* 6.12.1-13.3, Curtius 9.6.1-2, Plutarch, *Alexander* 63.6.

22. Arrian, *Anabasis* 6.14.1-15.3.

23. 같은 책, 6.15.4-17.6, Curtius 9.8.1-16, Plutarch, *Alexander* 64.1-65.1 알렉산드로스가 생포된 인도인 철학자들을 처형하지 않고 풀어주었다는, 아마도 허구인 일화 포함, with Bosworth, *Alexander and the East*, pp. 133-65.

24. Arrian, *Anabasis* 6.17.4-19.5, Curtius 9.8.28-9.27, Plutarch, *Alexander* 66.1.1.

29. 바다와 모래

1. 이에 관한 논의는 다음을 보라. Heckel, *The Conquests of Alexander the Great*, pp. 122-7; Green, *Alexander of Macedon*, p. 412. 그린은 통제 불가능한 요인들 때문에 알렉산드로스가 인도에 대한 관심을 갑자기 잃게 되었다고 본다.

2. Arrian, *Anabasis* 6.20.1-5.

3. Arrian, *Indica* 20.1-11, with Bosworth, *Conquest and Empire*, pp. 139-40, Hammond, Alexander *the Great. King. Commander and Statesman*, pp. 231-3.

4. Arrian, *Anabasis* 6.17.3, 21.3-4, 27.3; 알렉산드로스의 부대에 물자를 공급하기 위해 함대가 편성된 것이라는 주장에 대해서 다음을 참조하라. Engels, *Alexander the Great and the Logistics of the Macedonian Army*, pp. 111-17. 엥겔스는 대략 400척의 상선이 함대의 일부를 이루었다고 본다. 더욱 설득력 있는 추정치는 다음을 보라. Hammond (1994), pp. 236-9; Green, *Alexander of Macedon*, p. 435. 그린은 알렉산드로스가 이끈 육상 대열의 인원을 비전투 인원까지 포함하여 8만 5000명으로 추정한다. Engels, *Alexander the Great and the Logistics of the Macedonian Army*, p. 11, fn. 57. 엥겔스는 더 높은 수치를 제시한다.. Bosworth, Conquest and Empire, p. 142. 보즈워스는 이것이 '순전히 추측'일 뿐임을 인정하면서도 최소 3만 명이라고 말한다.

5. Arrian, *Anabasis* 6.3.

6. 같은 책, 6.24.2-3.

7. Bosworth, *Conquest and Empire*, p. 140 인용은 Arrian, *Anabasis* 6.18.1. 아리아노스는 우물을 파던 병사들이 파탈라 근처에서 공격을 받았지만 공격의 규모는 매우 제한적이었다고 전한다. 이 사건 뒤에 어떤 싸움이 벌어졌는지는 확실하지 않다.

8. Arian, *Anabasis* 21.3-22.3.

9. 이 여정에 관한 이야기들은 다음을 보라. Arrian, *Anabasis* 22.4-27.1, Curtius 9.10.8-18, Plutarch, *Alexander* 66.2-3, Diodorus Siculus 17.104.4-106.1, Strabo, *Geog.* 15.2.3-7, Pliny, NH 12.18.34.

10. 게드로시아 사막에 관한 논의는 특히 다음을 보라. Bosworth, *Alexander and the East*, pp. 166-85, 그리고 마케도니아인 생존자 수에 관해서는 다음을 참조하라. *Conquest and Empire*, pp. 145-6, 267, Hammond (1994), pp. 233-5, 238-9; 사망자 수를 높게 추정한 경우에 대해서는 다음을 보라. Green, Alexander of Macedon, pp. 435, 558, n. 23. 그리고 낮게 추정하지만 여전히 수만 명대로 보는 경우에 대해서는 다음을 보라. Cartledge, *Alexander the Great*, pp. 186-7.

11. 항해에 관해서는 다음을 보라. Arrian, *Indica* 21.1-33.13, Curtius 10.1.10-12, Diodorus Siculus 17.106.5-7; 다음의 논의를 함께 참조. P. Biagi, "Uneasy riders: With Alexander and Nearchus from Pattala to Rhambakia", in C. Antonetti and P. Biagi (eds), *With Alexander in India and Central Asia. Moving East and Back to West* (2017), pp.

255-78, and V. Bucciantini, "From the Indus to the Pasitigris: Some remarks on the Periplus of Nearchus in Arrian's Indiké", in C. Antonetti and P. Biagi (eds), *With Alexander in India and Central Asia. Moving East and Back to West* (2017), pp. 279-92.

30. 왕의 귀환

1. Arrian, *Anabasis* 6.27.1-28.5, *Indica* 33.1-36.6.

2. Arrian, *Anabasis* 6.27.2, Curtius 10.1.20; 박트리아에서 벌어진 집단 탈주에 관해서는 다음을 보라. Diodorus Siculus 17.99.5-6, Curtius 9.7.1-11, with Holt, *Into the Land of Bones*, pp. 111-14 and F. Holt, *Alexander the Great and Bactria: The Formation of a Greek Frontier in Central Asia* (1988), pp. 82-5.

3. Arrian, *Anabasis* 7. 3. 4. 1-3, 5. 5, *Indica* 23.5; Arrian, *Anabasis* 6.27.6 게드로시아에서 발생한 손실에 대한 사트라프들의 예측에 관해서 언급하고 있다.

4. Arrian, *Anabasis* 6.27.3-5, Curtius 10.1.1-9, 22-42, Plutarch, *Alexander* 68.4.

5. Diodorus Siculus 17.108.4-6, Athenaeus 13.595a-c, Pausanias 1.37.4, with Badian, "Harpalus", pp. 16-43.

6. 배디언이 강하게 옹호하는 관점에 관해서는 다음을 참조하라. Badian, "Harpalus", 특히 16-25; 또한 다음을 보라. Bosworth, *Conquest and Empire*, pp. 147-8, Green, Alexander of Macedon, pp. 436-9, Hammond (1994), pp. 243-4, Heckel, *The Conquests of Alexander the Great*, pp. 135-7.

7. Arrian, *Anabasis* 7.23.6-8.

8. Plutarch, *Alexander* 68.4.

9. Diodorus Siculus 17.106.3, 113.3, 18.8.3-5, Curtius 10.2.4-8, with Heckel, *The Conquests of Alexander the Great*, pp. 146-8, Bosworth, *Conquest and Empire*, pp. 215-28, Hammond (1994), pp. 256-9.

10. Justin, *Epitome* 13.5.9, Plutarch, *Demosthenes* 25.1-26.2, Curtius 10.2.1, Diodorus Siculus 17.108.6, with Badian, "Harpalus", pp. 31-40.

11. 인명 손실에 대한 상반된 관점들은 다음을 보라. A. Bosworth, "Alexander the Great and the decline of Macedon", *JHS*, 106 (1986), pp. 1-12 and Hammond, "Casualties and reinforcements", pp. 56-68.

12. Arrian, *Anabasis* 7.4.3 아리아노스초자 알렉산드로스가 인도에서 회군한 뒤로 더 쉽게 선뜻 처형 명령을 내리게 되었다고 언급한다.

13. Arrian, *Anabasis* 7.1.1-2, 4.4-8, Plutarch, *Alexander* 70.2, Diodorus Siculus 17.110.3. Justin, *Epitome* 12.10.9-10, Plutarch, *Demetrius* 31.5.

14 Bosworth, "Alexander and the Iranians", pp. 1-21, 특히 11-12, Heckel, *The Conquests*

of Alexander the Great, pp. 137-40.

15. Arrian, *Anabasis* 7.5.1-6, 6.3.

16. 같은 책, 7.6.1-5, Plutarch, *Alexander* 71.1-3, Diodorus Siculus 17.108.1-3, Curtius 7.5.1, 다음의 논의 내용을 함께 참조. Bosworth, *Conquest and Empire*, pp. 271-3.

17. Arrian, *Anabasis* 7.7.1-7 on exploration.

18. 오피스에서 일어난 항명 사건에 관해서는 다음을 보라. Arrian, *Anabasis* 7.8.1-12.4, Diodorus Siculus 17.109.2-3, with E. Carney, "Macedonians and mutiny : Discipline and indiscipline in the army of Philip and Alexander", *Classical Philology*, 91 (1996), pp. 19-44, 특히 37-42.

19. Arrian, *Anabasis* 7.12.4, Diodorus Siculus 18.22.1.

31. "망연자실"

1. Plutarch Moralia 207D 8에서 인용. cf Aelian *VH* 3.23에서 알렉산드로스가 이룬 업적의 엄청난 규모를 강조한다.

2. Arrian, *Anabasis* 7.1.2-4, 20.1-2, Loeb 번역 인용.

3. 같은 책, 7.23.1-4, Diodorus Siculus 17.110.2.

4. Arrian, *Anabasis* 7.12.5-7, 14.1, 23.6-8, Diodorus Siculus 18.29.4, Plutarch, *Alexander* 68.2-3, Justin, *Epitome* 12.14.1-3.

5. Arrian, *Anabasis* 7.12.1-6, Plutarch, *Alexander* 74.1-4.

6. Arrian, *Anabasis* 7.14.1-10, Plutarch, *Alexander* 72.1-4, Diodorus Siculus 17.110, 115.1-6, 7-8, Justin, *Epitome* 12.12.11-12. 다음의 논평 내용을 함께 참조. Bosworth, *Conquest and Empire*, pp. 163-5.

7. Arrian, *Anabasis* 7.15.1-3, Diodorus Siculus 17.111.5-6.

8. Arrian, *Anabasis* 7.15.4-6.

9. 이에 대한 논의는 다음을 보라. Bosworth, *Conquest and Empire*, pp. 278-90 ; Cartledge, *Alexander the Great*, pp. 215-27 이 풀리지 않는 광대한 문제에 관해서 언급하고 있다. 신뢰도가 매우 떨어지는 에피포스의 텍스트 조각에 알렉산드로스가 옷을 갖추어 차려 입었다는 주장이 있다. Athenaeus 12.537e-38b.

10. Arian, *Anabasis* 7.18.1-6, Plutarch, *Alexander* 73.1-2.

11. Arrian, *Anabasis* 7.22.2-5, 24.1-3, Plutarch, *Alexander* 73.3-75.1, Diodorus Siculus 17.116.1-7.

12. 다양한 시각에 관해서는 다음을 보라. Bosworth, *Conquest and Empire*, pp. 158-73, Heckel, *The Conquests of Alexander the Great*, pp. 149-52, Green, *Alexander of Macedon*, pp. 471-88, Cartledge, *Alexander the Great*, pp. 189-94, Lane Fox, *Alexander the Great*, pp. 436-60, O'Brien, *Alexander the Great*, pp. 210-28. 다음의

가장 비판적 견해를 함께 참조. Badian, "Harpalus", pp. 16-43.

13. J. Atkinson, E. Truter and E. Truter, "Alexander's last days: Malaria and mind games", *Acta Classica*, 52 (2009), pp. 23-46에서 이에 관한 탁월한 개요를 제시한다. G. Phillips, *Alexander the Great. Murder in Babylon* (2004). 록사네가 알렉산드로스 살해에 책임이 있다고 주장한다.

14. 한 달에 다섯 번의 잔치에 관해 다음을 보라. Aelian, VH 3.23; 이에 대한 논의는 다음을 보라. A. Bosworth, "The death of Alexander the Great: Rumour and propaganda", *Classical Quarterly*, 21 (1971), pp. 112-36, N. Hammond, "The royal journal of Alexander", *Historia*, 37 (1988), pp. 129-50, N. Hammond 'Aspects of Alexander's journal and his last days", *The American Journal of Philology*, 110 (1989), pp. 155-60, E. Anson, "The 'Ephimerides' of Alexander the Great", *Historia*, 45 (1996), pp. 501-4.

15. 술 마시기 대회에 관해 다음을 참조하라. Athanaeus 10.434a-b; 주된 이야기 출처는 다음과 같다. Arrian, *Anabasis* 7.25.1-28.1, Plutarch, *Alexander* 75.2-77.3.

16. 이 시기에 세라피스 신전이 있었다고 하는 것이야말로 《에피메리데스》가 후대에 위조된 기록임을 암시한다는 주장이 있으나, 반드시 그런 것은 아니다. 다음을 참조. Anson, "The 'Ephimerides' of Alexander the Great", p. 502.

17. 사망원인으로 추정되는 다양한 질병들에 대한 논의는 다음을 보라. Atkinson, Truter and Truter, "Alexander's last days", pp. 27-32.

18. 이 이야기에 관해서는 다음을 보라. Curtius 10.5.1-10.19.

19. Diodorus Siculus 19.41.2, Plutarch, *Eumenes* 16.4 기원전 317년 은방패 부대 병사들의 나이에 관해 언급하고 있다.

맺음말: 눈물과 부러진 코

1. Plutarch, *Caesar* 11.3, Suetonius, *Julius Caesar* 7.1.

2. Livy 35.14.

3. Worthington, *By the Spear*, Gabriel, *Philip II of Macedonia*, and Gabriel, *The Madness of Alexander the Great*. 필리포스를 찬양하고 알렉산드로스를 비판한다.

4. 아이 카눔에 관해서는 다음을 보라. Holt, *Into the Land of Bones*, pp. 154-64.

5. Horace, *Epistles* 2.1.156-7.

6. 알렉산드로스의 군사작전이 인력 수급에 끼친 영향에 대한 서로 다른 시각들은 다음을 보라. Bosworth, "Alexander the Great and the decline of Macedon", pp. 1-12 and Hammond, "Casualties and reinforcements", pp. 56-68.

7. Lucan, *Pharsalia* 10.1-52, Cicero, *Letters to Atticus* 5.20.3.

8. Suetonius, *Augustus* 17.3-5.

9. 최근 몇 년 사이에 '수용'은 고전 연구에서 매우 각광 받는 분과가 되었으며, 따라서 알렉산드로스가 많은 관심을 받게 되는 것은 불가피한 일이었다. 여기가 그 주제를 다루는 자리는 아니지만, 역사와 후세를 연결하는 탁월한 소개서는 다음과 같다. C. Mossé (trans. J. Lloyd), *Alexander. Destiny and Myth* (2004). 반면에 다음의 책들은 필요한 모든 내용을 담고 있다: K. Moore (ed.), *Brill's Companion to the Reception of Alexander the Great* (2018); D. Spencer, *The Roman Alexander* (2002) and J. Peltonen, *Alexander the Great in the Roman Empire, 150 BC to AD 600* (2019). 로마의 세계에서 알렉산드로스의 의의를 살펴본다.

부록: 베르기나/ 아이가이의 왕릉들

1. 참고자료는 2장의 미주 1과 2, 그리고 다음을 보라. N. Hammond, "The Royal Tombs at Vergina: Evolution and Indentities", *The Annual of the British School at Athens*, 86 (1991), pp. 69-82. E. Borza, "The Royal Macedonian Tombs and the paraphernalia of Alexander the Great", *Phoenix*, 41 (1987), pp. 105-21, J. Musgrave, R. Neave and A. Prag, "The skull of from Tomb II at Vergina: King Philip II of Macedon", *JHS*, 104 (1984), pp. 60-78; 1호 무덤의 남성이 필리포스라는 주장에 관해서는 다음을 보라. A. Bartsiokas et al., "The lameness of Philip II and the Royal Tomb I at Vergina, Macedonia", *Proceedings of the National Academy of Sciences of the United States of America*, 11 August 2015, 112 (32) 9844-8 (https://www.pnas.org/content/112/32/9844).

참고문헌

Adams, W., 'Philip II, the League of Corinth and the governance of Greece', *Ancient Macedonia*, 6 (1999), pp. 15-22.

_____ 'The frontier policy of Philip II', *Ancient Macedonia*, 7 (2002), pp. 283-91.

Anson, E., 'The Persian fleet in 334', *Classical Philology*, 84 (1989), pp. 44-9.

_____ 'The "Ephimerides" of Alexander the Great', *Historia*, 45 (1996), pp. 501-4.

_____ 'Philip II, Amyntas Perdiccas, and Macedonian royal succession', *Historia*, 58 (2009), pp. 276-86.

_____ *Alexander the Great. Themes and Issues* (2013).

_____ 'Alexander at the Beas', in P. Wheatley and E. Baynham (eds), *East and West in the World Empire of Alexander. Essays in Honour of Brian Bosworth* (2015), pp. 65-74.

Antela-Bernardez, B., 'Philip and Pausanias: A deadly love in Macedonian politics', *CQ*, 62 (2012), pp. 859-61.

Ashley, J., *The Macedonian Empire. The Era of Warfare under Philip II and Alexander the Great, 359- 323 bc* (1998).

Atkinson, J., E. Truter and E. Truter, 'Alexander's last days: Malaria and mind games', *Acta Classica*, 52 (2009), pp. 23-46.

Badian, E., 'The death of Parmenio', *Transactions and Proceedings of the American Philological Association*, 91 (1960), pp. 324-38.

_____ 'Harpalus', *JHS*, 81 (1961), pp. 16-43.

_____ 'The death of Philip II', *Phoenix*, 17 (1963), pp. 244-50.

_____ 'Agis III', *Hermes*, 95 (1967), pp. 37-69.

_____ 'The Battle of Granicus', *Ancient Macedonia*, 2 (1977), pp. 271-93.

_____ 'Agis III: Revisions and reflections', in I. Worthington (ed.), *Ventures into Greek History* (1994), pp. 258-92.

_____ 'Darius III', *Harvard Studies of Classical Philology*, 100 (2000),pp. 241-67 reprinted in E. Badian (ed.), *Collected Papers on Alexander the Great* (2012), pp. 457-78.

_____ 'Once more the death of Philip II', *Ancient Macedonia*, 7 (2002), pp. 389-406.

Bartsiokas, A., 'The eye injury of King Philip II and the skeletal evidence from the Royal

Tomb II at Vergina', *Science*, 228, issue 5465 (2000), pp. 511–14.

Bartsiokas, A. et al., 'The lameness of Philip II and the Royal Tomb I at Vergina, Macedonia', *Proceedings of the National Academy of Sciences of the United States of America*, 112 (2015), pp. 9844–8.

Baynham, E., 'The question of Macedonian divine honours for Philip II', *Mediterranean Archaeology*, 7 (1994), pp. 35–43.

_____ 'Why didn't Alexander marry before leaving Macedonia? Observations on factional politics at Alexander's court in 336–334 bc', *Rheinisches Museum für Philologie*, 141 (1998), pp. 141–52.

Beggiora, S., 'Indian ethnography in Alexandrian sources: A missed opportunity' in C. Antonetti and P. Biagi (eds), *With Alexander in India and Central Asia. Moving East and Back to West* (2017), pp. 238–54.

Biagi, P., 'Uneasy riders: With Alexander and Nearchus from Pattala to Rhambakia', in C. Antonetti and P. Biagi (eds), *With Alexander in India and Central Asia. Moving East and Back to West* (2017), pp. 255–78.

Bloedow, E., 'Why did Philip and Alexander launch a war against the Persian Empire?', *L'Antiquité Classique*, 72 (2003), pp. 261–74.

_____ 'Egypt in Alexander's scheme of things', *Quaderni Urbinati de Cultura Classica*, 77 (2004), pp. 75–99.

Bloedow, E. and E. Bloedow, 'Alexander's speech on the eve of the Siege of Tyre', *L'Antiquité Classique*, 63 (1994), pp. 65–76.

Borza, E., 'The end of Agis' revolt', *Classical Philology*, 66 (1971), pp. 230–5.

_____ 'Fire from heaven: Alexander at Persepolis', *Classical Philology*, 67 (1972), pp. 233–45.

_____ 'Some observations on malaria and the ecology of Central Macedonia', *American Journal of Ancient History*, 4 (1979), pp. 102–24.

_____ 'The natural resources of early Macedonia', in W. Lindsay Adams and E. Borza (eds), *Philip II, Alexander the Great and the Macedonian Heritage* (1982), pp. 1–20.

_____ 'The royal Macedonian tombs and the paraphernalia of Alexander the Great', *Phoenix*, 41 (1987), pp. 105–21.

_____ 'Timber and politics in the ancient world: Macedon and the Greeks', *Proceedings of the American Philosophical Society*, 131 (1987), pp. 32–52.

_____ *In the Shadow of Olympus. The Emergence of Macedonia* (1990).

_____ 'Anaxarchus and Callisthenes: Academic intrigue at Alexander's court', in C. Thomas (ed.), *Makedonika. Essays by Eugene N. Borza* (1995), pp. 173–88.

Bosworth, A., 'The death of Alexander the Great: Rumour and propaganda', *Classical Quarterly*, 21 (1971), pp. 112-36.

_____ 'Philip II and Upper Macedonia', *CQ*, 21 (1971), pp. 93-105.

_____ 'The mission of Amphoterus and the outbreak of Agis' War', *Phoenix*, 29 (1975), pp. 27- 43.

_____ 'Alexander and the Iranians', *JHS*, 100 (1980), pp. 1-21.

_____ *A Historical Commentary on Arrian's History of Alexander I* (1980).

_____ 'A missing year in the history of Alexander the Great', *JHS*, 101 (1981), pp. 17-39.

_____ 'The location of Alexander's campaign against the Illyrians in 335 bc', *Studies in the History of Art, Vol. 10: Symposium Series I: Macedonia and Greece in late Classical and early Hellenistic times* (1982), pp. 74-85.

_____ 'Alexander the Great and the decline of Macedon', *Journal of Hellenistic Studies*, 106 (1986), pp. 1-12.

_____ *Conquest and Empire. The Reign of Alexander the Great* (1988).

_____ *Alexander and the East. The Tragedy of Triumph* (1996).

Bowden, H., 'Hoplites and Homer: Warfare, hero cult, and the ideology of the polis', in J. Rich and G. Shipley (eds), *War and Society in the Greek World* (1993), pp. 45-61.

Braund, D., 'The Aedui, Troy, and the Apocolocyntosis', *Classical Quarterly*, 30 (1980), pp. 420-5.

Briant, P. (trans. J. Todd), *Darius in the Shadow of Alexander* (2015).

Brunt, P., 'Alexander's Macedonian cavalry', *JHS*, 83 (1963), pp. 27-46.

Bucciantini, V., 'From the Indus to the Pasitigris: Some remarks on the Periplus of Nearchus in Arrian's *Indiké* ', in C. Antonetti and P. Biagi (eds), *With Alexander in India and Central Asia. Moving East and Back to West* (2017), pp. 279-92.

Buckler, J., 'Philip II, the Greeks and the king, 346-336 bc', *Illinois Classical Studies*, 19 (1994), pp. 99-122.

_____ 'The actions of Philip II in 347 and 346 bc: A reply to N. G. L. Hammond,' *Classical Quarterly*, 46 (1996), pp. 380-6.

_____ 'Demosthenes and Aeschines', in I. Worthington (ed.), *Demosthenes: Statesman and Orator* (2000), pp. 142-3.

Buckler, J. and H. Beck, *Central Greece and the Politics of Power in the Fourth Century bc* (2008).

Buckley, T., *Philip II and the Sacred War* (1989)

Cahill, N., 'The treasury at Persepolis: Gift-giving at the city of the Persians', *American*

Journal of Archaeology, 89 (1985), pp. 373-89.

Carney, E., 'The politics of polygamy: Olympias, Alexander and the murder of Philip,' *Historia*, 41 (1992), pp. 169-89.

_____ 'Olympias and the image of the virago', *Phoenix*, 47 (1993), pp. 29-55.

_____ 'Alexander and the Persian women', *American Journal of Philology*, 117 (1996), pp. 563- 83.

_____ 'Macedonians and mutiny: Discipline and indiscipline in the army of Philip and Alexander,' *Classical Philology*, 91 (1996), pp. 19-44.

_____ *Women and Monarchy in Macedonia* (2000).

_____ *King and Court in Ancient Macedonia. Rivalry, Treason, and Conspiracy* (2015).

Cartledge, P., *Alexander the Great. The Truth Behind the Myth* (2004).

Cawkwell, G., 'Aeschines and the Peace of Philocrates', *Revue des études grecques*, 73 (1960), pp. 416-38.

_____ 'The defence of Olynthus', *Classical Quarterly*, 12 (1962), pp. 122-40.

_____ 'Demosthenes' policy after the Peace of Philocrates', *Classical Quarterly*, 13 (1963), pp. 120-38.

_____ 'The Peace of Philocrates again', *Classical Quarterly*, 28 (1978), pp. 93-104.

_____ *Philip of Macedon* (1978).

_____ *The Greek Wars. The Failure of Persia* (2005).

Charles, M., 'Immortals and apple bearers: Towards a better understanding of Achaemenid infantry units', *CQ*, 61 (2011), pp. 114-33.

_____ 'The Persian ΚΑΡΛΑΚΕΣ', *JHS*, 132 (2012), pp. 7-21.

Christesen, P. and S. Murray, 'Macedonian religion', in J. Roisman and I. Worthington (eds), *A Companion to Ancient Macedonia* (2010), pp. 428-45.

Collins, A., 'Alexander's visit to Siwah: A new analysis', *Classical Association of Canada*, 68 (2014), pp. 62-77.

Corvisier, J-N. *Bataille de Chéronée. Printemps - 338. Philippe II, roi de Macédoine, et le futur Alexandre le Grand* (2012).

Davis Hanson, V., *The Western Way of War. Infantry Battle in Classical Greece* (1989).

_____ *Warfare and Agriculture in Classical Greece* (1998).

_____ *A War like No Other: How the Athenians and Spartans Fought the Peloponnesian War* (2005).

Davis Hanson, V., (ed.), *Hoplites. The Classical Greek Battle Experience* (1991).

Dawson, D. *The Origins of Western Warfare. Militarism and Morality in the Ancient*

World (1996).

Devine, A., 'Grand tactics at Gaugamela', *Phoenix*, 29 (1975), pp. 374-85.

_____ 'Grand tactics at the Battle of Issus,' *Ancient World*, 12 (1985), pp. 39-59.

_____ 'The strategies of Alexander the Great and Darius III in the Issus campaign (333 bc)', *Ancient Word*, 12 (1985), pp. 25-38.

_____ 'The Battle of Gaugamela: A tactical and source-critical study', *Ancient World*, 16 (1986), pp. 87-115.

_____ 'Demythologizing the Battle of the Granicus', *Phoenix*, 40 (1986), pp. 265-78.

_____ 'The Macedonian army at Gaugamela: Its strength and the length of its battle-line', *Ancient World*, 19 (1989), pp. 77-80.

Devine, D., 'Alexander the Great', in Gen. Sir John Hackett (ed.), *Warfare in the Ancient World* (1989), pp. 104-29.

Ellis, J., *Philip II and Macedonian Imperialism* (1976).

_____ 'The assassination of Philip II', in E. Borza and H. Dell (eds), *Ancient Macedonian Studies in Honor of Charles F. Edson* (1981), pp. 99-137.

Engels, D., *Alexander the Great and the Logistics of the Macedonian Army* (1978).

Epplett, C., 'War elephants in the Hellenistic World', in W. Heckel, L. Tritle and P. Wheatley (eds), *Alexander's Empire. Formulation to Decay* (2007), pp. 209-32.

Errington, M., 'Arybbas the Molossian', *Greek, Roman and Byzantine Studies*, 16 (1975), pp. 41-50.

Evans, R., *Fields of Battle. Retracing Ancient Battlefields* (2015).

Finley, M., *The Ancient Greeks* (1963).

Flower, M., 'The Panhellenisim of Philip and Alexander. A reassessment', *Ancient Macedonia*, 6 (1999), pp. 419-29.

Fraser, A., 'The "breaking" of Bucephalus', *The Classical Weekly*, 47 (1953), pp. 22-3.

Fredricksmeyer, E., 'Divine honors for Philip II', *Transactions of the American Philological Association*, 109 (1979), pp. 36-61.

_____ 'Alexander and Philip: Emulation and resentment', *The Classical Journal*, 85 (1990), pp. 300-315.

Fuller, J., *The Generalship of Alexander the Great* (1958).

Gabriel, R., *Philip II of Macedonia. Greater than Alexander* (2010).

_____ *The Madness of Alexander the Great and the Myth of Military Genius* (2015).

Gaebel, R., *Cavalry Operations in the Ancient Greek World* (2002).

Garvin, E., 'Darius III and homeland defense', in W. Heckel and L. Tritle (eds), *Crossroads of History. The Age of Alexander* (2003), pp. 87-111.

Green, P., *Alexander of Macedon 356-323 bc. A Historical Biography* (1991).

Greenwalt, W., 'Polygamy and succession in Argead Macedonia', *Arethusa*, 22 (1989), pp. 19–45.

Griffith, G., 'Alexander's generalship at Gaugamela', *JHS*, 67 (1947), pp. 77–89.

Grudd, H. et al., 'A 7400-year tree ring chronology in northern Swedish Lapland: Natural climate variability expressed on annual to millennial timescales', *Holocene*, 12 (2002), pp. 657–65.

Guth, D. and D. Guth, 'The king's speech: Philip's rhetoric and democratic leadership in the debate over the Peace of Philocrates', *Rhetorica: A Journal of the History of Rhetoric*, 33 (2015), pp. 333–48.

Hamilton, J., 'The cavalry battle at Hydaspes', *JHS*, 76 (1956), pp. 26–31.

Hammond, N., 'The kingdoms in Illyria circa 400-167 bc', *The Annual of the British School in Athens*, 61 (1966), pp. 239–53.

_____ 'Alexander's campaign in Illyria', *JHS*, 94 (1974), pp. 66–87.

_____ 'The Battle of the Granicus River', *JHS*, 100 (1980), pp. 73–88.

_____ 'The king and the land in the Macedonian kingdom,' *Classical Quarterly*, 38 (1988), pp. 382–91.

_____ 'The royal journal of Alexander', *Historia*, 37 (1988), pp. 129–50.

_____ 'Aspects of Alexander's journal and his last days', *The American Journal of Philology*, 110 (1989), pp. 155–60.

_____ 'Casualties and reinforcements of citizen soldiers in Greece and Macedonia', *JHS*, 109 (1989), pp. 56–68.

_____ *The Macedonian State. The Origins, Institutions and History* (1989).

_____ 'Royal pages, personal pages, and boys trained in the Macedonian manner during the period of the Temenid monarchy', *Historia*, 39 (1990), pp. 261–90.

_____ 'The Royal Tombs at Vergina: Evolution and identities', *The Annual of the British School at Athens*, 86 (1991), pp. 69–82.

_____ 'Alexander's charge at the Battle of Issus in 333 bc', *Historia*, 41 (1992), pp. 395–406.

_____ 'The archaeological and literary evidence for the burning of the Persepolis Palace', *The Classical Quarterly*, 42 (1992), pp. 358–64.

_____ *Alexander the Great. King, Commander and Statesman*, 3rd ed. (1994).

_____ 'Literary evidence for Macedonian speech,' *Historia*, 43 (1994), pp. 131–42.

_____ *Philip of Macedon* (1994).

_____ 'Philip's actions in 347 and early 346 bc', *Classical Quarterly*, 44 (1994), pp.

367-74.

Hammond, N., and G. Griffith, *A History of Macedonia. Volume II: 560-336 bc* (1979).

Harris, E., *Aeschines and Athenian Politics* (1995).

Hartzopoulos, M., 'The Oliveni inscription and the dates of Philip II's reign', in W. Adams and E. Borza (eds), *Philip II, Alexander the Great, and the Macedonian Heritage* (1982), pp. 21-42.

Heckel, W., 'The conspiracy against Philotas', *Phoenix*, 31 (1977), pp. 9-21.

_____ 'Cleopatra or Eurydice', *Phoenix*, 32 (1978), pp. 155-8.

_____ 'Factions and Macedonian politics in the reign of Alexander the Great', *Ancient Macedonia*, 4 (1986), pp. 293-305.

_____ 'Alexander and the "limits of the civilized world" ', in W. Heckel and L. Tritle (eds), *The Crossroads of History: the Age of Alexander* (2003), pp. 147-74.

_____ *Who's Who in the Age of Alexander the Great. A Prosopography of Alexander's Empire* (2006).

_____ *The Conquests of Alexander the Great* (2008).

_____ 'The king and his army,' in W. Heckel and L. Tritle (eds), *Alexander the Great. A New History* (2009), pp. 69-82.

_____ *Alexander's Marshals. A Study of the Makedonian Aristocracy and the Politics of Military Leadership*, 2nd ed. (2016).

Heckel, W., C. Willikes and G. Wrightson, 'Scythed chariots at Gaugamela. A case study', in E. Carney and D. Ogden (eds), *Philip II and Alexander the Great: Father and Son: Lives and Afterlives* (2010), pp. 103-9.

Helama, S. et al., 'Supra-long Scots pine tree-ring record for Finnish Lapland: Part 2, Interannual to centennial variability in summer temperatures for 7500 years', *Holocene*, 12 (2002), pp. 681-87.

Holland, T., *Persian Fire. The First World Empire and the Battle for the West* (2005).

Holmes, R., *Firing Line* (1986).

Holt, F., *Alexander the Great and Bactria: The Formation of a Greek Frontier in Central Asia* (1988).

_____ *Into the Land of Bones. Alexander the Great in Afghanistan* (2006).

Jessop Price, M., 'The coinage of Philip II', *The Numismatic Chronicle*, 7th Series, 19 (1979), pp. 230-41.

Kagan, D., *The Peloponnesian War. Athens and Sparta in Savage Conflict 431-404 bc*, new ed. (2005).

Kaplan, P., 'Dedications to Greek sanctuaries by foreign kings in the eighth through sixth centuries bce', *Historia*, 55 (2006), pp. 129–52.

Kern, P., *Ancient Siege Warfare* (1999).

Kuhrt, A., *Persian Empire. A Corpus of Sources from the Achaemenid Period*, 2 vols (2007).

Lane Fox, R., *Alexander the Great* (1973, updated 2004).

————— *The Classical World. An Epic History from Homer to Hadrian* (2006).

————— 'Alexander the Great. The "last of the Achaemenids"?', in C. Tuplin (ed.), *Persian Responses. Political and Cultural Interaction With(in) the Achaemenid Empire* (2007), pp. 267– 311.

Lendon, J., 'Homeric vengeance and the outbreak of Greek wars,' in H. van Wees (ed.), *War and Violence in Ancient Greece* (2000), pp. 1-30.

————— *Soldiers and Ghosts* (2005).

————— 'Xenophon and the alternative to realist foreign policy: *Cyropaedia* 3.1.14–31,' *JHS*, 126 (2006), pp. 82–98.

————— *Song of Wrath. The Peloponnesian War Begins* (2010).

————— 'Battle description in the ancient historians, part 1: Structure, array and fighting,' *Greece and Rome*, 64 (2017), pp. 39–64.

Ma, J., 'Chaironea 338: The topographies of commemoration', *JHS*, 128 (2008), pp. 72–91.

Macurdy, G., 'Queen Eurydice and the evidence for woman power in early Macedonia', *The American Journal of Philology*, 48 (1927), pp. 201-14.

Mader, G., 'Fighting Philip with decrees: Demosthenes and the syndrome of symbolic action', *American Journal of Philology*, 127 (2006), pp. 367-86.

————— 'Foresight, hindsight, and the rhetoric of self-fashioning in Demosthenes' Philippic cycle', *A Journal of the History of Rhetoric*, 25 (2007), pp. 339-60.

March, D., 'The kings of Macedon 399–369 bc', *Historia*, 44 (1995), pp. 257-82.

Markle, M., 'The strategy of Philip in 346 bc', *Classical Quarterly*, 24 (1974), pp. 253-68.

————— 'Support of Athenian intellectuals for Philip: A study of Isocrates' letter to Philip and Speusippus' letter to Philip', *JHS*, 96 (1976), pp. 80-99.

Marsden, E., *The Campaign of Gaugamela* (1964).

————— *Greek and Roman Artillery: Historical Development* (1969).

————— 'Macedonian military machinery and its designers under Philip and Alexander', *Ancient Macedonia*, 2 (1977), pp. 211-33.

Matthew, C., *An Invincible Beast. Understanding the Hellenistic Pike-Phalanx at War* (2015).

Matyszak, P., *Expedition to Disaster. The Athenian Mission to Sicily 415 bc* (2012).

McCoy, W., 'Memnon of Rhodes at the Granicus', *The American Journal of Philology*, 110 (1989), pp. 413-33.

McGroaty, K., 'Did Alexander the Great read Xenophon?', *Hermathena*, 181 (2006), pp. 105-24.

Mitchell, L., 'The women of ruling families in archaic and classical Greece,' *Classical Quarterly*, 62 (2012), pp. 1-21.

Moore, K. (ed.), *Brill's Companion to the Reception of Alexander the Great* (2018).

Mortensen, K., 'Homosexuality at the Macedonian court and the death of Philip II', *Ancient Macedonia*, 7 (2002), pp. 371-87.

Mossé, C. (trans. J. Lloyd), *Alexander. Destiny and Myth* (2004).

Musgrave, J. and J. Prag, 'The occupants of Tomb II at Vergina: Why Arrhidaios and Eurydice must be excluded', in Ashmolean Museum, *Heracles to Alexander the Great. Treasures from the Royal Capital of Macedon, a Hellenic Kingdom in the Age of Democracy* (2011), pp. 127-30.

Musgrave, J., R. Neave and A. Prag, 'The skull of from Tomb II at Vergina: King Philip II of Macedon', *JHS*, 104 (1984), pp. 60-78.

O'Brien, J., *Alexander the Great. The Invisible Enemy. A Biography* (1992).

Ogden, D., 'Homosexuality and warfare in Ancient Greece,' in A. Lloyd (ed.), *Battle in Antiquity* (1996), pp. 107-68.

_____ *Alexander the Great. Myth, Genesis and Sexuality* (2011).

Olbrycht, M., 'Macedonia and Persia', in J. Roisman and I. Worthington (eds), *A Companion to Ancient Macedon* (2010), pp. 351-60.

Pearlman, S., 'Isocrates' "Phillipus": A reinterpretation', *Historia*, 6 (1957), pp. 306-17.

_____ 'Panhellenism, the polis and imperialism', *Historia*, 25 (1976), pp. 1-30.

_____ 'Isocrates, ΜΑΤΡΙΣ and Philip II', *Ancient Macedonia*, 3 (1983), pp. 211-27.

_____ 'Greek diplomatic tradition and the Corinthian League of Philip of Macedon', *Historia*, 34 (1985), pp. 153-74.

Peltonen, J., *Alexander the Great in the Roman Empire, 150 bc to ad 600* (2019).

Phillips, G., *Alexander the Great. Murder in Babylon* (2004).

Pope, A., 'Persepolis as a ritual city', *Archaeology*, 10 (1957), pp. 123-30.

Prag, A., 'Reconstructing King Philip II: The "nice" version', *American Journal of Archaeology*, 94 (1990), pp. 237-47.

Pritchett, W., 'Observations on Chaironea', *American Journal of Archaeology*, 62 (1958), pp. 307-11.

Rahe, P., 'The annihilation of the Sacred Band at Chaeronea', *American Journal of Archaeology*, 85 (1981), pp. 84-7.

Revermann, M., 'Euripides, tragedy and Macedon: Some conditions of reception', *Illinois Classical Studies*, 24/25 (1999-2000), pp. 451-67.

Ridgway, W., 'Euripides in Macedon', *The Classical Quarterly*, 20 (1926), pp. 1-19.

Riginos, A., 'The wounding of Philip II of Macedon: Fact and fabrication', *JHS*, 114 (1994), pp. 103-19.

Roebuck, C., 'The settlements of Philip II with the Greek states in 338 bc', *Classical Philology*, 43 (1948), pp. 73-92.

Roisman, J., 'Ptolemy and his rivals in the history of Alexander', *CQ*, 34 (1984), pp. 373-85.

Romane, P., 'Alexander's siege of Tyre', *Ancient World*, 16 (1987), pp. 79-90.

_____ 'Alexander's siege of Gaza', *Ancient World*, 18 (1988), pp. 21-30.

Sakellariou, M., 'Panhellenism: From concept to policy', in M. Hatzoupoulos and L. Loukopoulos (eds), *Philip of Macedon* (1980), pp. 128-45.

Schachter, A., *Boiotia in Antiquity. Selected Papers* (2006).

Schell, J., 'Observations of the metrology of the precious metal coinage of Philip II of Macedon: The "Thraco-Macedonian" standard or the Corinthian standard?', *American Journal of Numismatics*, 12 (2000), pp. 1-8.

Scott, M., *From Democrats to Kings. The Downfall of Athens to the Epic Rise of Alexander the Great* (2009).

_____ *Delphi. A History of the Centre of the Ancient World* (2014).

Scullion, S., 'Euripides and Macedon, or the silence of the frogs', *The Classical Quarterly*, 53 (2003), pp. 389-400.

Sekunda, N., *The Army of Alexander the Great*, Osprey Men at Arms Series 148 (1984).

_____ 'Military forces', in P. Sabin, H. van Wees and M. Whitby (eds), *The Cambridge Companion to Greek and Roman Warfare. Vol. 1: Greece, the Hellenistic World and the Rise of Rome* (2007), pp. 325-57.

Seymour Walker, W., 'An outline of modern exploration of the Oasis of Siwa', *The Geographical Journal*, 57 (1921), pp. 29-34.

Shrimpton, G., *Theopompus the Historian* (1991).

Sidnell, P., *Warhorse* (2007).

Spann, P., 'Alexander at the Beas: Fox in lion's skin', in F. Titchener and R. Moorton (eds), *The Eye Expanded. Life and Arts in Greco-Roman Antiquity* (1999), pp. 62-74.

Spencer, D., *The Roman Alexander* (2002).

Stoneman, R., 'Who are the Brahmans? Indian lore and Cynic doctrine in Palladius' *de Bragmanibus* and its models', *Classical Quarterly*, 44 (1994), pp. 500-10.

_____ 'Naked philosophers: The Brahmans in the Alexander historians and the Alexander Romance,' *JHS*, 115 (1995), pp. 99-114.

Taylor, C., 'Bribery in Athenian politics part I: Accusations, allegations, and slander', *Greece and Rome*, 48 (2001), pp. 53-66.

_____ 'Bribery in Athenian politics part II: Ancient reactions and perceptions,' *Greece and Rome*, 48 (2001), pp. 154-72.

Tierney, J., 'The Celtic ethnography of Poseidonius', *Proceedings of the Royal Irish Academy: Archaeology, Culture, History*, 60 (1959/1960), pp. 189-275.

Thompsen, M., 'The coinage of Philip II and Alexander the Great', *Studies in the History of Art*, 10 (1982), pp. 112-21.

Townshend, R., 'The Philippeion and fourth-century Athenian architecture', in O. Palagia and S. Tracy (eds), *The Macedonians in Athens, 322-229 bc* (2003), pp. 93-101.

Tritle, L., 'Alexander the Great and the killing of Cleitus the Black', in W. Heckel and L. Tritle (eds), *Crossroads of History: The Age of Alexander* (2003), pp. 127-46.

Tronson, A., 'The marriages of Philip II', *JHS*, 104 (1984), pp. 116-26.

Unz, R., 'Alexander's brothers?', *JHS*, 105 (1985), pp. 171-4.

Van Wees, H., *Greek Warfare. Myths and Realities* (2004).

Vaughn, P., 'The identification and retrieval of the hoplite battle-dead', in V. Davis Hanson (ed.), *Hoplites. The Classical Greek Battle Experience* (1991), pp. 38-62.

Walbank, F., *Polybius II. A Historical Commentary on Polybius* (1967).

West, A., 'The early diplomacy of Philip of Macedon illustrated by his coins', *The Numismatic Chronicle and Journal of the Royal Numismatic Society*, 3 (1923), pp. 169-210.

Wheeler, E., 'The general as hoplite', in V. Davis Hanson (ed.), *Hoplites. The Classical Greek Battle Experience* (1991), pp. 121-70.

Worthington, I., 'The context of [Demades] on the twelve years', *CQ*, 41 (1991), pp. 90-5.

_____ 'Alexander's destruction of Thebes', in W. Heckel and L. Tritle (eds), *Crossroads of History. The Age of Alexander* (2003), pp. 65-86.

_____ *Philip II of Macedonia* (2008).

_____ *By the Spear. Philip II, Alexander the Great and the Rise and Fall of the Macedonian Empire* (2014).

감사의 말

이와 같은 책을 집필하는 데는 많은 시간이 걸린다. 저자 이외에 집필 과정에 기여한 이들도 많다. 특히 필리포스와 알렉산드로스, 그리고 그 시대에 관련된 주제들을 연구해야 하고 계속 연구하고 있는 학자들 모두가 이 책에 기여했다. 그들의 저술에서 얻은 영감이 없었다면 이 책은 모든 면에서 훨씬 더 부족한 책이 되었을 것이다. 늘 그러하듯이, 초고를 읽고 의견을 제시해준 가족들과 친구들에게, 특히 케빈 파월과 에이버릴 골즈워디에게 먼저 진정한 감사를 표해야겠다. 이번에도 도로시 킹은 진행 중인 나의 생각들을 참을성 있게 듣고 영감과 의견, 도전적인 발상을 제시함으로써 이 책을 더 나은 책으로 만드는 데 크게 기여했다. 또한 나의 에이전트인 조지나 케이플에게도 그 열정에 대해 특별한 감사의 인사를 전한다. 그녀는 내가 충분한 시간을 가지고 이 책을 쓸 수 있는 환경을 조성해 주었다. 그리고 마지막으로, 필리포스와 알렉산드로스에 관한 책을 쓰도록 제안해준 헤드 오브 제우스 출판사의 앤서니 치텀은 물론, 이 프로젝트를 마무리할 때까지 함께 지켜봐 준 같은 출판사의 리처드 밀뱅크와 베이식북스의 라라 하이머트, 그리고 그 팀원들에게도 감사를 표한다.

알렉산드로스는 살아있을 때 이미 신화가 된 인물이며, 그 신화는 오늘날까지 도도하게 전해진다. 고대 세계에서 그토록 이른 나이에, 그토록 빠른 속도로, 그토록 광대한 제국을 이룬 인물은 알렉산드로스가 유일하다. 그는 짧은 시간에 세계사의 경로를 바꾸어 놓았다. 비록 자신이 이룬 제국을 충분히 누리지 못한 채 세상을 떠났지만, 그의 제국을 통해 찬란한 헬레니즘의 세계가 탄생했고 그것이 동서양 역사와 문화에 끼친 영향은 실로 지대하다. 더구나 영광의 절정에서 그가 목숨을 잃었다는 사실은 생애와 업적에 비장미를 더함으로써 그의 신화를 더욱 극적으로 만들어 주기까지 한다. 그의 이미지는 군사적 천재이자 탁월한 지도자일 뿐 아니라 영원히 늙지 않는 젊음의 상징으로 2000년도 더 지난 오늘날까지 각인되어 있다. 그러한 덕분으로 그의 삶은 오랜 세월 여러 작가들에 의해 수없이 되풀이되고 새로이 가필되어 문학적으로 풍요로운 이야기를 탄생시켰다.

에이드리언 골즈워디의 《필리포스와 알렉산드로스》는 수없이 다시 쓰인 알렉산드로스의 신화 속에서 역사적 진실을 규명하려는 책이다. 로마의 카이사르처럼 알렉산드로스 자신이 직접 기록을 남겼다면 가장 좋았을 테지만, 동시대에 기록된 문헌들조차 거의 남아 있지 않고, 전해지는 문헌들은 대부분 알렉산드로스 사후에 오랜 시간이 지나 작성된 것이기에 그에 관한 역사적 진실에 접근하기란 쉬운 일이 아니다. 그러하기에 골즈워디의 작업은 오늘날 우리에게 알려진 알렉산드로스와 주변 인물들, 그리고 그의 생애에서 발생한 사건들 위에 덧씌워진 무늬들을 지워내고 지워진 부분을 되살려내는 과정이다. 저자는 연대기적 순서를 따라 고대 문헌들의 내용을 면밀히 분석하고 비교·대조하면서 행간의 의미를 읽어내고 날것 그대로의 사실을 파악하려 한다. 그러나 무리하게 상상을 시도하거나 과도한 추론을 제시하려는 것은 아니다. 골즈워디는 노련한 역사학자로서 자신이 조사한 다양한 자료들에 대해 다른 학자들의 의견도 함께 제시하면서 그 안에서 가장 사실에 가까운 것이 무엇인지 가늠한다. 따라서 골즈워디의 서술은 인기가 많았던 시오노 나나미의 역사서들처럼 흥미진진한 재미를 선사하지는 않는다. 저자 자신이 인정하듯이, 때로는 건조하게 느껴지는 대목들도 등장하지만, 역사적 진실에 더 가까이 접근하고자 하는 독자들에게는 더할 수 없는 만족감을 선사한다. 더구나 골즈워디는 고대 문헌들은 물론 현대에 제작된 영화에 이르기까지 알렉산드로스에 관한 거의 모든 자료들을 세세하게 다루고 있기 때문에, 세간에 알려진 이야기들을 알고 그것을 역사적 사실과 구분하되 그 안에 담긴 다른 층위의 의미를 파악하는 데도 충분한 도움을 준다. 이를 통해 저자는 알렉산드로스가 어떠한 인물이었으며, 주변 인물들과 어떠한 관계에 있었고, 짧은 시간에 거대한 군사적 원정에 성공했을 뿐 아니라, 필연적으로 어떠한 문제에 봉착하게 되었는지를 분석하며 가능한 해답을 제시한다.

특히 골즈워디의 책이 흥미롭고 의미가 있는 것은, 제목이 보여주듯이 알렉산드로스 대왕의 아버지 필리포스에게도 상당한 분량을 할애하여 그가 어떤 인물이었고 무슨 일을 했는지 규명하기 때문이다. 일반적으로 필리포스는 알렉산드로스의 이야기가 본격적으로 시작되기 전에 잠시 등장하는 조연으로 다루어질 뿐인데, 보통은 젊고 건강하며 야망 가득한 알렉산드로스와 대비되는 늙고, 장애가 있으며, 거칠고 잔혹한 아버지로 그려져 왔다. 저자는 필리포스라는 인물 위에 겹겹이 걸쳐진 너울들을 걷어내고, 그의 실상을 최대한 복원하고자 노력한다. 골즈워디가 여러 문헌들을 분석하여 '복권한' 필리포스는 알렉산드로스만큼이나 젊은 나이에 갑작스레 왕위에 올라 그리스 변방의 낙후된 왕국을 짧은 시간 안에 강화하고 확장하여 그리스 세계의 패권 국가로 만든 성공적인 군주다. 필리포스가 일종의 '전쟁 기계'로서 개조해 놓은 왕국과 군대를 물려주지 않았더라면 알렉산드로스의 아시아 원정은 불가능했을 것이다. 그에게 인간적인 단점이 없었던 것은 아니지만, 그 또한 알렉산드로스만큼이나 용맹하고 명민했으며, 카리스마를 지니고 부하들을 이끈 유능한 지도자였다. 실제로 알렉산드로스의 아시아 원정은 필리포스가 준비했다가 미처 실행에 옮기지 못한 계획을 이어받은 것이었으니, 알렉산드로스의 업적을 십분 인정한다고 해서 필리포스를 간과해서는 안 되고, 오히려 알렉산드로스에 대한 연구와 고찰에는 필리포스에 대한 깊고 넓은 이해가 선행되어야 한다. 이러한 맥락에서 골즈워디의 《필리포스와 알렉산드로스》는 알렉산드로스와 서양 고대사에 관심 있는 독자들에게 흥미롭고 유의미한 독서 경험을 제공할 것이다.

본문만 원고지 3000매가 넘는 분량의 책을 번역하기란 쉽지 않은 일인데, 고대 그리스어 인명과 지명을 비롯해 각종 용어를 확인하고 정확히 파악하는 데는 추가적인 노력이 필요했다. 개인적으로 힘든 시간을 보내며 번역을 완수한 책이라 '옮긴이의 말'을 쓰는 심정이 여느 때와 다르다. 특히 필리포스와 알렉산드로스라는 역사 속 영웅들이 드러내는 인간적 면모들이나, 갑작스레 운명처럼 찾아오는 기회라든지, 혹은 우연처럼 닥쳐오는 숙명을 한 문장씩 면밀하게 읽어가며 우리말로 옮기는 과정은 거대한 역사의 흐름 안에서 한 개인이 갖는 의미란 무엇인가를 생각하지 않을 수 없게 했다. 물론 이 두꺼운 책 한 권을 독파한다고 해서 그에 대한 어떤 해답을 찾게 되는 것은 아니겠지만, 적어도 필리포스와 알렉산드로스의 이야기만큼 그러한 고민에 젖어 들게 하는 이야기도 없으리라 생각한다. 오랜 시간에 걸쳐 수고롭게 번역되고, 여러 사람의 정성스러운 손길을 거쳐 완성된 이 책이, 부디 많은 독자를 만나 저자가 말하려 했던 정보와 의미를 분명하게 전달할 수 있게 되기를 바란다. 부족한 번역자에게 책의 번역을 맡겨준 출판사 책과함께와, 이러저러한 오류를 바로잡고 투박한 문장들을 매끄럽게 다듬어준 편집자에게 고마움의 인사를 전하고 싶다. 최선을 다해 사전을 뒤적이고 자료를 찾아가며 번역했고 여러 차례 교정을 거쳤지만, 그럼에도 오류가 남아있다면 그것은 모두 번역자의 탓이다. 잘못에 대한 지적이라 한들, 관심 있는 독자들의 많은 피드백을 받을 수 있다면 번역한 이로서 그보다 더한 기쁨이 없을 것이다. 미래의 독자들에게 미리 감사드린다.

전경훈

화보 도판 출처

1. 마케도니아의 필리포스를 묘사한 메달리온: CPA Media Pte Ltd/Alamy Stock Photo.
2. 마케도니아의 고대 도시 펠라: DEA/ARCHIVO J. LANGE / Getty Images.
3. 베르기나, 고대 아이가이의 유적: AKG/De Agostini Picture Library.
4. 키기 화병에 그려진 호플리테스 팔랑크스: 자유 이용 저작물.
5. 네레이데스 영묘에 새겨진 공성 장면: Adam Eastland Art and Architecture/Alamy Stock Photo.
6. 아테네의 프닉스: Hercules Milas/Alamy Stock Photo.
7. 올림피아스호(트리에레스): AKG/John Hios.
8. 장창長槍 팔랑크스: ⓒ Look and Learn/Bridgeman Images.
9. 청년 알렉산드로스: Jastrow(2006)/Wikimedia Commons.
10. 겁탈당하는 페르세포네: 자유 이용 저작물.
11. 베르기나 2호 무덤에서 나온 방패: De Agostini Picture Library/Bridgeman Images.
12. 복원된 필리포스 2세의 얼굴: Creative Commons/Manolias Andronikos.
13. 데모스테네스 흉상: Ullsteinbild Deutschland/Getty Images.
14. 카이로네이아의 사자상: Hercules Milas/Alamy Stock Photo.
15. 알렉산드로스의 전투를 묘사한 모자이크화: Creative Commons—Lucas.
16. 사자 사냥을 묘사한 펠라의 모자이크: AKG/De Agostini Picture Library.
17. 알렉산드로스 석관에 새겨진 전투 장면: Creative Commons—Ronald Slabke.
18. 티레 지협(地峽): Library of Congress.
19. 올림피아의 필리페이온: Classic Image/Alamy Stock Photo.
20. 페르세폴리스 유적: Victor Sanchez/Alamy Stock Photo.
21. 조공을 바치는 이들을 묘사한 페르세폴리스의 부조: Sergey Strelkov/Alamy Stock Photo.
22. 키루스 대왕의 묘: Leonid Andronov/Alamy Stock Photo.
23. 알렉산드로스와 포로스의 싸움을 묘사한 메달리온: ⓒ The Trustees of the British Museum.
24. 베르기나 2호 무덤에서 나온 황금 화살통: AKG/De Agostini Picture Library.
25. 올림피아스를 묘사한 황금 메달리온: AKG/De Agostini Picture Lib./A. Dagli Orti.
26. 암피폴리스에서 출토된 여성 테라코타: Hercules Milas/Alamy Stock Photo.

찾아보기

필리포스와 알렉산드로스

아버지와 아들의 세계정복기

1판 1쇄 2023년 12월 10일

지은이 | 에이드리언 골즈워디
옮긴이 | 전경훈

펴낸이 | 류종필
편집 | 이은진, 이정우, 권준
경영지원 | 김유리
표지 디자인 | 석운디자인
본문 디자인 | 이미연

펴낸곳 | (주)도서출판 책과함께
　　　주소 (04022) 서울시 마포구 동교로 70 소와소빌딩 2층
　　　전화 (02) 335-1982
　　　팩스 (02) 335-1316
　　　전자우편 prpub@daum.net
　　　블로그 blog.naver.com/prpub
　　　등록 2003년 4월 3일 제2003-000392호

ISBN 979-11-92913-49-0 03920